JN441293

계량경제학 I

INTRODUCTORY ECONOMETERICS

A Modern Approach

제8판

Jeffrey M. Wooldridge 저 | 한치록 · 박상수 역

박영사

Cengage

Introductory Econometrics: A Modern Approach, Cengage International Edition, Eighth Edition

Jeffrey M. Wooldridge

Original edition © 2025 South Western, a part of Cengage Learning.
Introductory Econometrics: A Modern Approach, Cengage International Edition, 8th Edition by Jeffrey M. Wooldridge
ISBN: 9798214050317

ISBN: 979-11-303-9807-5

Cengage Learning Korea Ltd.
14F YTN Newsquare 76 Sangamsan-ro
Mapo-gu Seoul 03926 Korea

Cengage is a leading provider of customized learning solutions with employees residing in nearly 40 different countries and sales in more than 125 countries around the world. Find your local representative at: **www.cengage.com**.

To learn more about Cengage Solutions, visit **www.cengageasia.com**.

Printed in Korea
Print Number: 01 Print Year: 2026

계량경제학 I

INTRODUCTORY ECONOMETERICS

A Modern Approach

제8판

박영사

Cengage

Australia • Brazil • Canada • Mexico • Singapore • United Kingdom • United States

역자 약력

박상수
고려대학교 경제학과 교수
e-mail: starpac@korea.ac.kr

한치록
고려대학교 경제학과 교수
e-mail: chirokhan@korea.ac.kr

제8판
계량경제학 I
Introductory Econometrics: A Modern Approach, 8th Edition

제8판발행 2026년 2월 20일

지은이 Jeffrey M. Wooldridge
옮긴이 박상수 · 한치록
펴낸이 안종만 · 안상준

편　집 전채린
기획/마케팅 김한유
표지디자인 BEN STORY
제　작 고철민 · 김원표

펴낸곳 (주) 박영사
서울특별시 금천구 가산디지털2로 53, 210호(가산동, 한라시그마밸리)
등록 1959. 3. 11. 제300-1959-1호(倫)
전　화 02)733-6771
f a x 02)736-4818
e-mail pys@pybook.co.kr
homepage www.pybook.co.kr
ISBN 979-11-303-9807-5 93320

* 이 책은 LaTeX으로 편집했습니다.

정　가 35,000원

요약목차

목차

제3장 다중회귀분석: 추정 75

제4장 다중회귀분석: 추론 135

역자 서문

인과 추론 기법(causal inference methods)은 잠재적 성과 분석틀(potential outcomes framework)하에서 처치효과(treatment effect)와 관련된 여러 가지 모수를 추정하는 기법으로 최근의 계량경제학적 연구에서 주된 연구방법론으로 이용되고 있다. 울드리지(Jeffrey M. Wooldridge) 교수의 Introductory Econometrics: A Modern Approach는 7판부터 인과 추론에 관련된 내용을 많이 다루기 시작했으며, 8판에서는 그 분량과 범위를 훨씬 확대하였다. 특히 회귀분석과 인과 추론과의 연관성을 깊이 있게 다루고 있어 인과 추론 기법에 대한 기초를 다지고자 하는 학부생 또는 대학원생들에게 훌륭한 교재가 될 것이다.

이번 역서에서도 현실적인 강의 가능성과 내용의 난이도를 고려해 9장까지 번역하였다. 기존의 번역판에서와 마찬가지로 시계열상관된 오차항과 관련된 내용을 이해하는 데에 필수적인 보론을 그대로 유지하였다. 가급적 원 저서의 표현이나 예들을 그대로 번역하였고 필요한 경우 각주나 〔 〕로 표시된 문단 내 주석으로 독자들의 이해를 돕고자 하였던 지난 번역의 원칙도 그대로 유지하였다. 원 저서가 가지고 있는 학문적 깊이와 범위를 생각해 보건대, 이 역서가 학생들이 원 저서를 공부하는 데에 충실한 지침서가 되는 정도의 기여만 있어도 역자들이 수많은 회의와 토론을 거치며 번역에 쏟은 노력이 충분히 보답받는 것이 아닐까 생각한다.

7판 번역에 보내 준 독자들의 성원과 지적 덕분에 오탈자나 오류들이 많이 개선되었음에도 불구하고 여전히 많은 오류가 있을 수 있음은 다시 말할 필요가 없을 것이다. 인과 추론을 포함한 전체 내용에 대한 독자들의 피드백을 바라 마지않는다.

Chapter

1

계량경제학과 경제 자료의 속성

학습목표

1.1 경영학, 경제학, 기타 사회과학 분야에서 설득력있는 수준의 자료 분석(data analysis)을 하는 계량경제학적 방법들을 설명할 수 있다.

1.2 경제학 및 관련 분야에서 사용되는 가장 보편적인 세 가지 유형의 자료인 횡단면 자료(cross-sectional data), 시계열 자료(time-series data), 통합된 횡단면 자료(pooled cross sections), 패널 자료(panel data) 등을 구분하고 해당 자료들의 특성을 설명할 수 있다.

1.3 정책 분석이나 경영상의 의사결정과 관련된 실례들을 활용해 인과관계의 원칙을 적용할 수 있다.

1.4 회고적 자료(retrospective data)나 비실험자료(nonexperimental data)만이 가용한 상황에서 인과관계에 대한 추론을 하고자 할 경우 고려해야 하는 여러 가지 어려움을 나열할 수 있다.

1.5 경제학에서 인과적 추론(causal inference)을 할 때 이용되는 'Ceteris paribus'의 개념과 가상적 상황(counterfactual)을 이용한 논증에 대해 설명할 수 있다.

1장에서는 계량경제학이 다루는 내용의 범위와 계량경제학적 분석방법들을 응용할 때 고려해야 하는 여러 가지 것들에 대해 알아본다. 1-1절은 계량경제학의 목표와 범위를 다루고 계량경제학이 경제학적 분석과 어떻게 어우러지는지 간략하게 다루며, 1-2절은 경제학 이론을 이용해 계량경제 모형을 세우고 자료를 이용해 검정하는 일련의 과정에 대해 예를 들어 보여준다. 1-3절에서는 경영학, 경제학, 기타 사회과학에서 다루는 자료의 종류에 대해 알아본다. 1-4절에서는 사회과학에서 인과관계(causality)를 추론하는 데에 어떠한 어려움이 있는지 논의한다.

1-1 계량경제학이란?

상품 생산 라인의 작동에 필요한 인공지능(artificial intelligence) 소프트웨어의 사용법을 노동자들에게 가르쳐 주는 직업능력교육 프로그램을 정부가 운영한다고 하자. 노동자들이 근무외 시간을 이용해 20주의 교육프로그램을 이수하도록 되어 있고 노동자들의 참여 여부는 자발적으로 결정한다. 만일 당신이 이 프로그램으로 인해 노동자들의 임금이 올랐는지 분석해야 한다면 무엇을 어떻게 하겠는가?

다른 상황을 생각해 보자. 당신은 A 투자은행의 증권분석가이다. 단기 국고채 투자를 포함해 여러 가지 투자전략 포트폴리오의 수익성 자료가 있는데 이 자료들을 통해 경제이론과 현실의 자료가 서로 일치하는지 알고자 한다면 무엇을 해야 하겠는가?

이 책을 읽기 전에는 이런 과제들이 주어진다면 어떻게 해결해야 하는지 막막하게 느낄 수 있다. 하지만 이 책을 통해 계량경제학에 대해 알고 나면 이런 과제들을 해결하기 위해 어떤 계량경제분석 방법들을 이용할 것인지 알게 될 것이다.

계량경제학이란 통계학적 연구결과들을 기반으로 하여 경제변수들 간의 관계를 추정하고 경제이론들을 통계적으로 검정하며 정부 정책이나 기업의 경영 방침 등을 평가하거나 실행하는 데 도움이 되는 지식과 분석기법들을 연구한다. 계량경제학적 지식과 기법을 응용하는 분야 중 평범한 사람들이 가장 먼저 생각하는 것이 장래의 이자율, 물가상승률, 국내총생산(gross domestic product, GDP) 등 중요한 거시경제지표들을 예측(forecast)하는 것이다. 물론 선거 결과의 예측, 신종 바이러스의 전염률의 예측 등, 예측은 경제학뿐 아니라 정책을 다루는 다른 많은 분야에서도 중요한 기능이다. 거시경제지표들에 대한 예측 말고도 계량경제학적 분석을 필요로 하는 분야는 많다. 예컨대, 정치가들의 선거 캠페인이 표심을 얼마나 바꾸는지 분석한다거나 학교의 교육 관련 지출이 학생들의 학업 성취도에 어떤 영향을 주는지 알아보는 것도 계량경제학적 분석의 대상이 된다. 경제시계열을 분석하여 미래를 예측하는 기법 또한 계량경제학의 영역에 속한다.

계량경제학은 수리통계학에서 시작되었지만 계량경제학에서 다루는 자료가 주로 비실험 자료(nonexperimental data)인 까닭에 비실험 자료를 모으고 분석하는 것과 관련된 문제에 관해 집중하여 현재는 수리통계학과는 구별되는 별도의 학문으로 발전했다. 비실험 자료란 통제된 실험을 통해 모아진 것이 아닌 자료를 말하며 관측 자료(observational data) 또는 회고 자료(retrospective data)라고도 한다. 자연과학 분야에서 실험을 통해 실험 자료(experimental data)를 얻는 것은 흔한 일이나 사회과학적 실험은 종종 불가능하거나 아니면 불가능하지는 않지만 현실적으로 불가능에 가까울 정도로 비용이 들거나 그도 아니면 법적·도덕적·사회적 문제를 일으킬 개연성이 있거나 하는 등의 이유로 실험 자료를 얻는 것이 매우 어렵다. 1-4절에서 실험 자료와 관측 자료의 예를 들어 그 차이를 알아본다.

물론 계량경제학자들은 필요한 이론들을 수리통계학으로부터 받아들여 왔다. 예컨대 다중회귀분석(multiple regression analysis)은 계량경제학과 수리통계학에서 모두 중요하게 다루는 핵심적 분야이다. 하지만 분석의 초점이나 분석결과의 해석은 두 학문 분야에서 서로 많이 다른 경우도 있다. 그뿐 아니라 계량경제학자들은 경제학 자료에 고유한 특성을 다루거나 경제학 이론을 검정(test)하기 위해 새로운 기법들을 개발하기도 한다.

1-2 실증분석은 어떻게 하는가?

계량경제분석은 응용 경제학(applied economics)의 거의 모든 분야에서 경제이론을 검정한다거나 경제 정책이나 기업의 의사결정에 중요한 변수들간의 관계를 분석한다거나 하는 경우에 이용하게 된다. 이렇게 자료와 계량경제학적 방법들을 이용해 경제이론을 검정하거나 변수들간의 관계를 분석하는 것을 **실증분석**(empirical analysis)이라고 한다.

실증분석을 하기 위한 첫걸음은 연구자가 알고자 하는 바(question of interest)를 주의 깊게 정식화(formulation)하는 것이다. 이는 당연한 말이기는 하나 몇 번이 되어도 강조할 가치가 있는 말이기도 하다. 연구자가 알고자 하는 바를 알기 위해서 자료를 이용해 경제이론을 검정할 필요가 있을 수도 있고 정부 정책의 효과 여부를 검정해야 할 수도 있다. 사형제도가 범죄를 억제하는 효과가 있는지 또는 노동시장에 외국인들이 차별을 겪는지 등등의 논쟁적 이슈들을 검증하는 데에도 계량경제학적 방법들이 이용될 수 있다. 그 외에도 광범위한 문제에 대한 답을 얻기 위해 계량경제학의 방법들이 이용된다.

경제학의 이론들을 검정하여야 하는 경우 정형화된 **경제모형**(economic model)을 수립한다. 경제모형은 변수들 간의 다양한 관계를 기술하는 수식(mathematical equation)으로 구성된다. 예를 들어 중급 미시경제학에서 개별 소비자들은 예산제약 아래에서 효용함수를 극대화하는 소비량을 선택한다고 전제하고 이 전제로부터 일련의 수요함수(demand functions)를 도출한다. 수요함수란 각각의 상품의 수요량(quantity demanded)이 해당 상품의 가격, 해당 상품의 보완재와 대체제인 상품들의 가격, 소비자의 소득, 소비자의 선호에 영향을 주는 특성 변수들과 맺는 수학적 관계인데, 수요함수는 소비자의 수요행위를 계량경제학적으로 분석하는 기초가 된다.

경제학자들은 여러 가지 경제학적 분석틀(예컨대 위에서 언급한 효용극대화)을 이용하여 일견 경제학적 분석 대상이 아닌 사회적 현상들을 분석하기도 한다. 경제학적 분석틀을 이용해 범죄 행위를 분석한 Becker (1968)의 연구가 고전적인 예이다.

예제 1.1 범죄 행위의 경제 모형

노벨상 수상자 Gary Becker는 개인들의 범죄 행위에 효용극대화라는 개념적 틀을 적용해 분석하여 이후의 연구에 큰 영향을 준 바 있다. Becker는 범죄행위에 대한 의사결정을 범죄와 기타 행위의 비용과 편익을 고려한 자원배분의 하나로 보았다. 범죄 행위의 이익은 범죄 행위로부터 얻는 경제적 이득(말하자면 불법적 행위의 시간당 임금)이 될 것이다. 범죄 행위의 기회비용은 범죄 행위 대신 합법적인 활동을 할 경우 얻을 수 있는 경제적 이득(즉, 합법적인 활동의 시간당 임금), 체포될 확률, 체포될 경우 기소될 확률, 기소될 경우 예상 형량 등에 의해 결정된다.

일반적인 가정 아래에서 우리는 범죄 행위에 배분되는 시간을 앞에서 언급한 요소들을 포함한 여러 가지 요소들의 함수로 나타낼 수 있다.

$$y = f(x_1, x_2, x_3, x_4, x_5, x_6, x_7) \tag{1.1}$$

여기서 y는 범죄 행위에 사용한 시간, x_1은 범죄 행위의 시간당 "임금", x_2는 합법적 행위의 시간당 임금, x_3은 범죄나 고용 이외의 소득, x_4는 검거될 확률, x_5는 검거될 경우 기소될 확률, x_6은 기소될 경우 예상 형량, x_7은 나이를 나타낸다. 여기에 열거한 요소들은 정식화된 경제학적 분석틀을 이용해 생각해 볼 수 있는 대표적인 변수들이며 이들 변수들 이외에도 개인의 범죄 행위 결정에 영향을 주는 것들이 있을 것이다. 일반적으로 경제이론에서 그렇듯이 식 (1.1)에서 $f(\cdot)$에 대해 특정한 함수 형태를 전제하지 않았다. $f(\cdot)$의 함수 형태는 범죄행위의 근저에 있는 "효용함수"에 의해 결정되는데 효용함수의 함수 형태를 알 수 있는 경우가, 설령 있다고 하더라도, 극히 드물다. 그럼에도 불구하고 우리는 경제 이론이나 직관적 성찰을 이용해 각각의 변수가 범죄활동에 미칠 영향을 예측할 수 있다. 이 예측을 기초로 하여 범죄 행위를 계량경제학적으로 분석하게 된다. Becker의 통찰은 최근까지도 범죄에 영향을 주는 요소를 분석하는 데 사용된다. 예를 들어 Abrams (2021)의 연구는 미국 도시들에서 COVID-19 범유행(pandemic)이 범죄율에 미친 초기 영향을 분석하였다.

실증분석을 하기 위해 경제적 모형을 정식화하는 것에서 시작하는 경우도 있지만 경제학 이론들을 좀 덜 정식화하거나 경제학 이론이 아닌 직관에 의존해 시작하는 경우가 더 많다. 위의 식 (1.1)에 열거한 변수들은, 비단 경제이론을 들이대지 않더라도, 상식적으로 보아 범죄 행위를 설명하는 변수들로 의미가 있다. 정식화된 경제 모형을 세우고 이를 풀어 분석을 시작하면 직관에 의존할 때 간과할 수 있는 부분을 놓치지 않도록 만들어 주는 장점이 있는 반면, 직관이나 상식에 의존해 실증분석을 시작하는 것에도 역시 장점이 있다.

〈예제 1.2〉는 약간 덜 정식화된 과정을 통해 분석 모형을 세우는 경우이다.

예제 1.2 직업 훈련과 노동 생산성

1-1절 도입부에 언급한 직업 훈련의 예를 생각해 보자. 노동경제학자가 직업훈련이 노동 생산성에 미치는 영향을 조사하고자 한다. 이 경우 정식화된 경제 이론에 기댈 필요도 없이 사람들의 경제 행위에 대한 기본적인 이해만을 가지고도 노동자의 노동 생산성에 영향을 주는 요소로 학력, 경력, 직업훈련 등을 생각해 낼 수 있다. 이에 더해 노동자가 노동 생산성만큼 보수를 받는다는 간단한 경제학적 지식을 추가하면 다음과 같은 모형을 도출할 수 있다.

$$wage = f(educ, exper, training) \tag{1.2}$$

여기서

$$wage = \text{시간당 임금}$$
$$educ = \text{공식적 교육연수}$$
$$exper = \text{노동 경력}$$
$$training = \text{직업훈련을 받은 주 수}$$

물론 임금률에 영향을 미치는 다른 요인들을 더 고려할 수 있지만 식 (1.2)가 문제의 본질적인 부분을 잡아내고 있다고 할 수 있다.

경제 모형을 수립한 후 다음 단계로 경제 모형을 **계량경제 모형**(econometric model)으로 바꾸는 작업을 해야 한다. ⟨예제 1.1⟩의 식 (1.1)을 예로 들자. 계량경제 분석을 하려면 먼저 $f(\cdot)$ 의 함수 형태를 설정해야 한다. 그 다음으로는 관측되지 않는 변수들을 어떻게 처리할 것인지 결정해야 한다. 식 (1.1)에서는 범죄 행위의 시간당 “임금”이 그런 변수일 수 있다. 원칙적으로는 범죄행위의 시간당 임금은 잘 정의되어 있다고 할 수 있으나 개개인별로 이 변수의 값이 실제로 관측될 수 있는 경우는 없다고 할 수 있을 것이다. 다른 변수로 x_4 (검거될 확률)도 개개인별로 관측할 수 없을 것이다. 하지만 이 변수에 대해서는 적절한 범죄 통계를 이용하여 검거확률을 근사적으로 표현하는 변수를 도출하고 이를 이용할 수 있다. 관측은 고사하고 열거할 수조차 없는 많은 요소들이 범죄행위에 영향을 미칠 것인데, 어떤 방식으로든 이 요소들을 고려해야 할 것이다.

식 (1.1)에 존재하는 불명확성은 특정한 계량경제 모형을 설정함으로써 해소될 수 있다.

$$\begin{aligned} crime = \beta_0 + \beta_1 wage_m + \beta_2 othinc + \beta_3 freqarr + \beta_4 freqconv \\ + \beta_5 avgsen + \beta_6 age + u \end{aligned} \tag{1.3}$$

여기서

$$crime = \text{범죄행위의 빈도 측정치}$$
$$wage_m = \text{합법적인 직업을 가질 경우 얻을 수 있는 임금}$$
$$othinc = \text{자산, 상속 등 기타 소득원으로부터 얻는 소득}$$
$$freqarr = \text{과거 법률 위반으로 인해 체포된 빈도(검거확률을 근사)}$$
$$freqconv = \text{기소된 빈도}$$
$$avgsen = \text{기소 이후 평균형량}$$

이들 변수들을 선택한 것은 경제이론뿐 아니라 자료의 가용성 또한 고려한 결과이다. 식 (1.3)에서 오차항(error term) 또는 교란항(disturbance term) 'u'는 관측되지 않은 요소들(범죄행위에서 얻는 임금, 도덕성, 가족배경, *crime*과 *freqarr*을 계측하면서 발생하는 측정오차 등)을 포함한다. 자료가 가용하다면 식 (1.3)에 가족배경을 추가할 수도 있다. 예컨대 형제 자매의 수나 부모의 교육 수준 등의 자료가 있다면 이들 변수들을 포함하여 계량경제 모형을 구성할 수도 있다. 하지만 어떠한 경우라도 'u'를 모형에서 제거할 수는 없다. 사실 오차항 'u'를 다루는 것이야 말로 계량경제학에서 가장 중요한 부분이라고 할 수 있다.

변수들의 앞에 있는 $\beta_0, \beta_1, \ldots, \beta_6$은 계량경제 모형의 모수(parameters)라고 한다. 이 모수들의 값과 부호가 *crime*을 결정하는 다른 변수들과 *crime*과의 관계의 방향과 세기를 보여준다.

〈예제 1.2〉의 경제모형을 계량경제 모형으로 바꾸어 본다면 다음의 예를 생각해 볼 수 있다.

$$wage = \beta_0 + \beta_1 educ + \beta_2 exper + \beta_3 training + u \tag{1.4}$$

여기서 'u'는 관측되지 않은 요소들 (타고난 능력, 교육의 질, 가족배경, 기타 *wage*에 영향을 주는 수많은 요소들)을 포함하고 있다. 만일 우리가 직업 훈련의 영향을 알고 싶다면 β_3이 알고자 하는 모수(parameter of interest)가 된다.

계량경제 분석에 필요한 계량경제 모형을 설정할 때 계량경제 모형에 필요한 세부적인 경제이론을 깊이 고려하지 않고 모형을 세우는 경우가 많다. 이 책에서도 계량경제 모형을 수립할 때 아주 세부적인 경제이론을 깊게 고려하지는 않을 것이다. 이는 경제이론과 일관된 계량경제모형을 도출하는 일은 시간과 노력이 많이 필요하고 특정한 경제 이론의 너무 세부적인 내용으로 깊이 들어가게 되기 때문이다. 그래서 이 책에서 제시되는 계량경제 모형들을 설정할 때 구체적인 경제학 이론을 제시하기보다는 경제적 추리나 상식에 근거하는 경우가 많을 것이다. 예를 들어 범죄 행위의 예에서 식 (1.3)의 계량경제 모형을 수립한 후 경제적 추리와 상식에 근거해 포함시킬 변수들을 선정할 것이다. 이런 방식은 경제분석의 풍부함을 일부 희생시키기도 하나, 종종 연구자들은 충분한 정도의 주의를 기울여 가며 실제로 이렇게 하기도 한다.

일단 식 (1.3)이나 (1.4)와 같은 계량경제 모형이 설정되면 관심있는 다양한 가설(hypotheses)들을 모형의 모수들에 관한 식으로 표현할 수 있다. 예를 들어 식 (1.3)에서 '$wage_m$'(합법적인 직업을 가질 경우 얻을 수 있는 임금)이 범죄 행위에 아무런 영향을 주지 않는다는 가설은 $\beta_1 = 0$이라는 가설과 동일하다.

실증분석은 정의상(by definition) 자료를 필요로 한다. 필요한 변수들에 대한 자료가 수집된 다음에는 계량경제적 기법들을 이용해 모수들을 추정(estimate)하고 관심있는 가설들에 대하여 정형화된 통계적 검정을 한다. 경우에 따라서는 계량경제 모형을 이용해 예측을 하여 이론을 검정하거나 정책 효과를 연구하기도 한다.

자료의 수집은 매우 중요하다. 다음 절에서는 계량경제 분석에서 우리가 이용하게 되는 자료의 유형과 특성을 설명한다.

1-3 계량경제 분석에서 이용되는 자료

경제 자료(data)에는 다양한 유형이 있다. 자료의 형태와 상관없이 쓰일 수 있는 계량경제 방법도 있고 특정한 형태의 자료에서만 쓰일 수 있는 방법도 있다. 이하에서는 실증분석에서 자주 접하는 가장 중요한 자료 구조들에 대하여 설명한다.

1-3a 횡단면 자료

횡단면 자료(cross-sectional data)는 어느 한 시점에서 경제주체들(개인, 가구, 기업, 도시, 국가 등등)로부터 얻은 자료를 말한다. 어떤 경우에는 모든 개체들에 대한 자료가 정확한 시점에 해당하지 않을 수도 있다. 예를 들어 동일한 해의 여러 주(week)에 걸쳐 여러 가구들을 조사하는 경우가 있다. 순전한 횡단면 분석에서는 자료 수집과 관련된 사소한 시간 차이는 모두 무시될 것이다. 어떤 가구들이 동일 연도의 다른 주에 조사되었더라도, 우리는 이 자료를 여전히 횡단면 자료로 볼 것이다.

횡단면 자료의 중요한 특징 중의 하나는, 많은 경우 이것을 근저에 있는 모집단으로부터 임의추출(random sampling)하여 구하였다고 가정할 수 있다는 것이다. 예를 들어 500명의 노동자들을 실제로 임의추출하여 그들로부터 임금, 교육 수준, 경험 등의 변수에 대한 자료를 얻는 경우가 그렇다. 임의추출 가정으로 인하여 횡단면 자료의 분석이 많이 단순화된다.

하지만 횡단면 자료라고 하더라도 임의추출을 통해 얻었다는 가정이 적절하지 않은 경우도 있다. 예를 들어 가구의 부(wealth)의 축적에 영향을 주는 요소들을 알고 싶어서 임의의 가구들을 선정하여 설문을 한다고 해 보자. 선정된 가구들 중 일부는 설문에 응답하기를 거부할 수도 있다. 만일 부유한 가구들이 거부하는 경우가 많다고 한다면 응답에 응한 가구들의 자료는 모든 가구들로부터 임의추출에 의해 얻어진 자료라고 할 수 없다. 이런 경우 표본 선택(sample selection)의 문제가 있다고 하며, 이를 다루기 위해서는 고급의 계량 분석 기법이 필요하다.

표집 시 모집단으로부터 "클러스터"(clusters)—예를 들어 학교, 마을, 인구조사구역 등—를 먼저 추출하고 그 다음에 두 번째 단계에 이들 클러스터로부터 개별 단위를 추출하는 경우에도 임의추출의 위배가 발생한다. 예를 들어 한 개발도상국의 수많은 마을들의 모집단에서 상대적으로 소수의 마을들이 추출되고, 그 다음 마을 내 농부들이 추출되어 농사 관련 설문이 이루어지는 경우이다. 다른 예는 다수 학교들의 모집단으로부터 먼저 학교들이 추출되고 나서, 추출된 학교 내 학생들에 관한 정보를 얻는 경우이다. 이러한 이른바 "클러스터 추출"(cluster sampling) 방식의 경우, 농부들이 같은 마을에 살고 있으면 그 성과들이 서로 독립이라고 할 수 없고, 같은 학교 학생들의 성적도 서로 독립이라고 할 수 없다. Wooldridge 원저서 14장에서는 이러한 클러스터 추출의 맥락에서 제기되는 특별한 통계적 추론 방법들에 대하여 논의한다.

분석하고자 하는 정책이 표본추출 단위보다 더 상위에서 결정되는 경우에는 더 미묘한 문제가 발생한다. 예를 들어 정책이 학교 수준에서 적용되고 해당 학교 내의 모든 학생들이 똑같은 정책개입을 받는 경우이다(예를 들어 학교 전체 지출액의 증가). 이런 경우에는 모집단으로부터 학생들을 임의추출한 경우라 할지라도—심지어 모집단 전체가 관측된다고 해도—정책 변수는 동일 학교 내에서 상관된다. 이는, 정책이 최초에 학교 수준에서 결정되는 경우라면 동일 학교 내 학생들에게 상이하게 적용된다 하더라도 그러하다. 예를 들어 어떤 학교에서 교사를 충원하여 몇몇 학급 크기가 더 작아지는 경우를 생각해 보자. 한 학교 안에서 학급 크기는 어떤 학생들에게는 작아졌지만 모든 학생들에게 그렇지는 않을 것이다. 이런 상황에 적절한 추론 방법은 Wooldridge 원저서 14장에 소개되어 있다. 다행히, 그때까지 공부한 모든 추정방법들은 이들 복잡한 상황에도 잘 적용될 것이다.

표본 추출 단위가 지리적 단위인 경우 이와 관련된 문제가 발생할 수 있다. 예를 들어 보자. 서울시의 구별 지역내 신규 사업활동을 다양한 구별 특성들(평균 임금, 인구 구성, 산업 구성, 구별 지원제도, 전기료, 사회간접자본 시설, 세금 감면 등)로 설명하는 경제모형을 생각해보자. 이때 서로 인접한 구들의 특성은 서로 상관성이 높을 가능성이 크다. 그뿐 아니라, 한 구의 정책 변화가 인접 구의 기업들의 성과에 영향을 주는 전파(spillover) 효과가 발생할 수도 있다. 이런 전파 효과의 분석은 고급 계량에서 중요한 주제이다. 이

〈표 1.1〉 임금과 개인 특성 변수들의 횡단면 자료

obsno	wage	educ	exper	female	married
1	3.10	11	2	1	0
2	3.24	12	22	1	1
3	3.00	11	2	0	0
4	6.00	8	44	0	1
5	5.30	12	7	0	1
.	.	.	.	.	.
.	.	.	.	.	.
.	.	.	.	.	.
525	11.56	16	5	0	1
526	3.50	14	5	1	0

책은 개론 수준의 계량경제학을 다루고 있는 관계로, 14장 이전까지는 그러한 상황의 분석 시 발생하는 복잡한 문제들을 무시할 것이다.

횡단면 자료는 경제학이나 다른 사회과학에서 널리 사용된다. 경제학에서는 특히 노동경제학, 공공경제학, 산업조직론, 도시경제학, 인구경제학, 보건경제학 등 미시경제학적 분석이 필요한 분야에서 횡단면 자료가 주로 사용된다. 주어진 시점에서 개인, 가구, 기업, 도시 등에 대하여 수집한 자료는 미시경제학적 가설들을 검정하고 경제정책을 평가하는 데에 있어 중요하다.

〈표 1.1〉은 횡단면 자료를 컴퓨터에 저장한 예시로서 WAGE1의 일부이다. 이것은 1976년 526명 노동자들의 자료로서, 변수로는 임금(*wage*), 교육수준(*educ*, 년), 노동시장 경력(*exper*, 년), 여성 여부(*female*), 결혼상태(*married*) 등이 있다. 마지막 두 변수들은 이진적(즉, 0 또는 1)이며 개인의 질적 특성(여성인지 아닌지, 결혼한 상태인지 아닌지)을 나타내는 데에 사용된다. 7장 이후에 이진 변수에 대하여 상세히 살펴볼 것이다.

〈표 1.1〉의 *obsno* 변수는 표본에 포함된 개개인에게 부여한 번호이다. 다른 변수들과는 달리 이 변수는 개인의 특성을 나타내지 않는다. 모든 계량경제 및 통계 소프트웨어 패키지는 각 관측점에 번호를 부여한다. 직관적으로 보더라도 〈표 1.1〉과 같은 자료에서 누가 1번이고 누가 2번인지는 전혀 중요하지 않다. 이처럼 자료의 순서가 분석에 중요하지 않다는 것은 임의추출을 통하여 얻은 횡단면 자료의 핵심적인 특징 중 하나이다.

횡단면 자료에서 때로는 변수 별로도 관측시점이 다를 수도 있다. 예를 들어 장기간의 국가별 경제 성장에 정부 정책이 미치는 영향에 대해 분석한다고 해 보자. 이 경우 관측단

〈표 1.2〉 경제성장률과 국가 특성 변수 자료

obsno	country	gpcrgdp	govcons60	second60
1	Argentina	0.89	9	32
2	Austria	3.32	16	50
3	Belgium	2.56	13	69
4	Bolivia	1.24	18	12
.	.	.	.	.
.	.	.	.	.
.	.	.	.	.
61	Zimbabwe	2.30	17	6

위는 국가들이 될 것이고 분석에 포함되는 변수는 일정 기간 동안의 국내 총 생산(GDP)의 평균 증가율과 일정 시점 또는 기간 동안의 정부 정책 관련 변수(GDP 대비 정부지출, 성인 고등교육률 등) 등등일 것이다. 이때 국내 총 생산의 평균 증가율은 1960년부터 1985년 사이의 평균 증가율을 이용하고 정부 정책 관련 변수는 1960년의 값을 이용할 수도 있다. 〈표 1.2〉를 보자. 이 자료는 국가별 경제 성장률에 대한 De Long and Summers (1991)에서 이용된 자료의 일부이다.

*gpcrgdp*는 1960년부터 1985년 사이의 국가별 1인당 실질 GDP의 연간 성장률인 반면, *govcons60*과 *second60*은 각각 1960년의 GDP대비 정부지출 비율과 고등교육 이상의 교육수준을 가진 성인 인구 비율이다. 세 변수의 관측기간이 다름에도 불구하고 이 자료는 횡단면 자료이다. 국가별 영문 이름의 알파벳 순으로 *obsno*가 주어지기는 했으나 이 순서가 달라진다고 해서 분석 결과가 달라지지는 않는다.

1-3b 시계열 자료

시계열 자료(time series data)는 변수들을 시간에 걸쳐 관측하여 얻는 자료이다. 주가, 통화량, 소비자 물가지수, GDP, 연간 범죄율, 자동차 판매 대수 등등 경제 분석에 사용되는 다양한 변수들로 시계열 자료를 구성할 수 있다. 과거의 사건은 미래의 사건에 영향을 미치고 사회과학에서 정책의 효과 등에 시간이 소요되는 경우가 많으므로 시계열 자료에서 시간은 중요한 고려 요소이다. 횡단면 자료를 배열할 때와 달리, 시계열에서는 관측값들의 시간에 따른 순서가 중요한 정보를 전달해 준다.

시계열 자료의 가장 큰 특징 중 하나로서 횡단면 자료보다 분석을 어렵게 만드는 점은 관측값들이 시간에 걸쳐 독립이라고 가정할 수 없다는 것이다. 대부분의 시계열들은 자신의 최근 과거 값들과 (종종 밀접히) 연관되어 있다. 예를 들어 GDP는 상당히 안정적인 경향이 있으므로, 지난 분기의 GDP에 대해서 뭔가를 알면 이번 분기에 GDP가 어떨지 상당히 많은 정보를 얻는다. 대부분의 계량경제 기법들을 횡단면 자료와 시계열 자료에 모두 사용할 수 있지만, 시계열 자료를 분석할 때에는 표준적인 계량 기법을 적용하기에 앞서 계량경제 모형의 설정에 더 유의하여야 한다.

시계열 자료에서 특별한 주의를 요하는 또 한가지 점은 관측값들이 얻어지는 빈도(data frequency)에 관련한 내용이다. 일반적으로 경제 시계열 자료들은 하루 단위(일간 자료), 한 주 단위(주간 자료), 1개월 단위(월간 자료), 분기 단위(분기별 자료), 1년 단위(연간 자료) 등을 주기로 수집된다. 주가는 하루 단위(휴일 제외)로 기록된다. 통화량은 미국의 경우 주(week) 단위로 기록되어 발표되고 우리나라는 월 단위로 발표된다. 물가상승률이나 실업률 등 많은 거시경제 자료는 월별로 발표된다. 다른 거시 자료는 분기마다 집계되는 등 빈도가 더 낮다. 분기마다 발표되는 중요한 자료로 GDP가 있다. 영아사망률 같은 시계열은 매년 발표된다.

주간 자료, 월간 자료 또는 분기별 자료는 1년의 기간 내에도 월별 또는 계절별로 일정한 패턴의 등락을 보이는 계절성(seasonality)을 갖는 경우도 많다. 예를 들어 우리나라의 수도권 주택 매매가격 월별 지수는 장기적인 추세를 기준으로 월별로 등락이 존재하는데 대체적으로 보아 1～3월 간과 8～9월 간에는 오르고 다른 기간에는 내리는 패턴을 보인다. 계절성 또한 횡단면 자료에서는 있을 수 없는 현상으로 시계열 자료를 다루기 위해 횡단면 자료 분석 기법을 조정할 때 고려해야 하는 요소이다.

〈표 1.3〉은 Castillo-Freeman and Freeman (1992)이 푸에르토리코에서의 최저임금제도의 효과를 분석할 때 이용한 자료의 일부를 보여준다. 첫 번째 관측값이 가장 이른 시점에

〈표 1.3〉 푸에르토리코의 최저임금과 실업 및 기타 변수들의 자료

obsno	year	avgmin	avgcov	prunemp	prgnp
1	1950	0.20	20.1	15.4	878.7
2	1951	0.21	20.7	16.0	925.0
3	1952	0.23	22.6	14.9	1015.9
.	.	.	.	.	.
.	.	.	.	.	.
.	.	.	.	.	.
37	1986	3.35	58.1	18.9	4281.6
38	1987	3.35	58.2	16.8	4496.7

해당하며, 가장 최근의 것이 마지막 관측값이다. 계량경제 방법들을 사용하여 시계열 자료를 분석할 때에는 자료가 이처럼 시간 순으로 정렬되어 있어야 한다.

*avgmin*은 해당 연도의 평균 최저임금, *avgcov*는 해당 연도에 최저임금제의 영향을 받는 노동자들의 비율, *prunemp*는 실업률, *prgnp*는 해당 연도의 실질 GDP(1954년 기준, 백만 달러)이다. 이 자료를 이용하여 최저임금이 고용에 미친 영향에 대한 시계열분석을 할 수 있을 것이다. 최저임금이 고용에 미치는 효과에 대한 분석은 매우 중요한 연구 주제인데, 〈표 1.3〉의 자료를 보다 최신 자료로 업데이트해 분석을 수행할 수 있다.

1-3c 통합된 (또는 반복된) 횡단면 자료

어떤 자료는 횡단면으로서의 성질과 시계열로서의 성질을 모두 가지고 있다. 예를 들어, 횡단면 가계조사가 1985년과 1990년에 각각 한 번씩 두 차례 이루어졌다고 하자. 1985년에 소득, 저축, 가구원수 등 변수에 대하여 하나의 임의표본에 대한 조사가 이루어진다. 1990년 동일한 문항에 대하여 새로운 임의표본에 대한 조사가 이루어진다. 표본 크기를 늘리기 위하여 이 두 해의 자료들을 통합하여 **통합된 횡단면**(pooled cross section)을 만들 수 있다.

상이한 연도에 대한 횡단면들을 통합함으로써 새로운 정부 정책의 효과를 효과적으로 분석할 수 있다. 핵심적인 정책 변화 이전과 이후에 각각 자료를 수집하는 것이 그 아이디어이다. 예를 들어, 미국에서 1994년 재산세 감면이 있기 전후인 1993년과 1995년의 주택가격 자료를 생각해 보자. 1993년에 주택 250채, 1995년에 주택 270채에 대한 자료가 있다고 하자. 이러한 자료를 저장하는 한 가지 방법은 〈표 1.4〉처럼 만드는 것이다.

1번부터 250번까지의 관측값들은 2018년에 판매된 주택에 해당하고 251번부터 520번까지는 2020년에 판매된 주택에 해당한다. 자료를 저장한 순서는 중요하지 않지만, 각 관측값에 해당하는 연도는 보통 매우 중요하다. 그래서 *year*를 별도의 변수로 입력하였다.

통합된 횡단면은 표준적인 횡단면의 경우와 유사하게 분석되지만, 시간에 걸친 차이를 고려해야 하는 경우가 많다. 사실 표본 크기를 증가시킨다는 점 이외에도, 핵심적인 관계가 어떻게 시간에 걸쳐 변화하는지 볼 수 있다는 것도 통합 횡단면 분석을 하는 중요한 이유가 된다.

통합된(반복된) 횡단면은 정책개입을 받은 집단과 그렇지 않은 집단에 대하여 정보를 수집하는 경우 정책 분석에서 중요한 역할을 한다. 두 집단에 대하여 정책개입이 발생하기 이전과 발생한 후 시기에 표본을 얻지만 동일한 단위들을 시간에 걸쳐 추적할 수는 없다. 예를 들어 한 주에서 최저임금이 상승한 경우 2개 주에서 개인들의 고용 상태와 여타 정보를 수집할 수 있다. 이런 표본조사를 통하여 보통은 서로 다른 시기에 임의표본을 얻게

〈표 1.4〉 통합된 횡단면 자료의 예: 2개년의 주택 매매가격

obsno	year	hprice	proptax	sqrft	bdrms	bthrms
1	2018	185,500	42	1600	3	2.0
2	2018	167,300	36	1440	3	2.5
3	2018	234,000	38	2000	4	2.5
.	.	.	.	.	.	.
.	.	.	.	.	.	.
.	.	.	.	.	.	.
250	2018	343,600	41	2600	4	3.0
251	2020	186,000	16	1250	2	1.0
252	2020	282,400	20	2200	4	2.0
253	2020	197,500	15	1540	3	2.0
.	.	.	.	.	.	.
.	.	.	.	.	.	.
.	.	.	.	.	.	.
520	2020	168,000	16	1100	2	1.5

되는데, 동일한 개인이 두 시점 모두에 조사되는 경우는 거의 없을 것이다.

1-3d 패널 자료 또는 종단 자료

패널자료(panel data) 또는 종단자료(longitudinal data)는 여러 횡단면 구성원들 각각의 시계열들로 이루어져 있다. 예를 들어, 여러 개인들의 임금, 교육수준, 고용의 역사를 10년 동안 추적할 수 있다. 혹은, 동일한 기업들에 대하여 투자나 금융자료 같은 정보를 5년 동안 수집할 수도 있다. 패널자료는 지리적 단위에 대해서도 수집할 수 있다. 예를 들어, 동일한 시군들에 대하여 인구 유출입, 평균 소득세율, 임금률, 지방정부 지출액 등의 2010, 2015, 2020년 자료를 수집할 수도 있다.

통합된 횡단면과 다른 패널자료의 핵심적인 특징은 동일한 횡단면 개체들(앞의 예에서는 개인, 기업, 시군 등)이 일정한 기간 동안 추적된다는 것이다. 〈표 1.4〉의 자료는 판매된 주택들이 2018년과 2020년에 서로 다를 것이기 때문에 패널자료가 아니다. 만일 중복된 자료가 있다면 그 수는 아마 아주 작아서 전혀 중요하지 않을 것이다. 이와 대조적으로, 〈표 1.5〉에는 미국 내 150개 도시의 범죄 관련 통계에 관한 2개 연도 패널자료가 있다.

〈표 1.5〉에는 몇 가지 흥미로운 점이 있다. 첫째, 각 도시가 1번부터 150번까지의 숫자를 부여받았다. 어느 도시에 1번을 주고 어느 도시에 2번을 줄지는 중요하지 않다.

〈표 1.5〉 패널 자료의 예: 2개 연도의 도시별 범죄 통계

obsno	city	year	murder	population	unem	police
1	1	2016	5	350,000	8.7	440
2	1	2020	8	359,200	7.2	471
3	2	2016	2	64,300	5.4	75
4	2	2020	1	65,100	5.5	75
.	.	.	.	.	.	.
.	.	.	.	.	.	.
.	.	.	.	.	.	.
297	149	2016	10	260,700	9.6	286
298	149	2020	6	245,000	9.8	334
299	150	2016	25	543,000	4.3	520
300	150	2020	32	546,200	5.2	493

순수한 횡단면의 경우와 같이, 패널자료에서 횡단면의 순서는 아무런 의미도 없다. 숫자 대신 도시 이름을 쓸 수도 있겠으나, 둘 다 가지고 있으면 보통 편리하다.

둘째, 도시 1의 2개 연도 자료가 처음 두 행(또는 관측값)에 위치해 있다. 관측값 3과 4는 도시 2에 해당한다. 150개 도시 각각이 2행씩 차지하므로, 계량경제 패키지는 이를 300개 관측값으로 간주할 것이다. 이 자료는 동일한 도시가 우연히도 두 해 모두 한 번씩 나타나는 통합 횡단면으로 간주할 수도 있다. 하지만, 패널 구조를 이용하여, 이 자료를 통합 횡단면으로 보아서는 대답할 수 없는 문제들을 분석할 수 있다.

〈표 1.5〉에 있는 관측값들을 정렬할 때, 각 도시의 2개 연도 자료를 나란히 정렬하였다(첫째 연도가 앞, 둘째 연도가 뒤). 실용적인 관점에서 패널자료를 이렇게 정렬하는 것이 선호되는 방식이다. 이를 〈표 1.4〉에서 통합 횡단면을 정렬한 것과 대조해 보라. 간단히 말하여, 패널자료를 〈표 1.5〉처럼 배열하는 이유는, 각 도시별로 2개 연도의 자료를 변환할 필요가 있기 때문이다.

패널자료에서는 동일한 개체들이 여러 시점에서 중복되어 관측되므로, 패널자료, 특히 개인, 가구, 기업 등에 대한 패널자료는 통합 횡단면보다 구하기 어렵다. 동일한 개체들을 시간에 걸쳐 추적하는 것은 횡단면 자료나 심지어 통합 횡단면 자료에 비하여 몇 가지 이로운 점이 있다. 특히 동일한 개체에 대하여 여러 관측값을 갖게 되어 개인들, 기업들 등의 어떤 비관측 특성들을 통제할 수 있게 된다는 것이다. 나중에 보겠지만, 복수의 관측값들을 사용하면, 단일 횡단면만으로는 인과관계를 추론하기가 매우 어려운 경우에도 인과적 추론을 할 수 있기도 하다. 패널자료의 두 번째 장점은 행동 또는 의사결정 결과에

보이는 시차의 중요성을 연구할 수 있도록 해 준다는 것이다. 많은 경제 정책의 효과는 어느 정도 시간이 지난 후에나 나타날 것으로 기대되므로 이러한 정보는 중요할 수 있다.

1-4 인과성, Ceteris Paribus, 가상적 상황을 이용한 논리 전개

실증분석을 통해 경제이론을 검정하거나 공공 정책을 평가하거나 할 경우 경제학자들의 목표는 대부분 한 변수(예를 들어 교육수준)가 다른 한 변수(예를 들어 노동자 생산성)에 미치는 인과적 영향(causal effect)을 알아내는 것이다. 둘 혹은 그 이상의 변수들 간의 연관만을 알아내는 것도 정보를 주기는 하지만, 인과관계를 밝히지 않으면 충분히 설득력 있는 결론을 낼 수는 없을 것이다.

"다른 것들이 똑같을 때," "다른 조건들이 변하지 않을 때," "다른 변수들이 일정할 때" 등으로 번역되는 'ceteris paribus' 개념은 인과관계 분석(causal analysis)에서 중요한 역할을 차지한다.

경제이론들은 ceteris paribus 아래에서 한 변수가 다른 변수에 어떤 영향을 미치는지에 대한 내용을 다룬다. 예를 들어 수요함수 이론은 소득, 다른 재화의 가격, 개인별 선호 등 다른 조건이 변하지 않을 때 상품의 가격의 변화가 초래하는 수요량의 변화에 대한 이론이다. 다른 요소들이 고정되지 않으면 가격 변화가 수요량 변화에 미치는 영향을 알 수 없다.

다른 요소들을 고정하는 것은 정책 분석에서도 결정적으로 중요하다. 직업훈련의 예(예제 1.2)에서 정부가 직업훈련 비용을 지원한다고 하자. 이 경우 정부는 정책이 효율적인지를 판단하기 위해 다른 모든 조건들(특히 교육수준과 경력)이 동일할 때 직업훈련을 1주 더 받음으로써 임금이 증가하는 정도를 알고 싶을 것이다. 다른 요소들을 고정시키고 나서 직업훈련과 임금의 연결고리를 찾을 수 있으면, 직업훈련이 노동자 생산성에 인과적 영향을 갖는다고 말할 수 있다. 개념 자체는 매우 단순해 보일지라도, 매우 특별한 경우를 제외하면, 모든 요소들을 동일하게 고정하는 것은 불가능할 것이다. 대부분의 실증연구에서 핵심적인 질문은 "인과관계를 파악할 수 있을 만큼 다른 요소들이 충분히 고정되었는가?" 하는 것이다. 어떤 계량경제 연구를 평가하든 이 문제가 제기되지 않는 경우는 거의 없다.

대부분의 실증분석에서 성과 변수(예를 들어 범죄행위나 임금)에 영향을 미치는 요소들의 수는 방대할 것이며, 다른 변수들을 고정한 채 특정한 변수의 영향만을 뽑아내는 것은 거의 불가능한 작업처럼 보일 수 있다. 하지만 앞으로 공부하고자 하는 계량경제 분석 기법들을 주의깊고 신중하게 이용하여 ceteris paribus에 근접한 상황을 만들어, 관심을 갖는 변수들의 효과를 분석할 수 있다.

Ceteris paribus의 개념은 이른바 가상적 상황(counterfactual)을 이용한 논의를 통해 서술될 수도 있다. 가상적 상황을 통해 ceteris paribus 상태에 대해 논의하는 것은 정책 변화 등 다양한 유형의 개입(intervention)의 효과를 분석할 때 여러 가지 필요한 요소들을 구조화하는 표준적인 아이디어가 되어 가고 있다. 가상적 상황을 이용한 논의(counterfactual reasoning)란 경제 주체(개인, 기업, 등등)가 둘 또는 그 이상의 서로 다른 상태에 놓여 있는 상황을 상상하는 데에서 시작한다. 예를 들어 직업 훈련 프로그램이 노동자의 노동 소득에 주는 영향을 연구한다고 해 보자. 우리는 적절히 정의된 모집단 내의 각각의 노동자들이 직업 훈련에 참여하지 않은 경우(상태 0)와 직업 훈련에 참여한 경우(상태 1)에 향후의 소득이 어떠할 것인지 상상해 볼 수 있다. 이 두 가상적 상황에서의 소득을 가상적 성과들(counterfactual outcomes) 또는 잠재적 성과들(potential outcomes)이라 하며, 가상적 사고실험은 각각의 개인에게 별도로 적용되므로 가상적 성과들을 비교함으로써 손쉽게 "여타 요소들을 고정시킬" 수 있다. 직업 훈련 프로그램이 노동 소득에 인과적 영향을 갖는다는 것은 적어도 일부의 개인들만에서라도 이 두 상태의 성과들에 차이가 있음을 의미하는 것이라 생각할 수 있다. 우리가 최종적으로 관측하는 것은 두 상태 중 하나뿐*이라는 점은 추정 시 중요한 문제가 되지만, 이는 인과관계의 의미를 정의하는 것과는 별개의 문제이다. 2장에서 가상적 상황을 이용한 인과성의 개념을 다루기 위한 여러 가지 이론적 장치들을 다루고자 한다.

계량경제 방법들을 사용하여 어떻게 ceteris paribus 효과를 추정할 수 있는지는 차차 설명하기로 하고, 여기서는 주로 경제학에서의 인과관계 추론 시 발생하는 문제들에 대하여 생각해 보고자 한다. 방정식을 사용하지는 않을 것이다. 그 대신, 아래의 각 예에서 우리가 통제하고자 하는 '다른 요소들'이 무엇인지 논의하고, 가상적 상황을 이용한 몇 가지 논의들(counterfactual reasoning)에 대해서도 슬쩍 언급하고자 한다. 각각의 예에서 적절한 실험을 수행할 수 있다면 인과관계에 대한 추론은 상대적으로 쉬워진다. 그러므로 어떻게 그러한 실험을 설계할 수 있는지 살펴보는 것도 유용하겠으나, 실험 자료를 구하는 것이 비현실적이라는 사실도 주지할 필요가 있다. 왜 우리에게 가용한 자료는 실험자료가 갖는 성질을 가질 수 없는지도 차차 이해해 가기로 하자.

이후의 설명에서 "무작위", "임의적", "독립적", "상관관계" 등의 용어가 이용된다. 이런

*직업 훈련에 참가한 노동자로부터는 그 노동자가 직업 훈련에 참가하지 않은 가상적 상황의 성과변수 값을 얻을 수 없다. 반대로 직업 훈련에 참가하지 않은 노동자로부터는 그 노동자가 직업훈련에 참가한 가상적 상황의 성과변수 값을 얻을 수 없다. 즉, 우리가 실제로 얻는 개별 노동자들의 자료는 여러 가지 가상적 상황 중 각각의 노동자가 실현한 단 하나의 상태로부터의 성과변수 값일 뿐, 실현되지 않은 다른 상황에서의 성과변수 값을 얻을 수 없다.

개념들은 기초 통계학에서 배울 수 있는 것들이다. 우리는 학생들이 이런 개념들에 대해 최소한 직관적으로라도 이해하고 있다고 간주할 것이다.

예제 1.3 비료 살포량이 곡물 산출량에 미치는 효과

몇몇 초기의 계량경제 연구들[예를 들어 Griliches (1957)]은 새로 개발된 비료가 곡물 수확량에 미치는 영향을 고려하였다. 콩 수확량에 대하여 알고 싶다고 하자. 비료살포량은 산출에 영향을 미치는 요소들 중의 하나일 뿐이므로—다른 요소로는 강수량, 토지의 질, 병충해 등이 있을 것이다—이것은 ceteris paribus한 문제로 표현되어야 할 것이다. 비료 살포량이 콩 수확에 미치는 인과적 영향을 알 수 있는 하나의 방법은 다음과 같은 실험을 해 보는 것이다. 우선 동일 면적의 필지들을 선택한다. 각 필지에 상이한 양의 비료를 살포하고, 그 수확량을 측정하여, 횡단면 자료를 만든다. 그 다음 (2장에서 소개될) 통계 기법들을 활용하여 수확량과 비료살포량 사이의 관계를 측정한다.

각 필지에서 비료살포량을 제외한 나머지 요소들이 동일하도록 만든다고 하지 않았으므로, 이 실험이 좋지 않은 실험인 것처럼 보일 수 있다. 사실, 나머지 모든 점에서 동일한 필지들을 선택하는 것은 불가능하다. 토지의 질과 같은 요소들은 제대로 관측할 수조차 없기 때문이다. 그렇다면 이 실험의 결과를 이용하여 비료의 ceteris paribus 효과를 측정할 수 있다는 것은 어떻게 아는가? 답은 비료살포량이 선택되는 방식에 달려 있다. 만일 수확에 영향을 미치는 여타 성질들과 독립적으로 비료살포량 수준이 할당된다면, 즉 비료살포량을 정할 때 필지들의 여타 성질들이 완전히 무시된다면, 이것이 가능하다. 이 주장의 근거에 대해서는 2장을 참조하라.

다음 예는 응용경제학에서 인과관계에 대한 추론을 할 때 발생하는 어려움을 더 잘 보여 준다.

예제 1.4 교육 수익률의 추정

노동경제학자들과 정책입안자들은 "교육수익률"(return to education)에 오랫동안 관심을 가져 왔다. 대충 말해서 그 질문은 "만일 한 사람이 모집단으로부터 선택되어 한 해 더 교육받는다면 그 사람의 임금은 얼마나 증가하겠는가?" 하는 것이다. 앞의 예제와 마찬가지로 이것은 ceteris paribus 질문으로서, 한 해의 교육이 그 사람에게 추가되는 동안 다른 모든 요소들은 고정되어 있어야 한다. 이 예에는 가상적 상황의 논리를 이해해 볼 수 있는 요소가 있다. 각 노동자의 임금이 교육 수준에 따라 다른 상황을 생각해 보자. 서로 다른 교육수준은 서로 다른 상황(state of the world)이 된다. 최종적으로 우리가 얻는 개별 노동자들의 임금 자료는 개별 노동자들이 실제로 받은 교육 수준에 대응된 임금이며, 개별 노동자들이 실제로 받은 교육 수준은 개개인의 지적 역량, 학업에 대한 동기, 부모의 영향, 사회적 영향 등등의 요소들의 복잡한 상호과정을 통해 결정될 것이다.[a]

앞의 예에서 농업연구사가 비료의 효과를 추정하기 위하여 실험을 디자인할 수 있는 것처럼, 이 문제를 해결하기 위하여 전능자(social planner)가 실험을 디자인하는 것을 상상해볼 수 있다. 당분간 이 전능자가 누구에게든 원하는 만큼 교육수준을 할당해 줄 수 있다고 하자. 어떻게 하면 이 전능자는 〈예제 1.3〉의 비료 실험과 같은 실험을 모방할 수 있겠는가? 우선 이 전능자가 한 집단의 사람들을 선택하여 각 사람에게 일정한 양의 교육을 무작위로 할당한다. 그러면 어떤 사람은 중졸, 어떤 사람은 고졸, 어떤 사람은 전문대졸 등이 될 것이다. 그 다음 이 집단 내 각 사람의 임금을 측정하면 된다(이때 모든 사람이 일을 한다고 가정함). 여기서 각 사람은 앞의 비료의 예에서 필지에 대응하고, 교육은 비료에 해당하며, 임금은 콩 수확량의 역할을 한다. 〈예제 1.3〉에서처럼, 교육수준이 생산성에 영향을 미치는 다른 특성들(경력이나 내재적 능력 등)과 독립적으로 부여된다면, 이들 여타 요소들을 무시하고 분석해도 유용한 결과가 얻어질 것이다. 이 주장의 근거에 대해서는 2장에서 설명할 것이다.

[a]예를 들어, 학력이 고졸, 대졸, 대학원졸 등 세 가지만 존재하고 노동자 A의 실제 학력은 대졸이라고 하자. A의 가상적 성과는 A가 고졸인 상황에서의 임금, 대졸인 상황의 임금, 대학원졸인 상황에서의 임금 등 세 가지가 존재하나, 이 중 실제로 관측되는 것은 A의 실제 학력인 대졸에 해당하는 가상적 성과이다. 이를 '실현된 성과'라고 부를 수 있다. A의 가상적 성과 중 실현되지 않은 두 상태에서의 성과값들은 관측되지 않는다.

비료와 수확량 예와 달리, 〈예제 1.4〉에 설명된 실험은 구현할 수 없다. 비용은 둘째로 치더라도 사람들에게 교육수준을 무작위로 할당하는 데에 분명한 윤리적 문제가 있는 것이다. 논리적으로 볼 때에도, 어떤 사람에게 이미 학사 학위가 있으면 그 사람에게 중졸 학력을 주는 것은 불가능하다.

교육수익률의 측정을 위해 실험자료를 얻을 수는 없지만, 노동자들의 모집단으로부터 임의추출을 통하여 많은 사람들의 교육수준과 임금에 대한 비실험 자료를 수집할 수 있는 것은 분명하다. 그러한 자료는 노동경제학의 다양한 조사(survey)들로부터 이미 존재한다. 하지만 이들 자료는 ceteris paribus 교육수익률의 추정을 어렵게 만드는 성질을 가지고 있다. 그 성질이란 사람들이 자신들의 교육수준을 선택한다는 것이다. 그러므로 교육수준은 임금에 영향을 미치는 다른 요소들로부터 독립적으로 결정되지 않을 것이다. 이 문제는 대부분의 비실험 자료에 나타나는 특징이다.

임금에 영향을 미치는 하나의 요소는 노동 경력이다. 교육을 더 받기 위해서는 일할 시기를 늦추어야 하므로, 교육수준이 더 높은 사람들은 보통 경력이 더 적다. 그러므로, 임금과 교육수준에 관한 비실험 자료에서, 교육수준은 임금에 영향을 미칠 수 있는 핵심변수의 하나〔노동 경력〕와 음의 관계를 갖기가 쉽다. 또한, 내재적 능력이 더 큰 사람들은 더 높은 교육수준을 선택한다고 알려져 있다. 더 높은 능력은 더 높은 임금으로 이어지므로, 여기서도 임금에 영향을 미치는 필수 요인〔능력〕과 교육수준 간에 상관관계가 있다.

임금의 예에서 경력과 능력이라는 누락된 요소들과 유사한 것을 비료의 예에서도 찾을 수 있다. 경력은 일반적으로 쉽게 측정할 수 있으므로, 이것은 강수량같은 변수에 대응한다. 다른 한편, 능력은 모호하고 정량화하기 힘들다. 이것은 비료의 예에서 토지의 질과 유사하다. 이 책 전체에 걸쳐 살펴볼 것처럼, 교육수준 같은 변수의 ceteris paribus 효과를 추정할 때 경력과 같은 관측 요소들은 고려하기가 상대적으로 쉽다. 반면 능력처럼 원래부터 관측할 수 없는 요소들을 고려하는 것은 훨씬 어렵다. 계량경제 방법론상의 많은 발전이 계량경제 모형 내의 관측되지 않는 요소들을 처리하려 노력하는 과정에서 이루어졌다고 해도 틀린 말은 아니다.

〈예제 1.3〉과 〈예제 1.4〉 사이의 마지막 유사성은 다음과 같다. 비료의 예에서 비료살포량이 전적으로 무작위로 결정되지는 않았다고 해 보자. 그 대신 농업연구사(어느 필지의 질이 더 좋은지 완전히는 아니지만 대충은 알고 있다)가 비료살포량 수준을 정하면서 토지의 질이 더 높은 필지에 비료를 더 많이 살포하는 것이 낫겠다고 생각했다고 하자. 이 상황은 〈예제 1.4〉에서 교육수준과 관측되지 않는 능력이 서로 관련되어 있는 상황에 완벽히 대응한다. 더 좋은 토지에서 수확이 더 많고, 더 많은 비료가 더 좋은 필지에 살포되었으므로, 수확량과 비료살포량 간에 관측되는 관계는 허구적(spurious)일 수 있다.

인과관계 추론상의 어려움은 고도로 집계된(aggregated) 자료를 연구할 때에도 발생한다. 도시 범죄율에 대한 다음 예를 보라.

예제 1.5 치안력이 범죄율에 미치는 영향

어떻게 하면 최대한 범죄를 막을 수 있을 것인가 하는 문제는 오랫동안 중요한 문제였고 앞으로도 그럴 것이다. 이와 관련하여 특히 중요한 문제의 하나는 “거리에 경찰관 수를 늘리면 범죄가 줄어들 것인가?” 하는 것이다.

Ceteris paribus 질문은 다음과 같이 쉽게 표현된다. “만일 한 도시가 임의로 선택되어 여기에 경찰관이 10명 더 주어진다면 범죄율은 얼마나 떨어질 것인가?” 이 질문을 다른 방식으로 표현하면 다음과 같다. “만일 두 도시가 다른 면에서는 모두 동일하고, 오직 도시 B보다 도시 A에 경찰관이 10명 더 많다면, 이 두 도시의 범죄율은 서로 얼마나 다를 것인가?”

경찰력의 크기를 제외하고 모든 면에서 동일한 두 도시를 찾는 것은 사실상 불가능할 것이다. 다행히, 계량경제분석은 이를 요구하지 않는다. 우리가 알아야 하는 것은, 지역별 범죄수준과 경찰력의 크기에 관한 자료를 실험자료로 볼 수 있느냐 하는 것이다. 분명, 수많은 도시들에서 내년 경찰관의 수를 우리 마음대로 정하는 실험을 머릿속에 상상해 볼 수는 있겠다.

정책을 통해 경찰관들의 수를 조절하는 것은 가능하겠지만, 각 도시의 경찰관 수를 우리 마음대로 할당할 수는 없다. 만일, 실제로도 그러하겠지만, 경찰관 수가 그 도시의 범죄에 영향을 미치는 다른 요소들과 상관되어 있다면, 그 자료는 비실험적인 것으로 보아야 한다. 이 문제를 바라보는 하나의 방법은, 한 도시의 경찰력 크기와 범죄의 정도가 동시에 결정된다(simultaneously determined)는 것이다. 이 동시성(simultaneity)도 실증분석에서 중요한 문제이다(Wooldridge 원저서 16장 참조).

처음 세 예제에서는 다양한 집계(aggregation) 수준(예를 들어 개인 수준 또는 도시 수준)에서의 횡단면 자료를 고려하였다. 이와 동일한 어려움이 시계열 문제에서 인과관계에 대한 추론을 할 때에도 발생한다.

예제 1.6 최저임금이 실업에 미치는 영향

많은 논쟁을 불러 일으키는 중요한 정책 문제로서 최저임금이 다양한 노동자 집단의 실업률에 어떤 영향을 미치는가 하는 것이 있다. 이 문제를 다양한 자료 환경(횡단면, 시계열, 패널) 속에서 연구할 수 있지만, 집단 전체에 미치는 종합적 영향(aggregate effects)을 보기 위한 방편으로 시계열 자료를 흔히 사용한다. 실업률과 최저임금에 관한 시계열 자료의 예를 〈표 1.3〉에서 보여준 바 있다.

표준적인 수요공급 분석에 따를 때, 최저임금이 시장청산 수준보다 높아지면 노동수요 곡선을 따라 상향이동하여 총고용은 감소한다(노동공급이 노동수요를 초과하는 경우에 해당함). 이 효과를 양적으로 측정하기 위하여 시간에 걸친 고용과 최저임금의 관계를 연구해 볼 수 있다. 이 자료가 시계열 자료이기 때문에 발생하는 문제들과 더불어, 인과관계에 대한 추론 시 추가적인 문제가 있다. 최저임금은 진공상태에서 결정되지 않는다. 최저임금을 결정할 때 다른 요소들이 영향을 주지 않는 경우는 없다는 말이다. 다양한 경제적 정치적 역학구조가 최종적인 최저임금에 영향을 미친다. (물가상승에 연동되는 경우가 아니면 최저임금은 한 번 결정되면 보통 수 년 동안 적용되기도 한다.[a]) 따라서, 최저임금 수준은 고용 수준에 영향을 미치는 여타 요소들과 관련되어 있기가 쉽다.

(저임금 노동자들의 복지를 증진시킨다는 최저임금의 목적을 생각하지 않고) 최저임

금이 고용에 미치는 영향을 알기 위해 정부가 실험을 한다고 한번 상상해 보자. 이를 위해서는 정부가 최저임금을 매해 임의로(randomly) 설정하고 나서 고용수준을 측정해 보면 될 것이다. 여기서 수집되는 실험적 시계열 자료를 단순한 계량경제 방법으로써 분석할 수 있을 것이다. 물론 실제 최저임금은 이런 시나리오에 따라 정해지지 않는다.

하지만, 고용과 관련된 여타 요소들을 충분히 통제할 수 있다면, 여전히 최저임금이 고용에 미치는 ceteris paribus 영향을 추정할 수 있을 것이다. 이러한 의미에서, 이 문제도 앞의 횡단면 예제들과 매우 유사하다.

[a]우리나라는 「최저임금법」에 따라 매년 최저임금을 정한다.

경제이론들이 인과관계로 표현되지 않을 때에도, 이 이론들이 예측하는 바를 계량경제적 방법으로써 검정할 수 있는 경우가 많다. 다음 예는 이 접근법을 보여 준다.

예제 1.7 기대가설

재무경제학(financial economics)의 기대가설(expectations hypothesis)에서는, 투자시점에서 투자자들이 이용할 수 있는 모든 정보가 주어질 때, 어떠한 두 투자 자산이든 서로 동일한 기대수익률(expected return)을 갖는다고 한다. 예를 들어 투자기간(investment horizon)이 3개월인 투자자에게 다음 두 가지의 투자가 가능하다고 하자. (1) 액면가 1만 달러짜리 3개월 만기 T-bill〔미국의 단기국채〕을 1만 달러보다 낮은 가격으로 매입하여, 3개월 후 1만 달러를 받는다. (2) 6개월 만기 T-bill을 (1만 달러보다 낮은 가격으로) 매입하고, 3개월 후 이를 3개월 만기 T-bill로 되판다. 각각의 투자에는 대략 같은 금액의 초기자본량이 소요되지만, 이 둘에는 중요한 차이가 있다. 첫째 투자의 경우, 매입 시점에 3개월 만기 T-bill의 매입가격을 알고 그 액면가도 알고 있으므로 그 수익률을 정확히 안다. 둘째 투자의 경우에는 이와 다르다. 매입시점에 구입하려는 6개월 만기 T-bill의 가격은 알지만 3개월 후 이를 되팔 때의 가격은 아직 모른다. 그러므로 투자기간이 3개월인 투자자에게 둘째 투자는 불확실성을 가지고 있다.

이 두 투자의 실제 수익률은 통상적으로 다를 것이다. 기대 가설에 따르면, 투자 시점의 모든 정보가 주어져 있을 때 둘째 투자로부터의 기대 수익률은 3개월 만기 T-bill을 매입할 때의 수익률과 동일해야 한다. 이 이론도 쉽게 검정할 수 있다(Wooldridge 원저서 11장 참조).

Part 1

횡단면자료의 회귀분석

제1부에서는 횡단면자료의 회귀분석을 다룬다. 이 부분을 이해하는 데에는 대학 수준의 대수학 지식과 확률론 및 통계학 지식이 필요하다.

2장은 한 변수를 다른 한 변수로써 설명하는 단순 선형회귀 모형으로 시작한다. 단순회귀는 실제 응용계량에서 가끔 사용되기도 할 뿐 아니라 비교적 기본적인 대수학적 지식만으로도 이해할 수 있고 모형의 해석이 상대적으로 간단해서 회귀분석을 처음 공부하는 출발점으로 이용된다.

3장과 4장은 피설명변수에 여러 변수가 영향을 미칠 수 있는 다중회귀 분석의 기초를 다룬다. 다중회귀는 실증연구에서 오늘날까지 가장 널리 사용되는 방법이므로 주의깊게 살펴볼 필요가 있다. 3장은 최소제곱법(OLS)의 대수학을 다루고 OLS 추정량이 편향되지 않을 조건과 가장 좋은 선형 불편 추정량일 조건을 살펴본다. 4장은 중요한 주제인 통계적 추론을 다룬다.

5장에서는 OLS 추정량의 대표본 특성(또는 점근적 특성)을 논한다. 이로 인하여 회귀모형의 오차항이 정규분포를 따르지 않을 때에도 4장의 추론방법을 적용할 수 있게 된다. 6장은 고급 함수형태 문제, 자료 스케일링(scaling), 예측, 적합도 등 회귀분석의 추가적 주제들을 다룬다. 7장은 정성적(qualitative) 정보를 다중회귀 분석에 포함시키는 방법을 설명한다.

8장은 오차항의 이분산 문제를 다룬다. 이분산이 있을 경우 보통의 OLS 통계량들에 어떤 문제가 발생하는지 이해하고 이분산 여부에 대한 검정 방법, 보통의 OLS 통계량을 교정하는 방법, 그리고 오차 분산의 상이성을 명시적으로 감안한 가중최소제곱법(weighted least squares)이라는 OLS의 확장법을 제시한다. 9장은 매우 중요한 문제로서 오차항과 하나 또는 그 이상의 설명변수가 상관되는 문제를 다룬다. 대리변수를 사용하여 누락변수 문제를 해결하는 방법을 제시한다. 또한 변수에 특정한 측정오차가 있을 때 OLS 추정량의 편향성과 불일치성을 입증한다. 이상값(outlier) 문제 등 다양한 자료 문제도 다룬다.

Chapter 2

단순회귀모형

학습목표

2.1 단순 선형회귀 모형의 가정들을 제시하고 모형 내 모수들을 해석할 수 있다.

2.2 보통최소제곱 추정법을 이용하는 기울기와 절편 추정값들의 공식을 적용할 수 있다.

2.3 공식을 사용하여 맞춘값과 잔차를 계산하고, 모든 표본에서 성립하는 이들 통계의 성질을 제시할 수 있다.

2.4 단순회귀의 R제곱을 계산하고 해석할 수 있다.

2.5 OLS 추정량의 비편향성을 위한 가정들을 제시하고 해석할 수 있다.

2.6 등분산(동일 분산) 가정의 뜻을 설명하고, OLS 추정량의 표집분산 계산에서 이 가정의 역할을 설명할 수 있다.

2.7 인과적 효과의 측정에서 단순선형모형의 한계를 설명할 수 있다.

2.8 이진(더미) 설명변수의 경우 단순회귀 추정값을 해석할 수 있다.

2.9 인과 추론을 위한 잠재성과 분석틀을 서술하고 실험적 개입(무작위 통제 실험)의 경우 어떻게 단순회귀를 이용하여 분석할 수 있는지 설명할 수 있다.

단순회귀모형은 두 변수 간 관계를 연구할 때 사용할 수 있다. 나중에 보겠지만, 이 단순회귀모형은 일반적인 실증분석 수단으로 사용하기에는 한계가 있다. 하지만 이 모형이 실증분석 도구로 적절한 경우도 있다. 단순회귀 모형 해석 방법의 공부는 나중에 나올 다중회귀분석의 공부에 좋은 연습이 될 것이다.

2-1 단순회귀모형의 정의

많은 응용계량분석은 y와 x가 어떤 모집단을 대표하는 두 변수이며 우리는 "y를 x로써 설명"하거나 "x가 변함에 따라 y가 어떻게 변하는지 연구하는" 데에 관심을 둔다는 전제로부터 시작한다. y가 콩수확량이고 x가 비료살포량, y가 시간당 임금이고 x가 교육연수, y가 지역 범죄율이고 x가 경찰관의 수인 경우 등 몇 가지 사례를 1장에서 살펴보았다.

"y를 x로써 설명"하는 모형을 세울 때, 우리는 다음 세 가지 문제를 고민해 보아야 한다. 첫째, y가 x에 의해서 정확히 결정되는 경우란 있을 수 없을 것이므로, x 이외의 다른 요소들이 y에 영향을 미치는 부분을 어떻게 고려할 것인가? 둘째, y와 x 간의 함수관계는 무엇인가? 셋째, (x의 y에 대한 ceteris paribus 효과를 구하는 것이 우리의 목표일 경우) 우리의 분석 결과가 ceteris paribus 효과를 알아낸 것이라고 어떻게 확신할 수 있는가?

이 문제들을 해결하는 출발점으로서 y와 x의 관계에 대한 식을 세워 보자. 모집단에서 y와 x〔그리고 u라고 표현하는 그 밖의 요소들〕 간에 다음의 간단한 식이 성립한다고 가정하자.

$$y = \beta_0 + \beta_1 x + u \tag{2.1}$$

식 (2.1)이 **단순 선형회귀 모형**(simple linear regression model)의 정의이다. 이 식은 〔u를 제외하면〕 x와 y 두 변수의 관계에 대한 것이므로 2변수 선형회귀 모형(two-variable linear regression model 또는 bivariate linear regression model)이라고도 한다. 이제 식 (2.1)의 각 항들의 의미를 살펴보자. [참고로, "회귀"라는 말의 기원은 대부분의 응용계량에서 별로 중요하지 않으며, 이 책에서도 설명하지 않을 것이다. 회귀분석의 역사에 대해서는 Stigler (1986)를 참조하라.]

식 (2.1)의 두 변수 y와 x는 다양한 이름을 갖는다.* y는 **종속변수**(dependent variable), **피설명변수**(explained variable), **반응변수**(response variable), **피예측변수**(predicted variable), **피회귀변수**(regressand)라고 하며, x는 **독립변수**(independent variable), **설명변수**(explanatory variable), **통제변수**(control variable), **예측변수**(predictor variable), **회귀변수**(regressor)라고 한다(x를 **공변량**(covariate)이라 하기도 한다). "종속변수"와 "독립변수"라는 용어가 계량경제학에서 흔히 사용된다. 여기서 "독립"이라는 말이 확률변수 간의 독립이라는 통계적 개념을 의미하지 않음에 유의하라.**

"피설명(explained)"변수와 "설명(explanatory)"변수라는 용어가 두 종류의 변수들의 관계를 가장 서술적으로 표현한다. 글자 그대로 y는 x에 의해 설명된다. "반응"과 "통제"는 x 변수가 실험자의 통제하에 있는 실험과학에서 가장 많이 사용된다. "피예측변수"와 "예측

* 〈표 2.1〉에서 predicted variable을 '피예측변수'로 번역하는 것이 타당하므로 나중에 나오는 predicted value는 '피예측값'으로 번역하는 것이 더 타당할 수도 있으나 '예측값'으로 번역하는 관행을 따른다.

** 한 확률변수의 실행결과가 다른 확률변수의 분포에 영향을 미치지 않을 때 두 확률변수는 서로 독립이라고 한다. "독립변수"라는 말은 확률변수들의 독립과는 아무 관계도 없다.

〈표 2.1〉 단순회귀에서 사용되는 용어

Y	*X*
종속변수(dependent variable)	독립변수(independent variable)
피설명변수(explained variable)	설명변수(explanatory variable)
반응변수(response variable)	통제변수(control variable)
피예측변수(predicted variable)	예측변수(predictor variable)
피회귀변수(regressand)	회귀변수(regressor)

변수"라는 말은 인과성 연구가 아닌 순전한 예측 연구에서 사용되기도 하지만 이 책에서는 사용하지 않을 것이다. 단순회귀에 사용되는 용어가 〈표 2.1〉에 요약되어 있다.

변수 u는 관계식의 오차항(error term) 또는 교란항(disturbance)이라고 하며 y에 영향을 미치는 요소들 중 x를 제외한 나머지 요소들을 나타낸다. 단순회귀분석에서는, 〔x와 y의 관계만 명시적으로 분석되므로〕 y에 영향을 미치는 요소들 중 x를 제외한 모든 요소들이 관측되지 않는(unobserved) 것으로 간주된다. 기호 u가 "unobserved"(관측되지 않음)의 u를 나타낸다고 생각해도 좋다.

식 (2.1)은 y와 x 간의 함수관계 문제에 대한 답도 제시한다. u에 포함된 요소들이 고정되어 u 의 변화가 0이면($\Delta u = 0$), x는 y에 다음과 같이 선형의 영향을 미친다.

$$\Delta u = 0\text{이면 } \Delta y = \beta_1 \Delta x \tag{2.2}$$

즉, y의 변화량은 β_1 곱하기 x의 변화량이다. β_1은 u 내의 여타 요소들이 고정된 때 y와 x의 관계에서의 기울기 모수(slope parameter)이다. 이 모수가 응용경제학의 주 관심대상이다. 절편 모수(intercept parameter) β_0은 상수항이라고도 하는 것으로서 분석의 중심이 되는 경우는 거의 없지만 여전히 유용하다.

예제 2.1 콩 수확량과 비료살포량

콩 수확량(yield)이 다음 모형에 따라 결정된다고 하자.

$$yield = \beta_0 + \beta_1 fertilizer + u \tag{2.3}$$

즉, $y = yield$이고 $x = fertilizer$이다. 이 농업 연구자는 여타 요소들을 고정시킨 상태에서 비료(fertilizer)가 수확에 미치는 영향에 관심이 있다. 이 효과는 β_1으로 주어진다. 오차항 u는 토지의 질, 강수량 등을 포함할 것이다. β_1 계수는 여타 요소들을 고정할 때 비료가 수확에 미치는 영향을 측정한다. 즉, $\Delta yield = \beta_1 \Delta fertilizer$ 이다.

예제 2.2 단순 임금 방정식

개인의 임금을 관측된 교육과 여타 비관측 요소에 연관시키는 모형은 다음과 같다.

$$wage = \beta_0 + \beta_1 educ + u \tag{2.4}$$

*wage*가 시간당 달러로 측정되고 *educ*이 교육연수(years of education)라면, β_1은 여타 모든 요소들이 고정된 채 교육을 1년 더 받을 때 시간당 임금이 변화하는 정도를 나타낸다. 여타 요소들 중에는 경력, 잠재 능력, 근속기간(현 직장 근무기간), 근면성 및 여타 수많은 요소들이 포함되어 있을 것이다.

식 (2.1)의 선형성은 x의 한 단위 변화가 y에 영향을 미치는 정도가 x의 초깃값과 상관없이 동일함[예를 들어, x가 0에서 1로 변화할 때와 10에서 11로 변화할 때 y에 미치는 영향이 동일함]을 의미한다. 많은 응용경제연구에서 이는 비현실적이다. 예를 들어 임금과 학력의 예에서, 수확 체증을 허용하는 모형을 세우고자 할 수 있다. 수확 체증을 허용하는 모형이란 똑같이 1년의 추가적인 교육이라 하더라도, 예를 들어 초등학교 1학년에서 2학년으로의 추가적인 1년이 가져다 주는 임금의 증가분보다 고등학교 2학년에서 3학년으로의 추가적인 1년이 가져다 주는 임금의 증가분이 더 클 수 있도록 허용하는 모형을 말한다. 어떻게 하면 이런 가능성을 허용할 수 있는지는 2-4절에서 살펴본다.

가장 다루기 어려운 문제는, 과연 식 (2.1)의 모형이 x가 y에 미치는 영향에 관한 ceteris paribus 결론을 도출할 수 있도록 해 주는가 하는 것이다. 식 (2.2)에서 우리는 β_1이 (u에 포함되어 있는) 여타 요소들을 고정시킨 상태에서 x가 y에 미치는 영향을 측정함을 보았다. 이것으로 인과성 문제는 모두 해결되는가? 불행히도 그렇지 않다. Ceteris paribus 효과는 여타 요소들을 고정시킬 때 x가 y에 미치는 영향을 말하는데, 그 여타 요소들을 무시하고서 어떻게 이 효과에 대하여 알 수 있겠는가?*

2-5절에서 보이겠지만, 관측되지 않는 요소 u가 설명변수 x와 연관되는 방식에 대해 어떤 제약을 가하는 가정을 해 주어야만 임의표본으로부터 믿을 만한 β_0과 β_1 추정값을 얻을 수 있다. 이러한 제약 없이는 ceteris paribus 효과인 β_1을 추정할 수 없을 것이다. u와 x가 확률변수이므로 이제 확률론에 기초한 개념이 필요하다.

x와 u가 연관된 방식에 관한 핵심가정을 설명하기에 앞서, u에 대하여 항상 하나의 가정을 할 수 있음을 지적하고자 한다. 이 가정은 모집단 내 u의 평균이 0이라는 것[식 (2.5) 참조]으로서, 절편 β_0이 방정식에 포함되어 있는 한 이 가정을 하여도 전혀 문제가 없다.

*u를 고정시킨 채 x를 변화시킬 때의 효과를 의미하므로 x와 u의 관계에 관한 논의가 중요하다.

$$\mathrm{E}(u) = 0 \tag{2.5}$$

가정 (2.5)는 모집단 내 비관측 요소들만의 분포에 관한 것일 뿐, u와 x의 관계에 대한 것이 아니다. 앞의 두 예제에서도 가정 (2.5)가 별로 제한적이지 않음을 알 수 있다. 〈예제 2.1〉에서 토지의 질 등 콩 수확에 미치는 비관측 요소들이 전체 경작지의 모집단에서 평균적으로 0이라고 설정하여도 문제가 되지 않는다. 〈예제 2.2〉의 비관측 요소들의 경우도 마찬가지이다. 일반성을 잃지 않고(without loss of generality) 우리는 모든 노동자들의 모집단에서 평균적인 능력 등이 0이라고 가정할 수 있다. 우리는 (2.5)가 성립하도록 항상 식 (2.1)의 절편을 재정의할 수 있기 때문이다.*

이제 앞에서 말한 u와 x의 연관성에 대한 핵심 가정을 살펴보자. 두 확률변수의 관련성에 대한 자연스러운 척도는 상관계수(correlation coefficient)라는 것이다.** u와 x가 상관되지 않았다(uncorrelated)는 것은 이 둘이 확률변수로서 선형으로 관련되지 않았음을 의미한다. u와 x가 상관되지 않았다고 가정하는 것은 식 (2.1)에서 u와 x가 연관되지 말아야 한다는 말의 뜻을 정의하는 데에 상당한 도움이 된다. 그러나 상관관계라는 것은 u와 x 간의 선형 의존성만을 측정하므로 이것만으로는 충분하지 않다. 사실 이 상관관계라는 말은 다소 직관에 반하는 면이 있다. u가 x 자체와는 상관되어 있지 않으면서 x의 어떤 함수(예를 들어 x^2)와는 상관될 수 있기 때문이다. 이와 같이 u가 x의 함수들과 상관될 수 있도록 허용하는 것은 모형의 해석과 통계적 성질의 도출을 어렵게 만들므로 그리 바람직하지 않다. 이 장에서는 그보다 x가 주어질 때 u의 기댓값이 x 값에 따라 바뀌지 않는다고 가정한다. 5장에서 u가 x와 상관되지 않았다는 약한 가정하에서 어떻게 논의가 진행되는지 살펴볼 것이다.

u와 x가 확률변수이므로 우리는 주어진 x값에서 u의 조건부 분포[모집단 중 해당 x값을 갖는 모집단 조각의 u의 분포]를 정의할 수 있다. 특히 x가 해당 값을 갖는 모집단 조각의 u의 기댓값(평균)을 구할 수 있다. 회귀분석에서 핵심적인 가정은 u의 이 조건부 평균이 x의 값에 좌우되지 않는다는 것이다. 이 가정은 다음과 같이 쓸 수 있다.

*모형 $y = \beta_0 + \beta_1 x + u$에서 $\mathrm{E}(u) = \alpha_0 \neq 0$이라 하자. $y = (\beta_0 + \alpha_0) + \beta_1 x + (u - \alpha_0)$로부터, 절편을 $\beta_0 + \alpha_0$으로 재정의하고 오차항을 $u - \alpha_0$으로 재정의하자. 그러면 재정의된 오차항의 평균은 $\mathrm{E}(u - \alpha_0) = \mathrm{E}(u) - \alpha_0 = 0$이다.

**두 확률변수의 상관계수(correlation coefficient)는 이들의 공분산을 두 표준편차의 곱으로 나눈 것이다. 두 확률변수 X와 Y의 평균을 각각 μ_X와 μ_Y라 할 때, 이 둘의 공분산(covariance)은 $\mathrm{E}[(X - \mu_X)(Y - \mu_Y)]$로 정의된다. 공분산은 두 변수의 선형 의존성의 정도를 측정한다. 표준편차는 항상 양이므로, 공분산의 부호와 상관계수의 부호는 같다. 상관계수가 0이면 두 변수는 상관되지 않았다(uncorrelated)고 하고, 상관계수가 0이 아니면 두 변수는 상관되었다(correlated)고 한다. 출처: Wooldridge 원저서 부록 B.4

$$\mathrm{E}(u|x) = \mathrm{E}(u) \tag{2.6}$$

식 (2.6)은, x값에 따라 구분한 모든 모집단 조각에서 비관측 변수들의 평균값이 동일하며, 이 공통의 평균값은 u의 전체 모집단 평균과 동일함을 의미한다. 식 (2.6)의 가정이 성립할 때 u가 x로부터 **평균독립**(mean independent)이라고 한다. (u와 x가 완전히 독립이라는 가정이 기초 확률론과 통계학에서 자주 사용되는데, 이 완전한 독립성이 성립하면 평균독립성도 성립한다. 하지만 그 역은 성립하지 않는다.) 평균독립성과 가정 (2.5)를 결합하면 **조건부 0 평균 가정**(zero conditional mean assumption) $\mathrm{E}(u|x) = 0$을 얻는다. 식 (2.6)이야말로 중요한 가정임을 명심하여야 한다. 가정 (2.5)는 기본적으로 절편 β_0을 정의할 뿐이다.

임금의 예에서 (2.6)이 의미하는 바를 살펴보자. 논의를 단순화하기 위해 u가 잠재능력을 나타낸다고 하자. 식 (2.6)은 평균적인 잠재능력 수준이 교육연수와 관계없이 동일할 것을 요구한다. 예를 들어 $\mathrm{E}(abil|8)$이 모집단 내 교육연수가 8년인 모든 사람들의 평균능력을 나타내고 $\mathrm{E}(abil|16)$이 모집단 내 교육연수가 16년인 사람들의 평균능력을 의미한다면, (2.6)은 이 둘이 동일하여야 함을 의미한다. 사실 (2.6)이 성립하려면 평균능력수준이 모든 교육수준에서 동일하여야 한다. 만일 교육수준이 높을수록 평균능력이 높으면 (2.6)은 위배된다(더 능력있는 사람들이 평균적으로 더 많은 교육을 받는다면 이러한 일이 발생할 것이다). 잠재 능력을 관측할 수 없으므로, 평균적 잠재능력이 모든 교육수준에서 동일한지 확인할 방법은 없다. 그렇더라도, 단순회귀분석을 사용하기에 앞서 이 문제를 반드시 짚고 넘어가야 한다.

비료의 예에서, 만일 비료살포량이 경작지의 다른 속성과 독립적으로 선택된다면 (2.6)이 성립할 것이다. 즉, 평균 토질은 비료살포량에 의존하지 않을 것이다. 반면, 만일 더 고품질 경작지에 더 많은 비료가 투입되었다면 u의 기댓값은 비료의 수준과 함께 변화하며 (2.6)은 위배될 것이다. 또 기말고사 점수(*score*)가 출석률(*attend*) 및 시험성적에 영향을 미치는 여타 요소들(학생의 능력 등)에 의존한다고 하자. 그러면 다음 모형을 얻는다.

$$score = \beta_0 + \beta_1 attend + u \tag{2.7}$$

이 모형에서 능력 등 여타 요소들이 평균적으로 출석률과 무관하게 동일할 때 식 (2.6)이 만족될 것이다.

조건부 0평균 가정을 이용하면 β_1에 대해 또 하나의 유용한 해석을 할 수 있다. 식 (2.1)에 x 조건부로 평균을 취하고 $\mathrm{E}(u|x) = 0$을 대입하면 다음을 얻는다.

$$\mathrm{E}(y|x) = \beta_0 + \beta_1 x \tag{2.8}$$

이 식 (2.8)은 **모집단 회귀함수**(population regression function, PRF) $\mathrm{E}(y|x)$가 x의 선형함수임을 나타낸다. 이 선형성이 의미하는 바는 x의 한 단위 증가가 y의 기댓값을 β_1 만큼

〈그림 2.1〉 x의 선형함수로서 $\mathrm{E}(y|x)$

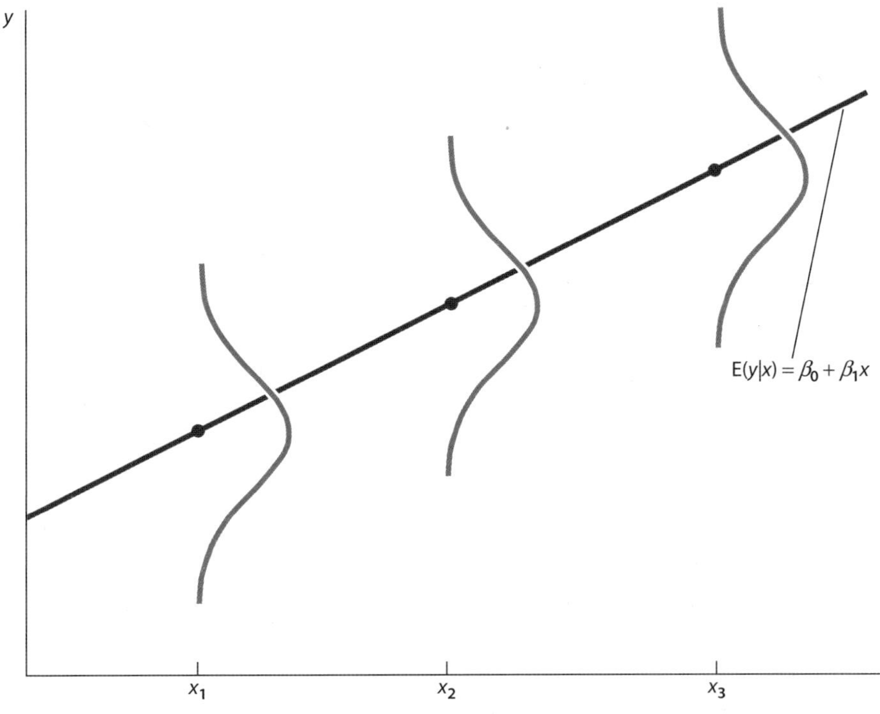

변화시킨다는 것이다. 〈그림 2.1〉에 표시되었듯이 주어진 x값에서 y는 $\mathrm{E}(y|x)$를 중심으로 분포되어 있다.

식 (2.8)은 y의 평균값이 x에 따라 변함을 나타낸다. 이 점을 이해하는 것이 중요하다. 모집단 내의 모든 단위들에 대해서 y가 $\beta_0 + \beta_1 x$와 동일하다는 말이 아니다. 예를 들어, x가 고등학교 성적(highschool GPA, *hsGPA*)이고 y가 대학 평점(college GPA, *colGPA*)이며, $\mathrm{E}(colGPA|hsGPA) = 1.5 + 0.5\,hsGPA$임이 알려져 있다고 하자. [물론 현실에서 모집단 절편과 기울기는 결코 알 수 없지만, 식 (2.8)을 이해하기 위하여 이를 아는 척해 보자.] 이 GPA 방정식으로부터, 고등학교 GPA가 특정 값인 모든 학생들의 대학 GPA 평균을 알 수 있다. $hsGPA = 3.6$이라고 하자. 그러면 고등학교 성적이 $hsGPA = 3.6$이면서 현재 대학에 다니는 모든 학생들의 평균 *colGPA*는 $1.5 + 0.5 \times 3.6 = 3.3$이다. $hsGPA = 3.6$인 모든 학생들의 대학 GPA가 3.3이라는 것이 아니다. PRF는 x값 수준과 y값의 평균 수준 사이의 관계를 나타낸다. $hsGPA = 3.6$인 학생들의 대학 GPA는 3.3보다 높기도 하고 낮기도 할 것이다. 실제 *colGPA*가 3.3보다 높을지 낮을지는 u 내의 비관측 요소들에 의존하며, 이 비관측 요소들은 $hsGPA = 3.6$인 동일 모집단 조각 내의 학생들 간에도 상이할 것이다.

조건부 0평균 가정 $\mathrm{E}(u|x)=0$이 주어졌을 때, 식 (2.1)은 y를 두 구성 부분으로 분할하는 것으로 이해할 수 있다. $\mathrm{E}(y|x)$를 나타내는 $\beta_0+\beta_1 x$는 y의 체계적 부분(systematic part)—즉, x에 의해 설명되는 y 부분—이라 하고, u는 비체계적 부분(unsystematic part)이라 하며 x에 의해 설명되지 않는 y 부분이다. 3장에서 복수의 설명변수를 도입할 때 체계적 부분이 비체계적 부분에 비하여 얼마나 큰지 알아보는 방식을 논할 것이다.

다음 2-2절에서는 주어진 임의 자료표본에 대하여 가정 (2.5)와 (2.6)을 이용하여 β_0과 β_1의 추정량을 도출해 볼 것이다. 조건부 0평균 가정은 2-5절의 통계적 분석에서도 매우 중요한 역할을 한다.

2-2 보통최소제곱 추정값의 도출

앞에서는 단순회귀 모형의 기본적 구성항목들을 논하였으며, 이제는 식 (2.1)의 β_0과 β_1 모수들을 어떻게 추정하는지 살펴본다. 이를 위해 모집단으로부터 추출한 표본이 필요하다. 모집단에서 추출한 크기 n의 임의표본을 $\{(x_i, y_i): i=1,\ldots,n\}$이라고 나타내자. 이 자료는 (2.1)이 성립하는 모집단로부터 나왔기 때문에 각 i에 대하여 다음이 성립한다고 할 수 있다.

$$y_i=\beta_0+\beta_1 x_i+u_i \tag{2.9}$$

여기서 u_i는 x_i를 제외한 여타 모든 요소들(y_i에 영향을 미치는)을 포함하므로 i번째 관측치의 오차항이다.

예를 들어 x_i는 어느 해 i번째 가구의 연간 소득이고 y_i는 그 연간 저축일 수 있다. 15개의 가구에 대하여 자료를 수집하였다면 $n=15$이다. 〈그림 2.2〉에 이러한 자료집합의 산포도와 모집단 회귀함수(가상적)가 있다.

이 자료를 이용하여 소득에 대한 저축의 모집단 회귀식의 절편과 기울기 추정값을 어떻게 구할지 알아보자. 우리가 이용하려는 추정 방법은 식 (2.5)와 (2.6)의 중요한 함의, 즉 모집단에서 u가 x와 비상관이라는 사실을 사용하는 것이다(다른 방식으로 같은 추정 방법을 도출할 수도 있다). 이로부터 u의 기댓값이 0이고 x와 u의 공분산이 0이라는 사실이 도출된다.

$$\mathrm{E}(u)=0 \tag{2.10}$$

$$\mathrm{Cov}(x,u)=\mathrm{E}(xu)=0 \tag{2.11}$$

여기서 식 (2.11)의 첫째 등식은 (2.10) 때문에 성립한다. 식 (2.10)과 (2.11)은 관측변수 x

〈그림 2.2〉 15개 가구의 저축과 소득의 산포도와 모집단 회귀식

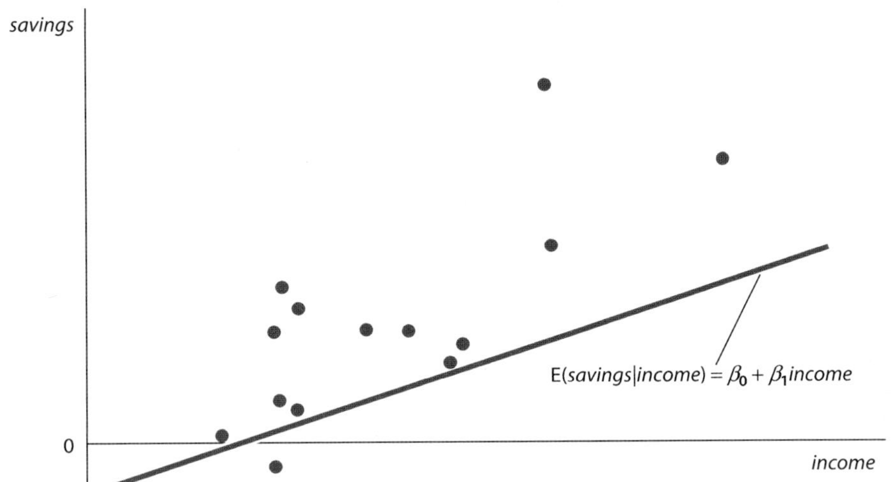

와 y 및 미지의 모수 β_0과 β_1에 대하여 각각 다음과 같이 쓸 수 있다[$u = y - \beta_0 - \beta_1 x$이므로].

$$\mathrm{E}(y - \beta_0 - \beta_1 x) = 0 \tag{2.12}$$

$$\mathrm{E}[x(y - \beta_0 - \beta_1 x)] = 0 \tag{2.13}$$

식 (2.12)와 (2.13)은 모집단 내 (x, y)의 결합확률분포에 두 개의 제약을 가한다. 추정할 미지의 모수가 두 개 있으므로 식 (2.12)와 (2.13)을 사용하여 두 모수 β_0과 β_1의 좋은 추정량을 얻을 수 있으리라 희망할 수 있다. 실제로 이 두 모수는 추정가능하다. 자료 표본이 주어졌을 때, 식 (2.12)와 (2.13)을 표본 대응식

$$\frac{1}{n}\sum_{i=1}^{n}(y_i - \hat{\beta}_0 - \hat{\beta}_1 x_i) = 0 \tag{2.14}$$

$$\frac{1}{n}\sum_{i=1}^{n}x_i(y_i - \hat{\beta}_0 - \hat{\beta}_1 x_i) = 0 \tag{2.15}$$

으로 바꾼 다음, 두 방정식의 해인 $\hat{\beta}_0$과 $\hat{\beta}_1$을 추정값으로 선택한다. 이것은 적률법(method of moments) 추정방식의 일종이다. 이 두 방정식을 풀어 $\hat{\beta}_0$과 $\hat{\beta}_1$을 구할 수 있다.

덧셈의 기본 성질을 이용하여 식 (2.14)를 다음과 같이 쓸 수 있다.

$$\bar{y} = \hat{\beta}_0 + \hat{\beta}_1 \bar{x} \tag{2.16}$$

여기서 $\bar{y} = n^{-1}\sum_{i=1}^{n} y_i$는 y_i의 표본평균이고 $\bar{x}$는 x_i의 표본평균이다. 이 식을 이용하여 $\hat{\beta}_0$을 다음과 같이 $\hat{\beta}_1, \bar{y}, \bar{x}$로써 나타낼 수 있다.

$$\hat{\beta}_0 = \bar{y} - \hat{\beta}_1 \bar{x} \tag{2.17}$$

따라서, 일단 기울기 추정값 $\hat{\beta}_1$을 구하면, $\bar{y}$와 $\bar{x}$ 값이 있으므로 절편 추정값 $\hat{\beta}_0$을 쉽게 구할 수 있다.

식 (2.15)의 양변에 n을 곱하고 (2.17)을 (2.15)에 대입하면 다음이 된다.

$$\sum_{i=1}^{n} x_i[y_i - (\bar{y} - \hat{\beta}_1\bar{x}) - \hat{\beta}_1 x_i] = 0$$

항들을 재정렬하면 다음이 된다.

$$\sum_{i=1}^{n} x_i(y_i - \bar{y}) = \hat{\beta}_1 \sum_{i=1}^{n} x_i(x_i - \bar{x})$$

덧셈의 기본성질에 의하여

$$\sum_{i=1}^{n} x_i(x_i - \bar{x}) = \sum_{i=1}^{n}(x_i - \bar{x})^2, \quad \sum_{i=1}^{n} x_i(y_i - \bar{y}) = \sum_{i=1}^{n}(x_i - \bar{x})(y_i - \bar{y})$$

이 되고,* 따라서

$$\sum_{i=1}^{n}(x_i - \bar{x})^2 > 0 \tag{2.18}$$

이라면 기울기 추정값은 다음과 같다.

$$\hat{\beta}_1 = \frac{\sum_{i=1}^{n}(x_i - \bar{x})(y_i - \bar{y})}{\sum_{i=1}^{n}(x_i - \bar{x})^2} \tag{2.19}$$

식 (2.19)는 x_i와 y_i의 표본공분산을 x_i의 표본분산으로 나눈 것과 같다. 간단한 수학을 사용하면 $\hat{\beta}_1$을 다음과 같이 표현할 수도 있다.

$$\hat{\beta}_1 = \hat{\rho}_{xy} \cdot \left(\frac{\hat{\sigma}_y}{\hat{\sigma}_x}\right)$$

단 $\hat{\rho}_{xy}$는 x_i와 y_i간의 표본상관계수이며, $\hat{\sigma}_x$와 $\hat{\sigma}_y$는 표본표준편차이다.** (분모와 분자를 모두 $n-1$로 나누어도 값은 변하지 않는다.) 그 결과, x_i와 y_i가 양(+)의 상관관계를 가지면 $\hat{\beta}_1 > 0$이고, x_i와 y_i가 음(−)의 표본 상관관계를 가지면 $\hat{\beta}_1 < 0$이다.

*결합법칙과 분배법칙에 의하여, $\sum_{i=1}^{n}(x_i - \bar{x})(y_i - \bar{y}) = \sum_{i=1}^{n} x_i(y_i - \bar{y}) - \bar{x}\sum_{i=1}^{n}(y_i - \bar{y})$이고 이 중 둘째 항은 0이다. 이로써 둘째 등식이 증명된다. 첫째 등식은 이 둘째 등식에서 $y_i - \bar{y}$를 $x_i - \bar{x}$로 치환함으로써 얻는다.

**$(x_1, x_2, \ldots, x_n)$의 표본분산은 $\sum_{i=1}^{n}(x_i - \bar{x})^2/(n-1)$로 정의되고, $(x_1, x_2, \ldots, x_n)$과 $(y_1, y_2, \ldots, y_n)$의 표본공분산은 $\sum_{i=1}^{n}(x_i - \bar{x})(y_i - \bar{y})/(n-1)$로 정의된다. 표본표준편차는 표본분산의 제곱근이며, 표본상관계수는 표본공분산을 표본표준편차들의 곱으로 나눈 것이다.

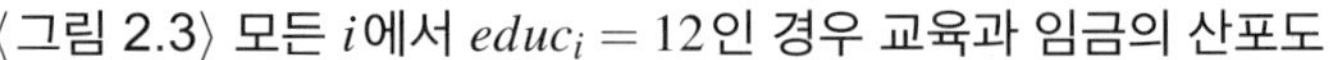

〈그림 2.3〉 모든 i에서 $educ_i = 12$인 경우 교육과 임금의 산포도

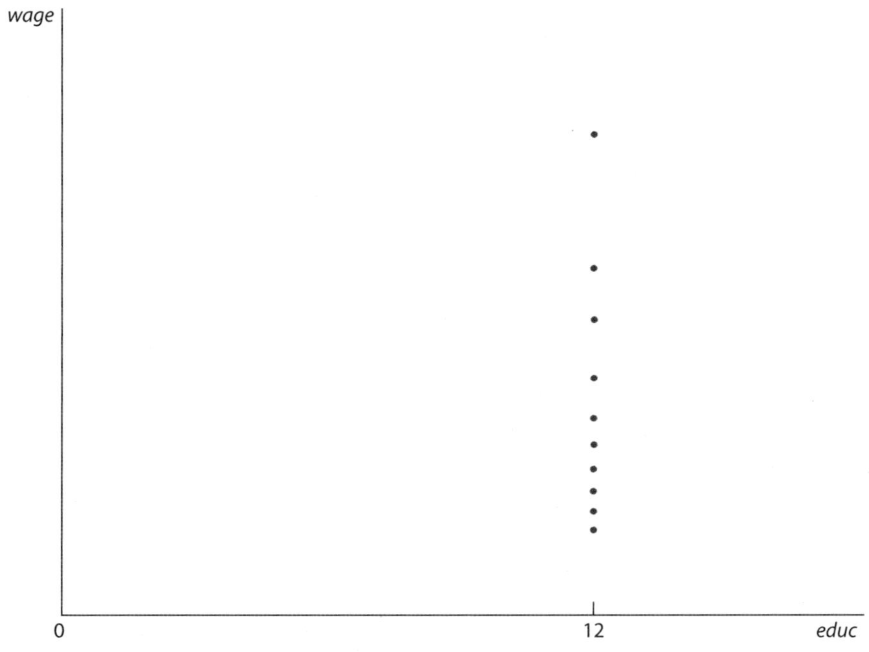

$\hat{\beta}_1$을 표본상관계수와 표본표준편차들로 표현한 위 공식은 다음 모집단 내 관계에 대응한다.

$$\beta_1 = \rho_{xy} \cdot \left(\frac{\sigma_y}{\sigma_x}\right)$$

단, ρ_{xy}, σ_x, σ_y는 전체 모집단에 대하여 정의된 것이다. β_1이 ρ_{xy}의 상수 배라는 사실은, 실험자료가 없는 경우 단순회귀가 갖는 중요한 한계를 드러낸다. 사실상 단순회귀는 두 변수들 간의 상관관계를 분석하는 것이므로 인과성에 대한 추론을 할 때 조심하여야 한다.

식 (2.17)과 (2.19)를 구한 방법이 식 (2.6)으로부터 유도되었기는 하지만, 주어진 표본에 대해 이 추정값들을 실제 구할 때 유일하게 필요한 가정은 (2.18)이다. 이것은 딱히 가정이라고 할 것도 없을 만큼 당연한 것이다. 식 (2.18)은 x_i값들이 모두 동일한 경우만 아니면 성립한다. 만일 (2.18)이 위배된다면 이는 모집단으로부터 표본이 운나쁘게 뽑혔거나, (모집단에서 x값이 변하지 않으므로) 문제 자체가 흥미롭지 않기 때문이다. 예를 들어 $y = wage$이고 $x = educ$일 때, 식 (2.18)이 위배되는 것은 표본 내의 모든 사람들이 동일한 양의 교육을 받은 경우(예를 들어 〈그림 2.3〉처럼 모든 사람이 고졸인 경우)이다. 만일 한 사람이라도 상이한 양의 교육을 받았으면 (2.18)이 성립하고 추정값을 계산할 수 있다.

식 (2.17)과 (2.19)의 추정값들을 β_0과 β_1의 보통최소제곱(ordinary least squares, OLS)

추정값이라 한다. 이 이름이 붙은 이유를 보기 위하여, β_0과 β_1에 대하여 $x = x_i$일 때 y의 맞춘값(fitted value)을 다음과 같이 정의하자.

$$\hat{y}_i = \hat{\beta}_0 + \hat{\beta}_1 x_i \tag{2.20}$$

이 값은 주어진 절편과 기울기를 가지고 $x = x_i$일 때 우리가 y를 예측하는 값이며, 표본의 관측치별로 각각 하나의 맞춘값이 존재한다. 관측값 i의 잔차(residual)는 실제 y_i값과 그 맞춘값의 차이이다.

$$\hat{u}_i = y_i - \hat{y}_i = y_i - \hat{\beta}_0 - \hat{\beta}_1 x_i \tag{2.21}$$

이 잔차가 n개 있음에 유의하라. [이 잔차들은 (2.9)의 오차항과 같지 않다. 이에 대해서는 2-5절에서 다시 살펴볼 것이다.] 맞춘값과 잔차는 〈그림 2.4〉에 표시되어 있다.

이제 잔차 제곱합(sum of squared residuals)

$$\sum_{i=1}^{n} \hat{u}_i^2 = \sum_{i=1}^{n} (y_i - \hat{\beta}_0 - \hat{\beta}_1 x_i)^2 \tag{2.22}$$

을 가능한 한 작게 만드는 $\hat{\beta}_0$과 $\hat{\beta}_1$을 구해 보자. 본 장의 부록에 $(\hat{\beta}_0, \hat{\beta}_1)$이 (2.22)를 최소화시키기 위해 필요한 조건이 정확히 식 (2.14)와 (2.15)라는 사실이 증명되어 있다(n^{-1} 부분은 빼고). 식 (2.14)와 (2.15)를 흔히 OLS 추정의 1계 조건(first order condition)이라 하

〈그림 2.4〉 맞춘값과 잔차

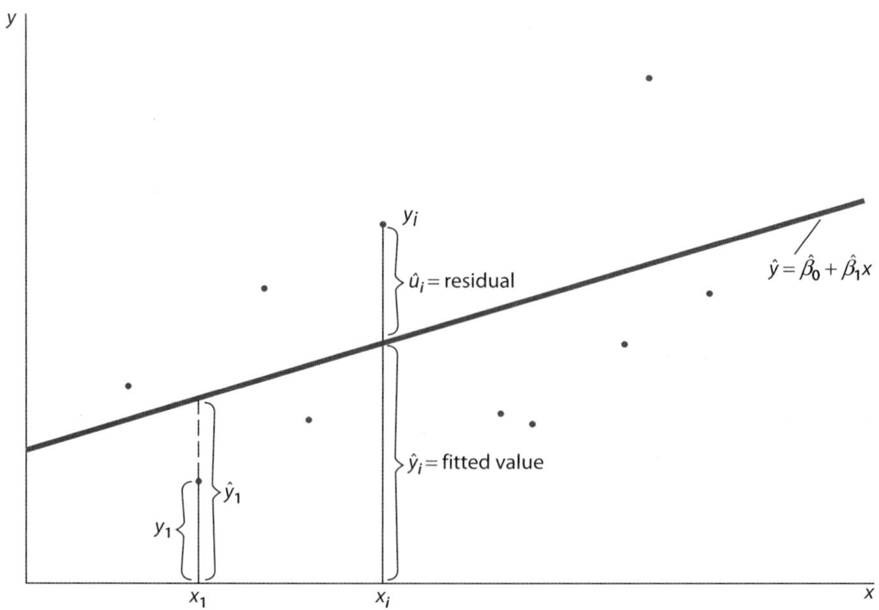

며, 미분을 활용한 최적화로부터 구할 수 있다. 앞의 계산에서 OLS 1계 조건의 해는 (2.17)과 (2.19)임을 구하였다. "보통최소제곱법"이라는 이름은 이 추정값들이 잔차 제곱합을 최소화시킨다는 사실 때문에 붙었다.

보통최소제곱법을 잔차 제곱합을 최소화시키는 것으로 이해한다면 자연스럽게 다음과 같은 질문이 생긴다. 왜 잔차들의 다른 함수—예를 들어 잔차들의 절댓값의 합—를 최소화시키지는 않는가? 더 고급강좌인 9-6절에서 이야기하겠지만, 사실 잔차들의 절댓값의 합을 최소화하는 방법은 매우 유용할 수도 있다. 하지만 여기에는 단점도 있다. 첫째, 이에 해당하는 추정량의 수식을 구할 수 없고, 주어진 자료에 대해서 추정값을 수치적 최적화 프로그램으로써 구하여야 한다. 그 결과, 잔차 절댓값 합을 최소화시키는 추정량에 대한 통계이론이 매우 복잡하게 된다. 잔차들의 다른 함수—예를 들어 잔차들의 4승의 합—들을 최소화시키는 방법도 이와 유사한 단점을 가지고 있다(잔차들 자체의 합을 최소화시키는 방법을 사용해서는 안 된다. 왜냐하면 부호가 반대인 잔차들은 크기가 커도 서로 소거되기 때문이다). 이와 달리 OLS의 경우에는 불편성(unbiasedness), 일치성(consistency) 및 여타 중요한 통계적 성질들을 상대적으로 쉽게 도출할 수 있다. 더욱이, 식 (2.12)와 (2.13)에서 본 바와 같이, OLS는 조건부 평균 함수 (2.8)에 나타나는 모수들을 추정하는 데에 적절하다. 이 점은 2-5절에 더 자세히 설명되어 있다.

OLS 절편과 기울기를 구한 후 다음의 OLS 회귀선(OLS regression line)을 만든다.

$$\hat{y} = \hat{\beta}_0 + \hat{\beta}_1 x \tag{2.23}$$

여기서 $\hat{\beta}_0$과 $\hat{\beta}_1$은 식 (2.17)과 (2.19)를 사용하여 구한 것이다. $\hat{y}$ 기호는 "y hat"이라고 읽으며, 식 (2.23)에 의하여 구한 예측값이 추정값임을 강조한다. 절편 $\hat{\beta}_0$은 $x = 0$일 때 y의 예측값이다. 단, 경우에 따라 $x = 0$이라고 하는 것이 이치에 맞지 않을 수도 있음에 유의하라. 이 경우 $\hat{\beta}_0$ 자체는 별로 흥미롭지 않을 것이다. 그렇다고 하더라도 식 (2.23)을 활용하여 주어진 x 값에서 y의 예측값을 계산할 때에는 절편을 꼭 넣어야 한다. 식 (2.23)은 모집단 회귀함수 $\mathrm{E}(y|x) = \beta_0 + \beta_1 x$를 추정한 것이므로 표본 회귀함수(sample regression function, SRF)라고도 한다. 모집단 회귀함수(PRF)는 고정되었지만 알 수 없는 것임을 기억해야 할 것이다. SRF는 주어진 자료 표본에 대하여 구하므로, 표본이 달라지면 식 (2.23)의 기울기와 절편이 달라진다.

대부분의 경우 주된 관심사는

$$\hat{\beta}_1 = \Delta\hat{y}/\Delta x \tag{2.24}$$

에 해당하는 기울기 추정값으로서 x가 한 단위 증가할 때 $\hat{y}$이 변화하는 정도를 말해 준다. 식 (2.24)를

$$\Delta\hat{y} = \hat{\beta}_1 \Delta x \tag{2.25}$$

라고 나타낼 수도 있으며, 이로써 x의 변화량이 무엇이든(양수이든 음수이든) y의 예측된 변화량을 계산할 수 있다.

이제 실제 자료를 사용하여 구한 단순회귀의 몇 가지 예를 살펴본다. 다시 말해, 식 (2.17)과 (2.19)를 이용하여 절편과 기울기 추정값을 구할 것이다. 이 예제들에서는 관측값의 수가 많기 때문에 계량경제 소프트웨어 패키지를 사용하여 계산을 한다. 여기서 이들 회귀결과가 꼭 인과관계를 보여주는 것은 아니므로 이들에 지나친 의미를 부여해서는 안 된다. 또한, 아직까지 OLS의 통계적 성질에 대해서는 아무 이야기도 하지 않았다. 2-5절에서 모집단 모형 식 (2.1)에 대하여 명시적으로 몇 가지 가정을 하고 나서 추정량들의 통계적 성질들을 살펴볼 것이다.

예제 2.3 **CEO 급여와 자기자본 수익률**

최고경영자의 모집단에 대하여 y가 1천 달러 단위로 측정한 연봉(*salary*)이라 하자. 따라서 $y = 856.3$은 $856,300을 나타내며, $y = 1,452.6$은 연봉이 $1,452,600임을 뜻한다. x가 이 CEO 회사의 과거 3년 평균 자기자본수익률(return on equity, *roe*)이라 하자. (자기자본수익률은 자기자본 대비 순수익의 비율을 백분율로 나타낸 것이다.) 예를 들어 $roe = 10$이면 3년 평균 자기자본 수익률이 10%이다.

이 기업 성과의 척도와 CEO 보수 간의 관계를 살펴보기 위해 다음 단순모형을 세운다.

$$salary = \beta_0 + \beta_1 roe + u$$

기울기 모수 β_1은 자기자본수익률이 1 퍼센트 포인트 증가할 때의 연봉 증가분을 1천 달러 단위로 측정한다. *roe*가 높을수록 회사에 좋으므로 $\beta_1 > 0$일 것이다.

자료 집합 CEOSAL1에는 1990년 209명 CEO들의 정보가 들어 있다. 이 자료는 5/6/91자 「비즈니스위크」(*Business Week*)로부터 얻은 것이다. 이 표본에서 평균 연봉은 $1,281,120이며, 그 최솟값과 최댓값은 각각 $223,000과 $14,822,000이다. 1988–1990년 평균 자기자본수익률은 평균 17.18%이고, 최댓값과 최솟값은 각각 0.5%와 56.3%이다.

CEOSAL1 자료를 이용하여 *salary*와 *roe*를 관련시키는 OLS 회귀선을 구하면 다음과 같다.

$$\widehat{salary} = 963.191 + 18.501\, roe \qquad n = 209 \tag{2.26}$$

여기서 절편과 기울기는 소수점 아래 셋째 자리로 반올림하였고, 좌변에 "*salary* 햇"을 사용하여, 위 결과가 추정식임을 나타냈다. 이 식을 어떻게 해석하는가? 첫째, 자기자본

수익률이 0이면($roe = 0$), *salary* 예측값은 그 절편인 963.191이다. *salary*가 1천 달러 단위로 측정되었으므로 이는 \$963,191과 같다. 다음으로, 급여액 예측값의 변화분을 *roe* 변화분의 함수로서 $\Delta\widehat{salary} = 18.501(\Delta roe)$로 나타낼 수 있다. 이는 자기자본수익률이 1 퍼센트 포인트〔즉, 숫자 1〕 증가할 때($\Delta roe = 1$) *salary*가 약 18.5, 즉 약 \$18,500만큼 변화할 것으로 예측됨을 의미한다. 식 (2.26)이 선형식이므로 이 추정된 변화분은 초기 급여액이 무엇이든 상관없이 동일하다.

식 (2.26)을 이용하여 다양한 *roe* 값에서 급여액 예측값들을 구할 수 있다. $roe = 30$이라 하자. 그러면 $\widehat{salary} = 963.191 + 18.501 \times 30 = 1,518.221$로서 150만 달러를 약간 초과한다. 그렇다고 하여 $roe = 30$인 기업의 CEO가 \$1,518,221를 번다는 뜻은 아니다. 많은 여타 요소들도 급여에 영향을 미친다. 여기서 구한 값은 단지 OLS 회귀선 (2.26)으로부터 구한 우리의 예측일 뿐이다. 이 추정된 직선이 〈그림 2.5〉에 모집단 회귀함수 $E(salary|roe)$와 함께 그려져 있다. 우리는 절대로 모집단 회귀함수(PRF)를 알 수 없으므로, 표본 회귀함수(SRF)가 PRF와 얼마나 가까운지 알 수 없다. 자료 표본이 달라지면 추정한 회귀선도 달라지고〔하지만 모집단 회귀함수는 달라지지 않음〕, 새 회귀선은 모집단 회귀선에 더 가까울 수도 있고 더 멀 수도 있다.

〈그림 2.5〉 OLS 회귀선 $\widehat{salary} = 963.191 + 18.501\,roe$와 (미지의) 모집단 회귀함수

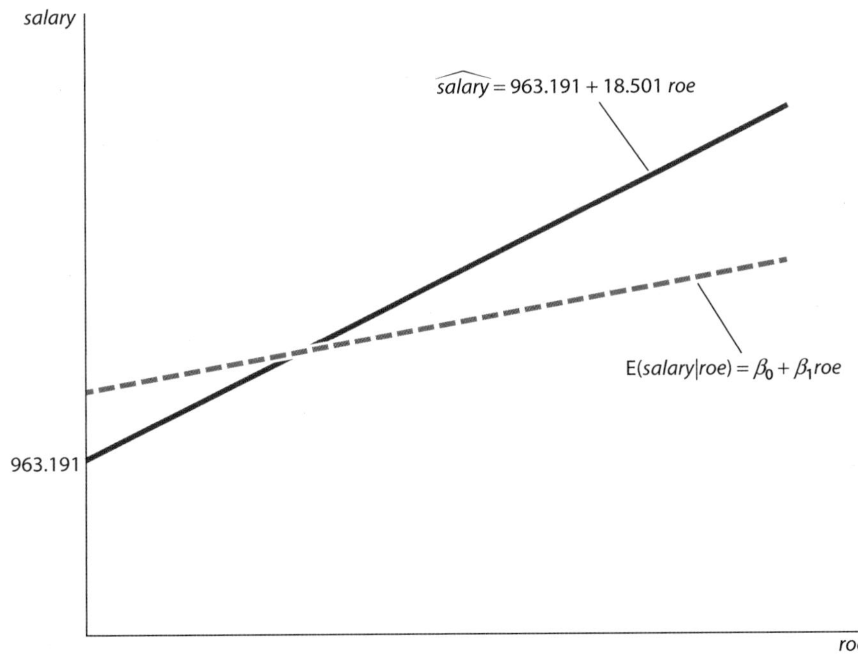

예제 2.4 임금과 교육

1976년 노동자의 모집단에 대하여 $y = wage$라 하자. 여기서 $wage$는 시간당 달러로 측정된다. 그러므로 $wage = 6.75$는 시급임금이 \$6.75임을 의미한다. $x = educ$가 학교 다닌 햇수라 하자. 예를 들어 $educ = 12$는 고졸학력에 해당한다. 우리가 사용할 표본의 평균임금은 \$5.90이며, 소비자물가지수로 환산하면 이는 2003년 화폐가치로 \$19.06이다.

$n = 526$인 개인별 자료 WAGE1을 사용하여 다음 OLS 회귀선(또는 표본 회귀함수)을 구할 수 있다.

$$\begin{aligned} \widehat{wage} &= -0.90 + 0.54\,educ \\ n &= 526 \end{aligned} \tag{2.27}$$

이 결과를 해석할 때 조심하여야 한다. 절편 -0.90은 문자 그대로 보면 교육을 받지 않은 ($educ = 0$) 사람이 시간당 -90센트의 임금을 얻을 것으로 예측한다는 뜻이다. 이것은 물론 불가능하다. 526명의 표본 내에 18명만이 8년 미만의 교육을 받았다. 따라서 매우 낮은 교육수준에서 회귀선이 별로 좋지 않을 것임은 놀랍지 않다. 교육이 8년인 사람의 임금은 $\widehat{wage} = -0.90 + 0.54 \times 8 = 3.42$, 즉 (1976년 화폐가치로) 시간당 \$3.42일 것으로 예측된다.

식 (2.27)의 기울기 추정값에 따르면, 교육이 1년 증가할 때 시급은 54센트 증가한다. 그러므로 교육을 4년 더 받으면, 임금은 $4 \times 0.54 = 2.16$, 즉 시급이 \$2.16 증가할 것으로 예측된다. 이는 상당히 큰 효과이다. 식 (2.27)이 선형이므로 초기 교육수준과 무관하게 교육 1년의 증가는 임금을 동일한 양만큼 증가시킨다. 2-4절에서 설명변수의 한계효과가 변하도록 만드는 방법을 설명할 것이다.

예제 2.5 득표율과 선거경비지출

VOTE1 파일에 1988년 미하원의 173개 양당 선거전에서 득표율과 선거경비지출 자료가 있다. 각 선거전에 A와 B 두 명의 후보가 있다. A후보의 백분율 득표율을 $voteA$라 하고 총 선거경비 중 A후보 측 지출액의 백분율 비중을 $shareA$라 하자. $shareA$ 외에도 많은 요소들(후보자의 자질, A와 B의 경비지출금액 등)이 선거 결과에 영향을 미칠 것이다. 그럼에도 단순회귀모형을 추정하여, 상대후보보다 경비를 더 많이 지출하면 득표율이 높아지는지 알아볼 수 있을 것이다.

173개 관측값들을 이용하여 추정한 방정식은 다음과 같다.

$$\widehat{voteA} = 26.81 + 0.464\,shareA$$
$$n = 173 \tag{2.28}$$

이 결과에 따르면 A후보의 경비지출비중이 1퍼센트 포인트 증가할 때 A후보는 총투표수의 약 1/2 (정확히는 0.464) 퍼센트 포인트를 더 받는다[46.4 퍼센트 포인트가 아님]. 이것이 인과관계인지 아닌지는 불분명하지만, 터무니없지는 않아 보인다. $shareA = 50$이면, $voteA$는 약 50, 즉 전체의 거의 절반일 것으로 예측된다.

경우에 따라, 회귀분석은 인과성을 발견하기보다는 표준적인 상관관계분석처럼 두 변수가 양 또는 음으로 상관되었는지 발견하기 위하여 사용된다. 예를 들어 Biddle and Hamermesh (1990)의 수면시간과 공부시간 자료로부터 이 두 요소 간의 상반되는 관계(tradeoff)를 조사할 수 있다.

2-2a 용어에 관한 주석

대부분의 경우, OLS를 통하여 추정된 관계를 (2.26), (2.27), (2.28)과 같은 수식으로 나타낼 것이다. 가끔씩 짧게 표현하기 위해, OLS 회귀가 행해졌음을 방정식 표기 없이 나타낼 수 있으면 편리할 것이다. 식 (2.23)이 OLS로부터 얻어졌다는 것을 종종

$$y\text{를 } x\text{에 대하여} \tag{2.29}$$

회귀하였다(run the regression of y on x, 또는 regress y on x)고 표현할 것이다. (2.29)에서 y와 x의 위치로부터 어느 것이 종속변수이고 어느 것이 독립변수인지 알 수 있다. 우리는 항상 종속변수를 독립변수에 회귀한다. 실제 적용 시 y와 x는 실제 이름으로 치환된다. *salary*를 *roe*에 회귀하여 (2.26)을 얻었고, *voteA*를 *shareA*에 회귀하여 (2.28)을 얻었다.

(2.29)의 용어를 사용하는 경우 항상 절편 $\hat{\beta}_0$이 기울기 $\hat{\beta}_1$과 함께 추정된다. 대부분의 응용연구에서 그렇게 한다. 이따금 절편이 0이라는 가정하에서(그러면 $x = 0$일 때 $\hat{y} = 0$이다) y와 x의 관계를 추정하고자 할 때가 있다. 이 경우는 2-6절에서 다룬다. 달리 명시하지 않으면 우리는 항상 절편을 기울기와 함께 추정한다.

2-3 모든 자료 표본에서 성립하는 OLS의 성질

2-2절에서 OLS 절편과 기울기 추정값을 위한 공식을 도출하였다. 본 절에서는 OLS 회귀선의 대수적 성질에 대하여 좀 더 살펴본다. 이 성질들은 어떠한 자료표본에서든 반드시

성립하여야 한다. 더 어려운 일—모든 가능한 임의 자료표본에 걸친 OLS의 성질들을 알아내는 것—은 2-5절로 미룬다.

우리가 도출할 몇 가지 대수적 성질들은 특별할 것이 없다. 그럼에도, 이 성질들을 이해함으로써 자료가 특정한 방식으로 변환될 때—예를 들어 종속변수와 독립변수의 측정단위가 바뀔 때—OLS 추정값 및 관련 통계량들에게 무슨 일이 일어나는지 파악할 수 있게 된다.

2-3a 맞춘값과 잔차

주어진 자료표본에 대해서 절편과 기울기 추정값 $\hat{\beta}_0$과 $\hat{\beta}_1$을 얻었다고 하자. $\hat{\beta}_0$과 $\hat{\beta}_1$이 주어지면, 우리는 각 관측치에 대하여 맞춘값(fitted values) $\hat{y}_i$을 계산할 수 있다[식 (2.20) 참조]. 정의상, 각 맞춘값 $\hat{y}_i$는 OLS 회귀선상에 있다. 관측치 i의 OLS 잔차 $\hat{u}_i$은 식 (2.21)에 주어진 것처럼 y_i와 그 맞춘값의 차이이다. $\hat{u}_i$이 양수이면 회귀선은 y_i 를 과소예측하고〔즉, $\hat{y}_i < y_i$〕, $\hat{u}_i$이 음수이면 회귀선은 y_i를 과대예측한다〔즉, $\hat{y}_i > y_i$〕. 관측값 i에게 이상적인 상황은 $\hat{u}_i = 0$일 때이지만, 대부분의 경우 어떤 잔차값도 0이 아니다. 다른 말로 하면, 어떠한 관측점도 OLS 선상에 놓여있지 않기가 쉽다.

〈표 2.2〉 처음 15 CEO들의 맞춘값과 잔차

obsno	roe	salary	salaryhat	uhat
1	14.1	1095	1224.058	-129.0581
2	10.9	1001	1164.854	-163.8543
3	23.5	1122	1397.969	-275.9692
4	5.9	578	1072.348	-494.3483
5	13.8	1368	1218.508	149.4923
6	20.0	1145	1333.215	-188.2151
7	16.4	1078	1266.611	-188.6108
8	16.3	1094	1264.761	-170.7607
9	10.5	1237	1157.454	79.5463
10	26.3	833	1449.773	-616.7725
11	25.9	567	1442.372	-875.3721
12	26.8	933	1459.023	-526.0231
13	14.8	1339	1237.009	101.9911
14	22.3	937	1375.768	-438.7678
15	56.3	2011	2004.808	6.1919

예제 2.6 CEO 급여와 자기자본수익률

〈표 2.2〉에 CEO 자료집합의 처음 15개 관측값들과 맞춘값 *salaryhat* 및 잔차 *uhat*의 목록이 있다.

처음 네 CEO들은 OLS 회귀선 (2.26)에서 예측한 것보다 낮은 급여를 받고 있다[*uhat*이 음수이므로]. 다시 말하여, 이들 CEO의 급여는 회사의 *roe*만 고려하여 예측하는 것보다 낮다. 다섯 번째 CEO의 *uhat*은 양수이므로 OLS 회귀선에 따라 예측하는 것보다 높은 급여를 받는다.

2-3b OLS 통계량의 대수적 성질

OLS 추정값 및 관련 통계량에 몇 가지 유용한 대수적 성질이 있다. 이들 중 가장 중요한 세 가지를 살펴본다.

(1) OLS 잔차들의 합과 표본평균은 0이다. 수학적으로 다음과 같다.

$$\sum_{i=1}^{n} \hat{u}_i = 0 \tag{2.30}$$

이 성질은 증명할 필요도 없이 OLS 1계조건 (2.14)에서 직접 도출되며, 여기서 잔차들이 $\hat{u}_i = y_i - \hat{\beta}_0 - \hat{\beta}_1 x_i$로 정의되는 것만 기억하면 된다. 달리 말하자면, OLS 추정값 $\hat{\beta}_0$과 $\hat{\beta}_1$은 잔차들의 합이 0이 되도록 선택되는 것이다(모든 자료집합에 대하여). 단, 이 조건은 특정 관측값 i의 잔차항에 대해서는 아무것도 이야기하지 않는다.

(2) 설명변수 값들과 OLS 잔차값들의 표본공분산이 0이다. 이는 1계조건 (2.15)에 의하며, 이는 잔차값들을 이용하여 다음과 같이 나타낼 수 있다.

$$\sum_{i=1}^{n} x_i \hat{u}_i = 0 \tag{2.31}$$

OLS 잔차들의 표본평균이 0이므로, (2.31)의 좌변은 x_i와 $\hat{u}_i$의 표본공분산에 비례한다.

(3) $(\bar{x}, \bar{y})$ 점은 항상 OLS 회귀선상에 있다. 달리 말하면, 식 (2.23)에서 x 자리에 $\bar{x}$를 대입하면 그 예측값은 $\bar{y}$이다. 이는 식 (2.16) 때문이다.

예제 2.7 임금과 교육

WAGE1 자료의 경우 평균 시급은 소수 둘째 자리까지 반올림하여 5.90이고, 평균 교육연수는 12.56이다. $educ = 12.56$을 OLS 회귀식 (2.27)에 대입하면 $\widehat{wage} = -0.90 + 0.54(12.56) = 5.8824$로서 소수 둘째 자리까지 반올림하여 정확히 5.90인 것은 아니지만 소수 첫째 자리까지 반올림하면 5.9로서 표본 내 평균 시급과 유사하다. 이러한 차이는 평균임금, 교육, 절편과 기울기의 추정값을 반올림하였기 때문에 발생한다. 처음부터 아무것도 반올림하지 않았다면 답이 더 정확히 일치하겠지만 중요한 차이는 거의 없다.

각각의 y_i를 맞춘값과 잔차의 합으로 표현함으로써 OLS 회귀를 또 다르게 해석해 볼 수 있다. 각각의 i에 대하여 다음과 같이 쓰자.

$$y_i = \hat{y}_i + \hat{u}_i \tag{2.32}$$

성질 (1)로부터, 잔차들의 평균은 0이다. 그러므로 맞춘값 $\hat{y}_i$들의 표본평균은 y_i들의 표본평균과 동일하다. 즉, $\bar{\hat{y}} = \bar{y}$이다. 나아가, 성질 (1)과 (2)로부터 $\hat{y}_i$와 $\hat{u}_i$의 표본공분산은 0임을 알 수 있다. 따라서 OLS가 각 y_i를 맞춘값과 잔차라는 두 구성부분으로 분해하는 것으로 볼 수 있다. 이때 맞춘값들과 잔차들은 표본에서 서로 비상관(uncorrelated)이다.

총제곱합(total sum of squares, SST), 설명된 제곱합(explained sum of squares, SSE), 잔차제곱합(residual sum of squares, SSR)을 다음과 같이 정의하자.

$$\text{SST} \equiv \sum_{i=1}^{n} (y_i - \bar{y}_i)^2 \tag{2.33}$$

$$\text{SSE} \equiv \sum_{i=1}^{n} (\hat{y}_i - \bar{y}_i)^2 \tag{2.34}$$

$$\text{SSR} \equiv \sum_{i=1}^{n} \hat{u}_i^2 \tag{2.35}$$

SST는 표본 내 y_i의 총 변동(variation)의 척도이다. 즉, 이는 표본값 y_i들 간에 얼마나 차이가 있는지 측정한다. 이 SST를 $n-1$로 나누면 y의 표본분산이 된다. 이와 유사하게, SSE는 $\hat{y}_i$의 표본 내 변동(variation)을 측정하며(여기서 $\bar{\hat{y}} = \bar{y}$), SSR은 $\hat{u}_i$의 표본 내 변동(variation)을 측정한다. y의 총 차이는 항상 설명된 차이 SSE와 설명되지 않은 차이 SSR의 합으로 표현할 수 있다. 따라서

$$\text{SST} = \text{SSE} + \text{SSR} \tag{2.36}$$

이다. 덧셈의 성질을 이용하면 (2.36)의 증명은 어렵지 않다. 먼저

$$\begin{aligned}
\sum_{i=1}^{n} (y_i - \bar{y})^2 &= \sum_{i=1}^{n} \left[(y_i - \hat{y}_i) + (\hat{y}_i - \bar{y})\right]^2 = \sum_{i=1}^{n} \left[\hat{u}_i + (\hat{y}_i - \bar{y})\right]^2 \\
&= \sum_{i=1}^{n} \hat{u}_i^2 + 2\sum_{i=1}^{n} \hat{u}_i(\hat{y}_i - \bar{y}) + \sum_{i=1}^{n} (\hat{y}_i - \bar{y})^2 \\
&= \text{SSR} + 2\sum_{i=1}^{n} \hat{u}_i(\hat{y}_i - \bar{y}) + \text{SSE}.
\end{aligned}$$

좌변이 SST이므로 우변 마지막 줄에서

$$\sum_{i=1}^{n} \hat{u}_i(\hat{y}_i - \bar{y}) = 0 \tag{2.37}$$

이면 (2.36)이 성립할 것이다. 그런데 이미 잔차값들과 맞춘값들의 표본공분산이 0임을 보았으며, 이 표본공분산은 (2.37) 나누기 $n-1$이므로 (2.36)을 얻는다.

SST, SSE, SSR 등의 용어를 사용할 때 주의가 필요하다. 식 (2.33), (2.34) 및 (2.35)에 정의된 세 가지 수량의 이름이나 약식부호는 통일되어 있지 않다. 총제곱합은 SST나 TSS라고 하므로 혼동될 것이 없다. 하지만 설명된 제곱합(explained sum of squares)을 때로 "회귀 제곱합(regression sum of squares)"이라 하기도 한다. 이 말을 자연스럽게 축약시켜 RSS라고 하면 "잔차 제곱합(residual sum of squares)" 용어와 혼동되기 쉽다. 어떤 회귀 패키지는 설명된 제곱합(explained sum of squares)을 "모형제곱합(model sum of squares)"이라 하기도 한다.

설상가상으로 잔차 제곱합을 때로 "오차 제곱합(error sum of squares)"이라 한다. 2-5절에서 설명할 것처럼 오차와 잔차는 서로 다르므로, 이 용어는 좋지 않고, 따라서 우리는 항상 (2.35)를 잔차 제곱합(residual sum of squares 또는 sum of squared residuals)이라 하고, 잔차 제곱합을 SSR로 약식표기할 것이다. 이것이 계량경제 패키지에서 더 널리 사용된다.

2-3c 적합도(Goodness-of-fit)

지금까지는 설명변수 혹은 독립변수 x가 종속변수 y를 얼마나 잘 설명하는지 측정하는 것에 대하여 생각하지 않았다. OLS회귀선이 자료를 얼마나 잘 맞추는지 요약해 주는 숫자가 있으면 유용할 것이다. 이하에서 기울기와 절편이 모두 추정된다고 가정함을 기억하기 바란다.

총제곱합 SST가 0이 아니라는 가정—y_i가 모두 동일한 예외적 상황을 제외하면 성립함—아래에서 식 (2.36)의 양변을 SST로 나누면 $1 = \text{SSE}/\text{SST} + \text{SSR}/\text{SST}$를 얻는다. 회귀의 R제곱(R-squared, R^2) 또는 결정계수(coefficient of determination)는 다음과 같이 정의된다.

$$R^2 \equiv \text{SSE}/\text{SST} = 1 - \text{SSR}/\text{SST} \tag{2.38}$$

R^2은 총 차이(total variation)에 비한 설명된 차이(explained variation)의 비율이며, 따라서 y의 전체 차이 중 x의 차이에 의하여 설명되는 부분의 비중으로 해석된다. 식 (2.38)의 둘째 등식을 사용하여 R^2을 계산할 수도 있다.

식 (2.36)으로부터, R^2의 값은 항상 0에서 1 사이임을 알 수 있다. 왜냐하면 SSE가 SST보다 클 수 없기 때문이다. R^2을 해석할 때 보통 100을 곱하여 백분율로 바꾼다. $100 \times R^2$

은 y의 전체 차이 중 x에 의하여 설명된 비율을 백분율로 나타낸 것이다.

자료 관측점들이 모두 동일한 직선상에 존재한다면 OLS는 자료를 완벽하게 맞춘다. 이 경우 $R^2 = 1$이다. R^2의 값이 0에 가까우면 OLS선이 자료를 볼품없이 맞추었음을 나타낸다. y_i의 차이가 $\hat{y}_i$(모두 OLS 회귀선상에 위치함)의 차이에 의하여 거의 포착되지 못하는 것이다. 사실 R^2은 y_i와 $\hat{y}_i$ 간의 표본상관계수의 제곱과 동일함을 보일 수 있다. 그래서 이를 "R제곱"이라고 한다(R이라는 문자는 전통적으로 모집단 상관계수의 추정값을 나타내는 데 쓰였고, 이 기호가 회귀분석에서 살아남았다).

예제 2.8 CEO 급여와 자기자본수익률

CEO 급여 회귀에서 다음을 얻는다.

$$\widehat{salary} = 963.191 + 18.501\,roe$$
$$n = 209,\ \ R^2 = 0.0132 \tag{2.39}$$

편의상 OLS 회귀선과 관측값 개수를 여기 다시 적었다. 이 방정식에서 보고된 R^2(소수 넷째 자리까지 반올림한 값)을 사용하여 급여 변동분의 얼마나 많은 부분이 실제로 자기자본 수익률에 의하여 설명되는지 볼 수 있다. 답은 '별로'이다. 이 209명 CEO의 표본에서 기업의 자기자본 수익률은 급여의 차이의 약 1.3%밖에 설명하지 않는다. 이는 이들 CEO의 급여 차이의 98.7%가 설명되지 않았음을 의미한다! 이처럼 설명력이 낮은 것은 그리 놀라운 일이 아니다. 왜냐 하면 기업과 CEO 개인의 많은 여타 요인들이 급여에 영향을 미칠 것이기 때문이다. 단순회귀분석에서 이 요인들은 모두 오차항에 포함된다.

사회과학에서 특히 횡단면 분석의 경우 R^2은 흔히들 낮다. 나중에 다중회귀분석에서 이 문제를 좀 더 일반적으로 논할 것이며, 현재로서는 R^2이 낮다고 하여 반드시 OLS 회귀방정식이 쓸모없는 것은 아니라는 점을 강조하고자 한다. 식 (2.39)는 여전히 *salary*와 *roe*의 ceteris paribus 관계를 잘 추정해 줄 수 있고, 이를 잘 추정하고 말고는 R^2의 크기에 직접 의존하지 않는다. 계량경제학을 처음 배우는 학생들은 회귀 방정식 평가 시 R^2의 크기에 지나치게 큰 비중을 두는 경향이 있다. 이제부터는 R^2을 계량경제분석의 성공의 주요 지표로 사용하면 곤란한 지경에 빠질 수도 있음을 알기 바란다.

때로 설명변수가 종속변수의 표본 내 차이의 큰 부분을 설명하기도 한다.

예제 2.9 득표율과 선거비용지출

식 (2.28)의 득표율 방정식에서 $R^2 = 0.856$이다. 그러므로 이 표본에서 선거비용 점유율이 선거결과 차이의 85% 이상을 설명한다. 이것은 큰 값이다.

2-4 측정단위와 함수형태

응용 경제학에서 두 가지 중요한 문제는 (1) 종속변수나 독립변수 측정단위의 변경이 OLS 추정값에 어떠한 영향을 미치는지 이해하는 것과 (2) 경제학에서 널리 사용되는 함수형태를 어떻게 회귀분석에 포함시킬지 아는 것이다.

2-4a 측정단위의 변화가 OLS 통계량에 미치는 영향

〈예제 2.3〉에서 연봉을 1천 달러 단위로 측정하였고 자기자본 수익률을 백분율(소수점이 아니라)로 측정하였다. 이 예제에서 식 (2.39)에서 추정값들의 뜻을 알려면 *salary*와 *roe*의 단위가 무엇인지 아는 것이 필수적이다.

또한, 종속변수와 독립변수의 측정단위가 변화할 때 OLS 추정값들의 변화를 완전히 알 수 있다는 점도 알아야 한다. 〈예제 2.3〉에서 급여를 1천 달러가 아니라 1달러 단위로 측정한다고 하자. 달러 급여를 *salarydol*이라 하자($salarydol = 845{,}761$은 \$845,761임을 뜻한다). 물론 *salarydol*은 1천 달러 단위의 급여와 $salarydol = 1000 \cdot salary$라는 분명한 관계를 갖는다. 실제 *salarydol*을 *roe*에 회귀해 볼 필요도 없이 추정식은 다음이 될 것임을 알 수 있다.

$$\widehat{salarydol} = 963{,}191 + 18{,}501\, roe \tag{2.40}$$

식 (2.40)에서 절편과 기울기는 식 (2.39)의 절편과 기울기에 각각 1,000을 곱하여 구하였다. 그렇게 함으로써 식 (2.39)와 식 (2.40)에서 동일한 해석을 할 수 있다. (2.40)을 보면, $roe = 0$일 때 $\widehat{salarydol} = 963{,}191$이므로 급여의 예측값은 \$963,191이다[식 (2.39)로부터도 동일한 값을 얻었다]. 더욱이, 만일 *roe*가 1만큼 증가하면 급여 예측값은 \$18,501만큼 증가한다. 이 값 또한 앞에서 식 (2.39)의 분석으로부터 얻은 것과 동일하다.

일반적으로 종속변수의 측정단위가 변할 때 절편과 기울기 추정값이 어떻게 될지는 쉽게 알 수 있다. 종속변수에 상수 c가 곱해지면—즉 표본 내 각각의 값에 c가 곱해지면—OLS 절편과 기울기 추정값에도 c가 곱해진다(독립변수에 아무런 변화도 없을 때). CEO 급여의 예에서 *salary*가 *salarydol*로 바뀔 때 $c = 1{,}000$이다.

CEO 급여의 예를 통해, 독립변수의 측정단위가 변할 때 무슨 일이 일어나는지 알아볼 수 있다. *roe*를 소수점으로 나타내서 $roedec = roe/100$으로 표기하자. 따라서 $roedec = 0.23$은 자기자본 수익률이 23%임을 뜻한다. 독립변수 측정단위의 변화에 초점을 맞추기 위해 원래의 종속변수인 *salary*(1천 달러 단위로 측정)로 돌아가자. *salary*를 *roedec*으로 회귀하면 다음을 얻는다.

$$\widehat{salary} = 963.191 + 1{,}850.1\, roedec \tag{2.41}$$

*roedec*의 계수는 (2.39)의 *roe*의 계수에 100을 곱한 값과 같다. 이렇게 되는 것이 마땅하다. *roe*를 1 퍼센트 포인트 바꾸는 것은 $\Delta roedec = 0.01$과 같다. (2.41)로부터, 만일 $\Delta roedec = 0.01$이면 $\Delta\widehat{salary} = 1{,}850.1 \times 0.01 = 18.501$이며, 이는 (2.39)를 이용하여 얻었던 값과 동일하다. 식 (2.39)에서 식 (2.41)로 바뀔 때 독립변수가 100으로 나누어졌고 OLS 기울기 추정값은 100이 곱해져서 방정식의 해석은 동일하게 유지됨에 유의하라. 일반적으로, 독립변수에 0이 아닌 상수 c가 나누어지거나 곱해지면 OLS 기울기 계수는 c로 곱해지거나 나누어진다.

식 (2.41)에서 $roedec = 0$이 여전히 0의 자기자본 수익률에 해당하므로 절편은 변하지 않았다. 일반적으로 독립변수의 측정단위만 변화시키면 절편은 변하지 않는다.

2-3절에서 R^2을 OLS 회귀의 적합도의 측정치로 정의하였다. 독립변수나 종속변수의 측정단위가 변할 때 R^2에 무슨 일이 생길지 질문해 볼 수 있다. 수학을 사용할 것도 없이 우리는 결과를 알 수 있다. 모형의 적합도는 변수들의 측정단위에 영향을 받아서는 안 된다. 예를 들어 자기자본 수익률의 차이에 의하여 설명되는 급여의 차이의 정도는 급여가 달러로 측정되든 1천 달러로 측정되든, 또 자기자본 수익률이 백분율로 표현되든 소수점으로 표현되든 영향을 받아서는 안 된다. 이 직관은 수학적으로 확인할 수 있다. R^2의 정의를 사용하면 R^2이 y나 x의 단위 변화에 따라 달라지지 않음을 보일 수 있다.

2-4b 단순회귀에 비선형성을 포함시키기

지금까지 종속변수와 독립변수 간의 선형 관계에 초점을 맞추었다. 1장에서 언급하였듯이 선형관계는 모든 경제적 응용문제에 충분할 만큼 일반적이지 않다. 다행히 종속변수와 독립변수를 적절히 정의함으로써 많은 비선형성을 단순회귀분석에 도입할 수 있다. 여기서는 응용연구에서 흔히 나타나는 두 가지 가능성을 다룰 것이다.

사회과학 응용연구에서 종속변수가 로그 형태인 회귀방정식을 자주 보게 된다. 왜 로그를 취할까? 임금과 학력의 예제를 다시 생각해 보자. 여기서 우리는 시급을 교육연수에 대하여 회귀하였다. 기울기 추정값으로 0.54를 얻었고[식 (2.27) 참조], 이는 교육을 한 해 더 받을 때 시급이 54센트 증가할 것으로 예측됨을 의미한다. 식 (2.27)의 선형성으로 인하여 첫 해의 교육이나 20년째의 교육이나 모두 54센트를 증가시킨다. 이것은 합리적이지 않아 보인다.

한 해의 교육이 임금을 동일한 백분율로 증가시킨다는 것이 아마도 교육에 따른 임금의 변화 방식을 더 잘 표현할 것이다. 예를 들어 교육이 5년에서 6년으로 증가할 때 임금은 예컨대 8% 증가하고(ceteris paribus), 교육이 11년에서 12년으로 증가할 때에도 임금이 8% 증가한다. (대략적으로) 일정한 백분율 효과를 나타내는 모형은 다음과 같다.

$$\log(wage) = \beta_0 + \beta_1 educ + u \tag{2.42}$$

여기서 $\log(\cdot)$는 자연로그를 나타낸다. 특히, 만일 $\Delta u = 0$이면, 다음이 성립한다.*

$$\%\Delta wage \approx (100 \times \beta_1)\Delta educ \tag{2.43}$$

교육연수가 1년 증가 시의 *wage* 변화율을 백분율로 표현하기 위하여 β_1에 100을 곱한 것에 유의하라. *wage*의 백분율 변화는 각 추가적 교육연수에 대하여 동일하므로, 추가적인 1년의

〈그림 2.6〉 $wage = \exp(\beta_0 + \beta_1 educ + u),\ \beta_1 > 0$

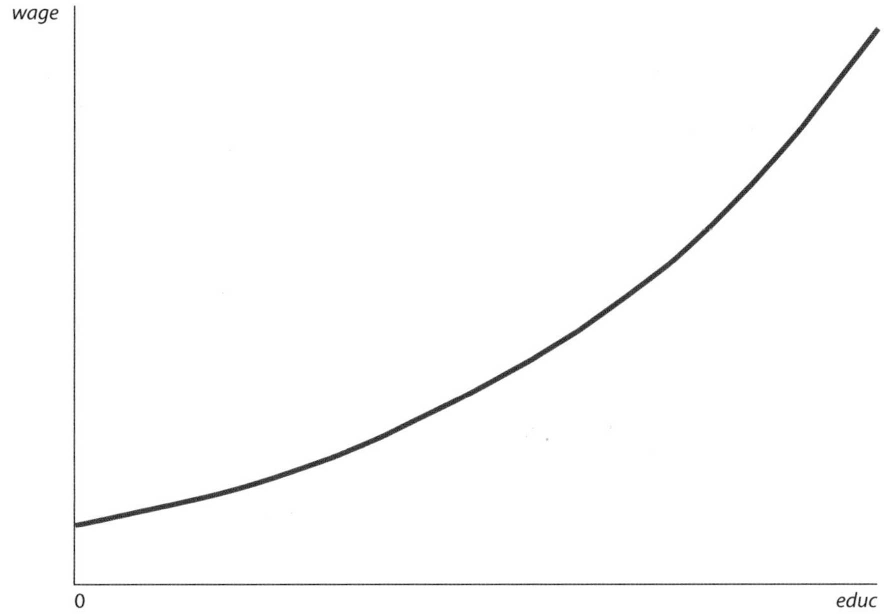

*그 이유는, 미분을 사용하여 설명하자면, $d\log(x)/dx = 1/x$이고, 따라서 변화 정도가 작을 때 $\Delta\log(x) \approx (\Delta x)/x$이기 때문이다. 좌변은 로그값 변화분이고 우변에 100을 곱하면 백분율 변화율이 된다.

교육에 대한 *wage*의 변화폭은 교육이 증가함에 따라 증가한다. 다시 말하자면, (2.42)는 교육 수익의 체증(increasing return to education)을 의미한다. 식 (2.42)의 양변에 지수함수 변환을 하여 $wage = \exp(\beta_0 + \beta_1 educ + u)$로 나타낼 수 있다. 이 식이 〈그림 2.6〉에 그려져 있다($u = 0$으로 함).

단순회귀를 사용하여 식 (2.42)와 같은 모형을 추정하는 것은 쉽다. 그냥 종속변수 y를 $y = \log(wage)$로 정의하라. 독립변수는 $x = educ$으로 표현된다. OLS의 방법은 전과 동일하다. 절편과 기울기 추정값은 식 (2.17)과 (2.19)에 따라 구한다. 다시 말하여, $\log(wage)$를 $educ$에 대하여 OLS 회귀하여 $\hat{\beta}_0$과 $\hat{\beta}_1$을 구한다.

예제 2.10 로그 임금 방정식

〈예제 2.4〉에서와 같은 자료를 이용하는데, 이번에는 $\log(wage)$를 종속변수로 사용하여 다음 관계를 얻는다.

$$\widehat{\log(wage)} = 0.584 + 0.083\, educ$$
$$n = 526, \quad R^2 = 0.186 \tag{2.44}$$

$educ$의 계수에 100을 곱하여 백분율로 "매 추가적 교육연수마다 $\widehat{wage}$은 8.3% 증가한다"고 해석한다. 이것이 바로 경제학자들이 이야기하는 "추가적 1년의 교육에 대한 수익"(return to another year of education)이다.

식 (2.42)에서 로그 *wage*를 사용하는 주된 이유는 교육이 *wage*에 미치는 백분율 효과가 일정하도록 하기 위함이라는 것을 기억하자. 일단 식 (2.44)를 얻으면, 결과를 해석할 때 *wage*의 자연로그에 대해 언급하는 경우는 거의 없다. 특히, 추가적 1년의 교육이 $\log(wage)$를 8.3% 증가시킨다는 것은 옳지 않다.

식 (2.44)의 절편은 $educ = 0$일 때 $\log(wage)$의 예측값이므로 별로 의미가 없다. R^2에 따르면 $\log(wage)$ 차이(*wage* 의 차이가 아니라)의 약 18.6%를 *educ*이 설명한다. 마지막으로 식 (2.44)는 임금과 학력 간의 비선형성을 완전히 포착하지는 못하였을 수도 있다. 만일 "졸업장 효과"(diploma effect)가 존재한다면 12년째의 교육—고등학교 졸업—은 11년째의 교육보다 훨씬 더 중요할 수도 있다. 이러한 비선형성을 허용하는 방법에 대해서는 7장에서 설명할 것이다.

자연로그의 또 다른 중요한 사용처는 등탄력성 모형(constant elasticity model)이다.

예제 2.11 CEO 급여와 기업 매출액

CEO의 급여와 기업 매출액에 관한 등탄력성 모형을 추정할 수 있다. 자료집합은 〈예제 2.3〉에서 사용한 것과 동일한데, 여기서는 *salary*를 *sales*와 관련시킨다. *sales*를 백만 달러 단위로 측정한 연간 기업 매출액이라 하자. 등탄력성 모형은

$$\log(salary) = \beta_0 + \beta_1 \log(sales) + u \tag{2.45}$$

이며, 여기서 β_1은 *sales*에 대한 *salary*의 탄력성이다. 이 모형은 단순회귀모형의 범주에 속하며, 이때 종속변수는 $y = \log(salary)$이고 독립변수는 $x = \log(sales)$이다. 이 방정식을 OLS로 추정하면 다음을 얻는다.

$$\widehat{\log(salary)} = 4.822 + 0.257 \log(sales)$$
$$n = 209,\ R^2 = 0.211 \tag{2.46}$$

$\log(sales)$의 계수는 *sales*에 대한 *salary*의 탄력성의 추정값이다. 기업 매출액이 1% 증가하면 CEO 급여는 약 0.257% 증가함—탄력성을 통상적으로 이렇게 해석함—을 의미한다.

이 소절에서 다룬 두 가지 함수 형태는 이 교과서의 나머지 부분에서도 자주 나타날 것이다. 자연로그를 포함하는 모형은 응용연구에서 매우 빈번히 나타나므로 여기서 소개하였다. 이러한 모형의 해석은 다중회귀의 경우에도 별반 다르지 않다.

종속변수가 로그 형태를 취할 때 측정단위가 변하면 절편과 기울기 추정값에 무슨 일이 생기는지도 알아볼 필요가 있다. 로그 형태의 변화분은 비례적 변화와 근사적으로 동일하기 때문에 기울기에 아무 일도 생기지 않는다는 것은 납득할 만하다. 각각의 i에 대하여 변형된 변수를 c_1y_i라고 써 보면 알 수 있다. 원래의 방정식은 $\log(y_i) = \beta_0 + \beta_1x_i + u_i$이다. 양 변에 $\log(c_1)$을 더하면 $\log(c_1) + \log(y_i) = [\log(c_1) + \beta_0] + \beta_1x_i + u_i$, 또는 $\log(c_1y_i) = [\log(c_1) + \beta_0] + \beta_1x_i + u_i$가 된다(로그의 합은 곱의 로그와 동일하다). 그러므로 기울기는 여전히 β_1이지만, 절편은 이제 $\log(c_1) + \beta_0$이다. 이와 유사하게, 독립변수가 $\log(x)$라면, 로그를 취하기 전 x의 측정단위를 변화시켜도 절편만 변할 뿐, 기울기는 변하지 않는다.

마지막으로 원래변수를 사용할지 자연로그를 사용할지에 따라 만들 수 있는 네 가지 함수 형태의 조합을 요약한다. 〈표 2.3〉에서 x와 y는 원래 형태의 변수를 의미한다. y가 종속변수이고 x가 독립변수인 모형은, 두 변수 모두 수준(level) 형태이므로 **수준-수준(level-level)** 모형이라고 한다. 종속변수가 $\log(y)$이고 독립변수가 x인 모형은 **로그-수준(log-level)** 모형이라고 한다. **수준-로그(level-log)** 모형은 현실에서 덜 자주 나타나므로 여기서 따로 논하지 않겠다. 어쨌든 이 모형의 사례들을 나중에 보게 될 것이다.

〈표 2.3〉 로그와 관련된 함수형태의 요약

모형	종속변수	독립변수	β_1 의 해석
수준-수준	y	x	$\Delta y = \beta_1 \Delta x$
수준-로그	y	$\log(x)$	$\Delta y = (\beta_1/100)\%\Delta x$
로그-수준	$\log(y)$	x	$\%\Delta y = (100\beta_1)\Delta x$
로그-로그	$\log(y)$	$\log(x)$	$\%\Delta y = \beta_1 \%\Delta x$

〈표 2.3〉의 마지막 열에 β_1의 해석이 있다. 로그-수준 모형에서 $100 \times \beta_1$을 때로 x에 대한 y의 준탄력성(semi-elasticity)이라 한다. 〈예제 2.11〉에서 말한 것처럼, 로그-로그 모형에서 β_1은 x에 대한 y의 탄력성(elasticity)이다. 이 교과서의 나머지 부분에서도 자주 보게 될 것이므로 〈표 2.3〉은 잘 익혀 놓아야 한다.

2-4c "선형" 회귀의 의미

본 장에서 공부한 단순회귀모형은 단순 선형 회귀모형이라고도 한다. 하지만 지금 막 본 것처럼 일반적인 모형은 일정한 비선형 관계도 허용한다. 그렇다면 이 '선형회귀모형'에서 "선형"이란 무엇을 말하는가? 식 (2.1)의 $y = \beta_0 + \beta_1 x + u$를 보면 알 수 있다. 핵심은 이 방정식이 모수(파라미터 parameters) β_0과 β_1에 대하여 선형이라는 점이다. y와 x는 원래의 관심사인 피설명변수와 설명변수의 어떠한 함수이어도 상관없다. 〈예제 2.10〉과 〈예제 2.11〉에서 본 것처럼 y와 x는, 실제 응용에서 흔히 그렇듯이, 변수들의 자연로그일 수 있다. 이것이 전부가 아니다. 예를 들어 $cons$를 연간소비라 하고 inc를 연간소득이라 할 때 단순회귀를 사용하여 $cons = \beta_0 + \beta_1 \sqrt{inc} + u$와 같은 모형을 추정하지 말라는 법도 없다.

단순회귀의 계산이 y와 x의 정의에 의존하지 않는 반면, 계수들의 해석은 그 정의에 의존한다. 실증연구를 성공적으로 하려면 (2.19)와 같은 공식을 효과적으로 계산하는 것보다는 계수를 해석하는 데에 능숙해지는 것이 훨씬 중요하다. 나중에 다중회귀를 공부할 때에 OLS 회귀선의 추정값을 해석하는 실습을 훨씬 더 많이 하게 될 것이다.

많은 모형들이 모수(parameters)에 대하여 선형이 아닌 탓으로 선형회귀가 아니게 된다. 일례로 $cons = 1/(\beta_0 + \beta_1 inc) + u$가 있다. 이러한 모형을 추정하려면 비선형회귀모형의 영역으로 들어가야 하며 이 책의 범위를 벗어난다. 대부분의 응용연구에서는 선형회귀의 틀에 포함되는 모형을 선택하는 것으로 충분하다.

2-5 OLS 추정량의 기댓값과 분산

2-1절에서 모집단 모형 $y = \beta_0 + \beta_1 x + u$을 정의하였고, 단순회귀분석이 유용하기 위한 핵심 가정이 모든 주어진 x값에 대하여 u의 기댓값이 0이라는 가정이라고 이야기한 바 있다. 2.2, 2.3, 2-4절에서는 OLS 추정의 대수적 특성들을 논하였다. 이제 모집단 모형으로 돌아와서 OLS의 통계적 특성들을 공부한다. 달리 말하면, 이제 $\hat{\beta}_0$과 $\hat{\beta}_1$을 모집단 모형 내의 모수 β_0과 β_1의 추정량으로 간주할 것이다. 즉, 모집단으로부터 임의추출을 반복할 때 나타나는 $\hat{\beta}_0$과 $\hat{\beta}_1$의 분포의 성질을 공부할 것이다.

2-5a OLS의 불편성

우선 단순한 가정들로부터 OLS의 불편성(unbiasedness)을 도출한다. 나중에 참조하기 위해서 단순선형회귀(simple linear regression)을 나타내는 "SLR"이라는 접두어를 사용해서 이 가정들의 번호를 붙일 것이다. 처음 가정은 모집단 모형을 정의한다.

가정 SLR.1 모수에 대한 선형성(linear in parameters)

모집단 모형에서 종속변수 y는 독립변수 x 및 오차항(혹은 교란항) u와 다음의 관계를 갖는다.

$$y = \beta_0 + \beta_1 x + u \tag{2.47}$$

여기서 β_0과 β_1은 각각 모집단의 절편 및 기울기 모수이다.

y, x 및 u를 모집단 모형을 기술하는 확률변수들로 간주하는 것이 현실성 있다. 2-1절에서 이 모형을 상세히 해석하였으며 몇 가지 예제를 제시하였다. 앞 절에서는 식 (2.47)이 보기보다 제한적이지 않다는 것을 배웠다. y와 x를 적절히 선택함으로써 흥미로운 비선형관계(등탄력성 모형처럼)도 얻을 수 있다.

우리는 y와 x에 관한 자료를 사용하여 모수인 β_0과 특히 β_1을 추정하는 데에 관심이 있다. 우리는 자료가 임의표본(random sample)*으로서 얻어졌다고 가정한다.

가정 SLR.2 임의추출(random sampling)

*임의표본이란 동일한 분포를 가진 모집단으로부터 독립적으로 추출된 관측값들의 집합을 의미한다(Wooldridge 원저서 부록 C.1 참조).

〈그림 2.7〉 $y_i = \beta_0 + \beta_1 x_i + u_i$ 의 그래프

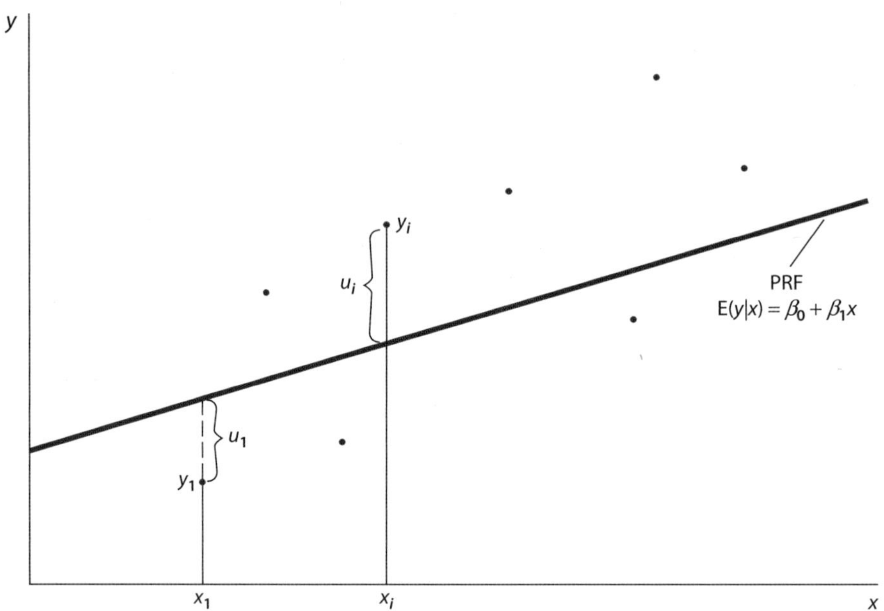

> 식 (2.47)의 모집단 모형을 따르는 크기가 n인 임의 표본(a random sample of size n) $\{x_i, y_i : i = 1, 2, \ldots, n\}$이 있다.

나중에 시계열 분석과 표본선택 문제에 대해 언급할 때에 임의추출 가정이 위배되는 경우에 대해서도 언급할 것이다. 모든 횡단면 표본들을 임의표본의 실현값으로 볼 수 있는 것은 아니지만 많은 표본을 그렇게 볼 수 있다.

식 (2.47)을 임의표본에 대하여 다음으로 나타낼 수 있다.

$$y_i = \beta_0 + \beta_1 x_i + u_i, \quad i = 1, 2, \ldots, n \tag{2.48}$$

여기서 u_i는 관측값 i(예를 들어 개인 i, 기업 i, 도시 i 등)의 오차 또는 교란항이다. 그러므로 u_i는 y_i에 영향을 미치는 비관측 요소들(관측값 i에 해당)을 포함한다. 이 u_i를 2-3절에서 정의한 잔차 $\hat{u}_i$와 혼동하면 안 된다. 나중에 오차들과 잔차들의 관계를 살펴볼 것이다. 응용연구에서 β_0과 β_1을 해석할 때에는 (2.47)이 가장 중요한 정보를 제공하지만, 통계적 도출을 할 때에는 (2.48)이 필요하기도 하다.

하나의 관측된 자료 표본에 대하여 관계식 (2.48)의 그림을 그리면 〈그림 2.7〉과 같다.

2-2절에서 보았듯이, OLS 기울기와 절편 추정값은 설명변수 표본값들에 차이가 없으면

정의되지 않는다. 이제 x_i 값들의 차이에 관한 가정을 추가한다.

가정 SLR.3 표본 내 설명변수 값 다름

x의 표본 실현값들, 즉 $\{x_i, i=1,\ldots,n\}$들이 모두 동일하지는 않다.

이 가정은 매우 약한 가정으로서 강조할 것도 없지만 어쨌든 필요한 가정이다. 모집단에서 x값에 차이가 있을 때, 모집단 변화가 아주 작거나 표본 크기가 작은 경우가 아니면, x의 임의표본에도 차이가 존재할 것이다. 가정 SLR.3이 성립하는지는 x_i의 요약통계량만 보아도 알 수 있을 것이다. x_i의 표본표준편차가 0이면 가정 SLR.3이 위배되고 그렇지 않으면 성립한다.

마지막으로, β_0과 β_1의 불편추정량을 얻기 위해서는, 2-1절에 상세히 설명했던 조건부 0 평균이 성립한다고 가정할 필요가 있다. 다음에서 이 가정을 명시적으로 추가한다.

가정 SLR.4 조건부 0평균

주어진 모든 설명변수 값에서 오차 u는 0의 기댓값을 갖는다. 다시 말하여,

$$\mathrm{E}(u|x)=0.$$

임의표본(random sample)의 경우, 이 가정이 성립하면 모든 $i=1,2,\ldots,n$에 대하여 $\mathrm{E}(u_i|x_i)=0$이 성립한다.

조건부 0평균 가정은 x와 u의 모집단 관계에 제약을 가하며, 또한 이 가정과 앞의 임의추출 가정하에서 수학적 전개가 단순화된다는 편리함도 있다. 특히 OLS 추정량의 통계적 성질들을 표본 내 x_i 값들 조건부로 도출할 수 있도록 해 준다. 기술적으로 볼 때, 통계적 도출에서 독립변수의 표본값들 조건부로 분석하는 것은, x_i 값들이 반복추출되는 표본 내에서 고정된 것으로 간주된다는 것과 동일한 의미이다. 즉, 우선 $x_1,x_2,\ldots,x_n$의 n개 표본값들을 고른다(이것은 반복해서 시행할 수 있다). 이 값들이 주어지면, (u_i의 임의표본을 얻음으로써) y의 표본〔n개의 관측값으로 이루어져 있음에 유의할 것〕을 하나 얻는다. 그 다음 동일한 $x_1,x_2,\ldots,x_n$ 값을 사용하여 y의 표본을 또 하나 얻는다. 그 다음 또다시 동일한 $x_1,x_2,\ldots,x_n$ 값을 사용하여 또 하나의 y 표본을 얻는다. 이를 반복한다.

반복되는 표본추출에서 값을 고정시키는 시나리오는 비실험적 환경 하에서는 현실적이지 않다. 예컨대 임금과 교육의 예에서 개인들의 표본을 추출할 때, *educ*의 값들을 미리

생각해 둔 후, 이들 특정한 교육 수준에 해당하는 개인들을 추출하는 것으로 생각하는 것은 거의 이치에 맞지 않는다. 개인들이 무작위로 선발되고 이들의 임금과 교육이 기록되는 임의추출이 사회과학에서 대부분의 자료 집합이 획득되는 대표적 방식이다. 일단 $\mathrm{E}(u|x)=0$이라고 가정한 상태에서, 표본이 무작위로 추출되면, x_i 값들을 고정된(nonrandom) 것으로 취급하고 논의를 전개하여도 잃는 것이 없다. 여기서 위험은 반복된 표본추출에서 값을 고정시키는 가정이 항상 u_i와 x_i가 서로 독립임을 의미한다는 것이다. 단순회귀분석으로부터 불편추정량을 구할 수 있을지 알아보려면 가정 SLR.4가 성립하는지 생각해 보는 것이 절대적으로 필요하다.

이제 OLS 추정량이 비편향(unbiased)임을 증명할 준비가 되었다. $\sum_{i=1}^{n}(x_i-\bar{x})(y_i-\bar{y})=\sum_{i=1}^{n}(x_i-\bar{x})y_i$라는 사실〔결합법칙과 분배법칙을 사용하여 보일 수 있음〕을 이용하여, 식 (2.19)의 OLS 기울기 추정량을 다음과 같이 표현한다.

$$\hat{\beta}_1=\frac{\sum_{i=1}^{n}(x_i-\bar{x})y_i}{\sum_{i=1}^{n}(x_i-\bar{x})^2} \tag{2.49}$$

모든 가능한 표본에 걸쳐서 $\hat{\beta}_1$이 보이는 행태에 관심이 있으므로, $\hat{\beta}_1$을 정식으로 확률변수(random variable)로 보자.

식 (2.48)의 우변을 식 (2.49)에 대입하여 $\hat{\beta}_1$을 모수(population coefficient)와 오차항으로 나타내면 다음과 같다.

$$\hat{\beta}_1=\frac{\sum_{i=1}^{n}(x_i-\bar{x})y_i}{\mathrm{SST}_x}=\frac{\sum_{i=1}^{n}(x_i-\bar{x})(\beta_0+\beta_1x_i+u_i)}{\mathrm{SST}_x} \tag{2.50}$$

여기서 수식을 단순화하기 위해 x_i의 총변동량을 $\mathrm{SST}_x=\sum_{i=1}^{n}(x_i-\bar{x})^2$으로 정의하였다(이것을 $n-1$로 나누면 x_i들의 표본분산이 된다). 덧셈 법칙을 사용하여 $\hat{\beta}_1$의 분자를 다음과 같이 쓸 수 있다.

$$\begin{aligned}&\sum_{i=1}^{n}(x_i-\bar{x})\beta_0+\sum_{i=1}^{n}(x_i-\bar{x})\beta_1x_i+\sum_{i=1}^{n}(x_i-\bar{x})u_i\\&\quad=\beta_0\sum_{i=1}^{n}(x_i-\bar{x})+\beta_1\sum_{i=1}^{n}(x_i-\bar{x})x_i+\sum_{i=1}^{n}(x_i-\bar{x})u_i\end{aligned} \tag{2.51}$$

간단한 계산에 따르면 $\sum_{i=1}^{n}(x_i-\bar{x})=0$이고 $\sum_{i=1}^{n}(x_i-\bar{x})x_i=\sum_{i=1}^{n}(x_i-\bar{x})^2=\mathrm{SST}_x$이므로, $\hat{\beta}_1$의 분자를 $\beta_1\,\mathrm{SST}_x+\sum_{i=1}^{n}(x_i-\bar{x})u_i$로 쓸 수 있다. 이것을 분모로 나누면 다음이 된다.

$$\hat{\beta}_1=\beta_1+\frac{\sum_{i=1}^{n}(x_i-\bar{x})u_i}{\mathrm{SST}_x}=\beta_1+(1/\mathrm{SST}_x)\sum_{i=1}^{n}d_iu_i \tag{2.52}$$

여기서 $d_i = x_i - \bar{x}$이다. 이처럼, 추정량 $\hat{\beta}_1$은 모집단 기울기 β_1에 오차항들 $\{u_1, u_2, \ldots, u_n\}$의 선형결합을 더한 것과 같다. 이 오차항들의 값이 일반적으로 0이 아니므로 $\hat{\beta}_1$과 β_1이 달라지는 것이다.

식 (2.52)를 사용하여 다음과 같은 OLS의 첫 번째 중요한 통계적 성질을 증명할 수 있다.

정리 2.1 OLS의 불편성

SLR.1부터 SLR.4까지의 가정이 성립할 때, 모든 β_0과 β_1에 대하여 다음이 성립한다.

$$\mathrm{E}(\hat{\beta}_0) = \beta_0, \quad \mathrm{E}(\hat{\beta}_1) = \beta_1 \tag{2.53}$$

즉, $\hat{\beta}_0$은 β_0의 불편추정량이고 $\hat{\beta}_1$은 β_1의 불편추정량이다.

증명. 이 증명에서 기댓값들은 독립변수 표본값들 조건부이다. SST_x와 d_i가 x_i들만의 함수이므로, 조건부로 비임의적(nonrandom)이다. 따라서, (2.52)로부터 다음을 얻는다.

$$\begin{aligned}\mathrm{E}(\hat{\beta}_1) &= \beta_1 + \mathrm{E}\left[(1/\mathrm{SST}_x)\sum_{i=1}^{n} d_i u_i\right] = \beta_1 + (1/\mathrm{SST}_x)\sum_{i=1}^{n}\mathrm{E}(d_i u_i) \\ &= \beta_1 + (1/\mathrm{SST}_x)\sum_{i=1}^{n} d_i \mathrm{E}(u_i) = \beta_1 (1/\mathrm{SST}_x)\sum_{i=1}^{n} d_i \cdot 0 = \beta_1\end{aligned}$$

여기서 기댓값들은 $(x_1, x_2, \ldots, x_n)$ 조건부이고, 이때 가정 SLR.2와 SLR.4하에서 각 u_i의 기댓값이 0이라는 사실을 이용하였다. 불편성이 모든 $(x_1, x_2, \ldots, x_n)$ 값에 대하여 성립하므로, 불편성은 $(x_1, x_2, \ldots, x_n)$ 조건부가 아닐 때에도 성립한다.

$\hat{\beta}_0$에 대한 증명은 간단하다. (2.48)을 i에 걸쳐 평균을 구하여 $\bar{y} = \beta_0 + \beta_1\bar{x} + \bar{u}$를 구하고, 이를 $\hat{\beta}_0$ 공식에 대입하면 다음이 된다.

$$\hat{\beta}_0 = \bar{y} - \hat{\beta}_1\bar{x} = \beta_0 + \beta_1\bar{x} + \bar{u} - \hat{\beta}_1\bar{x} = \beta_0 + (\beta_1 - \hat{\beta}_1)\bar{x} + \bar{u}$$

x_i값들의 조건부로, 가정 SLR.2와 SLR.4에 의하여 $\mathrm{E}(\bar{u}) = 0$이므로 다음이 성립한다.

$$\mathrm{E}(\hat{\beta}_0) = \beta_0 + \mathrm{E}[(\beta_1 - \hat{\beta}_1)\bar{x}] + \mathrm{E}(\bar{u}) = \beta_0 + \mathrm{E}[(\beta_1 - \hat{\beta}_1)]\bar{x}$$

그런데, 앞에서 $\mathrm{E}(\hat{\beta}_1) = \beta_1$임을 보였고, 그 결과 $\mathrm{E}[(\beta_1 - \hat{\beta}_1)] = 0$이다. 따라서, $\mathrm{E}(\hat{\beta}_0) = \beta_0$. 이상의 논의는 β_0와 β_1이 무슨 값이든 타당하며, 이로써 불편성을 증명하였다. ■

불편성은 $\hat{\beta}_1$과 $\hat{\beta}_0$의 표집분포(sampling distribution, 임의추출을 반복하면서 계산하는 추정값들의 분포)의 특성으로서, 하나의 표본이 주어질 때 계산하는 추정값에 관한 것이 아니다. 우리가 가진 표본이 일종의 "전형적"인 것이라면 우리의 추정값은 모집단 값과 "가까울" 것이라 희망한다. 불행히도, 운 나쁜 표본이 걸려들어 추정값이 β_1과 크게 다를 수도 있으며, 어느 경우에 해당하는지 우리는 결코 알 수 없다.

위의 네 가정이 위배되면 불편성은 일반적으로 성립하지 않는다. 그러므로 실증분석을 할 때에는 각 가정이 맞을지 생각해 보는 것이 중요하다. 가정 SLR.1은 y와 x가 선형관계에 있고 여기에 교란항이 더해짐을 의미한다. 분명 이는 성립하지 않을 수도 있다. 하지만 앞에서 배운 것처럼 y와 x를 잘 선택하여 흥미로운 비선형 관계를 나타내도록 할 수 있다.

시계열 분석을 논할 때에는 임의추출(random sampling) 가정 SLR.2를 완화시켜야 할 것이다. 하지만 횡단면 분석에서는 어떠한가? 횡단면 분석의 경우, 임의적 표본추출의 가정은 표본이 모집단을 대표한다고 가정함을 의미한다. 따라서 표본이 모집단을 대표한다고 볼 수 없을 때 임의적 표본추출 가정은 성립하지 않을 수 있다. 경우에 따라서는 의도적으로 모집단의 일부를 과다추출(oversampling)하기도 한다. 비임의적 표본추출(nonrandom sampling)은 9장에서 설명한다(Wooldridge 원저서 17장도 참조).

앞에서 이야기하였지만, 가정 SLR.3은 대부분의 회귀분석에서 성립한다. 이 가정 없이는 OLS 추정값을 〔유일한 값으로〕 얻을 수조차 없다.

지금 집중해야 할 가정은 SLR.4이다. SLR.4가 성립하면 OLS 추정량들은 비편향이다. 반면, 만일 SLR.4가 성립하지 않으면 OLS 추정량은 일반적으로 편향될(biased) 것이다. 편향(bias)의 방향과 크기를 가늠해 볼 수 있는 방법이 있으며, 이에 대해서는 3장에서 공부한다.

2-1절의 예제들에서 본 것처럼, 비실험 자료를 이용한 단순회귀분석에서 x와 u가 상관될 수 있다는 것은 늘 걱정거리이다. u가 y에 영향을 미치면서 동시에 x와 상관되어 있을 때 단순회귀를 사용하면 가상의 상관관계(spurious correlation)가 나타날 수 있다. 즉, y에 영향을 미치면서 동시에 x와 상관되어 있는 여타 비관측 요소들로 인하여 y와 x 간에 관계가 있는 것으로 보이는 것이다.

예제 2.12 수학 성적과 학교 점심급식 프로그램

*math10*이 한 고등학교에서 10학년생(우리나라의 고1) 중 전국 표준 수학시험에 합격한 비율을 나타낸다고 하자. 우리의 목적은 정부지원 점심급식 프로그램이 학생 성적에 미친 영향을 추정하는 것이다. 만일 효과가 있다면, 점심급식 프로그램은 성적에 양(+)의 ceteris paribus 효과를 가질 것으로 기대된다. 즉, 여타 모든 요소가 동일할 때, 너무 가난해서 끼니를 거르는 학생이 학교 점심 급식을 받는다면, 이 학생의 성적은 향상되어야 한다. 점심급식 프로그램에 해당하는 학생의 비율을 *lnchprg*라 하자. 그러면 단순회귀모형은

$$math10 = \beta_0 + \beta_1 lnchprg + u \tag{2.54}$$

이며, 여기서 u는 학교의 전체적인 성적에 영향을 미치는 학교 및 학생의 특성들을 포함한다. 1992–1993학년도 미시건 주의 408개 고등학교에 관한 MEAP93 자료를 사용하면 다음 결과를 얻는다.

$$\widehat{math10} = 32.14 - 0.319\, lnchprg$$
$$n = 408,\ \ R^2 = 0.171$$

이 방정식에 따르면, 점심급식 프로그램에 참여한 학생의 비율이 10 퍼센트 포인트 상승할 때, 수학시험에 합격한 학생의 비율은 약 3.2 퍼센트 포인트 하락한다. 여러분은 점심 프로그램 참여율이 높은 것이 성적을 나쁘게 만든 원인이었다고 생각하는가? 그렇지 않을 것이다. 더 좋은 설명은 식 (2.54)의 오차항 u가 $lnchprg$와 상관되어 있다는 것이다. 사실 u는 학생들의 빈곤율 같은 요소를 포함하고 있고, 이러한 요소는 학생의 성적에 영향을 미침과 동시에 점심급식 프로그램 참여율과 크게 상관되어 있다. 학교의 질과 자원 같은 요소들도 u에 포함되어 있으며, 이러한 요소들도 $lnchprg$와 관련되어 있을 것이다. 물론 추정값 -0.319가 이 특정 표본에 대한 것일 뿐이지만, 그 부호와 크기를 보면 x와 u가 상관되어 있어 단순회귀가 편향되어 있다고 의심하지 않을 수 없다.

변수가 누락되는 경우 이외에도 단순회귀모형에서 x가 u와 상관될 수 있는 다른 이유들이 있다. 이 문제는 다중회귀분석에서도 제기되므로 그때까지 미루기로 한다.

2-5b OLS 추정량의 분산

앞에서 $\hat{\beta}_1$의 표집분포가 β_1을 중심으로 분포되어 있다는 것($\hat{\beta}_1$이 비편향)을 보았다. 이제 $\hat{\beta}_1$이 β_1으로부터 평균적으로 어느 정도 멀리 떨어져 있는지 알아보자. 이를 살펴봄으로써 무엇보다도 모든, 또는 적어도 넓은 범위의, 불편 추정량 중 가장 나은 것을 선택할 수 있다. $\hat{\beta}_1$(그리고 $\hat{\beta}_0$)의 분포의 흩어진 정도를 나타내는 것 중 가장 쉬운 것은 분산 또는 그 제곱근인 표준편차이다.

OLS 추정량들의 분산은 가정 SLR.1부터 SLR.4하에서 계산할 수 있지만 그 수식이 다소 복잡하다. 그 복잡한 식을 제시하는 대신 횡단면 분석에서 전통적으로 사용되는 가정을 하나 추가한다. 이 가정은 비관측 요소인 u의 x 조건부 분산이 상수라는 것으로서, 등분산(homoskedasticity) 또는 "동일 분산(constant variance)" 가정으로 알려져 있다.

가정 SLR.5 등분산

주어진 모든 설명변수 값에서 오차 u는 동일한 분산을 갖는다. 즉,

$$\text{Var}(u|x) = \sigma^2$$

등분산 가정은 조건부 0평균 가정 $\text{E}(u|x) = 0$과 매우 다르다는 점을 강조한다. 가정 SLR.4는 u의 기댓값과 관련된 반면, 가정 SLR.5는 u의 분산에 관한 것이다(둘 다 x 조건부로). OLS의 불편성은 가정 SLR.5 없이 도출되었다. 등분산 가정은 $\hat{\beta}_0$과 $\hat{\beta}_1$의 불편성을 증명하는 데에 아무런 역할도 하지 않는다. 가정 SLR.5를 추가한 것은 $\hat{\beta}_0$과 $\hat{\beta}_1$의 분산 계산이 쉬워지기 때문이고, 또 이 가정하에서 최소제곱법이 특정한 효율성을 갖기 때문이다. 이 효율성에 대해서는 3장에서 설명한다. 만일 u와 x가 독립이라고 가정하게 되면 주어진 x에서 u의 분포는 x값에 의존하지 않으므로 $\text{E}(u|x) = 0$과 $\text{Var}(u|x) = \sigma^2$이 성립한다. 하지만 독립성의 가정이 너무 강하여 이를 가정하기 어려운 경우도 있다.

$\text{Var}(u|x) = \text{E}(u^2|x) - [\text{E}(u|x)]^2$이고 $\text{E}(u|x) = 0$이므로, 〔SLR.5 가정하에서〕 $\sigma^2 = \text{E}(u^2|x)$이며, 또한 σ^2은 u^2의 무조건적 기댓값이기도 하다. 그러므로, $\text{E}(u) = 0$로부터 $\sigma^2 = \text{E}(u^2) = \text{Var}(u)$를 얻는다. 다시 말하여, σ^2은 u의 무조건적 분산이며, 따라서 σ^2을 흔히 오차 분산(error variance) 또는 교란항 분산(disturbance variance)이라고 한다. σ^2의 제곱근인 σ는 오차의 표준편차이다. σ 값이 크다는 것은 y에 영향을 미치는 비관측 요소들의 분포가 더 넓게 흩어져 있음을 의미한다.

가정 SLR.4와 SLR.5를 다음과 같이 y의 조건부 평균과 조건부 분산으로 나타내면 유용하다.

$$\text{E}(y|x) = \beta_0 + \beta_1 x \tag{2.55}$$

$$\text{Var}(y|x) = \sigma^2 \tag{2.56}$$

다시 말하여, 주어진 x에서 y의 조건부 기댓값은 x에 대하여 선형이지만, 주어진 x에서 y의 분산은 일정(constant)하다. 이 상황이 〈그림 2.8〉에 $\beta_0 > 0$이고 $\beta_1 > 0$인 경우에 대하여 그려져 있다.

$\text{Var}(u|x)$가 x에 따라 달라질 때 오차항이 이분산(heteroskedasticity, 또는 일정하지 않은 분산 nonconstant variance)을 보인다고 한다. $\text{Var}(u|x) = \text{Var}(y|x)$이므로 $\text{Var}(y|x)$가 x의 함수일 때 이분산이 존재한다.

〈그림 2.8〉 등분산하에서 단순회귀모형

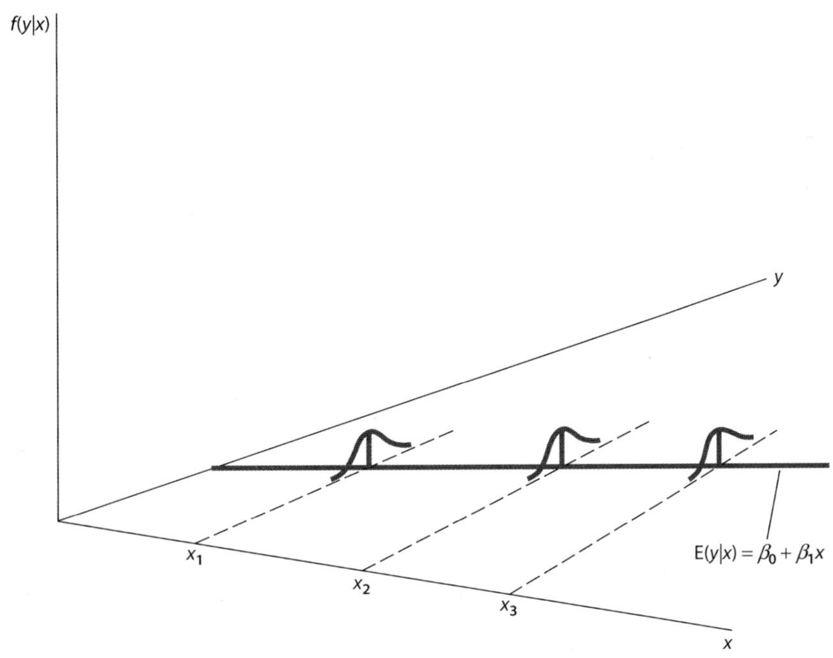

예제 2.13 임금방정식에서 이분산

educ 이 *wage* 에 미치는 ceteris paribus 효과의 불편 추정량을 구하기 위하여 우리는 $\mathrm{E}(u|educ) = 0$ 이라고 가정해야 하며, 이는 $\mathrm{E}(wage|educ) = \beta_0 + \beta_1 educ$ 임을 의미한다. 만일 등분산도 가정하면 $\mathrm{Var}(u|educ)$ 은 교육수준에 영향을 받지 않으며, 이는 $\mathrm{Var}(wage|educ) = \sigma^2$ 임을 가정하는 것과 동일하다. 그러므로, 평균임금이 교육수준에 따라 증가—이 증가율이 바로 우리가 추정하고자 하는 것이다—하는 것이 허용될지라도, 임금이 그 평균 주위에 흩어진 정도(variability)는 교육수준과 관계없이 일정하여야 한다. 이 가정은 현실적이지 않아 보인다. 교육을 더 많이 받은 사람들은 관심과 직업기회가 더 폭넓을 것이며, 따라서 임금 차이도 교육수준이 높을수록 더 클 것 같다. 교육수준이 매우 낮은 사람들은 기회가 더 적고 최저임금 수준에서 일하는 경우가 많다. 그 결과, 낮은 교육수준에서는 임금의 차이가 더 적을 것이다. 이런 상황이 〈그림 2.9〉에 그려져 있다. 궁극적으로 가정 SLR.5가 성립하느냐 마느냐는 경험적인 문제이며, 8장에서 가정 SLR.5의 성립여부를 검정하는 방법을 제시할 것이다.

등분산 가정하에서 다음을 증명할 수 있다.

〈그림 2.9〉 *educ*에 따라 증가하는 $\mathrm{Var}(wage|educ)$

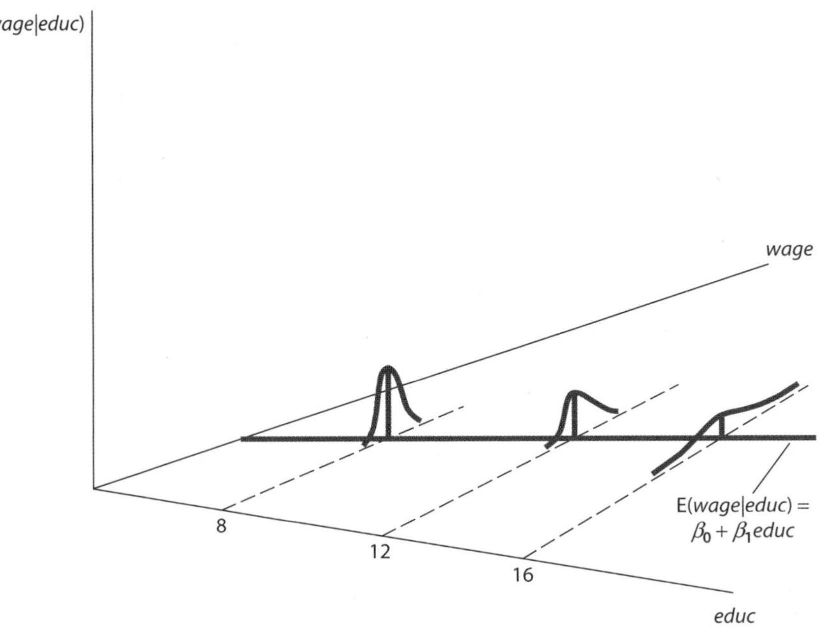

정리 2.2 OLS 추정량의 표집분산

가정 SLR.1–SLR.5하에서

$$\mathrm{Var}(\hat{\beta}_1) = \frac{\sigma^2}{\sum_{i=1}^{n}(x_i - \bar{x})^2} = \sigma^2/\mathrm{SST}_x \tag{2.57}$$

이며

$$\mathrm{Var}(\hat{\beta}_0) = \frac{\sigma^2 n^{-1}\sum_{i=1}^{n} x_i^2}{\sum_{i=1}^{n}(x_i - \bar{x})^2} \tag{2.58}$$

이다. 이 분산들은 모두 표본값 $\{x_1, x_2, \ldots, x_n\}$ 조건부이다.

증명. $\mathrm{Var}(\hat{\beta}_1)$ 식을 도출하자. $\mathrm{Var}(\hat{\beta}_0)$은 직접 도출해 보기 바란다. 식 (2.52), 즉 $\hat{\beta}_1 = \beta_1 + (1/\mathrm{SST}_{x)}\sum_{i=1}^{n} d_i u_i$에서 출발한다. β_1은 상수이고, 또 x_i 조건부이므로 SST_x와 $d_i = x_i - \bar{x}$도 비임의적(nonrandom)이다. 더욱이, u_i가 i에 걸쳐서 독립된 확률변수들이므로(임의적 표본추출에 의하여), 합의 분산은 분산의 합이다.[a] 이 사실들을 종합하여 다음을 얻는다.

$$\begin{aligned}
\text{Var}(\hat{\beta}_1) &= (1/\text{SST}_x)^2 x \,\text{Var}\left(\sum_{i=1}^{n} d_i u_i\right) = (1/\text{SST}_x)^2 \left(\sum_{i=1}^{n} d_i^2 \,\text{Var}(u_i)\right) \\
&= (1/\text{SST}_x)^2 \left(\sum_{i=1}^{n} d_i^2 \sigma^2\right) \quad [\text{모든 } i\text{에서 } \text{Var}(u_i) = \sigma^2 \text{ 이므로}] \\
&= \sigma^2 (1/\text{SST}_x)^2 \left(\sum_{i=1}^{n} d_i^2\right) = \sigma^2 (1/\text{SST}_x)^2 \,\text{SST}_x = \sigma^2/\text{SST}_x
\end{aligned}$$

증명 끝. ■

[a]두 확률변수의 합의 분산은, 각 확률변수의 분산과 2 곱하기 두 변수의 공분산을 더한 것과 같다. 마치 $(a+b)^2 = a^2 + b^2 + 2ab$인 것과 같다. 두 변수가 서로 독립이면 공분산이 0이므로, 합의 분산은 분산의 합과 같다. 변수 개수가 많아져도 확률변수들이 서로 독립이면 이와 똑같은 방식으로 합의 분산이 분산의 합과 같음을 보일 수 있다.

식 (2.57)과 (2.58)은 단순회귀분석의 "표준" 공식이며, 이분산이 존재하는 경우에는 타당하지 않다. 이 점은 나중에 다중회귀분석에서 신뢰구간과 가설 검정을 논할 때 중요할 것이다.

대부분의 경우 우리는 $\text{Var}(\hat{\beta}_1)$에 관심을 갖는다. 이 분산이 어떻게 오차 분산 σ^2과 설명변수 값 $\{x_1, x_2, \ldots, x_n\}$의 전체 차이 SST_x에 의존하는지 요약해 보자. 우선, 오차 분산이 클수록 $\text{Var}(\hat{\beta}_1)$도 크다. y에 영향을 미치는 비관측 요소들의 변화가 클수록 β_1을 정확히 추정하기가 더 어려울 것이므로 이 점은 이해가 된다. 다른 한편 독립변수는 변화가 많을수록 좋다. x_i들의 차이가 클수록 $\hat{\beta}_1$의 분산이 작은 것이다. 독립변수의 표본값들이 더 많이 흩어져 있을수록 $\text{E}(y|x)$와 x 간의 관계를 추적하기가 더 쉬울 것이므로, 이 또한 직관적으로 이해되는 바이다. 표본 크기가 클수록 x_i에 변동이 크다. 그러므로 표본 크기가 클수록 $\hat{\beta}_1$의 분산이 작다.

이 분석에 따르면, β_1에 관심이 있는 경우, 우리에게 선택의 여지가 있으면 x_i가 가능한 한 많이 흩어져 있는 것을 골라야 한다는 사실을 보여 준다. 실험자료에서는 이것이 가능한 경우가 있기도 하지만, 사회과학에서는 이런 사치를 누릴 수 있는 경우가 거의 없다. 보통 우리는 임의추출을 통하여 x_i 값들을 얻을 뿐이다. 하지만, 비용이 많이 들기는 해도, 더 큰 크기의 표본들을 얻을 기회가 주어지는 경우도 있다.

신뢰구간을 구하고 검정통계량을 도출하기 위해서는 $\hat{\beta}_1$과 $\hat{\beta}_0$의 표준편차 $\text{sd}(\hat{\beta}_1)$과 $\text{sd}(\hat{\beta}_0)$이 필요할 것이다. 이것들은 식 (2.57)과 (2.58)의 분산에 제곱근을 취하여 얻는다. 특히 $\text{sd}(\hat{\beta}_1) = \sigma/\sqrt{\text{SST}_x}$이다. 여기서 σ는 σ^2의 제곱근이고 $\sqrt{\text{SST}_x}$는 SST_x의 제곱근이다.

2-5c 오차 분산의 추정

이상과 같이 식 (2.57)과 (2.58)로부터 $\text{Var}(\hat{\beta}_1)$과 $\text{Var}(\hat{\beta}_0)$의 구성항목들을 분리하여 살펴볼 수 있다. 하지만 σ^2이 알려진 극히 드문 경우를 제외하면 이 식들을 이용해서 실제로 분산을 계산할 수는 없다. 그러나 자료를 이용하여 σ^2을 추정할 수 있고 이로써 $\text{Var}(\hat{\beta}_1)$과 $\text{Var}(\hat{\beta}_0)$을 추정할 수 있다.

여기서 오차들(또는 교란항)과 잔차들 간의 차이를 분명히 하는 것이 좋겠다. 이 둘을 구별하는 것이 σ^2의 추정에 있어 매우 중요하기 때문이다. 식 (2.48)의 $y_i = \beta_0 + \beta_1 x_i + u_i$은 임의추출된 관측값들로써 모집단 모형을 나타내고 있으며, 여기서 u_i는 관측값 i의 오차항이다. 또 식 (2.32)처럼 y_i를 맞춘값과 잔차를 사용하여 $y_i = \hat{\beta}_0 + \hat{\beta}_1 x_i + \hat{u}_i$라고 표현할 수도 있다. 이 두 방정식을 비교해 보면, 오차는 모집단 파라미터인 β_0과 β_1이 있는 방정식에 나타나고, 잔차는 $\hat{\beta}_0$과 $\hat{\beta}_1$이 있는 추정된 방정식에 나타난다. 오차들은 절대 관측할 수 없는 반면, 잔차들은 자료로부터 계산된다.

식 (2.32)와 (2.48)을 사용하여 잔차들을 다음과 같이 오차들의 함수로 표현할 수 있다.

$$\hat{u}_i = y_i - \hat{\beta}_0 - \hat{\beta}_1 x_i = (\beta_0 + \beta_1 x_i + u_i) - \hat{\beta}_0 - \hat{\beta}_1 x_i$$

혹은

$$\hat{u}_i = u_i - (\hat{\beta}_0 - \beta_0) - (\hat{\beta}_1 - \beta_1) x_i \tag{2.59}$$

$\hat{\beta}_0$의 기댓값이 β_0이고 $\hat{\beta}_1$의 기댓값이 β_1이지만, $\hat{u}_i$은 u_i와 동일하지 않다. 이 둘 간의 차이의 기댓값은 0이다.

오차들과 잔차들의 차이점을 알았으므로, 이제 σ^2으로 돌아가자. 우선, $\sigma^2 = \text{E}(u^2)$이므로, σ^2의 불편 "추정량"은 $n^{-1}\sum_{i=1}^{n} u_i^2$이다.* 오차 u_i들을 관측할 수 없으므로 불행히도 이것은 사실 추정량이 아니다. 그러나 우리에게는 u_i의 추정값인 OLS 잔차 $\hat{u}_i$이 있다. 오차들을 OLS 잔차들로 대체하면 $n^{-1}\sum_{i=1}^{n} \hat{u}_i^2 = \text{SSR}/n$을 얻는다. 이것은 x와 y의 표본으로부터 계산할 수 있는 연산식이므로 추정량이다. 이 추정량의 단점은 편향되어 있다는 것이며(n이 클 때 그 편향 정도가 작기는 하지만), 우리는 그 대신 편향되지 않은 추정량을 쉽게 계산하여 사용할 것이다.

기본적으로, 추정량 SSR/n은 OLS 잔차들이 반드시 만족시켜야 할 두 가지 제약을 고려하지 않았기 때문에 편향되어 있다. 이들 제약은 다음의 두 OLS 1계조건이다.

$$\sum_{i=1}^{n} \hat{u}_i = 0, \quad \sum_{i=1}^{n} x_i \hat{u}_i = 0 \tag{2.60}$$

*추정량은 자료로부터 추정값을 계산할 수 있는 공식이므로 자료가 주어지면 계산이 가능해야 한다. 그런데 u_i들은 관측이 안 되므로 $n^{-1}\sum_{i=1}^{n} u_i^2$은 추정량이 아니다. 그래서 저자는 "추정량"을 따옴표 안에 넣었다.

이 제약들이 의미하는 바는 다음과 같다. 만일 우리가 $n-2$개의 잔차들을 안다면, 우리는 항상 (2.60)의 제약조건들을 만족하는 나머지 두 잔차값들을 구할 수 있다. 그러므로, n개의 오차들에 n의 자유도(degrees of freedom)가 있는 반면, OLS 잔차들에는 $n-2$의 자유도만 있을 뿐이다. 참고로, (2.60)의 $\hat{u}_i$을 u_i로 바꾸면 이 제약들은 더 이상 성립하지 않는다.

우리가 사용할 σ^2의 불편 추정량은 다음처럼 자유도를 조정하여 구한다.

$$\hat{\sigma}^2 = \frac{1}{n-2}\sum_{i=1}^{n}\hat{u}_i^2 = \text{SSR}/(n-2) \tag{2.61}$$

(이 추정량은 s^2이라고 표기하기도 하지만 우리는 해당되는 모수에 "모자(hat)"를 씌워서 그 모수의 추정량을 표현하는 관행을 따르기로 한다.)

정리 2.3 σ^2의 불편 추정

가정 SLR.1–SLR.5하에서

$$\text{E}(\hat{\sigma}^2) = \sigma^2.$$

증명. 식 (2.59)를 모든 i에 대하여 표본평균을 구한 후, OLS 잔차들의 표본평균이 0이라는 것을 적용하면 $0 = \bar{u} - (\hat{\beta}_0 - \beta_0) - (\hat{\beta}_1 - \beta_1)\bar{x}$를 얻는다[여기서 $\bar{u} = n^{-1}\sum_{i=1}^{n} u_i$이고 $\bar{x} = n^{-1}\sum_{i=1}^{n} x_i$]. 식 (2.59)에서 이것을 빼면 $\hat{u}_i = (u_i - \bar{u}) - (\hat{\beta}_1 - \beta_1)(x_i - \bar{x})$가 된다. 그러므로 $\hat{u}_i^2 = (u_i - \bar{u})^2 + (\hat{\beta}_1 - \beta_1)^2(x_i - \bar{x})^2 - 2(u_i - \bar{u})(\hat{\beta}_1 - \beta_1)(x_i - \bar{x})$. i에 걸쳐서 합산하면 $\sum_{i=1}^{n}\hat{u}_i^2 = \sum_{i=1}^{n}(u_i - \bar{u})^2 + (\hat{\beta}_1 - \beta_1)^2\sum_{i=1}^{n}(x_i - \bar{x})^2 - 2(\hat{\beta}_1 - \beta_1)\sum_{i=1}^{n} u_i(x_i - \bar{x})$. 이제, 첫째 항의 기댓값은 $(n-1)\sigma^2$이다. 둘째 항의 기댓값은, $\text{E}[(\hat{\beta}_1 - \beta_1)^2] = \text{Var}(\hat{\beta}_1) = \sigma^2/\text{SST}_x$이므로, σ^2이다. 마지막으로, 셋째 항은 $-2(\hat{\beta}_1 - \beta_1)^2\text{SST}_x$이고, 여기에 기댓값을 취하면 $-2\sigma^2$이 된다. 이들 세 항을 한데 모으면 $\text{E}(\sum_{i=1}^{n}\hat{u}_i^2) = (n-1)\sigma^2 + \sigma^2 - 2\sigma^2 = (n-2)\sigma^2$이며, 따라서 $\text{E}[\text{SSR}/(n-2)] = \sigma^2$이다. ■

분산 식 (2.57)과 (2.58)에 $\hat{\sigma}^2$을 대입하면 $\text{Var}(\hat{\beta}_1)$과 $\text{Var}(\hat{\beta}_0)$의 불편 추정량을 얻는다. 나중에 $\hat{\beta}_1$과 $\hat{\beta}_0$의 표준편차의 추정량이 필요한데, 이를 위해서는 σ를 추정하여야 한다. σ의 자연스러운 추정량은

$$\hat{\sigma} = \sqrt{\hat{\sigma}^2} \tag{2.62}$$

이며, 이것을 회귀의 표준오차(standard error of the regression, SER)라 한다($\hat{\sigma}$의 또 다른 이름으로는 추정의 표준오차(standard error of the estimate)와 평균 제곱오차 제곱근(root mean squared error) 등이 있으나 우리는 이 이름들을 사용하지 않을 것이다). $\hat{\sigma}^2$이 σ^2의 불편추정량임에 반하여 $\hat{\sigma}$은 σ의 불편 추정량이 아니다. 하지만 $\hat{\sigma}$가 σ의 일치(consistent) 추정량임을 보일 수 있으며(Wooldridge 원저서 부록 C 참조), 이것으로 충분하다.

$\hat{\sigma}$ 추정값은 y에 영향을 미치는 비관측 요소의 표준편차의 추정값이다. 달리 말하면, 이것은 x의 영향이 제거된 후 y의 표준편차를 추정한다. 대부분의 회귀 패키지들은 R^2, 절편, 기울기 및 여타 OLS 통계량들과 더불어 $\hat{\sigma}$의 값을 보고한다. 지금으로서 우리의 주된 관심사는 $\hat{\sigma}$를 사용하여 $\hat{\beta}_0$과 $\hat{\beta}_1$의 표준편차를 추정하는 것이다. $\text{sd}(\hat{\beta}_1) = \sigma/\sqrt{\text{SST}_x}$ 이므로 $\text{sd}(\hat{\beta}_1)$의 자연스러운 추정량은

$$\text{se}(\hat{\beta}_1) = \hat{\sigma}/\sqrt{\text{SST}_x} = \hat{\sigma}/\left(\sum_{i=1}^{n}(x_i - \bar{x})^2\right)^{1/2}$$

이다. 이를 $\hat{\beta}_1$의 **표준오차**(standard error)라 한다. y의 표본값들을 반복하여 임의추출하고 각 임의표본에 대하여 OLS 추정값을 계산해 보는 것을 생각할 때 $\text{se}(\hat{\beta}_1)$은 확률변수임에 주의하라. 표본이 다르면 $\hat{\sigma}$의 값이 달라지는 것이다. 주어진 자료로부터 계산된 $\hat{\beta}_1$의 값이 단지 하나의 숫자인 것처럼, 주어진 표본에서 $\text{se}(\hat{\beta}_1)$도 하나의 숫자이다.

마찬가지로, $\text{se}(\hat{\beta}_0)$은 $\text{sd}(\hat{\beta}_0)$ 식에서 σ를 $\hat{\sigma}$로 치환하여 얻는다. 어떤 추정값의 표준오차는 이 추정량이 얼마나 정확한지를 나타낸다. 앞으로의 논의에서 표준오차는 핵심적인 역할을 한다. 4장부터 시작하여 우리가 다룰 모든 부분에서 검정 통계량과 신뢰구간을 도출하는 데에 표준오차들을 사용할 것이다.

2-6 원점을 지나는 회귀와 상수항에 대한 회귀

흔치 않지만 $x = 0$일 때 y의 기댓값이 0이라는 제약을 가하고 싶을 때가 있다. 이 제약이 합당한 경우가 있다. 예를 들어 만일 소득(x)이 0이면, 소득세입(y)도 0이어야 한다. 또, 원래는 절편이 0이 아니었지만 모형을 변환시키고 나면 절편이 제거되는 경우도 있다.

이제, 어떤 기울기 추정량($\tilde{\beta}_1$이라 하자)과 다음 직선을 생각해 보자.

$$\tilde{y} = \tilde{\beta}_1 x \tag{2.63}$$

여기서 $\tilde{\beta}_1$과 $\tilde{y}$의 물결표시는 "tilde"라고 읽는데, 기울기와 절편을 모두 추정하는 모형과 구별하기 위하여 모자 표시(hat) 대신 사용한 것이다. 직선 (2.63)은 $x = 0$과 $\tilde{y} = 0$의 점을 지나므로, (2.63)을 구하는 것을 **원점을 지나는 회귀**(regression through the origin)라 한다. 식 (2.63)의 기울기 추정값($\tilde{\beta}_1$)은 여전히 보통최소제곱법을 사용하여 계산할 수 있다. 이 방법은 다음 잔차제곱의 합을 최소화한다.

$$\sum_{i=1}^{n}(y_i - \tilde{\beta}_1 x_i)^2 \tag{2.64}$$

1변수 미분법을 사용하면, $\tilde{\beta}_1$이 다음의 1계조건을 반드시 만족시켜야 함을 알 수 있다.

$$\sum_{i=1}^{n} x_i(y_i - \tilde{\beta}_1 x_i) = 0 \tag{2.65}$$

이로부터 $\tilde{\beta}_1$의 값을 구하면, 모든 x_i가 0인 것은 아니라는 가정하에서 다음을 얻는다.

$$\tilde{\beta}_1 = \frac{\sum_{i=1}^{n} x_i y_i}{\sum_{i=1}^{n} x_i^2} \tag{2.66}$$

절편까지 추정하는 경우(절편을 0으로 놓는 것이 아니라)와 $\tilde{\beta}_1$을 비교해 보자. 이 두 추정값들은 $\bar{x} = 0$일 때에만 동일하다. [식 (2.49)의 $\hat{\beta}_1$을 참조하라.] 실제 응용연구에서는 원점을 지나는 회귀를 사용하여 β_1의 추정값을 구하는 경우가 많지 않은데, 여기에는 합당한 이유가 있다. 이는 $\beta_0 \neq 0$이면 $\tilde{\beta}_1$이 β_1에 대하여 편향되기 때문이다.

원점을 지나는 회귀가 적절하다고 판단되는 경우에도, 여기서 통상적으로 보고되는 R^2을 해석할 때에는 주의하여야 한다. 이 경우 보통 다른 언급이 없으면 R^2의 분모인 SST는 $\{y_i : i = 1, \ldots, n\}$에서 표본평균을 빼지 않고 구해진다. 다시 말하면 R^2은

$$1 - \frac{\sum_{i=1}^{n} (y_i - \tilde{\beta}_1 x_i)^2}{\sum_{i=1}^{n} y_i^2} \tag{2.67}$$

으로 계산된다. 여기서 분자는 잔차 제곱합이므로 적절하게 사용되었으나, 분모에서는 우리가 마치 모집단에서 y의 평균값이 0임을 아는 것처럼 되어 있다. R^2을 이렇게 계산하는 이유의 하나는, 우리가 만일 보통의 총제곱합을 사용하여 R^2을

$$1 - \frac{\sum_{i=1}^{n} (y_i - \tilde{\beta}_1 x_i)^2}{\sum_{i=1}^{n} (y_i - \bar{y})^2} \tag{2.68}$$

으로 계산하면, 이 R^2이 음수가 될 수 있기 때문이다. 그런데, (2.68)이 음수가 되면, 표본평균 $\bar{y}$를 사용하여 y_i를 예측하는 것이, x_i를 사용하여 원점통과 회귀를 하는 것보다 더 잘 맞춘다는 의미이다(식 (2.68)의 둘째 항의 분모가 분자보다 더 작다는 뜻이므로). 이처럼 (2.68)은 x를 사용하는 것이 x를 완전히 무시하는 것보다 더 좋은지 말해주므로, 사실 식 (2.67)보다 더 많은 정보를 제공한다.

원점을 지나는 회귀 및 상이한 적합도 측정방법들에 대한 논의와 관련하여 "상수에만 회귀하면 무슨 일이 발생하는가?" 하는 질문이 제기된다. 즉, 기울기를 0으로 두고(x가 있을 필요도 없다는 말임) 절편만을 추정하면? 대답은 간단하다. 절편은 $\bar{y}$이다. 사실 편차제

곱합을 최소화시키는 상수는 항상 표본평균이며* 이 사실은 기초 통계학에 증명되어 있다. 이러한 맥락에서, (2.68)은 원점을 통과하도록 x에 회귀하는 것과 상수항에만 회귀하는 것을 서로 비교하는 것으로 볼 수 있다.

2-7 이진 설명변수에 대한 회귀

지금까지는 설명변수 x가 정량적 의미를 갖는 경우를 중심으로 논의를 진행하였다. 몇 가지 예로 교육연수, 기업의 자기자본수익률, 무료 점심급식 대상자 비율 등이 있었다. 이 경우 기울기 계수의 해석 방법에 대해서는 이미 공부한 바 있다. 피설명변수와 설명변수가 로그 변환된 경우 기울기 계수의 해석 방법에 대해서도 앞에서 살펴보았다.

회귀분석 시 x가 이진변수(binary variable, 더미변수라고도 함)인 경우에도 단순회귀를 적용할 수 있다. "이진변수"라는 이름으로부터 알 수 있듯이, x는 0 아니면 1의 두 값만을 취할 수 있다. 이 두 값들은 모집단을 $x=0$과 $x=1$로 표현되는 두 집단으로 구분할 때 사용한다. 예를 들어 이진변수를 사용하여 노동자의 직업훈련 프로그램 참여여부를 나타낼 수 있다. 변수명을 알기 쉽게 붙이기 위해서 참여여부를 나타내는 변수를 *train*이라 하자. $train=1$은 참여하였음을 나타내고 $train=0$은 참여하지 않았음을 나타낸다. 자료의 경우 i첨자를 붙이면 $train_i$는 임의추출된 개인 i의 직업훈련 참여여부를 표현한다.

종속변수 혹은 반응변수가 y일 때 x가 이진변수이면 무슨 일이 생기는가? 다음 모형에서 x가 이진변수라 하자.

$$y=\beta_0+\beta_1 x+u$$

조건부 0평균 가정 SLR.4하에서 식 (2.8)과 마찬가지로 다음을 얻는다.

$$\mathrm{E}(y|x)=\beta_0+\beta_1 x+\mathrm{E}(u|x)=\beta_0+\beta_1 x \tag{2.69}$$

여기서 x가 취할 수 있는 값이 둘뿐이라는 점 이외에는 아무런 차이도 없다. 식 (2.69)에 0과 1을 대입하면 다음이 된다.

$$\mathrm{E}(y|x=0)=\beta_0 \tag{2.70}$$

$$\mathrm{E}(y|x=1)=\beta_0+\beta_1 \tag{2.71}$$

따라서 다음이 성립한다.

*미분을 이용하면, $\sum_{i=1}^{n}(y_i-\tilde{\beta}_0)^2$을 최소화시키는 $\tilde{\beta}_0$의 값이 $\sum_{i=1}^{n}(y_i-\tilde{\beta}_0)=0$을 만족시켜야 함을 알 수 있다. 이것을 다시 전개해서 풀면 $\tilde{\beta}_0=(1/n)\sum_{i=1}^{n}y_i$를 얻는다.

$$\beta_1 = \mathrm{E}(y|x=1) - \mathrm{E}(y|x=0) \tag{2.72}$$

다시 말하여, β_1은 모집단 중 $x=1$인 집단과 $x=0$인 집단 간 평균 y값의 차이이다. 여느 단순회귀분석과 마찬가지로 이는 단순한 차이를 서술하는 것일 수도 있고, 다음 소절〔2-7a절〕의 경우처럼 β_1이 정책이나 프로그램의 인과적 효과일 수도 있다.

예를 들어 시급을 받는 어떤 산업 노동자들을 단순하게 백인(white)과 그 외(nonwhite)의 두 인종 범주로 분류하자. 노동자가 백인으로 분류되면 $white=1$의 값을 주고 그 외 인종의 경우 0의 값을 주자. *wage*를 시급이라 하면,

$$\beta_1 = \mathrm{E}(wage|white=1) - \mathrm{E}(wage|white=0)$$

은 백인과 여타 인종 간 평균 시급의 차이이다. 이를 달리 표현하면 다음과 같다.

$$\mathrm{E}(wage|white) = \beta_0 + \beta_1 white$$

β_1은 항상 백인과 여타 인종 간 평균 임금의 차이로 해석된다. 하지만 이것이 반드시 임금 차별 정도를 측정하는 것은 아니다. 왜냐하면 임금이 상이한 데는 많은 이유가 있고, 이러한 이유들 중 어떤 것—교육수준 등—은 인종에 따라 평균적으로 상이할 수 있기 때문이다.

x가 이진적이라고 하여 OLS 방법이 바뀌는 것은 아니다. $\{(x_i, y_i): i=1,\ldots,n\}$이 크기 n의 표본이라 하자. 절편과 기울기의 OLS 추정량은 이 경우에도 (2.16), (2.19)와 같다. 잔차들의 평균〔표본평균〕은 항상 0이며 잔차들과 x_i와의 표본상관도 0이다. R제곱의 정의도 그대로이며, 다른 것도 마찬가지이다. 하지만 x_i가 이진적이므로 OLS 추정값을 명료하고 상식적으로 해석할 수 있다. $\bar{y}_0$을 $x_i=0$인 y_i들의 평균값이라 하고, $\bar{y}_1$을 $x_i=1$인 y_i들의 평균값이라 하자. 그러면 다음이 성립한다.

$$\hat{\beta}_0 = \bar{y}_0 \tag{2.73}$$

$$\hat{\beta}_1 = \bar{y}_1 - \bar{y}_0 \tag{2.74}$$

예컨대 인종과 임금의 예에서, $wage_i$를 $white_i$에 대하여 회귀하면 $\hat{\beta}_0 = \overline{wage}_0$, 즉 여타 인종의 평균 시급이고, $\hat{\beta}_1 = \overline{wage}_1 - \overline{wage}_0$, 즉 백인과 여타 인종 간 평균 시급의 차이이다. 일반적으로, 식 (2.74)로부터 회귀의 "기울기"가 평균의 차이임을 알 수 있으며, 이는 두 집단의 기초통계량으로부터 계산하는 표준적인 추정량에 해당한다.

OLS의 통계적 특성도 x가 이진적인지 여부와 상관없이 동일하다. 사실 어느 가정도 x가 이진적이면 안 된다고 하지 않는다. 가정 SLR.3은 x_i의 표본에 0의 값과 1의 값이 모두 존재하기만 하면 충족된다. 앞의 임금과 인종 예제에서 $\hat{\beta}_1$을 계산할 수 있으려면 자료에 백인과 여타 인종이 모두 있으면 된다.

여느 단순회귀분석에서처럼 조건부 0평균 가정 SLR.4가 핵심적이다. 많은 경우 y에 영향을 미치는 여타 요인들과 x가 체계적으로 관련되고 이 여타 요인들은 u의 일부일 것이므로 이 조건이 위배될 것이다. 이에 대해서는 앞에서 인종 간 평균 시급 차이를 논할 때 잠깐 언급한 바 있다. 교육과 경력은 시급에 영향을 미치면서 인종 간에 체계적으로 상이할 수 있는 변수들이다. 다른 예로서, 국공립대학 경제원론 과목 기말 성적 자료가 있다고 하자. 기말고사 직전에 특별 보충수업이 제공되었는데, 일부 학생들은 여기에 출석했고 일부는 출석하지 않았다. 설명변수 x는 이진변수이고 $x=1$은 보충수업에 출석했음을 나타낸다. 성과변수는 기말고사 성적이다. 보충수업에 출석할지 결정은 학생이 거기서 얼마나 이익을 얻을지에 대한 인식에 달려 있으므로 자기선택 문제가 있을 수 있다. 예를 들어 그 과목에 문제 없이 잘 따라온 학생은 그 수업에 출석하지 않기가 더 쉽다. 공부에 아예 관심이 없는 학생들도 그 보충수업에 출석하지 않기 쉽다. 어느 경우이든, 그 보충수업에 출석한 집단과 그러지 않은 집단 간에 평균 기말고사 성적을 비교하는 것이 그 수업의 인과 효과를 알려줄 것 같지는 않다. 다음 소절의 분석틀을 이용하면 단순회귀로써 인과적 효과를 발견할 수 있는 특별한 상황에 해당하는지 파악할 수 있다.

2-7a 가상적 (또는 잠재적) 성과, 인과성, 정책분석

이진적 설명변수의 개념을 소개하였으므로, 이제 1장에서 간략히 언급한 가상적(counterfactual) 혹은 잠재적(potential) 성과를 공부할 분석틀을 살펴보자. 우리가 특별히 관심을 갖는 것은 **인과적 효과**(causal effect) 혹은 **처치효과**(treatment effect)이다.

가장 간단한 상황으로, 개입 혹은 정책을 평가하는 것이 우리의 관심사인데, 정책의 대상인지 아닌지 2가지 상태만 존재한다고 하자. 새로운 정책의 적용을 받지 않는 집단은 **통제집단**(control group)이 되고 정책의 적용을 받는 집단은 **처치집단**(treatment group)이 된다. 1장에서 소개한 '잠재적 성과' 분석틀을 이용하여, 모집단 내의 각 단위 i마다 두 상태(states of the world) 각각에 대응하는 성과 $y_i(0)$과 $y_i(1)$이 있다고 가정하자. 이 두 상태의 성과를 둘 다 관측하지는 못하나, 각 상태의 성과를 상상해 볼 수는 있다. 예를 들어 직업훈련 프로그램의 연구에서 한 노동자는 직업훈련 프로그램에 참여하거나 참여하지 않거나 둘 중 하나이다. 노동자 i의 소득은 프로그램에 참여하지 않는다면 $y_i(0)$가 되고, 참여하면 $y_i(1)$가 된다. 이 성과들은 프로그램의 실행과 상관없이 잘 정의된다.

구성원 i의 인과적 효과 혹은 처치효과는 이 두 잠재적 성과들의 차이로서 다음과 같다.

$$te_i = y_i(1) - y_i(0) \tag{2.75}$$

te_i에 대하여 다음 두 가지 유의할 점이 있다. 첫째, 어느 i에서도 이 te_i는 관측되지 않는다.

왜냐하면 te_i는 두 가상적 성과에 의존하기 때문이다(반면 실제 관측되는 성과는 두 가상적 성과 중의 하나이다). 둘째, te_i는 음수일 수도, 0일 수도, 양수일 수도 있다. 이 인과적 효과는 어떤 구성원들에게는 음이고 어떤 구성원들에게는 양일 수 있다.

구성원 i 각각에 대해서 te_i를 추정할 수 있으리라 희망할 수는 없다. 그 대신 통상적으로 평균처치효과(average treatment effect, ATE) 혹은 평균인과효과(average causal effect, ACE)에 초점을 맞춘다. ATE는 전체 모집단에서 처치효과들의 평균을 의미한다(강조 목적으로 ATE를 모집단 평균처치효과라 하기도 한다). ATE 모수를 다음과 같이 쓸 수 있다.

$$\tau_{ate} = \mathrm{E}[te_i] = \mathrm{E}[y_i(1) - y_i(0)] = \mathrm{E}[y_i(1)] - \mathrm{E}[y_i(0)] \tag{2.76}$$

여기서 마지막 등식은 기댓값의 선형성으로부터 도출된다. 때로 τ_{ate}가 모집단에 관한 것임을 강조하기 위하여 i첨자를 제외하고 $\tau_{ate} = \mathrm{E}[y(1) - y(0)]$이라 쓰기도 한다. 여기서 $[y(0), y(1)]$은 모집단에서 가상적 성과들을 표현하는 두 확률변수이다.

x_i가 구성원 i의 프로그램 참여 여부(이진변수)라 하자. 그러면 관측된 성과 y_i는 다음과 같이 나타낼 수 있다.

$$y_i = (1 - x_i)y_i(0) + x_i y_i(1) \tag{2.77}$$

이 식은 $x_i = 0$이면 $y_i = y_i(0)$이고 $x_i = 1$이면 $y_i = y_i(1)$임을 짧게 표현한 것이다(x_i 자리에 0과 1을 각각 대입하고 풀어 보라). 이 식은 모집단으로부터 추출한 임의표본의 경우 왜 $y_i(0)$과 $y_i(1)$ 중 오직 하나만이 관측되는지를 정확히 보여 준다.

평균처치효과를 추정하기 위하여 (2.77)을 다음과 같이 정리하자.

$$y_i = y_i(0) + [y_i(1) - y_i(0)]x_i \tag{2.78}$$

이제 처치효과가 동일하다(common treatment effect)는 단순한(보통은 비현실적인) 가정을 해 보자. 즉, 모든 i에서

$$y_i(1) = \tau + y_i(0), \tag{2.79}$$

다시 말하여 $\tau = y_i(1) - y_i(0)$이라 하자. 이를 식 (2.78)에 대입하여 다음을 얻는다.

$$y_i = y_i(0) + \tau x_i$$

이제 $y_i(0) = \alpha_0 + u_i(0)$이라 하고 $\alpha_0 = \mathrm{E}[y_i(0)]$로 정의하여 $\mathrm{E}[u_i(0)] = 0$이라 하자. 이를 대입하여 다음을 얻는다.

$$y_i = \alpha_0 + \tau x_i + u_i(0) \tag{2.80}$$

이제 $\beta_0 = \alpha_0, \beta_1 = \tau, u_i = u_i(0)$이라 하면 위 식은 정확히 식 (2.48)의

$$y_i = \beta_0 + \beta_1 x_i + u_i$$

가 되고, 여기서 $\beta_1 = \tau$가 처치효과(인과적 효과)이다.

단순회귀 추정량(평균 추정량들 간의 차이)이 언제 처치효과 τ의 불편추정량인지 알아보자. 만약 x_i가 $u_i(0)$과 독립이면

$$\mathrm{E}[u_i(0)|x_i] = 0$$

이 성립하고 따라서 SLR.4가 성립한다. 〔불편성을 위한 나머지 가정의 경우〕 (2.80)의 도출 시 SLR.1이 성립함은 이미 살펴보았다. 다른 때와 마찬가지로 임의추출(SLR.2)을 가정하며, SLR.3은 처치된 구성원과 통제된 구성원이 모두 존재한다는 기본적인 요구조건이 충족되면 성립한다. 만약 표본 내의 구성원들이 전부 통제집단에 속하거나 전부 처치집단에 속하면 정책개입의 효과를 알 수 없는 것이 당연하다.

x_i가 $u_i(0)$과 독립이라는 가정은 x_i가 $y_i(0)$과 독립이라는 것과 동일하다. 이 가정은 임의배정(random assignment), 즉 구성원들의 특성과 무관하게 무작위적인 방식으로 처치집단과 통제집단 중 하나에 배정되는 경우에나 보장될 수 있다. 예를 들어 직업훈련 프로그램 평가에서, 한 노동자가 통제집단에 속할지 처치집단에 속할지를 동전을 던져서 결정하면 임의배정이 된다(동전 앞면이 나올 확률이 꼭 0.5일 필요는 없다). 배정 자체는 임의로 한다고 해도 처치집단으로 배정된 구성원들 중 일부가 직업훈련 프로그램에 참가하지 않는다거나 반대로 통제집단에 배정된 구성원들 중 일부가 임의로 직업훈련 프로그램에 나오는 등, 배정에 순응하지 않는 구성원들이 있으면 임의배정이 아닐 수도 있다.

임의배정은 무작위 통제 실험(randomized controlled trial, RCT)의 특징으로서, 의료처방이 인과적 효과를 갖는지 여부를 판정함에 있어 최고의 기준(gold standard)으로 오랫동안 여겨져 왔다. RCT로부터 1장에서 논의한 실험 자료(experimental data)가 만들어진다. 최근 RCT는 개발경제학이나 행동경제학 같은 몇몇 경제학 분야에서도 인기를 얻고 있다. 불행히도 RCT의 구현에는 비용이 많이 들고, 사람들을 통제집단과 처치집단으로 임의배정하는 것은 윤리적 문제를 야기할 수 있다(예를 들어 저소득 가구들에게 무료 의료를 제공함으로써 아동의 건강이 증진된다면, 어떤 가구들을 통제집단에 배정한다는 것은 그 아동들이 평균적으로 더 나쁜 건강상태를 갖게 됨을 의미한다).

경제학이나 다른 영역에서 제기되는 물음에 답하기 위하여 RCT를 구현하는 것이 항상 가능한 것은 아니지만, 만약 임의배정이 가능하다면 어떤 실험을 할 수 있을까 생각해 보는 것은 도움이 된다. 비실험 자료를 수집하기에 앞서 간단한 사고실험으로써 질문이 타당한지 확인해 볼 수 있다. 예를 들어, 농촌지역에서 인터넷 접근성이 학생의 성적에 미치는 영향을 연구하고자 할 때, 인터넷 접근성을 학생들에게 무작위로 부여할 만한 자원이 없을 수도 있다(또한 윤리적으로 정당화되지 않을 수도 있다). 그럼에도, 그러한 실험을 어떻게 구현할지 생각해 봄으로써 잠재적 성과 분석틀과 처치효과의 의미에 관한

우리의 사고를 연마할 수 있다.

임의배정과 관련하여 지금까지 이야기한 바에 의하면, 모든 구성원의 처치효과가 동일할 때(common treatment effect) 간단한 평균 차이(difference-in-means) 추정량 $\bar{y}_1 - \bar{y}_0$은 τ의 불편추정량이다. 여기서 동일 처치효과 가정은 다음과 같이 손쉽게 완화할 수 있다. $y_i(1) = \alpha_1 + u_i(1)$이고 $\tau_{ate} = \alpha_1 - \alpha_0$이라 할 때 개별 처치효과는 다음과 같다.

$$te_i = y_i(1) - y_i(0) = \tau_{ate} + [u_i(1) - u_i(0)] \tag{2.81}$$

τ_{ate}를 전체 모집단 내 〔te_i들의〕 평균이라 생각하고 $u_i(1) - u_i(0)$을 이 모집단 평균으로부터 구성원 i가 벗어난 정도라고 이해하면 도움이 될 것이다. 식 (2.81)을 식 (2.78)에 대입하여 다음을 얻는다.

$$y_i = \alpha_0 + \tau_{ate}x_i + u_i(0) + [u_i(1) - u_i(0)]x_i \equiv \alpha_0 + \tau_{ate}x_i + u_i \tag{2.82}$$

이때 오차항은 다음과 같다.

$$u_i = u_i(0) + [u_i(1) - u_i(0)]x_i$$

이 경우 임의배정은 x_i가 $[u_i(0), u_i(1)]$로부터 독립이라는 것이다. 그러한 경우에도 u_i가 x_i에 의존하기는 하지만〔u_i 식에 x_i가 등장하므로〕 다음과 같이 조건부 0평균 가정은 성립한다.

$$\begin{aligned} \mathrm{E}(u_i|x_i) &= \mathrm{E}[u_i(0)|x_i] + \mathrm{E}[u_i(1) - u_i(0)|x_i]x_i \\ &= 0 + 0 \cdot x_i = 0 \end{aligned}$$

이처럼 SLR.4를 확인하였으므로 단순 OLS 추정량이 α_0과 τ_{ate}의 불편추정량이라 할 수 있으며, $\hat{\tau}_{ate}$는 평균 차이(difference-in-means) 추정량이다. [오차항 u_i는 x_i로부터 독립이 아니다. 특히, 만약 잠재적 성과의 분산이 상이하면 $\mathrm{Var}(u_i|x_i)$가 $x_i = 1$과 $x_i = 0$ 간에 상이하다. 하지만 OLS 추정량의 불편성은 SLR.5 가정을 필요로 하지 않는다.]

처치효과가 개별 구성원 간에 상이할 수 있을 때에도 단순회귀 추정량이 τ_{ate}의 불편추정량이 된다는 사실은 매우 강력한 결과이다. 하지만 이 결과는 임의배정 가정에 의존함을 기억하여야 한다. 3장부터는 순수한 임의배정이 성립하지 않을 때 어떻게 다중회귀를 사용할 수 있는지 살펴볼 것이다.

예제 2.14 직업훈련 프로그램의 평가

JTRAIN2자료는 노동시장 경력이 좋지 않은 남성들을 통제집단과 처치집단으로 배정하여 직업훈련을 시키는 실험을 한 후 성과를 측정한 것으로, 오래되기는 했지만 프로그램 평가 문헌에서 비실험 프로그램들로부터 구한 추정값들을 비교하는 데에 널리 사용되어 온 자료이다. 이 자료는 프로그램 평가 문헌에서 비실험 프로그램들로부터 구한 추정값들을 비교하는 데에 널리 사용되어 왔다. 훈련에의 배정을 나타내는 지표는 *train*이며, 우리의 관심 대상은 1978년 (실질) 급여인 성과변수 *re78*이다(단위는 1천 달러). 표본 내 445명 중 185명은 1978년 이전에 프로그램에 참여한 바 있는 처치집단을 구성하며, 나머지 260명은 통제집단을 구성한다.

단순회귀로부터 다음 결과를 얻는다.

$$\widehat{re78} = 4.55 + 1.79\,train$$

$$n = 445, \; R^2 = 0.018$$

앞의 논의에 의하면 1.79는 처치집단과 통제집단 간 평균 *re78*의 차이이며, 따라서 프로그램에 참여한 남성들은 그렇지 않은 남성들보다 평균 $1,790만큼 높은 급여를 받았다. 1978년임을 고려하면 이는 경제적으로 큰 효과이다. 프로그램에 참여하지 않은 사람들의 평균 급여는 $4,550이다〔절편 참조〕. 이 $1,790의 차이는 $4,550의 약 39.3%로서 상당한 크기이다. (프로그램의 비용이 있어야 순편익을 계산할 수 있지만, 평균 $1,790의 편익은 작다고 할 수 없다.)

앞에서 언급하였듯이, 프로그램 평가에서 근본적인 문제는 어느 개인의 경우에도 두 상태 모두를 관측할 수 없다는 것이다. 본 예제에서, 각 사람마다 두 〔잠재적〕 성과 중 하나만이 관측된다. 그럼에도, 처치집단과 통제집단으로의 임의배정으로 인해 평균 처치효과의 불편추정량을 얻을 수 있다.

마지막으로 두 가지 점을 지적하고자 한다. 첫째, R^2이 매우 작다. 직업훈련 참여 여부는 표본에서 *re78*의 차이의 2%도 설명하지 못한다. 그렇다고 놀랄 일은 아니다. 교육, 경력, 지능, 나이, 동기 등등 수많은 요소들이 노동소득을 결정하기 때문이다. 이 결과도, R^2에 초점을 맞추는 것이 불필요할 뿐 아니라 오히려 해로울 수 있음을 보여주는 좋은 사례이다. 초보 학생들은 작은 R^2이 OLS 추정량의 "편향"을 나타낸다고 생각하는 경우가 있다. 그렇지 않다. 이는 단지 비관측 요소들의 분산 $\text{Var}(u)$이 $\text{Var}(y)$에서 차지하는 비중이 크다는 점을 나타낼 뿐이다. 이 예제에서 임의배정으로 인하여 SLR.1부터 SLR.4까지가 성립한다. 이들 가정은 R^2이 얼마나 커야 하는지에 대하여 아무런 함의도 갖지 않는다. R^2은 불편성 개념과 아무런 상관도 없다.

둘째, 추정된 경제적 효과가 \$1,790으로서 상당한 크기이지만, 이 추정값이 통계적으로 유의한지는 아직 모른다. 이에 대해서는 4장에서 설명한다.

본 장을 끝내기 전에 본 소절에서 사용한 "임의"(random)라는 말의 두 가지 용도를 구분하고자 한다. 첫째, 임의추출(random sampling)의 개념은 SLR.2에 소개되었다. 임의추출이란 우리의 자료가 확률변수 (x, y)로 대표되는 모집단의 분포로부터 독립적이며 동일한 분포를 갖도록(independent, identically distributed) 추출된 것임을 의미한다. 임의추출은 임의배정과 구분되는 별도의 개념임을 이해하는 것이 중요하다. 임의배정은 x_i가 가상적 성과인 $[y_i(0), y_i(1)]$과 독립적으로 결정됨을 의미한다. 〈예제 2.14〉에서 특정 모집단으로부터 임의표본이 추출되었으며 처치와 통제로의 배정은 무작위로 이루어졌다(randomized). 하지만 다른 예에서는 임의추출이라 할지라도 임의배정은 이루어지지 않을 수 있다. 예를 들어 방대한 대학생 모집단으로부터 표본을 임의추출하고 SAT 점수와 SAT 준비과정 수강 여부 자료를 얻는 것은 어렵지 않다. 하지만 그렇다고 하여 수강 여부가 잠재적 성적과 독립적으로 결정되었다는 것은 아니다. 프로그램 참여와 잠재적 성과 간의 독립성을 확보하려 했다면 학생들의 수강 여부를 무작위로 배정하고 학생들도 배정된 대로 이행했어야 한다. 그렇지 않고 회고적 자료(retrospective data)가 있는 경우라면—즉 학생들이 준비과정을 수강하였는지 여부를 기록하기만 한 것이라면—임의배정의 기초가 되는 독립성 가정이 위배되기 쉽다. 하지만 이는 모집단으로부터 학생들의 임의표본을 얻었는지와 아무런 관련도 없다. 일반적으로 말하여 SLR.2와 SLR.4는 전혀 다른 가정이다.

부록: 잔차 제곱합의 최소화

본 부록에서 OLS 추정량 $\hat{\beta}_0$과 $\hat{\beta}_1$이 잔차 제곱합을 최소화함을 보인다. 다음 최소화 문제

$$\min_{b_0, b_1} \sum_{i=1}^{n} (y_i - b_0 - b_1 x_i)^2$$

의 해 $\hat{\beta}_0$과 $\hat{\beta}_1$을 구하자. 여기서 b_0과 b_1은 최소화시킬 함수의 인자이다. 이 함수를 $Q(b_0, b_1)$이라 하자. 미분법을 사용하면, $\hat{\beta}_0$과 $\hat{\beta}_1$이 이 최소화 문제의 해일 필요 조건은 $Q(b_0, b_1)$의 b_0과 b_1에 대한 편미분들을 $\hat{\beta}_0$과 $\hat{\beta}_1$에서 평가하면 그 값이 0이라는 것이다. 즉, $\partial Q(\hat{\beta}_0, \hat{\beta}_1)/\partial b_0 = 0$, $\partial Q(\hat{\beta}_0, \hat{\beta}_1)/\partial b_1 = 0$이다. 미분의 연쇄법칙(chain rule)을 사용하면 이 두 방정식은 다음이 된다.

$$-2\sum_{i=1}^{n}(y_i - \hat{\beta}_0 - \hat{\beta}_1 x_i) = 0, \quad -2\sum_{i=1}^{n} x_i(y_i - \hat{\beta}_0 - \hat{\beta}_1 x_i) = 0$$

이 두 식은 (2.14)와 (2.15)에 $-2n$을 곱한 것이므로 그 해는 $\hat{\beta}_0$과 $\hat{\beta}_1$이다.

이 값들이 잔차 제곱합을 실제로 최소화하는지 어떻게 알 수 있는가? 1계조건은 필요조건이지만 충분조건이 아니다. 잔차 제곱합이 최소화됨을 확인하는 한 방법은 다음과 같다. 모든 b_0과 b_1에 대하여,

$$\begin{aligned} Q(b_0, b_1) &= \sum_{i=1}^{n}[y_i - \hat{\beta}_0 - \hat{\beta}_1 x_i + (\hat{\beta}_0 - b_0) + (\hat{\beta}_1 - b_1)x_i]^2 \\ &= \sum_{i=1}^{n}[\hat{u}_i + (\hat{\beta}_0 - b_0) + (\hat{\beta}_1 - b_1)x_i]^2 \\ &= \sum_{i=1}^{n}\hat{u}_i^2 + n(\hat{\beta}_0 - b_0)^2 + (\hat{\beta}_1 - b_1)^2\sum_{i=1}^{n}x_i^2 + 2(\hat{\beta}_0 - b_0)(\hat{\beta}_1 - b_1)\sum_{i=1}^{n}x_i^2. \end{aligned}$$

여기서 식 (2.30)과 (2.31)을 사용하였다. 첫째 항 $\sum_{i=1}^{n}\hat{u}_i^2$은 b_0이나 b_1과 상관없는 항이며, 나머지 세 항의 합은 다음과 같다.

$$\sum_{i=1}^{n}[(\hat{\beta}_0 - b_0) + (\hat{\beta}_1 - b_1)x_i]^2$$

이것은 제곱 항들의 합이므로 0보다 크거나 같다. 그러므로 가장 작은 값은 $b_0 = \hat{\beta}_0$이고 $b_1 = \hat{\beta}_1$일 때 얻는다.

Chapter 3

다중회귀분석: 추정

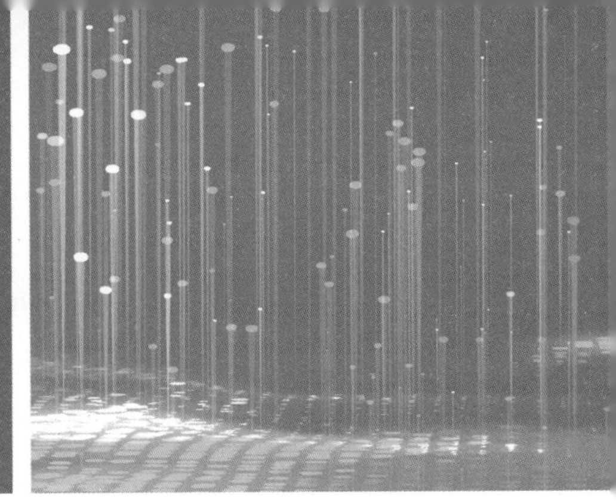

학습목표

3.1 다양한 다중회귀모형의 목적과 모수들에 대해 설명할 수 있다.

3.2 표본자료를 이용해 OLS 추정량, 적합값, 잔차 등을 계산하고 해석할 수 있다.

3.3 순효과(partialling-out)라는 관점에 입각해 다중회귀분석과 단순회귀분석의 회귀 계수간의 관계를 설명할 수 있다.

3.4 다중회귀분석에서의 R^2을 해석할 수 있다.

3.5 가우스-마코프 정리의 중요성과 해당 정리가 성립하는 조건들(가우스-마코프 가정)을 해석할 수 있다.

3.6 다중공선성의 결과와 다중공선성이 가우스-마코프 가정들과 어떤 관계를 갖는지 논의한다.

3.7 가우스-마코프 정리를 활용해 OLS 추정량의 분산에 영향을 주는 요소들을 정식화하고 해석할 수 있다.

3.8 OLS 추정량이 불편추정량이 되기 위한 최소의 조건들을 나열할 수 있다.

3.9 OLS 추정을 할 경우 관련있는 어떤 한 변수의 누락(omission of a relevant variable)이 초래하는 편향을 계산할 수 있다.

3.10 다중회귀분석에서 등분산(homoskedasticity) 가정의 역할을 평가할 수 있다.

3.11 경제학과 행동과학 여러 분야(behavioral sciences)에서 다중회귀분석을 수행하여야 하는 경우들을 생각해 볼 수 있다.

2장에서는 종속변수(y)를 단 하나의 독립변수(x)의 함수로 간주할 때 사용하는 단순회귀분석에 대하여 배웠다. 단순회귀분석은 단 하나의 독립변수만을 고려하고 있기에 설명변수에 영향을 주는 다른 변수들의 변화를 통제할 수 없다. 핵심 가정인 SLR.4, 즉 y에 영향을 미치는 다른 모든 요소들이 x와 상관되지 않았다는 가정이 비현실적인 것이다.

다중회귀분석(multiple regression analysis)은 종속변수에 동시에 영향을 미치는 많은 여타 요인들을 명시적으로 통제할 수 있도록 해 주기 때문에 ceteris paribus 분석에 더 좋다. 경제이론의 검정과 정책효과의 평가 시 비실험 자료에 의존해야 하므로 이 점은 매우 중요하다. 다중회귀 모형에는 서로 상관된 여러 설명변수들을 포함시킬 수 있으므로, 단순회귀 분석만 가지고는 잘못되는 경우에도 인과관계에 대한 추론을 할 수 있으리라 희망할 수 있다.

물론, y의 설명에 유용한 요소들을 더 많이 모형에 추가하면 y의 변동이 더 잘 설명될 수 있다. 그러므로 다중회귀 분석을 사용하여, 종속변수를 더 잘 예측해 주는 모형을 세울 수도 있다.

다중회귀 분석은 매우 일반적인 함수형태를 구현할 수 있다는 장점도 가지고 있다. 단순회귀 모형에서는 단일 설명변수의 하나의 함수만 방정식에 나타날 수 있었다. 나중에 보겠지만, 다중회귀 모형은 훨씬 더 유연성을 가질 수 있다.

3-1절에서는 다중회귀 모형을 정식으로 소개하고, 단순회귀 모형에 비한 다중회귀 모형의 장점들에 대하여 추가적으로 설명한다. 3-2절에서는 다중회귀 모형에서 보통최소제곱(ordinary least squares, OLS) 방법을 사용하여 모수를 추정하는 방법을 설명한다. 3-3, 3-4, 3-5절에서는 OLS 추정량의 불편성과 효율성 등 다양한 통계적 특성들을 설명한다.

다중회귀 모형은 경제학과 여타 사회과학의 실증분석에서 여전히 가장 널리 사용되는 수단이다. 마찬가지로, 보통최소제곱법은 다중회귀 모형의 모수들을 추정하는 데에 가장 널리 사용된다.

3-1 다중회귀분석의 기초

3-1a 두 개의 설명변수가 있는 모형

단순회귀분석은 해결할 수 없는 문제를 어떻게 다중회귀분석이 해결할 수 있는지 몇 가지 간단한 예를 들어 설명해 보자.

첫 번째 예는 교육이 시간당 임금에 미치는 영향에 관한 2장의 임금방정식을 약간 변형한 것이다.

$$wage = \beta_0 + \beta_1 educ + \beta_2 exper + u \tag{3.1}$$

여기서 *exper*(experience)는 노동시장 경력(연)이다. 이 모형에 따르면 *wage*는 교육과 경력이라는 두 개의 설명변수 혹은 독립변수와 u에 포함된 여타 비관측 요소들에 의하여 결정된다. 여기서도, *wage*에 영향을 미치는 여타 모든 요소들을 고정할 때 *educ*이 *wage*에 미치는 영향을 알고자 한다. 즉, 여전히 우리는 β_1 모수에 관심이 있다.

*wage*와 *educ*에 관한 단순회귀분석과 비교해 보면, 식 (3.1)은 *exper*를 오차항으로부터 빼내어 방정식에 명시적으로 집어넣었음을 볼 수 있다. *exper*가 방정식에 나타나므로 그 계수인 β_2는 *exper*가 *wage*에 미치는 ceteris paribus 효과를 측정한다. 이것도 흥미 있는 모수일 수 있다.

물론 단순회귀의 경우와 마찬가지로 식 (3.1)의 u가 독립변수들인 *educ*, *exper*와 어떤 관계를 갖는지 가정을 하여야 할 것이다. 하지만, 3-2절에 설명할 것처럼, 우리가 분명히 알 수 있는 것이 하나 있다. 이는 (3.1)에는 경력이 명시적으로 포함되어 있으므로 경력을 고정할 때 교육이 임금에 미치는 영향을 측정할 수 있다는 것이다. 단순회귀분석에서는 *exper*가 오차항에 들어가 있으며 이때에는 경력이 교육과 상관되지 않았다고 가정해야만 할 것이다. 이 가정은 근거가 약하다.

다른 예를 들어 보자. 고등학교 학생들의 학교별 평균 모의고사 성적(*avgscore*)을 결정하는 요소들로 학교가 학생 1인당 지출하는 평균 교육비(*expend*)와 학교 학생들의 평균적 가구 소득(*avginc*) 및 기타 요소들이 있다고 알려져 있다면 우리는 다음과 같은 회귀모형을 구성할 수 있다.

$$avgscore = \beta_0 + \beta_1 expend + \beta_2 avginc + u \qquad (3.2)$$

이 모형에서 정책 목적 상 흥미로운 계수는 β_1, 즉 *expend*가 *avgscore*에 미치는 ceteris paribus 효과이다. 모형 (3.2)에서는 *avginc*를 명시적으로 모형에 포함시킴으로써 *avginc*의 효과를 통제할 수 있게 된다. 평균적 가구 소득이 학생 1인당 교육비 지출액과 상관되어 있을 것이므로 *avginc*의 효과를 통제하는 것은 중요할 수 있다. 단순회귀분석에서는 *avginc*이 오차항에 포함되어 있을 것이고 이는 또한 *expend*와 상관될 것이다. 그리하여 2변수 모형에서 β_1의 OLS 추정량은 편향될 것이다.

앞의 두 예에서, 우리는 핵심 변수[식 (3.1)에서는 *educ*, 식 (3.2)에서는 *expend*]가 아닌 관측된 요소가 어떻게 회귀모형에 포함될 수 있는지 보았다. 일반적으로 독립변수가 2개인 모형을 다음과 같이 쓸 수 있다.

$$y = \beta_0 + \beta_1 x_1 + \beta_2 x_2 + u \qquad (3.3)$$

여기서

β_0은 절편

β_1은 다른 요소를 통제한 이후 x_1의 변화가 y에 미치는 효과

β_2는 다른 요소를 통제한 이후 x_2의 변화가 y에 미치는 효과

다중회귀분석은 종속변수와 독립변수 간의 관계가 선형이 아닌 경우에 모형을 수립하는 데에도 유용하다. 예를 들어 가구소비(*cons*)가 가구소득(*inc*)의 2차함수라고 가정해 보자.

$$cons = \beta_0 + \beta_1 inc + \beta_2 inc^2 + u \tag{3.4}$$

여기서 u는 소비에 영향을 미치는 다른 요소들을 포함한다. 이 모형에서 소비는 소득이라는 하나의 관측요소에만 의존한다. 그러므로 이 경우는 단순회귀의 분석틀 안에서 처리될 수 있는 것처럼 보일 수도 있겠다. 하지만 이 모형에는 소득의 두 함수형태 inc와 inc^2이 들어 있으므로(따라서 β_0, β_1, β_2의 3개의 모수가 있음) 단순회귀의 범주를 벗어난다. 이 소비함수도 $x_1 = inc$, $x_2 = inc^2$이라고 놓음으로써 두 개의 독립변수가 있는 회귀모형으로 손쉽게 쓸 수 있다.

식 (3.1)과 같은 모형이든 식 (3.4)와 같은 모형이든 보통최소제곱법(3-2절에서 소개함)을 사용하여 추정할 때에는 수학적으로 아무런 차이도 없다. 두 방정식 모두 식 (3.3)으로 쓸 수 있는데, 계산을 하는 데에는 식 (3.3)의 형태이기만 하면 동일한 계산 절차를 밟게 되기 때문이다. 하지만 모수들을 해석할 때에는 이 두 모형에 중요한 차이가 있다. 식 (3.1)에서는 β_1이 *educ*이 *wage*에 미치는 ceteris paribus 효과이다. 반면 식 (3.4)의 β_1 모수는 이렇게 해석되지 않는다. *inc*를 변화시키면 inc^2도 변해야 하므로, inc^2을 고정한 상태에서 *inc*의 증가가 *cons*에 주는 영향을 측정한다는 것은 말이 되지 않는다. 그 대신 소득의 변화에 대한 소비의 변화 정도—한계소비성향—는 다음과 같이 근사적으로 나타낼 수 있다.

$$\frac{\Delta cons}{\Delta inc} \approx \beta_1 + 2\beta_2 inc$$

다시 말하면, 소득이 소비에 주는 한계효과는 β_1뿐 아니라 β_2와 소득 수준 자체에 의존한다. 이 예에서 말하고자 하는 바는, 특정한 실증연구를 이해하는 데에는 독립변수의 정의가 매우 중요하다는 것이다. 하지만 다중회귀의 수학이론 전개를 위해서는 이렇게 상세한 점들은 무시해도 좋다. 6장에서 이와 관련된 예들을 좀 더 살펴볼 것이다.

독립변수가 2개인 모형에서, u가 x_1, x_2와 어떻게 관련되었는지에 대한 핵심적인 가정은 다음과 같다.

$$\mathrm{E}(u|x_1, x_2) = 0 \tag{3.5}$$

조건 (3.5)의 해석은 단순회귀분석에서 SLR.4 가정의 해석과 유사하다. 이것이 의미하는 바는, 모집단 내에서 x_1과 x_2가 어떤 값을 취하는 경우라도, 관측되지 않은 오차항의 모평균은 0이라는 것이다. 단순회귀의 경우처럼, 이 가정에서 중요한 부분은 u의 기댓값이 모든 x_1과 x_2의 조합에서 동일하다는 것이며, 그 값이 0이라는 것은 모형에 절편 β_0이 포함되어 있는 한 가정이라 할 것도 없다(2-1절 참조).

앞의 예에서 이 조건부 0평균 가정은 어떻게 해석할 수 있겠는가? 식 (3.1)에서 이 가정은 $\mathrm{E}(u|educ, exper) = 0$이라는 것이 된다. 이것이 의미하는 바는, *wage*에 영향을 미치는 여타 요소들이 평균적으로 *educ*, *exper*와 관련되지 않았다는 것이다. 그러므로 가정 (3.5)는, 내재적 능력이 u의 일부라고 한다면, 노동자 모집단의 모든 교육과 경력의 조합에서 평균적인 내재적 능력이 동일한 수준이라는 전제를 하는 것과 같다. 이것은 사실일 수도 아닐 수도 있지만, 3-3절에서 볼 것처럼, OLS 추정량이 불편추정량인지 알아보기 위해서는 이처럼 모든 교육과 경력의 조합에서 평균적인 내재적 능력 수준이 동일할 것인지 질문해 보아야 한다.

학생 성적에 관한 예[식 (3.2)]도 임금 방정식의 경우와 유사하다. 조건부 0평균 가정은 $\mathrm{E}(u|expend, avginc) = 0$이라는 것으로서, 시험점수에 영향을 미치는 다른 요소들(학교 또는 학생의 특성)이 학생당 지출수준 및 평균 가구소득과 평균적으로 관계가 없음을 의미한다.

식 (3.4)의 소비함수처럼 회귀식이 2차식인 경우 조건부 0평균 가정을 약간 달리 표현할 수 있다. 글자 그대로 보면 (3.5)는 $\mathrm{E}(u|inc, inc^2) = 0$이 된다. 그런데 *inc*가 알려져 있으면 inc^2도 알려져 있으므로, 기댓값 표현식에 inc^2을 쓰는 것은 중복적이며, $\mathrm{E}(u|inc, inc^2) = 0$은 $\mathrm{E}(u|inc) = 0$과 동일하다. 가정을 표현할 때 *inc*와 inc^2을 함께 표기하여도 아무런 문제가 없으나 $\mathrm{E}(u|inc) = 0$이라고 하는 편이 더 간명하다.

3-1b k 개의 설명변수가 있는 모형

다중회귀의 영역에 들어온 마당에 2개의 독립변수만 보고 끝낼 필요는 없다. 다중회귀분석은 여러 관측된 요소들이 y에 영향을 줄 수 있도록 한다. 임금의 예에서 직업훈련 시간, 현재 직장에서의 근속연수, 능력의 척도, 심지어 형제자매의 수나 어머니의 교육 등 인구통계적 변수들도 포함시킬 수 있다. 학교 지출의 예에서 추가적인 변수로는 교사의 질의 척도와 학교 크기 등을 포함시킬 수 있겠다.

일반적으로 다중선형회귀모형(multiple linear regression model, 다중회귀모형이라고 하기도 함)은 모집단에 대하여 다음과 같이 나타낼 수 있다.

$$y = \beta_0 + \beta_1 x_1 + \beta_2 x_2 + \beta_3 x_3 + \cdots + \beta_k x_k + u \tag{3.6}$$

여기서 β_0은 절편(intercept), β_1은 x_1의 계수, β_2는 x_2의 계수 등이다. k개의 독립변수와 하나의 절편이 있으므로, 식 (3.6)은 $k+1$개의 (미지의) 모수를 가지고 있다. 절편을 제외한 모수들을 짧게 기울기 모수(slope parameter)라 하겠다. 이들이 모두 문자 그대로 기울기인 것은 아닌 경우에도 그렇게 할 것이다[식 (3.4)에서는 β_1도 β_2도 기울기인 것은 아니지만,

양자 합동으로 소비와 소득 간의 관계에서 기울기를 결정한다].

다중회귀에서 용어들은 단순회귀의 경우와 유사하다. 〈표 3.1〉을 참조하라. 단순회귀분석에서와 같이 u는 오차항(error term) 또는 교란항(disturbance)이라고 하며, $x_1, \ldots, x_k$ 이외에 y에 영향을 주는 요소들을 포함한다. 모형에 설명변수가 아무리 많이 포함되어 있더라도 포함시킬 수 없는 요소들은 늘 존재하며, 이것들이 전체적으로 u에 포함되어 있다.

일반적 다중회귀모형을 이용할 때 그 계수들을 어떻게 해석하는지 알아야 한다. 3 장과 4 장에서 충분히 연습해 볼 것이지만, 앞에서 배운 내용을 여기서 복습해 보는 것이 좋겠다. 최고경영자(CEO)의 연봉(*salary*)이 회사의 매출액(*sales*)과 CEO로 재직한 기간(*ceoten*)의 함수라고 하자.

$$\log(salary) = \beta_0 + \beta_1 \log(sales) + \beta_2 ceoten + \beta_3 ceoten^2 + u \tag{3.7}$$

$y = \log(salary)$이고 $x_1 = \log(sales)$, $x_2 = ceoten$, $x_3 = ceoten^2$이라고 하면 이 모형은 $k = 3$인 다중회귀모형이 된다. 2장에서 보았듯이, β_1은 다른 조건이 일정할 때 *salary*의 *sales*에 대한 탄력성이다. $\beta_3 = 0$인 경우, $100\beta_2$는 *ceoten*이 1년 증가할 때 *salary*의 ceteris paribus 백분율 증가를 대략적으로 나타낸다. $\beta_3 \neq 0$이면 *ceoten*이 *sales*에 미치는 효과는 더 복잡하다. 이 내용은 6장에서 다시 기술하고자 한다.

식 (3.7)은 다중회귀분석에 대하여 중요한 점을 상기시켜 준다. 다중선형회귀모형에서 "선형"이라는 말은 식 (3.6)이 모수들(β_j)에 대하여 선형임을 의미한다. 식 (3.7)의 다중회귀모형은 β_j에 대하여 선형이지만, *salary*와 *sales*, *ceoten* 변수 간의 관계는 비선형이다. 다중선형회귀를 응용한 것 중에는 변수들이 비선형 관계를 갖는 경우가 많다.

일반적인 다중회귀모형의 핵심적인 가정은 다음의 조건부 기댓값에 관한 것이다.

$$\mathrm{E}(u|x_1, x_2, \ldots, x_k) = 0 \tag{3.8}$$

〈표 3.1〉 회귀분석에서 이용되는 용어들

y	$x_1, x_2, \ldots, x_k$
종속변수(dependent variable)	독립변수
피설명변수(explained variable)	설명변수(explanatory variables)
반응변수(response variable)	통제변수(control variables)
피예측변수(predicted variable)	예측변수(predictor variables)
피회귀변수(regressand)	회귀변수(regressors)

식 (3.8)은 최소한 비관측 오차항 내의 모든 요소들이 설명변수들과 상관되어 있지 않을 것을 요구한다. 또한 피설명변수와 설명변수들의 함수관계가 옳아야 한다. 어떤 요소이든 간에 오차항 u를 독립변수들과 상관되도록 만드는 것이 있으면 (3.8)은 성립하지 않는다. 3-3절에서 가정 (3.8)하에서 OLS가 불편성을 가짐을 보이고, 방정식으로부터 핵심 변수가 누락될 때 발생하는 편향을 도출할 것이다.

3-2 다중회귀모형의 OLS 추정 및 추정 결과의 해석

이제 보통최소제곱법(method of ordinary least squares, OLS)을 특정 자료에 적용할 때의 계산과 대수학에 관련된 특징들을 살펴본다. 추정식을 해석하는 방법에 대해서도 이야기하고자 한다.

3-2a OLS 추정값 계산

먼저 독립변수가 2개인 모형을 고려한다. 추정된 OLS 방정식은 단순회귀의 경우와 유사한 다음 형태로 표기한다.

$$\hat{y} = \hat{\beta}_0 + \hat{\beta}_1 x_1 + \hat{\beta}_2 x_2 \tag{3.9}$$

여기서 $\hat{\beta}_0$은 β_0의 추정값, $\hat{\beta}_1$은 β_1의 추정값, $\hat{\beta}_2$은 β_2의 추정값이다. 이 $\hat{\beta}_0, \hat{\beta}_1, \hat{\beta}_2$을 어떻게 구할 것인가? 보통최소제곱(ordinary least squares)법은 잔차 제곱합을 최소화하는 추정값을 선택한다. 즉, y, x_1, x_2에 대한 n개의 관측값 $\{(x_{i1}, x_{i2}, y_i) : i = 1, 2, \ldots, n\}$이 주어져 있을 때 $\hat{\beta}_0, \hat{\beta}_1, \hat{\beta}_2$ 추정값들은 다음을 가능한 한 작게 만들도록 선택된다.

$$\sum_{i=1}^{n} (y_i - \hat{\beta}_0 - \hat{\beta}_1 x_{i1} - \hat{\beta}_2 x_{i2})^2 \tag{3.10}$$

OLS가 무엇을 하는지 이해하기 위해 우선 식 (3.10)에서 독립변수들의 두 첨자의 의미를 알아보자. 독립변수들에는 i 첨자 다음에 1 또는 2의 첨자가 있다. 여기서 i 첨자는 관측값 번호를 의미한다. 그러므로 식 (3.10)의 합은 $i = 1$부터 n까지의 모든 관측값에 대하여 취해진다. 두 번째 첨자는 상이한 독립변수들을 구분하기 위하여 사용되었다. *wage*와 *educ*, *exper*의 관계에 관한 예에서 $x_{i1} = educ_i$는 표본 내 i번째 사람의 교육수준이고, $x_{i2} = exper_i$는 개인 i의 경력이다. 그 경우 (3.10)의 잔차 제곱합은 $\sum_{i=1}^{n} (wage_i - \hat{\beta}_0 - \hat{\beta}_1 educ_i - \hat{\beta}_2 exper_i)^2$이 된다. 이하에서, i 첨자는 항상 관측값 번호를 나타낼 것이다(어떤 저자들은 관측값 번호와 변수 번호의 순서를 바꾸어 변수 1에 대한 관측값 i를 x_{1i}라고 표기하기도 하는데, 이것은 순전히 취향의 문제이다).

k개의 독립변수가 있는 일반적인 경우, 다음 식에서 $\hat{\beta}_0, \hat{\beta}_1, \ldots, \hat{\beta}_k$ 추정값을 구하고자 한다.

$$\hat{y} = \hat{\beta}_0 + \hat{\beta}_1 x_1 + \hat{\beta}_2 x_2 + \ldots + \hat{\beta}_k x_k \tag{3.11}$$

$k+1$개의 OLS 추정값은 다음 잔차 제곱합을 최소화하도록 선택된다.

$$\sum_{i=1}^{n} (y_i - \hat{\beta}_0 - \hat{\beta}_1 x_{i1} - \hat{\beta}_2 x_{i2} - \ldots - \hat{\beta}_k x_{ik})^2 \tag{3.12}$$

이 최소화 문제는 다변량 미분을 사용하여 풀 수 있다. 그 해는 다음의 $k+1$개 방정식들의 해와 같다는 점이 알려져 있다.

$$\begin{aligned}
&\sum_{i=1}^{n} (y_i - \hat{\beta}_0 - \hat{\beta}_1 x_{i1} - \cdots - \hat{\beta}_k x_{ik}) = 0 \\
&\sum_{i=1}^{n} x_{i1}(y_i - \hat{\beta}_0 - \hat{\beta}_1 x_{i1} - \cdots - \hat{\beta}_k x_{ik}) = 0 \\
&\sum_{i=1}^{n} x_{i2}(y_i - \hat{\beta}_0 - \hat{\beta}_1 x_{i1} - \cdots - \hat{\beta}_k x_{ik}) = 0 \\
&\qquad\vdots \\
&\sum_{i=1}^{n} x_{ik}(y_i - \hat{\beta}_0 - \hat{\beta}_1 x_{i1} - \cdots - \hat{\beta}_k x_{ik}) = 0
\end{aligned} \tag{3.13}$$

이 조건들을 OLS의 1계조건들이라고 한다. 2-2절의 단순회귀모형에서와 같이 이 1계조건들은 "가정 (3.8)하에서 $\mathrm{E}(u) = 0$이고 $\mathrm{E}(x_j u) = 0$, $j = 1, \ldots, k$"라는 조건들을 이용한 적률법(method of moments)을 이용하여 구할 수도 있다. (3.13)의 식들은 이 모집단 적률조건들을 표본 적률조건들로 바꾸어 쓰고 양 변에 표본 크기 n을 곱한 것과 같다.

n과 k가 약간만 크더라도 (3.13)의 식들을 손으로 계산하여 푸는 것은 매우 귀찮다. 반면, 표준적인 통계 및 계량경제 소프트웨어를 사용하면 n과 k가 큰 경우에도 매우 빨리 그 해를 구할 수 있다.

한 가지 주의할 점은 (3.13)의 식들이 $\hat{\beta}_j$에 대하여 유일하게 풀릴 수 있다고 가정해야 한다는 것이다. 모형이 잘 설정되어 있으면 보통 그러하므로, 지금으로서는 그냥 그렇다고 가정하자. OLS 추정값들이 유일하기 위해 필요한 가정은 3-3절에서 설명할 것이다.

단순회귀분석의 경우와 마찬가지로, 식 (3.11)을 OLS 회귀선(OLS regression line) 혹은 표본회귀함수(sample regression function, SRF)라 한다. $\hat{\beta}_0$을 OLS 절편 추정값이라 하고, $\hat{\beta}_1, \ldots, \hat{\beta}_k$를 (독립변수 $x_1, x_2, \ldots, x_k$에 대응하는) OLS 기울기 추정값이라 할 것이다.

OLS 회귀를 했다는 점을 나타낼 때, 식 (3.11)에서 y와 $x_1, \ldots, x_k$를 해당 변수명(*wage*, *educ*, *exper* 등)으로 바꾸어 나타내거나, "y를 $x_1, x_2, \ldots, x_k$에 대하여 OLS 회귀하였다"거나, "y를 $x_1, x_2, \ldots, x_k$에 대하여 회귀하였다"고 말할 것이다['OLS'라는 말을 명시적으로 하지

않고]. 이것들은 보통최소제곱법을 사용하여 OLS 식 (3.11)을 구하였다는 사실을 줄여서 표현한 것이다. 명시적으로 그렇지 않다고 하는 경우가 아니면, 우리는 항상 기울기와 함께 절편을 추정한다.

3-2b OLS 회귀식의 해석

$\hat{\beta}_j$의 계산방법을 세세하게 아는 것보다 더 중요한 것이 추정된 방정식의 해석이다. 설명이 용이하도록 $k=2$인 경우를 예를 들고자 한다.

$$\hat{y} = \hat{\beta}_0 + \hat{\beta}_1 x_1 + \hat{\beta}_2 x_2 \tag{3.14}$$

식 (3.14)의 절편 $\hat{\beta}_0$은 $x_1 = 0$이고 $x_2 = 0$일 때의 y의 예측값이다. x_1과 x_2를 모두 0으로 두는 것이 흥미로운 시나리오일 때도 있고, 의미가 없을 때도 있다. 어느 경우이든, 식 (3.14)에서 분명히 볼 수 있듯이, OLS 회귀선으로부터 y를 예측할 때에는 절편을 반드시 포함시켜야 한다.

$\hat{\beta}_1$과 $\hat{\beta}_2$ 추정값은 부분효과(partial effect) 혹은 ceteris paribus 효과로 해석된다. 식 (3.14)로부터

$$\Delta\hat{y} = \hat{\beta}_1 \Delta x_1 + \hat{\beta}_2 \Delta x_2$$

를 얻을 수 있으며, 따라서 x_1과 x_2의 변화량이 주어질 때 y의 변화를 예측할 수 있다 (절편은 y의 변화와 무관함에 유의하라). 특히 x_2가 고정되면, 즉 $\Delta x_2 = 0$이면, 다음이 된다.

$$\Delta\hat{y} = \hat{\beta}_1 \Delta x_1$$

여기서 핵심 포인트는 x_2를 모형에 포함시킴으로써 ceteris paribus 해석이 가능한 x_1 계수를 얻게 된다는 것이다. 이것이 다중회귀분석이 그토록 유용한 이유이다. 이와 유사하게, x_1이 고정될 때에는

$$\Delta\hat{y} = \hat{\beta}_2 \Delta x_2.$$

예제 3.1 대학 학점 결정 요소

GPA1 파일에는 141명의 미국의 어느 대학교 학생들의 대학교 학점(*colGPA*), 고등학교 성적(*hsGPA*), ACT 점수(*ACT*, 우리 나라의 대학수학능력시험과 유사한 미국의 대학입학 자격시험의 하나)가 포함되어 있다. *colGPA*와 *hsGPA*는 4.0 만점이다. *colGPA*를 *hsGPA*와 *ACT*에 대하여 회귀시키면 다음의 결과를 얻는다.

$$\begin{aligned} \widehat{colGPA} &= 1.29 + 0.453\, hsGPA + 0.0094\, ACT \\ n &= 141 \end{aligned} \tag{3.15}$$

이 식을 어떻게 해석할 것인가? 우선, 절편 추정값 1.29는 *hsGPA*와 *ACT*가 모두 0일 때의 대학 *GPA* 예측값이다. 대학에 입학한 학생들의 *hsGPA*와 *ACT*가 0일 리는 없는 까닭에 이 절편값 자체는 의미가 없다.

더 흥미로운 것은 *hsGPA*와 *ACT*의 기울기 계수 추정값들이다. 예상한 대로, *colGPA*와 *hsGPA* 간에는 양의 부분관계가 있다. 즉, *ACT*가 일정할 때 *hsGPA*가 1점 더 높은 학생들은 *colGPA*가 평균적으로 0.453점 더 높은 것으로 추정된다. 이는 ACT 점수가 같은 두 학생 A와 B가 있을 때 A의 고등학교 GPA가 B의 고등학교 GPA보다 1점 더 높을 경우 우리는 A의 대학 GPA가 B보다 0.453점 더 높을 것으로 예측한다는 의미이기도 하다(실제 2명의 학점이 그렇다는 말이 아니며, 우리의 최선의 예측이 그렇다는 말이다).

*ACT*의 계수 추정값은 매우 작아서 *hsGPA*를 통제하고 나면 ACT의 점수에서 10점의 차이는 *colGPA*에 0.094점의 영향을 미치는 것으로 추정된다. ACT의 만점이 36점(표본평균은 약 24, 표본표준편차는 3보다 작음)이라는 것을 생각해 보면 ACT에서 10점의 차이는 매우 커다란 점수 차임을 알 수 있는데, 그런 큰 점수 차이가 존재하는 경우라도 *colGPA*에서 평균적으로 0.1점의 차이도 나타나지 않는다는 것이므로, 고등학교 GPA가 고려되고 나면 ACT 점수는 대학 GPA를 예측하는 데에 거의 기여하는 바가 없다고 할 수 있다(물론 GPA에 영향을 미치는 다른 요소들도 많지만, 여기서는 고등학교 학생들에게서 얻을 수 있는 통계량에 초점을 맞추었다). 4장에서 통계적 추론에 대해 배우고 난 후에는 ACT는 계수가 작을 뿐 아니라 통계적 유의성도 작다는 점을 배우게 될 것이다.

만일 *hsGPA*를 포함시키지 않고 *ACT*만으로 회귀분석을 하면 다음과 같은 결과를 얻는다.

$$\widehat{colGPA} = 2.40 + 0.0271\,ACT$$

$$n = 141$$

위의 (3.15)와 비교해 보면 *ACT*의 계수가 약 3배 가량 더 크게 나타남을 볼 수 있다. 하지만 이 식을 이용해서는 고등학교 GPA가 동일한 두 사람을 비교하는 것이 가능하지 않다. 다중회귀와 단순회귀의 차이에 대하여 나중에 더 자세히 설명할 것이다.

독립변수가 2개 이상인 경우도 위의 비슷하다. OLS 회귀선은 다음과 같다.

$$\hat{y} = \hat{\beta}_0 + \hat{\beta}_1 x_1 + \hat{\beta}_2 x_2 + \cdots + \hat{\beta}_k x_k \tag{3.16}$$

식 (3.16)을 변수들의 변화량으로 바꾸어 쓰면

$$\Delta\hat{y} = \hat{\beta}_1 \Delta x_1 + \hat{\beta}_2 \Delta x_2 + \cdots + \hat{\beta}_k \Delta x_k. \tag{3.17}$$

x_1의 계수는 다른 모든 독립변수들을 고정할 때 x_1의 한 단위 증가로 인한 $\hat{y}$의 변화를 나타낸다. 즉, $x_2, x_3, \ldots, x_k$가 고정될 때,

$$\Delta\hat{y} = \hat{\beta}_1 \Delta x_1 \tag{3.18}$$

이다. 따라서 x_1이 y에 미치는 효과를 측정할 때 $x_2, x_3, \ldots, x_k$를 통제하였다. 다른 계수들도 이와 유사하게 해석된다.

다음 예에서는 독립변수가 3개이다.

예제 3.2 임금방정식

관측값 수가 526개인 WAGE1의 *educ* (교육기간, 년), *exper* (노동시장 경력, 년), *tenure* (현 직장에서 일한 기간, 즉 근속연수, 년)를 이용하여 log(*wage*)를 설명하는 모형을 다음과 같이 추정하였다.

$$\widehat{\log(wage)} = 0.284 + 0.092\,educ + 0.0041\,exper + 0.022\,tenure \qquad n = 526 \tag{3.19}$$

단순회귀의 경우와 마찬가지로, 계수들은 변화율의 의미를 갖는다. 여기서 유일한 차이는 이 계수들이 ceteris paribus 의미도 갖는다는 것이다. *educ*의 계수 0.092는 *exper*와 *tenure*를 고정시킬 때 *educ*의 1년의 증가는 log(*wage*)를 0.092만큼 증가시키는 것으로 예측된다는 의미이므로 *wage*를 평균 9.2%만큼 증가시킨다는 뜻이 된다. 혹은, 달리 말하면, 경력과 근속연수가 동일하지만 교육수준이 1년 차이가 나는 두 사람이 있을 때 두 사람의 *wage*는 서로 9.2% 정도 다를 것으로 예측할 수 있다는 의미도 된다. 최소한 여기서는 교육수익률을 측정할 때 두 가지 중요한 생산성 요소들을 고정시켰다. 이것이 교육 1년 증가의 ceteris paribus 수익을 잘 추정해 주는지 알기 위해서는 OLS의 통계적 성질들을 공부해야 한다(3-3절 참조).

3-2c 다중회귀에서 "다른 요소들을 고정시킨다"는 것의 의미

앞에서는 다중회귀분석에서 기울기 계수들을 부분효과로 해석하였다. 이로 인하여 혼동이 발생할 수 있으므로 좀 더 상세히 설명하고자 한다.

〈예제 3.1〉에서 *ACT*의 계수는 *hsGPA*가 고정될 때 *colGPA*의 예측된 차이를 측정한다. 다중회귀분석의 힘은, 자료가 ceteris paribus 방식으로 수집되지 않은 경우에도 ceteris paribus의 해석을 할 수 있도록 해 준다는 것이다. *ACT*의 계수에 ceteris paribus 해석을

할 때, 우리가 실제로 밖에 나가 고등학교 GPA가 동일하고 ACT 점수가 상이한 사람들의 표본을 만들었다는 인상을 줄 수도 있다. 하지만 그렇지 않다. 자료는 한 대학에서 추출한 임의표본이며, 자료를 구할 때에는 *hsGPA* 나 *ACT* 의 값에 어떠한 제약도 두지 않았다. 표본을 얻을 때에 특정 변수들을 고정하는 사치를 누릴 수 있는 경우는 거의 없다. 만일 고등학교 GPA가 동일한 개인들만의 표본을 수집할 수 있다면 *colGPA* 를 *ACT* 에 단순회귀하면 될 것이다. 다중회귀는 독립변수의 값에 어떠한 제약도 두지 않으면서 이 상황을 흉내낼 수 있도록 해 준다.

다중회귀분석의 힘은 자연과학자들이 통제된 실험실 환경에서 할 수 있는 것, 즉 다른 요소들을 고정시키는 것을 비실험적 환경에서 할 수 있도록 해 준다는 것이다.

3-2d 여러 독립변수들을 동시에 변화시키면

때에 따라서는 여러 개의 변수가 동시에 달라질 때의 효과를 알고 싶을 수도 있다. 식 (3.17)을 사용하면 쉽게 이것을 할 수 있다. 예컨대 식 (3.19)에서 어떤 사람이 (추가적인 교육이 없이) 현재의 직장에서 1년 더 일할 경우 임금의 상승 정도를 예측해 보자. *exper* 와 *tenure* 가 모두 1년씩 증가하므로, 그 총 효과는

$$\Delta\widehat{\log(wage)} = 0.0041\,\Delta exper + 0.022\,\Delta tenure = 0.0041 + 0.022 = 0.0261,$$

즉 약 2.6%이다. *exper* 와 *tenure* 가 각각 1년 씩 증가하였으므로, *exper* 와 *tenure* 의 계수들을 합산하고, 이 효과를 백분율로 바꾸기 위해 100을 곱하면 된다.

3-2e 맞춘값과 잔차

(3.11)과 같은 OLS회귀선을 구하고 나면 이 식을 이용하여 각각의 관측값에 대한 맞춘값(fitted value) 또는 예측값(predicted value)을 정의할 수 있다. 관측값 i 에 대하여 맞춘값은 다음과 같다.

$$\hat{y}_i = \hat{\beta}_0 + \hat{\beta}_1 x_{i1} + \hat{\beta}_2 x_{i2} + \cdots + \hat{\beta}_k x_{ik} \tag{3.20}$$

이것은 관측값 i 의 독립변수 값들을 식 (3.11)에 대입하여 얻는 예측값에 지나지 않는다. 맞춘값을 구할 때 절편을 망각하면 안 되며, 절편을 빼면 답이 매우 잘못될 수 있다. 예를 들어 (3.15)에서 $hsGPA_i = 3.5$ 이고 $ACT_i = 24$ 이면, $\widehat{colGPA}_i = 1.29 + 0.453 \times 3.5 + 0.0094 \times 24 = 3.101$ 이다(소수 셋째 자리로 반올림).

보통, 어느 i 이든 실제값 y_i 는 예측값 $\hat{y}_i$ 과 동일하지 않을 것이다. OLS는 예측오차 제곱의 평균을 최소화하므로, 특정 관측값의 측정오차에 대해서는 아무런 이야기도 해 주지 않는다. 관측값 i 의 잔차(residual)은 단순회귀의 경우와 같이 다음으로 정의된다.

$$\hat{u}_i = y_i - \hat{y}_i \tag{3.21}$$

각 관측값마다 잔차가 존재한다. 만일 $\hat{u}_i > 0$이면 $\hat{y}_i$는 y_i보다 작다. 즉, 이 관측값의 경우 y_i는 과소예측된다(underpredicted). $\hat{u}_i < 0$이면 $y_i < \hat{y}_i$이고 y_i는 과대예측된다(overpredicted).

OLS 맞춘값과 잔차는 다음과 같은 특성을 갖는다.

1. 잔차들의 표본평균은 0이며, 따라서 $\bar{y} = \bar{\hat{y}}$이다.

2. 각각의 독립변수와 잔차의 표본공분산은 0이다. 그러므로 OLS 맞춘값과 잔차 간의 표본공분산도 0이다.

3. $(\bar{x}_1, \bar{x}_2, \ldots, \bar{x}_k, \bar{y})$ 점은 항상 OLS 회귀선 상에 있다. 즉, $\bar{y} = \hat{\beta}_0 + \hat{\beta}_1\bar{x}_1 + \hat{\beta}_2\bar{x}_2 + \cdots + \hat{\beta}_k\bar{x}_k$.

처음 두 특성은 OLS 추정값을 얻기 위해 사용한 식들〔1계조건들〕로부터 곧바로 도출된다. 식 (3.13)의 첫째 식에 의하면 잔차들의 합은 0이다〔첫 번째 특성〕. 그 나머지 식들은 $\sum_{i=1}^{n} x_{ij}\hat{u}_i = 0$이 되며, 따라서 각 독립변수와 $\hat{u}_i$의 표본공분산은 0이다〔두 번째 특성〕. 세 번째 특성은 첫 번째 특성으로부터 도출된다.

3-2f 다중회귀분석과 순효과(partialling-out interpretation)

OLS를 사용할 때에는 (3.13)의 해인 $\hat{\beta}_j$의 공식을 명시적으로 알 필요가 없다〔컴퓨터 패키지를 사용하기만 하면 되므로〕. 하지만 식들을 도출하고 증명을 할 때에는 $\hat{\beta}_j$의 공식을 알아야 한다. 이 공식들은 OLS의 작동방식을 좀 더 분명히 보여주기도 한다.

독립변수의 개수가 $k = 2$인 경우를 다시 보자. $\hat{y} = \hat{\beta}_0 + \hat{\beta}_1 x_1 + \hat{\beta}_2 x_2$이다. $\hat{\beta}_1$을 중심으로 설명한다. $\hat{\beta}_1$은 다음과 같이 쓸 수 있다.

$$\hat{\beta}_j = \left(\sum_{i=1}^{n} \hat{r}_{ij} y_i\right) \Big/ \left(\sum_{i=1}^{n} \hat{r}_{ij}^2\right) \tag{3.22}$$

여기서 $\hat{r}_{ij}$는 동일한 표본을 이용하여 x_1을 x_2에 대하여 단순회귀한 결과로 얻는 OLS 잔차이다. 즉, 첫째 독립변수 x_1을 둘째 독립변수 x_2에 대하여 회귀하여 잔차를 구한다(이 단계에서 y는 전혀 개입하지 않는다). 식 (3.22)에 따르면, 그 다음 y를 $\hat{r}_1$에 단순회귀하여 $\hat{\beta}_1$을 얻을 수 있다(잔차 $\hat{r}_{i1}$의 표본평균이 0이므로 이 식의 $\hat{\beta}_1$은 이 단순회귀로부터의 통상적인 기울기 추정값임에 유의하라).

식 (3.22)의 표현은 $\hat{\beta}_1$의 부분효과 해석을 다른 방식으로 보여 준다. 잔차들 $\hat{r}_{i1}$은 x_{i1} 중 x_{i2}와 상관되지 않은 부분이다. 다시 말하면, $\hat{r}_{i1}$은 x_{i2}의 영향력을 제거한(partial-out

또는 net-out) 후의 x_{i1}이다. 그러므로 $\hat{\beta}_1$은 x_2가 partial-out되고 난 후의 x_1과 y의 표본 관계를 측정한다.

단순회귀분석에서는 회귀에 다른 변수가 포함되어 있지 않으므로 다른 변수들을 partial-out하는 것이 없다. 실용적인 목적을 위해 중요한 점은 식 $\hat{y} = \hat{\beta}_0 + \hat{\beta}_1 x_1 + \hat{\beta}_2 x_2$의 $\hat{\beta}_1$이 x_2를 고정할 때 x_1의 한 단위 증가 y를 변화시키는 정도를 측정한다는 것이다.

k개의 설명변수를 가진 일반적인 모형에서 $\hat{\beta}_1$은 여전히 식 (3.22)처럼 나타낼 수 있다. 다만 여기서 잔차들 $\hat{r}_{i1}$은 x_1을 〔x_2 하나가 아니라〕 $x_2, \ldots, x_k$에 대하여 회귀하여 얻는다는 점만 다르다. 그러므로 $\hat{\beta}_1$은 $x_2, \ldots, x_k$가 partial-out 또는 net-out된 후 x_1이 y에 주는 효과를 측정한다. 다중회귀분석 결과가 다른 변수들의 효과를 'partial-out'한다는 것은 계량경제학에서 Frisch-Waugh 정리라고 한다. Frisch-Waugh 정리는 이론 및 실증계량경제학 연구에서 큰 유용성을 갖고 있다. 〔예컨대 시계열 자료를 이용한 회귀분석에서 추세(trend)변수를 포함시켜 회귀식을 구성하면 추세가 제거된 시계열을 회귀분석하는 것과 동일한 효과를 얻게 된다. 세부적인 사항은 Wooldridge 원저서 10장의 내용을 참고할 것.〕

3-2g 단순회귀 추정값과 다중회귀 추정값의 비교

y를 x_1에 단순회귀할 때의 x_1 계수 추정값과 y를 x_1, x_2에 대해 회귀할 때의 x_1 계수 추정값이 동일한 경우가 두 가지 있다. 좀 더 정확히 y를 x_1에 단순회귀한 결과를 $\tilde{y} = \tilde{\beta}_0 + \tilde{\beta}_1 x_1$이라 하고, 다중회귀 결과를 $\hat{y} = \hat{\beta}_0 + \hat{\beta}_1 x_1 + \hat{\beta}_2 x_2$라 하자. 단순회귀로부터 구한 계수 $\tilde{\beta}_1$와 다중회귀로부터 구한 계수 $\hat{\beta}_1$은 서로 다르다. 그런데 $\tilde{\beta}_1$와 $\hat{\beta}_1$ 사이에는 다음과 같은 단순한 관계가 있다.

$$\tilde{\beta}_1 = \hat{\beta}_1 + \hat{\beta}_2 \tilde{\delta}_1 \tag{3.23}$$

여기서 $\tilde{\delta}_1$는 x_{i2}를 x_{i1}에 단순회귀할 때의 기울기 추정값이다. 이 식은 $\tilde{\beta}_1$가 x_1이 $\hat{y}$에 미치는 부분효과〔즉, $\hat{\beta}_1$〕와 어떻게 다른지 보여 준다. 둘을 다르게 만드는 항은 x_2가 $\hat{y}$에 주는 부분효과 곱하기 x_2를 x_1에 회귀할 때의 기울기이다. 세부 내용은 3장의 부록 3A-4를 참고하면 된다.

$\tilde{\beta}_1$와 $\hat{\beta}_1$의 관계를 보면, 두 경우에 양자가 일치함을 알 수 있다.

1. $\hat{y}$에 대한 x_2의 표본에서의 부분효과(partial effect), 즉 $\hat{\beta}_2$이 0인 경우

2. x_1과 x_2가 표본에서 상관되지 않은 경우 즉, $\tilde{\delta}_1$가 0인 경우

단순회귀와 다중회귀 추정값들이 완전히 동일한 경우는 없다고 보아도 되지만, 위의 공식을 이용하면 언제 이들이 크게 다르고 언제 상당히 비슷할지 알 수 있다. 예를 들어 $\hat{\beta}_2$이 작으면, β_1의 다중회귀 추정값과 단순회귀 추정값이 서로 비슷할 것이라 기대할 수

있다. 〈예제 3.1〉에서 *hsGPA*와 *ACT*의 표본상관계수는 약 0.346으로서 작지 않다. 하지만 *ACT*의 계수는 매우 작다. 그러므로 *colGPA*를 *hsGPA*에 단순회귀한 기울기 추정값 0.482가 (3.15)의 추정값 0.453과 별로 다르지 않는 것이 당연해 보인다.

예제 3.3 미국인의 401(k) 연금 가입 결정

401K에는 미국인들의 401(k) 연금 관련 자료가 포함되어 있다.[a] 401K의 자료를 이용하여 직장의 매칭비율(match rate, *mrate*)이 회사별로 종업원들의 연금 가입률(participation rate, *prate*)에 미치는 영향을 분석하고자 한다. 매칭비율이란 본인 기여액 대비 직장 부담액의 비율이다. 예를 들어 본인 기여액 1 달러당 회사가 75 센트를 매칭해 준다면 *mrate*은 0.75가 된다. *prate*이란 회사 내에서 가입자격이 되는 사람들 중 실제로 가입한 사람들의 비중을 백분율로 나타낸 것이다. 추가적인 변수로 회사별로 401(k)플랜에 참여해 온 기간(*age*)을 이용하였다. 총 1,534개의 플랜이 있고, 평균 *prate*는 87.36, 평균 *mrate*는 0.732, 평균 *age*는 13.2이다.

*prate*를 *mrate*와 *age*에 회귀한 결과는 다음과 같다.

$$\widehat{prate} = 80.12 + 5.52\,mrate + 0.243\,age$$
$$n = 1{,}534$$

*mrate*와 *age*의 계수의 부호는 모두 예상한 바와 같다. *age*를 통제하지 않으면 어떻게 될까? *age*의 효과의 추정값이 작지 않으므로 *age*가 회귀로부터 제외되면 *mrate*의 효과의 추정값이 크게 변할 것 같다. 하지만 *prate*를 *mrate*에 대하여만 단순회귀시킨 결과는 $\widehat{prate} = 83.08 + 5.86\,mrate$이다. *mrate*의 효과의 단순회귀 추정값은 분명 다중회귀 추정값과 다르지만 그 차이는 그리 크지 않다. (단순회귀 추정값은 다중회귀 추정값보다 6.2% 더 크다.) 이는 *age*와 *mrate*의 표본상관계수가 0.12에 불과하다는 사실에 의하여 설명할 수 있다.

[a] 401(k)란 세금공제 혜택이 있는 은퇴 저축 플랜으로 본인의 저축액에 직장에서 추가로 부담하는 매칭금액을 은퇴 또는 퇴직시까지 저축하여 은퇴 또는 퇴직 이후 연금으로 받을 수 있는 저축 상품이다. http://www.irs.gov/taxtopics/tc424.html 참고.

이상의 논의를 k개의 회귀변수를 갖는 일반적인 경우로 확장해 보자. y를 x_1에 대해 회귀시키는 경우와 $x_1, \ldots, x_k$에 대해 회귀시키는 경우의 x_1의 계수 추정값은 (1) $x_2, \ldots, x_k$의 계수추정값들이 모두 0이거나 (2) x_1이 $x_2, \ldots, x_k$ 각각에 대하여 상관되지 않았다면 동일할 것이다. 이 중 어느 것도 현실에서 나타날 것 같지는 않다. 하지만 x_2부터 x_k까지의 계수가 작거나 x_1과 다른 독립변수들 간의 표본상관계수의 크기가 작으면, x_1이 y에 미치는 영향을 단순회귀와 다중회귀로부터 추정한 값들은 서로 비슷할 수 있다.

3-2h 모형의 적합도(goodness-of-fit)

단순회귀분석에서와 마찬가지로 우리는 총제곱합(total sum of squares, SST), 설명된 제곱합(explained sum of squares, SSE), 잔차 제곱합(residual sum of squares, SSR)을 다음과 같이 정의할 수 있다.

$$\text{SST} \equiv \sum_{i=1}^{n}(y_i - \bar{y})^2 \tag{3.24}$$

$$\text{SSE} \equiv \sum_{i=1}^{n}(\hat{y}_i - \bar{y})^2 \tag{3.25}$$

$$\text{SSR} \equiv \sum_{i=1}^{n}\hat{u}_i^2 \tag{3.26}$$

단순회귀분석에서와 마찬가지로 〔절편이 있을 때〕 다음이 성립한다.

$$\text{SST} = \text{SSE} + \text{SSR} \tag{3.27}$$

즉, $\{y_i\}$의 변동은 $\{\hat{y}_i\}$의 변동과 $\{\hat{u}_i\}$의 변동의 합이다.

y_i가 표본 내에서 모두 동일하지 않으면 y내의 총변동이 0이 아니게 되며, 그렇다는 가정하에서 (3.27)을 SST로 나누면 다음이 된다.

$$\text{SSR}/\text{SST} + \text{SSE}/\text{SST} = 1$$

단순회귀분석에서와 마찬가지로 R^2은 다음과 같이 정의된다.

$$R^2 \equiv \text{SSE}/\text{SST} = 1 - \text{SSR}/\text{SST} \tag{3.28}$$

이 R^2은 y_i의 표본 변동 중 OLS 회귀선에 의해 설명된 부분의 비율을 의미한다. 정의상 R^2은 0과 1 사이의 값을 갖는다.

R^2은 y_i 실제값과 맞춘값 $\hat{y}_i$ 사이의 표본상관계수의 제곱과 같다는 것을 보일 수 있다.

$$R^2 = \frac{\left(\sum_{i=1}^{n}(y_i - \bar{y})(\hat{y}_i - \bar{\hat{y}})\right)^2}{\left(\sum_{i=1}^{n}(y_i - \bar{y})^2\right)\left(\sum_{i=1}^{n}(\hat{y}_i - \bar{\hat{y}})^2\right)} \tag{3.29}$$

[식 (3.29)에서는 $\hat{y}_i$의 평균을 $\bar{\hat{y}}$라고 정확히 표기하였다. 물론 $y_i = \hat{y}_i + \hat{u}_i$이고 잔차의 표본평균은 0이므로 $\bar{\hat{y}}$은 $\bar{y}$와 같다.]

회귀에 독립변수가 추가되면 R^2은 결코 줄어들지 않고 보통 증가한다. 이것은 수학적인 사실로서, OLS의 정의상, 회귀변수가 모형에 추가될 때 잔차 제곱합이 절대 증가하지 않기 때문에 성립한다. 예를 들어 주민등록번호 끝 두 자리는 시간당 임금과 아무런 관련도 없지만, 이 숫자를 임금 방정식에 추가하면 R^2이 아주 조금이라도 증가한다.

다만, 회귀에 독립변수가 추가되면 R^2값이 반드시 증가한다는 말은 설명변수들에 결측치가 없다는 전제하에 성립한다는 점을 이해하기 바란다. 만약 결측치로 인하여 두 회귀에서 사용되는 관측치 집합이 서로 다르게 되면, 회귀변수가 모형에 추가되는 경우라 할지라도 R^2의 크기가 어떻게 될지 미리 알 수 없다. 예를 들어 y를 x_1과 x_2에 대해 회귀시킬 때의 R^2값과 x_3을 추가하여 y를 x_1, x_2, x_3에 대해 회귀시킬 때의 R^2값을 비교할 때, 일부 관측단위에서 x_3의 값이 결측되었다면 전자의 회귀분석에서 사용한 자료의 일부가 후자의 회귀분석에서 누락된다. 이렇게 누락된 자료(missing data)가 존재할 경우 두 R^2 중 어떤 것이 더 클지 알 수 없다. 결측치 문제는 실증 연구에서 매우 중요하게 고려해야 할 내용일 수도 있으며, 9장에서 이 문제를 다루고자 한다.

한 회귀에 어떠한 변수를 추가하더라도 R^2이 감소하지 않기 때문에, R^2은 모형에 변수들을 넣어야 할지 말지 결정하는 데에 좋은 지침이 되지 못한다. 한 설명변수가 모형에 포함되어야 하느냐 마느냐를 결정하는 요소는 이 설명변수가 모집단에서 y에 부분효과를 갖는지 여부이다. 설명변수가 부분효과를 갖는지 여부를 통계적으로 검정하는 방법에 대해서는 4장에서 설명한다. 또한, R^2을 적절히 사용하면 한 집단의 설명변수들이 y를 설명함에 있어 중요한지 검정할 수 있다. 지금으로서는 R^2을 주어진 모형의 적합도의 척도로서만 사용한다.

예제 3.4 대학교 학점 결정 요소

⟨예제 3.1⟩의 학점에 관한 회귀에서, R^2을 포함시켜 회귀분석 결과를 나타내면 다음과 같다.

$$\widehat{colGPA} = 1.29 + 0.453\, hsGPA + 0.0094\, ACT$$
$$n = 141,\ \ R^2 = 0.176$$

R^2이 0.176이라는 말은 이 학생들의 표본의 경우 *hsGPA*와 *ACT*가 대학 GPA 차이의 약 17.6%를 설명한다는 것을 의미한다. 높아 보이지는 않는 설명력이다. 하지만, 학생의 대학 성적에는 그 밖에도 많은 요소들—가정 환경, 성격, 고등학교 교육의 질, 대학에의 근접성 등—이 영향을 미침을 기억하여야 한다. 만일 *hsGPA*와 *ACT*가 *colGPA*의 거의 모든 변동을 설명해 버린다면, 대학에서의 성적은 고등학교 성적에 의하여 이미 예정되어

있다는 뜻이다!

예제 3.5 **처벌과 범죄**

CRIME1에는 1960년 또는 1961년에 캘리포니아에서 태어난 2,725명의 남자들이 1986년 한 해 동안 범죄로 검거된 기록이 포함되어 있다. 표본에 포함된 남자들은 1986년 이전에 적어도 한 번의 검거 이력이 있다. *narr86* 변수는 1986년 한 해 동안 표본에 포함된 개인이 범죄를 저질러 체포된 횟수를 의미한다. 표본에 포함된 남자들 대부분(72.29%)은 이 변수의 값이 0이지만 최대 12인 사람도 있다. (1986년에 1회 체포된 남자들의 비율은 20.51%이다.) *pcnv* 변수는 개인별로 1986년 이전 검거 횟수 중 기소된 경우의 비율(백분율이 아님)이고, *avgsen*은 개인별로 1986년 이전에 기소된 사건들에서 언도된 형량의 평균값이며(대부분의 사람들에게 이 값은 0), *ptime86*은 개인별로 1986년에 수감된 기간(월)이다. *qemp86*은 1986년 동안 일을 한 분기 수이다(0부터 4 사이의 값).

체포 횟수를 설명하는 모형은 다음과 같다.

$$narr86 = \beta_0 + \beta_1 pcnv + \beta_2 avgsen + \beta_3 ptime86 + \beta_4 qemp86 + u$$

여기서 *pcnv*는 범죄로 기소될 개연성에 대한 대리변수(proxy, 대리변수에 대해서는 9장 참조)로서 포함시켰고, *avgsen*은 기소될 경우 기대되는 처벌의 심각성 정도를 측정한다. *ptime86* 변수는 수감 기간 동안에는 범죄를 저지를 수 없으므로 수감으로 인해 범죄율이 하락하는 효과(incarcerative effect)를 잡아내고자 포함시켰다. 개인이 노동시장에서 갖는 기회는 조악하게나마 *qemp86*으로써 포착한다.

먼저 *avgsen*을 포함시키지 않은 모형을 추정해 보자. 결과는 다음과 같다.

$$\widehat{narr86} = 0.712 - 0.150\,pcnv - 0.034\,ptime86 - 0.104\,qemp86$$
$$n = 2{,}725,\ \ R^2 = 0.0413$$

pcnv, *ptime86*, *qemp86* 세 변수가 *narr86*의 변동의 4.13%를 설명해 주고 있다.

각 변수의 계수 추정값은 예상한 바와 같은 부호를 보이고 있다. 기소율의 증가는 체포 횟수의 예측값을 감소시킨다. *pcnv*를 0.50만큼 증가시키면(즉, 기소율을 50%만큼 높이면), 다른 요소들이 변하지 않을 때, $\Delta\widehat{narr86} = -0.150 \times 0.50 = -0.075$이다. 체포 횟수는 정수로만 변할 수 있으므로 이 결과가 이상할지도 모르겠다. 하지만 이 값을 이용하여 다수의 남자들의 체포 횟수의 변화의 예측값을 구할 수 있다. 예를 들어, 100명의 남자에게서 *pcnv*가 0.50만큼 증가할 때 체포 횟수는 7.5만큼 하락할 것으로 예측된다.

이와 유사하게, 수감 기간이 길어지면 체포 횟수의 예측값이 감소한다. *ptime86*이 0

에서 12로 증가하면 체포 횟수의 예측값은 $0.034 \times 12 = 0.408$만큼 감소한다. 그리고 직업을 가질 기회가 많아져 *qemp86*가 1개 분기 증가할 때 체포 횟수의 예측값은 0.104만큼 감소한다. 100명이라면 이는 10.4회가 된다.

모형에 *avgsen*이 추가되면, 앞에서 이야기한 것처럼 R^2은 증가한다. 추정식은 다음과 같다.

$$\widehat{narr86} = 0.707 - 0.151\,pcnv + 0.0074\,avgsen - 0.037\,ptime86 - 0.103\,qemp86$$
$$n = 2{,}725,\quad R^2 = 0.0422$$

평균 형량 변수를 추가한 결과 R^2이 0.0413에서 0.0422로 증가하였으며, 이 증가 정도는 실질적으로 미미하다. 처벌을 강하게 하는 것이 범죄 예방에 효과가 있다고 생각한 사람에게는 *avgsen*의 계수의 부호는 예상과 다를 것이다. 추정 결과에 따르면 평균 형량이 길수록 범죄행위가 증가하는 것으로 나타난다.

〈예제 3.5〉에서 주의할 점이 있다. 두 번째 회귀에 포함된 4개의 설명변수들이 *narr*86의 변동의 약 4.2%만을 설명한다고 하여 이 방정식이 쓸모없다고 생각해서는 안 된다. 비록 이 변수들이 체포 횟수의 변동을 충분히 설명하지는 못하더라도, OLS 추정값들은 각 독립변수들이 *narr*86에 미치는 ceteris paribus 효과에 대한 신뢰할 수 있는 추정값들일 수 있기 때문이다. 실제로 모형의 계수들에 대한 OLS 추정값들이 신뢰할 수 있는지 아닌지는 R^2의 크기와는 직접적인 관련이 없다. 일반적으로 회귀모형의 R^2가 낮다는 것은 그 모형으로 종속변수를 충분히 정확하게 예측하기 어렵다는 것을 의미한다. 사회과학적 분석에서 R^2이 낮은 것은 이상한 것이 아니다. 개인들의 행동을 정확하게 예측하기란 매우 어렵기 때문이다.

3-2i 원점을 지나는 회귀

어떤 때에는 경제이론이나 상식에 기반할 때 β_0이 0이어야 하며, 이에 따라 본 소절에서는 절편이 0인 경우의 OLS 추정에 대하여 간략히 설명하고자 한다. 여기서 우리가 구하고자 하는 식은 다음과 같다.

$$\tilde{y} = \tilde{\beta}_1 x_1 + \tilde{\beta}_2 x_2 + \cdots + \tilde{\beta}_k x_k \tag{3.30}$$

이 결과를 절편도 OLS 추정한 결과[식 (3.11) 참조]와 구별하기 위하여 추정값에 "~" 기호를 이용하였다. 식 (3.30)에서 $x_1 = 0, x_2 = 0, \ldots, x_k = 0$이면 예측값은 0이다. 이 경우 $\tilde{\beta}_1, \ldots, \tilde{\beta}_k$를 일컬어 y를 $x_1, x_2, \ldots, x_k$에 대하여 원점을 지나도록 회귀함으로써 구하는 OLS 추정값이라 한다.

여기서도 식 (3.30)의 OLS 추정값들은 잔차 제곱합을 최소화시키지만 절편이 0으로 설정된다. 앞에서 도출한 OLS의 성질들은 원점을 지나는 회귀의 경우에는 더 이상 성립하지 않는다. 특히, OLS 잔차들은 더 이상 표본평균이 0이 아니다. 또한, SST가 (3.24)와 같고 SSR이 이제 $\sum_{i=1}^{n}(y_i-\tilde{\beta}_1 x_{i1}-\cdots-\tilde{\beta}_k x_{ik})^2$으로 정의될 때 R^2이 $1-\text{SSR}/\text{SST}$로 정의되면, R^2은 음수가 될 수도 있다. 이는 표본평균 $\bar{y}$가 설명변수들보다 y_i 내의 변동을 더 잘 "설명"할 수 있다는 뜻이 된다. 이런 경우라면 회귀에 절편을 포함시키거나, 설명변수들이 y를 잘 설명하지 못한다고 하여야 할 것이다. R^2을 음으로 만들지 않기 위해서 어떤 경제학자들은 (3.29)처럼 y의 실제값과 맞춘값 사이의 상관계수의 제곱으로 R^2을 계산하는 것을 선호하기도 한다. (이 경우 맞춘값들의 평균이 $\bar{y}$와 같지 않으므로 맞춘값들의 평균을 직접 계산하여야 한다.) 하지만 원점을 지나는 회귀에서 일반적으로 받아들여지는 R^2의 정의는 없다.

보다 심각한 문제는 만일 모집단 모형에서 절편이 0이 아니게 되면 기울기 계수들의 OLS 추정량들이 편향된다는 점이다. 이 편향은 매우 클 수도 있다. 한편 β_0이 0일 때 절편을 모형에 포함시켜 추정할 경우의 문제는 OLS 기울기 추정량의 분산이 더 커진다는 것이다(6-3절 참조). 하지만, 절편값이 0이어야만 한다는 강력한 이론적 근거가 없는 한, 이 비용은 지불할 만하다.

3-3 OLS 추정량의 기댓값

이 절부터는 다중회귀분석이 바탕을 두고 있는 가정들과 그 가정들하에서 OLS 추정량들이 갖는 통계적 특성들에 대해 말하고자 한다. 먼저 이 절에서는 OLS 추정값들의 기댓값을 도출한다. 특히 OLS 추정량들의 불편성을 위한 4개의 가정(단순회귀 모형에서의 가정을 확장한 것임)에 대하여 이야기한다. 또한 중요 변수가 회귀로부터 빠져 있을 때 OLS에 발생하는 편향을 명시적으로 구한다.

통계적 특성들은 특정한 표본에 대한 것이 아니라 임의추출이 반복적으로 시행될 때 추정량이 갖는 성질을 의미한다. 그러므로, 3-3, 3-4, 3-5절은 좀 추상적이다. 추정량이 아니라 하나의 표본으로부터 구한 추정값(자료로부터 계산한 숫자 자체)들의 "통계적 성질"을 논하는 것은 무의미하다.

첫째 가정은 단순히 다중선형회귀(MLR) 모형을 정의한다.

가정 MLR.1 모수들에 대하여 선형(linear in parameters)

모집단에서의 종속변수와 설명변수들 간의 관계는 다음과 같다.

$$y = \beta_0 + \beta_1 x_1 + \beta_2 x_2 + \cdots + \beta_k x_k + u \quad (3.31)$$

여기서 $\beta_0, \beta_1, \ldots, \beta_k$는 알고자 하는 미지의 모수(상수)이고 u는 관측되지 않는 확률적 오차 또는 교란항이다.

연구자가 (3.31)이 아닌 다른 모형을 추정할 수도 있다는 점을 분명히 하기 위하여, 식 (3.31)을 모집단 모형(population model) 또는 참 모형(true model)이라고 한다. 이 가정의 핵심적인 내용은 이 모형이 모수들($\beta_0, \beta_1, \ldots, \beta_k$)에 대해 선형이라는 점이다. 앞의 3-1절에서 설명한 바와 같이, y와 독립변수들이 근저에 있는 변수들의 어떠한 함수 형태(자연로그, 제곱 등)이든 될 수 있으므로 (3.31)은 사실 매우 유연하다[예컨대 식 (3.7) 참조].

가정 MLR.2 임의추출(random sampling)

가정 MLR.1의 모집단 모형에 따르는 n개의 관측값들 $\{(x_{i1}, x_{i2}, \ldots, x_{ik}, y_i) : i = 1, 2, \ldots, n\}$의 임의표본이 있다.

어떤 경우에는 특정 관측값 i에 대하여 식을 쓸 필요가 있다. 이때에는 모집단으로부터 임의로 추출된 관측값에 대하여 다음이 성립한다고 한다.

$$y_i = \beta_0 + \beta_1 x_{i1} + \beta_2 x_{i2} + \ldots + \beta_k x_{ik} + u_i \quad (3.32)$$

여기서 i는 관측값을 나타내고, x에 붙은 두 번째 첨자는 변수 번호이다. 예를 들어, CEO 연봉 방정식을 특정 CEO i에 대하여 다음과 같이 나타낼 수 있다.

$$\log(salary_i) = \beta_0 + \beta_1 \log(sales_i) + \beta_2 ceoten_i + \beta_3 ceoten_i^2 + u_i \quad (3.33)$$

u_i 항은 i번째 CEO의 연봉에 영향을 미치는 비관측 요소들을 포함한다. 실제 응용에서, 모형을 (3.31)과 같은 모집단 형태로 〔i첨자 없이〕 쓰는 것이 보통 제일 쉽다. 모양이 덜 어지럽고, 또한 그럼으로써 우리가 모집단 관계를 추정하고자 한다는 사실을 강조하게 된다.

모형 (3.31)에 비추어, y를 $x_1, \ldots, x_k$에 회귀할 때의 OLS 추정량 $\hat{\beta}_0, \hat{\beta}_1, \hat{\beta}_2, \ldots, \hat{\beta}_k$는 이제 $\beta_0, \beta_1, \beta_2, \ldots, \beta_k$의 추정량으로 간주된다. 3-2절에서 우리는 OLS가 잔차의 평균이

0이 되고 각 독립변수와 잔차의 표본상관계수가 0이 되도록 절편과 기울기의 추정값을 선택한다는 것을 보았다. 주어진 표본에 대하여 OLS 추정값이 잘 정의되도록 하는 가정은 다음과 같다.

가정 MLR.3 완전한 공선성이 없음(no perfect collinearity)

표본에서(따라서 모집단에서), 독립변수 중 어느 것도 상수가 아니고, 독립변수들 간에 정확한 선형 관계가 없다.

가정 MLR.3은 단순회귀모형의 SLR.3보다 더 복잡하다. 이제는 〔하나의 독립변수가 아니라〕 모든 독립변수들 간의 관계를 보아야 하기 때문이다. (3.31)의 어떤 독립변수가 다른 독립변수들의 정확한 선형결합으로 표현될 수 있으면, 우리는 모형에 완전한 공선성 문제가 존재한다고 말하며 이 경우 OLS로 모형을 추정할 수 없다.

가정 MLR.3 하에서도 독립변수들은 서로 상관될 수 있다. MLR.3이 의미하는 것은 독립변수들 간에 완전한 상관관계가 있어서는 안 된다는 것이다. 만일 독립변수들 간에 조금의 상관관계도 용납하지 않는다면 다중회귀의 유용성은 매우 제한될 것이다. 예를 들어, 시험점수와 교육비 지출 및 평균 가구소득의 관계에 관한 모형

$$avgscore = \beta_0 + \beta_1 expend + \beta_2 avginc + u$$

에서, *expend*와 *avginc*는 상관되어 있을 것이다. 평균 가구소득이 높은 지역에서 학생당 교육비를 더 많이 지출할 것이기 때문이다. 사실, 애초부터 *avginc*를 식에 포함시킨 이유가 이것이 *expend*와 상관되어 분석에서 이를 고정시키고 싶었기 때문이었다. 가정 MLR.3은 표본에서 *expend*와 *avginc* 사이에 완전한 상관이 없어야 함을 의미한다. 만일 학생당 지출액이 평균 가구소득과 완전한 상관관계를 갖는 표본을 얻었다면 매우 운이 나쁜 경우일 것이다. 그러나 그 둘 간의 상관은, 그 정도가 상당할지라도, 기대한 것과 같고 용납되는 바이다.

두 독립변수 간에 완전한 상관관계가 있는 가장 단순한 경우는 한 변수에 상수를 곱하여 다른 변수를 얻는 경우이다. 연구자가 부주의하여 동일한 변수를 단위를 바꾸어 중복하여 회귀식에 포함시킬 때 이런 일이 발생한다. 예를 들어, 소득과 소비의 관계를 추정할 때, 천원 단위로 측정한 소득과 백만원 단위로 측정한 소득을 모두 독립변수로 포함시키는 것은 말이 안 된다. 둘 중 하나는 불필요하다. 천원 단위로 측정한 소득을 고정하고 백만원 단위로 측정한 소득을 변화시키는 것이 어떻게 말이 되겠는가?

그런데, 앞에서 동일한 변수를 상이한 방식으로 비선형 변환한 것은 모두 회귀변수가 될

수 있다는 것을 보았다. 예를 들어 $cons = \beta_0 + \beta_1 inc + \beta_2 inc^2 + u$의 모형은 가정 MLR.3을 위배하지 않는다. 여기서 $x_2 = inc^2$이 $x_1 = inc$의 정확한 함수이지만 inc^2은 inc의 정확한 선형 함수가 아니다. 천원 단위의 소득과 백만원 단위의 소득을 포함시키는 경우와는 달리, inc^2을 모형에 포함시키는 것은 오히려 함수형태를 일반화할 때에 유용하다.

동일한 설명변수의 단위를 바꾸어 두 번 측정한 것을 동일한 회귀방정식에 포함시키는 것은 상식적으로 보더라도 해서는 안 될 일이다. 그런데 어떤 경우에는 한 변수가 다른 변수의 상수 곱이 되는 일이 좀 더 교묘한 방식으로 나타난다. 등탄력적인 소비함수를 약간 바꾸어 추정한다고 해 보자. 모형을 다음과 같이 설정하는 것이 얼핏 보면 자연스러울 수도 있다.

$$\log(cons_i) = \beta_0 + \beta_1 \log(inc_i) + \beta_2 \log(inc_i^2) + u_i \tag{3.34}$$

여기서 $x_1 = \log(inc)$, $x_2 = \log(inc^2)$에 해당한다. 하지만, 자연로그의 기본 성질에 의하면 $\log(inc^2) = 2\log(inc)$이다. 즉, $x_2 = 2x_1$이 되고, 물론 이 관계는 표본 내 모든 관측값들에 대하여 성립한다. 이 모형은 MLR.3을 위배한다. 이때 $\log(inc^2)$ 대신 $[\log(inc)]^2$를 이용한다면 완전한 공선성 문제는 해결된다.* 모형에 $[\log(inc)]^2$을 추가하여 등탄력성 모형을 변형하는 것은 일리가 있으며, 이런 모형을 어떻게 해석하는지는 6장에서 살펴볼 것이다.

독립변수들 간에 완전한 공선성이 생기는 다른 경우는 한 독립변수를 다른 독립변수들의 완전한 선형함수로 표현할 수 있을 때이다. 예를 들어, 선거운동 경비가 선거 결과에 미치는 영향을 추정한다고 해 보자. 문제를 단순화하기 위하여, 선거마다 단 2명의 후보만 있다고 하자. 후보 A의 득표율을 *voteA*라 하고, 후보 A의 선거운동 경비 지출액을 *expendA*, 후보 B의 선거운동 경비 지출액을 *expendB*, 선거운동 경비 총지출액을 *totexpend*라 하자. 지출액들은 모두 천원 단위이다. 각 후보의 지출액의 효과와 총지출액의 효과를 분리시키기 위하여 모형을 다음과 같이 설정하는 것이 자연스러워 보일지도 모르겠다.

$$voteA = \beta_0 + \beta_1 expendA + \beta_2 expendB + \beta_3 totexpend + u \tag{3.35}$$

하지만 이 모형은 가정 MLR.3을 위배한다. 왜냐하면 정의상 $x_3 = x_1 + x_2$이기 때문이다. 이 식을 ceteris paribus의 방식으로 해석하려고 하면 문제가 드러난다. 식 (3.35)의 β_1 모수는, 후보 B의 지출액과 양 후보의 지출액 합계를 고정시킨 상태에서, 후보 A의 지출액의 1천원 증가가 후보 A의 득표율에 주는 효과를 측정하기로 되어 있다. 하지만 *expendB*와 *totexpend*가 고정되면 *expendA*를 증가시킬 수 없으므로, 이는 말이 되지 않는다.

*제곱 변환이 완전한 공선성을 초래하는 또 한 가지 경우는 회귀변수가 0 또는 1의 값만을 갖는 경우이다. x_1이 0 또는 1의 값을 가지면 $x_1^2 = x_1$이다.

식 (3.35) 내의 완전한 공선성을 해결하는 방법은 간단하다. 세 변수들 중 하나를 제거하면 된다. 이 경우 아마도 *totexpend*를 제거하게 될 것인데, 그러면 *expendA*의 계수는 B의 지출액을 고정시킨 상태에서 A의 지출액을 증가할 때 A의 득표율이 받는 영향을 측정할 것이다.

앞의 예들에서 보면, 우리가 모형을 세울 때 주의를 기울이지 않으면 가정 MLR.3가 위배될 수 있음을 알 수 있다. 가정 MLR.3은 추정하고자 하는 모수의 수에 비하여 표본 크기 n이 너무 작은 경우에도 위배된다. 식 (3.31)의 일반적인 회귀모형에는 $k+1$개의 모수가 있으며, 만일 $n<k+1$이면 MLR.3이 위배된다. 이는 직관적으로도 이해할 수 있는 것이다. $k+1$개의 모수를 추정하려면 적어도 $k+1$개의 관측값들이 필요할 것이다. 물론, 관측값의 수는 많을수록 좋으며, 이는 3-4절에서 분산을 계산할 때 볼 수 있을 것이다.

모형이 주의깊게 설정되고 $n \geq k+1$일 때, 표본이 운나쁘게 수집되어 가정 MLR.3이 위배되는 경우는 매우 희귀하다. 예를 들어, 임금방정식에서 교육수준과 경력을 변수로 사용할 때, 임의표본을 추출하였는데 모든 개인들에게서 교육수준이 경력의 정확히 두 배가 되는 일도 불가능하지는 않다. 이 경우 가정 MLR.3이 위배될 것이나, 표본 크기가 아주 작은 경우가 아니면 그런 일이 발생할 가능성은 극히 낮을 것이다.

불편성에 필요한 마지막, 가장 중요한 조건은 가정 SLR.4를 다음과 같이 다중회귀의 경우로 바꾸어 놓은 것이다.

가정 MLR.4 조건부 0 평균(zero conditional mean)

오차항 u는 주어진 모든 독립변수들의 값에서 0의 기댓값을 갖는다. 즉,

$$\mathrm{E}(u|x_1, x_2, \ldots, x_k) = 0. \tag{3.36}$$

가정 MLR.4가 위배되는 한 가지 경우는 (3.31)에서 설명변수들과 피설명변수의 함수 관계가 잘못 설정되어 있는 경우이다. 예컨대, 소비함수는 $cons = \beta_0 + \beta_1 inc + \beta_2 inc^2 + u$인데 모형을 추정할 때 2차항 inc^2을 포함시키지 않으면 그렇게 된다. 모집단 모형에서 변수가 로그 형태로 등장하는데 추정할 때에는 수준을 사용하거나 그 반대일 때에도 함수형태를 잘못 설정하는 일이 발생한다. 예를 들어 참 모형에서는 $\log(wage)$가 종속변수인데 회귀분석 시에는 *wage*를 종속변수로 사용하면 추정량들은 편향될 것이다. 함수형태 설정상의 오류를 잡아내는 방법에 대해서는 9장에서 설명할 것이다.

MLR.4가 성립하면 u가 각각의 설명변수과 상관되지 않는다는 것을 알 수 있다. 만일 $x_1, x_2, \ldots, x_k$ 중 어느 것과 상관되어 있는 중요한 변수를 누락시키면, 이 변수가 u에 포함되

므로, $x_1, x_2, \ldots, x_k$ 중 u와 상관되는 변수가 생기게 된다. 따라서 $x_1, x_2, \ldots, x_k$ 중 어느 것과 상관되어 있는 중요한 변수를 누락시키면 MLR.4가 위배된다. 다중회귀분석에서는 많은 요소들을 설명변수로 포함시킬 수 있고, 변수누락이 단순회귀의 경우보다는 덜 문제가 되기는 한다. 하지만 실제 연구에서는 자료의 한계나 연구자의 지식의 한계로 인하여 포함시키지 못하는 요소들이 항상 존재한다. 만일 이 요소들이 통제되어야 하는데 누락되었고 이 누락된 요소들이 독립변수들과 상관관계를 갖는다면 가정 MLR.4는 위배될 것이다. 이로 인한 편향은 나중에 도출한다.

다른 경우에도 오차항 u는 설명변수와 상관될 수 있다. 설명변수에 측정오차가 있거나 (이에 관해서는 본 역서의 9장과 Wooldridge 원저서의 15장 참조), 공급곡선과 수요곡선의 교차점에서 수량과 가격이 결정될 때처럼 설명변수의 일부(예컨대 가격)가 y(예컨대 수량)와 동시에 결정되는 경우(Wooldridge 원저서의 16장)에 그러하다. 이들 문제는 이상적인 가정들하에서 다중회귀분석을 분명히 배운 이후로 논의를 미룬다.

가정 MLR.4가 성립하는 경우 설명변수들을 외생적(exogenous)이라고 한다. 반면 만일 어떤 이유에서든 x_j가 u과 상관되면 x_j를 내생적(endogenous) 설명변수라 한다. "외생적"이라는 말과 "내생적"이라는 말은 원래 연립방정식(simultaneous equations) 분석(Wooldridge 원저서의 16장)에서 유래하지만, 지금은 설명변수가 오차항과 상관될 수 있기만 하면 어느 경우에나 사용한다.

MLR.1~MLR.4하에서 OLS 추정량의 불편성을 보이기 전에 먼저 주의할 점을 이야기하고자 한다. 계량경제학을 처음 배우는 학생들은 이따금 가정 MLR.3과 MLR.4를 혼동하는 경우가 있는데, 이 둘은 완전히 다른 것이다. 가정 MLR.3은 독립변수(설명변수)들 사이의 관계에 관한 것으로서 오차 u와는 아무런 관계도 없다. 가정 MLR.3이 성립하는지는 OLS 추정을 해 보면 즉시 알 수 있다. 반면 가정 MLR.4—이것이 훨씬 중요함—는 u의 비관측 요소들과 설명변수들 간에 관계에 관한 것이다. 불행히도, 비관측 요소들의 평균값이 설명변수와 관련이 있는지 없는지 분명히 알 방법은 없다. 그럼에도 이것이야말로 핵심적인 가정이다.

이제 다중회귀의 처음 네 가정하에서 OLS의 불편성을 보일 수 있다. 단순회귀의 경우처럼, 기댓값들은 표본 내 설명변수들의 값에 대한 조건부로 취한다.

정리 3.1 OLS 추정량의 불편성(unbiasedness of OLS)

MLR.1에서 MLR.4까지 모두 만족한다면 모집단에서의 β_j 값이 무엇이든 다음이 성립한다.

$$E(\hat{\beta}_j) = \beta_j, \; j = 0, 1, \ldots, k \tag{3.37}$$

다시 말하여, OLS 추정량은 모수의 불편추정량이다.

앞의 예들에서 가정 MLR.3은 만족된다(OLS 추정값을 계산할 수 있었으므로). 더욱이, 대부분의 경우 표본은 잘 정의된 모집단으로부터 임의추출되었다. 이제 수립된 모형들이 핵심 가정인 MLR.4를 만족시키면 이 예들에서 OLS는 불편이라고 할 수 있다.

실제 실증분석에서 다중회귀를 사용하는 관점에서 바라볼 때, 불편성의 의미를 잘 알고 있을 필요가 있다. 식 (3.19)의 임금방정식과 같은 예에서 "9.2%는 교육수익률의 불편추정값(unbiased estimate)이다."라고 말하기 쉽다. 하지만 추정값은 하나의 주어진 표본으로부터 얻는 고정된 값으로 불편성 여부를 논할 수 없다. MLR.1에서 MLR.4까지의 가정이 만족될 때 OLS가 불편성을 갖는다는 것은, OLS 추정값을 구하는 방법(procedure)이 불편성을 갖는다는 뜻으로서, 모든 가능한 임의표본에 걸쳐서 이 방법(procedure)을 적용할 때의 이야기이다. 우리가 가진 표본이 모집단 값에 가까운 추정값을 주었으면 하고 바랄 수는 있지만, 이를 확인할 방법은 없다. 분명히 알 수 있는 것은 우리의 추정값이 너무 클 개연성이 더 크거나 너무 작을 개연성이 더 크다고 믿을 이유가 없다는 것이다.

3-3a 관련없는 변수의 추가

쉽게 처리할 수 있는 문제로, 다중회귀분석에서 **관련없는 변수의 추가**(inclusion of an irrelevant variable) 혹은 **모형의 과다설정**(overspecifying the model)의 문제가 있다. 이는 한 (또는 여러) 독립변수가 모집단에서 y에 부분효과를 가지지 않음(즉, 모집단 계수가 0)에도 불구하고 모형에 포함된 경우를 말한다.

설명을 위해서, 다음과 같이 모형을 세웠다고 하자.

$$y = \beta_0 + \beta_1 x_1 + \beta_2 x_2 + \beta_3 x_3 + u \tag{3.38}$$

이 모형은 가정 MLR.1부터 MLR.4까지를 만족시킨다고 하자. 하지만, x_1과 x_2가 통제되고 나면 x_3은 y에 영향을 미치지 않는다. 즉, $\beta_3 = 0$이다. 변수 x_3은 x_1이나 x_2와 상관되었는지 여부는 중요하지 않다. 중요한 것은 오직 x_1과 x_2가 통제되고 나면 x_3이 y에 영향을 미치지 않는다는 것이다. 조건부 기댓값으로 표현하면 $E(y|x_1, x_2, x_3) = E(y|x_1, x_2) = \beta_0 + \beta_1 x_1 + \beta_2 x_2$이다.

연구자는 $\beta_3 = 0$이라는 것을 모르므로, x_3을 포함한 모형을 추정하려고 한다.

$$\hat{y} = \hat{\beta}_0 + \hat{\beta}_1 x_1 + \hat{\beta}_2 x_2 + \hat{\beta}_3 x_3 \tag{3.39}$$

관련없는 변수 x_3이 회귀식에 포함되었다. 모집단 모형 (3.38)에서 계수가 0인 변수 x_3을 이처럼 (3.39)에 포함시키면 무슨 일이 일어나는가? $\hat{\beta}_1$과 $\hat{\beta}_2$의 불편성의 측면에서는 아무런 영향도 없다. 이 결과는 특별히 도출할 것도 없이 [정리 3.1]로부터 곧바로 도출된다. 불편성은 β_j이 0이든 무엇이든 관계없이 모든 β_j 값에서 $\mathrm{E}(\hat{\beta}_j) = \beta_j$임을 의미한다. 그러므로 ($\beta_0, \beta_1, \beta_2$의 값이 무엇이든) $\mathrm{E}(\hat{\beta}_0) = \beta_0$, $\mathrm{E}(\hat{\beta}_1) = \beta_1$, $\mathrm{E}(\hat{\beta}_2) = \beta_2$, $\mathrm{E}(\hat{\beta}_3) = 0$이라 할 수 있다. $\hat{\beta}_3$값 자체가 정확히 0은 아니겠지만, 모든 임의표본에 걸친 그 평균값은 0일 것이다.

이상의 예에서 얻은 결론은 일반적으로 성립한다. 다중회귀모형에 하나 또는 그 이상의 관련없는 변수들을 포함시켜도, 즉 모형이 과다설정(overspecify)되어도, OLS 추정량의 불편성에는 아무런 문제도 없다. 그렇다면 관계없는 변수들을 포함시켜도 전혀 해가 없는 것일까? 그렇지 않다. 3-4절에서 볼 것처럼, 관련없는 변수들을 포함시키는 것은 OLS 추정량의 분산에 바람직하지 못한 영향을 끼친다.

3-3b 누락된 변수로 인한 편향: 단순한 경우

이제, 관련없는 변수를 포함시키는 것이 아니라, 실제로는 참 (모집단) 모형에 속하는 변수를 누락시키는 경우를 생각해 보자. 이 문제를 보통 관련있는 변수의 제외(excluding a relevant variable) 혹은 모형의 과소설정(underspecifying the model)이라고 한다. 2장과 본 장의 앞부분에서 이 문제는 일반적으로 OLS를 편향되게 한다고 이야기하였다. 이제 이 문제를 살펴보고, 편향의 방향과 크기를 도출하고자 한다.

중요한 변수의 누락으로 인한 편향을 도출하는 것은 설정오류 분석(misspecification analysis)의 한 예이다. 모집단 모형이 두 개의 독립변수와 하나의 오차항으로 구성된 경우를 고려해 보자.

$$y = \beta_0 + \beta_1 x_1 + \beta_2 x_2 + u \tag{3.40}$$

이 모형이 가정 MLR.1부터 MLR.4까지를 만족시킨다고 가정하자.

β_1, 즉 y에 대한 x_1의 부분효과가 우리의 관심사라 하자. 예를 들어 y는 시간당 임금(혹은 그 로그값)이고, x_1은 교육, x_2는 내재적 능력의 측정치이다. β_1의 불편추정량을 얻으려면 y를 반드시 x_1과 x_2에 대하여 회귀하여야 할 것이다(그럼으로써 $\beta_0, \beta_1, \beta_2$의 불편추정량을 얻는다). 하지만 우리가 잘 모르거나 자료를 얻을 수가 없어서 x_2를 제외하고 모형을 추정한다고 하자. 즉, y를 x_1에 대해서만 단순회귀하여 다음 식을 얻는다.

$$\tilde{y} = \tilde{\beta}_0 + \tilde{\beta}_1 x_1 \tag{3.41}$$

여기서 $\tilde{\beta}_1$이 과소설정된 모형으로부터 얻은 것이라는 점을 강조하기 위하여 “^”이 아니라

"~" 부호를 사용하였다.

변수 누락의 문제를 처음 배울 때에는 근저에 있는 참 모형[이 경우에는 (3.40)]과 우리가 실제 추정하는 모형[이 경우에는 (3.41)]을 구별하기가 쉽지 않을 수 있다. x_2가 모형에 있는데도 이것을 누락하는 것은 어리석어 보일 수도 있다. 하지만 달리 어찌 해 볼 수 없는 경우들이 있다. 예를 들어 *wage*가 다음에 의해 결정된다고 하자.

$$wage = \beta_0 + \beta_1 educ + \beta_2 abil + u, \quad \mathrm{E}(u|educ, abil) = 0 \tag{3.42}$$

능력은 관측되지 않으므로 우리는 그 대신 다음 모형을 추정한다.

$$wage = \beta_0 + \beta_1 educ + v$$

여기서 $v = \beta_2 abil + u$이다. *wage*를 *educ*에 단순회귀하여 얻는 β_1의 추정량이 앞에서 $\tilde{\beta}_1$이라고 표기한 것이다.

x_1과 x_2의 표본값들에 대한 조건부로 $\tilde{\beta}_1$의 기댓값을 도출해 보자. $\tilde{\beta}_1$이 단순회귀로부터의 OLS 기울기 추정량이므로 이 기댓값을 구하는 것은 어렵지 않으며, 2장에서 이미 자세히 살펴보았다. 다만 지금의 경우에는 누락된 변수로 인하여 단순회귀 모형이 잘못 설정될 때 OLS 기울기 추정량의 특성을 분석하여야 한다.

단순회귀 추정량 $\tilde{\beta}_1$의 편향을 도출하는 데에 필요한 일은 사실 거의 다 해 놓았다. 식 (3.23)으로부터 $\tilde{\beta}_1 = \hat{\beta}_1 + \hat{\beta}_2\tilde{\delta}_1$이라는 대수적 관계가 성립한다. 여기서 $\hat{\beta}_1$과 $\hat{\beta}_2$는

$$y_i\text{를 } x_{i1}, x_{i2},\ i = 1, \ldots, n\text{에 대하여} \tag{3.43}$$

다중회귀할 때 얻을(이것을 할 수 있다는 가정하에서) 기울기 추정량들이고, $\tilde{\delta}_1$은

$$x_{i2}\text{를 } x_{i1},\ i = 1, \ldots, n\text{에 대하여} \tag{3.44}$$

단순회귀할 때의 기울기이다. $\tilde{\delta}_1$은 독립변수들의 표본값에만 의존하므로, $\mathrm{E}(\tilde{\beta}_1)$을 구할 때 이 부분은 고정된(비확률적인) 것으로 간주할 수 있다. 더욱이, (3.40)의 모형이 가정 MLR.1부터 MLR.4까지를 만족시키므로, $\hat{\beta}_1$과 $\hat{\beta}_2$는 각각 β_1과 β_2의 불편추정량임을 안다. 그러므로,

$$\begin{aligned}\mathrm{E}(\tilde{\beta}_1) &= \mathrm{E}(\hat{\beta}_1 + \hat{\beta}_2\tilde{\delta}_1) = \mathrm{E}(\hat{\beta}_1) + \mathrm{E}(\hat{\beta}_2)\tilde{\delta}_1 \\ &= \beta_1 + \beta_2\tilde{\delta}_1\end{aligned} \tag{3.45}$$

이며, 따라서 $\tilde{\beta}_1$의 편향은 다음과 같다.

$$\mathrm{Bias}(\tilde{\beta}_1) = \mathrm{E}(\tilde{\beta}_1) - \beta_1 = \beta_2\tilde{\delta}_1 \tag{3.46}$$

〈표 3.2〉 x_2의 누락으로 인한 $\tilde{\beta}_1$의 편향

	$\text{Corr}(\mathbf{x}_1, \mathbf{x}_2) > 0$	$\text{Corr}(\mathbf{x}_1, \mathbf{x}_2) = 0$	$\text{Corr}(\mathbf{x}_1, \mathbf{x}_2) < 0$
$\beta_2 > 0$	양(+)의 편향	편향 없음	음(−)의 편향
$\beta_2 = 0$	편향 없음	편향 없음	편향 없음
$\beta_2 < 0$	음(−)의 편향	편향 없음	양(+)의 편향

이 편향은 설명변수 x_2의 누락으로 인해 발생한 것이므로 (3.46)의 우변 항을 **흔히들 변수 누락으로 인한 편향(omitted variable bias)**이라고 한다.

식 (3.46)으로부터, 두 가지 경우에 $\tilde{\beta}_1$이 편향되지 않는 것을 볼 수 있다. 첫 번째 경우는 매우 명백한 것으로, $\beta_2 = 0$이면, 즉 x_2가 참 모형 (3.40)에 등장하지 않으면 $\tilde{\beta}_1$은 불편성을 갖는다. 이 점은 2장의 단순회귀분석으로부터 이미 알고 있다. 두 번째 경우는 더 흥미롭다. $\tilde{\delta}_1 = 0$이면 $\beta_2 \neq 0$일지라도 $\tilde{\beta}_1$은 β_1에 대하여 불편성을 갖는다.

$\tilde{\delta}_1$이 x_1과 x_2 간의 표본공분산을 x_1의 표본분산으로 나눈 것이므로, $\tilde{\delta}_1 = 0$이라는 것은 x_1과 x_2가 표본에서 상관되지 않음을 의미한다. 그러므로, x_1과 x_2가 표본에서 상관되지 않았으면 $\tilde{\beta}_1$이 비편향이라는 중요한 결론을 얻는다. 3-2절에서 x_1과 x_2가 표본에서 상관되지 않았으면 단순회귀 추정량 $\tilde{\beta}_1$과 다중회귀 추정량 $\hat{\beta}_1$이 동일하다는 것을 알았다. 이에 비추어 볼 때 앞의 결론은 놀랍지 않다. [x_{i2} 없이 x_{i1}에 대한 조건부로만 보면 $\text{E}(x_2|x_1) = \text{E}(x_2)$일 때 $\tilde{\beta}_1$이 비편향임을 보일 수 있다. 이 경우, β_1을 추정할 때 x_2를 오차항에 남겨 두어도, 절편만 조정하면 오차의 조건부 0 평균 가정이 위배되지 않는다.]

x_1과 x_2가 상관될 때 $\tilde{\delta}_1$의 부호는 x_1과 x_2의 상관계수의 부호와 동일하다. x_1과 x_2가 양의 상관관계를 가지면 $\tilde{\delta}_1 > 0$이고, x_1과 x_2가 음의 상관관계를 가지면 $\tilde{\delta}_1 < 0$이다. $\tilde{\beta}_1$의 편향의 방향은 β_2와 $\tilde{\delta}_1$의 부호에 따라 달라지며, 편향이 있을 때 네 가지 가능한 경우가 〈표 3.2〉에 요약되어 있다. 예를 들어 $\beta_2 > 0$ (즉, x_2가 y에 양의 영향을 줌)이고 x_1과 x_2가 양의 상관관계를 가지면 $\tilde{\beta}_1$의 편향은 양(+)이고, $\beta_2 > 0$이고 x_1과 x_2가 음의 상관관계를 가지면 $\tilde{\beta}_1$의 편향은 음(−)이다.

편향의 방향은 〈표 3.2〉에 요약된 바와 같다. 편향의 크기 또한 매우 중요하다. 작은 편향이라면 부호가 어떻든 별로 신경쓸 필요가 없을 것이다. 예를 들어, 모집단의 교육수익률이 8.6%이고 OLS 추정량의 편향이 0.1% (1 퍼센트 포인트의 1/10)라면, 별로 걱정하지 않을 것이다. 반면, 편향이 3 퍼센트 포인트쯤 된다면 훨씬 심각하다. 편향의 크기는 β_2와 $\tilde{\delta}_1$의 크기에 의하여 결정된다.

현실에서 β_2는 미지의 모수이므로 β_2가 양수인지 음수인지 분명히 알 수는 없다. 하

지만, x_2가 y에 미치는 부분효과의 방향에 대해서는 보통 상당히 잘 알고 있다. 또한, x_2가 관측되지 않으면 x_1과 x_2의 상관계수의 부호를 알 수 없지만, 많은 경우 x_1과 x_2가 양의 상관관계를 갖는지 음의 상관관계를 갖는지에 대해 현명한 추측을 할 수 있다.

임금 방정식 (3.42)에서, 높은 능력은 정의상 높은 생산성을 의미하고, 따라서 임금을 높인다. 즉 $\beta_2 > 0$이다. 또한, *educ*와 *abil*이 양의 상관관계를 갖는다고 믿어도 좋을 것이다. 평균적으로 볼 때, 내재적 능력이 높은 사람들은 교육을 더 많이 받기로 선택하는 것이다. 그러므로 단순회귀방정식 $wage = \beta_0 + \beta_1 educ + v$로부터의 OLS 추정값은 평균적으로 너무 크다. 그렇다고 하여 우리의 표본으로부터 계산한 추정값이 참값보다 크다는 것은 아니다. 우리가 말할 수 있는 것은, 수많은 임의표본들을 수집하고 각 임의표본에 대하여 단순회귀 추정값을 구하면 이 추정값들의 평균이 β_1보다 크다는 것뿐이다.

예제 3.6 시간당 임금 방정식

모형 $\log(wage) = \beta_0 + \beta_1 educ + \beta_2 abil + u$가 가정 MLR.1부터 MLR.4까지를 만족시킨다고 하자. WAGE1에는 능력에 관한 자료가 없으므로 단순회귀를 하여 β_1 추정값을 구하자.

$$\widetilde{\log(wage)} = 0.584 + 0.083\,educ$$
$$n = 526,\ R^2 = 0.186 \tag{3.47}$$

이 추정결과가 하나의 표본을 이용한 추정이므로 추정값 0.083이 교육수익률의 참값(모집단의 β_1)보다 크다는 말을 할 수는 없다. 교육수익률의 참값은 8.3%보다 낮을 수도 높을 수도 있다(이 참값은 결코 알 수 없을 것이다). 그럼에도, 모든 가능한 임의 표본들에서 구할 수 있는 *educ*의 계수 추정값들의 평균값은 교육수익률의 참값보다 클 것임을 알 수 있다.

두 번째 예로서, 중학교 수준*에서 학생들의 전국단위 모의고사 평균점수가 다음과 같이 결정된다고 하자.

$$avgscore = \beta_0 + \beta_1 expend + \beta_2 povrate + u \tag{3.48}$$

여기서 *expend*는 학생당 지출액이고 *povrate*는 해당 학교 학생들의 빈곤율이다. 학군 자료를 이용하면, 평균점수와 학생당 지출액 자료만 있고 빈곤율에 대한 정보는 없다. 그러므로 *avgscore*를 *expend*에 단순회귀하여 β_1을 추정하고자 한다.

*측정의 단위가 중학교일 때 영어로 "at the middle school level"과 같이 "level"이라는 용어를 사용한다. 흔히, 개인별 자료가 있으면 "individual level", 국가별 자료가 있으면 "country level"과 같이 표현한다.

이 경우에도 $\tilde{\beta}_1$의 방향을 대충 알 수 있다. 우선, β_2는 아마도 음수일 것이다. 가난한 학생들의 점수가 평균적으로 더 낮을 것이기 때문이다. 둘째, 학생당 평균 지출액은 아마도 빈곤율과 음의 상관관계를 가질 것이다. 빈곤율이 높을수록 학생당 지출액이 낮아 $\mathrm{Corr}(x_1, x_2) < 0$일 것이기 때문이다. 이 경우 〈표 3.2〉에 의하면 $\tilde{\beta}_1$은 양의 편향을 가질 것이다. 이는 중요한 함의를 갖는다. 지출액의 참 효과는 사실은 0, 즉 $\beta_1 = 0$일 수도 있다. 그럼에도 단순회귀 추정값 β_1은 보통 0보다 클 것이고, 사실은 지출액이 중요하지 않음에도 불구하고 지출액이 중요하다는 결론을 내릴 수도 있는 것이다.

경제학에서 실증분석한 것을 해독하고 또 실증분석을 실행할 때, 추정량의 편향에 대한 용어를 분명히 아는 것이 중요하다. 모형 (3.40)으로부터 변수를 누락시키는 경우, $\mathrm{E}(\tilde{\beta}_1) > \beta_1$이면 $\tilde{\beta}_1$이 상방 편향(upward bias)를 갖는다고 한다. $\mathrm{E}(\tilde{\beta}_1) < \beta_1$일 때, $\tilde{\beta}_1$은 하방 편향(downward bias)을 갖는다. 이는 β_1이 양수이든 음수이든 동일하다. 영(0) 쪽으로의 편향(bias toward zero)이라는 말은 $\mathrm{E}(\tilde{\beta}_1)$이 β_1의 경우보다 더 0에 가까울 때 쓰는 말이다. 그러므로 β_1과 $\tilde{\beta}_1$이 양수이면 $\tilde{\beta}_1$이 하방 편향을 가질 때 0 쪽으로 편향된다. 이와 반대로, $\beta_1 < 0$이면 $\tilde{\beta}_1$이 상방 편향을 가질 때 0 쪽으로 편향된다.

3-3c 누락된 변수로 인한 편향: 더 일반적인 경우

추정된 모형에 설명변수가 더 많을 때에는 변수 누락으로 인한 편향의 부호를 도출하기가 더 어렵다. 기억해야 할 것은, 한 설명변수라도 오차항과 상관되어 있으면 일반적으로 모든 OLS 추정량들이 편향된다는 것이다. 예를 들어 다음의 모집단 모형이 MLR.1부터 MLR.4까지를 만족시킨다고 하자.

$$y = \beta_0 + \beta_1 x_1 + \beta_2 x_2 + \beta_3 x_3 + u, \quad \mathrm{E}(u|x_1, x_2, x_3) = 0 \tag{3.49}$$

하지만 우리가 x_3을 빼 놓고 다음과 같이 모형을 추정한다고 하자.

$$\tilde{y} = \tilde{\beta}_0 + \tilde{\beta}_1 x_1 + \tilde{\beta}_2 x_2 \tag{3.50}$$

이제 x_2와 x_3은 상관되어 있지 않으나 x_1은 x_3과 상관되어 있다고 하자. 다시 말하면 x_1은 누락된 변수와 상관되어 있고, x_2는 그렇지 않다. 이 경우 앞 소절의 논의로부터 $\tilde{\beta}_1$은 편향되어 있으나 $\tilde{\beta}_2$는 x_3과 상관되지 않았으므로 편향되지 않았다고 생각하기 쉽다. 하지만 일반적으로 그렇지 않다. $\tilde{\beta}_1$과 $\tilde{\beta}_2$ 모두 일반적으로 편향된다. 유일한 예외는 x_1과 x_2도 상관되지 않은 경우이다.

앞의 매우 단순한 모형에서도 $\tilde{\beta}_1$과 $\tilde{\beta}_2$의 편향의 방향은 구하기 어려울 수 있다. 이는 x_1과 x_2와 x_3이 모두 서로 짝을 지어 상관될 수 있기 때문이다. 그렇지만, 실용적인 목적에서는 대략적으로만 보는 것도 유용하다. x_1과 x_2가 상관되지 않았다고 가정한다면, x_2가 모집단 모형과 추정 모형 모두에서 없는 것처럼 하여 $\tilde{\beta}_1$의 편향을 알아볼 수 있다. 사실, x_1과 x_2가 상관되지 않을 때, 다음을 보일 수 있다.

$$\mathrm{E}(\tilde{\beta}_1) = \beta_1 + \beta_3 \frac{\sum_{i=1}^{n}(x_{i1}-\bar{x}_1)x_{i3}}{\sum_{i=1}^{n}(x_{i1}-\bar{x}_1)^2}$$

이 식은 (3.45)와 비슷하지만 β_2 대신에 β_3이 있고, (3.44)의 x_{i2} 대신에 x_{i3}이 있다. 그러므로, $\tilde{\beta}_1$의 편향은 〈표 3.2〉에서 β_2를 β_3으로 바꾸고 x_2를 x_3으로 바꾸어서 구할 수 있다. $\beta_3 > 0$이고 $\mathrm{Corr}(x_1, x_3) > 0$이면 $\tilde{\beta}_1$의 편향은 양(+)일 것이다.

예를 들어, 임금 모형에 *exper*를 추가해 보자.

$$wage = \beta_0 + \beta_1 educ + \beta_2 exper + \beta_3 abil + u$$

*abil*이 모형으로부터 누락되면, *exper*가 *abil*과 상관되지 않은 경우에도 β_1과 β_2의 추정량은 모두 편향된다. 보통 우리는 교육수익률에 관심이 있으므로, 능력을 누락함으로 인하여 $\tilde{\beta}_1$이 상방 편향을 갖는지 하방 편향을 갖는지 알 수 있으면 좋겠다. 추가적인 가정을 하지 않으면 이런 결론은 내릴 수 없다. 하지만 대략적인 논의를 위하여, *exper*와 *abil*이 상관되지 않았다는 가정에 추가하여 *educ*와 *exper*도 상관되지 않았다고 가정해 보자(실제로 이 둘은 음의 상관관계를 갖는다). $\beta_3 > 0$이고 *educ*와 *abil*이 양의 상관관계를 가지므로, 마치 *exper*가 모형에 없는 것처럼, $\tilde{\beta}_1$은 상방 편향을 가질 것이다.

앞의 예에서 한 추리 다음에 보통 더 복잡한 모형에서 추정량들의 편향에 대해 추측하는 방법이 설명되곤 한다. 보통, 특정한 설명변수(x_1이라 하자)와 핵심적인 누락요소 간의 관계에 초점을 두고 논의가 진행된다. 엄밀히 말하여, 다른 모든 설명변수들을 이처럼 무시하는 것은, 이들 모두가 x_1과 상관되지 않을 때에만 타당하다. 하지만 이 지침은 여전히 유용할 수 있다.

3-4 OLS 추정량의 분산

이제 OLS 추정량의 분산을 구하자. 그럼으로써 $\hat{\beta}_j$의 중심 경향성(평균을 말함) 이외에도 그 표집분포가 흩어진 정도를 측정할 수 있다. 분산을 구하기 전에 2장에서와 같이 등분산 가정을 추가한다. 이것을 하는 이유는 두 가지이다. 첫째, 오차 분산이 상수라고 가정하면 식이 단순해진다. 둘째, 등분산 가정을 추가하면 OLS가 효율성에 관한 중요한 성질을 갖게 된다(3-5절 참조).

다중회귀의 분석틀에서 등분산은 다음과 같이 표현된다.

가정 MLR.5 오차항의 등분산(homoskedasticity)

모형에 포함된 설명변수들이 어떤 값을 갖더라도 오차항 u의 조건부 분산은 일정하다. 즉, $\text{Var}(u|x_1,\ldots,x_k)=\sigma^2$.

가정 MLR.5가 의미하는 바는, 설명변수들 조건부 오차항 u의 분산이 설명변수들의 값이 무엇이든 관계없이 모두 같다는 것이다. 2변수의 경우와 마찬가지로, 이 가정이 위배되면 모형은 이분산(heteroskedasticity)을 보인다.

다음 식

$$wage = \beta_0 + \beta_1 educ + \beta_2 exper + \beta_3 tenure + u$$

에서, 등분산이 성립하려면 비관측 오차 u의 분산이 교육수준, 경력, 근속연수에 따라 달라지지 않아야 한다. 즉,

$$\text{Var}(u|educ, exper, tenure) = \sigma^2.$$

만일 이 3개의 설명변수들 중 어느 하나라도 값이 달라질 때 이 분산이 바뀌면 이분산이 존재한다.

MLR.1부터 MLR.5까지의 가정을 (횡단면 회귀에서의) Gauss-Markov 가정이라고 부른다. 지금까지 설명된 가정들은 임의추출된 횡단면 자료의 분석에 적용될 때에만 적절하다. 시계열자료 분석이나 패널자료 분석 등에서의 Gauss-Markov 가정은 더 복잡하고 다소 다른 모습을 띤다.

이하의 논의에서 $\mathbf{x}$는 모든 독립변수들의 집합 $(x_1,\ldots,x_k)$를 의미한다. 예컨대 독립변수가 $educ$, $exper$, $tenure$인 임금 회귀식에서는 $\mathbf{x}=(educ, exper, tenure)$이다. 그러면 가정 MLR.1부터 MLR.4까지를

$$\text{E}(y|\mathbf{x}) = \beta_0 + \beta_1 x_1 + \beta_2 x_2 + \cdots + \beta_k x_k$$

로 쓸 수 있고, 가정 MLR.5는 $\text{Var}(y|\mathbf{x})=\sigma^2$과 같다. 가정들을 이렇게 써 보면 가정 MLR.4와 MLR.5의 커다란 차이를 분명히 볼 수 있다. 가정 MLR.4는 주어진 $\mathbf{x}$에서 y의 기댓값이 모수들에 대하여 선형임을 말하는데, 이 기댓값은 분명히 $x_1, x_2, \ldots, x_k$에 의존한다. 반면 가정 MLR.5가 의미하는 바는 주어진 $\mathbf{x}$에서 y의 분산이 독립변수들의 값에 의존하지 않는다는 것이다.

이제, 독립변수들의 표본값에 대한 조건부로 $\hat{\beta}_j$의 분산을 구할 수 있다.

정리 3.2 OLS 추정량의 분산

가정 MLR.1에서 MLR.5까지 모두 만족한다면, 독립변수들의 값들이 표본의 값에서 고정되어 있다고 전제할 때,

$$\text{Var}(\hat{\beta}_j) = \frac{\sigma^2}{\text{SST}_j(1-R_j^2)}, \quad j = 1, 2, \ldots, k. \tag{3.51}$$

여기서 $\text{SST}_j = \sum_{i=1}^{n}(x_{ij} - \bar{x}_j)^2$는 x_j의 표본 총 변동이고, R_j^2는 x_j를 모든 다른 설명변수들(절편항 포함)에 회귀시켜서 얻는 R^2이다.

주의깊은 독자라면 설명변수들의 값이 그 표본값에서 고정되어 있다고 하지 않을 때의 $\hat{\beta}_j$의 분산에 대한 단순한 공식이 있는지 알고 싶을지도 모르겠다. 그런 공식으로서 우리가 알 필요가 있는 것은 없다. 식 (3.51)의 공식은 x_{ij}의 고도로 비선형인 함수로서, 설명변수들의 모집단 분포에 걸쳐 평균하여 쓸 만한 식을 구하는 것은 사실상 불가능하다. 다행히도, 실용적인 목적을 위해서는 (3.51)이면 충분하다. 5장에서 OLS의 근사적인 대표본 특성을 알아볼 때에도, 가정 MLR.1에서 MLR.5까지가 모두 만족되면 (3.51)만으로도 충분하다.

식 (3.51)을 더 자세히 살펴보기에 앞서, 이 결과를 얻기 위해서는 모든 Gauss-Markov 가정들이 전부 사용된다는 점을 지적하고자 한다. 등분산의 가정이 OLS의 불편성을 도출하는 데에는 필요없었던 반면, (3.51)에는 꼭 필요하다.

$\text{Var}(\hat{\beta}_j)$의 크기는 현실적으로 중요하다. 분산이 크다는 것은 추정량이 덜 정확하다는 뜻이고, 그렇게 되면 신뢰구간이 넓고 가설 검정이 덜 정확하다(4장 참조). 다음 소절에서는 (3.51)을 구성하는 요소들에 대하여 살펴본다.

3-4a OLS 분산의 구성요소들: 다중공선성

식 (3.51)에서 나타나듯이 OLS 추정량 $\hat{\beta}_j$, $j = 1, \ldots, k$의 분산은 σ^2, SST_j, R_j^2 등 세 가지 요소에 의해 결정된다. 여기서 j 첨자는 독립변수들(교육수준이나 빈곤율 같은) 중 어느 것이든 지칭할 수 있다. 이제 $\text{Var}(\hat{\beta}_j)$에 영향을 미치는 각각의 요소들에 대해 차례로 생각해 보자.

오차항의 분산(σ^2). 먼저 오차항의 분산(σ^2)이 클수록 OLS 추정량의 분산은 커진다. 이는 전혀 놀랍지 않다. 방정식에 “잡음”이 많을수록(σ^2가 큼) 독립변수가 y에 미치는 부분효과의 추정이 어려워질 것이고, 이 점이 OLS 기울기 추정량의 높은 분산에 반영되어 있다.

σ^2은 모집단의 특징이므로 표본 크기와는 아무런 관계도 없다. (3.51)에서 이 구성부분은 미지수이다. 이 σ^2을 어떻게 추정하는지는 나중에 살펴본다.

종속변수 y가 주어질 때, 오차 분산을 줄이는 방법은 하나뿐으로, 이는 방정식에 설명변수들을 (오차항으로부터 꺼내어) 더 많이 추가하는 것이다. 불행히도, y에 영향을 미치는 추가적인 적절한 요소들을 찾아내는 것이 항상 가능하지는 않다.

x_j의 표본 총 변동(SST_j). 다음으로 x_j의 총 변동(SST_j)이 클수록 OLS 추정량의 분산은 작아진다. 그러므로, 다른 여건이 모두 같다면 β_j의 추정을 위해서는 x_j의 표본 변동을 가능한 한 크게 만들면 좋다. 2장의 단순회귀에서도 이 점을 보았다. 독립변수들의 표본값을 선택할 수 있는 경우는 거의 없지만, 각각의 독립변수에서 표본 변동을 증가시키는 방법이 존재하는 것은 확실하다. 이는 표본 크기를 늘리는 것이다. 사실, 모집단으로부터 표본을 임의로 추출할 때, 표본 크기가 증가할수록 SST_j는 무한히 증가한다. 이 구성부분은 표본 크기에 체계적으로 의존하는 부분이다.

SST_j가 작을 때 $\text{Var}(\hat{\beta}_j)$가 매우 클 수 있지만, SST_j가 작다고 하여 가정 MLR.3이 위배되는 것은 아니다. 기술적으로, SST_j가 0에 접근할 때 $\text{Var}(\hat{\beta}_j)$는 무한대로 접근한다. 표본에 x_j의 변동이 전혀 없어 $\text{SST}_j = 0$인 극단적인 경우는 가정 MLR.3에 의하여 배제된다. MLR.3이 충족되지 않으면 OLS 추정값은 유일하게 정의되지 않는다.

독립변수들 간의 선형 관계의 정도(R_j^2). 식 (3.51)의 세 구성항목 중 R_j^2 항이 가장 이해하기 어렵다. 단순회귀분석에는 하나의 독립변수만 있으므로 이 항이 등장하지 않았다. 이 R_j^2은 y를 $x_1, x_2, \ldots, x_k$에 회귀할 때의 R^2과 다른 것임을 알아야 한다. R_j^2은 원래 모형의 독립변수들만 가지고 구한다. 이때 x_j가 종속변수의 역할을 한다.

먼저 $k = 2$인 경우를 보자. 즉, $y = \beta_0 + \beta_1 x_1 + \beta_2 x_2 + u$이다. 그러면 $\text{Var}(\hat{\beta}_1) = \sigma^2/[\text{SST}_1(1 - R_1^2)]$이며, 여기서 R_1^2은 x_1을 x_2에 단순회귀(절편 포함)할 때의 R^2이다. R^2은 적합도를 측정하므로, R_1^2이 1에 가깝다는 것은 표본 내에서 x_2가 x_1의 변동의 큰 부분을 설명한다는 것이다. 이는 x_1과 x_2가 고도로 상관되어 있음을 의미한다.

R_1^2이 1에 접근함에 따라 $\text{Var}(\hat{\beta}_1)$은 점점 증가한다. 그러므로, x_1과 x_2의 선형관계의 정도가 높으면 OLS 기울기 추정량의 분산이 커질 수 있다($\hat{\beta}_2$의 경우에도 마찬가지로 이야기할 수 있다). $\text{Var}(\hat{\beta}_1)$과 x_1을 x_2로 회귀할 때의 R^2의 관계는 〈그림 3.1〉을 보라.

일반적인 경우, R_j^2은 x_j의 총변동 중 방정식에 있는 다른 독립변수들에 의하여 설명될 수 있는 부분의 비율이다. σ^2과 SST_j가 주어졌을 때 $R_j^2 = 0$일 때 $\text{Var}(\hat{\beta}_j)$가 가장 작다. 이 경우는 x_j와 다른 모든 독립변수들 각각과의 표본상관계수가 0일 때이다. 이는 β_j의 추정에 최적의 상황이지만 그런 경우는 매우 드물다.

〈그림 3.1〉 $\text{Var}(\hat{\beta}_j)$와 R_j^2의 관계

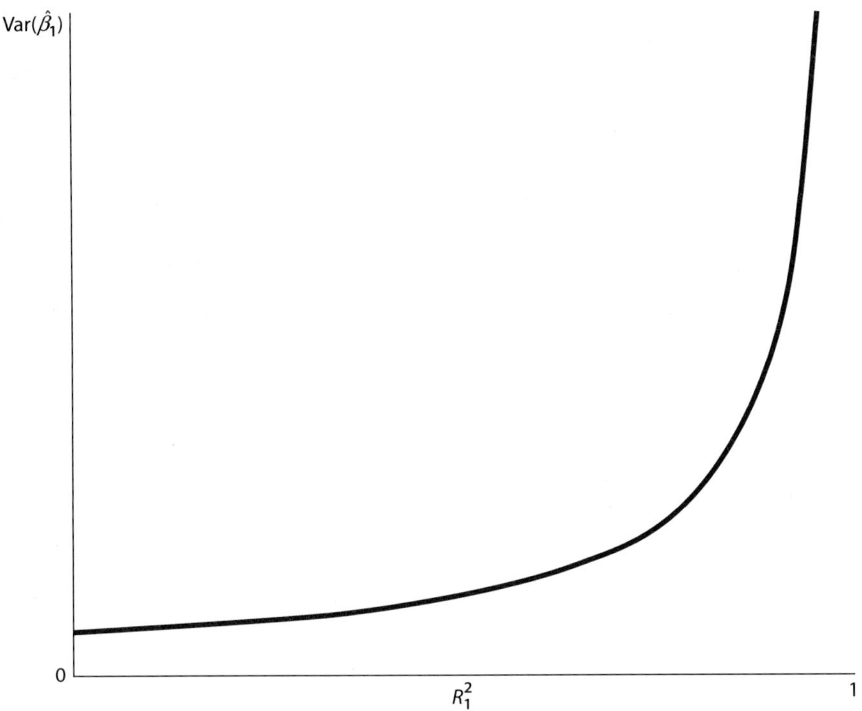

또 다른 극단인 $R_j^2=1$인 상황은 가정 MLR.3에 의하여 배제된다. $R_j^2=1$이면 표본에서 x_j가 회귀식 내의 다른 독립변수들의 완벽한 선형결합이기 때문이다. 좀 더 현설성 있는 경우는 R_j^2이 1에 "가까운" 경우이다. 식 (3.51)과 〈그림 3.1〉로부터, 이 경우 $\text{Var}(\hat{\beta}_j)$가 크게 된다는 것을 볼 수 있다. $R_j^2 \to 1$이면 $\text{Var}(\hat{\beta}_j) \to \infty$인 것이다. 두 개 이상의 독립변수들 간에 존재하는 고도의(하지만 완벽하지 않은) 상관관계를 **다중공선성(multicollinearity)**이라 한다.

다중공선성 문제를 좀 더 논하기 전에, 다음을 매우 분명히 해 두어야 하겠다. 즉, R_j^2이 1에 가까운 경우가 가정 MLR.3을 위배하는 경우가 아니라는 것이다.

다중공선성은 우리의 가정들 중 어느 것도 위배하지 않으므로, 다중공선성의 "문제"는 사실 잘 정의되어 있지 않다. R_j^2이 1에 "가까울" 때 β_j의 추정에서 다중공선성 문제가 발생한다고 할 때, 우리는 "가까운"이라는 표현을 따옴표 안에 넣었다. 이는 다중공선성이 문제가 된다고 할 수 있는 절대적인 숫자가 없기 때문이다. 예를 들어, $R_j^2=0.9$라는 것은 x_j의 표본 변동의 90%가 회귀모형 내의 다른 설명변수들에 의하여 설명될 수 있음을 의미한다. 분명 이것은 x_j가 다른 독립변수들과 강한 선형관계를 가지고 있음을 의미한다.

하지만 그렇다고 하여 $\text{Var}(\hat{\beta}_j)$가 너무 커서 쓸모가 없느냐 여부는 σ^2과 SST_j에 달려 있다. 4장에서 보겠지만, 통계적 추론의 경우 궁극적으로 문제가 되는 것은 $\hat{\beta}_j$가 그 표준편차에 비하여 얼마나 큰가 하는 것이다.

R_j^2의 값이 클 때 $\text{Var}(\hat{\beta}_j)$가 크게 될 수 있는 것처럼, SST_j의 값이 작아도 $\hat{\beta}_j$의 분산이 클 수 있다. 그러므로 표본 크기가 작은 경우에도 표집분산이 클 수 있는 것이다. 표본 내 독립변수들 간의 고도의 상관관계를 걱정하는 것은 실상 표본 크기가 작음을 걱정하는 것과 별반 다르지 않다. 두 경우 모두 $\text{Var}(\hat{\beta}_j)$를 크게 만든다. 위스콘신 대학교의 유명한 계량경제학자 Arthur Goldberger는 다중공선성 문제에 대한 계량경제학자들의 집착에 대하여 (약간은 우스갯소리로) "표본 크기가 작은 문제"를 뜻하는 **micronumerosity**라는 말을 만들어 냈다.* [다중공선성과 micronumerosity에 대한 상세한 논의는 Goldberger (1991)를 참조하라.]

다중공선성의 문제를 분명히 정의할 수는 없지만 한 가지만은 확실하다. 다른 모든 것들이 동일하면 β_j를 추정할 때에 x_j와 그 밖의 독립변수들 간에 상관관계가 작을수록 좋다는 것이다. 이 사실로부터 흔히 다중공선성의 문제를 어떻게 "해결"하는가를 논의하곤 한다. 사회과학에서는 통상적으로 자료를 수동적으로 수집할 수밖에 없다. 이 경우 자료를 더 수집하는 것 이외에는 불편추정량의 분산을 줄일 좋은 방법이 없다. 자료가 주어지는 경우, 다중공선성을 줄이기 위하여 다른 독립변수들을 모형으로부터 제외시키기도 한다. 하지만, 3-3절에서 본 것처럼, 모집단 모형에 있는 변수를 제외시키는 것은 편향으로 귀결될 수 있다.

여기서 다중공선성에 관하여 제기되는 몇 가지 문제를 예를 하나 들어서 분명히 하는 것이 도움이 되겠다. 다양한 범주의 학교 지출액들이 학생들의 성적에 미치는 영향을 추정하려 한다고 하자. 교사 봉급, 교재비, 체육활동비 등은 높은 상관관계를 보일 것이다. 부유한 학교들은 모든 것에 더 많은 지출을 할 것이고, 가난한 학교들은 모든 것에 더 적은 지출을 할 것이다. 당연하게도, 한 범주의 지출액 중 다른 범주의 지출액으로써 설명되지 않는 부분이 별로 남지 않는 상황에서(그러면 모든 지출액 변수들의 R_j^2이 클 것이다), 특정 범주의 지출액이 학생의 성적에 미치는 영향을 추정하는 것은 어려울 수 있다. 비록 자료를 더 모으면 이 다중공선성 문제가 완화될 수는 있으나, 다른 한편으로 우리가 스스로

*계량경제학 연구에서 다중공선성의 문제는 중요하게 다루어지는 반면 표본의 크기의 문제에는 그다지 주목하지 않는 현상에 대해 Goldberger는 "어쩌면 이 불균형은 표본 크기가 작은 상황을 지칭하는 멋있고 고급스러운 용어가 없기 때문에 발생한 것일지도 모르겠다. 그런 것이라면 이 문제에 대해 사람들의 관심을 불러 일으킬 수 있도록 *micronumerosity*라는 용어를 쓰기를 제안한다."(Goldberger, 1991, pp. 248–249, 역자가 인용 및 번역)라고 하기도 하였다.

이 문제를 초래한 것이기도 하다. 현재 자료로는 정확하게 대답할 수 없는 너무 자세한 질문을 하고 있다는 말이다. 분석의 범위를 바꾸어서 모든 범주의 지출액들을 합해 버리면, 더 이상 각 지출액 범주의 부분효과를 추정하지 않는 것이므로, 훨씬 더 좋은 결과를 얻을 수 있을 것이다.

또 하나의 중요한 점은 특정 독립변수들 간의 고도의 상관관계가 모형의 다른 모수들의 추정에 영향을 미치지 않을 수도 있다는 것이다. 예를 들어 3개의 독립변수를 가진 다음 모형을 고려해 보자.

$$y = \beta_0 + \beta_1 x_1 + \beta_2 x_2 + \beta_3 x_3 + u$$

여기서 x_2와 x_3은 고도로 상관되어 있다. 그러면 $\text{Var}(\hat{\beta}_2)$와 $\text{Var}(\hat{\beta}_3)$은 큰 값을 가질 것이다. 그러나 x_2와 x_3 간의 상관관계의 정도는 $\text{Var}(\hat{\beta}_1)$에 아무런 직접적인 영향도 주지 않는다. 사실 x_1이 x_2 및 x_3과 상관되지 않았다면, x_2와 x_3 사이에 아무리 높은 상관관계가 있든 관계없이, $R_1^2 = 0$이고 $\text{Var}(\hat{\beta}_1) = \sigma^2 / \text{SST}_1$이다. β_1 모수에 관심을 갖는 경우라면, x_2와 x_3 사이의 상관관계의 정도에 대해서는 신경도 쓰지 않는다.

경제학자들은 보통 특정한 한 변수의 인과적 영향을 따로 떼어내기 위하여 많은 통제변수들을 포함시키므로 위의 사실은 중요성을 갖는다. 예를 들어, 지역사회에서 대출승인율과 이주민 비율의 관계를 볼 때, 이주민 차별에 대한 인과적 사실을 파악하기 위해서는 평균소득, 평균주택가격, 신용등급 등을 고려해야 하므로 이 요소들을 통제변수로 포함시킬 것이다. 소득, 주택가격, 신용등급은 일반적으로 서로 높은 상관관계를 보인다. 하지만 이 통제변수들 간에 상관관계가 높다고 하여 차별의 효과의 추정이 더 어려워지는 것은 아니다.

어떤 연구자들은 주어진 모형에서 다중공선성의 심각성을 수량화하는 통계량을 계산하는 것이 유용하다고 보기도 한다. 하지만, 이런 통계량들을 이용할 때에는 주의를 기울여야 한다. 설명변수들의 상관 정도가 어느 정도이면 심각한 수준인지 판단하는 기준이 없기 때문이다. 어떤 다중공선성 "진단통계량"(diagnostics)은 가능한 설명변수들 집합들 간에 강한 선형관계가 하나라도 존재하면 찾아낼 수 있다는 뜻에서 옴니버스(omnibus) 통계량이다. 지금 막 살펴본 이유로 인하여 그러한 통계량의 가치는 의문시된다. 단순히 우리는 관심도 없는 두 통제변수들이 높은 상관관계를 보일 때에도 그러한 옴니버스 진단통계량은 "문제"가 있다고 할 수 있기 때문이다. [아마도 가장 널리 사용되는 옴니버스 다중공선성 통계량은 condition number라는 것으로서, 전체 자료 행렬을 이용하여 정의된다. 그 내용은 이 책의 범위를 벗어난다. 관련된 내용을 공부하고 싶은 독자는 Belsley, Kuh and Welsh (1980) 논문을 참조하라.]

여전히 잘못 사용되기 쉽기는 하지만 개별 계수에 관해 분석하는 방법이 유용할 수도 있다. 대표적으로 분산 증대 계수(variation inflation factor, VIF)를 이용하는 것인데, 이는 식 (3.51)로부터 직접 구할 수 있다. j번째 기울기 계수에 대한 VIF는 단순히 $\text{VIF}_j = 1/(1-R_j^2)$로서, $\text{Var}(\hat{\beta}_j)$의 항들 중 x_j와 다른 설명변수들과의 상관관계에 의하여 결정되는 항이다. 식 (3.51)의 $\text{Var}(\hat{\beta}_j)$를 다음과 같이 쓸 수 있다.

$$\text{Var}(\hat{\beta}_j) = \frac{\sigma^2}{\text{SST}_j} \cdot \text{VIF}_j$$

이에 따르면, VIF_j는 x_j가 다른 설명변수들과 상관되어 있어 발생한 분산의 증가를 나타내는 계수이다. VIF_j는 R_j^2의 함수이므로—〈그림 3.1〉이 기본적으로 VIF_j를 나타내는 그림이다—앞에서의 논의는 모두 VIF를 바탕으로 설명할 수 있다. 예를 들어, 만일 우리에게 선택의 여지가 있다면, (다른 점들이 동일할 때) VIF_j를 더 작게 만들고 싶을 것이다. 하지만 이런 선택의 여지가 있는 경우는 거의 없다. x_j의 인과성을 추론하기 위하여 어떤 설명변수를 반드시 회귀에 포함시켜야 한다고 생각되면 이 변수를 제외시키기 어려울 것이고, VIF_j가 "너무 높다"는 생각이 들더라도 이러한 결정은 영향을 받지 않을 것이다. 예를 들어, 만일 x_1이 y에 미치는 인과적 영향이 우리의 관심사라면, 다른 계수들의 VIF는 전적으로 무시하여야 한다. 마지막으로, VIF에 어떤 임계점을 두어 그 이상이 되면 다중공선성이 "문제"가 된다고 하는 것도 자의적이며 기본적으로 도움이 되지 않는다. 어떤 때에는 10의 값이 선택되기도 한다. VIF_j가 10보다 크면(R_j^2이 0.9보다 큰 경우에 해당) β_j의 추정 시 다중공선성이 "문제"가 된다고 하는 것이다. 하지만 VIF_j가 10보다 크다고 하여, $\hat{\beta}_j$의 표준편차가 너무 커서 쓸모가 없음을 의미하지는 않는다. 표준편차는 σ와 SST_j에도 달려 있기 때문이다. 또한 SST_j는 표본 크기가 증가하면 증가할 수 있다. 그러므로 R_j^2의 크기를 직접 살펴보는 것과 마찬가지로 VIF_j의 크기를 살펴보는 것도, 호기심 때문에 해 보고 싶을 수는 있겠지만, 제한된 유용성만을 갖는다.

3-4b 잘못 설정된 모형에서의 분산

편향과 분산의 상충관계(tradeoff)를 분석하여 특정 변수를 회귀에 포함시킬지 말지 선택하는 것도 가능하다. 3-3절에서 참 모형이 2개의 설명변수로 이루어져 있을 때, 관련있는 변수를 제외시킴으로써 초래되는 편향을 도출한 바 있다. 여기서도 이 모형을 분석하여 OLS 추정량들의 분산을 비교하고자 한다.

모집단 모형이 다음과 같고 Gauss-Markov 가정들을 만족한다고 하자.

$$y = \beta_0 + \beta_1 x_1 + \beta_2 x_2 + u$$

β_1의 두 추정량을 고려한다. $\hat{\beta}_1$ 추정량은 다중회귀로부터 구한다.

$$\hat{y} = \hat{\beta}_0 + \hat{\beta}_1 x_1 + \hat{\beta}_2 x_2 \tag{3.52}$$

다시 말해, 회귀모형에 x_1과 함께 x_2를 포함시킨다. $\tilde{\beta}_1$ 추정량은 모형에서 x_2를 생략하고 y를 x_1 단순회귀를 하여 구한다.

$$\tilde{y} = \tilde{\beta}_0 + \tilde{\beta}_1 x_1 \tag{3.53}$$

$\beta_2 \neq 0$일 때, 식 (3.53)은 모형으로부터 관련있는 변수를 제외시켰고, 그 결과, 3-3절에서 본 것처럼 x_1과 x_2가 비상관인 경우가 아니면 $\tilde{\beta}_1$에 편향이 초래된다. 반면, $\hat{\beta}_1$은 β_2의 값이 무엇이든($\beta_2 = 0$인 경우도 포함) β_1에 대한 불편추정량이다. 그러므로 편향만을 놓고 본다면 $\hat{\beta}_1$이 $\tilde{\beta}_1$보다 선호된다.

분산을 고려에 넣으면 $\hat{\beta}_1$이 $\tilde{\beta}_1$보다 항상 더 선호된다는 결론은 더 이상 성립하지 않는다. x_1과 x_2의 표본 값에 대한 조건부로, (3.51)로부터 다음을 얻는다.

$$\mathrm{Var}(\hat{\beta}_1) = \sigma^2 / [\mathrm{SST}_1(1 - R_1^2)] \tag{3.54}$$

여기서 SST_1은 x_1의 총변동량이고, R_1^2은 x_1을 x_2로 회귀할 때의 R^2이다. 또한, 2장에서 2변수 회귀 시의 증명을 약간 수정하면 다음을 얻는다.

$$\mathrm{Var}(\tilde{\beta}_1) = \sigma^2 / \mathrm{SST}_1 \tag{3.55}$$

(3.55)와 (3.54)를 비교해 보면, x_1과 x_2의 표본상관계수가 0이 아닌 한 $\mathrm{Var}(\tilde{\beta}_1)$이 $\mathrm{Var}(\hat{\beta}_1)$보다 항상 더 작음을 알 수 있다($x_1$과 x_2의 표본상관계수가 0이면 두 분산은 동일하다). x_1과 x_2 사이에 상관이 있다는 가정하에서, 다음과 같은 결론을 얻을 수 있다.

1. $\beta_2 \neq 0$이면 $\hat{\beta}_1$은 불편추정량이지만 $\tilde{\beta}_1$은 편향을 갖고 $\mathrm{Var}(\tilde{\beta}_1) < \mathrm{Var}(\hat{\beta}_1)$이다.

2. $\beta_2 = 0$이면 $\hat{\beta}_1$과 $\tilde{\beta}_1$ 모두 불편추정량이고 $\mathrm{Var}(\tilde{\beta}_1) < \mathrm{Var}(\hat{\beta}_1)$이다.

만일 2번과 같은 경우라면 x_2를 모형에 포함시키지 않는 것이 더 낫다. 직관적으로 볼 때, 만일 x_2가 y에 부분효과가 없다면, 이 변수를 모형에 포함시킴으로써 다중공선성 문제만 악화시키고, 그에 따라 β_1의 추정량이 더 비효율적으로 된다. 관련없는 변수를 모형에 포함시킨 결과 β_1 추정량의 분산이 증가하였다.

$\beta_2 \neq 0$인 경우는 좀 더 어렵다. x_2를 제외시키면 β_1의 추정량에 편향이 생긴다. 전통적으로 계량경제학자들은 x_2를 포함시킬 것인가 말 것인가를 결정하기 위하여 x_2의 누락으로 인한 편향의 크기와 그로 인한 분산의 감소—R_1^2의 크기로 요약됨—를 서로 비교할 것을 제안하였다. 하지만 $\beta_2 \neq 0$일 때, x_2를 포함시키는 것이 좋은 두 가지 이유가 있다. 가장 중요한 것은, 표본 크기가 증가하여도 $\tilde{\beta}_1$의 편향이 줄어들지 않는다는 것이다. 사실 그

편향이 따르는 특별한 패턴 같은 것은 없다. 그러므로 모든 표본 크기에서 편향은 대충 비슷할 것이라 생각할 수 있다. 다른 한편 $\mathrm{Var}(\tilde{\beta}_1)$과 $\mathrm{Var}(\hat{\beta}_1)$은 n이 커지면서 둘 다 0으로 줄어든다. 따라서, 표본 크기가 증가하면서, x_2를 포함시킴으로써 초래되는 다중공선성은 점점 중요하지 않게 된다. 대표본에서는 $\hat{\beta}_1$이 선호된다.

$\hat{\beta}_1$을 선호하는 데에는 좀 더 미묘한 이유도 있다. (3.55)의 분산식은 표본에서 x_{i1}과 x_{i2}의 조건부이며, 이 식이 $\tilde{\beta}_1$에게 최선의 시나리오이다. $\beta_2 \neq 0$이면 x_1 조건부[x_1, x_2 조건부가 아니라]로 계산한 $\tilde{\beta}_1$의 분산은 (3.55)에 제시된 것보다 더 크다. 직관적으로, $\beta_2 \neq 0$이고 x_2가 모형으로부터 제외되면, 오차가 x_2 부분을 포함하므로 오차분산이 증가한다. 하지만 (3.55)는 두 회귀변수들이 모두 비임의적(nonrandom)이라고 간주하기 때문에 이러한 분산 증가를 무시한다. 여기서 어떤 독립변수에 대한 조건부로 분산을 표현할지에 대해 상세히 이야기하면 논의가 산만해질 것 같다. 지금으로서는 $\tilde{\beta}_1$의 정확성을 논할 때에 (3.55)가 너무 관대하다는 점만 이야기해도 충분하다. 다행스럽게도 많은 통계분석 패키지들이 적절한 분산추정량을 보고하므로 우리가 분산 추정량에 관련된 여러 가지 미묘한 이론들에 대해 크게 염려할 필요는 없다.

3-4c σ^2의 추정과 OLS 추정량의 표준오차

이제 σ^2의 불편추정량을 어떻게 구하는지 살펴본다. 그리고 나서 $\mathrm{Var}(\hat{\beta}_j)$의 불편추정량을 구할 것이다.

$\sigma^2 = \mathrm{E}(u^2)$이므로 오차 제곱의 표본평균 $n^{-1}\sum_{i=1}^{n} u_i^2$은 σ^2의 불편 "추정량"이다.* 물론 u_i가 관측되지 않으므로 이것은 제대로 된 추정량이 아니다. 하지만 오차를 $u_i = y_i - \beta_0 - \beta_1 x_{i1} - \beta_2 x_{i2} - \cdots - \beta_k x_{ik}$라고 써 보면, 우리가 u_i를 관측하지 못하는 것이 β_j를 모르기 때문임을 알 수 있다. 각 β_j를 그 OLS 추정량으로 치환하면 다음 OLS 잔차들을 얻는다.

$$\hat{u}_i = y_i - \hat{\beta}_0 - \hat{\beta}_1 x_{i1} - \hat{\beta}_2 x_{i2} - \cdots - \hat{\beta}_k x_{ik}$$

이제 u_i를 $\hat{u}_i$로 치환하여 σ^2을 추정하는 것이 자연스러워 보인다. 그런데 단순회귀의 경우 그렇게 하면 편향된 추정량을 얻는다는 것을 보았다. 일반적인 다중회귀의 경우 σ^2의 불편추정량은 다음과 같다.

$$\hat{\sigma}^2 = \left(\sum_{i=1}^{n} \hat{u}_i^2\right) \Big/ (n-k-1) = \mathrm{SSR}/(n-k-1) \tag{3.56}$$

*추정량은 표본 자료를 이용하여 계산할 수 있어야 하는데 u_i가 관측되지 않아 계산이 안 되므로 저자는 "추정량"에 따옴표를 붙였다.

단순회귀에서 $k=1$일 때 이 추정량을 앞에서 이미 보았다.

식 (3.56)의 $n-k-1$ 항은, 관측값의 수가 n이고 독립변수의 수가 k인 일반적인 OLS 문제에서의 자유도(degrees of freedom, df)이다. k개의 독립변수와 하나의 절편이 있는 회귀모형에서 모수의 개수는 $k+1$이므로 다음과 같이 쓸 수 있다.

$$df = n-(k+1) = \text{관측값 수} - \text{추정한 모수의 수} \tag{3.57}$$

실제 응용시에는 이렇게 자유도를 계산하는 것이 가장 간편하다. 즉, 절편을 포함하여 모수의 개수를 세고 나서, 이를 관측값의 개수로부터 뺀다(절편을 추정하지 않는 경우에는 모수의 수가 1만큼 감소한다).

기술적으로 볼 때, (3.56)에서 $n-k-1$로 나누는 것은 잔차 제곱합의 기댓값이 $\mathrm{E}(SSR) = (n-k-1)\sigma^2$이라는 사실로부터 유래한다. 직관적으로, 왜 자유도 조정이 필요한가 하는 것은 OLS 추정량의 1계조건으로 돌아가 보면 알 수 있다. 이 조건들은 $\sum_{i=1}^{n}\hat{u}_i = 0$과 $\sum_{i=1}^{n} x_{ij}\hat{u}_i = 0,\ j=1,2,\ldots,k$이다. 그러므로, OLS 추정값을 구할 때에는 OLS 잔차들에 $k+1$개의 제약이 가해 진다. 이는 $n-(k+1)$개의 잔차가 주어지면 나머지 $k+1$개의 잔차들은 알려져 있음을 뜻한다. 〔실제로 방정식을 풀어서 이 $k+1$개 잔차들을 계산해낼 수 있다.〕 그러므로 잔차들에는 $n-(k+1)$ 만큼의 자유도만 있다(오차 u_i의 경우에는 이와 달리 표본에 n 만큼의 자유도가 있다).

나중에 참조하기 위하여 이상의 논의를 다음의 [정리 3.3]에 요약한다. 2장에서는 단순회귀분석의 경우에 대하여 이 정리를 증명한 바 있다(정리 2.3 참조).

정리 3.3 σ^2의 불편 추정량

MLR.1에서 MLR.5까지의 Gauss-Markov 가정들하에서 $\mathrm{E}(\hat{\sigma}^2) = \sigma^2$.

$\hat{\sigma}^2$의 양의 제곱근을 $\hat{\sigma}$로 표기하고 이를 회귀의 표준오차(standard error of the regression, SER)라고 한다. SER은 오차항의 표준편차의 추정량이다. 이 추정값은 회귀 패키지에서 보통 보고되며, 패키지에 따라 이름이 다르기도 한다. $\hat{\sigma}$는 SER이라는 이름뿐 아니라 추정의 표준오차(standard error of the estimate)나 평균제곱오차 제곱근(root mean squared error)이라고 부르기도 한다.

한 주어진 표본에서, $\hat{\sigma}$는 독립변수가 추가될 때 줄어들 수도 있고 늘어날 수도 있다. 이는 설명변수가 추가될 때 SSR이 감소해야 하지만 자유도 또한 1만큼 감소하기 때문이다. 분자가 SSR이고 분모가 df이므로 어느 효과가 더 클지는 미리 알 수 없다.

4장에서 신뢰구간을 구하고 검정을 할 것인데, 이를 위해 $\hat{\beta}_j$의 분산의 제곱근인 $\hat{\beta}_j$의 표준편차

$$\text{sd}(\hat{\beta}_j) = \sigma/[\text{SST}_j(1-R_j^2)]^{1/2}$$

를 추정하여야 할 것이다. σ^2이 미지수이므로 이를 그 추정량이 $\hat{\sigma}$로 대체하자. 그러면 다음의 $\hat{\beta}_j$의 표준오차(standard error)를 얻는다.

$$\text{se}(\hat{\beta}_j) = \hat{\sigma}/[\text{SST}_j(1-R_j^2)]^{1/2} \tag{3.58}$$

표본이 주어지면 OLS 추정값을 구할 수 있는 것처럼 표준오차들도 구할 수 있다. $\text{se}(\hat{\beta}_j)$가 $\hat{\sigma}$에 의존하므로, 표준오차는 표집분포를 가진다. 나중에 4장에서 이 점이 중요할 것이다.

표준오차에 관하여 한 가지 점을 강조하고자 한다. 식 (3.58)을 식 (3.51)의 분산식으로부터 직접 얻을 수 있고 식 (3.51)은 등분산 가정 MLR.5에 의존하므로, 만일 오차가 이분산을 보이면 식 (3.58)의 표준오차 공식은 $\text{sd}(\hat{\beta}_j)$의 추정량으로서 타당하지 않다. 그러므로, 이분산의 존재가 $\hat{\beta}_j$를 편향되게 하지는 않지만, $\text{Var}(\hat{\beta}_j)$의 통상적인 공식은 편향되게 하고, 그 결과로 표준오차들도 타당하지 않게 만든다. 회귀 패키지들이 (3.58)을 기본 사양으로 계산하기 때문에(절편의 경우에는 공식이 약간 다름), 이 점은 중요하게 받아들여야 한다. 이분산이 있다는 의심이 드는 경우, "통상적인" OLS 표준오차들은 타당하지 않고, 교정이 이루어져야 한다. 이분산을 다루는 문제는 8장에서 살펴볼 것이다.

표준오차를 다음과 같이 쓰는 것이 도움이 되기도 한다.

$$\text{se}(\hat{\beta}_j) = \frac{\hat{\sigma}}{\sqrt{n}\,\text{sd}(x_j)\sqrt{1-R_j^2}} \tag{3.59}$$

여기서 $\text{sd}(x_j) = \sqrt{n^{-1}\sum_{i=1}^{n}(x_{ij}-\bar{x}_j)^2}$은 표본표준편차이기는 한데 총제곱합을 $n-1$이 아니라 n으로 나눈 것임에 유의하라. 식 (3.59)의 중요한 점은, 표본 크기 n이 표준오차에 어떻게 영향을 미치는 보여 준다는 것이다. 식의 다른 세 항들—σ, $\text{sd}(x_j)$, R_j^2—은 표본이 다르면 변하기는 하겠지만 n이 증가하면서 상수로 정착한다. 그러므로 식 (3.59)에 따르면 표준오차는 $1/\sqrt{n}$의 비율로 축소된다. 이 공식은 자료를 더 모으는 것의 가치를 보여 준다. 즉, n이 증가함에 따라 $\hat{\beta}_j$의 정확성도 향상된다(이와 대조적으로, 불편성은 어느 표본 크기에서나 성립하는 성질이다). OLS의 대표본(large sample) 특성에 대해서는 5장에서 더 설명할 것이다.

3-5 OLS의 효율성: Gauss-Markov 정리

이 절에서는 Gauss-Markov 정리라는 중요한 결과를 이야기한다. 이 정리로 인하여 수많은 다른 경쟁적 추정량들보다 OLS의 방법을 사용하는 것이 정당화된다. OLS를 이용하는

하나의 정당성은 이미 알고 있다. 이는 MLR.1부터 MLR.4까지의 가정이 성립하면 OLS가 불편성을 갖는다는 것이다. 하지만 이 가정들하에서 수많은 추정량들이 불편성을 갖는다. 이들 불편추정량 중에서 OLS 추정량보다 분산이 더 작은 추정량이 있겠는가?

경쟁적인 추정량들의 범위를 적절히 제한하면 이 범주 내의 추정량 중에서는 OLS가 가장 좋다는 것을 보일 수 있다. 좀 더 자세히 설명하면, MLR.1부터 MLR.5까지의 가정하에서, OLS 추정량 $\hat{\beta}_j$가 **가장 좋은 선형 불편추정량**(best linear unbiased estimator, BLUE)임을 말하고자 한다. 이 정리의 설명을 위해서는 "BLUE" 각 문자의 의미를 이해할 필요가 있다. 우선, 추정량이 무엇을 말하는지는 이미 알고 있다. 이것은 자료 표본이 주어지면 적용하여 추정값을 구할 수 있는 규칙을 의미한다. 불편추정량이 무엇인지도 이미 알고 있다. 현재 맥락에서, β_j의 추정량 $\tilde{\beta}_j$가 있을 때, 모든 $\beta_0, \beta_1, \ldots, \beta_k$에 대하여 $\mathrm{E}(\tilde{\beta}_j) = \beta_j$이면, $\tilde{\beta}_j$는 β_j의 불편추정량이다.

"선형"의 의미는 어떤가? 지금의 맥락에서, β_j의 추정량 $\tilde{\beta}_j$을 종속변수에 관한 자료의 선형함수로 표현할 수 있을 때 $\tilde{\beta}_j$는 선형이다. 즉,

$$\tilde{\beta} = \sum_{i=1}^{n} w_{ij} y_i \tag{3.60}$$

인 경우이다. 여기서 각각의 w_{ij}는 모든 독립변수들의 표본값들의 함수여도 좋다. OLS 추정량은 (3.22)에서 볼 수 있듯이 선형이다.

마지막으로 "최선(best)"의 의미는 어떻게 정의되는가? 본 절에서 이야기할 정리의 경우 "최선"은 "가장 작은 분산을 갖는다"는 뜻으로 정의된다. 두 개의 불편추정량이 있을 때 분산이 더 작은 쪽을 선호하는 것이 논리적인 선택이다.

이제, MLR.1부터 MLR.5까지의 가정을 만족하는 모형 (3.31)에서 OLS 추정량을 $\hat{\beta}_0, \hat{\beta}_1, \ldots, \hat{\beta}_k$라 하자. Gauss-Markov 정리(Gauss-Markov Theorem)가 말하는 바는, 어떠한 선형 불편 추정량 $\tilde{\beta}_j$에 대해서든 $\mathrm{Var}(\hat{\beta}_j) \leq \mathrm{Var}(\tilde{\beta}_j)$이라는 것이다. 이 부등식은 보통 엄밀한 부등식(<)이다. 다시 말하면, (5개의 Gauss-Markov 가정하에서) 선형 불편 추정량 중 OLS가 가장 작은 분산을 갖는다. 사실, 이 정리는 이보다 더 강하다. β_j들의 선형함수를 추정하고자 한다면 이에 해당하는 OLS 추정량들의 선형결합이 모든 선형 불편 추정량 중 분산이 가장 작다. 이제 Gauss-Markov 정리를 제시한다. MLR.1부터 MLR.5까지의 가정을 (횡단면 분석에서의) Gauss-Markov 가정이라고 하는 것은 이 정리 때문이다.

정리 3.4 Gauss-Markov 정리

MLR.1에서 MLR.5까지의 (Gauss-Markov) 가정들하에서 $\hat{\beta}_0, \hat{\beta}_1, \ldots, \hat{\beta}_k$은 각각 β_0, β_1,

$\ldots, \beta_k$의 가장 좋은 선형 불편 추정량(BLUE)이다.

Gauss-Markov 정리의 중요성은, 표준적인 가정들이 성립하면 (3.60)의 형태를 갖는 다른 불편추정량들을 고려할 필요가 없다는 데에 있다. 이들 중 OLS보다 더 나은 것은 없는 것이다. 다시 말하여, 만일 우리에게 선형이고 비편향인 추정량이 주어지면, 계산해 볼 필요도 없이, 이 추정량의 분산은 결코 OLS 분산보다 작지 않다.

[정리 3.4]는 다중회귀 모형에서 OLS의 사용을 정당화해 준다. Gauss-Markov 가정 중 어느 것이라도 성립하지 않으면 이 정리는 더 이상 성립하지 않는다. 조건부 0 평균 가정(MLR.4)이 성립하지 않으면 OLS가 편향되고 따라서 [정리 3.4]도 성립하지 않는다는 것을 이미 알고 있다. 또한, 이분산(가정 MLR.5의 위배)이 OLS를 편향되게 하지 않는다는 것도 안다. 하지만 이분산이 존재하면 OLS는 더 이상 선형 불편 추정량들 중 가장 작은 분산을 갖지 않는다. 8장에서는 이분산의 종류를 알 때 OLS보다 더 나은 추정량을 구할 것이다.

3-6 다중회귀분석과 관련된 표현

계량경제학을 지금 막 배운 사람들이 "OLS 모형을 추정한다"는 표현을 사용하는 경우가 많다. 실증분석의 경험이 많은 연구자들이 이렇게 말하는 경우도 있다. 이 말이 무슨 뜻인지 모르는 바는 아니나, 이는 표현상으로 옳지 않을 뿐 아니라 다중회귀분석의 구성부분들에 대한 오해를 반영한다.

맨 먼저 기억해야 할 것은 보통최소자승(OLS)은 추정방법이지 모형이 아니라는 것이다. 모형이란 배후의 모집단을 기술하며 미지의 모수들로써 표현된다. 본 장에서 공부한 선형 모형은—모집단에 대하여—다음과 같이 나타낼 수 있다.

$$y = \beta_0 + \beta_1 x_1 + \cdots + \beta_k x_k + u \tag{3.61}$$

여기서 모수들은 β_j이다. 중요한 점으로서, 자료를 보지도 않더라도 β_j의 의미에 대하여 이야기할 수 있다. 자료가 없이는 β_j에 대하여 더 많은 것을 알 수 있으리라 희망할 수 없다는 것은 맞다. 하지만 식 (3.61)의 선형모형만 보고도 β_j를 해석할 수 있는 것이다.

자료표본이 있으면 모수들을 추정할 수 있다. 지금까지 OLS만 이야기한 것이 사실이지만, 자료를 이용하는 데에는 실상 우리가 나열할 수도 없을 정도로 많은 방법이 있다. OLS가 널리 사용되기 때문에 우리는 OLS에 집중했으며, 본 장의 앞 부분에서 다룬 통계적 성질을 이용하여 OLS가 정당함을 보일 수 있다. 하지만 OLS가 갖는 다양한 정당성은 우리의 가정(MLR.1부터 MLR.5까지)이 옳은지 여부에 달려 있다. 나중에 볼 것처럼, 똑같은 모형 (3.61)에 대해서라도, 다른 가정들하에서는 다른 추정방법들이 더 선호된다. 8장의 가중최소제곱법, 9장의 최소절대편차법, 도구변수 추정법(Wooldridge 원저서 15장) 등이 그 예이다.

어떤 사람은 이 논의가 지나치게 현학적이고, "OLS 모형을 추정한다"는 말이 "선형모형을 OLS로 추정한다"는 말을 줄여서 한 것으로 받아들일 수 있다고 할지도 모르겠다. 이 입장은 일면 장점이 있다. 하지만 우리가 다양한 가정들하에서 OLS 추정량의 성질들을 공부하였음을 기억하여야 할 것이다. 예를 들어, 처음 4개의 Gauss-Markov 가정하에서 OLS는 비편향이다. 하지만 가정 MLR.5 없이는 효율성을 갖지 않는다. 또한, 누락된 변수의 문제를 공부하면서, MLR.4가 없이는 OLS가 편향되었음을 보았다. 부정확한 언어를 사용하는 것의 문제점은 "주어진 선형 모형에 대하여 어떠한 가정을 하고 있는가?" 하는 가장 중요한 문제에 대하여 막연해진다는 것이다. 어떤 가정을 사용하는가 하는 문제는 어떤 추정량을 적용할 것인가 하는 문제와 개념적으로 다르다.

실증분석을 할 때에는 다음과 같이 하는 것이 좋다. 먼저 쉽게 해독할 수 있는 변수명을 가지고 (3.61)과 같은 식을 쓴다. 예를 들어 4학년 수학시험 성적을 설명하고자 한다면 모형은 다음과 같을 것이다.

$$\begin{aligned} math4 = {} & \beta_0 + \beta_1 classize4 + \beta_2 math3 + \beta_3 \log(income) \\ & + \beta_4 motheduc + \beta_5 fatheduc + u \end{aligned} \tag{3.62}$$

그 다음 (3.62)의 맥락에서, u에 남아있는 요소들과 더 복잡한 함수형태(6장 참조)가 필요한지에 집중하여, MLR.4 가정이 옳다고 하는 것이 과연 합리적인지에 대한 논의를 포함시킨다. 그 다음 자료의 출처(임의추출로 자료를 얻었으면 좋다)를 설명하고, 표본으로부터 구한 OLS 추정값을 제시한다. 추정 결과를 제시함에 있어 "식 (3.62)를 OLS로 추정하였다. 방정식으로부터 누락된 중요한 변수가 없다는 가정과, 자료가 임의 추출로 획득되었다는 가정하에서, 학급 크기의 효과 β_1에 대한 OLS 추정량은 비편향이다. 만일 오차항 u의 분산이 상수라면 OLS 추정량은 사실상 BLUE이다"라는 표현으로 시작할 수도 있겠다. OLS에 대하여 4장과 5장에 나오는 내용을 더 많이 이야기할 수도 있다. 물론 3학년 때의 수학성적(*math3*), 가구소득, 부모의 교육을 통제하여 학생 간의 중요한 차이를 고려하였지만, 이것만으로는 충분하지 않을 수 있고(예를 들어 u에 학생이나 학부모의 학업에 대한 열정이나 포함되어 있으며) 그 경우 OLS가 편향될 수 있다는 점을 인정할 수도 있다.

모집단 모형과 모형의 추정에 사용된 추정방법을 구별해야 하는 좀 더 미묘한 이유는, 배후의 모형 그리고 불편성이나 효율성 등 통상적인 통계적 특징에 대한 명시적인 고민이 없이 OLS같은 추정방법을 단순히 줄긋기나 예측을 위해 사용할 수도 있다는 것이다. 예를 들어, 단순히 OLS를 사용하여 직선을 추정하고 이로부터 고등학교 학생들의 장래 대학 GPA를 예측하고자 할 수도 있는 것이다.

3-7 다중회귀분석이 쓰이는 몇 가지 경우들

OLS 추정량의 대수적 및 통계적 특성에 대해 이해하게 되었으니 OLS 추정량의 불편성이 성립할 수 있는 몇 가지 경우에 대해 생각해 보자. 특히, MLR.1과 MLR.4가 중요한 가정이므로, 이들에 대한 확인에 집중하고자 한다. MLR.2는 표본의 추출 방법에 대한 가정이고 MLR.3는 거의 신경쓸 필요가 없다고 할 수 있다.

오차항이 가법적(additive)으로 결합된 선형모형 가정 MLR.1은 늘 비판의 표적이 되곤 한다. 선형 모형이라고는 해도 설명변수의 변환을 통해 충분히 융통성있는 함수 형태를 이용할 수 있고, 모형화 작업의 시작점으로 훌륭한 기능을 하며, 다양한 함수에 대해 대체로 적절한 근사임에도 불구하고 그렇다. 어쨌든 이후의 논의에서 함수 형태에 관한 문제는 핵심적인 내용이 아니다.

3-7a 예측(prediction)

3-6절의 마지막에 언급했듯이 $x_1, x_2, \cdots, x_k$가 특정한 값을 가질 때 성과변수 y의 값이 어떠할지 예측하는 데에 관심을 갖는 경우가 있다. 대학의 입학허가 담당관이 지원자들이 성공적으로 대학생활을 할지(예컨대 장래 대학 학점이 어떨지) 지원 시 정보를 바탕으로 예측하고 싶을 수 있다. 장래 학점을 y라 하고 이를 예측하는 데에 사용하는 회귀변수들로 지원자의 고등학교 시절 성과 변수들(고교 성적, 문/이과 또는 수강한 과목들, 여러 가지 표준화된 공인 시험 성적 등)과 가족 배경 변수들이 있다고 하자. 주어진 $x_1, \cdots, x_k$에서 y의 값이 어떨지 예측할 때 최적의 예측값은 y의 $x_1, \cdots, x_k$에 대한 조건부 기댓값임이 알려져 있다. 조건부 기댓값은 평균제곱오차(mean squared error)를 최소화하기 때문이다. $\mathrm{E}(y|x_1, \cdots, x_k)$에 대해 선형성을 가정하면

$$\mathrm{E}(y|x_1, \cdots, x_k) = \beta_0 + \beta_1 x_1 + \cdots + \beta_k x_k$$

또는 달리 표현하면

$$y = \beta_0 + \beta_1 x_1 + \cdots + \beta_k x_k + u,$$
$$\mathrm{E}(u|x_1, \cdots, x_k) = 0.$$

따라서, $\mathrm{E}(y|x_1,\cdots,x_k)$의 선형성 가정이 충족되면 MLR.4는 모형 구성에 의해 자동적으로 충족된다. 우리에게 임의 표본 자료가 있고 완전한 다중공선성이 발생하지 않았다면 우리는 OLS를 통해 β_j에 대한 불편추정량을 얻을 수 있다. 이 예에서 모형을 추정하기 위해서는 학생들의 y에 대한 자료가 있어야 하므로, 우리는 해당 대학에 다니고 있거나 다녔던 학생들의 자료를 구해 모형을 추정하는 것을 생각해 볼 수 있다. (이 자료들을 적절한 모집단에 대한 임의 표본 자료로 간주할 수 있는지는 흥미로운 질문이다. 이 질문과 관련된 논의는 9장과 (원저서) 17장에서 다룬다.)

β_j들을 추정하면 우리는 x_j들 중 어떤 것들이 학생들의 장래 y를 예측하는 데에 가장 중요한 변수들인지 알 수 있고, 이를 통하여 예측 모형을 개선할 수 있게 된다. 회귀모형에서 변수 선택에 대한 보다 공식적인 논의는 다음 장에서 다룬다.

3-7b 효율적 시장

다른 이론들도 그런 경우가 있지만, 경제학에서 효율적 시장 이론은 성과변수 y를 예측하는 데에 있어 단일한 예측변수가 마치 "충분통계량(sufficient statistic)"인 것처럼 기능한다는 함의를 갖는다. 이 특별한 변수를 w라고 하자. 그러면, 다른 변수들 $x_1,\cdots,x_k$와 함께 w가 주어질 경우

$$\mathrm{E}(y|w,\mathbf{x}) = \mathrm{E}(y|w) \tag{3.63}$$

인지 검증하여 효율적 시장 이론에 대해 검증하고자 할 수 있다. 여기서 $\mathbf{x}$는 $x_1,\cdots,x_k$를 간략히 표기한 것이다. $\mathrm{E}(y|w,\mathbf{x})$에 대해 선형 모형을 수립하면

$$\mathrm{E}(y|w,\mathbf{x}) = \beta_0 + \beta_1 w + \gamma_1 x_1 + \cdots + \gamma_k x_k. \tag{3.64}$$

4장에서 우리는 w를 제외한 다른 변수의 계수들이 모두 0인지 즉,

$$\gamma_1 = \gamma_2 = \cdots = \gamma_k = 0 \tag{3.65}$$

을 검정하는 방법을 배우게 된다.

많은 효율적 시장 이론들에서는 식 (3.63)에서 더 나아가

$$\mathrm{E}(y|w) = w,$$

즉 식 (3.64)에서 $\beta_0 = 0$이고 $\beta_1 = 1$임을 보이기도 한다. 이런 제약에 대해 통계적인 검정을 하는 방법도 역시 4장에서 배우게 된다.

구체적인 예로 대학 미식축구에 대한 스포츠 도박사들의 베팅을 생각해보자. 도박사들의 베팅 시장에서는 점수차 예상값들(포인트 스프레드, point spread)이 경기 시작

전에 형성된다. 포인트 스프레드는 게임 시작일까지 조금씩 달라지다가 결국 어떤 값으로 고정된다(통상 0.5, 1.0, 1.5 등 0.5점의 정수배로 결정된다). $w = spread$라고 하고 실제 게임에서 점수 차이를 $y = scorediff$라고 하자. $spread$이외에 게임 시작 전에 공개되어 관측가능한 여러 변수들을 $x_1, x_2, \cdots, x_k$라고 하자. 도박사들의 베팅 시장이 효율적이라면,

$$\mathrm{E}(scorediff|spread, x_1, \cdots, x_k) = \mathrm{E}(scorediff|spread) = spread$$

일 것이다. x_j변수들로는 과거 승률, 홈 경기 여부, 핵심적 선수의 부상 여부와 정도 등등을 이용할 수 있을 것이다. 효율적 시장 이론의 아이디어는 스포츠 도박 시장에는 매우 큰 돈이 걸려 있으므로 포인트 스프레드가 모든 관련 정보를 반영할 때까지 움직인다는 것이다. 〔모든 정보가 스프레드에 반영될 것이므로 스프레드가 포함된 상태에서는 다른 정보는 예측에 추가적으로 기여하는 바가 없을 것이다.〕 $\mathrm{E}(y|w, x_1, \cdots, x_k)$에 대한 선형모형을 가정하면 다음과 같은 다중회귀 모형을 수립하여 효율적 시장 이론을 검증하는 데에 이용할 수 있다.

$$y = \beta_0 + \beta_1 w + \gamma_1 x_1 + \cdots + \gamma_k x_k + u, \tag{3.66}$$

$$\mathrm{E}(u|w, x_1, \cdots, x_k) = 0. \tag{3.67}$$

선형성 가정하에서, MLR.4는 모형의 구성에 의하여 당연히 성립한다.

한편, 시장이 미처 스프레드 계산에 고려하지 못한 변수들을 x_j들로 포함시키는 것도 생각해 볼 수 있다. 이런 변수는 해당 게임이 시작되기 전에 관측 가능한 변수여야 한다. 스포츠 베팅 시장의 효율성을 실증적으로 검증한 결과들은 대부분, 아주 단기간의 이탈(short aberration)을 제외하면, 시장은 놀라울 정도로 효율적이라는 점을 보여 주고 있다.

3-7c 두 변수 간의 교환관계(tradeoff) 측정

때로는 회귀모형을 이용하는 이유가 예측을 하거나 인과성을 알아내기 위해서가 아니라 단순히 경제주체들이 한 변수를 포기하는 대가로 다른 변수를 얼마나 얻고자 하는지 알아내는 것일 수도 있다. 관련된 두 변수를 y와 w라 하자. 예를 들어 미국 어떤 주의 유치원부터 고등학교까지 교사들의 모집단을 생각해보자. 변수 y는 연봉이고 변수 w는 학교에서 부담하는 연금부담금액(pension compensation)이라고 하자. 만일 교사들이 연봉 1달러와 학교의 연금부담금액 1달러에 대해 무차별하게 느낀다면, 평균적으로, 학교가 부담하는 연금보조금액이 1달러 증가할 때 연봉은 1달러가 감소하게 될 것이다. 다시 말해, 이 경우 교사들은 연봉과 부담금을 합한 총 지급액(total compensation)만을 고려할 것이다. 물론 이는 ceteris paribus 문제이며, 필요한 모든 요소들을 통제해야 한다. 그렇지 않으면 연금수당(pension benefit)은 흔히 연봉과 연동되어 있으므로 연봉과 연금수당 사이에 오

히려 양의 상관관계가 나타날 수도 있다. 우리는, 주어진 특성을 가진 어떤 교사가 연봉과 연금부담금액 사이의 교환 비율을 어떻게 생각하고 있는지 알고자 한다.

두 변수 사이의 교환관계만을 보고자 하는 것이므로 둘 중 어느 변수를 y로 하고 어느 변수를 w로 할지는 문제가 안 된다. 하지만 함수 형태에 대한 고민을 할 필요가 있다 (4장 〈예제 4.10〉의 합계 데이터를 이용한 급여-수당 교환관계 분석 부분 참조). y와 w 변수를 선택하고 필요한 통제변수들 $\mathbf{x} = (x_1, \cdots, x_k)$를 결정하고 나면 3-7b절에서처럼 $\mathrm{E}(y|w, \mathbf{x})$가 우리의 관심사가 된다. 선형모형 가정하에서 우리는 정확히 식 (3.66)과 (3.67)의 상황에 마주한다. 다만, 3-7b절과는 달리, 여기에서는 x_j들이 개인들 간의 차이점들을 적절히 통제해 준다는 가정하에, 임금과 연금수당 사이의 일대일 교환관계 여부는 $\beta_1 = -1$ 인지 여부로 판단하게 되며 β_0에 대한 제약은 없다. 이 점이 효율적 시장에 대한 검증과는 사뭇 다른 점이다〔효율적 시장에 대한 검증에서는 관심사항이 $\beta_0 = 0$이고 $\beta_1 = 1$인지 여부였다〕. 또한 3-7b에서는 x_j들의 계수들이 0인지 역시 관심사항이었지만, 이 소절의 예에서는 γ_j가 0일 것이라 기대되지 않으며, 식 (3.65)의 검정은 우리의 관심사가 아니다.

$\mathbf{x}$가 통제변수들을 충분히 포함하지 못하면 교환계수 β_1의 추정량은 편향될 것이다 (편향의 방향은 우리가 누락되었다고 생각하는 변수에 따라 다르다). 이는 누락된 변수에 의한 편향의 문제이다. 예를 들면, 우리에게는 교사들의 저축에 대한 취향이나 위험 기피도 등을 적절히 측정한 변수가 없을 수 있다.

3-7d Ceteris paribus 하에서 집단간 차이 검정

다중회귀분석이 사용되는 다른 예는 다른 변수들의 차이를 고려하고 나서도 집단 사이에 차이가 있는지 검정하는 것이다. 2-7절에서 시간당 임금(*wage*)이 인종별로 다른 정도를 추정한 예를 공부한 바 있다. 이 예에서 인종은 백인과 여타 인종 등 두 집단으로 구분되었는데, 모형에서 둘로 구분된 인종을 다루기 위해 *white*라는 이진 변수를 정의했었다. 2-7a절에서 백인과 여타 인종 사이에 평균 임금의 차이가 있다는 점이 발견되었지만 그것이 반드시 인종 차별이 있음을 의미하는 것은 아니라는 점도 논의한 바 있다. 그 차이가 다른 요소들에 의해 설명될 수도 있기 때문이다.

$x_1, x_2, \cdots, x_k$등 시간당 임금에 영향을 줄 수 있는 다른 요소들의 자료가 있다고 하자. 교육 수준, 직무 경험 등등이 그런 요소들의 예일 것이다. 우리가 관심을 가지고 있는 것은 다음 조건부 평균이다.

$$\mathrm{E}(wage|white, x_1, \cdots, x_k).$$

만일 $x_1, x_2, \cdots, x_k$에 노동자의 생산성을 결정하는 모든 요소들이 전부 포함되어 있다면 그 때에는 인종에 따른 *wage*의 차이는 차별이라고 할 수도 있을 것이다. 위 조건부 평균의 함수 형태로 선형모형을 이용하는 것을 생각해보자.

$$\mathrm{E}(wage|white, x_1, \cdots, x_k) = \beta_0 + \beta_1 white + \gamma_1 x_1 + \cdots + \gamma_k x_k. \quad (3.68)$$

식 (3.68)에서 백인과 여타 인종들의 $x_1, x_2, \cdots, x_k$ 등의 변수들이 동일한 값일 경우 백인과 여타 인종 사이의 임금 차이는 β_1으로 측정되므로 우리가 관심을 가져야 하는 모수는 β_1이다. *wage*를 y라 하고 *white*를 w라 하면 이 문제에서도 (3.66)과 (3.67)이 등장하며, 따라서 MLR.4는 모형의 구성에 의하여 성립한다. OLS를 이용하여 β_1과 다른 계수들의 불편추정량을 얻을 수 있다. 하지만 y에 영향을 줄 수 있는 모든 요소들이 전부 $x_1, \cdots, x_k$에 포함된 것이 아닌 경우에는 누락 변수의 문제가 발생한다. 인종차별 또는 성차별 여부를 검정하고자 할 때, 관련 요소들을 모두 통제하지 못할 경우 차별에 의한 임금 격차의 추정에 체계적인 편향이 발생할 수 있다.

3-7e 잠재적 성과변수, 처치 효과, 그리고 정책 효과 분석

다중회귀분석을 적용하여 수행하는 실증 분석의 여러 대상 중 가장 흥미로운 것 중의 하나는 정책개입의 인과적 효과(causal effects of policy intervention)의 추정을 시도하는 것이다. 직업훈련 프로그램은 노동자들의 수입을 증대시킬 것인가? 얼마나 증대시킬 것인가? 학교 선택 프로그램들*은 학생들의 학업 성취를 높일 것인가?

2-7a절에서 단순회귀 모형을 이용해 정책에 관련된 문제에 잠재 성과 접근을 이용하는 방법에 대해 공부한 바 있다. w를 정책의 대상 여부를 나타내는 이진변수 또는 정책 여부 지표(policy indicator)라고 하자. 2-7a절에서와 같이 모집단내의 각각의 단위(unit)들에 대해 $y(0)$와 $y(1)$이라는 두 가지의 잠재적 성과변수를 상상하자. $y(0)$은 '0'이라는 상태, $y(1)$은 '1'이라는 상태의 성과 변수이다. 처치효과(treatment effect)가 모든 단위(unit)에서 동일하다고 가정하고 이 공통의 처치효과를 τ라 하면 임의의 단위 i에 대하여,

$$y_i(1) = \tau + y_i(0).$$

처치효과가 i별로 다를 수 있다고 가정하면, 평균처치효과(average treatment effect)는

*한국과 마찬가지로 미국도 초중고 학생들이 공립학교에 다니는 경우 학교는 학생들의 거주지를 기준으로 할당된다. 학교 선택 프로그램이란 학생들과 학부모들이 할당된 학교가 아닌 다른 학교 또는 교육 형태를 선택할 수 있도록 만들어진 제도적 장치들을 통칭한다. 학교 선택 프로그램의 예로는 학부모가 장학금과 관련된 기부를 할 경우 학교를 선택할 권한을 부여하는 제도(Scholarship Tax Credits), 교육 바우처를 구매하는 방안, charter school, magnet school 등 통상의 공립학교와는 다른 유형의 학교를 선택하는 방안, 온라인 강의 수강 등등 매우 다양하다. 미국에서는 홈스쿨링도 학력을 인정받을 수 있으므로 학교 선택 프로그램으로 간주된다.

$$\tau_{ate} = \mathrm{E}[y_i(1) - y_i(0)]. \tag{3.69}$$

여기서 기댓값은 모집단 전체에 대해 취해진다.

관측되는 i의 성과변수 y_i는

$$y_i = (1 - w_i)y_i(0) + w_i y_i(1). \tag{3.70}$$

우리가 2-7a절에서 알게 된 중요한 결론 중의 하나는 y를 (상수항과) w에 대해 단순회귀할 경우 얻어지는 τ_{ate}의 추정량은 w가 임의할당된 경우, 즉

w가 $[y(0), y(1)]$에 대해 독립인 경우

불편성을 갖는다는 점이다. 경영학, 경제학, 여타의 사회과학 분야에서 임의배정이 이루어지는 일은 매우 드물다. 자연과학에서의 실험과 같은 엄밀한 의미에서의 실험이 흔치 않기 때문이다. 다행스럽게도 만일 우리가 변수들—잠재적 성과들의 예측에 도움이 되고 처치집단과 통제집단으로의 배정을 결정하는 변수들—을 통제할 수 있다면 다중 회귀분석을 이용할 수 있다. $\mathbf{x}$를 이러한 통제변수들의 집합이라고 하자. 다음을 가정하고자 한다.

$$\mathbf{x}\text{에 대한 조건부로, } w\text{는 } [y(0), y(1)]\text{에 대해 독립이다.} \tag{3.71}$$

당연하게도, 이 가정은 **조건부 독립성**(conditional independence) 가정이라고 불린다. 조건부 독립성 가정에서 $\mathbf{x}$에 어떤 변수들이 포함되는지 기술하는 것이 중요하다. 처치효과 연구분야에서는 이 가정을 **혼동요인이 없는 배정**(unconfounded* assignment) 또는 **$\mathbf{x}$조건부로 혼동요인 없음**(unconfoundedness conditional on **x**)이라고 부르기도 한다. **무시가능 배정**(ignorable** assignment) 또는 무시가능성(ignorability)이라는 용어도 사용된다.

가정 (3.71)을 좀 더 깊이 이해해 보자. 모집단을 관측 변수 $\mathbf{x}$의 값에 따라 분할(partition)하는 것을 생각하자. 좀 더 명확한 이해를 위해 2-7a절의 직업훈련 프로그램의 예를 이용하고자 한다. 여기서 w는 노동자가 직업훈련 프로그램에 참여했는지 여부를 나타내는 변수이고 y는 성과 변수(예컨대 임금)이다. $\mathbf{x}$는 교육수준, 연령, 과거의 노동시장 이력과 연관된 변수들(예컨대 최근 2년간 수입) 등이 포함된다. 노동자들이 교육수준이 낮을수록, 나이가 어릴수록, 과거 노동 시장의 이력이 좋지 않을수록 직업훈련 프로그램

*회귀모형에서 설명변수와 종속변수들에 동시에 영향을 주는 변수를 confounder라고 부른다. 역자들은 unconfounded를 '혼동요인이 없는'으로 번역하였다.

**영어에서 ignore란 깔본다는 뜻이 아니라 못 본 체한다, 신경쓰지 않는다는 뜻이다. 그래서 Ignorability는 분석 시 배정에 대해 신경쓰지 않아도 된다는 의미를 갖는다.

에 참여할 개연성이 높다고 가정해 보자. 이 변수들은 $y(0)$와 $y(1)$이 결정되는 데에도 영향을 주는 변수들이므로 직업훈련 프로그램 참여 여부는 임의배정이 아니다. 그렇기는 해도, 우리가 사람들을 교육수준, 연령, 과거 노동시장 이력 변수들의 값에 따라 구분해서 교육수준, 연령, 과거 노동시장 이력 변수들의 값이 동일한 사람들만으로 한정하면, 이 한정된 사람들 사이의 직업훈련 프로그램 참여 여부는 임의배정일 수 있다. 예를 들어, 학력이 고졸, 연령은 35세, 최근 2년간 수입이 연 평균 2,500만원인 사람들을 생각해 보자. 식 (3.71)이 요구하는 것은 이 사람들로 한정할 경우 처치집단과 통제집단으로의 배정이 무작위적이라는 것이다.*

직업훈련 프로그램의 시행 이전의 변수들이 많으면 많을수록 (3.71) 가정이 성립할 개연성이 높다. 만일 $\mathbf{x}$로 쓸 수 있는 변수들이 아무 것도 없다면 우리는 순수한 임의배정 가정으로 돌아간다. 물론 우리에게 정말로 필요한 변수가 가용한 $\mathbf{x}$ 중에 없을 수도 있다. 예를 들어, 시험을 보아 지적 역량을 측정한 후, 부분적으로 이 시험성적에 기반하여 프로그램에의 배정이 이루어졌을 수도 있다. 우리에게 그 시험성적 자료가 있다면 $\mathbf{x}$에 시험성적을 포함시키면 된다. 시험성적 자료가 없으면 $\mathbf{x}$에 포함시킬 수 없고 (3.71) 가정은 성립하지 않을 것이다. 다만, 시험성적 자료가 없더라도 적절한 다른 통제변수들이 충분히 존재하면 (3.71) 가정은 참(true)에 “가까울” 수 있다.

(3.71) 가정이 다중회귀분석과 어떤 연관이 있을까? 일반적인 논의는 7장의 7-6절에서 하기로 하고, 여기서는 동일 처치효과(constant treatment effect)의 경우로 한정하자. 동일 처치효과 가정하에서

$$y = y(0) + \tau w$$

이고

$$\mathrm{E}(y|x,\mathbf{x}) = E\left[y(0)|w,\mathbf{x}\right] + \tau w = E\left[y(0)|\mathbf{x}\right] + \tau w. \tag{3.72}$$

$E\left[y(0)|\mathbf{x}\right] = \alpha + \mathbf{x}\boldsymbol{\gamma}$로 가정하면

$$\mathrm{E}(y|x,\mathbf{x}) = \alpha + \tau w + \mathbf{x}\gamma = \alpha + \tau w + \gamma_1 x_1 + \cdots + \gamma_k x_k. \tag{3.73}$$

3-7절의 다른 예들과 마찬가지로 관심 모수는 w의 계수, 여기에서는 τ이다. (3.73)의 γ_j 모수들은 논리적 일관성—예를 들어 교육 수준이 높으면 평균적으로 수입이 높아야 할

*저자가 예로 든 (고졸, 35세, 최근 2년간 수입이 연 평균 2,500만원)은 (학력, 연령, 최근 2년간 수입액)의 가능한 값 중 하나를 의미한 것뿐이다. 이 예는 (학력, 연령, 최근 2년간 수입액)의 값이 어떤 값이든 해당 값을 갖는 사람들 간에 통제집단/처치집단 참여가 임의적이면 (3.71) 가정이 성립한다는 것을 의미한다.

것이다—을 검토하는 목적에서 흥미로울 수 있지만, x_j의 주된 역할은 관측 단위(unit)들 사이에 존재하는 차이를 통제하는 것이다.

처치 효과가 관측 단위(직업훈련의 경우 개인)별로 다를 때 다중회귀를 어떻게 이용하는지 등을 포함해 처치효과에 대해 좀 더 일반적인 내용을 7장에서 다룰 것이다.

예제 3.7 직업훈련 프로그램 효과 평가

남성 노동자들에 관한 자료 JTRAIN98을 이용하여 직업훈련 프로그램의 효과를 평가하고자 한다. 피설명변수 $y = earn98$은 1998년의 노동소득(단위는 1,000달러)이다. 직업훈련 프로그램이 시행된 시점은 1997년이다. 변수 $w = train$은 개별 노동자들이 직업훈련 프로그램에 참여했는지 여부(즉, "처치" 여부)를 말해주는 이진변수이다. 직업훈련 프로그램 참여 여부는 부분적으로는 노동자들의 과거 노동시장 이력과 관련되어 결정되고 부분적으로는 개인의 자발적인 의사결정에 의해 이루어진다. 따라서 임의배정 가정은 적절하지 않다고 볼 수 있다. 통제변수로 우리는 1996년(직업 훈련 프로그램 시행 1년 전)의 소득, 교육 연수(*educ*), 연령(*age*), 결혼상태를 나타내는 이진변수(*married*, 배우자와 함께 살고 있을 경우 1) 등을 이용한다.

단순회귀모형 추정 결과는 다음과 같다.

$$\begin{gathered}\widetilde{earn98} = 10.61 - 2.05\,train \\ n = 1{,}130, \;\; R^2 = 0.016\end{gathered} \tag{3.74}$$

*earn98*의 측정 단위가 1천 달러이므로 *train*의 계수 추정값 -2.05는 직업훈련 프로그램에 참여한 노동자들이 그렇지 않은 노동자들이 버는 평균보다 평균적으로 2,050달러 더 적게 벌었다는 것을 의미한다. 프로그램 비참여자들의 평균 수입은 절편 추정값에서 알 수 있듯이 10,610달러이다.

임의배정이 아닌 상황에서, *train*의 계수 추정값이 음의 부호를 보이고 그 값도 매우 큰 것은 직업훈련에 참여하는 의사결정이 비임의적〔무작위적이지 않은〕 선택(nonrandom selection)의 결과이다. 과거의 노동소득이 높지 않은 사람들이 더 많이 선발되었을 수도 있고, 지원자격이 주어질 때 그러한 사람들이 더 많이 참여했을 수도 있다. 이러한 측면에 대하여 더 상세히 다루지는 않겠다. 그 대신 위에서 말한 4개 통제변수들을 추가하여 다중회귀 분석을 하고자 한다. 다중회귀 분석 결과는 다음과 같다.

$$\begin{aligned}\widetilde{earn98} = {} & 4.67 + 2.42\,train + 0.373\,earn96 + 0.363\,educ \\ & - 0.181\,age + 2.48\,married \\ n = {} & 1{,}130, \;\; R^2 = 0.405\end{aligned} \tag{3.75}$$

train 계수 추정값의 변화는 놀라울 정도이다. 다중회귀분석 결과에 의하면 직업훈련 프로그램은 참여한 노동자들의 연소득을 평균 2,410달러 증가시킨다. 개별 노동자들의 과거 노동소득, 교육수준, 연령, 결혼상태 등의 차이를 통제하고 난 다중회귀 모형의 추정결과는 단순히 평균의 차이에 불과한 단순회귀 모형의 추정결과와 매우 달라진 것이다.

통제변수의 계수 추정값들의 부호는 적절해 보인다. 노동 소득이 시간에 걸쳐 양(+)의 상관관계를 보일 터이므로 *earn96*의 계수 추정값이 양의 부호를 갖는 것이 말이 된다. 교육수준이 높은 노동자들은 수입이 높을 것이다. 추정 결과는 교육 기간이 1년 증가하면 약 363달러 더 높아지는 것으로 나왔다. 결혼의 효과는, 다른 조건이 동일할 경우 혼인 상태에 있는 남성은 독신보다 연 2,480달러의 소득을 더 얻는 것으로 나오므로, 거의 직업훈련 프로그램 참여의 효과와 비슷한 수준인 것으로 추정되었다.

통제변수의 예측력(predictability) 정도는 다중회귀 분석 결과의 R^2값으로 이해해 볼 수 있다. R^2 값이 0.405이므로 *earn98*의 변동 중 모형에 의해 설명되지 않은 부분이 아직 많지만, 모형에 포함된 설명변수는 전체적으로 꽤 괜찮은 설명력을 가진다고 할 수 있다.

이 절을 끝내면서 마지막으로 언급할 바는, 이 절의 여러 가지 예에서 보인 바는 모수의 추정값일 뿐 이들의 통계적 유의성에 대해서는 말한 바 없다는 점이다. 변수들이 모집단 전체에 영향을 주는 지 검정하는 것과, 직업훈련 프로그램에서 평균처치효과와 같은 모수에 대한 신뢰구간을 구하는 것 등은 4장에서 다룬다.

3-8 나쁜 통제변수(bad controls)의 포함

경험이 풍부한 실증연구자들조차도 다중회귀모형에 포함시킬 설명변수들을 선택하는 데에 어려움을 겪는다. 식 (3.31)처럼 계량모형을 표기하고 MLR.4와 같은 핵심적인 가정을 기술하고 나면 자료 내 거의 모든 가용 변수를 포함시켜야 할 것처럼 생각될 수 있다. 하지만 그렇지 않다. 어떤 핵심 변수 w가 성과변수 y에 미치는 인과적 영향에 대해 추론할 때 회귀식에 너무 많은 변수들을 포함하게 되는 일이 쉽게 일어난다. 어떤 예에서는 다중회귀의 ceteris paribus 성질만 기억해도 이를 쉽게 알 수 있다. 식 (3.62) 예에서 학급 크기(w)가 학생 성적(y)에 미치는 인과적 영향을 측정하는 것이 목표라 하자. *math3*, log(*income*), *motheduc*, *fatheduc* 변수는 *math4*를 예측하는 변수들과 *class4*가 체계적으로 연관되어 있을 가능성을 고려하기 위한 통제변수의 역할을 한다. 회귀분석은 *math4*에 대한 학급 크기의 영향을 측정하기 위하여 학급 크기를 변화시킬 때 "그러한 요소들을 고정"할 수 있게 해 준다. 반면, 4학년 때의 과학성적인 *science4*를 통제변수로 포함하는 것은 타당하지 않을 것이다. 과학성적도 학급 크기에 영향을 받을 수 있다. 학급 크기가 *math4*에 미치는 영향을 구하기 위해 왜 *science4*를 고정해야 한다는 말인가? 그럴 이유가 없고, 따라서 그 변수를 설명변수로 포함해서는 안 된다. 이 예에서 *science4* 변수는 **나쁜 통제변수**(bad control)이다. 주목할 점으로, *science4*는 〔*science4* 점수를 알면 *math4* 점수를 상당 정도 추측할 수 있어〕 필시 *math4*의 예측에 도움이 될 것이므로 무관한(irrelevant) 변수일 리가 없고 따라서 〔*math4*를 *science4*와 여타 변수들에 대해 회귀한다면〕 그 변수의 모집단 계수는 0이 아닐 것이다〔그래도 포함해서는 안 된다〕. 반면 *science4*와 달리 *math3* 변수는 *class4* 이전에 결정되었으며, 할당된 학급 크기가 과거 성적과 연관되어 있을 수 있기 때문에 설명변수로 포함되었다. *math4*를 설명하는 회귀식에 *science3* 변수를 허용하는 것도 타당할 것이다. 이와 유사한 방식으로 *science4*를 종속변수로 사용하여 별도로 분석해볼 수도 있다.

다른 예로 3-7b절에서 효율적 시장 가설을 스포츠 도박에 적용한 것을 생각해 보자. 효율적 시장 이론을 검증하기 위해서는 x_j들이 y가 실현되기 이전, 즉 경기가 시작되기 전에 알려져 있어야 한다. 그러므로 직전 다섯 경기에서 승리한 게임의 비율, 원정팀의 이동 거리 등은 x_j에 포함될 수 있지만, 경기 중 3점슛의 빈도, 경기 중 턴오버(turnover) 횟수 등은 x_j에 포함되어서는 안 된다. 이 변수들은 경기 결과 예측에는 분명히 도움을 주겠지만 효율적 시장 가설의 검정 시에는 포함되어서는 안 된다. 핵심 변수인 스프레드 w는 경기 시작 전에 결정되는 까닭에 그러한 정보를 담고 있을 수 없으므로 이들 변수는 나쁜 통제변수이다. 특정 선수가 부상을 당했는지 정보는 경기 시작 전에 알려져 있는 경우에만 포함시킬 수 있다. 경기 중 부상에 관한 정보는 경기 시작 전 도박 시장에는 알려지지 않은 정보이므로 포함시켜서는 안 된다.

마지막으로 예제 3.7의 직업 훈련 프로그램을 생각해보자. *earn96*, *educ*, *age*, *married* 등은 노동자가 직업 훈련 프로그램에 참여하기 전에 결정된다. 노동자들의 참여 자격(eligibility)이 이 변수들에 의해 부분적으로 영향을 받을 수도 있다. 이 변수들은 *earn98* 예측에도 영향을 주므로 *train*의 ceteris paribus 효과를 추정하기 위해 이 변수들을 통제변수로 포함시키는 것은 말이 된다. 반면 *hours98* (1998년의 노동시간) 변수를 통제변수로 포함시켜서는 안 된다. 이는 분석의 목표가 직업 훈련이 연 소득에 미치는 영향을 추정하는 것이기 때문이다.

"나쁜 통제변수" 또는 "과잉 변수통제"에 대해서는 6장에서 적합도(goodness-of-fit)에 대한 추가 논의 후 더 자세히 배울 것이다. 지금으로서는 다중회귀에서 R^2를 최대화하려 하면 나쁜 통제변수를 포함하게 된다는 점을 언급하며 마치고자 한다. Wooldridge 원저서 19장에 잠재성과 분석틀에서의 나쁜 통제변수에 대한 보다 엄밀한 논의가 있다.

Appendix 3A

3A.1 (3.13)의 일계조건 증명

증명은 단순회귀분석에서와 유사하다. 다음과 같은 극소화문제의 해를 생각해 보자.

$$\min_{b_0,b_1,\cdots,b_k} \sum_{i=1}^{n} (y_i - b_0 - b_1x_{i1} - \cdots - b_kx_{ik})^2.$$

목적함수를 각각의 b_j에 대해 편미분하여 방정식을 구성하면

$$-2\sum_{i=1}^{n} (y_i - b_0 - b_1x_{i1} - \cdots - b_kx_{ik}) = 0,$$
$$-2\sum_{i=1}^{n} x_{ij}(y_i - b_0 - b_1x_{i1} - \cdots - b_kx_{ik}) = 0, \text{ for all } j = 1,\cdots,k.$$

따라서 (3.13)의 일계조건들이 성립한다.

3A.2 (3.22)의 도출

x_{i1}을 $x_{i2},\cdots,x_{ik}$과 상수항에 대해 회귀시킨 결과 얻는 맞춘값과 잔차를 각각 $\hat{x}_{i1}$과 $\hat{r}_{i1}$으로 나타내자. 그러면 $x_{i1} = \hat{x}_{i1} + \hat{r}_{i1}$. 이 식을 식 (3.13)의 두 번 째 식에 대입하면

$$\sum_{i=1}^{n} (\hat{x}_{i1} + \hat{r}_{i1})\left(y_i - \hat{\beta}_0 - \hat{\beta}_1x_{i1} - \cdots - \hat{\beta}_kx_{ik}\right) = 0. \tag{3.76}$$

$\hat{x}_{i1}$가 $x_{i2},\cdots,x_{ik}$의 선형결합이고 식 (3.13)의 식들이 의미하는 바가 $\sum_{i=1}^{n}\hat{u}_i = 0, \sum_{i=1}^{n}\hat{u}_ix_{ij} = 0$ (for all $j = 1,\cdots,k$) 이므로 $\sum_{i=1}^{n}\hat{x}_{i1}\hat{u}_i = 0$이 성립한다. 따라서, 식 (3.76)은 다음과 같다.

$$\sum_{i=1}^{n} \hat{r}_{i1}\left(y_i - \hat{\beta}_0 - \hat{\beta}_1x_{i1} - \cdots - \hat{\beta}_kx_{ik}\right) = 0. \tag{3.77}$$

한편, $\hat{r}_{i1}$이 x_{i1}을 $x_{i2},\cdots,x_{ik}$과 상수항에 대해 회귀시킨 결과 얻는 잔차이므로 $\sum_{i=1}^{n}\hat{r}_{i1} = 0$과 $\sum_{i=1}^{n}x_{ij}\hat{r}_{i1} = 0$ (for all $j = 2,\cdots,k$)이 성립한다. 이를 이용하면 $\sum_{i=1}^{n}\hat{r}_{i1}\hat{x}_{i1} = 0$임도 보일 수 있다. 따라서, $\hat{\beta}_1$에 대한 일계조건은 다음과 같이 다시 쓸 수 있다.

$$\sum_{i=1}^{n} \hat{r}_{i1}\left(y_i - \hat{\beta}_1\hat{r}_{i1}\right) = 0. \tag{3.78}$$

MLR.3 가정에 의해 $\sum_{i=1}^{n}\hat{r}_{i1}^2 > 0$이 성립하므로 식 (3.22)가 성립한다.

3A.3 정리 3.1의 증명

여기서는 $\hat{\beta}_1$에 대해서만 증명한다. 다른 추정량에 대한 증명은 사실상 동일하게 진행된다. 보다 간결한 증명을 원할 경우 원저서의 Advanced Treatment E의 행렬을 이용한 증명을

참고할 것. MLR.3 가정하에 OLS 추정량 $\hat{\beta}_1$ 이 존재한다. 식 (3.32)를 식 (3.22)의 y_i 에 대입하여 정리하면

$$\hat{\beta}_1 = \beta_1 + \left(\sum_{i=1}^{n} \hat{r}_{i1} u_i\right) \Big/ \left(\sum_{i=1}^{n} \hat{r}_{i1}^2\right). \tag{3.79}$$

MLR.2와 MLR.4 가정에 의해 각각의 u_i 에 대해 표본 안의 모든 설명변수에 대해 조건부 기댓값을 취하면 그 결과는 0이다. $\hat{r}_{i1}$ 들이 표본의 설명변수들의 값들의 함수이므로

$$\begin{aligned} \mathrm{E}\left(\hat{\beta}_1 | \mathbf{X}\right) &= \beta_1 + \left(\sum_{i=1}^{n} \hat{r}_{i1} \mathrm{E}\left(u_i | \mathbf{X}\right)\right) \Big/ \left(\sum_{i=1}^{n} \hat{r}_{i1}^2\right) \\ &= \beta_1 + \left(\sum_{i=1}^{n} \hat{r}_{i1} \cdot 0\right) \Big/ \left(\sum_{i=1}^{n} \hat{r}_{i1}^2\right) = \beta_1. \end{aligned}$$

여기서 $\mathbf{X}$는 표본에 포함된 모든 설명변수들 자료를 의미하고 $\mathrm{E}\left(\hat{\beta}_1 | \mathbf{X}\right)$는 $x_{i1}, \cdots, x_{ik}$ (for all $i = 1, \cdots, n$)이 통제된 상태의 $\hat{\beta}_1$ 의 조건부 기댓값을 의미한다.

3A.4 누락된 변수로 인한 편향 (일반적인 경우)

가우스-마코프 가정 중 네 번째까지만을 이용해 식 (3.31)을 증명할 수 있다. $\hat{\beta}_j$, $j = 0, 1, \cdots, k$, 을 모든 설명변수를 다 사용해 추정한 회귀모형의 OLS 계수 추정량이라고 하자. $\tilde{\beta}_j$, $\hat{\beta}_j$, $j = 0, 1, \cdots, k-1$, 을 x_k를 제외한 나머지 모든 설명변수를 이용해 추정한 회귀모형의 계수라고 하자. x_k를 $x_1, \cdots, x_{k-1}$과 상수항에 대해 선형회귀시켜서 얻게 되는 x_j, $j = 1, \cdots, k-1$, 의 계수추정량을 $\tilde{\delta}_j$ 라고 하자. 이 소절의 후반부에 증명되듯이

$$\tilde{\beta}_j = \hat{\beta}_j + \hat{\beta}_k \tilde{\delta}_j. \tag{3.80}$$

이 식은, 우리가 x_k를 통제하지 않고 모형을 구성하여 추정할 경우 x_j 의 부분효과 추정값 ($\tilde{\beta}_j$)은 x_k를 통제한 모형으로부터 얻는 x_j 의 부분효과 추정값($\hat{\beta}_j$)에 x_k 의 $\hat{y}$에 대한 부분효과 추정값($\hat{\beta}_k$)과 누락된 x_k와 포함된 다른 x_j 들의 부분적 상관성의 정도($\tilde{\delta}_j$)의 곱으로 나타낼 수 있다는 것을 말해준다. 모든 설명변수(**X**)를 다 통제한 상황에서의 조건부 기댓값을 생각해 보면, $\mathrm{E}(\hat{\beta}_j | \mathbf{X})$와 $\mathrm{E}(\hat{\beta}_k | \mathbf{X})$가 불편추정량이고 $\tilde{\beta}_j$가 $\mathbf{X}$의 함수이므로,

$$\mathrm{E}\left(\tilde{\beta}_j | \mathbf{X}\right) = \mathrm{E}\left(\hat{\beta}_j | \mathbf{X}\right) + \mathrm{E}\left(\hat{\beta}_k | \mathbf{X}\right) \tilde{\delta}_j = \beta_j + \beta_k \tilde{\delta}_j. \tag{3.81}$$

식 (3.81)에서 알 수 있듯이 $\beta_k = 0$이거나 (즉, x_k 의 모집단 부분효과 값이 0) $\tilde{\delta}_j = 0$일 경우 (즉, x_{ik}가 다른 x_{ij} 들과 부분상관성이 0인 경우)에 $\tilde{\beta}_j$가 β_j 의 불편추정량이고 두 조건이 모두 성립하지 않으면 편향된 추정량이다.

식 (3.80)은 식 (3.22)를 반복적으로 이용해 증명할 수 있다. $j=1$인 경우에 대해서만 증명하고자 한다. $\tilde{r}_{i1}$을 x_{i1}을 $x_{i2},\cdots,x_{i,k-1}$, $i=1,\cdots,n$, 와 상수항에 대해 회귀시켜 얻는 잔차라고 하자. 그러면 $\tilde{\beta}_1$은 y_i를 $\tilde{r}_{i1}$, $i=1,\cdots,n$,에 대해 회귀시켜 얻는 계수값이다. 따라서, $\tilde{\beta}_1$의 분자는 $\sum_{i=1}^n \tilde{r}_{i1}y_i$이다. 한편, $\sum_{i=1}^n \tilde{r}_{i1}=0$이고 $\sum_{i=1}^n \tilde{r}_{i1}x_{ij}=0$, $j=2,\cdots,k-1$, 이므로 $y_i=\hat{\beta}_0+\hat{\beta}_1x_{i1}+\cdots+\hat{\beta}_kx_{ik}+\hat{u}_i$ 임을 이용하여 다음을 보일 수 있다.

$$\sum_{i=1}^n \tilde{r}_{i1}y_i=\hat{\beta}_1\left(\sum_{i=1}^n \tilde{r}_{i1}x_{i1}\right)+\hat{\beta}_k\left(\sum_{i=1}^n \tilde{r}_{i1}x_{ik}\right). \tag{3.82}$$

$\left(\sum_{i=1}^n \tilde{r}_{i1}x_{i1}\right)$이 $\left(\sum_{i=1}^n \tilde{r}_{i1}^2\right)$이고, 이 값이 $\tilde{\beta}_1$의 분모임을 이용하면,

$$\sum_{i=1}^n \tilde{r}_{i1}y_i=\hat{\beta}_1+\hat{\beta}_k\left(\sum_{i=1}^n \tilde{r}_{i1}x_{ik}\right)\Big/\left(\sum_{i=1}^n \tilde{r}_{i1}^2\right)=\hat{\beta}_1+\hat{\beta}_k\tilde{\delta}_1.$$

3A.5 정리 3.2의 증명

여기서도 $j=1$인 경우만 증명한다. 식 (3.79)과 MLR.5 가정 $\text{Var}(u_i|\mathbf{X})=\sigma^2$ 임을 이용하면

$$\begin{aligned}\text{Var}\left(\hat{\beta}_1|\mathbf{X}\right)&=\left(\sum_{i=1}^n \hat{r}_{i1}^2\,\text{Var}\left(u_i|\mathbf{X}\right)\right)\Big/\left(\sum_{i=1}^n \hat{r}_{i1}^2\right)^2\\&=\left(\sum_{i=1}^n \hat{r}_{i1}^2\sigma^2\right)\Big/\left(\sum_{i=1}^n \hat{r}_{i1}^2\right)^2=\sigma^2\Big/\left(\sum_{i=1}^n \hat{r}_{i1}^2\right).\end{aligned}$$

여기서 $\sum_{i=1}^n \hat{r}_{i1}^2$가 x_1을 $x_2,\cdots,x_k$와 상수항에 대해 회귀시킨 결과 얻는 잔차제곱합이므로 $\sum_{i=1}^n \hat{r}_{i1}^2=SST_1\left(1-R_1^2\right)$.

3A.6 정리 3.4의 증명

이 증명에도 $j=1$인 경우로 한정한다. $\tilde{\beta}_1$에 대한 식 (3.60)에 $y_i=\beta_0+\beta_1x_{i1}+\cdots+\beta_kx_{ik}+u_i$를 대입하면,

$$\tilde{\beta}_1=\beta_0\sum_{i=1}^n w_{i1}+\beta_1\sum_{i=1}^n w_{i1}x_{i1}+\cdots+\beta_k\sum_{i=1}^n w_{i1}x_{ik}+\sum_{i=1}^n w_{i1}u_i.$$

여기에서 w_{i1}이 x_{ij}들의 함수이므로, MLR.2와 MLR.4 가정 하에서,

$$\begin{aligned}\text{E}(\tilde{\beta}_1|\mathbf{X})&=\beta_0\sum_{i=1}^n w_{i1}+\beta_1\sum_{i=1}^n w_{i1}x_{i1}+\cdots+\beta_k\sum_{i=1}^n w_{i1}x_{ik}+\sum_{i=1}^n w_{i1}\,\text{E}(u_i|\mathbf{X})\\&=\beta_0\sum_{i=1}^n w_{i1}+\beta_1\sum_{i=1}^n w_{i1}x_{i1}+\cdots+\beta_k\sum_{i=1}^n w_{i1}x_{ik}.\end{aligned}$$

$\tilde{\beta}_1$가 β_1의 불편추정량이기 위해서는

$$\sum_{i=1}^{n} w_{i1} = 0, \sum_{i=1}^{n} w_{i1}x_{i1} = 1, \sum_{i=1}^{n} w_{i1}x_{ij} = 0 \text{ for } j = 2, \cdots, k. \tag{3.83}$$

$\hat{r}_{i1}$을 x_{i1}을 $x_{i2}, \cdots, x_{ik}$와 상수항에 대해 선형회귀시킨 잔차라고 하자. $x_{i1} = \hat{x}_{i1} + \hat{r}_{i1}$이고 $\hat{x}_{i1}$은 $x_{i2}, \cdots, x_{ik}$와 상수항의 선형결합이므로

$$\sum_{i=1}^{n} w_{i1}\hat{r}_{i1} = 1. \tag{3.84}$$

MLR.1부터 MLR.5까지의 가정 하에서 $\text{Var}\left(\tilde{\beta}_1|\mathbf{X}\right) - \text{Var}\left(\hat{\beta}_1|\mathbf{X}\right)$는

$$\sigma^2 \sum_{i=1}^{n} w_{i1}^2 - \sigma^2 / \left(\sum_{i=1}^{n} \hat{r}_{i1}^2\right) = \sigma^2 \left(\sum_{i=1}^{n} w_{i1}^2 - 1 / \left(\sum_{i=1}^{n} \hat{r}_{i1}^2\right)\right). \tag{3.85}$$

식 (3.84)를 이용하면, σ^2을 제외한 부분은,

$$\sum_{i=1}^{n} w_{i1}^2 - \left(\sum_{i=1}^{n} w_{i1}\hat{r}_{i1}\right)^2 / \left(\sum_{i=1}^{n} \hat{r}_{i1}^2\right). \tag{3.86}$$

식 (3.86)은 다음과 같이 다시 쓸 수 있다.

$$\sum_{i=1}^{n} \left[w_{i1} - \hat{r}_{i1} \cdot \left(\sum_{j=1}^{n} w_{j1}\hat{r}_{j1}\right) / \left(\sum_{j=1}^{n} \hat{r}_{1}^2\right)\right]^2 \geq 0. \tag{3.87}$$

$\sigma^2 > 0$이므로 $\text{Var}\left(\tilde{\beta}_1|\mathbf{X}\right) - \text{Var}\left(\hat{\beta}_1|\mathbf{X}\right) \geq 0$.

Chapter

4 다중회귀분석: 추론

학습목표

4.1 고전적 선형모형 가정과, 정확한 통계적 추론을 위해 정규분포 가정이 필요한 이유를 설명할 수 있다.

4.2 고전적 선형모형 가정하에서 OLS 추정량과 표준화된 추정량의 분포를 설명할 수 있다.

4.3 모수가 특정 값과 같다는 귀무가설을 명시하고, 단방향 대립가설과 양방향 대립가설의 차이를 설명할 수 있다.

4.4 주어진 귀무가설의 검정을 위한 t통계 공식을 표현할 수 있다.

4.5 소프트웨어 패키지나 통계표를 이용하여 단방향 및 양방향 t검정을 위한 임계값을 구할 수 있다.

4.6 회귀 소프트웨어 출력물을 이용하여 가설검정용 p값을 구할 수 있다.

4.7 p값의 의미를 해석하고 가설검정에서 사용할 수 있다.

4.8 실질적 (또는 경제적) 중요성과 통계적 유의성이 차이를 설명할 수 있다.

4.9 하나 이상의 모수에 관한 귀무가설을 수학적으로 표현할 수 있다.

4.10 다중 가설검정, 특히 배제 제약의 검정의 목적을 설명할 수 있다.

4.11 F 통계의 잔차 제곱합 및 R제곱 형태를 도출하고, 언제 R제곱 형태 공식이 적용되는지 공부한다. 회귀 소프트웨어를 이용하여 F 통계를 구할 수 있다.

이 장에서는 다중회귀모형에서 모수(parameter)에 대한 통계적 검정의 문제를 다룬다. 4-1절에서는 모집단의 오차항이 정규분포를 갖는다는 추가적 가정하에서 OLS 추정량의 분포를 구할 것이다. 4-2절은 단일 계수에 관한 가설 검정을 다룬다. 4-3절은 중요한 주제인 단일 모수의 신뢰구간을 구하는 것에 대하여 논의한다. 4-4절에서는 여러 모수들에 관한 단일 가설을 검정하는 방법을 다룬다. 4-5절에서는 여러 제약들의 검정에 초점을 맞추고, 특히 한 그룹의 독립변수들을 모형에서 제거해도 좋은지 결정하는 문제를 살펴볼 것이다.

4-1 OLS 추정량의 표집분포

지금까지 OLS가 비편향일 가정들을 세웠고, 변수누락으로 인한 편향을 도출하고 논하였다. 3-4절에서는 Gauss-Markov 가정하에서 OLS 추정량의 분산을 구하였다. 3-5절에서는 이 분산이 선형 불편 추정량 중에서는 가장 작음을 보였다.

OLS 추정량의 기댓값과 분산은 OLS 추정량의 정확도를 기술하는 데에 유용하다. 그러나 통계적 검정을 수행하려면 $\hat{\beta}_j$의 처음 두 적률(즉, 기댓값과 분산)만으로는 부족하며 $\hat{\beta}_j$의 표집분포 자체를 알아야 한다. Gauss-Markov 가정하에서도 $\hat{\beta}_j$의 분포는 사실상 어떤 모양이든 가질 수 있다.

표본 내 독립변수들의 값이 고정된 상황에서 OLS 추정량의 표집분포(즉, OLS 추정량의 조건부 표집분포)에 대해 생각해 보자. 표본 내 독립변수들의 값이 주어질 때, OLS 추정량의 표집분포는 당연히 오차항의 분포에 의존할 것이다. $\hat{\beta}_j$의 표집분포를 구할 수 있도록 하기 위해, 이제 비관측 오차가 정규분포를 갖는다고 가정한다. 이를 정규분포 가정(normality assumption)이라 한다.

가정 MLR.6 **정규분포**

모집단 오차항 u는 설명변수들 $x_1, x_2, \ldots, x_k$와 독립이며, $u \sim N(0, \sigma^2)$, 즉 u는 평균 0, 분산 σ^2의 정규분포를 갖는다.

가정 MLR.6은 지금까지의 어느 가정보다도 훨씬 강하다. 사실, MLR.6하에서 u가 x_j와 독립이므로, $\mathrm{E}(u|x_1, \ldots, x_k) = \mathrm{E}(u) = 0$이고 $\mathrm{Var}(u|x_1, \ldots, x_k) = \mathrm{Var}(u) = \sigma^2$이다. 따라서 MLR.6을 가정하면 MLR.4와 MLR.5를 별도로 가정할 필요가 없다. 하지만 이전보다 더 많은 가정을 한다는 점을 강조하기 위하여 MLR.1부터 MLR.6까지 모두 언급할 것이다.

횡단면 자료를 이용한 회귀분석 시 MLR.1부터 MLR.6까지의 가정을 고전적 선형모형(classical linear model, CLM) 가정이라 한다. 그러므로 이 여섯 가정하에서의 모형을 고전적 선형모형이라 할 것이다. CLM 가정이 모든 Gauss-Markov 가정과 오차항 정규분포 가정을 합한 것라고 생각하면 좋겠다.

CLM 가정하에서 OLS 추정량 $\hat{\beta}_0, \hat{\beta}_1, \ldots, \hat{\beta}_k$은 Gauss-Markov 가정하에서 가졌던 효율성의 특성보다 더 강한 의미의 효율성을 갖는다. CLM 가정하에서 OLS 추정량이 최소 분산 불편 추정량(minimum variance unbiased estimator)임, 즉 OLS가 불편 추정량 중 가장 작은 분산을 가짐을 보일 수 있다. 더 이상 비교대상을 y_i에 선형인 추정량으로 한정할 필요가

〈그림 4.1〉 설명변수가 하나일 때 등분산적인 정규분포

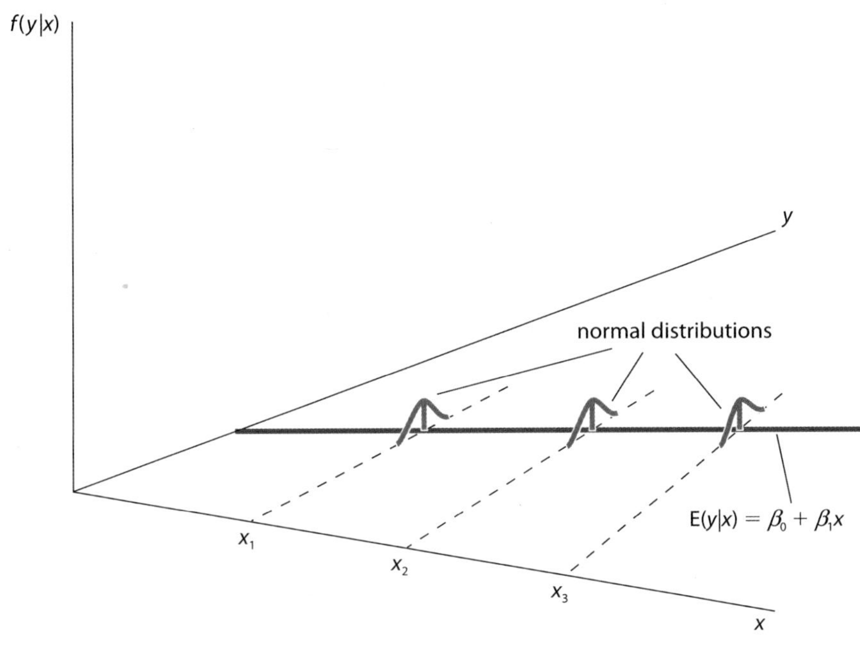

없는 것이다.

모집단의 CLM 가정을 다음과 같이 간략하게 표현할 수 있다.

$$y|\mathbf{x} \sim \text{Normal}\,(\beta_0 + \beta_1 x_1 + \beta_2 x_2 + \cdots + \beta_k x_k, \sigma^2)$$

여기서 $\mathbf{x}$는 $(x_1, \ldots, x_k)$의 약식 표현이다. 그러므로 $\mathbf{x}$의 조건부로 y는 정규분포를 가지며 평균은 $x_1, \ldots, x_k$에 선형이고 분산은 일정하다. 독립변수가 x 하나일 때 이 상황은 〈그림 4.1〉에 표시되어 있다.

오차항의 정규분포를 정당화하는 논거로 u가 y에 영향을 미치는 많은 비관측 요소들의 합이므로 중심극한정리(central limit theorem, CLT)에 따라 u가 정규분포에 가깝다는 식의 주장을 할 수도 있다. 이 논거가 그럴 듯해 보이지만 약점도 있다. 먼저 u 내의 여러 요소들은 매우 상이한 모집단 분포를 가질 수 있다(예를 들어 임금 방정식의 오차항에서 능력과 학교교육의 질). 이런 경우에도 중심극한정리(CLT)가 작동할 수는 있겠지만, u에 얼마나 많은 요소들이 있는지, 또 그 분포가 얼마나 상이하느냐에 따라, 정규분포 근사는 매우 나쁠 수도 있다.

CLT 논거의 더 심각한 문제는 y에 영향을 미치는 모든 비관측 요소들이 서로 분리되어 있고 합산된다고 가정한다는 점에 있다〔합산해야만 CLT가 작동함〕. 그래야 할 근거는 없다.

만일 u가 비관측 요소들의 복잡한 함수라면 CLT 논거는 적용할 수 없다.

어떤 실증분석에서든, u가 정규분포라고 가정할 수 있는가는 사실은 경험적인 문제이다. 예를 들어 학력, 경력, 근속연수 조건부로 임금이 정규분포를 갖는다고 하는 이론은 없다. 간단히 생각해 보면 오히려 그 반대임을 알 수 있다. 임금은 0 미만일 수 없으므로 엄밀히 말해서 정규분포를 가질 수 없다. 더욱이, 최저임금법이 있으므로 모집단의 일부는 정확히 최저임금을 받을 것이며, 이 또한 정규분포 가정이 성립하지 않도록 한다[양(+)의 값만을 가지거나 특정 값(최저임금)을 가질 확률이 양(+)이면 정규분포일 수 없다]. 그럼에도 불구하고 현실적인 문제로서 우리는 조건부 임금 분포가 정규분포에 "가까운지" 질문해 볼 수 있다. 그런데 과거의 경험적 증거에 따르면 정규분포는 임금에 대한 좋은 가정이 아니다.

흔히 로그를 취하는 등 변수를 변환시켜서 정규분포에 더 가까운 분포를 만들어 낼 수 있다. 예를 들어 log(가격)의 분포는 가격 자체의 분포보다 더 정규분포에 가까운 분포를 갖곤 한다. 이 경우에도 로그를 취하면 정규분포를 만들어낸다는 일반적인 법칙은 없으며, 사안별로 고려할 문제이다. 5장에서 정규분포 가정의 위배가 통계적 추론에 미치는 영향을 설명할 것이다.

MLR.6이 분명히 위배되는 예들이 있다. y가 몇 가지 값밖에 가지지 못한다면 절대 정규분포와 가까운 분포를 가질 수 없다. 〈예제 3.5〉의 종속변수가 좋은 예이다. 한 청년이 1986년에 체포된 횟수인 *narr86* 변수는 작은 범위의 정수값만을 가지며 대부분의 사람들에게서는 0이다. 그러므로 *narr86*은 정규분포와 거리가 멀다. 이 경우에는 어떻게 할 것인가? 5장에서 보겠지만, 표본 크기가 크면 오차항이 정규분포를 따르지 않더라도 그리 심각한 문제가 아니다. 지금으로서는 그냥 정규분포를 가정하자.

오차항의 정규분포로 인하여 OLS 추정량의 표집분포는 정규분포가 된다.

정리 4.1 정규 표집 분포

CLM 가정 MLR.1~MLR.6하에서, 독립변수들의 표본값 조건부로

$$\hat{\beta}_j \sim \text{Normal}[\beta_j, \text{Var}(\hat{\beta}_j)]. \tag{4.1}$$

여기서 $\text{Var}(\hat{\beta}_j)$는 3장[식 (3.51)]에서 구하였다. 식 (4.1)로부터,

$$(\hat{\beta}_j - \beta_j)/\text{sd}(\hat{\beta}_j) \sim \text{Normal}(0, 1).$$

식 (4.1)의 증명은 그리 어렵지 않다. $\hat{r}_{ij}$가 x_j를 다른 모든 독립변수에 대하여 회

귀하여 얻는 i 번째 잔차값, SSR_j 가 이 회귀에서 얻는 잔차 제곱합이라 하자[식 (3.65) 참조]. $w_{ij} = \hat{r}_{ij}/\mathrm{SSR}_j$ 라 하면, 각 $\hat{\beta}_j$ 는 $\hat{\beta}_j = \beta_j + \sum_{i=1}^{n} w_{ij}u_i$ 이다. w_{ij} 는 독립변수들에만 의존하므로 독립변수들의 표본값 조건부로 논의를 할 때 비확률적(nonrandom)인 것으로 간주할 수 있다. 그러므로 $\hat{\beta}_j$ 는 표본 내 오차항들 $\{u_i : i = 1, 2, \ldots, n\}$ 의 선형결합이다. 가정 MLR.6 (그리고 MLR.2의 임의표본추출 가정)하에서, 오차들은 독립이며 동일하게 분포된 Normal$(0, \sigma^2)$ 확률변수들이다. 서로 독립적인 정규분포 확률변수들의 선형결합은 다시 정규분포를 갖는다. 기본적으로 증명은 이것으로 끝난다. 3-3절에서 $\mathrm{E}(\hat{\beta}_j) = \beta_j$ 임을 보았고 3-4절에서 $\mathrm{Var}(\hat{\beta}_j)$ 를 이미 도출한 바 있다.

이 정리의 두 번째 부분은, 정규분포를 갖는 확률변수에서 그 평균을 빼고 표준편차로 나누면 표준정규분포를 갖는다는 사실로부터 곧바로 알 수 있다.

[정리 4.1]의 결론들을 더 강화시킬 수 있다. 식 (4.1)뿐 아니라, $\hat{\beta}_0, \hat{\beta}_1, \ldots, \hat{\beta}_k$ 의 어떠한 선형결합이든 정규분포를 갖고, $\hat{\beta}_j$ 들의 어떠한 부분집합이든 결합(joint) 정규분포를 갖는다. 본 장 나머지 부분의 검정 결과들은 이 사실에 기초한다. 5장에서 오차항이 정규분포를 갖지 않을 때에도 표본 크기가 크면 OLS 추정량이 근사적으로 정규분포를 가짐을 보일 것이다.

4-2 하나의 모수에 대한 가설의 검정: t 검정

본 절에서는 모집단 회귀함수에 있는 하나의 모수에 관한 가설의 검정이라는 매우 중요한 주제를 다룬다. 모집단 모형은

$$y = \beta_0 + \beta_1 x_1 + \cdots + \beta_k x_k + u \tag{4.2}$$

이며 CLM 가정이 만족된다고 가정한다. OLS는 β_j 의 불편 추정량을 만들어냄을 이미 보았다. 이제 본 소절에서는 특정 β_j 에 대한 가설을 검정하는 방법을 공부한다. β_j 들은 모집단의 특성에 관한 값이므로 우리가 알 수는 없다. 그럼에도 불구하고 우리는 β_j 의 값에 대한 가설을 세운 후 통계적 추론을 이용하여 이 가설을 검정할 수 있다.

가설 검정을 하려면 다음 결과가 필요하다.

정리 4.2 표준화된 추정량의 t 분포

CLM 가정 MLR.1～MLR.6하에서,

$$(\hat{\beta}_j - \beta_j)/\mathrm{se}(\hat{\beta}_j) \sim t_{n-k-1} = t_{df}. \tag{4.3}$$

여기서 $k+1$은 모집단 모형 $y = \beta_0 + \beta_1 x_1 + \cdots + \beta_k x_k + u$에서 미지의 모수의 개수($k$개의 기울기 모수와 절편 β_0)이며 $n-k-1$은 자유도(degrees of freedom, df)이다.

[정리 4.2]와 [정리 4.1]의 차이에 주의하기 바란다. [정리 4.1]은 CLM 가정하에서 $(\hat{\beta}_j - \beta_j)/\text{sd}(\hat{\beta}_j) \sim \text{Normal}(0,1)$이라는 것인 반면 [정리 4.2]는 식 (4.1)에서 $\text{sd}(\hat{\beta}_j)$의 상수 σ를 임의변수 $\hat{\sigma}$로 바꾼 통계량이 자유도 $n-k-1$의 t분포를 따른다는 것을 말해 준다. [정리 4.2]를 증명하기 위해서는 먼저 (4.3)이 표준정규 임의변수 $(\hat{\beta}_j - \beta_j)/\text{sd}(\hat{\beta}_j)$와 또 다른 임의변수 $\sqrt{\hat{\sigma}^2/\sigma^2}$ 간의 비율로써 나타낼 수 있다는 점을 이해하여야 한다. CLM 가정하에서 $(n-k-1)\hat{\sigma}^2/\sigma^2 \sim \chi^2_{n-k-1}$이고 이 두 임의변수들이 서로 독립임을 보일 수 있다. 따라서, t분포의 정의*로부터, [정리 4.2]의 결과를 얻는다.

[정리 4.2]는 β_j에 관한 가설들을 검정할 수 있도록 해 준다는 점에서 중요하다. 대부분의 실증분석에서 우리의 주된 관심사는 귀무가설(null hypothesis)

$$H_0\colon \beta_j = 0 \tag{4.4}$$

을 검정하는 것이다. 여기서 j는 k개의 독립변수 중 어느 것이든 될 수 있다. (4.4)가 의미하는 바를 이해하고 실제 연구에서 이 가설을 쉽게 표현할 수 있어야 한다. β_j란 여타 독립변수들을 통제한 후 x_j가 y(의 기댓값)에 미치는 부분효과(partial effect)를 측정하므로, (4.4)가 의미하는 바는, 일단 x_j를 제외한 나머지 독립변수들을 설명하고 나면 x_j가 y의 기댓값에 아무런 영향도 미치지 않음을 의미한다. "x_j가 y에 부분효과를 가짐"[즉, β_j가 0이 아님]을 귀무가설로 삼을 수는 없다. 왜냐하면 β_j가 0만 아니면 어떤 값을 가지든 부분효과가 있기 때문이다. 고전적인 검정은 (4.4)와 같은 단순한 가설(simple hypothesis)을 검정하는 데에 적합하다.

예를 들어 다음 임금방정식을 보자.

$$\log(wage) = \beta_0 + \beta_1 educ + \beta_2 exper + \beta_3 tenure + u$$

귀무가설 $H_0\colon \beta_2 = 0$은, 교육연수(education)와 근속연수(tenure)가 통제되고 나면, 경력($exper$)이 시급에 영향을 미치지 못함을 의미한다. 이것은 경제적으로 흥미로운 가설이다. 이것이 사실이라면 한 사람의 현 직장 이전 직업경력이 임금에 영향을 미치지 않을 것이다. 만일 $\beta_2 > 0$이라면, 과거의 직장경험이 생산성, 따라서 임금에 영향을 미친다.

통계학 과목에서 정규분포 모집단의 평균에 대한 가설 검정의 기초를 배웠을 것이다. 다중회귀에서 (4.4)를 검정하는 방식도 매우 유사하다. 계수 추정값, 표준오차, 임계값을

*Z가 표준정규분포를 갖고, X는 Z와 확률적으로 독립이며 χ^2_{df} 분포를 가지면 $Z/\sqrt{X/df} \sim t_{df}$.

구하는 것이 복잡하지만, 이 작업의 대부분은 계량경제 소프트웨어가 자동으로 해 준다. 우리가 할 일은 회귀의 결과들을 이용하여 관심있는 가설을 검정하는 방법을 배우는 것이다.

귀무가설 (4.4)를 (여하한 대립가설에 대해서든) 검정할 때 사용하는 통계량을 $\hat{\beta}_j$의 t통계량("the" t statistic) 혹은 t비율("the" t ratio)이라고 하며*

$$t_{\hat{\beta}_j} \equiv \hat{\beta}_j / \mathrm{se}(\hat{\beta}_j) \tag{4.5}$$

로 정의한다. 귀무가설에 대한 언급이 없이 그냥 t통계량이라고만 할 경우에는 (4.4)를 귀무가설로 하는 t통계량 (4.5)를 말한다. 귀무가설에서 검정하고자 하는 모수의 값이 0이 아닌 경우에는 더 일반적인 t통계량을 이용한다. 지금으로서는 (4.5)가 오직 (4.4)의 검정에만 적합하다는 사실을 알고 있어야 한다. 실제 연구에서는 독립변수의 이름을 사용하여 t통계량을 표현하는 것이 편리하다. 예를 들어 t_{educ}는 $\hat{\beta}_{educ}$을 위한 t통계량을 의미한다.

$t_{\hat{\beta}_j}$에 해당하는 t통계값은 $\hat{\beta}_j$와 그 표준오차를 알면 쉽게 계산할 수 있다. 사실 대부분의 회귀 패키지가 우리 대신 나눗셈을 하여 각 계수값과 표준오차와 함께 식 (4.5)의 t통계값을 보고해 준다.

식 (4.5)를 이용하여 $H_0: \beta_j = 0$을 정식으로 검정하는 방법을 설명하기 전에, 왜 $t_{\hat{\beta}_j}$가 $\beta_j \neq 0$을 감지하기 위한 검정 통계량으로서 적절한지 보자. 첫째, $\mathrm{se}(\hat{\beta}_j)$이 항상 양수이므로 $t_{\hat{\beta}_j}$은 $\hat{\beta}_j$과 같은 부호를 갖는다. $\hat{\beta}_j$이 양수이면 $t_{\hat{\beta}_j}$도 양수이고, $\hat{\beta}_j$이 음수이면 $t_{\hat{\beta}_j}$도 음수이다. 둘째, $\mathrm{se}(\hat{\beta}_j)$ 값이 주어질 때, $\hat{\beta}_j$이 더 크면 $t_{\hat{\beta}_j}$도 더 크다. $\hat{\beta}_j$이 음수로 더 큰 값이 되면 $t_{\hat{\beta}_j}$도 그러하다.

우리가 $H_0: \beta_j = 0$를 검정하므로, β_j의 불편 추정량인 $\hat{\beta}_j$ 값을 보는 것이 당연하다. 어떤 응용연구에서든, H_0이 맞든 틀리든 간에, 점추정량 $\hat{\beta}_j$는 절대로 정확히 0이 아니다. 문제는 $\hat{\beta}_j$가 얼마나 0으로부터 멀리 떨어져 있는가 하는 것이다. $\hat{\beta}_j$의 표본값[주어진 표본에 대하여 구한 값이므로 "표본값"이라 한다]이 0으로부터 매우 멀리 떨어져 있으면, 이는 $H_0: \beta_j = 0$에 반대되는 증거가 될 것이다. 하지만 우리의 추정값 $\hat{\beta}_j$에는 표집오차(sampling error, 표본이 모집단과 다르므로 생길 수밖에 없는 오차)가 있음을 알아야 한다. $\hat{\beta}_j$의 표준오차(standard error)는 $\hat{\beta}_j$의 표준편차(standard deviation)의 추정값이므로, $t_{\hat{\beta}_j}$는 $\hat{\beta}_j$의 표준편차의 몇 배만큼 0으로부터 떨어져 있는지를 나타낸다. 이것이 바로 기초통계학에서 표준적인 t

*이 t통계량과 앞으로 나오는 일반적인 귀무가설하에서의 t통계량을 구분하고자 저자는 이 t통계량을 지칭할 때에는 정관사 "the"를 포함시켜 지칭한다. 하지만 정관사 'the'를 적절히 번역하기 어려워 역자들은 그냥 "t통계량"이라고 번역하였다. 번역문에서 "t통계량"이 "the t statistic"을 말하는 것인지 일반적인 t통계량을 말하는 것인지는 문맥을 통해 파악할 수 있다.

통계량을 사용하여 모집단 평균이 0인지 검정할 때 하는 일이다. $t_{\hat{\beta}_j}$가 0으로부터 충분히 멀리 떨어져 있으면 H_0을 기각하게 된다. 정확한 기각 규칙(rejection rule)은 대립가설과 유의수준에 따라 달라진다.

주어진 유의수준—즉, H_0가 맞음에도 기각할 확률—에서 식 (4.4)를 기각할지 말지 결정하는 규칙을 정하기 위해서는, H_0가 옳을 때 $t_{\hat{\beta}_j}$의 표집분포에 대한 정보가 필요하다. [정리 4.2]에 따르면 이것이 t_{n-k-1}이다. 바로 이것이 식 (4.4)의 검정에 필요한 핵심적 이론적 결과이다.

가설 검정에 대해 반드시 기억해야 할 것이 있다. 우리는 모집단 파라미터에 관한 가설을 검정하는 것이지 특정 표본으로부터 얻은 추정값에 관한 가설을 검정하는 것이 아니라는 점이다. 따라서 귀무가설을 "$H_0: \hat{\beta}_1 = 0$"이라고 하거나 심지어 해당 표본에서 파라미터의 추정값이 0.237이라고 하여 "$H_0: 0.237 = 0$"이라고 하는 것은 말이 되지 않는다. 우리는 미지의 모집단 값인 β_1이 0인지 검정한다.

어떤 회귀분석에서는 t통계량을 식 (4.5)의 절댓값으로 정의하여 t통계량이 항상 양이 되도록 한다. 하지만 그렇게 하면 단방향 대립가설(one-sided alternative)에 대하여 검정할 때 불편하다는 단점이 있다. 이 책에서 t통계량은 항상 해당 OLS 계수추정값과 동일한 부호를 갖는다.

4-2a 단방향 대립가설에 대하여 검정하기

H_0을 기각할 규칙을 정하기 위해서는 대립가설이 무엇인지 알아야 한다. 우선 다음과 같은 단방향 대립가설을 생각해 보자.

$$H_1: \beta_j > 0 \tag{4.6}$$

대립가설을 식 (4.6)처럼 나타낸다는 것은 실은 우리가 검증하고자 하는 귀무가설은 $H_0: \beta_j \le 0$이라는 뜻이기도 하다. 대립가설을 이렇게 나타내는 것은, 예를 들어 β_j가 임금 회귀에서 학력의 계수라면 모집단에서의 β_j값이 음수가 되지는 않을 것이므로, β_j가 양수일 때 β_j가 0과 다른지에 대해서만 관심이 있을 경우이다. 비단 기초통계학적 논의를 하지 않더라도 직관적으로 식 (4.6)을 받아들이기 위해 가장 기각하기 어려운 귀무가설 값(null value)이 $\beta_j = 0$임을 알 수 있을 것이다. 즉, $\beta_j = 0$를 기각하면 자동으로 $\beta_j < 0$도 기각한다. 그러므로 $H_1: \beta_j > 0$에 대립하여 마치 $H_0: \beta_j = 0$을 검정하는 것처럼 하고 $H_0: \beta_j < 0$ 부분을 실질적으로 무시해도 충분하다. 이것이 이 책에서 취하는 접근법이다.

이 경우 기각의 규칙을 어떻게 정할까? 우선 유의수준(짧게 "수준"), 즉 H_0이 옳음에도 이를 기각할 확률을 정하여야 한다. 구체적인 설명을 위해, 가장 널리 사용되는 5% 유의수준을 선택하자. 이는 5%의 빈도로 H_0이 맞음에도 이를 잘못 기각하는 경우가 있을 수 있다는 것을 받아들인다는 뜻이다. 식 (4.5)의 $t_{\hat{\beta}_j}$는 귀무가설하에서(즉, 귀무가설이 맞다면) t분포를 갖고 기댓값이 0인 반면 대립가설하에서는(즉, 대립가설이 맞다면) 〔$(\hat{\beta}_j - \beta_j)/\mathrm{se}(\hat{\beta}_j)$이 t_{n-k-1}분포를 갖는데 식 (4.5)의 $t_{\hat{\beta}_j}$는 $\hat{\beta}_j/\mathrm{se}(\hat{\beta}_j)$이므로〕 기댓값이 양이다. 이런 논리를 바탕으로 우리는 만일 $t_{\hat{\beta}_j}$의 값이 "충분히 큰" 양의 값을 갖는다면 $H_0: \beta_j = 0$보다 $H_1: \beta_j > 0$이 더 선호되는 가설로 판단하고 $H_0: \beta_j = 0$을 기각하고자 한다. 만일 $t_{\hat{\beta}_j}$ 값이 음수가 나온다면? 당연하게도 이는 H_1에 우호적인 증거를 제공하지 않으므로 귀무가설을 기각하지 않는다.

유의수준이 5%일 때 "충분히 큰" 값이란 자유도 $n-k-1$의 t분포의 95 백분위를 말한다. 이를 c라 하자. 다시 말하면, **기각의 규칙**(rejection rule)은

$$t_{\hat{\beta}_j} > c \tag{4.7}$$

일 때 5% 유의수준에서 H_1을 선호하여 H_0을 기각한다는 것이다. **임계값**(critical value) c를 이렇게 선택하면, H_0이 참일 때 모든 가능한 임의표본의 5%에서 H_0의 기각이 일어난다.

식 (4.7)의 기각 규칙은 **한쪽꼬리 검정**(one-tailed test)의 일례이다. c를 구하기 위해서는 유의수준과 자유도만 알면 된다. 예를 들어 5% 수준 검정에서 자유도가 $n-k-1=28$이면 임계값은 $c=1.701$이다. 만일 $t_{\hat{\beta}_j} \leq 1.701$이면 5% 수준에서 식 (4.6)을 선호하여 H_0을 기각할 수 없다. $t_{\hat{\beta}_j}$의 값이 음수이면 그 절댓값이 아무리 커도 (4.6)을 선호하여 H_0을 기각하는 일은 없다(그림 4.2 참조).*

다른 유의수준에서도 이와 동일한 절차를 따를 수 있다. 10% 수준 검정에서 $df=21$이라면 임계값은 $c=1.323$이다. 1% 유의수준에서 $df=21$이면 $c=2.518$이다. 이 임계값들은 〈표 B.2〉로부터 곧바로 구할 수 있다. 임계값에는 패턴이 있다. 유의수준이 작아지면 임계값이 커지고, 따라서 H_0을 기각하기 위해서는 $t_{\hat{\beta}_j}$의 값이 더욱더 커야 한다. 그러므로, 만일 H_0이 예컨대 5% 수준에서 기각되면 10% 수준에서도 자동으로 기각된다. 5% 수준에서 귀무가설을 기각한 후 10% 수준에서 결과를 확인하려고 검정을 다시 할 필요가 없다.

t분포의 자유도가 증가하면 t분포는 표준정규분포로 접근한다. 예를 들어 $n-k-1=120$일 때 식 (4.7)의 단방향 대립가설을 위한 5% 임계값은 1.658이고 표준정규분포에서는 1.645이다. 실제 사용시 이 두 값은 충분히 가깝다. 자유도가 120보다 크면 표준정규분포의 임계값을 사용하여도 무방하다는 뜻이다.**

*이 예에서 1.701보다 큰 영역을 기각역(rejection region)이라고 부른다. t통계량이 이 영역 안에 있으면 귀무가설을 기각하므로 이런 이름이 붙었다. 대립가설의 형태에 따라 기각역이 어떻게 달라지는지 〈그림 4.2〉, 〈그림 4.3〉, 〈그림 4.4〉를 비교해 보며 이해하기 바란다.

**그래서 부록의 t분포표에는 자유도 120까지의 임계값만 기술하고 그 이상의 자유도에 대해서는 ∞로

〈그림 4.2〉 자유도가 28일 때 대립가설 $H_1: \beta_j > 0$을 위한 5% 기각 규칙

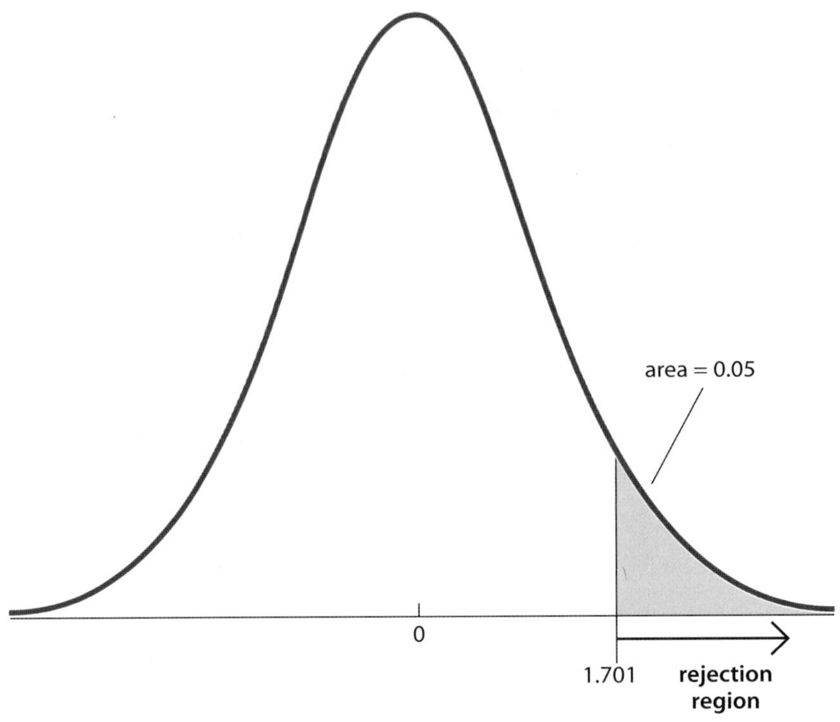

예제 4.1 **시급 방정식**

WAGE1의 자료를 사용하여 다음의 추정 결과를 얻었다.

$$\widehat{\log(wage)} = \underset{(0.104)}{0.284} + \underset{(0.007)}{0.092}\, educ + \underset{(0.0017)}{0.0041}\, exper + \underset{(0.003)}{0.022}\, tenure$$
$$n = 526, \quad R^2 = 0.316$$

여기서 계수추정값 아래 괄호안에 있는 값은 표준오차이다. 이 책에서는 이런 관례를 따를 것이다. 이 방정식을 사용하여, *educ*와 *tenure*를 통제한 후 *exper*의 수익률이 모집단에서 0인지 검정할 수 있다. 이때 대립가설은 이것이 양(+)이라는 것이다. 이를 $H_0: \beta_{exper} = 0$ 대 $H_1: \beta_{exper} > 0$이라 하자. (실제 연구에서 변수명을 붙여서 모수를 표기하는 것이 좋은 방법이다. 일반적인 모형에서처럼 숫자를 붙이면 자의적이고 읽는 사람이 무슨 말인지

처리하여 표준정규분포의 임계값을 표시하였다. 그렇다고 120 이상의 자유도일 경우 t분포 임계값이 정규분포 임계값과 동일하다는 것은 아니며 통계표에 따라 120 이상의 자유도에 대해 t분포의 임계값을 기록하기도 한다.

모를 수 있다.) β_{exper}가 미지의 모집단 파라미터임을 기억하라. "H_0: 0.0041 = 0"이라고 하거나 "H_0: $\hat{\beta}_{exper} = 0$"이라고 하는 것은 말도 안 되는 것이다.

자유도가 522이므로 표준정규 임계값을 사용해도 좋다. 5% 임계값은 1.645이고, 1% 임계값은 2.326이다. $\hat{\beta}_{exper}$용 t 통계량의 값은

$$t_{exper} = 0.0041/0.0017 \approx 2.41$$

이며, 따라서 $\hat{\beta}_{exper}$ 혹은 *exper*는 1% 수준에서도 통계적으로 유의하다. "1% 유의수준에서 $\hat{\beta}_{exper}$는 통계적으로 0보다 크다[대립가설이 $\beta_{exper} > 0$이므로]"고 말하기도 한다.

근속연수(tenure)와 학력(education)을 고정시킨 채 경력이 1년 증가함에 따른 수익의 추정값은 별로 크지 않다. 예를 들어 경력이 3년 증가하면 log(*wage*)는 $3 \times 0.0041 = 0.0123$ 만큼 증가하므로, 임금은 약 1.2% 더 높을 뿐이다. 그럼에도, 경력의 부분효과(partial effect)는 모집단에서 양(+)임을 설득력 있게 보였다.

〈그림 4.3〉 자유도가 18일 때 대립가설 $H_1: \beta_j < 0$을 위한 5% 기각 규칙

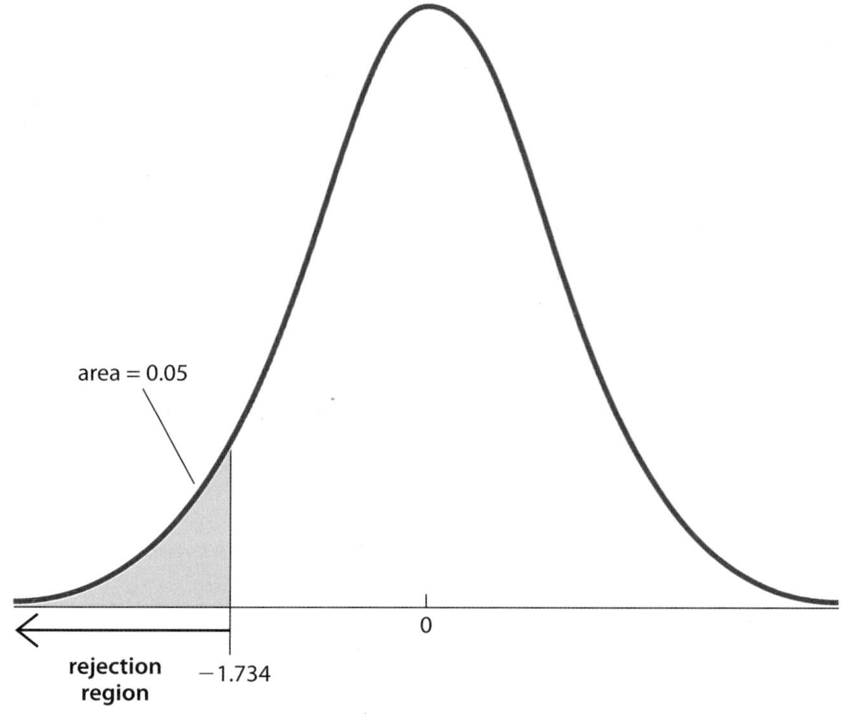

모수가 0보다 작다는 대립가설

$$H_1: \beta_j < 0 \tag{4.8}$$

도 실제 연구에서 자주 나타난다. 대립가설 (4.8)을 위한 기각 규칙은 앞 경우의 거울상(mirror image)이다. 이제는 t분포의 왼쪽 꼬리로부터 임계값을 구한다. 실제 연구에서 기각 규칙을 가장 쉽게 이해하는 방법은

$$t_{\hat{\beta}_j} < -c \tag{4.9}$$

라고 하는 것이다. 여기서 c는 대립가설 $H_1: \beta_j > 0$에 대한 임계값이다. t표에서 보고되는 임계값이 양수이므로 우리는 단순화를 위해 우리는 c가 항상 양수라고 가정할 것이며, 따라서 임계값 $-c$는 음수이다.

예를 들어 유의수준이 5%이고 자유도가 18이라면 $c = 1.734$이며, 따라서 $t_{\hat{\beta}_j} < -1.734$이면 5% 수준에서 $H_1: \beta_j < 0$을 선호하여 $H_0: \beta_j = 0$을 기각한다. 음의 대립가설 (4.8)에 대하여 H_0을 기각하기 위해서는 t통계량이 반드시 음이어야 함을 기억해야 한다. t값이 양이면 아무리 크더라도 식 (4.8)에 우호적인 증거를 제공하지 않는다. 이 기각 규칙은 〈그림 4.3〉에 표시되어 있다.

예제 4.2 학생 성적과 학교 크기

학교크기가 학생성적에 미치는 영향에는 관심들이 많다(예를 들어 1995년 5월 28일 자 뉴욕타임즈 매거진, 2006년 7월 12일 자 뉴욕타임즈, 2011년 3월 8일 자 뉴욕타임즈를 보라). 어떤 주장에 따르면 여타 조건이 동일할 때 규모가 더 작은 학교 학생들이 더 큰 학교 학생들보다 공부를 더 잘한다고 한다. 이 가설에서는 학교들 간에 학급 크기의 차이를 고려하고 난 후에도 그러하다고 한다.

MEAP93 파일에는 1993년 미시건 주의 408개 고등학교 자료가 있다. 이 자료를 이용하여 학교의 크기가 표준화된 시험성적에 영향을 미치지 않는다는 귀무가설을, 크기가 음의 영향을 미친다는 대립가설에 대항하여 검정할 것이다. 성적은 미시건 교육평가 프로그램(Michigan Educational Assessment Program, MEAP)의 표준화된 10학년〔한국의 고등학교 1학년에 해당함〕 수학시험(*math10*)에 합격한 학생의 백분율로써 측정한다. 학교 크기는 등록학생수(*enroll*)로써 측정한다. 귀무가설은 $H_0: \beta_{enroll} = 0$이며 대립가설은 $H_1: \beta_{enroll} < 0$이다. 우선 평균 교사 급여액(*totcomp*)과 학생 1천명당 직원 수(*staff*)를 통제할 것이다. 교사의 급여는 교사의 질을 측정하며 학생 1천명당 직원수는 학생들이 얼마나 잘 보살펴지는지에 대한 대략적인 척도이다.

추정결과는 다음과 같다.

$$\widehat{math10} = \underset{(6.113)}{2.274} + \underset{(0.00010)}{0.00046}\, totcomp + \underset{(0.040)}{0.048}\, staff - \underset{(0.00022)}{0.00020}\, enroll$$

$$n = 408,\ R^2 = 0.0541$$

여기서 괄호 안의 숫자는 표준오차이다. *enroll*의 계수 -0.00020은 학교 크기가 클수록 성적이 나쁘다는 추측과 맞는다. 등록학생수가 많을수록 10학년 수학시험에 통과한 학생의 비율이 낮다. (*totcomp*와 *staff*의 계수도 우리가 기대한 부호를 갖는다.) 그런데 *enroll*의 계수가 0이 아닌 것은 단순히 표본수집 오차(sampling error) 탓일 수도 있다. 이를 확인하기 위하여 *t* 검정을 하자.

자유도가 $n-k-1 = 408-4 = 404$로서 충분히 크므로 표준정규 임계값을 사용한다. 5% 수준에서 임계값[단방향 임계값]은 -1.65이다. 5% 수준에서 H_0을 기각하려면 *enroll*에 대한 *t* 통계량이 -1.65보다 작아야 한다.

*enroll*에 대한 *t* 통계값은 $-0.00020/0.00022 \approx -0.91$로서 -1.65보다 더 크다. 따라서 5% 수준에서 H_1을 선호하여 H_0을 기각할 수 없다. 사실 15% 임계값은 -1.04이며, $-0.91 > -1.04$이므로 15% 수준에서도 H_0을 기각할 수 없다. 결론은 15% 수준에서도 *enroll*이 통계적으로 유의하지 않다는 것이다.

totcomp 변수의 *t* 통계값이 4.6이므로, 이 변수는 1% 유의수준에서도 통계적으로 유의하다. 반면 *staff*의 *t* 통계값은 1.2로서, $H_0: \beta_{staff} = 0$을 $H_1: \beta_{staff} > 0$에 맞서 10% 유의수준에서도 기각할 수 없다(표준정규분포에 따른 임계값은 $c = 1.28$이다).

함수형태를 바꿀 때 결론이 어떻게 달라지는지 보자. 모든 독립변수에 로그를 취한 모형을 추정한다. 이로써, 예를 들어, 학교 크기가 증가할 때 학교크기의 효과가 감소하도록 할 수 있다. 추정한 방정식은 다음과 같다.

$$\widehat{math10} = \underset{(48.70)}{-207.66} + \underset{(4.06)}{21.16}\log(totcomp) + \underset{(4.19)}{3.98}\log(staff) - \underset{(0.69)}{1.29}\log(enroll)$$

$$n = 408,\ R^2 = 0.0654$$

$\log(enroll)$의 *t* 통계값은 약 -1.87이다. 이 *t* 통계값이 5% 임계값인 -1.65보다 작으므로 $H_1: \beta_{\log(enroll)} < 0$을 선호하여 $H_0: \beta_{\log(enroll)} = 0$을 5% 수준에서 기각한다.

2장에서 종속변수가 원래 형태(수준 형태라 함)이고 독립변수가 로그 형태인 모형(수준-로그 모형이라 하였음)을 살펴보았다. 다중회귀에서도 모수의 해석은 동일하며, 이때 물론 통제변수들을 고정한 ceteris paribus 해석을 할 수 있다는 차이가 있다. *totcomp*와 *staff*가 고정될 때 $\Delta\widehat{math10} = -1.29[\Delta\log(enroll)]$이므로

$$\Delta\widehat{math10} \approx -(1.29/100)(\%\Delta enroll) \approx -0.013(\%\Delta enroll)$$

이다. 여기서 log(*enroll*)의 변화에 100을 곱하면 대략적으로 *enroll*의 백분율 변화가 된다는 사실을 사용하였다. 그러므로, 만일 등록학생수가 10% 높으면 $\widehat{math10}$은 $0.013 \times 10 = 0.13$%p 낮을 것으로 예측된다(*math10*은 백분율로 측정되었음).

*enroll*의 수준을 사용한 모형과 log(*enroll*)을 사용한 모형 중 어떤 것이 더 나은가? 수준-수준 모형에서 등록학생수는 통계적으로 유의한 효과를 갖지 않는 반면, 수준-로그 모형에서는 유의한 효과를 갖는다. 이에 따라 수준-로그 모형에서 R^2이 더 높으며, 이는 *enroll*의 로그값을 사용함으로써 *math10*의 차이를 더 많이 설명함(6.5% 대 5.4%)을 의미한다. 수준-로그 모형이 *math10*과 *enroll*의 관계를 더 잘 포착하므로 수준-로그 모형이 더 선호된다. 6장에서 R^2을 활용하여 함수 형태를 선택하는 방법에 대하여 더 자세히 설명할 것이다.

4-2b 양방향 대립가설

실증분석에서 흔히 귀무가설 $H_0: \beta_j = 0$을 양방향 대립가설, 즉

$$H_1: \beta_j \neq 0 \tag{4.10}$$

에 대하여 검정한다. 이 대립가설하에서 x_j는 y에 양 또는 음의 ceteris paribus 영향을 미친다. 이런 대립가설은 이론(또는 상식)으로부터 β_j의 부호에 대해 알 수 없을 때 사용한다. 대립가설하에서 β_j가 양인지 음인지 아는 경우에도 양방향 검정을 하는 것이 신중한 선택일 때가 많다. 양방향 대립가설을 사용하면 적어도 추정결과를 보고 나서 $\hat{\beta}_j$가 양이냐 음이냐에 따라 대립가설을 정하는 잘못을 저지르지는 않을 것이다. 고전적인 추론이 타당하기 위해서는 자료를 보기 전에 모집단에 대한 귀무가설과 대립가설이 설정되어야 하기 때문에, 회귀 추정값들을 사용하여 귀무가설과 대립가설을 설정해서는 안 된다. 예를 들어 앞의 예제에서 수학성적(*math10*)을 등록학생수(*enroll*)에 대해 회귀시키고 나서, 추정된 효과가 음(−)이라는 것을 확인한 후, 대립가설을 $H_1: \beta_{enroll} < 0$이라고 정해서는 안 된다.

대립가설이 양방향일 때, t통계량의 절댓값이 중요하다. 식 (4.10)을 선호하여 $H_0: \beta_j = 0$을 기각할 규칙은

$$|t_{\hat{\beta}_j}| > c \tag{4.11}$$

이다. 여기서 $|\cdot|$은 절댓값을 나타내고 c는 적절하게 선택한 임계값이다. c를 구하기 위해서 유의수준이 5%라 하자. 이 양쪽꼬리 검정(two-tailed test)의 경우 c는 t분포의 각 꼬리 영역의 확률이 2.5%가 되도록 선택된다. 다시 말하여 c는 자유도가 $n-k-1$인 t

〈그림 4.4〉 자유도가 25일 때 대립가설 $H_1: \beta_j \neq 0$을 위한 5% 기각 규칙

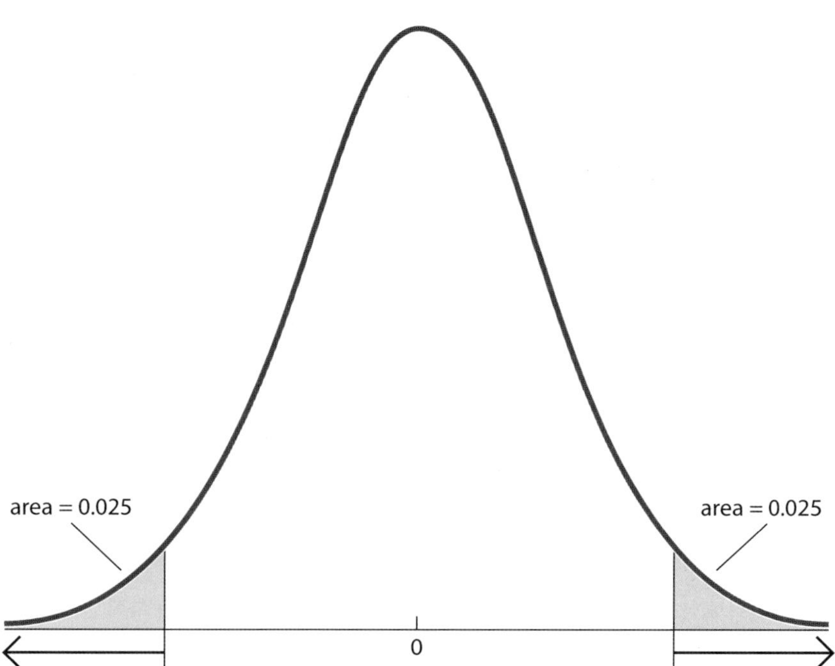

분포의 97.5 백분위(percentile)이다. $n-k-1=25$일 때, 양쪽꼬리 검정 용 5% 임계값은 $c=2.060$이다. 〈그림 4.4〉에 이 분포가 도시되어 있다.

대립가설이 분명히 언급되지 않은 경우 보통 양방향 검정으로 간주된다. 앞으로 아무런 말도 없으면 양방향 대립가설에 5% 유의수준을 의미할 것이다. 하지만 계량경제 실증분석을 수행할 때에는 항상 대립가설과 유의수준에 대하여 명시하는 것이 좋다. 식 (4.10)을 선호하여 H_0이 5% 수준에서 기각될 때, 보통 "x_j는 5% 수준에서 통계적으로 유의하다(statistically significant)"거나 "통계적으로 0과 다르다"고 한다. H_0이 기각되지 않으면 "x_j는 5% 수준에서 통계적으로 유의하지 않다(statistically insignificant)"고 한다.

예제 4.3 대학 GPA의 결정요인

GPA1 자료를 사용하여 대학 GPA (*colGPA*)를 1주일 평균 결석 강의 수(*skipped*)를 추가적 설명변수로 사용하는 모형을 추정한다. 추정결과는 다음과 같다.

$$\widehat{colGPA} = \underset{(0.33)}{1.39} + \underset{(0.095)}{0.412}\,hsGPA + \underset{(0.011)}{0.015}\,ACT - \underset{(0.026)}{0.083}\,skipped$$

$$n = 141,\ \ R^2 = 0.234$$

변수별로 t 통계량을 쉽게 계산할 수 있고, 각 변수에 대하여 양방향 대립가설을 사용하면 어떤 변수들이 통계적으로 유의한지 알 수 있다. 자유도($141 - 4 = 137$)가 충분히 크므로 표준정규분포를 사용해도 좋다. 5% 임계값은 약 1.96이다. 1% 임계값은 약 2.58이다.

*hsGPA*의 t 통계값은 4.38이며(계수추정값 0.412를 표준오차 0.095로 나누어 구함), 매우 작은 유의수준에서 유의하다. 그러므로 "*hsGPA*는 어떠한 관례적인 유의수준[a]에서도 통계적으로 유의하다"고 할 수 있다. *ACT*의 t 통계값은 1.36이며, 양방향 대립가설에 대하여 10% 수준에서 통계적으로 유의하지 않다. *ACT*의 계수는 현실적으로도 작다. ACT 점수가 10점이나 상승할 때에도 *colGPA*는 약 0.15점밖에 상승하지 않을 것으로 예측된다. 그러므로 ACT 변수는 통계적으로뿐 아니라 현실적으로도 유의하지 않다.

skipped 변수의 t 통계값은 $-0.083/0.026 = -3.19$이므로, *skipped*는 1% 유의수준에서 통계적으로 유의하다($3.19 > 2.58$). 이 계수는 주당 한 강의에 더 결석하면 *colGPA*가 약 0.083만큼 낮아질 것으로 예측됨을 의미한다. 그러므로 *hsGPA*와 *ACT*를 고정시킬 때, 1주일에 결석을 안 한 학생과 1주일에 5회 결석한 학생 간에 *colGPA*는 약 0.42 차이가 있을 것으로 예측된다. 이것이 특정 학생의 경우를 말하지 않음을 기억하라. 0.42는 양 부류 학생들 집단 간의 평균의 차이의 추정값이다.

이 예제에서 모형의 각 변수에 대하여 단방향 대립가설이 적절하다고 주장할 수도 있겠다. *hsGPA*와 *skipped* 변수는 양쪽꼬리 검정을 사용할 때 매우 유의하고 우리가 기대한 부호를 가지므로, 한쪽꼬리 검정은 시행할 필요가 없다. 다른 한편 단방향 대립가설($\beta_3 > 0$)에 대하여 *ACT*는 10% 수준에서는 유의하지만 5% 수준에서는 유의하지 않다. *ACT*의 계수가 아주 작다는 사실은 어쨌든 변함이 없다.

[a]관례적으로 많이 이용하는 유의수준은 10%, 5%, 1%이다.

4-2c β_j에 관한 여타 가설의 검정

$H_0\colon \beta_j = 0$이 가장 흔히 사용되는 가설이지만, 이따금 β_j가 다른 상수와 동일한지 검정하고자 하는 경우도 있다. 두 가지 흔한 예는 $\beta_j = 1$과 $\beta_j = -1$이다. 일반적으로, 귀무가설이

$$H_0\colon \beta_j = a_j \tag{4.12}$$

라 하자. 여기서 a_j는 β_j의 가설값[1이나 −1처럼 주어진 값]이다. 이 경우 t통계량은 다음과 같다.

$$t = (\hat{\beta}_j - a_j)/\mathrm{se}(\hat{\beta}_j)$$

앞에서와 마찬가지로, t는 $\hat{\beta}_j$가 자신의 표준편차의 몇 배만큼 β_j의 가설값으로부터 떨어져 있는지 측정한다. 일반적인 t통계량은 다음과 같이 쓸 수 있다.

$$t = \frac{\text{추정값} - \text{가설값}}{\text{표준오차}} \tag{4.13}$$

[정리 4.2]에 의하면, (4.12)하에서 이 t통계량은 t_{n-k-1} 분포를 가진다. 앞에서 본 t통계량은 $a_j = 0$에 해당한다.

일반적인 t통계량을 사용하여 단방향 또는 양방향 대립가설에 대한 검정을 할 수 있다. 예를 들어, 귀무가설이 H_0: $\beta_j = 1$이고 대립가설이 H_1: $\beta_j > 1$이라면, 단방향 대립가설을 위한 임계값을 전과 완전히 똑같은 방식으로 구할 수 있다. 차이는 t통계량을 어떻게 계산하느냐에 있으며, 어떻게 적절한 c를 얻느냐에 있지 않다. 만일 $t > c$이면 H_1을 선호하여 H_0을 기각한다. 이 경우 적절한 유의수준에서 "$\hat{\beta}_j$가 통계적으로 1보다 크다"고 말할 수 있을 것이다.

예제 4.4 캠퍼스 범죄와 등록률

대학 캠퍼스의 연간 범죄건수(*crime*)와 등록학생수(*enroll*)에 관한 단순모형을 고려해 보자.

$$\log(crime) = \beta_0 + \beta_1 \log(enroll) + u$$

이 모형은 등탄력성 모형으로서, β_1은 등록학생수에 대한 범죄건수의 탄력성이다. 캠퍼스 크기가 증가하면 총범죄건수도 증가할 것이 당연하므로 H_0: $\beta_1 = 0$을 검정하는 것은 별 의미가 없다. 더 흥미로운 가설은 등록자수에 대한 범죄의 탄력성이 1이라는 것, 즉 H_0: $\beta_1 = 1$일 것이다. 이 귀무가설이 의미하는 바는 등록자수가 1% 증가할 때 평균적으로 범죄도 1% 증가한다는 것이다. 중요한 대립가설은 H_1: $\beta_1 > 1$로서, 등록자수가 1% 증가할 때 캠퍼스 범죄는 1%보다 더 많이 증가함을 의미한다. 만일 $\beta_1 > 1$이라면, [대규모 캠퍼스는 단순히 범죄 건수가 더 많을 뿐 아니라 1인당 범죄 건수도 소규모 캠퍼스보다 더 많다는 의미이므로] 대규모 캠퍼스일수록 절대적인 의미에서뿐 아니라 상대적인 의미에서도 더 큰 문제일 것이다. 이를 보려면 방정식을 지수변환해 보면 된다.

$$crime = \exp(\beta_0)\, enroll^{\beta_1} \exp(u)$$

β_0과 u가 0일 때 $\beta_1 < 1$, $\beta_1 = 1$, $\beta_1 > 1$에 대하여 이 함수가 〈그림 4.5〉에 표시되어 있다.

〈그림 4.5〉 $\beta_1 < 1$, $\beta_1 = 1$, $\beta_1 > 1$일 때 $crime = enroll^{\beta_1}$의 그래프

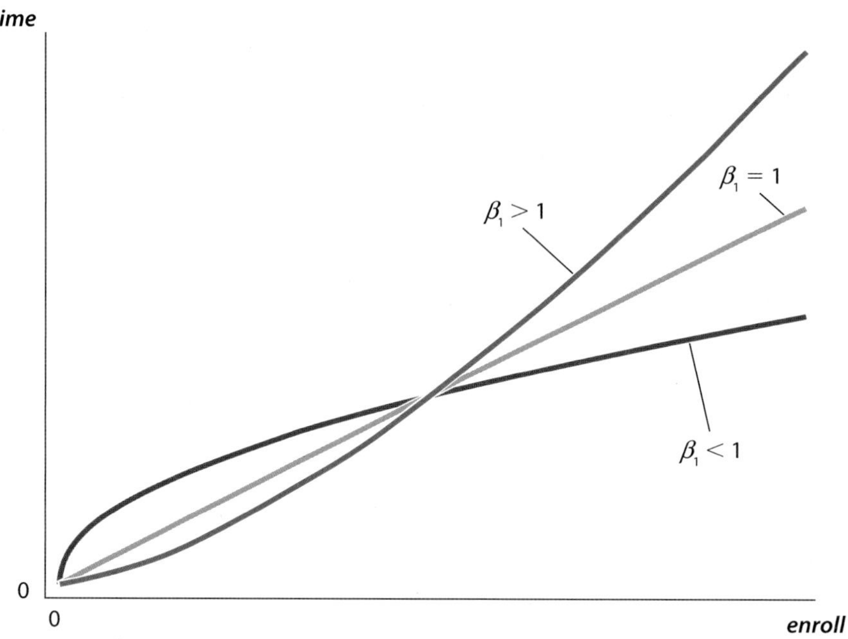

CAMPUS 자료파일 내의 미국 97개 대학 자료를 사용하여 $\beta_1 = 1$을 $\beta_1 > 1$에 대하여 검정하자. 자료 출처는 FBI의 *Uniform Crime Reports*이며, 캠퍼스 범죄건수의 평균은 약 394, 평균 등록학생수는 약 16,076이다. 추정식(소수점 이하 셋째 자리에서 반올림)은 다음과 같다.

$$\begin{aligned} \widehat{\log(crime)} &= -6.63 + 1.27\log(enroll) \\ &\quad\ (1.03)\quad (0.11) \\ n &= 97,\ R^2 = 0.585 \end{aligned} \tag{4.14}$$

*enroll*에 대한 *crime*의 탄력성 추정값 1.27은 대립가설 $\beta_1 > 1$의 방향에 있다. 그렇다면, $\beta_1 > 1$이라고 결론을 내릴 만큼 충분한 증거가 있는가? 위의 회귀분석 결과를 이용해 이 가설을 검정할 때에는 주의를 기울여야 한다. 독자들은 쉽게 생각해서 log(*enroll*)의 계수를 그 표준오차로 나누어 t통계량("the" t statistic)을 만들고 싶을지도 모르겠다. 통상적인 회귀 패키지의 출력물은 (4.14)에 보고된 것보다 훨씬 복잡하고 t통계량이 계산되어 나오는데 회귀 패키지에서 보고되는 t통계량이 바로 이렇게 계산된 값이다. 하지만 이것은 $H_0: \beta_1 = 1$을 검정하는 데에는 잘못된 통계량이다. 올바른 t통계량은 식 (4.13)으로부터 얻는다. 추정값에서 가설값인 1을 빼고, 그 결과를 $\hat{\beta}_1$의 표준오차로 나누어야 한다. 즉 $t = (1.27 - 1)/0.11 = 0.27/0.11 \approx 2.45$이다. 자유도가 $97 - 2 = 95$인 t분포의 단방향 5%

임계값은 약 1.66이므로($df = 120$ 사용), 5% 수준에서 분명히 $\beta_1 > 1$을 선호하여 $\beta_1 = 1$을 기각한다. 1% 임계값은 약 2.37이며, 따라서 1% 수준에서도 귀무가설을 기각하고 대립가설을 선호한다.

이 분석에서 다른 요소들이 통제되지 않았으며, 따라서 탄력성 1.27은 ceteris paribus 효과를 잘 추정하지 못하였을 수도 있다. 등록학생수가 범죄건수를 높이는 다른 요소들과 상관되어 있을 수도 있는 것이다. 예를 들어 범죄가 많은 지역에 더 큰 학교들이 위치해 있을 수도 있다. 해당 지역의 범죄율 자료를 구함으로써 이를 통제할 수 있겠다.

$H_0: \beta_j = -1$, $H_1: \beta_j \neq -1$과 같은 양방향 대립가설에 대해서도 식 (4.13)처럼 $t = (\hat{\beta}_j + 1)/\mathrm{se}(\hat{\beta}_j)$의 t통계량을 계산할 수 있다(여기서 -1을 뺐으므로 1을 더하는 것임). 기각 규칙은 양방향 검정의 통상적인 기각 규칙과 동일하다. 즉, c가 양쪽꼬리 임계값일 때, $|t| > c$이면 H_0을 기각한다. H_0이 기각될 때, 적절한 유의수준에서 "$\hat{\beta}_j$는 통계적으로 -1과 다르다"고 한다.

예제 4.5 주택가격과 대기오염

보스턴 지역의 506개 커뮤니티 표본에 대하여, 커뮤니티 주택가격의 중간값(*price*)을 커뮤니티의 다양한 특성들과 연관시키는 모형을 추정하자. *nox*는 공기중 질소 산화물의 양을 ppm (parts per million)단위로 측정한 것이고, *dist*는 5대 고용 센터까지의 가중평균 거리(마일), *rooms*는 커뮤니티 내 주택들의 평균 방수, *stratio*는 커뮤니티 내 학교들의 평균 학생-교사 비율이다. 모집단 모형은 다음과 같다.

$$\log(price) = \beta_0 + \beta_1 \log(nox) + \beta_2 \log(dist) + \beta_3 rooms + \beta_4 stratio + u$$

그러므로 β_1은 *nox*에 대한 *price*의 탄력성이다. 귀무가설 $H_0: \beta_1 = -1$을 대립가설 $H_1: \beta_1 \neq -1$에 대하여 검정하고자 한다. 이때 t통계량은 $t = (\hat{\beta}_1 + 1)/\mathrm{se}(\hat{\beta}_1)$이다.

HPRICE2 자료를 사용하여 추정한 결과는 다음과 같다.

$$\begin{aligned}\widehat{\log(price)} = \underset{(0.32)}{11.08} - \underset{(0.117)}{0.954}\log(nox) - \underset{(0.043)}{0.134}\log(dist) + \underset{(0.019)}{0.255}\,rooms - \underset{(0.006)}{0.052}\,stratio\\ n = 506,\ R^2 = 0.581\end{aligned}$$

기울기 추정값들은 모두 기대한 부호를 가지고 있다. log(*nox*)의 계수를 포함하여, 각 계수는 매우 작은 유의수준에서도 통계적으로 0과 다르다. 하지만 우리가 검정하고자 하는 것은 $\beta_1 = 0$이 아니다. 관심있는 귀무가설은 $H_0: \beta_1 = -1$이며, 이에 상응하는 t통계량은 $(-0.954 + 1)/0.117 = 0.393$이다. t통계량이 이처럼 작을 때에는 t표에서 임계값을 찾아

볼 필요도 없다. 추정된 탄력성은 매우 큰 유의수준에서도 -1과 통계적으로 다르지 않다. 우변에 포함된 요소들을 통제할 때 탄력성이 -1과 다르다는 증거는 거의 없다.

4-2d t검정 시 p값의 계산

지금까지 우리가 이야기한 가설 검정 방법은 고전적인 방법으로 다음과 같은 절차를 따랐다. 대립가설을 정한 다음, 유의수준을 결정하고 이에 해당하는 임계값을 찾는다. 일단 임계값을 알고 나면, t통계량의 값을 임계값과 비교하여 해당 유의수준에서 귀무가설을 기각하거나 기각하지 않는다.

고전적인 방법에는 적절한 대립가설을 결정한 후에도 자의적인 요소가 하나 있다. 유의수준을 선택하는 문제가 그것이다. 연구자들이 선호하는 유의수준은 연구자들마다 다르고 응용연구 주제에 따라 다르다. "올바른" 유의수준이란 것은 없다.

유의수준을 미리 정해 놓으면 가설 검정의 결과에 관한 중요한 정보가 감춰질 수 있다. 예를 들어 어떤 모수가 0이라는 귀무가설을 양방향 대립가설에 대하여 검정하려 한다고 하자. 자유도가 40이고 t통계량의 값이 1.85라 하자. 이 t통계값이 양쪽꼬리 임계값인 $c = 2.021$보다 작으므로 5% 수준에서 귀무가설은 기각되지 않는다. 이 귀무가설을 기각하지 않고자 하는 연구자는 추정값과 함께 귀무가설이 5% 수준에서 기각되지 않는다는 검정결과만을 보고할 수 있다. 물론, t통계량이 보고되거나 계수추정값과 표준오차가 함께 보고된다면, 10% 임계값이 $c = 1.684$이므로 귀무가설이 10% 수준에서 기각된다는 것도 알려질 것이다.

여러 유의수준들에 대하여 검정을 할 수도 있겠지만 이보다는 다음의 질문에 답하는 것이 더 많은 정보를 준다. "관측된 t통계량이 있을 때 귀무가설을 기각할 수 있는 가장 작은 유의수준은 무엇인가?" 이 수준이 검정의 p값(p-value)이다. 앞의 예에서 귀무가설이 5% 수준에서 기각되지 않으므로 p값은 0.05보다 크고, 귀무가설이 10% 수준에서 기각되므로 p값은 0.10보다 작다. 실제 p값은 자유도가 40인 t 임의변수의 절댓값이 1.85보다 클 확률로서 계산된다. 다른 말로 하면 p값은 검정통계량의 값(위의 예에서는 1.85)이 검정의 임계값이도록 만드는 유의수준이다. 이 p값은 〈그림 4.6〉에 표시되어 있다.

p값은 확률이므로 항상 0과 1 사이에 있다. p값을 계산하기 위해서는 t분포에 대한 매우 상세한 표가 있어야 하거나—별로 현실적이지 않음—t분포의 확률밀도함수 아래의 넓이를 계산해 주는 컴퓨터 프로그램이 필요하다. 요즈음의 회귀 패키지들은 OLS 회귀를 하면 p값들을 계산해 주는데, 특정 가설에 대해서만 그러하다. 회귀 패키지가 표준적인 OLS 출력물과 함께 p값을 보고해 주면, 이는 거의 확실히 $H_0: \beta_j = 0$과 양방향 대립가설에

〈그림 4.6〉 $t = 1.85$이고 $df = 40$일 때 양방향 대립가설에 대한 p값을 구하는 방법

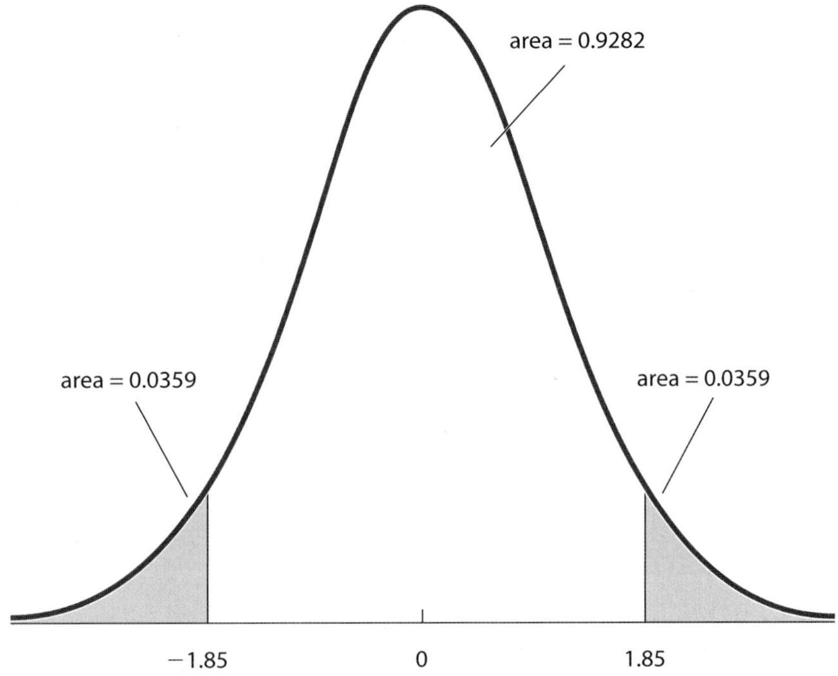

대한 p값이다. 이 경우 p값은 다음과 같다.

$$P(|T| > |t|) \tag{4.15}$$

여기서 T는 자유도가 $n-k-1$인 t분포를 갖는 확률변수이며 t는 계산된 검정통계량의 값이다.

이처럼 p값은 귀무가설이 옳을 경우 t통계량이 관측된 값만큼 극단적인 값을 가질 확률이라고 해석할 수 있다. 그러므로 우리는 p값이 작다는 것을 〔귀무가설이 옳지만 확률이 낮은 사건이 발생했다고 보기보다는〕 귀무가설에 반하는 증거로 간주한다. 반면 p값이 큰 경우는 〔귀무가설이 옳을 때 그 정도의 t값이 나오는 것은 어렵지 않게 발생할 수 있으므로〕 H_0에 반하는 증거가 되기 어렵다. 예를 들어 p값 $= 0.50$ (항상 백분율이 아니라 소수점으로 리포트됨)이라는 말은, 귀무가설이 옳은 모집단에서 수많은 임의 표본들을 추출하여 t통계량의 값을 계산하면, 우리가 관측한 값 또는 그보다 더 극단적인 값을 갖는 임의 표본들이 전체의 50%가 된다는 뜻이다. 이를 H_0에 반하는 증거로 보기에는 매우 약하다. 이처럼 p값은 귀무가설에 반하는 경험적 증거의 강함이나 약함을 잘 요약해 준다.

$df = 40$과 $t = 1.85$의 예에서 p값은 다음과 같이 계산된다.

$$p\text{값} = P(|T| > 1.85) = 2P(T > 1.85) = 2 \times 0.0359 = 0.0718$$

여기서 $P(T > 1.85)$는 자유도가 40인 t분포에서 1.85 우측 영역이다(이 값은 Stata 등의 계량경제 패키지나 여타 소프트웨어를 이용해 구할 수 있으며, 〈표 B.2〉에서는 구할 수 없다). 이것이 의미하는 바는, 귀무가설이 맞다면 t통계량의 절댓값이 1.85 이상인 경우의 확률이 약 7.2 퍼센트라는 것이다. 이것은 귀무가설에 반하는 약간의 증거가 되지만, 5% 유의수준에서는 귀무가설을 기각하지 않을 것이다.

앞의 예에서 볼 수 있듯이, p값을 계산하면 어떠한 유의수준에서도 고전적인 검정을 할 수 있다. α가 검정의 유의수준(소수점으로 표현)이라 할 때, p값 $< \alpha$이면 H_0이 기각된다. 그렇지 않으면 H_0이 $100\alpha\%$ 수준에서 기각되지 않는다.

단방향 대립가설에 대하여 p값을 계산하는 것 또한 매우 간단하다. 예를 들어 $H_0: \beta_j = 0$을 $H_1: \beta_j > 0$에 대하여 검정한다고 해 보자. $\hat{\beta}_j < 0$이라면 p값을 계산할 필요도 없다. 이 경우 p값은 0.50보다 더 크며, H_1을 선호하여 H_0을 기각하는 일은 결코 없을 것이다. $\hat{\beta}_j > 0$이면 $t > 0$이 되고 p값은 해당 df를 가진 t 임의변수가 계산된 t값을 초과할 확률이다. 어떤 회귀 패키지는 양방향 대립가설에 대한 p값만을 계산한다. 하지만 단방향 p값도 간단히 계산할 수 있다. 양방향 p값을 2로 나누기만 하면 된다.

대립가설이 $H_1: \beta_j < 0$일 때, $\hat{\beta}_j < 0$ (따라서 $t < 0$)인 경우 p값 $= P(T < t) = P(T > |t|)$에 의하여 p값을 구하면 된다. 왜냐하면 t분포는 0을 중심으로 대칭이기 때문이다. 앞의 경우와 마찬가지로 이것은 양쪽꼬리 검정용 p값의 절반이다.

통계적으로 유의한 t통계량의 크기에 대하여 금방 익숙해질 것이므로(특히 표본 크기가 클 때) t통계량에 대한 p값을 반드시 리포트해야 하는 것은 아니다. 하지만 p값들을 리포트해도 나쁠 것은 없다. 또한 4-5절에서 설명할 F검정에서는 F검정에 해당하는 임계값들을 기억하기 어려우므로 p값을 계산하는 것이 중요하다.

4-2e 고전적 가설 검정의 표현방식에 관한 주석

H_0이 기각되지 않을 때 "H_0이 x% 수준에서 채택되었다"는 표현보다는 "H_0을 x% 수준에서 기각할 수 없다"는 표현을 선호한다. 왜 후자의 표현이 더 나은지 〈예제 4.5〉를 들어 설명해볼 수 있겠다. 이 예제에서 *nox*에 대한 *price*의 탄력성의 추정값은 -0.954이며 $H_0: \beta_{nox} = -1$을 검정하기 위한 t통계값은 $t = 0.393$이다. 그러므로 우리는 H_0을 기각할 수 없다. 그런데 -1이외에도 기각 못하는 β_{nox} 값이 (셀 수 없을 만큼) 많다. 예를 들어 $H_0: \beta_{nox} = -0.9$의 t통계값은 $(-0.954 + 0.9)/0.117 = -0.462$이며, 이 귀무가설도

기각되지 않는다. 분명 $\beta_{nox} = -1$과 $\beta_{nox} = -0.9$가 둘 다 옳을 수는 없으며, 따라서 이 두 가설 중 하나를 "채택"한다는 것은 옳지 않다. 우리가 말할 수 있는 것은, 자료에 따를 때 5% 유의수준에서 이 두 가설들 중 어느 것도 기각할 수 없다는 것이다.

4-2f 경제적 혹은 실질적 유의성 대 통계적 유의성

본절에서 통계적 유의성(statistical significance)에 대하여 강조하였는데, t 통계량의 크기뿐 아니라 계수 추정값의 크기에도 주의를 기울여야 한다. 변수 x_j의 통계적 유의성은 전적으로 $t_{\hat{\beta}_j}$의 크기에 의하여 결정된다. 반면 변수의 경제적 유의성(economic significance) 또는 실질적 유의성(practical significance)은 $\hat{\beta}_j$의 크기(와 부호)에 관한 것이다. OLS 계수의 크기를 때로 효과 크기(effect size)라 한다.

$H_0: \beta_j = 0$의 검정시 t 통계량은 추정값을 그 표준오차로 나누어서 구한다. 즉 $t_{\hat{\beta}_j} = \hat{\beta}_j/\text{se}(\hat{\beta}_j)$이다. 따라서 $\hat{\beta}_j$가 "크거나" $\text{se}(\hat{\beta}_j)$가 "작을" 때 $t_{\hat{\beta}_j}$는 통계적으로 유의한 것으로 나올 수 있다. 실제 분석에서는 이 두 가지 이유로 인한 통계적 유의성을 구분하는 것이 중요하다. 통계적 유의성에 너무 초점을 맞추면, 어떤 변수의 효과 추정값이 작은 경우에도 이 변수가 y를 설명하는 데에 "중요하다"는 잘못된 결론을 내릴 수 있다.

예제 4.6 401(k) 플랜 가입률

〈예제 3.3〉에서 401(k) 플랜 자료를 사용하여 플랜 가입률을 기업의 매칭비율과 플랜의 나이로써 설명하는 모형을 추정하였다. 이제 피고용인 수(*totemp*)로써 측정한 기업 규모를 추가한다. 추정 결과는 다음과 같다.

$$\widehat{prate} = \underset{(0.78)}{80.29} + \underset{(0.52)}{5.44}\,mrate + \underset{(0.045)}{0.269}\,age - \underset{(0.00004)}{0.00013}\,totemp$$

$$n = 1{,}534,\ R^2 = 0.100$$

totemp 변수의 t 통계 절댓값이 가장 작은데 그 값은 $t = -0.00013/0.00004 = -3.25$이고, 이는 매우 작은 유의수준에서도 통계적으로 유의하다(이 t 통계에 해당하는 양쪽꼬리 p 값은 약 0.001). 그러므로 모든 변수들은 매우 작은 유의수준에서도 통계적으로 유의하다.

그렇다면 현실적인 의미에서 *totemp*의 효과는 얼마나 클까? *mrate*와 *age*를 고정시킨 상태에서 기업의 피고용인수가 10,000명 증가하면 가입률은 $10{,}000 \times 0.00013 = 1.3\%$ 포인트 하락한다. 엄청나게 증가한 피고용인 수가 가입률에 미치는 영향은 미미하다. 그러므로 기업 규모가 가입률에 영향을 미치기는 하지만 현실적으로 볼 때 그 효과는 그리 크다고 할 수 없다.

앞의 예제는 표본 크기가 클 때 t통계량을 보는 것 이외에도 계수의 크기 자체를 해석하는 것이 특히 중요함을 보여 준다. 표본 크기가 크면 모수들은 매우 정확히 추정됨에 유의하라. 표본 크기가 클 때 표준오차들은 흔히 계수추정값에 비하여 매우 작으며 그 결과 변수들은 통계적으로 유의하다.

어떤 연구자들은 표본 크기가 증가함에 따라 표준오차의 감소를 상쇄시키기 위하여 유의수준을 낮추어야 한다고 한다. 예를 들어 n이 수백일 때 5% 수준이 적절하다고 골랐다면, n이 수천이면 1% 수준을 사용한다는 것이다. 유의수준을 낮추어 감으로써 경제적 유의성과 통계적 유의성이 서로 더 잘 맞게 될 수 있지만 반드시 그러리라는 법도 없다. 앞의 예제에서 유의수준을 0.1% (즉 1%의 10분의 1)로 하더라도 *totemp*는 여전히 통계적으로 유의하다.

많은 연구자들은, 작은 표본에서는 (추정량이 덜 정확하고 동시에 임계값이 더 크다는 두 가지 이유로 인해) 유의성을 발견하기 어렵다는 점을 반영하여, 표본 크기가 작을 때 더 큰 유의수준을 기꺼이 사용하려 한다. 불행히도, 이처럼 더 큰 유의수준을 고려하려는 의향은 연구자의 선입견에 따라 좌우되는 면이 있다.

예제 4.7 직업훈련이 제품 불량률에 미치는 영향

제조회사의 제품불량률(scrap rate)은 100개 제품 중 불량품—폐기해야 하는 물품—의 개수를 의미한다. 그러므로 생산된 제품 수가 같을 때 불량률이 낮다는 것은 생산성이 높다는 것을 의미한다.

불량률을 사용하여 노동자의 훈련이 생산성에 미치는 영향을 측정해 볼 수 있다. JTRAIN에 있는 자료를 활용하되, 1987년의 노동조합이 없는 기업의 자료만 사용하여, 다음 추정결과를 얻는다. 〔표본 크기가 29밖에 되지 않음에 유의하라.〕

$$\begin{aligned}\widehat{\log(scrap)} &= \underset{(4.69)}{12.46} - \underset{(0.023)}{0.029}\,hrsemp - \underset{(0.453)}{0.962}\log(sales) + \underset{(0.407)}{0.761}\log(employ)\\ n &= 29,\ R^2 = 0.262\end{aligned}$$

hrsemp 변수는 고용인 1인당 연간 훈련시간이고, *sales*는 연간 기업 매출액(달러)이며, *employ*는 고용인 수이다. 1987년의 표본내 평균 불량률은 약 4.6이며 평균 *hrsemp*은 약 8.9이다.

주요 관심 변수는 *hrsemp*이다. 고용인 1인당 훈련시간이 1시간 증가하면 log(*scrap*)은 0.029 하락한다. 즉 불량률은 약 2.9% 하락한다. 그러므로 *hrsemp*가 5 증가하면—각 고용인이 연간 5시간 더 훈련을 받음—불량률은 $5 \times 2.9 = 14.5\%$ 하락한다. 이것은 꽤 큰 효과로 보이지만, 기업이 추가적 훈련을 할 가치가 있는지는 훈련비용과 불량률을 낮춤으로써 얻는 편익에 달려 있다. 비용편익분석에 필요한 정보는 없지만, 추정된 효과는 어쨌든 상당해 보인다.

훈련 변수의 통계적 유의성은 어떠한가? *hrsemp*의 t통계값은 $-0.029/0.023 = -1.26$이며, 이 값은 너무 크기가 작아 5% 수준에서 통계적으로 유의하지 않다. 사실 자유도 $29 - 4 = 25$에서 단방향 대립가설 $H_1: \beta_{hrsemp} < 0$에 대한 5% 임계값은 약 -1.71이다. 그러므로 정확한 5%수준 검정을 하면, 단방향 대립가설에 대해서조차도 *hrsemp*는 통계적으로 유의하지 않다는 결론을 내릴 수밖에 없다.

표본 크기가 매우 작으므로 좀 더 관대한 유의수준을 이용해 보자. 10% 임계값은 -1.32이며, 따라서 *hrsemp*는 10% 수준에서는 단방향 대립가설에 대해서 거의 유의하다. p값은 $P(T_{25} < -1.26) = 0.110$이다. 이 p값은 훈련의 효과의 추정값이 표집 오차 때문만은 아니라는 결론을 내릴 수 있을 정도로 충분히 작다고 할 수도 있겠지만, 단방향 p값 0.11이 과연 충분히 작은지에 대해서는 의견이 나뉠 것이다.

표본 크기가 상당히 큰 경우에도, 다중공선성(독립변수들 간의 높은 상관관계)으로 인하여 표준오차가 클 수 있음을 기억하라. 3-4절에서 이야기한 것처럼 이 문제에 대한 해결책으로서는 자료를 더 모으거나, 독립변수들을 제외시키거나 서로 결합함으로써 분석의 범위를 바꾸는 것 이외에는 해결 방법이 없다. 표본 크기가 작은 경우와 마찬가지로, 어떤 설명변수들이 강하게 상관되어 있을 때에는 부분효과를 정확히 추정하기 어렵다(4-5절 예제 참조).

마지막으로 다중회귀모형에서 어떤 변수의 경제적 및 통계적 유의성에 대한 몇 가지 지침을 이야기하고자 한다.

1. 통계적 유의성을 확인하라. 어떤 변수가 통계적으로 유의하면 계수의 크기를 보고 실질적 또는 경제적 유의성이 어떤지 살펴 보라. 실질적 또는 경제적 유의성을 살펴보는 단계에서는 방정식에서 독립변수와 종속변수의 형태에 맞추어 주의깊게 판단할 필요가 있다(특히 측정단위가 무엇인지, 변수에 로그가 취해졌는지에 대하여 유의하여야 할 것이다).*

2. 어떤 변수가 통상적인 수준(10%, 5% 또는 1%)에서도 통계적으로 유의하지 않더라도, 해당 변수가 y에 예상한 방향의 효과를 미치는지, 또 그 효과가 실질적으로

*2장에서 측정단위의 변화에 따른 계수 추정값의 변화에 대해 배운 바 있음을 기억하라. 설명변수가 수준변수일 때 계수추정값 자체의 대소에만 주목해서는 안 된다. 설명변수의 측정단위가 달라지면 계수추정값의 크기도 달라지기 때문이다. 설명변수가 로그변수이고 종속변수가 수준변수일 때에도 역시 주의를 기울여야 한다.

큰지 확인하라. 그 효과가 크면 t통계량에 해당하는 p값을 계산해 보아야 한다. 표본 크기가 작을 때에는 (확고한 규칙이 있는 것은 아니지만) p값이 0.20이나 되는 경우에도 해당 변수를 중요한 변수로 간주할 수 있기도 하다. p값이 클 때(즉, t값이 작을 때), 추정값이 실질적으로 큰 것은 어쩌면 표집오차에 기인한 것일 수도 있다. 그렇다면 만일 다른 표본을 사용했었더라면 아주 다른 추정값이 나왔을 수도 있다. p값이 클 때 추정값의 해석은 살얼음판을 걷듯이 조심스러운 부분이 있다.

3. 작은 t값을 갖는 변수가 "잘못된" 부호를 갖는 경우가 흔히 있다. 실제 연구에서 이러한 결과들은 무시해도 좋으며, 이 변수들은 통계적으로 유의하지 않다고 하면 된다. 유의한 변수가 예기치 못한 부호와 큰 효과를 가지면 문제가 훨씬 복잡하며 해결하기 어렵다. 이러한 문제를 해결하려면 통상적으로 모형과 자료의 성질에 대하여 좀 더 생각해 보아야 한다. 직관에 반하는 통계적으로 유의한 추정값은 주요변수를 누락시켰기 때문이거나, 9장과 Wooldridge 원저서의 15장에서 설명할 중요한 문제 때문인 경우가 흔히 있다.

4-2g p값을 폐기할 것인가?

최근 다양한 분야의 연구자들은 점 귀무가설(sharp null hypothesis)의 검정, 즉 β_j가 특정값과 같은지의 검정에 p값이 유용한지에 의문을 제기하였다. 귀무가설은 통상적으로 $H_0: \beta_j = 0$이다. p값(또는 이와 유사하게 미리 정한 유의수준과 그에 해당하는 임계값)의 사용을 꺼리는 데에는 몇 가지 이유가 있다. Wasserstein and Lanzar (2016)의 *American Statistician* 논문은 p값의 사용과 해석에 관한 미국통계협회(American Statistical Association, ASA)의 추천 지침을 요약한다. 저자들은 p값의 사용에 관하여 ASA 위원회가 동의하는 여섯 가지 원칙을 강조한다. 하나의 지침은 논쟁의 여지가 없는 것으로서 앞 소절에서 설명한 실질적 중요성과 통계적 유의성에 대하여 혼동하지 않는 것이다. 다른 지침은 p값이 크다고 하여 귀무가설을 "채택"하는 것에 대한 경고이며, 이에 대해서는 4-2e절에서 언급한 바 있다. 이들 지침은 또한 $p < 0.05$ 같은 자의적인 기각규칙을 사용하여 정책 결정 또는 사업 결정을 하는 것에 대하여 경고한다. 5% (또는 1%) 수준에서 통계적으로 유의함을 항상 요구함으로써 중요한 정책 또는 투자 결정을 무시하게 될 수도 있다. ASA 위원회는 또한 연구자들이 자신의 선입견을 지지하는 p값을 주는 모형설정을 찾지 말고 완전히 투명할 것을 촉구한다. (통계적으로 유의한 결과를 얻을 때까지 모형을 바꾸어 추정하거나 자료의 부분집합을 탐색하는 것을 p-해킹(p-hacking)이라 한다.) 다른 지침은 p값이 귀무가설이 참일 확률이 아니라고 경고한다. 귀무가설은 참일 수도 있고 거짓일 수도 있다. 그보다, p값은 귀무가설이 맞다면 우리가 얻은 값처럼 극단적인 값을 관측할 확률을 의미한다.

요컨대 ASA 가이드라인은 투명성을 중시하고 p값을 올바르게 해석하려는 의지를 반영하며, 효과 크기(실질적 중요성)를 검토하는 일을 배제한 채 통계적 유의성에만 집착하지 말 것을 강조한다. 모든 연구자는 이러한 원칙을 준수하여야 한다.

어떤 저자들은 더 단호하게 유의성 검정은 추정값 크기의 연구와 너무 동떨어져 있으므로 통계적 유의성 개념은 거의 무용지물—사실상 해로운 것—이며 폐기되어야 한다고까지 주장한다. Ziliak and McCloskey (2004)와 McCloskey and Ziliak (2008)이 이러한 견해를 가지고 있다. 이런 입장이 지나치게 극단적이라는 것은 간단한 예로써 보여줄 수 있다. 직업훈련 프로그램에 관한 개인 수준 자료를 분석한다고 해 보자. 회귀분석을 이용하여 그 프로그램에의 참여가 생산성을 15% 높인 것으로 추정되었다 하자. 이 점 추정값을 아는 것만으로 충분한가, 아니면 p값을 참조하여 모집단에서 효과가 없다는 귀무가설을 검정해 볼 것인가? 분명, 만약 p값이 예를 들어 0.06이라면 p값이 예를 들어 0.36인 경우보다 모집단 효과의 존재에 대하여 더 큰 확신을 가질 수 있을 것이다.

p값의 보고가 불필요하거나 해롭다는 극단적인 견해를 취하는 것은, 표본크기에 무관심하거나 큰 표본보다 작은 표본을 선호하는 특정 입장을 암묵적으로 받아들이는 것과 같다. 이에 대한 더 세부적인 내용은 Ziliak and McCloskey (2004)에 관한 Wooldridge (2004) 논의를 참조하라.

특정 귀무가설에 대한 p값을 보고하는 대신 신뢰구간 형태로 구간 추정값을 만드는 방법이 있다. 다음 절에서 이에 대해 살펴본다.

4-3 신뢰구간

고전적 선형모형 가정(CLM 가정)하에서 모수 β_j의 신뢰구간(confidence interval, CI)을 쉽게 구할 수 있다. 신뢰구간은 하나의 점추정값(point estimate)이 아니라 모수가 가질 만한 값들의 구간을 제공하므로 구간추정값(interval estimate)이라고도 한다.

$(\hat{\beta}_j - \beta_j)/\operatorname{se}(\hat{\beta}_j)$가 자유도 $n-k-1$의 t분포를 갖는다는 사실[식 (3.4) 참조]을 이용하여 간단히 조작하면 미지의 β_j의 CI를 구할 수 있다. 95% 신뢰구간은

$$\hat{\beta}_j \pm c \times \operatorname{se}(\hat{\beta}_j) \tag{4.16}$$

이며, 여기서 상수 c는 t_{n-k-1} 분포의 97.5번째 백분위이다. 좀 더 정확히, 신뢰구간의 하한과 상한은 각각 다음과 같다.

$$\underline{\beta}_j \equiv \hat{\beta}_j - c \times \operatorname{se}(\hat{\beta}_j), \quad \bar{\beta}_j \equiv \hat{\beta}_j + c \times \operatorname{se}(\hat{\beta}_j)$$

여기서 신뢰구간의 의미를 점검해 볼 필요가 있다. 임의표본이 반복해서 추출되고 $\underline{\beta}_j$

와 $\bar{\beta}_j$가 매번 계산되면, (미지의) 모수 β_j는 표본들의 95%에서 $(\underline{\beta}_j, \bar{\beta}_j)$ 구간에 들어갈 것이다. 불행히도 우리가 지금 가지고 있는 표본에 대해서는 β_j가 실제 그 구간에 들어 있는지 알 수 없다. 우리의 표본이 모든 표본들 중 그 구간추정값이 β_j를 포함하는 95%의 표본들 중의 하나이기를 바라지만 아무것도 보장할 수 없다.

신뢰구간 계산은 매우 쉽다. $\hat{\beta}_j$와 $\mathrm{se}(\hat{\beta}_j)$, c의 세 값이 필요하다. 계수추정값과 표준오차는 회귀 패키지에서 보고된다. c의 값을 구하려면 자유도 $n-k-1$과 신뢰수준—이 경우 95%—을 알아야 한다. 그러면 c의 값은 t_{n-k-1} 분포로부터 구할 수 있다.

예를 들어 $df = n-k-1 = 25$에 대하여 β_j의 95% 신뢰구간은 $[\hat{\beta}_j - 2.06 \times \mathrm{se}(\hat{\beta}_j), \hat{\beta}_j + 2.06 \times \mathrm{se}(\hat{\beta}_j)]$이다.

$n-k-1 > 120$이면 t_{n-k-1} 분포는 정규분포와 충분히 가까워서 표준정규분포의 97.5번째 백분위를 사용하여 "$\hat{\beta}_j \pm 1.96 \times \mathrm{se}(\hat{\beta}_j)$" 공식에 따라 95% CI를 구할 수 있다. 사실 $n-k-1 > 50$이면 c의 값은 2에 매우 가까워서 95% 신뢰구간은 "$\hat{\beta}_j$ 더하기/빼기 표준오차의 2배"라는 어림법칙(rule of thumb)으로 간단히 구할 수 있다. 자유도가 작을 때 정확한 백분위들은 t표로부터 구할 수 있다.

여타 신뢰수준에서도 신뢰구간을 쉽게 구할 수 있다. 예를 들어 90% CI에서 c는 t_{n-k-1} 분포에서 95번째 백분위값이다. $df = n-k-1 = 25$이면 $c = 1.71$이며, 따라서 90% CI는 $\hat{\beta}_j \pm 1.71 \times \mathrm{se}(\hat{\beta}_j)$이다. 이 90% 신뢰구간은 95% 신뢰구간보다 반드시 더 좁다. 99% CI에서 c는 t_{25}분포의 99.5번째 백분위이다. $df = 25$이면 99% CI는 약 $\hat{\beta}_j \pm 2.79 \times \mathrm{se}(\hat{\beta}_j)$이며, 이것은 반드시 95% CI보다 더 넓다.

회귀 패키지를 사용하면 각 계수 및 표준오차와 함께 95% CI를 보고해 주어 계산의 수고를 덜 수 있다. 신뢰구간을 얻고 나면 양방향 가설 검정을 쉽게 수행할 수 있다. 귀무가설이 $H_0\colon \beta_j = a_j$라면, a_j가 (예를 들어) 95% 신뢰구간에 포함되어 있지 않을 때 $H_1\colon \beta_j \neq a_j$에 대하여 H_0이 5% 유의수준에서 기각된다.

예제 4.8 R&D 지출 모형

산업조직을 연구하는 경제학자들은 기업의 크기—흔히 연간 매출액으로 측정함—와 연구개발(R&D) 지출액의 관계에 관심을 갖는다. 보통 등탄력성 모형이 사용된다. 이윤마진—즉 매출액 대 이윤의 비율—이 R&D 지출에 미치는 ceteris paribus 효과에도 관심을 가질 수 있다. RDCHEM에 화학산업 내 32개 미국 기업에 대한 자료가 있다. 이를 사용하여 다음의 방정식을 추정하였다(계수추정값 아래의 괄호에 있는 숫자는 표준오차).

$$\widehat{\log(rd)} = -4.38 + 1.084\log(sales) + 0.0217\,profmarg$$
$$(0.47)\ (0.060)\qquad\qquad (0.0128)$$
$$n = 32,\ \ R^2 = 0.918$$

기업 매출액에 대한 R&D 지출의 탄력성 추정값은 1.084이므로, 이윤마진을 고정시킬 때, 매출액이 1% 증가하면 R&D 지출은 1.084% 증가한다. (우연히도 R&D와 매출액이 모두 1백만 달러 단위로 측정되었지만 측정단위는 탄력성 추정값에 영향을 미치지 않는다.) 추정된 모형의 자유도가 $n-k-1=32-2-1=29$이므로, 매출액에 대한 탄력성의 95% 신뢰구간을 구할 수 있다. 〈표 B.2〉에 t_{29} 분포의 97.5번째 백분위값은 $c=2.045$이다. 그러므로 $\beta_{\log(sales)}$의 95% 신뢰구간은 $1.084 \pm 0.060 \times 2.045$, 즉 대략 $(0.961, 1.21)$이다. 0이 이 신뢰구간 훨씬 바깥에 놓여 있다는 점은 놀랍지 않다. R&D 지출은 기업규모와 함께 증가한다. 더 흥미로운 점은 $\beta_{\log(sales)}$의 95% 신뢰구간이 1을 포함한다는 것이다. 이는 5% 유의수준에서 $H_1: \beta_{\log(sales)} \neq 1$에 대하여 $H_0: \beta_{\log(sales)} = 1$을 기각할 수 없음을 의미한다. 다시 말하면, 추정된 R&D-매출액 탄력성은 5% 수준에서 1과 통계적으로 다르지 않다. (계수 추정값 자체도 1과 별로 다르지 않다.)

*profmarg*의 계수추정값도 양(+)이며, 모수 $\beta_{profmarg}$의 95% 신뢰구간은 $0.0217 \pm 0.0128 \times 2.045$, 즉 대략 $(-0.0045, 0.0479)$이다. 이 경우 0이 이 95% 신뢰구간에 포함되어 있으므로 $H_1: \beta_{profmarg} \neq 0$에 대항하여 $H_0: \beta_{profmarg} = 0$을 5% 수준에서 기각할 수 없다. 하지만 t통계값이 약 1.70이고 이의 양방향 p값은 약 0.10이다. 따라서 *profmarg*은 양방향 대립가설에 대하여 10% 수준에서 통계적으로 유의하며, 단방향 대립가설 $H_1: \beta_{profmarg} > 0$에 대해서는 5% 수준에서는 유의하다고 결론내릴 수 있다. 또한, 이윤마진 계수의 경제적 크기는 작지 않다. 매출액(*sales*)이 고정되어 있을 때, *profmarg*의 1% 포인트 증가는 R&D 지출을 $100 \times 0.0217 \approx 2.2\%$ 증가시킬 것으로 추정된다. 이 예제를 완전히 분석하기 위해서는 단순히 특정한 값(이 예에서는 0)이 95% 신뢰구간에 들어 있는가 아닌가를 언급하는 것 이상을 해야 할 것이다.

기억할 점은 신뢰구간이란 이를 구할 때 사용한 가정들이 타당한 만큼만 타당하다는 것이다. 만일 설명변수와 연관된 중요한 요소들이 누락되면, 계수추정값은 믿을 만하지 않으며 OLS는 편향된다. 이분산이 있으면—예를 들어 앞의 예제에서 $\log(rd)$의 분산이 설명변수 값에 의존하면—표준오차는 $\mathrm{sd}(\hat{\beta}_j)$의 추정값으로서 적절하지 않으며(3-4절 참조), 이 표준오차들을 사용하여 계산한 신뢰구간은 사실상 95% 신뢰구간이 아닐 것이다. 신뢰구간을 구할 때 오차항 정규분포 가정도 사용하였지만, 5장에서 볼 것처럼, 관측치 개수가 많은 응용연구에서는 이 가정이 그리 중요하지 않다.

4-4 모수들의 단일 선형결합에 대한 가설의 검정

앞의 두 절에서 고전적 가설 검정이나 신뢰구간을 이용하여 단일한 β_j에 관한 가설들을 한번에 하나씩 검정하는 방법을 설명하였다. 실제 연구에서 둘 이상의 모수들에 관한 가설을 검정해야 하는 일이 자주 있다. 본 소절에서는 둘 이상의 β_j에 관한 단일 가설의 검정방법을 설명한다. 복수의 가설들을 검정하는 방법은 4-5절에서 설명한다.

일반적인 접근법을 예시하기 위하여, 2년제 전문대학과 4년제 대학의 교육 수익률을 비교하는 단순한 모형을 고려할 것이다. [자세한 연구는 Kane and Rouse (1995)를 보라.] 모집단은 고졸 이상 근로자들이며 모형은 다음과 같다.

$$\log(wage) = \beta_0 + \beta_1 jc + \beta_2 univ + \beta_3 exper + u \tag{4.17}$$

여기서 각 변수의 의미는 다음과 같다.

$$jc = 2\text{년제 대학에 다닌 햇수}$$
$$univ = 4\text{년제 대학에 다닌 햇수}$$
$$exper = \text{직업경력}$$

2년제 대학과 4년제 대학을 어떠한 방식으로 결합해도 괜찮으며, $jc = 0$과 $univ = 0$의 경우도 허용된다.

관심있는 가설은 2년제 대학 1년이 4년제 대학 1년과 같은 가치를 갖는지 여부, 즉

$$H_0: \beta_1 = \beta_2 \tag{4.18}$$

이다. H_0하에서 2년제 대학을 한 해 더 다니는 것과 4년제 대학을 한 해 더 다니는 것은 임금에 동일한 ceteris paribus 백분율 영향을 미친다. 대부분의 경우 흥미로운 대립가설은 단방향, 즉 2년제 대학에서 1년이 4년제 대학에서 1년보다 가치가 낮다는 것이다. 이는 다음과 같이 표현할 수 있다.

$$H_1: \beta_1 < \beta_2 \tag{4.19}$$

(4.18)과 (4.19)의 가설은 두 모수 β_1과 β_2에 관한 것으로서 아직 다루지 않은 내용이다. $\hat{\beta}_1$과 $\hat{\beta}_2$의 t통계량을 개별적으로 사용하여 H_0을 검정할 수는 없다. 하지만 개념적으로 (4.18)을 검정할 t통계량을 만드는 것은 어렵지 않다. 이를 위해서 귀무가설과 대립가설을 각각 $H_0: \beta_1 - \beta_2 = 0$과 $H_1: \beta_1 - \beta_2 < 0$으로 쓰자. t통계량은 추정된 차이 $\hat{\beta}_1 - \hat{\beta}_2$가 (4.19)를 선호하여 (4.18)을 기각할 만큼 충분히 0보다 작은지에 기초한다. 추정값에 내재하는 표집오차를 고려하기 위하여 이 차이를 표준오차로 나눈다.

$$t = \frac{\hat{\beta}_1 - \hat{\beta}_2}{\text{se}(\hat{\beta}_1 - \hat{\beta}_2)} \tag{4.20}$$

일단 (4.20)의 t 통계값을 구한 후, 전과 마찬가지로 검정을 진행한다. 유의수준을 선택하고 나서 df 에 따라 임계값을 구한다. 대립가설이 (4.19)이므로 기각 규칙은 $t < -c$ 형태이다. 여기서 c는 적절한 t 분포에서 선택한 양수값이다. 아니면 t 통계량을 계산하고 나서 p값을 계산할 수도 있다(4-2절 참조).

단일 모수에 대해서 검정할 때보다 두 모수가 동일한지 검정할 때 유일하게 더 어려운 점은 (4.20)의 분모의 표준오차를 구하는 것이다. OLS 회귀를 하고 나면 분자의 계산은 간단하다. 예를 들어 Kane and Rouse (1995)에서 사용된 TWOYEAR 자료를 이용하여 식 (4.17)을 추정해 보자.

$$\begin{aligned} \widehat{\log(wage)} &= \underset{(0.021)}{1.472} + \underset{(0.0068)}{0.0667}\, jc + \underset{(0.0023)}{0.0769}\, univ + \underset{(0.0002)}{0.0049}\, exper \\ n &= 6{,}763,\ \ R^2 = 0.222 \end{aligned} \tag{4.21}$$

(4.21)로부터 jc와 $univ$가 모두 임금에 경제적 및 통계적으로 유의한 영향을 미침을 알 수 있다. 이 점도 흥미롭지만, 계수들의 추정된 차이가 통계적으로 유의한지 더 관심이 있다. 이 차이의 추정값은 $\hat{\beta}_1 - \hat{\beta}_2 = -0.0102$ 이며, 따라서 2년제 대학 1년의 수익률은 4년제 대학 1년보다 약 1 퍼센트 포인트 낮다. 이는 경제적으로 작지 않은 차이이다. 이 -0.0102 차이가 식 (4.20)의 t 통계량의 분자이다.

불행히도 (4.21)의 회귀결과에는 $\hat{\beta}_1 - \hat{\beta}_2$의 표준오차를 구하기에 충분한 정보가 포함되어 있지 않다. $\text{se}(\hat{\beta}_1 - \hat{\beta}_2) = \text{se}(\hat{\beta}_1) - \text{se}(\hat{\beta}_2)$ 라고 하고 싶을지도 모르겠으나 이는 옳지 않다. 만일 $\hat{\beta}_1$과 $\hat{\beta}_2$의 역할을 바꾸면 표준오차의 차이는 음수가 된다. 그러나 표준오차는 표준편차의 추정량이므로 항상 양수여야 한다. 사실 $\hat{\beta}_1 - \hat{\beta}_2$의 표준오차가 $\text{se}(\hat{\beta}_1)$와 $\text{se}(\hat{\beta}_2)$에 의존하기는 하지만 좀 더 복잡하다. $\text{se}(\hat{\beta}_1 - \hat{\beta}_2)$를 구하려면, 우선 분산의 성질을 이용해서 다음을 얻는다.

$$\text{Var}(\hat{\beta}_1 - \hat{\beta}_2) = \text{Var}(\hat{\beta}_1) + \text{Var}(\hat{\beta}_2) - 2\,\text{Cov}(\hat{\beta}_1, \hat{\beta}_2) \tag{4.22}$$

즉, 분산 둘을 더한 값에서 공분산의 2배를 뺀다. [이는 마치 $(a-b)^2 = a^2 + b^2 - 2ab$ 인 것과 같다.] $\hat{\beta}_1 - \hat{\beta}_2$의 표준편차는 식 (4.22)의 제곱근이다. $[\text{se}(\hat{\beta}_1)]^2$과 $[\text{se}(\hat{\beta}_2)]^2$이 각각 $\text{Var}(\hat{\beta}_1)$과 $\text{Var}(\hat{\beta}_2)$의 불편추정량이므로

$$\text{se}(\hat{\beta}_1 - \hat{\beta}_2) = \left\{[\text{se}(\hat{\beta}_1)]^2 + [\text{se}(\hat{\beta}_2)]^2 - 2s_{12}\right\}^{1/2} \tag{4.23}$$

이 될 것이다. 여기서 s_{12}는 $\text{Cov}(\hat{\beta}_1, \hat{\beta}_2)$의 추정값이다. 이 책에서 아직 $\text{Cov}(\hat{\beta}_1, \hat{\beta}_2)$의 식을 보지는 않았지만, 회귀 패키지에서 s_{12}를 구해 주면, (4.23)의 표준오차와 (4.20)의 t

통계량을 계산할 수 있다. 행렬대수를 이용하면 s_{12}의 계산방법을 설명할 수 있지만, 이 번역서에서는 이를 설명하지 않기로 한다.

어떤 정교한 계량경제 패키지들은 모수들의 선형결합에 관한 가설들을 검정할 때 사용할 수 있는 명령어를 제공하기도 한다. 여기서는 사실상 모든 통계패키지에서 간단히 계산할 수 있는 방법을 설명한다. 식 (4.23)의 $\text{se}(\hat{\beta}_1-\hat{\beta}_2)$를 직접 계산하기보다는, 모형을 바꾸어 통계패키지가 해당 표준오차를 계산하도록 하는 편이 훨씬 쉽다. β_1과 β_2의 차이에 해당하는 새로운 모수를 $\theta_1=\beta_1-\beta_2$로 정의하자. 우리가 검정하고자 하는 것은

$$H_0: \theta_1=0 \text{ 대 } H_1: \theta_1<0 \tag{4.24}$$

이다. 식 (4.20)의 t통계량을 $\hat{\theta}_1$으로 표현하면 $t=\hat{\theta}_1/\text{se}(\hat{\theta}_1)$이다. 여기서 어려운 부분은 $\text{se}(\hat{\theta}_1)$을 구하는 것이다.

그런데, 모형을 바꾸어서 θ_1이 한 독립변수에 대한 계수가 되도록 만들면 이를 쉽게 구할 수 있다. $\theta_1=\beta_1-\beta_2$이므로, $\beta_1=\theta_1+\beta_2$라 할 수 있다. 이를 식 (4.17)에 대입하여 항들을 정리하면 다음 식을 얻는다.

$$\begin{aligned}\widehat{\log(wage)}&=\beta_0+(\theta_1+\beta_2)jc+\beta_2 univ+\beta_3 exper+u\\&=\beta_0+\theta_1 jc+\beta_2(jc+univ)+\beta_3 exper+u\end{aligned} \tag{4.25}$$

이 변환의 핵심은 jc 변수의 계수가 기존의 β_1이 아니라 새로운 θ_1이라는 것이다. 절편은 여전히 β_0이고 $exper$에는 여전히 β_3이 곱해진다. 더 중요한 점은, β_2에 곱해지는 변수가 새로운 변수 $jc+univ$라는 것이다. 그러므로 직접 θ_1을 추정하고 $\hat{\theta}_1$의 표준오차를 구하고자 한다면, 새로운 변수 $jc+univ$를 만들어서 $univ$ 대신에 회귀모형에 포함시켜야 한다. 이 예에서 이 새 변수를 자연스럽게 해석할 수 있다. 이것은 대학에 다닌 총 햇수이므로, $totcoll=jc+univ$라고 정의하여, 식 (4.25)를 다음과 같이 쓰자.

$$\log(wage)=\beta_0+\theta_1 jc+\beta_2 totcoll+\beta_3 exper+u \tag{4.26}$$

원래의 β_1 모수는 모형으로부터 사라지고, 그 대신 θ_1이 명시적으로 등장했다. 이 모형은 원래 모형과 완전히 상이한 것이 아니라, 원래 모형을 다른 방식으로 나타내는 것일 뿐이다. 모형을 이처럼 변형한 유일한 이유는, 이 새 모형을 추정할 때 jc의 계수값이 $\hat{\theta}_1$이며, 더 중요한 점으로서 $\text{se}(\theta_1)$이 계수값과 함께 보고된다는 것이다. 우리가 원하는 t통계량은 jc 변수($totcoll$ 변수가 아니라)에 해당하며, 어떤 회귀패키지든 계산해 줄 것이다.

앞의 6,763개 관측치들에 대하여 $jc+univ$를 계산하여 $totcoll$ 변수로 저장한 후 회귀를 실행하면 결과는 다음과 같다.

$$\widehat{\log(wage)} = \underset{(0.021)}{1.472} - \underset{(0.0069)}{0.0102}\, jc + \underset{(0.0023)}{0.0769}\, totcoll + \underset{(0.0002)}{0.0049}\, exper, \tag{4.27}$$
$$n = 6{,}763,\ \ R^2 = 0.222$$

이 결과에서, 식 (4.21)에서 얻지 못한 유일한 숫자는 -0.0102에 대한 표준오차로서, 그 값은 0.0069이다. (4.18)의 검정을 위한 t통계값은 $-0.0102/0.0069 = -1.48$이다. 단방향 대립가설 (4.19)에 대한 p값은 약 0.070이며, 따라서 (4.18)의 가설에 반하는 증거가 어느 정도(강하지는 않지만) 존재한다.

절편과 *exper*의 기울기 추정값 및 그 표준오차들은 식 (4.21)과 동일하다. 이는 반드시 그러해야 하며, 이들을 비교함으로써 변환된 식이 제대로 추정되었는지 확인해 볼 수 있다. 새 변수 *totcoll*의 계수는 (4.21)의 *univ*의 계수와 동일하며, 표준오차도 동일하다. (4.17)과 (4.25)를 비교해 보면 반드시 그러해야 함을 알 수 있다.

$\theta_1 = \beta_1 - \beta_2$의 95% 신뢰구간을 아주 간단히 구할 수 있다. 표준정규 근사를 사용하면 CI는 늘 그렇듯이 $\hat{\theta}_1 \pm 1.96\,\mathrm{se}(\hat{\theta}_1)$이며, 그 값은 -0.0102 ± 0.0135이다.

〔모수들의 단일 선형결합에 대한 가설을 검정하는 경우〕 관심있는 모수가 나타나도록 모형을 변환하는 방법은 항상 작동하며 구현하기 쉽다.

4-5 여러 선형제약들의 검정: F 검정

OLS 계수와 관련된 t통계량은 모집단내 미지의 해당 모수가 어떤 상수(보통은 0이며 다른 값이 될 수도 있음)와 동일한지 검정하는 데에 사용할 수 있다. 또 식을 재정렬하고 변환된 변수들을 사용하여 회귀를 실행함으로써 β_j들의 선형결합에 관한 가설을 검정하는 법을 살펴보았다. 하지만 지금까지는 하나의 제약에 관한 가설만을 다루었다. 모수 $\beta_0, \beta_1, \ldots, \beta_k$에 관한 여러 제약들을 검정하고 싶을 때가 많다. 한 집단의 독립변수들이 종속변수에 아무런 부분영향(partial effect)도 미치지 않는지 검정하는 대표적 경우를 우선 살펴본다.

4-5a 배제 제약들의 검정

하나의 변수가 종속변수에 아무런 부분효과도 가지지 않는지 검정하는 방법은 이미 알고 있다. t통계량을 사용하면 된다. 이제 한 집단의 독립변수들이 종속변수에 아무런 영향도 미치지 않는지 검정하고자 한다. 좀 더 정확히 말하면, 여타 변수들을 통제할 때 한 집단의 변수들이 y에 영향을 미치지 않는다는 것이 귀무가설이다.

다음의 메이저리그 야구선수들의 연봉에 관한 모형을 고려함으로써, 한 집단의 변수들의 유의성을 검정하는 것이 왜 유용한지 살펴보자.

$$\log(salary) = \beta_0 + \beta_1 years + \beta_2 gamesyr + \beta_3 bavg + \beta_4 hrunsyr + \beta_5 rbisyr + u \tag{4.28}$$

여기서 *salary*는 1993년 연봉, *years*는 메이저리그 경력, *gamesyr* 연평균 출장 경기 수, *bavg*는 타율(예를 들어 2할5푼이면 $bavg = 250$), *hrunsyr*는 연평균 홈런 수, *rbisyr*는 연간 타점수이다. 검정하고자 하는 귀무가설은 경력과 연간 출장 경기 수가 통제되면 실력을 나타내는 통계—*bavg*, *hrunsyr*, *rbisyr*—가 연봉에 영향을 미치지 않는다는 것이다. 기본적으로 이 귀무가설은 야구통계로 측정되는 실력이 연봉에 영향을 미치지 않는다는 것이다.

귀무가설을 모형의 모수로 표현하면 다음과 같다.

$$H_0: \beta_3 = 0,\ \beta_4 = 0,\ \beta_5 = 0 \tag{4.29}$$

식 (4.29)의 귀무가설은 세 개의 배제 제약(exclusion restrictions)으로 구성되어 있다. 식 (4.29)가 맞다면, *years*와 *gamesyr*가 통제되고 나면 *bavg*, *hrunsyr*, *rbisyr*는 $\log(salary)$에 영향을 미치지 않고, 따라서 모형에서 제외시킬(exclude) 수 있다. 이는 식 (4.28)의 모수들에 복수의 제약을 가하는 것이므로 다중 제약(multiple restrictions)의 일례이다. 나중에 좀 더 일반적인 다중 제약의 사례들을 볼 것이다. 다중 제약의 검정은 다중 가설 검정(multiple hypotheses test) 또는 결합 가설 검정(joint hypotheses test)이라 한다.

(4.29)의 대립가설은 무엇일까? 만일 "메이저리그 경력과 연간 경기 수를 통제하고 나서도 실력이 중요하다"는 것을 염두에 두고 있다면, 적절한 대립가설은 단순히 다음과 같다.

$$H_1: H_0\text{이 옳지 않다.} \tag{4.30}$$

대립가설 (4.30)은 $\beta_3, \beta_4, \beta_5$ 중의 하나라도 0이 아니면 성립한다. (하나만 0과 다를 수도 있고 모두 0과 다를 수도 있다.) 우리가 여기서 쓰고자 하는 검정 방법은, H_0이 어떤 식으로 위배되든지 간에 이를 찾아낼 수 있는 것이다. 참고로, 이 검정은 $H_1: \beta_3 > 0$ 또는 $\beta_4 > 0$ 또는 $\beta_5 > 0$과 같은 단방향 대립가설에 대해서도 타당하나, 이러한 단방향 대립가설에서 최적의 검정은 아니다. 이런 다중의 단방향 대립가설하에서 더 강력한(powerful)* 검정을 다루기에는 지면도 없고, 또 이를 위해서는 고급 통계학이 뒷받침되어 있어야 한다.

(4.30)에 대하여 (4.29)를 어떻게 검정할 것인가? *bavg*, *hrunsyr*, *rbisyr* 각각의 변수에 대하여 *t*통계량을 사용하여 각각의 변수가 개별적으로 유의한지 살펴봄으로써 (4.29)를 검정하고 싶을지도 모르겠다. 이 방법은 적절하지 않다. 하나의 *t*통계량은 다른 모수에

*검정력(power)이란 잘못된 귀무가설을 기각할 확률을 의미한다.

대하여 아무런 제약도 가하지 않는 하나의 가설만을 검정한다. 게다가, 각각의 변수에 하나의 t 통계량이 있으므로 세 개의 결과물이 있다. 그렇다면 5% 수준—예를 들어—에서 (4.29)를 언제 기각할 것인가? 세 변수 모두 5% 수준에서 유의해야 할 것인가, 아니면 하나의 변수만 유의하면 될 것인가? 다행히도 우리는 이 어려운 질문에 대답할 필요가 없다. 더욱이, 개별적인 t 통계량은 사용하여 (4.29)와 같은 다중 가설을 검정하는 것은 매우 잘못될 수 있다. 이 배제 제약들을 결합하여(jointly) 검정할 방법이 필요하다.

이 문제를 좀 더 설명하기 위해 MLB1에 있는 자료를 사용하여 식 (4.28)을 추정해 보자. 결과는 다음과 같다.

$$\begin{aligned}\widehat{\log(salary)} = {} & \underset{(0.29)}{11.19} + \underset{(0.0121)}{0.0689}\, years + \underset{(0.0026)}{0.0126}\, gamesyr \\ & + \underset{(0.00110)}{0.00098}\, bavg + \underset{(0.0161)}{0.0144}\, hrunsyr + \underset{(0.0072)}{0.0108}\, rbisyr \\ & n = 353,\ \ \mathrm{SSR} = 183.186,\ \ R^2 = 0.6278\end{aligned} \tag{4.31}$$

여기서 SSR은 잔차제곱의 합이다(나중에 이 값을 사용할 것이다). 나중에 다른 것과 비교하기 위해서 SSR과 R^2의 소수점 아래 값을 많이 적었다. 식 (4.31)에 따르면, *years*와 *gamesyr*는 통계적으로 유의한 반면, *bavg*, *hrunsyr*, *rbisyr*의 어느 것도 5% 유의수준에서 양방향 대립가설에 대하여 통계적으로 유의한 t 통계값을 갖지 않는다(가장 유의한 *rbisyr*의 양방향 p값이 0.134이다). 그러므로 이 세 t 통계량에 의하면 H_0을 기각할 수 없는 것 같다.

이렇게 생각하는 것은 옳지 않다. 제대로 된 검정을 하려면 다중 제약하에서의 검정통계량—분포가 알려져 있고 임계값들이 계산가능한 검정통계량—을 도출해야 한다. 이때 잔차 제곱합을 이용하면 다중가설을 매우 편리하게 검정할 수 있다. 특별한 형태의 배제제약을 검정할 때에는 같은 검정을 R^2을 사용하여 구할 수도 있다.

식 (4.31)의 잔차 제곱합을 안다고 하여도 이것만으로는 식 (4.29)의 가설이 옳은지 여부를 판단할 수 없다. 하지만 모형으로부터 *bavg*, *hrunsyr*, *rbisyr* 변수를 제거할 때 SSR이 얼마나 증가하는지는 우리에게 유용한 정보를 제공한다. OLS 추정값들이 잔차 제곱합을 최소화시키므로 모형으로부터 변수들을 제거하면 SSR은 항상 증가함을 기억하라. 문제는 원래 모형(모든 변수들이 포함된 모형)의 SSR에 비하여 상대적으로 이 증가분이 귀무가설을 기각할 만큼 충분히 큰지 여부이다.

문제의 세 변수가 없는 모형은 다음과 같다.

$$\log(salary) = \beta_0 + \beta_1 years + \beta_2 gamesyr + u \tag{4.32}$$

가설 검정에서 식 (4.32)는 (4.29)를 검정하기 위한 제약된 모형(restricted model)이고, 모형

(4.28)은 **제약없는 모형**(unrestricted model)이다. 제약된 모형은 제약없는 모형에 비하여 항상 더 작은 수의 모수를 가지고 있다.

MLB1의 자료를 사용하여 제약된 모형을 추정하면 다음의 결과를 얻는다.

$$\begin{aligned} \widehat{\log(salary)} &= \underset{(0.11)}{11.22} + \underset{(0.0125)}{0.0713}\,years + \underset{(0.0013)}{0.0202}\,gamesyr \\ n &= 353,\ \ \text{SSR} = 198.311,\ \ R^2 = 0.5971 \end{aligned} \tag{4.33}$$

앞에서 예상한 것처럼 식 (4.33)의 SSR은 식 (4.31)의 SSR보다 더 크고, 제약된 모형의 R^2은 제약없는 모형의 R^2보다 작다. 이제 생각해 보아야 할 것은 제약없는 모형에서 제약된 모형으로 옮겨갈 때 SSR의 증가분(183.186에서 198.311로)이 (4.29)를 기각할 만큼 충분히 큰가 하는 것이다. 여느 검정과 마찬가지로 답은 검정의 유의수준에 달려 있다. 하지만 이 검정을 하려면 H_0하에서 분포가 알려진 통계량을 구해야 한다. 이 두 SSR들에 있는 정보를 결합하여 H_0하에서 알려진 분포를 갖는 검정통계량을 구해 보자.

앞의 예에만 국한되는 검정통계량이 아니라 일반적인 경우에 대해 유도해보자. 일반적인 경우라고 해서 더 어려운 것도 아니다. k개의 독립변수를 가진 제약없는 모형이 다음과 같다고 하자.

$$y = \beta_0 + \beta_1 x_1 + \cdots + \beta_k x_k + u \tag{4.34}$$

이 제약없는 모형에서 모수의 수는 $k+1$개이다(절편 때문에 1을 더했다). q개의 배제제약을 검정한다고 하자. 즉, 귀무가설은 (4.34)에 q개 변수의 계수가 0이라는 것이다. 간단한 설명을 위해 독립변수의 목록에서 마지막 q개의 변수인 $x_{k-q+1}, \ldots, x_k$가 제외될 변수들이라 하자(이 변수들로 정한 것은 설명의 편의를 위해 자의적으로 정한 것이며 실제의 변수들이 무엇이든 아래의 설명을 읽으며 이해하는 데에는 전혀 영향을 주지 않는다). 귀무가설은

$$H_0\colon \beta_{k-1+1} = 0, \ldots, \beta_k = 0 \tag{4.35}$$

으로 표현되며, 모형 (4.34)에 q개의 배제제약을 가한다. (4.35)의 대립가설은 이 귀무가설이 틀렸다는 것, 즉 (4.35)에 열거된 모수들 중 적어도 하나는 0이 아니라는 것이다. 귀무가설하의 제약을 적용시키면 다음의 제약된 모형을 얻는다.

$$y = \beta_0 + \beta_1 x_1 + \cdots + \beta_{k-q} x_{k-q} + u \tag{4.36}$$

대부분의 문제에서 그렇듯이 본 소절에서는 제약된 모형과 제약없는 모형 모두 절편을 포함한다고 가정한다.

이제 검정통계량을 구해 보자. 앞에서 우리는 제약없는 모형에서 제약된 모형으로 옮겨갈 때 SSR의 상대적인 증가분을 살펴봄으로써 가설 (4.35)의 검정에 관한 정보를 얻을

수 있을 것이라고 하였다. 우리가 사용할 검정통계량은 **F 통계량**(또는 **F 비율**)이라고 하는 것으로서 다음과 같이 정의된다.

$$F \equiv \frac{(\mathrm{SSR}_r - \mathrm{SSR}_{ur})/q}{\mathrm{SSR}_{ur}/(n-k-1)} \tag{4.37}$$

여기서 SSR_r은 제약된 모형에서 구하는 잔차 제곱합이고 SSR_{ur}은 제약없는 모형에서 구하는 잔차 제곱합이다.

SSR_r은 SSR_{ur}보다 작지 않으므로 F 통계량은 절대 음수가 될 수 없음(거의 항상 양수)을 바로 알 수 있다. 따라서 만일 음의 F 통계량이 나온다면 무엇인가 잘못된 것이며, 아마도 분자에 있는 SSR들의 순서가 뒤바뀐 탓일 것이다. 또한 F의 분모에 있는 SSR은 제약없는 모형으로부터 구한 SSR이다. 어디에 어떤 SSR이 있어야 하는지 가장 쉽게 기억하는 방법은 F가 제약없는 모형에서 제약된 모형으로 이동할 때 SSR의 상대적 증가분을 측정한다고 생각하는 것이다.

F의 분자에 있는 SSR들의 차이는 q로 나누어져 있다. 여기서 q는 제약없는 모형에서 제약된 모형으로 이동할 때 가한 제약의 개수이다(q개의 독립변수들이 제외되었음). 그러므로

$$q = \textbf{분자 자유도}(\text{numerator degrees of freedom}) = df_r - df_{ur} \tag{4.38}$$

라고 할 수 있다. 즉, q는 제약된 모형과 제약없는 모형 간 자유도의 차이이다('df = 관측치의 수 − 추정할 모수의 수'임을 기억하라). 각 모형은 동일한 n 관측치들을 사용하여 추정하고, 제약된 모형에 더 적은 모수가 있으므로, df_r은 항상 df_{ur}보다 크다.

F의 분모에 있는 SSR은 제약없는 모형의 자유도

$$n-k-1 = \textbf{분모 자유도}(\text{denominator degrees of freedom}) = df_{ur} \tag{4.39}$$

로 나눈다. 사실 F의 분모는 제약없는 모형에서 $\sigma^2 = \mathrm{Var}(u)$의 불편추정량이다.

실제 응용문제에서 F 통계량의 계산은, 앞에서 일반적인 경우를 위한 복잡한 표기법을 따라가는 것보다 쉽다. 먼저 제약없는 모형의 자유도 df_{ur}을 구한다. 다음으로 제약된 모형에서 얼마나 많은 변수가 제외되는지 세면 이것이 q이다.〔같은 말이기는 하지만, 제약없는 모형의 모수의 개수와 제약된 모형의 모수의 개수의 차이가 q이다.〕 SSR들은 각 OLS 회귀시 보고되며, 이제 F 통계량을 만드는 것은 간단하다.

메이저리그 야구선수 연봉 회귀에서 $n = 353$이며 원래의 모형 (4.28)은 6개의 모수를 포함한다. 그러므로 $df_{ur} = n-k-1 = 353-6 = 347$이다. 제약된 모형 (4.32)는 (4.28)보다 3개 적은 독립변수들을 가지고 있으므로, $q = 3$이다. 이제 F의 계산에 필요한 모든 구성항목들을 알았다. 이 계산을 하기에 앞서 우선 F로 무엇을 할지 보자.

F 통계량을 사용할 때, 임계값과 기각역을 선택하기 위해서는 귀무가설하에서 이 F 통계량의 표집분포(sampling distribution)를 알아야 한다. 귀무가설하에서(그리고 CLM 가정들이 성립할 때) F가 자유도가 $(q, n-k-1)$인 F 확률변수의 분포를 갖는다는 사실이 알려져 있다. 이것을 다음과 같이 표기하자.

$$F \sim F_{q,n-k-1}$$

$F_{q,n-k-1}$의 분포는 쉽게 도표화할 수 있고 통계표(〈표 B.3〉 참조)나 통계 소프트웨어에서 구할 수 있다.

이 F 통계량이 F 분포를 갖는다는 점을 엄밀히 증명하는 것은 복잡하므로 여기서는 기본적인 이해에 필요한 설명만 하고자 한다. 두 개의 독립적인 카이제곱 확률변수를 각각의 자유도로 나눈 것들의 비율이 F 분포를 따르는 확률변수의 정의이다. 그런데 CLM 하에서 식 (4.37)은 자유도가 q인 카이제곱 확률변수(분자 부분)와 자유도가 $n-k-1$인 카이제곱 확률변수(분모 부분)의 비율로 표현될 수 있고 이 두 카이제곱 확률변수는 독립임을 증명할 수 있다. 이로부터 위의 F 통계량이 F 분포를 따른다는 점이 도출된다.

식(4.37)에서 볼 수 있듯이 F 통계량의 분자가 두 SSR의 차이이므로 F 통계량이 충분히 "클" 때 H_1을 선호하여 H_0을 기각함을 이해할 수 있다. 얼마나 커야 하는가는 선택된 유의수준에 의존한다. 5% 수준에서 검정한다고 하자. $F_{q,n-k-1}$ 분포의 95번째 백분위 값을 c라 하자. 이 임계값은 q (분자 df)와 $n-k-1$ (분모 df)에 따라 달라진다. 여기서 분자 자유도와 분모 자유도의 위치를 제대로 두는 것이 중요하다.

F 분포의 10%, 5%, 1% 임계값들이 부록의 〈표 B.3〉에 주어져 있다. 기각 규칙은 단순하다. c를 얻은 후, 주어진 유의수준에서

$$F > c \tag{4.40}$$

이면 H_1을 선호하여 H_0을 기각한다. $q = 3$이고 $n-k-1 = 60$이라면, 5% 유의수준에서 임계값은 $c = 2.76$이다. 만일 계산된 F 통계량의 값이 2.76보다 크면 5% 수준에서 H_0을 기각할 것이다. 5% 임계값과 기각역은 〈그림 4.7〉에 표시되어 있다. 동일한 자유도에서 1% 임계값은 4.13이다.

대부분의 실증연구에서 분자 자유도(q)는 분모 자유도($n-k-1$)보다 훨씬 작다. $n-k-1$이 작은 경우[표본 크기가 작거나 추정할 모수의 개수가 큰 경우에 해당함]에는 제약없는 모형에서 모수들이 정확히 추정되지 않을 것이므로, 결과가 좋지 않을 것이다. 분모 df가 약 120에 달하면 F 분포는 더 이상 분모 자유도에 민감하지 않게 된다(이는 t 분포에서 df가 증가함에 따라 표준정규분포와 거의 같게 되는 상황과 유사하다). 그 때문에 부록의 통계표의 분모 df는 120까지만 나타나 있고 그 이상의 분모 자유도에 대해서는 '∞'로

〈그림 4.7〉 $F_{3,60}$ 분포에서 5% 임계값과 기각역

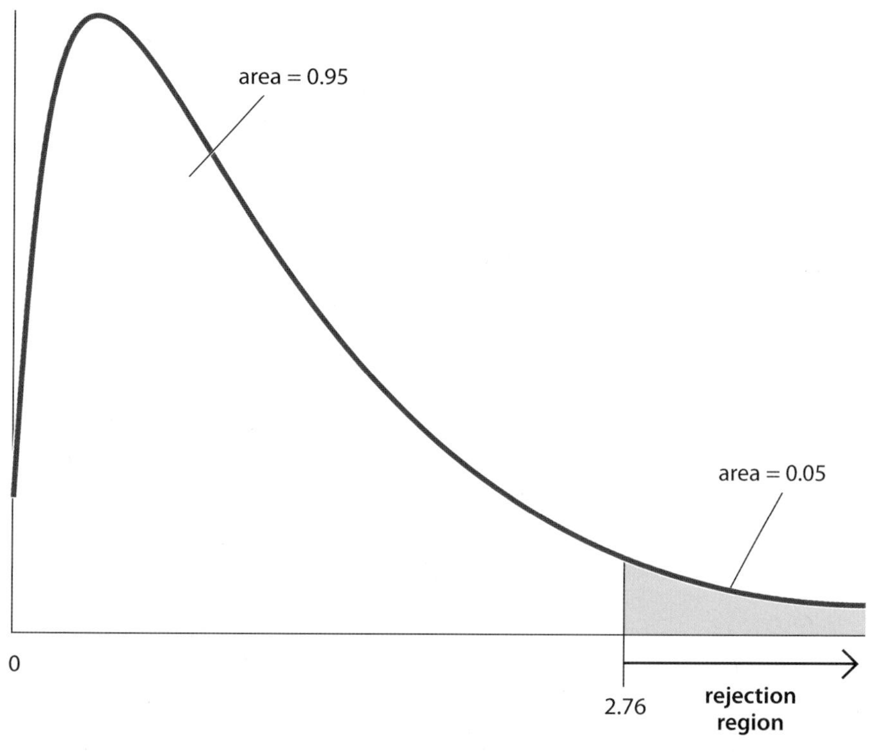

표기하였다. 표본 크기가 커서 $n-k-1$이 크면 분모 df가 ∞에 해당하는 값들을 사용한다. 분자 df가 매우 큰 경우에도 이와 유사한 현상이 발생하나, [분자 df는 제약의 개수이므로] 실제 연구에서 이런 경우는 거의 없다.

H_0이 기각되면, 적절한 유의수준에서 $x_{k-q+1},\ldots,x_k$가 집합적으로 통계적으로 유의하다(jointly statistically significant) 또는 간단히 집합적으로 유의하다(jointly significant), 또는 결합유의성을 갖는다고 한다. 이 검정만으로는 이 q개의 변수들 중 어느 것이 y에 부분효과를 미치는지 알 수 없다. 전부 다 y에 영향을 미칠 수도 있고, 하나만 y에 영향을 미칠 수도 있다. 귀무가설이 기각되지 않으면, 해당 변수들은 집합적으로 유의하지 않으며(jointly insignificant), 이 경우 이 변수들을 모형으로부터 제거하는 것이 정당화되곤 한다.

메이저리그 야구의 예에서, 분자 자유도는 3이고 분모 자유도는 347이며, 이때 5% 임계값은 2.60이고 1% 임계값은 3.78이다. F 통계값이 3.78보다 크면 1% 수준에서 H_0을 기각하고, F 통계값이 2.60보다 크면 5% 수준에서 기각한다.

이제, 본 절의 서두에서 언급한 가설, 즉 *years*와 *gamesyr*를 통제한 후 *bavg*, *hrunsyr*, *rbisyr*가 선수들의 연봉에 영향을 미치지 않는다는 가설을 검정할 수 있다. 계산 시에는

$(\text{SSR}_r - \text{SSR}_{ur})/\text{SSR}_{ur}$을 먼저 계산한 후, 여기에 $(n-k-1)/q$를 곱하는 것이 편리하다. 앞에서 식을 (4.37)과 같이 표현했던 것은, 그렇게 해야 분자 자유도와 분모 자유도가 제대로 놓이기 때문이다. 식 (4.31)과 (4.33)의 SSR들을 사용하면 다음을 얻는다.

$$F = \frac{(198.311 - 183.186)}{183.186} \times \frac{347}{3} \approx 9.55$$

이 값은 자유도가 3과 347인 F분포의 1% 임계값(약 3.84)보다 훨씬 크며, 따라서 우리는 *bavg*, *hrunsyr*, *rbisyr*가 연봉에 영향을 미치지 않는다는 귀무가설을 확실히 기각한다.

이 세 변수들의 t통계량들이 유의하지 않다는 점을 고려할 때, 이러한 결합검정(joint test)의 결과는 놀라울 수도 있다. 이러한 일이 발생한 것은, 두 변수들 *hrunsyr*와 *rbisyr*가 강하게 상관되어 있고, 이러한 높은 선형상관성(multicollinearity)으로 인하여 각 개별 변수의 부분효과를 발견하기 어렵기 때문이다. 바로 이 점이 개별 t통계량에 반영되어 있는 것이다. F통계량은 이 세 변수들(*bavg*, *hrunsyr*, *rbisyr*)이 집합적으로(jointly) 유의한지 검정하며, *hrunsyr*와 *rbisyr*의 선형상관성은 이 가설의 검정에 별 영향을 미치지 않는다. *rbisyr*를 제외시키고 모형을 재추정하면 *hrunsyr*는 매우 유의해진다. *hrunsyr*을 모형에서 제외할 때 *rbisyr*에도 이와 동일한 현상이 발생한다.

F통계량은 고도로 상관된 한 그룹의 변수들을 모형으로부터 제거하여도 좋은지 검정할 때 유용하게 쓰일 수 있다. 예를 들어, 기업의 성과가 최고경영자(CEO)의 봉급에 영향을 미치는지 검정한다고 하자. 기업의 성과를 측정하는 방법은 많고, 어떤 척도가 가장 중요한지 미리 알기는 어려울 것이다. 기업 성과의 척도들은 고도로 상관되어 있을 것이므로, 다중공선성(multicollinearity)으로 인하여, 개별적으로 유의한 성과 척도를 찾기는 어려울 것이다. 그러나, F검정을 사용하여 기업의 성과변수들이 결합적으로(jointly) 봉급에 영향을 미치는지는 결정할 수 있을 것이다.

4-5b F검정과 t검정의 관계

지금까지 한 그룹의 변수들을 모형에 포함시켜야 할지 검정하는 데 F통계량을 사용하는 방법에 대하여 공부하였다. 이 F통계량을 하나의 독립변수의 유의성을 검정하는 경우에 적용하면 어떻게 될까? 이 경우라고 해서 특별히 다를 것이 없다. 예를 들어 H_0: $\beta_k = 0$이고 $q = 1$인 경우(x_k가 모형으로부터 제외될 수 있다는 단일한 배제제약을 검정)를 보자. 4-2절에 따르면 β_k에 대한 t통계량을 사용하여 이 가설을 검정할 수도 있다. 그렇다면 단일한 계수에 관한 가설을 검정할 때에는 두 개의 상이한 방법이 존재하는 것인가? 그렇지 않다. 단일 변수 배제의 검정을 위한 F통계량은 이 경우의 t통계량의 제곱과 동일하다. 또한 t^2_{n-k-1}은 $F_{1,n-k-1}$분포를 가지므로, 대립가설이 양방향이면 이 두 접근법은 완전히 똑같은 결과를 가져온다. 단일한 가설의 검정시에는 t 통계량이 더 유연하다. 왜냐하면 단방향 대립가설에 대해서도 직접 사용할 수 있기 때문이다. t 통계량들은 F 통계량들보다 계산이 더 쉬우므로, 단일 모수에 대한 가설을 검정할 때 F 통계량을 사용할 이유는 없다.

메이저리그 야구선수 연봉 회귀에서, 개별적으로는 유의하지 않는 두 개(혹은 그 이상)의 변수들이 집합적으로(jointly)는 매우 유의할 수 있음을 보았다. 반대로, 여러 설명변수들 중 한 변수가 유의한 t 통계량을 갖지만 이 변수들 전체는 통상적인 유의수준에서 집합적으로(jointly) 유의하지 않는 경우도 있다. 이러한 결과를 어떻게 설명할 것인가? 좀 더 구체적으로, 많은 설명변수들이 있는 모형에서 $\beta_1, \beta_2, \beta_3, \beta_4, \beta_5$가 모두 0이라는 귀무가설을 5% 수준에서 기각할 수 없지만, $\hat{\beta}_1$의 t 통계량이 5% 수준에서 유의하다고 하자. 논리적으로 볼 때 $\beta_1 \neq 0$이면서 $\beta_1, \beta_2, \beta_3, \beta_4, \beta_5$가 모두 0일 수는 없다! 하지만 검정에 관한 한, 많은 유의하지 않는 변수들과 하나의 유의한 변수를 한 조로 묶고 나서, 이 변수들이 집합적으로 유의하지 않다고 결론을 내리는 것이 가능하다. (t 검정과 결합 F 검정의 이러한 상충은 왜 귀무가설을 "채택"해서는 안 되는지 보여주는 또 하나의 예이다. 우리는 귀무가설을 기각하지 못할 뿐이다.) F 통계량은 한 조의 계수들이 0과 다른지 감지하기 위한 것이며, 단일한 계수가 0과 다른지 결정하기 위한 최선의 검정은 아니다. 단일 가설의 검정에는 t 검정이 최적이다. (통계적 용어를 사용하자면, $\beta_1 = 0$을 포함하는 결합(joint) 제약에 대한 F 통계량은 $\beta_1 \neq 0$만을 감지함에 있어 통상적인 t 통계량보다 더 작은 검정력을 갖는다.)

개별적으로는 통계적으로 유의한 변수이지만 집합적으로(jointly)는 유의성을 갖지 못하기도 하는 현상을 악용해 회귀결과를 잘못 해석하도록 만들 수도 있으니 회귀결과가 어떻게 보고되는지 주의깊게 살펴보아야 한다. 예를 들어, 도시별 대출승인율 결정요인의 연구에서, x_1이 도시 내 흑인 가구의 비율이라 하자. x_2, x_3, x_4, x_5가 가구주의 연령대를 나타내는 변수라 하자. 대출승인율을 설명할 때 소득, 부, 신용등급 등도 포함될 것이다. 이 변수들을 통제하고 나면 가구주의 나이가 대출승인율에 영향을 미치지 않는다고 하자. 인종 변수가 어느 정도 유의한 영향을 미치는 경우라도, 인종과 나이 변수들을 한 그룹으로 묶으면, 이들은 집합적으로(jointly) 유의하지 않을 수 있다. 이때, 인종이 대출률에 영향을 미치지 않는다는 결론을 원하는 사람이라면 단순히 "인종과 나이 변수들을 방정식에 포함시켜 보았으나 이들은 5% 수준에서 집합적으로(jointly) 유의하지 않았다"고 보고하고 말 수도 있다. 논문이 출판되기 이전에 연구자들의 상호 검토(peer review) 과정에서 이런 오도하는 결론이 드러나야 하겠지만, 독자들 역시 이런 통계분석 결과도 발생할 수 있음을 알고 있어야 한다.

종종, 하나의 변수가 통계적으로 매우 유의하고, 이 변수를 다른 변수들과 결합하여 검정할 때 전체가 유의하게 나오곤 한다. 이런 경우라면 두 귀무가설들(단일 변수의 유의성과 결합 유의성)의 기각에 논리적 모순이 존재하지 않는다.

4-5c F 통계량의 R제곱 형태

배제 제약들을 검정할 때, 제약된 모형과 제약없는 모형으로부터 구한 R^2을 사용하여 F 통계량을 계산하는 것이 편리한 경우가 있다. y의 측정단위에 따라 SSR들은 매우 커서 SSR을 사용한 계산이 불편한 경우도 있지만 R^2은 항상 0과 1 사이의 값이기 때문이다. $\mathrm{SSR}_r = \mathrm{SST}(1-R_r^2)$과 $\mathrm{SSR}_{ur} = \mathrm{SST}(1-R_{ur}^2)$을 식 (4.37)에 대입하여 다음을 얻는다.

$$F = \frac{(R_{ur}^2 - R_r^2)/q}{(1-R_{ur}^2)/(n-k-1)} = \frac{(R_{ur}^2 - R_r^2)/q}{(1-R_{ur}^2)/df_{ur}} \tag{4.41}$$

(SST가 모두 소거됨에 주의하라.) 이것이 F 통계량의 R제곱 형태이다. [여기서, 식 (4.41)이 배제제약들을 검정할 때 매우 편리하기는 하지만, 이것을 모든 선형제약의 검정에 적용할 수는 없음에 유의하여야 한다. 나중에 일반적인 선형제약의 검정 부분에서 이야기하겠지만, F 통계량의 잔차 제곱합 형태가 반드시 필요한 경우도 있다.]

SSR과 달리 R^2은 대부분의 회귀에서 보고되므로, 제약없는 모형과 제약된 모형에서 구한 R^2을 사용하여 변수들의 배제에 대해 검정하기 쉽다. 여기서 분자의 R^2들이 나타나는 순서에 각별한 주의를 기울여야 한다. 제약없는 R^2이 먼저 나온다. [식 (4.37)에서 SSR들의 순서와 반대이다.] $R_{ur}^2 \geq R_r^2$이므로, 이로부터도 F 통계량이 음수(−)가 될 수 없음을 알 수 있다. 극히 드문 경우를 제외하면 이 부등식은 강한 부등식이고 $F > 0$이다.

자명한 이야기이지만, R^2 형태를 사용할 때, 식 (4.41)에서 R^2을 다시 제곱해서는 안 된다. 이미 제곱되어 있다. 모든 회귀에서 R^2은 보고되고, 이 숫자들을 (4.41)에 직접 대입한다. 야구선수 연봉의 예제에서, (4.41)을 사용하면 다음의 F 통계값을 얻는다.

$$F = \frac{(0.6278 - 0.5971)}{(1-0.6728)} \times \frac{347}{3} \approx 9.54$$

이 값은 전에 얻었던 결과와 매우 가깝다. (차이는 오직 소수점 반올림 때문에 발생한다.)

예제 4.9 부모의 교육수준과 신생아 몸무게

F 통계량 계산의 다른 예로서 신생아 몸무게를 여러 요인들로써 설명하는 다음 모형을 보자.

$$\begin{aligned} bwght &= \beta_0 + \beta_1 cigs + \beta_2 parity + \beta_3 faminc \\ &\quad + \beta_2 motheduc + \beta_5 fatheduc + u \end{aligned} \tag{4.42}$$

여기서

$$bwght = \text{신생아 몸무게, 파운드.}$$

$$cigs = \text{임신기간 산모의 1일 평균 흡연량, 개피.}$$

$$parity = \text{해당 신생아의 출생순서.}$$

$$faminc = \text{연간 가구소득.}$$

$$motheduc = \text{어머니 학력, 년.}$$

$$fatheduc = \text{아버지 학력, 년.}$$

cigs, *parity*, *faminc*을 통제한 후 부모의 교육수준이 출생시 체중에 영향을 미치지 않는다는 귀무가설을 검정해 보자. 즉, H_0: $\beta_4 = 0$, $\beta_5 = 0$이며, 따라서 $q = 2$개의 검정할 배제제약들이 있다. 제약없는 모형 (4.42)에서 모수의 수는 $k+1 = 6$이므로, n이 표본 크기일 때, 제약없는 모형에서 df는 $n-6$이다.

BWGHT의 자료를 사용하여 이 가설을 검정할 것이다. 이 자료집합에는 1,388명 신생아에 관한 정보가 있지만, 귀무가설 검정시 사용되는 관측치의 수를 셀 때 주의하여야 한다. 표본에서 197명 신생아에 대하여 *motheduc*나 *fatheduc*의 정보가 누락되어 있으므로, 제약없는 모형을 추정할 때 이 관측치들은 사용되지 않는다. 그러므로 실제로는 $n = 1{,}191$개의 관측치가 있는 셈이며, 따라서 제약없는 모형의 자유도는 $df = 1{,}191 - 6 = 1{,}185$이다. 제약된 모형을 추정할 때에도 반드시 동일한 1,191개의 관측치만을 사용하여야 한다(전체 1,388개가 아니라). 일반적으로, F 통계량 계산을 위하여 제약된 모형을 추정할 때, 제약없는 모형의 추정에서 사용한 것과 동일한 관측치들을 사용하여야 한다. 그렇지 않으면 검정은 타당하지 않다. 누락된 자료가 없다면 이 점은 문제가 되지 않을 것이다.

분자 df는 2이고 분모 df는 1,185이다. 〈표 B.3〉에서 5% 임계값은 $c = 3.0$이다. 제약없는 완전한 모형(full model)에서 R^2은 $R^2_{ur} = 0.0387$이다. *motheduc*와 *fatheduc*가 회귀에서 제외되면 R^2은 $R^2_r = 0.0364$로 떨어진다. 그러므로 F 통계값은 $F = [(0.0387 - 0.0364)/(1 - 0.0387)] \times (1{,}185/2) = 1.42$이다. 이것이 5% 임계값보다 한참 작으므로 H_0을 기각할 수 없다. 다시 말하면, 신생아 몸무게 방정식에서 *motheduc*와 *fatheduc*는 집합적으로 유의하지 않다(jointly insignificant). 두 회귀를 할 때, 결측치가 있으면 서로 다른 자료를 사용하게 될 수도 있으므로 주의를 기울일 필요가 있다. 하지만, 대부분의 통계 패키지는 제약없는 모형을 OLS로 추정한 이후 다중 가설을 검정하는 명령을 내장하고 있는 까닭에 통계 패키지를 이용해 다중 가설 검정을 할 때 이런 점을 염려하지 않아도 된다. 사실, 제약된 모형을 추정하지 않고도 행렬연산을 이용해 제약없는 모형 추정 결과로부터 F 통계값을을 계산할 수 있다.

4-5d F 검정 시 p값의 계산

F 검정의 결과를 보고할 때 p값이 매우 유용하다. F 분포는 분자와 분모 df에 의존하므로, F 통계량의 값과 한두 가지 임계값들만 보아서는 경험적 증거가 귀무가설에 반하는 정도가 얼마나 강한지 느낌을 갖기가 어렵다.

F 검정의 맥락에서 p값은 다음과 같다.

$$p\text{값} = P(\mathscr{F} > F) \tag{4.43}$$

여기서 $\mathscr{F}$는 $F_{q,n-k-1}$ 분포를 갖는 확률변수이며, F는 실제 계산한 통계값이다. p값은 t 검정시와 동일한 방식으로 해석된다. 이것은 귀무가설이 옳다는 가정하에서 F 통계량이 실제 계산한 F값만큼 클 확률이다. 작은 p값은 H_0에 반하는 증거이다. 예를 들어, p값 $= 0.016$은, 귀무가설이 옳을 때 우리가 실제 관측한 값만큼 큰 F값을 관측할 확률이 1.6%밖에 되지 않는다는 것이다. 이런 경우에는 보통 H_0을 기각한다. p값이 0.314라면, 관측된 값만큼 큰 F값을 관측할 확률이 귀무가설하에서 31.4%나 된다는 것이다. 이는 H_0에 반하는 증거라 하기에는 너무 약하다.

t 검정 시와 마찬가지로, 일단 p값을 계산하고 나면 모든 유의수준에서 F 검정을 수행할 수 있다. 예를 들어 p값이 0.024이면, 귀무가설을 5% 유의수준에서는 기각하지만 1% 수준에서는 기각하지 않는다.

〈예제 4.9〉에서 F 검정의 p값은 0.238이므로, $\beta_{motheduc}$와 $\beta_{fatheduc}$가 모두 0이라는 귀무가설은 20% 유의수준에서도 기각되지 않는다.

많은 계량경제 패키지들은 다중 배제 제약들의 검정기능을 제공한다. 이 패키지들을 사용하는 것은 손으로 통계량을 계산하는 것보다 이점이 있다. 실수를 덜 할 것이고, p값이 자동으로 계산되며, 〈예제 4.9〉에서처럼 관측치가 누락되는 경우도 알아서 처리해 준다.

4-5e 회귀의 전반적인 유의성에 대한 F 통계량

특별히 시키지 않아도 대부분의 회귀 패키지에서 기본으로 검정하는 배제 제약들이 있다. 이 제약들은 모든 모형에서 동일한 방식으로 해석된다. 독립변수가 k개 있는 모형에서 다음 귀무가설을 생각해 보자.

$$H_0: x_1, x_2, \ldots, x_k\text{는 } y\text{를 설명하는 데 도움이 되지 않는다.}$$

이 귀무가설은 일면 매우 비관적인 것이다. 이는 y에 영향을 미치는 설명변수가 하나도 없다는 말이다. 모수로써 표현하자면, 귀무가설은 모든 기울기 모수들이 0이라는 것, 즉

$$H_0: \beta_1 = \beta_2 = \cdots = \beta_k = 0 \tag{4.44}$$

이며, 대립가설은 $\beta_1, \beta_2, \ldots, \beta_k$ 중 0이 아닌 것이 하나라도 있다는 것이다. 이 귀무가설을 표현하는 또 하나의 유용한 방식은 H_0: $\mathrm{E}(y|x_1, x_2, \ldots, x_k) = \mathrm{E}(y)$라는 것이다. 즉 $x_1, x_2, \ldots, x_k$에 대한 지식이 y의 기댓값에 영향을 미치지 않는다는 것이다.

식 (4.44)에 k개의 제약이 있고, 이 제약을 가하면 제약된 모형은 다음과 같다.

$$y = \beta_0 + u \tag{4.45}$$

여기서 모든 독립변수들이 방정식으로부터 제거되었다. 이제 (4.45)의 추정시 R^2은 0이다. 설명변수가 없으므로 y의 어떠한 차이도 설명되지 않는 것이다. 그러므로 (4.4)의 검정을 위한 F통계량은 다음과 같이 쓸 수 있다.

$$\frac{R^2/k}{(1-R^2)/(n-k-1)} \tag{4.46}$$

여기서 R^2은 y를 $x_1, x_2, \ldots, x_n$으로 회귀할 때의 통상적인 R^2이다.

대부분의 회귀 패키지들은 (4.46)의 F통계값을 자동으로 보고하며, 따라서 이 통계값을 이용하여 일반적인 배제 제약을 검정하고 싶을지도 모르겠다. 그러나 이 유혹에 굴복하면 안 된다. 앞에서 식 (4.41)의 F통계량은 일반적인 배제 제약의 경우 사용되며, 제약된 모형과 제약없는 모형에서 구한 R^2에 의존한다. 반면, 식 (4.46)은 모든 독립변수들이 제외된다는 가설에만 타당하다. 때로 이것이 해당 **회귀의 전반적인 유의성**(overall significance of the regression)을 결정한다고 이야기한다.

(4.44)를 기각하지 못하면, 독립변수들 중 어느 것도 y의 설명에 도움을 준다는 증거가 존재하지 않는 것이다. 이 경우 보통 y를 설명할 다른 변수들을 찾아 봐야 한다. 〈예제 4.9〉에서, (4.44)의 검정을 위한 F통계량은 약 9.95이며, $k=5$, $n-k-1=1{,}185\,df$이다. p값은 소수점 4째 자리까지 0이므로 (4.44)는 매우 강하게 기각된다. 그러므로 *bwght* 방정식에서 변수들이 *bwght*의 변화를 설명한다고 결론내릴 수 있다. 설명의 정도는 3.87%밖에 되지 않는다(R^2 참조). 이처럼 작은 R^2도 매우 유의한 F통계량으로 연결될 수 있다. 이 때문에 우리는 결합유의성 검정을 위해서는 F통계량을 계산해 보아야 하며, R^2의 크기만 보아서는 안 된다.

모든 독립변수들이 결합유의성을 갖지 않는다는 가설에 대한 F통계량이 연구의 초점이 되는 경우도 있다. 예를 들어, 기간 초에 주어진 정보를 이용하여 4년 후까지의 주식수익률을 예측할 수 있는지 살펴볼 때, 효율적 시장 가설하에서 수익은 예측불가능하여야 한다. 이때 귀무가설은 정확히 (4.44)이다.

4-5f 일반적인 선형 제약의 검정

배제 제약의 검정은 F 검정의 가장 중요한 사용처이다. 하지만 때로 제약들은 이보다 더 복잡할 수 있다. 이 경우에도 F 통계량을 사용하여 검정할 수 있다.

예를 들어 다음 방정식을 보자.

$$\log(price) = \beta_0 + \beta_1 \log(access) + \beta_2 \log(lotsize) + \beta_3 \log(sqrft) + \beta_4 bdrms + u \tag{4.47}$$

단,

$$\begin{aligned} price &= \text{주택가격} \\ assess &= \text{감정가격(판매 전)} \\ lotsize &= \text{대지} \\ sqrft &= \text{건평(제곱피트)} \\ bdrms &= \text{방 개수} \end{aligned}$$

이제 감정가격이 합리적인 평가인지 검정하고자 한다고 하자. 이 경우 $assess$가 1% 변화할 때 $price$도 1% 변화하여야 한다. 즉 $\beta_1 = 1$이다. 또한 일단 감정가격이 통제되면 $lotsize$, $sqrft$, $bdrms$는 $\log(price)$를 설명하는 데 도움을 주지 않아야 한다. 이 가설들을 한꺼번에 표현하면

$$H_0: \beta_1 = 1, \beta_2 = 0, \beta_3 = 0, \beta_4 = 0 \tag{4.48}$$

이 된다. 이 네 제약들을 검정할 것이다. 이 중 세 개는 배제제약이지만 $\beta_1 = 1$은 그렇지 않다. 이 가설을 F 통계량을 사용하여 어떻게 검정할 것인가?

배제 제약의 경우처럼, 제약없는 모형 (4.47)을 추정하고, (4.48)의 제약들을 가하여 제약된 모형을 얻는다. 배제제약이 아닌 것[식 (4.48)의 $\beta_1 = 1$]이 있는 까닭에 제약된 모형을 얻는 것이 다소 복잡해지기는 하지만 제약된 모형이 제약들을 대입하는 것이라는 점은 배제제약이든 아니든 다를 바 없다. 식 (4.47)을

$$y = \beta_0 + \beta_1 x_1 + \beta_2 x_2 + \beta_3 x_3 + \beta_4 x_4 + u \tag{4.49}$$

라고 나타내면, 제약된 모형은 $y = \beta_0 + x_1 + u$가 된다. 이제, x_1의 계수가 1이라는 제약을 가하면, 다음 모형을 추정하여야 한다.

$$y - x_1 = \beta_0 + u \tag{4.50}$$

이는 절편(β_0)이 있는 모형일 뿐이지만, 종속변수가 (4.49)와 다르다. 이 경우에도 F 통계량을 계산하는 절차는 같다. (4.50)을 추정하여 SSR을 구하고(SSR_r), 이것과 (4.49)로부터의 제약없는 SSR을 사용하여 (4.37)의 F 통계량을 구한다. 제약의 개수는 $q = 4$이며, 제약없는 모형에서 df는 $n-5$이다. F 통계량은 $[(\text{SSR}_r - \text{SSR}_{ur})/\text{SSR}_{ur}][(n-5)/4]$이다.

실제 자료를 사용하여 이 검정을 설명하기 전에 강조하고자 하는 점은, 이 예에서 (4.50)의 종속변수가 (4.49)의 종속변수와 상이하므로 R^2 형태의 F 통계량을 사용할 수 없다는 것이다. 이는 두 회귀로부터의 총제곱합이 상이하여서 (4.41)과 (4.37)이 더 이상 동일하지 않기 때문이다. 일반적인 규칙은, 제약된 모형에서 종속변수가 달라지면 반드시 SSR 형태의 F 통계량을 사용하여야 한다는 것이다.

HPRICE1 자료를 사용하여 제약없는 모형을 추정하면 다음을 얻는다.

$$\begin{aligned}\widehat{\log(price)} = \underset{(0.570)}{0.264} + \underset{(0.151)}{1.043}\log(assess) + \underset{(0.0386)}{0.0074}\log(lotsize)\\ - \underset{(0.1384)}{0.1032}\log(sqrft) + \underset{(0.0221)}{0.0338}\,bdrms\\ n = 88,\ \ \text{SSR} = 1.822,\ \ R^2 = 0.773\end{aligned}$$

개별적인 t 통계량을 사용하여 (4.48)의 제약들을 각각 검정하면 아무것도 기각할 수 없다. 하지만 여기서는 결합가설이 문제이며, 이 제약들을 결합적으로(jointly) 검정하여야 한다. 계산에 따르면, 제약된 모형에서 SSR은 $\text{SSR}_r = 1.880$이며, 따라서 F 통계량은 $[(1.880 - 1.822)/1.822] \times (83/4) = 0.661$이다. 자유도가 $(4, 83)$인 F 분포의 5% 임계값은 약 2.50이므로, H_0을 기각할 수 없다. 감정가격이 합리적이라는 가설에 반하는 증거는 보이지 않는다.

4-6 회귀 결과의 보고 방법

마지막으로, 비교적 복잡한 실증연구에서 다중회귀의 결과를 보고하는 방법에 대하여 약간의 지침을 제시하고자 한다. 이로써 응용 사회과학에서 발표되는 연구를 읽을 수 있게 되고, 여러분 자신의 실증분석 논문을 쓰는 데에 도움이 될 것이다. 이 교과서의 나머지 부분에서 다양한 예제를 통하여 이를 확장하겠지만, 중요한 점들을 일단 여기서 설명한다.

OLS 계수 추정값들은 당연히 항상 보고하여야 한다. 연구의 주요 변수들에 대해서는 추정된 계수들을 해석하여야 한다(이를 위해서는 변수의 측정단위를 알아야 하는 경우도 있다). 예를 들어 추정값은 탄력성인가, 아니면 설명이 필요한 다른 해석을 가지고 있는가? 주요 변수들의 경제적 및 실질적 중요성도 논하여야 한다.

추정된 계수들과 함께, 표준오차들도 항상 포함되어야 한다. 어떤 저자들은 표준오차 대신에 t통계량(또는 그 절댓값)을 보고하기도 한다. 그렇게 해도 틀린 것은 아니지만, 표준오차를 보고하는 것이 더 나아 보인다. 첫째, 그럼으로써 검정할 귀무가설에 대하여 좀 더 주의깊게 생각하도록 한다. 귀무가설에 모수값이 0이라는 것만 있는 것은 아니다. 둘째, 표준오차가 있으면 신뢰구간을 구하기가 더 쉽다.

회귀에서 구한 R^2도 항상 포함되어야 한다. 이는 적합도(goodness-of-fit)의 척도를 제공할 뿐 아니라, 이를 사용하여 배제 제약들에 대한 F통계량을 쉽게 계산할 수 있다. 잔차 제곱합과 회귀의 표준오차($\hat{\sigma}$)을 보고하는 것도 좋은 생각이지만, 반드시 필요한 것은 아니다. 방정식을 추정할 때 사용한 관측치의 수는 추정식 근처에 써 두어야 한다.

한두 개의 모형만 추정하는 경우라면 지금까지 우리가 했던 것처럼 결과를 방정식 형태로 요약할 수 있을 것이다. 하지만 많은 논문에서, 다양한 독립변수 집합을 가진 여러 방정식들이 추정된다. 동일한 방정식을 여러 대상자들 대하여 추정하기도 하며, 심지어 상이한 종속변수를 갖는 방정식들을 추정하기도 한다. 이런 경우에는 결과를 표로 정리하는 것이 좋다. 종속변수를 표에 명시하도록 하고, 독립변수들은 표의 첫 번째 열에 쓰도록 한다. 표준오차(혹은 t통계량)는 추정값 하단에 괄호 안에 넣으면 된다.

예제 4.10 교사들의 급여-연금 상충관계

교사의 급여(salary)와 모든 부가급여(fringe benefits: 연금, 건강보험 등)를 모두 포함한 평균 연간 총 급여를 $totcomp$라 하자. 표준적인 임금 방정식을 확장시키면, 총 급여는 생산성과 여타 특성들의 함수가 될 것이다. 총 급여의 로그값을 종속변수로 사용하는 것이 표준적으로 이용되는 모형이므로 다음의 형태를 사용하자.

$$\log(totcomp) = f(\text{생산성}, \text{여타 특성})$$

여기서 $f(\cdot)$은 어떤 함수(아직 지정되지 않음)이다. 총 급여를

$$totcomp = salary + benefits = salary\left(1 + \frac{benefits}{salary}\right)$$

처럼 두 항목으로 나누자. 이 식에 따르면 총급여는 $salary$와 $1 + b/s$의 곱이다. 여기서 b/s는 "급여 대비 부가급여 비율(benefits to salary ratio)"이다. 이 방정식에 로그를 취하하면 $\log(totcomp) = \log(salary) + \log(1 + b/s)$가 된다. 그런데 b/s가 작을 때, $\log(1 + b/s) \approx b/s$이며, 이를 사용하면 다음의 계량경제 모형을 얻는다.

$$\log(salary) = \beta_0 + \beta_1(b/s) + \text{여타 요인들}$$

급여-복리후생 상충(salary-benefits tradeoff)을 검정하는 것은 $H_0: \beta_1 = -1$을 $H_1: \beta_1 \neq -1$에 대하여 검정하는 것과 같다.

MEAP93 자료를 사용하여 이 가설을 검정해 보자. 이 자료들은 학교 수준 평균자료이며, 총 급여를 결정하는 여타 요소들의 많은 부분을 관측하지 못한다. 다만 학교크기(*enroll*), 학생 1천명당 직원 수(*staff*) 및 중퇴율과 졸업률 같은 학교 특성을 포함시킬 것이다. 표본에서 평균 b/s는 약 0.205이며, 최댓값은 0.450이다.

추정 결과가 〈표 4.1〉에 제시되어 있다. 여기서 표준오차들은 계수추정값 하단의 괄호 안에 있다. 핵심 변수는 b/s (benefits-salary ratio)이다.

〈표 4.1〉의 첫 번째 열에 따르면, 어떤 요소도 통제하지 않을 때 b/s의 OLS 계수는 -0.825이다. H_0: $\beta_1 = -1$의 검정을 위한 t통계값은 $t = (-0.825+1)/0.200 = 0.875$로서, 단순회귀에서는 H_0을 기각하지 못한다. 학교크기와 직원규모(교사 1인당 학생수에 대한 대략적인 지표)를 통제변수로 추가하고 나면 b/s 계수 추정값은 -0.605가 된다. 이제 $\beta_1 = -1$을 검정하면 t통계는 약 2.39이며, 따라서 H_0은 양방향 대립가설에 대하여 5% 유의수준에서 기각된다. log(*enroll*)과 log(*staff*) 변수들은 통계적으로 매우 유의하다.

〈표 4.1〉 급여-후생 상충의 검정

종속변수: log(*salary*)			
독립변수	(1)	(2)	(3)
b/s	−0.825 (0.200)	−0.605 (0.165)	−0.589 (0.165)
log(*enroll*)	—	0.0874 (0.0073)	0.0881 (0.0073)
log(*staff*)	—	−0.222 (0.050)	−0.218 (0.050)
droprate	—	—	−0.00028 (0.00161)
gradrate	—	—	−0.00097 (0.00066)
절편	10.523 (0.042)	10.884 (0.252)	10.738 (0.258)
관측치수 R^2	408 0.040	408 0.353	408 0.361

4-7 인과적 효과와 정책분석 추가 논의

3-7e절에서 충분한 통제변수들을 통제하여 참여 배정상의 혼동 문제에 대해 우려할 필요가 없을 경우 다중회귀를 이용하여 정책개입의 인과적 효과 혹은 처치효과를 편향되지 않게 추정할 수 있음을 보았다. 특히, 처치효과 τ가 모든 구성원들에게서 동일한 경우 다음을 도출하였다.

$$\mathrm{E}(y|w,\mathbf{x}) = \alpha + \tau w + \mathbf{x}\gamma = \alpha + \tau w + \gamma_1 x_1 + \cdots + \gamma_k x_k$$

단 y는 성과 혹은 반응, w는 이진적 정책 (처치) 변수, x_j는 처치 배정을 설명할 수 있는 통제변수들이다. MLR.1부터 MLR.4까지의 가정이 성립하므로(또한 모집단으로부터 표본을 임의추출하였으므로) τ의 OLS 추정량은 불편성을 갖는다. MLR.5와 MLR.6을 추가하면 τ에 대한 정확한 추론을 할 수 있다. 예를 들어 정책의 효과가 없다는 귀무가설은 H_0: $\tau = 0$이며, 표준적인 t 통계량을 이용하여 이 가설을—단방향 혹은 양방향 대립가설에 대비하여—검정할 수 있다. 추정값 $\hat{\tau}$이 아무리 크더라도 $\hat{\tau}$이 충분히 작은 유의수준에서 통계적으로 0과 다르지 않으면(부호도 기대한 대로 나와야 함) 대부분의 연구자들과 관리자들은 개입 혹은 정책이 유효했다는 확신을 갖지 않을 것이다. 여느 상황에서와 마찬가지로 $\hat{\tau}$의 부호와 크기, 그리고 통계적 유의성에 대하여 논하는 것이 중요하다. τ의 95% 신뢰구간을 구하여 모집단 처치효과 참값의 있음직한 범위를 구해볼 수도 있다.

γ_j에 관한 가설을 검정할 수도 있지만, 정책효과 분석에서는 x_j의 통계적 유의성은 회귀 결과를 논리적으로 점검하려는 경우를 제외하면 거의 중요시되지 않는다. 예를 들어 과거 노동시장에서의 급여는 현재 노동시장 급여를 증가시킬 것으로 기대된다.

이제 JTRAIN98을 사용하여 직업훈련 프로그램의 효과를 추정한 〈예제 3.7〉을 다시 살펴보자.

예제 4.11　직업훈련 프로그램의 평가

단순회귀와 다중회귀 추정값들을 다시 제시하되, 계수 추정값 아래에 표준오차들을 표시하고자 한다. 성과변수 *earn98*의 측정단위는 1천 달러이다.

$$\begin{aligned}\widehat{earn98} &= \underset{(0.28)}{10.61} - \underset{(0.48)}{2.05}\,train \\ n &= 1{,}130,\ R^2 = 0.016\end{aligned} \tag{4.51}$$

$$\begin{aligned}\widehat{earn98} &= \underset{(1.15)}{4.67} + \underset{(0.44)}{2.41}\,train + \underset{(0.019)}{0.373}\,earn96 + \underset{(0.064)}{0.363}\,educ - \underset{(0.019)}{0.181}\,age + \underset{(0.43)}{2.48}\,married \\ n &= 1{,}130,\ R^2 = 0.405\end{aligned} \tag{4.52}$$

〈예제 3.7〉에서 이야기한 바와 같이 단순회귀에서 다중회귀로 넘어가면서 *train* 계수의 부호가 변한 것은 놀랄 만한 일이다. 더욱이 (4.51)에서 t통계값은 $-2.05/0.48 \approx -4.27$로서 통계적으로 매우 유의하고 실질적으로도 큰 음의 프로그램 효과에 해당한다. 이와 대조적으로 (4.52)의 t통계값은 약 5.47로서 통계적으로 매우 유의한 양의 효과이다. 다중회귀 결과에 의하여 직업훈련 프로그램 평가를 하는 것이 더 낫다. 물론 (4.52)에도 중요한 통제변수가 누락되어 있을 수 있지만, 최소한 근로자들 간에 중요한 차별성은 통제된 것으로 보인다.

3-4a절에서 다룬 다중공선성(multicollinearity) 문제를 다시 살펴 보자. 공선성은 다중회귀 맥락에서 발생하므로 이 논의는 식 (4.52)에만 해당한다. 이 식에서 (4.52)의 통제변수들 중 둘 이상이 강하게 상관될 수도 있고 아닐 수도 있지만, 이 점에 대해서는 개의치 않는다. *earn96*, *educ*, *age*, *married*를 포함시킨 것은 노동자들의 직업훈련 프로그램에의 참여를 부분적으로라도 결정하는 차이점들을 통제하여 처치효과의 불편추정량을 구하고자 함이다. 이 통제변수들의 계수를 얼마나 잘 추정하는지에 대해서는 걱정하지 않는다. x_j 변수들 내에 강하게 상관된 변수가 포함되어 있는지는 처치효과 τ에 대한 믿을 만한 값을 추정하는 것과 아무 관련도 없다. 1996년에 실업상태였는지를 나타내는 변수 *unem96*은 1996년의 급여와 강하게 상관된다. $unem96 = 0$이면 $earn96 = 0$이기 때문이다. 하지만 *unem96*과 *earn96* 간의 상관은 본질적으로 아무 문제도 되지 않는다. 1995년의 급여 *earn95*를 관측할 수 있었다면 *earn96*과 강하게 상관될지라도 회귀에 포함시켰을 것이다.

Chapter 5 다중회귀분석: OLS의 대표본 특성

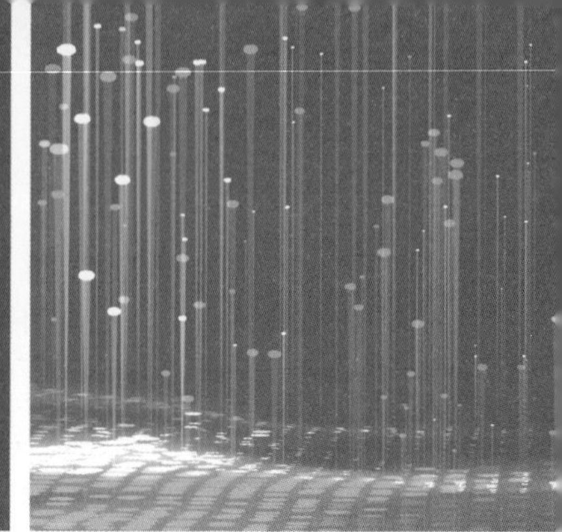

학습목표

5.1 일치추정량의 개념을 정의하고 일치성이 왜 추정량의 중요한 특성인지 설명할 수 있다.

5.2 OLS 추정량이 모집단 모수의 일치추정량이기 위한 가장 약한 가정들을 나열할 수 있다.

5.3 오차항의 정규성 가정이 지나치게 강한 가정인 경우의 예들을 들 수 있다.

5.4 중심극한정리가 점근적 신뢰구간을 계산하거나 t, F, LM 통계량 등을 이용해 점근적 추론을 할 때 오차항의 정규성 가정을 완화할 수 있음을 설명할 수 있다.

5.5 오차항의 정규성 검정 결과가 연구자들의 실질적인 조치로 이어지지 않는 이유를 명확하게 기술할 수 있다.

3장과 4장에서는 다음 회귀모형의 OLS 추정량의 유한 표본 특성(finite sample properties)에 대해 알아보았다.

$$y = \beta_0 + \beta_1 x_1 + \beta_2 x_2 + \ldots + \beta_k x_k + u \tag{5.1}$$

유한 표본 특성이라는 표현과 함께 소표본 특성(small sample properties) 또는 정확한 특성(exact properties)이라는 표현도 같이 쓰인다. 예를 들어 처음 네 Gauss-Markov 가정들하에서 OLS의 불편성은 표본 크기가 무엇이든(n이 회귀모형에서 모수의 총 개수인 $k+1$보다 작지만 않으면) 성립하므로 유한 표본 특성이다. 이와 유사하게, 전체 Gauss-Markov 가정들(MLR.1부터 MLR.5까지)하에서 OLS가 가장 좋은 선형불편 추정량이라는 것도 유한 표본 특성이다.

4장에서, 오차항 u가 정규분포를 가지며 설명변수들과 독립이라는 고전적 선형 모형 가정 MLR.6을 추가하였다. 이를 이용하여 OLS 추정량의 정확한 표집분포를 (표본 내 설명변수 값들 조건부로) 도출하였다. 특히 [정리 4.1]에 의하면 OLS 추정량의 표집분포가 정규분포이며, 이로부터 t 통계량과 F 통계량이 t 분포와 F 분포를 갖는다는 결과가 나온다.

만약 오차가 정규분포를 갖지 않으면, 표본 크기가 무엇이든 t통계량의 분포는 정확히 t가 아니고 F통계량은 정확한 F분포를 갖지 않는다.

유한 표본 특성과 더불어, 추정량과 검정통계량들의 점근적 특성(asymptotic properties) 또는 대표본 특성(large sample properties)을 알 필요가 있다. 이 특성들은 어느 특정한 표본 크기(n)에서 성립하는 것이 아니라 표본의 크기가 무제한적으로 커질 때 성립한다. 다행히, 적절한 가정하에서 OLS는 만족스러운 대표본 특성들을 지닌다. 실용적인 측면에서 중요한 점 중의 하나는 정규분포 가정(MLR.6) 없이도, 적어도 표본 크기가 크면, t와 F통계량이 근사적으로 t분포와 F분포를 갖는다는 것이다. 5-2절에서 이에 대하여 좀 더 자세히 살펴본다. 5-1절에서는 OLS의 일치성을 다룬다.

이 장의 세부적인 내용을 공부하기 위해서는 이전 장들을 공부할 때보다 확률과 통계학에 대한 넓은 이해가 필요하기는 하지만, 중요한 결론들에 대해서는 완전히 익힐 필요가 있다. 3장과 4장에서 OLS 추정량의 정확한 통계적 특성을 도출하는 것을 배웠는데, 이 부분을 잘 아는 것이 좋은 출발점이 된다. 표본 크기 n이 작은 경우 추정량의 정확한 특성에 기반해 통계적 추론을 진행해야 할 때도 있지만, 현재의 실증 분석에서 표본 크기가 큰 경우 점근적 특성에 기반해 OLS 추정량을 이용하는 것을 정당화하는 일이 증가하고 있다. OLS 추정량의 점근적 특성들은 4장까지 논의된 가정들보다 훨씬 약한 가정들하에서도 성립한다. 그리고, 7장에서 이산 응답 변수에 대해 배울 때, 8장에서 등분산의 가정을 완화할 때, 시계열 자료를 이용한 추정의 문제를 다룰 때 등에서 OLS의 대표본 특성들을 이야기해야 할 것이다. 또한, 거의 모든 고급 계량경제학적 분석 기법이 대표본 특성 이론에 기반하고 있는 까닭에 고급의 분석 기법들에 대해 알고자 하면 대표본 특성 이론에 대한 이해가 필수적이다.

5-1 일치성

추정량의 불편성은 중요한 특성이기는 하지만 항상 얻을 수 있는 것은 아니다. 예를 들어 3장에서 본 회귀식의 표준오차 $\hat{\sigma}$는 오차항의 표준편차 σ의 불편추정량이 아니다. MLR.1부터 MLR.4까지의 가정이 성립할 때 OLS 추정량이 불편이라고 하나, 시계열 자료를 이용한 회귀분석에서는 OLS 추정량들도 편향을 갖게 된다(Wooldridge 원저서 11장과 본 역서의 부록 A 참조). 또, 편향되었지만 유용한 추정량들도 있다.

우리가 유용하게 이용하는 추정량들이 항상 비편향인 것은 아니다. 하지만 최소한 추정량의 일치성(consistency)만은 확보해야 한다는 것은 거의 모든 경제학자들이 동의하는 바이다. 노벨경제학상을 수상한 그랜저(C.W.J. Granger)가 “n이 커질 때에라도 제대로 되는 것을 얻어야 한다. 그것을 못하면 이 분야에 있을 필요가 없다(If you can't get it right as n goes to infinity, you shouldn't be in this business)"고 한 것은 일치성을 확보하지 못한 추정량은 구할 필요가 없다는 의미다.

일치성을 수학적으로 엄밀하게 정의하는 것도 가능하나, 그보다는 직관적으로 이해할 수 있는 설명을 해 보자. $\hat{\beta}_j$가 β_j의 OLS 추정량이라고 하면 주어진 표본 크기 n에서 $\hat{\beta}_j$는 하나의 확률분포(크기가 n인 여러 임의표본들에서 가질 수 있는 값들을 나타냄)를 갖는다. $\hat{\beta}_j$가 불편추정량이라는 것은 이 분포의 평균이 β_j의 값과 같다는 의미이다. 반면 $\hat{\beta}_j$가 β_j의 일치추정량이라는 말은 n이 커질수록 이 분포가 β_j 근처로 점점 더 조밀하게 모여든다는 뜻이다. n이 무한히 커지면 $\hat{\beta}_j$의 분포는 한 점 β_j로 밀집된다. 이는 표본의 크기만 충분히 늘릴 수 있다면 $\hat{\beta}_j$가 우리가 원하는 만큼 β_j에 가깝게 만들 수 있다는 뜻이다. 이 수렴현상이 〈그림 5.1〉에 설명되어 있다.

물론 현실의 실증분석에서 우리가 다루는 표본의 크기가 고정되어 있고, 그 때문에 일치성과 같은 점근적 특성을 이해하는 것이 어렵다. 일치성을 포함한 대표본 특성의 개념에는 표본의 크기를 키워가며 한편으로는 각각의 표본 크기에서 무수히 많은 표본을

〈그림 5.1〉 표본 크기에 따른 $\hat{\beta}_j$의 분포

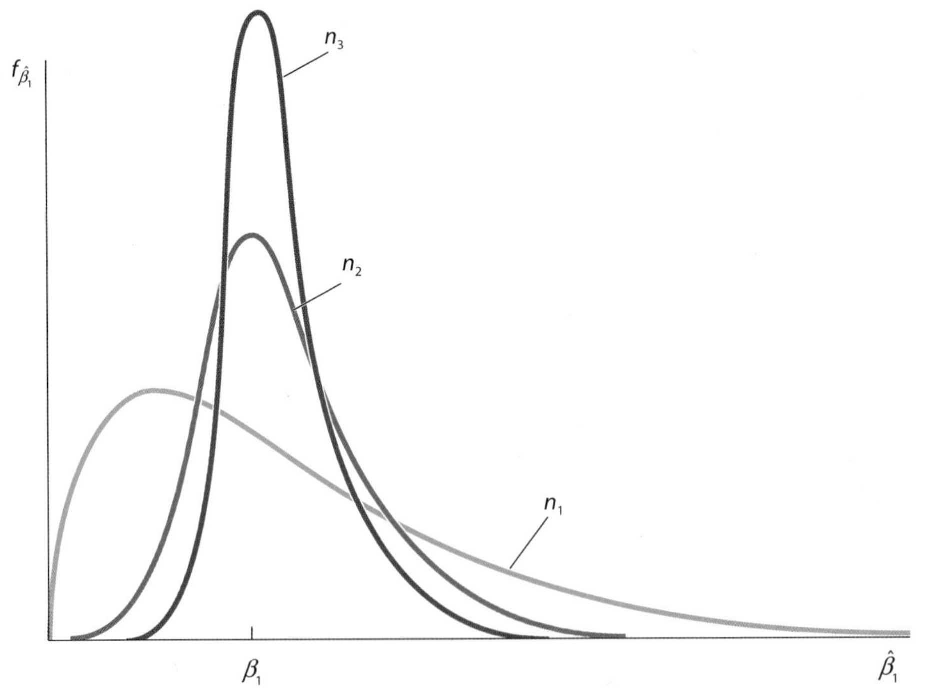

얻는 가설적 상황에서 통계량이 어떤 경향을 보일 것인지에 대한 일종의 사고 실험(thought experiment)이 포함되어 있다. 만일 우리가 사용하고자 하는 추정량이 이론적으로조차 표본의 크기를 늘려도 $\hat{\beta}_j$의 분포가 β_j 주변으로 조밀하게 모여든다는 것을 보일 수 없다면〔즉, 일치추정량이 아니라면〕 우리는 좋지 않은 추정 방법을 이용하는 것이다.

다행스럽게도 불편성을 증명하는 데에 필요하였던 MLR.1에서 MLR.4까지의 가정하에서 OLS의 일치성도 얻을 수 있다. 다음의 정리를 보자.

정리 5.1 OLS 추정량의 일치성(consistency of OLS)

MLR.1에서 MLR.4까지 모두 만족한다면 모든 $j = 0, 1, \ldots, k$에 대하여 OLS 추정량 $\hat{\beta}_j$은 β_j에 대하여 일치성을 갖는다(consistent for β_j).

이 정리의 일반적인 증명은 행렬대수를 이용하여 증명하는 것이 쉽다. 하지만 단순회귀의 경우에는 행렬대수를 이용하지 않더라도 [정리 5.1]을 어렵지 않게 증명할 수 있다. 기울기 추정량 $\hat{\beta}_1$에 집중하자.

증명의 출발점은 불편성을 증명할 때와 같다. $\hat{\beta}_1$ 공식을 쓰고 $y_i = \beta_0 + \beta_1 x_1 + u_i$를 대입하면 다음을 얻는다.

$$\begin{aligned} \hat{\beta}_1 &= \left(\sum_{i=1}^{n} (x_{i1} - \bar{x}_1) y_i \right) \Big/ \left(\sum_{i=1}^{n} (x_{i1} - \bar{x}_1)^2 \right) \\ &= \beta_1 + \left(n^{-1} \sum_{i=1}^{n} (x_{i1} - \bar{x}_1) u_i \right) \Big/ \left(n^{-1} \sum_{i=1}^{n} (x_{i1} - \bar{x}_1)^2 \right) \end{aligned} \tag{5.2}$$

여기서 분모와 분자를 n으로 나누어도 아무것도 달라지지 않지만, 이렇게 나타냄으로써 직접 큰 수의 법칙(law of large numbers)*을 적용할 수 있다. (5.2)의 둘째의 평균들에 큰 수의 법칙을 적용하면, 분자와 분모가 각각 모집단 값에 해당하는 $\mathrm{Cov}(x_1, u)$와 $\mathrm{Var}(x_1)$으로 확률적으로 수렴함**을 알 수 있다. $\mathrm{Var}(x_1) \neq 0$일 때(MLR.3에 의하여 성립함), 확률

*큰 수의 법칙이란 필요한 조건을 만족할 때 표본평균(sample average)이 모평균으로 확률수렴한다는 법칙을 말한다.

**수학적으로, 확률변수들의 수열 W_n이 어떤 대상 θ에 확률적으로 수렴한다(converge in probability)는 것은 모든 $\varepsilon > 0$에 대하여, $n \to \infty$일 때 $\mathrm{P}(|W_n - \theta| > \varepsilon) \to 0$임을 말한다. 이때 W_n이 θ에 대하여 일치성을 갖는다(consistent)고도 하고, θ를 W_n의 확률극한(probability limit)이라고 한다. 자세한 내용은 Wooldridge 원저서 부록 C를 참조하라.

극한(probability limits, plim)의 성질〔분모의 극한값이 0이 아닐 때 비율의 극한값은 극한값들의 비율과 동일하다는 성질〕에 의하여 다음을 얻는다.

$$\text{plim}\,\hat{\beta}_1 = \beta_1 + \text{Cov}(x_1, u)/\text{Var}(x_1) = \beta_1 \tag{5.3}$$

마지막 등식은 MLR.4, 즉 $\text{E}(u|x_1) = 0$으로 인하여 x_1과 u가 서로 상관되지 않으므로 (공분산이 0) 성립한다.

MLR.1～MLR.4 이외에도 기술적인 필요 때문에 $\text{Var}(x_1) < \infty$와 $\text{Var}(u) < \infty$라는 조건(즉, x_1과 u의 확률분포가 너무 퍼져 있지는 않다는 조건)이 필요하기는 하지만, 이 조건이 충족되지 않는 경우를 걱정하지는 않을 것이다. 또한, 표본 내에 설명변수들 간 완전한 공선성이 존재하지 않아야 한다는 MLR.3 가정을 모집단에 완전한 공선성이 없다는 가정으로 명시적으로 완화할 수도 있다. OLS 추정량의 일치성을 증명하는 데에는 완화된 가정으로 충분하며, 완화된 가정하에서는 표본에 완전한 공선성이 발생할 가능성도 있다. 하지만 MLR.3이 충족되지 않으면 OLS추정량이 존재하지 않으므로〔유일하게 계산되지 않는다는 의미이다〕 MLR.3의 완화에 관한 논의들이 실질적으로는 그리 중요하지 않다.

앞의 논의와 특히 (5.3)은 상관계수가 0이라는 것만 가정하여도 단순회귀에서 OLS가 일치성을 갖는다는 것을 보여 준다. 일반적인 경우에도 그러하다. 이 일치성에 필요한 가정을 다음과 같이 나타내자.

가정 MLR.4′　평균 0과 상관계수 0

$\text{E}(u) = 0$이고 $\text{Cov}(x_j, u) = 0$, $j = 1, \ldots, k$이다.

가정 MLR.4가 성립하면 가정 MLR.4′는 성립하지만 MLR.4′가 성립한다고 해서 MLR.4가 성립하는 것은 아니므로 MLR.4′가 MLR.4보다 약한 가정이다. 조건부 0 평균 가정 $\text{E}(u|x_1, \ldots, x_k) = 0$을 표현하는 하나의 방식은 설명변수들을 어떠한 방식으로 함수 변환하더라도 이것이 u와 상관되지 않는다는 것이다. 하지만 MLR.4′는 모형에 포함된 설명변수들 그 자체만 u와 상관관계가 없으면 된다는 가정(그리고 u의 모평균이 0이라는 가정)이다. 2장에서 단순 모형의 OLS 추정량을 도출할 때 사용한 조건은 사실 MLR.4′였고, 3장에서 다루었던 OLS 추정의 1계조건들인 식 (3.13)은 모집단 상관관계가 0이라는 가정(그리고 0 평균 가정)을 표본의 관계로 바꾼 것이다. 이처럼 MLR.4′가 OLS 추정에 직접 사용되므로, 어떻게 보면 MLR.4′가 더 자연스러운 가정이라 할 수 있다. 또, MLR.4가 위배되는 상황을 이야기할 때에도 보통 어떤 j에서 $\text{Cov}(x_j, u) \neq 0$인 경우, 즉 MLR.4′가 위배되는 경우에 대해 생각한다. 그렇다면 우리가 이제껏 MLR.4를 가정하고 중요하게

다른 이유는 무엇인가? 여기에는 두 가지 이유가 있다. 첫째, 가정 MLR.4′하일지라도 $E(u|x_1,\ldots,x_k)$가 x_j 중 일부에 의존(dependent)할 수 있는데 이런 경우 OLS는 (일치성은 갖지만) 편향된다. 지금까지는 OLS 추정량의 유한표본(혹은 정확한) 특성들을 다루었으므로 좀 더 강한 조건부 0평균 가정이 필요했던 것이다.

둘째, 아마도 좀 더 중요한 이유는, 조건부 0평균 가정은 모집단 회귀함수(PRF)가 올바르게 모형화되었음을 의미한다는 것이다. 즉, 가정 MLR.4하에서

$$E(y|x_1,\ldots,x_k) = \beta_0 + \beta_1 x_1 + \cdots + \beta_k x_k$$

라고 쓸 수 있으며, 따라서 설명변수들이 y의 평균값 혹은 기댓값에 미치는 부분효과들을 구할 수 있다. 하지만 가정 MLR.4′하에서는, 예를 들어, x_j^2과 같은 x_j의 비선형 함수가 오차 u와 상관될(correlated) 수 있다. 이런 경우에 $E(y|x_1,\ldots,x_k)$가 $\beta_0 + \beta_1 x_1 + \cdots + \beta_k x_k$와 다를 수도 있으며 이는 우리의 선형회귀모형이 y를 더 잘 설명하도록 도와줄 수도 있는 비선형성을 누락하였음을 의미한다. 물론 우리가 비선형 항을 누락시켰다는 것을 알면 그러한 비선형 함수를 회귀모형에 포함시킬 것이다. 대부분의 경우 우리는 좋은 PRF 추정값을 얻고자 하므로 조건부 0평균 가정이 자연스럽다. 그럼에도, 선형 모형의 OLS 추정을 PRF의 최선의 선형 근사함수라고 해석할 때에는 MLR.4보다 약한 MLR.4′의 가정이 유용하다. 더 복잡한 상황에서 PRF을 모형화하는 것 자체에 관심이 없는 경우에도 MLR.4′를 사용한다. 이 점은 다소 미묘하며, 자세한 내용은 Wooldridge (2010, 제4장)를 참조하라.

5-1a OLS 추정량의 불일치성

$E(u|x_1,\ldots,x_k) = 0$이 위배되면 OLS 추정량들이 편향을 갖는 것처럼, $x_1,\ldots,x_k$의 어느 하나라도 u와 상관되면(correlated) 일반적으로 모든 OLS 추정량들에서 일치성이 성립하지 않는다. 그래서 "오차항이 독립변수 중 어느 하나와 상관되어 있으면 OLS는 편향을 갖고 일치성도 성립하지 않는다"고 한다. 표본 크기가 증가하더라도 편향이 없어지지 않으므로 이 상황은 매우 좋지 않다.

단순 회귀의 경우, 식 (5.3)의 첫 부분으로부터 $\hat{\beta}_1$의 불일치성의 정도(inconsistency, 이를 점근적 편향(asymptotic bias)이라고도 한다)에 대해 알 수 있다.

$$\text{plim}\,\hat{\beta}_1 - \beta_1 = \text{Cov}(x_1, u)/\text{Var}(x_1) \tag{5.4}$$

$\text{Var}(x_1) > 0$이므로, x_1과 u가 양의 상관관계를 가지면 불일치성은 양(+)의 방향이고 x_1과 u가 음의 상관관계를 가지면 불일치성은 음(−)의 방향이다. x_1과 u의 공분산의 크기가 x_1

의 분산에 비하여 상대적으로 작으면 불일치성의 정도가 무시할 만큼 작을 수도 있겠지만, u가 관측되지 않으므로 이 공분산이 얼마나 큰지 추정할 수도 없다.

식 (5.4)를 이용하여 변수누락으로 인한 편향(3장의 〈표 3.2〉 참조)에 관한 결과를 대표본의 경우에 대하여 유사하게 도출할 수 있다. 다음의 참 모형이 MLR.1부터 MLR.4를 만족한다고 하자.

$$y = \beta_0 + \beta_1 x_1 + \beta_2 x_2 + v$$

그러면 v는 평균이 0이고 x_1, x_2와 상관되어 있지 않다. y를 x_1과 x_2에 대하여 회귀하여 구한 OLS 추정량들을 $\hat{\beta}_0, \hat{\beta}_1, \hat{\beta}_2$라 하면, [정리 5.1]에 따라 이들은 일치성을 갖는다. x_2를 회귀로부터 누락시키고 y를 x_1에 대해서만 단순회귀하면, $u = \beta_2 x_2 + v$가 된다. 그 단순회귀 기울기 추정량을 $\tilde{\beta}_1$이라 하자. 그러면

$$\text{plim}\, \tilde{\beta}_1 = \beta_1 + \beta_2 \delta_1 \tag{5.5}$$

여기서

$$\delta_1 = \text{Cov}(x_1, x_2)/\,\text{Var}(x_1) \tag{5.6}$$

이다. 그러므로, 실용적인 목적을 위해서는 불일치도를 편향과 동일한 것으로 보아도 좋겠다. 차이가 있다면, 불일치도는 x_1의 모집단 분산과 x_1과 x_2 간의 모집단 공분산에 의하여 결정되는 반면, 편향은 그 표본값에 따라 결정된다(x_1과 x_2 표본값 조건부로 계산하므로)는 것이다.

x_1과 x_2가 (모집단에서) 비상관이면 $\delta_1 = 0$이며 $\tilde{\beta}_1$은 β_1의 일치추정량(반드시 불편이지는 않더라도)이다. $\beta_2 > 0$이어서 x_2가 y에 양의 부분효과를 가지고 x_1과 x_2가 양의 상관관계를 갖는다면 $\delta_1 > 0$이므로 $\tilde{\beta}_1$의 불일치성은 양의 부호를 갖는다. 이런 방식으로 다른 경우도 알 수 있다. 〈표 3.2〉로부터 불일치 정도 혹은 점근적 편향의 방향을 구할 수 있다. x_1과 x_2 간의 공분산이 x_1의 분산에 비하여 작으면 불일치 정도도 작을 것이다.

예제 5.1 폐기물 처리장으로부터의 거리와 주택 가격

주택 가격(y)을 쓰레기 소각장으로부터의 거리(x_1)와 주택의 "질"(x_2, 대지의 넓이, 방의 수, 주변의 환경 등의 요소가 포함될 것이다)에 대해 회귀하는 경우를 생각해보자. 다른 조건이 같다면 폐기물 처리장으로부터 멀수록 주택 가격은 높아질 것이다. 따라서 β_1은 양(+)의 부호를 가질 것이다. 그리고, 다른 조건이 같다면, 주택의 "질"이 좋을수록 주택 가격이 높을 것이므로 β_2도 양(+)의 부호를 가질 것이다. 만일 쓰레기 소각장이 평균적으로 환경이 좋은 거주 지역으로부터 먼 곳에 지어진다고 하면 x_1와 x_2는 양(+)의 상관관계를 가질 것이다. 따라서 $\delta_1 > 0$으로 볼 수 있다. 그러므로 y를 x_1에 대해서

단순회귀하면(로그 가격을 로그 거리에 회귀하는 경우도 마찬가지이다), $\beta_1 + \beta_2\delta_1 > \beta_1$ 이므로 x_1의 계수는 폐기물 처리장으로부터의 거리의 효과를 과대추정할 것이다.

추정량의 불일치성은 표본의 크기를 증가시킨다고 해결되지 않는다. 오히려 표본의 크기가 커질수록 불일치성은 명확하게 드러나게 된다. 표본의 크기가 커질수록 OLS 추정량은 $\beta_1 + \beta_2\delta_1$에 가까워지기 때문이다.

설명변수가 k개인 일반적인 경우 불일치성의 부호와 크기를 도출하는 것은 더 어려운데 3장의 누락된 변수의 문제와 비슷한 측면이 있다. 기억할 것은, 모형 (5.1)에서 예를 들어 x_1이 u와 상관되어 있고 다른 모든 독립변수들은 u와 상관되어 있지 않더라도 일반적으로 모든 OLS 추정량이 불일치적이라는 것이다. $k = 2$인 경우를 이용하여 직관적인 설명을 해보자. 회귀모형은 다음과 같다.

$$y = \beta_0 + \beta_1 x_1 + \beta_2 x_2 + u$$

x_2는 u와 모집단 상관계수가 0이지만 x_1은 u와 모집단 상관계수가 0이 아니라고 하자. 그러면 일반적으로 $\hat{\beta}_1$과 $\hat{\beta}_2$ 모두 일치추정량이 아니다. (절편도 일치추정량이 아니다.) $\hat{\beta}_2$가 일치성을 잃는 것은 x_1과 x_2가 상관되어 있을 때 발생하며, 이 두 변수들은 보통 서로 상관되어 있을 것이다. 만일 x_1과 x_2의 모집단 상관계수가 0이라면 $\hat{\beta}_1$은 일치추정량이 아니지만 $\hat{\beta}_2$는 일치추정량이다($\text{plim}\,\hat{\beta}_2 = \beta_2$). 그리고 $\hat{\beta}_1$의 불일치성의 정도는 (5.4)와 같다. 일반적인 경우에도 똑같이 말할 수 있다. x_1이 u와 상관되었지만 x_1과 u가 다른 모든 독립변수들과 비상관이면 $\hat{\beta}_1$만 불일치성을 갖고, 그 불일치성의 정도는 (5.4)에 주어져 있다.

5-2 점근적 정규성과 대표본에서의 통계적 추론

추정량의 일치성이 중요한 특성이기는 하지만 일치성만으로는 계수에 대한 통계적 추론을 할 수 없다. 표본의 크기가 커질수록 추정량이 모수에 가까워진다는 것을 안다고 해서 모수에 관한 가설을 검정할 수 있는 것은 아니다. 검정을 하기 위해서는 OLS 추정량의 표집분포에 대해서 알아야 한다. [정리 4.1]에 따르면, 고전적 선형모형 가정 MLR.1～MLR.6 하에서 OLS 추정량의 표집분포는 정규분포이다. 4장에서는 이 결과를 토대로 하여 응용연구에서 흔히 보는 t분포나 F분포를 도출하였다.

OLS 추정량이 정확한 정규분포를 갖기 위해서는 반드시 오차 u의 모집단 분포가 정규분포를 가져야 한다. 만일 오차들 $u_1, u_2, \ldots, u_n$이 정규분포가 아닌 다른 어떤 분포로부터 임의추출한 것이라면 $\hat{\beta}_j$은 정규분포를 따르지 않고 t통계량은 t분포를 따르지 않으며 F

〈그림 5.2〉 401K에서 *prate*의 히스토그램

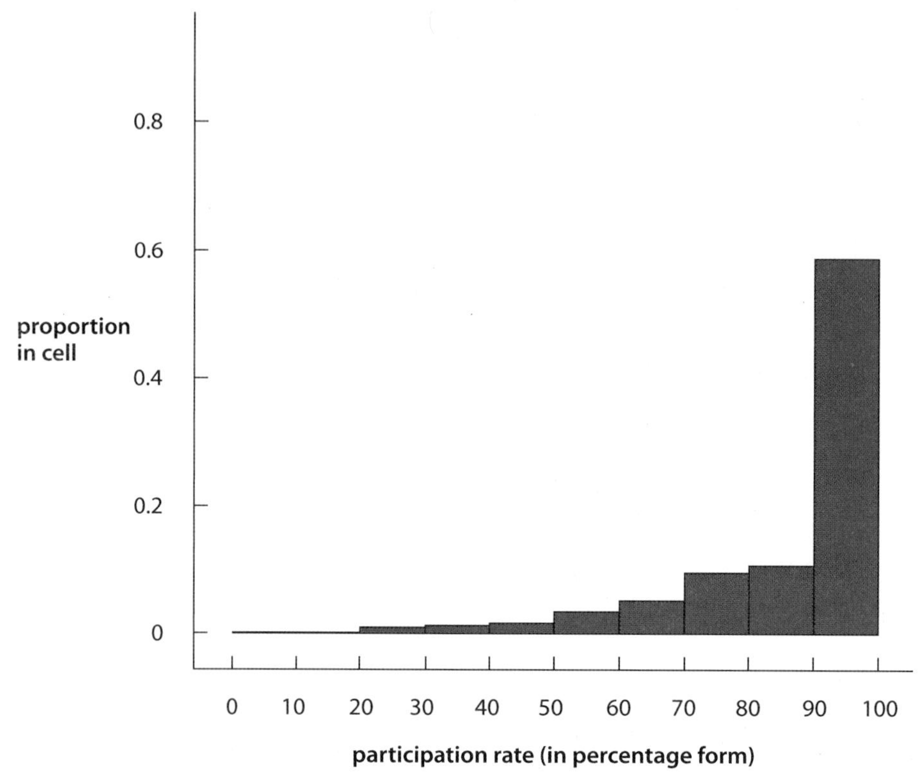

통계량도 F 분포를 따르지 않는다. 올바른 추론을 위해서는 t 분포나 F 분포로부터 임계값과 p값을 반드시 구할 수 있어야 하므로 이 점은 중요한 문제이다.

가정 MLR.6은 $x_1, x_2, \ldots, x_k$가 주어질 때 y의 분포가 정규분포라고 하는 것과 동일하다.* y는 관측되고 u는 관측되지 않으므로 실제 응용연구에서 y의 분포가 정규분포이겠는가를 생각하는 편이 쉽다. 사실, 앞에서 y가 결코 조건부 정규분포를 가질 수 없는 예들을 보았다. 정규분포는 평균을 중심으로 대칭적으로 분포되어 있으며, 어떠한 양의 값이나 음의 값도 가질 수 있고, 그 값이 중심으로부터 2 곱하기 표준편차 이내의 범위에 있을 확률이 약 95% 이다.

*여기서 주의할 것은 독립변수들 조건부로 y가 정규분포를 갖는다는 것이다. 오차항이 정규분포를 따르는 경우 종속변수의 조건부 분포는 정규분포를 따르지만 한계분포(marginal distribution)까지 정규분포이어야 하는 것은 아니다. 따라서 종속변수 y의 표본분포(sample distribution)가 정규분포가 갖는 위의 특성을 갖지 않는다고 해서 MLR.6가 충족되지 않는다고 말을 할 수는 없다. 그럼에도 불구하고 y의 표본분포가 위의 정규분포의 특성과 매우 달라서 도저히 오차항이 정규분포를 따른다고 가정하기 어려운 경우도 많이 있다.

〈예제 3.5〉의 경우를 보자. 2,725명의 표본데이터에서 *narr86*의 값은 절대 다수(92%)가 0 또는 1의 두 값만을 갖는다. 그리고 *narr86*의 값은 0 또는 양의 정수이다. 이런 상황에서 정규분포를 갖는다고 보기는 어렵다.

〈예제 4.6〉에서 401(k) 연금 가입자 비율(*prate*)에 관한 모형을 추정한 바 있다. 〈그림 5.2〉의 상대도수분포(히스토그램)에 따르면 *prate*의 분포는 정규분포라기보다는 오른쪽으로 매우 치우쳐 있다. 사실 40% 이상의 관측치에서 *prate*의 값은 100, 즉 100% 가입이다. 주어진 설명변수 값에 대하여 조건부로 고려하더라도 이는 정규분포 가정을 위배한다.*

잘 알듯이, 정규분포 가정은 OLS의 불편성에서 어떤 역할도 하지 않고 OLS가 Gauss-Markov 가정하에서 가장 좋은 선형 불편 추정량이라는 결론에 영향을 미치지도 않는다. 그러나 t통계량과 F통계량에 입각한 정확한 추론을 위해서는 MLR.6이 꼭 필요하다. 그렇다면 〈예제 4.6〉의 *prate* 분석에서 t통계값을 사용하여 어떤 변수가 통계적으로 유의한지 판단할 수 없다는 것인가? 다행히도 그렇지는 않다. y_i들은 정규분포를 갖지 않더라도 중심극한정리를 이용하여 OLS 추정량이 **점근적 정규성**(asymptotic normality)을 만족시킨다는 것, 즉 표본 크기가 충분히 크면 OLS 추정량의 분포가 정규분포와 비슷하다는 것을 알 수 있다.

정리 5.2 OLS 추정량의 점근적 정규성(asymptotic normality of OLS)

MLR.1에서 MLR.5까지의 Gauss-Markov 가정하에서 다음이 성립한다.

(i) $\sqrt{n}(\hat{\beta}_j - \beta_j) \overset{a}{\sim} \text{Normal}(0, \sigma^2/a_j^2)$이다.[a] 여기서 σ^2/a_j^2를 $\sqrt{n}(\hat{\beta}_j - \beta_j)$의 점근 분산(asymptotic variance)이라고 한다. 기울기 계수의 경우 $a_j^2 = \text{plim}(n^{-1}\sum_{i=1}^{n}\hat{r}_{ij}^2)$이고 여기서 $\hat{r}_{ij}$는 x_j를 다른 모든 설명변수들(상수항 포함)에 대하여 회귀한 뒤 얻는 잔차항이다. 이때 $\hat{\beta}_j$이 점근적으로 정규분포를 따른다(asymptotically normally distributed)고도 한다.

(ii) $\hat{\sigma}^2$은 $\sigma^2 = \text{Var}(u)$의 일치추정량이다.

(iii) 각각의 j에 대하여

$$\frac{\hat{\beta}_j - \beta_j}{\text{sd}(\hat{\beta}_j)} \overset{a}{\sim} \text{Normal}(0, 1),$$

* 오차항 u가 정규분포를 따른다고 해도 x의 분포에 따라서는 y가 치우친 분포를 가질 수는 있으나 이 정도로 치우친 분포를 가질 수 있다고 보기는 어렵다.

$$\frac{\hat{\beta}_j - \beta_j}{\text{se}(\hat{\beta}_j)} \overset{\text{a}}{\sim} \text{Normal}(0,1). \tag{5.7}$$

여기서 $\text{se}(\hat{\beta}_j)$는 통상적인 OLS 표준오차이다.

[a] 여기서 "$\overset{\text{a}}{\sim}$"이란 좌변이 근사적으로(approximately) 또는 점근적으로(asymptotically) 우변의 분포를 갖는다는 것을 의미한다[Wooldridge 원저서 부록 C.3 참조].

[정리 5.2]에는 정규분포 가정 MLR.6이 필요없어 유용하다. 오차항의 분포에 관하여 요구되는 것은 분산이 유한하다는 것뿐이며, 앞으로 항상 이 가정을 할 것이다. u의 조건부 0평균 (MLR.4)과 등분산(MLR.5)도 가정하였다.

[정리 5.2]의 의미를 이해하고자 할 때, 오차항 u의 모집단 분포와 표본 크기가 증가할 때 $\hat{\beta}_j$의 표집분포를 구별하는 것이 중요하다. 흔히 저지르는 잘못이 n이 커질수록 u의 분포에 무언가가 일어난다고—즉, u의 분포가 정규분포에 "가까워진다"고—생각하는 것이다. 이렇게 생각하는 것은 옳지 않다. 모집단 분포는 불변이며 표본 크기와 아무런 관계도 없다. 예를 들어, 앞에서 1986년 한 해 동안 체포된 횟수인 *narr86*에 대하여 이야기하였다. 이 변수 성질—소수의 0 이상의 정수 값을 갖는다는 것—은 모집단의 성질로서 고정되어 있다. 이 모집단으로부터 10명의 표본을 추출하든 1,000명의 표본을 추출하든 모집단 분포는 명백히 아무런 영향도 받지 않는다.

[정리 5.2]가 이야기하는 바는, u의 모집단 분포가 무엇이든 관계없이 OLS 추정량을 적절히 표준화하면 대략적인 표준정규분포를 갖는다는 것이다. 이는 OLS 추정량들이 다소 복잡한 형태의 표본 평균으로 표현될 수 있고, 표본 평균에는 중심극한정리(central limit theorem)가 성립하기 때문이다. 오차의 분포가 사실상 무엇이든 이들의 표본평균의 분포는 정규분포에 접근한다.

$\hat{\beta}_j - \beta_j$를 관측불가의 $\text{sd}(\hat{\beta}_j)$로 나누든 계산가능한 $\text{se}(\hat{\beta}_j)$로 나누든, 표준화한* $\hat{\beta}_j$는 점근적으로 표준정규분포를 갖는다. 다시 말하여, 점근적인 관점에서 보면 σ를 $\hat{\sigma}$로 치환해야 한다는 점이 아무런 문제도 되지 않는다. 물론 σ를 $\hat{\sigma}$로 바꾸면 표준화된 $\hat{\beta}_j$의 정확한 분포는 바뀐다. 4장에서 본 바에 따르면, 고전적 선형 모형 가정하에서 $(\hat{\beta}_j - \beta_j)/\text{sd}(\hat{\beta}_j)$는 정확한 $N(0,1)$ 분포를 가지고, $(\hat{\beta}_j - \beta_j)/\text{se}(\hat{\beta}_j)$는 정확한 t_{n-k-1} 분포를 갖는다.

식 (5.7)의 결과를 어떻게 이용할 것인가? 한 가지 생각해 볼 수 있는 것은, 대표본 분석에 의존할 경우 t분포보다는 표준정규분포에 따라 추론을 해야 한다는 것이다. 하지만

* $\hat{\beta}_j$에서 $\text{plim}\,\hat{\beta}_j(=\beta_j)$를 빼고난 후 $\text{sd}(\hat{\beta}_j)$나 $\text{se}(\hat{\beta}_j)$로 나누는 것을 $\hat{\beta}_j$를 표준화(standarization)한다고 한다. 학자들에 따라서는 $\text{se}(\hat{\beta}_j)$로 나누는 것을 studentization이라고 구분하여 부르기도 한다.

실용적인 관점에서

$$(\hat{\beta}_j - \beta_j)/\operatorname{se}(\hat{\beta}_j) \overset{a}{\sim} t_{n-k-1} = t_{df} \tag{5.8}$$

라고 하여도 타당하다. 왜냐하면 df가 증가하면서 t_{df} 분포는 Normal$(0,1)$ 분포로 접근하기 때문이다. CLM하에서는〔MLR.6 포함〕 t_{n-k-1} 분포가 정확히 성립하므로, MLR.6이 성립하지 않을 때에도 $(\hat{\beta}_j - \beta_j)/\operatorname{se}(\hat{\beta}_j)$를 t_{n-k-1} 확률변수로 취급하는 것이 일리가 있다.

식 (5.8)이 말하는 바는, t 검정과 신뢰구간의 계산이 마치 고전적 선형 모형 가정하에서처럼 수행된다는 것이다. 이는, Gauss-Markov 가정이 성립되기만 하면 *prate*와 *narr86* 처럼 정규분포를 따르지 않는 종속변수의 분석이라고 하여 달라질 필요가 없음을 의미한다. 두 경우 모두 1,500개 이상의 관측값이 있으며, 이는 중심극한정리에 따른 근사를 정당화하기에 충분히 크다.

표본 크기가 충분히 크지 않으면 u가 정규분포를 따르지 않을 때 t통계량의 분포가 t 분포에 가깝지 않을 수도 있다. 그런데, 안타깝게도, 표본 크기가 얼마나 커야 충분히 큰 것인지에 대한 일반적인 기준은 없다. 어떤 이들은 $n = 30$이면 충분하다고 생각하지만 u의 분포가 무엇이든 그런 것은 아니다. 어떤 u 분포에서는 중심극한정리에 의한 근사가 유용하려면 더 많은 관측값들이 필요할 수도 있다. 더욱이, 이 근사가 얼마나 좋은지는 n뿐 아니라 $df = n - k - 1$에도 달려 있다. 모형 내 독립변수가 많을수록 t에 의한 근사에 통상적으로 더 큰 표본 크기가 요구된다. 자유도가 작고 오차가 정규분포를 갖지 않을 때의 추론은 이 책의 범위를 벗어난다. 우리는 정규분포 가정에 대하여 염려하지 않고 그냥 t 통계량을 사용할 것이다.

[정리 5.2]에 등분산 가정(MLR.5)이 여전히 필요함을 잊지 말아야 한다. $\operatorname{Var}(y|\mathbf{x})$가 상수가 아니면 통상적인 t통계량과 신뢰구간은 n이 아무리 크더라도 유효하지 않다. 중심극한정리는 우리를 이분산으로부터 구원해 주지 못한다. 이분산하에서의 대표본 특성에 대해서는 8장에서 다룬다.

[정리 5.2]의 (ii)에 따르면 $\hat{\sigma}^2$은 σ^2의 일치추정량이다(정리 3.3에서 이미 보았듯이, Gauss-Markov 가정하에서 $\hat{\sigma}^2$은 σ^2의 불편추정량이기도 하다). 이 일치성이 함의하는 바는 $\hat{\sigma}$가 σ의 일치추정량이라는 것이다. 이 점이 식 (5.7)의 점근적 정규성을 도출할 때 중요하였다.

$\hat{\sigma}$가 각 $\hat{\beta}_j$의 표준오차 공식에 등장함을 기억하라. 사실 $\hat{\beta}_j$의 분산의 추정량은 다음과 같다.

$$\widehat{\operatorname{Var}(\hat{\beta}_j)} = \frac{\hat{\sigma}^2}{\mathrm{SST}_j(1 - R_j^2)} \tag{5.9}$$

여기서 SST_j는 표본 내 x_j의 총제곱합, R_j^2은 x_j를 여타 모든 독립변수들에 회귀함으로써 얻는 R^2이다. 3-4절에서 (5.9)의 각 구성부분에 대하여 공부한 바 있으며, 이제는 점근적 분산의 맥락에서 설명할 것이다. 우선 표본 크기가 증가하면서 $\hat{\sigma}^2$이 상수인 σ^2으로 확률수렴함은 위에서 말했다. 또한 R_j^2은 0과 1 사이의 어떤 값으로 수렴한다. 따라서 $1-R_j^2$도 0과 1 사이의 어떤 값으로 수렴한다. SST_j/n이 x_j의 표본분산*이므로 SST_j/n는 표본 크기가 증가함에 따라 $\text{Var}(x_j)$로 수렴한다. 이는 SST_j가 대략 표본 크기와 같은 비율로 증가함을 의미한다. 즉, σ_j^2이 x_j의 모집단 분산이라 할 때 $\text{SST}_j \approx n\sigma_j^2$인 것이다. 이 요소들을 결합하면 $\widehat{\text{Var}}(\hat{\beta}_j)$가 $1/n$의 비율로 0으로 줄어드는 것을 알 수 있다. 이 때문에 표본 크기가 클수록 더 좋은 것이다.

오차항 u가 정규분포를 갖지 않는 경우 식 (5.9)의 제곱근 값 즉, $\text{se}(\hat{\beta}_j)$를 때로는 점근 표준오차(asymptotic standard error)라고 부르고 t 통계량을 점근 t 통계량(asymptotic t statistic)이라고 부르기도 한다. 그리고 $\text{se}(\hat{\beta}_j)$를 이용해 구한 신뢰구간을 점근 신뢰구간(asymptotic confidence interval)이라고 부른다. 하지만 이들이 4장에서 구한 통계량들과 동일하므로 이 책에서는 그냥 표준오차, t 통계량, 신뢰구간으로 부르기로 한다. 물론 이들이 표본 크기가 클 때에만 정당화되는 경우도 있음을 기억해야 할 것이다.

분산 추정량에 관한 앞의 논의를 이용하면

$$\text{se}(\hat{\beta}_j) \approx c_j/\sqrt{n} \tag{5.10}$$

라고 할 수 있다. 여기서 c_j는 표본 크기에 의존하지 않는 양의 상수로서 다음과 같다.

$$c_j = \frac{\sigma}{\sigma_j\sqrt{1-\rho_j^2}}$$

여기서 $\sigma = \text{sd}(u)$, $\sigma_j = \text{sd}(x_j)$이고, ρ_j^2은 x_j를 여타 설명변수들에 대하여 회귀할 때의 모집단 R^2이다. 식 (5.9)로부터 Gauss-Markov 가정하에서 어떤 요인이 $\text{Var}(\hat{\beta}_j)$에 영향을 미치는지 알 수 있는 것처럼, 이 c_j 공식으로부터 오차 표준편차(σ), x_j의 모집단 변동량(σ_j), 모집단 내 다중공선성의 정도(ρ_j^2)가 미치는 영향을 알 수 있다.

식 (5.10)은 근사식이지만 이 식을 이용해 n이 커질 때 $\text{se}(\hat{\beta}_j)$의 크기가 줄어드는 정도가 대략 $1/\sqrt{n}$의 비율이 된다는 점을 이해할 수 있다. 다음의 예를 보자.

예제 5.2 출생률 방정식에서 표준오차

BWGHT를 이용해 신생아 몸무게의 자연로그 값을 종속변수로 하고, 산모의 일일 평균 흡연량(*cigs*)과 로그 가구소득을 독립변수로 하는 모형을 추정한다. 전체 관측값의 수는 1,388이다. 1번부터 694번까지 절반의 관측값만을 이용해 추정할 경우 β_{cigs}의 표준오차는

*표본분산은 보통 SST_j/n이 아니라 $\text{SST}_j/(n-1)$으로 정의되지만, n이 크면 n으로 나누든 $n-1$로 나누든 거의 차이가 없다.

약 0.0013이다. 1,388개의 전체 표본을 이용할 경우 β_{cigs}의 표준오차는 약 0.00086이다. 이 두 표준오차들의 비율은 $0.00086/0.0013 \approx 0.662$로서, (5.10)에 $n = 694$와 $n = 1,388$을 대입하여 구한 비율인 $\sqrt{694/1,388} \approx .707$과 상당히 비슷하다. 다시 말하면, 식 (5.10)에 의하면 전체 표본을 사용할 때의 표준오차는 절반을 사용할 때의 표준오차의 약 70.7%이다. 이 비율은 실제 표준오차들의 비율로부터 계산된 66.2%와 상당히 유사하다.

OLS 추정량의 점근적 정규성에 의하여 표본 크기가 클 때 F통계량들도 근사적으로 F분포를 갖는다. 따라서, 배제제약들이나 다른 다중 가설들을 검정할 때 기존에 사용한 방법을 그대로 사용해도 된다.

5-2a 대표본에서 이용할 수 있는 다른 검정: *LM* 통계량

점근적 분석의 영역으로 들어가면 가설 검정에 사용할 수 있는 다른 통계량들도 있다. 대부분의 경우 통상적인 t통계량과 F통계량 이상의 것을 사용할 이유는 거의 없다. 앞에서 본 것처럼 이들은 표본 크기가 크면 정규분포 가정 없이도 사용이 정당화된다. 그럼에도 다중 배제제약을 검정할 다른 방법들이 유용할 수 있으며 본 절에서는 오늘날 계량경제학에서 상당히 자주 이용되는 **라그랑지 승수 통계량**(Lagrange multiplier statistic, LM statistic)에 대하여 알아본다.

'라그랑지 승수'는 제약하에서의 최적화 문제에 등장하는 개념으로 LM통계량은 귀무가설하에서(즉, 제약하에서) 잔차 제곱합을 최소화하는 문제의 라그랑지 승수를 이용하는 통계량이라서 그런 이름이 붙었다[Davidson and MacKinnon(1993) 참조]. LM통계량의 다른 이름인 **스코어 통계량**(score statistic) 도 종종 쓰인다. 다행히도 선형회귀의 경우에는 복잡한 수학에 빠져들지 않고도 LM통계량을 간단하게 설명할 수 있다.

우리가 여기서 도출할 LM통계량은 F통계량을 대표본에서 정당화하는 데 필요했던 Gauss-Markov 가정에 의존한다. 정규분포 가정은 필요하지 않다.

LM통계량의 도출을 위해서, k개의 독립변수를 가진 다음의 통상적인 다중회귀 모형을 고려하자.

$$y = \beta_0 + \beta_1 x_1 + \beta_2 x_2 + \ldots + \beta_k x_k + u \tag{5.11}$$

마지막 q개의 계수들의 모집단 값이 0이라는 귀무가설을 검증한다고 하자. 즉, 귀무가설은

$$H_0: \beta_{k-q+1} = 0, \ \ldots, \ \beta_k = 0. \tag{5.12}$$

이는 모형 (5.11)에 q개의 배제제약을 가한다. F검정의 경우처럼 대립가설은 $\beta_{k-q+1}, \ldots, \beta_k$ 중 적어도 하나는 0이 아니라는 것이 된다.

LM 통계량을 구할 때에는 제약하의 모형만 추정하면 된다. 그러므로 다음 회귀 결과를 얻었다고 하자.

$$y = \tilde{\beta}_0 + \tilde{\beta}_1 x_1 + \cdots + \tilde{\beta}_{k-q} x_{k-q} + \tilde{u} \tag{5.13}$$

여기서, 제약하의 모형을 추정하였음을 나타내기 위하여 "~" 기호를 사용하였다. 특히 $\tilde{u}$는 제약된 모형으로부터 구한 잔차를 나타낸다(늘 그렇듯이, 표본 내의 각 관측치에서 제약하의 잔차를 구하는 것이며, $\tilde{u}$는 이들을 간단히 표기한 것이다).

만일 누락된 변수들 $x_{k-q+1}, \ldots, x_k$의 모집단 계수가 정말로 0이라면, $\tilde{u}$는 표본에서 이 변수들과 근사적으로라도 상관관계가 없을 것이다. 그러므로 이 잔차들을 H_0 하에서 제외되는 독립변수들에 대하여 회귀해 볼 수 있을 것이다. LM 검정이 하는 것도 이와 유사하다. 다만, 제대로 된 검정통계량을 구하려면 원래 회귀식의 모든 독립변수들을 포함시켜야 한다(제약된 모형에서 빠져 있는 회귀변수들이 제약된 모형에 포함된 변수들과 일반적으로 상관되므로 모든 회귀변수들을 포함시켜야 한다). 그러므로

$$\tilde{u}\text{를 } x_1, x_2, \ldots, x_k\text{에 대하여} \tag{5.14}$$

회귀한다. 이것은 보조회귀(auxiliary regression)의 일례로서, 검정통계량 계산을 위해 사용되지만 계수들 자체에 대해서는 관심이 없다.

(5.14) 회귀의 결과를 사용하여 어떻게 (5.12)를 검정할 것인가? (5.12)가 옳다면 $\tilde{u}$가 모든 독립변수들과 거의 비상관일 것이므로 (5.14)로부터의 R^2은, 표본추출 오차가 있기는 하지만, 0과 "가까워야" 한다. 그렇다면 이 통계량이 얼마나 커야 주어진 유의수준에서 귀무가설을 기각할 것인가? 이론에 따르면, 보조회귀 (5.14)로부터의 통상적인 R^2에 표본 크기를 곱한 값은 자유도가 q인 카이제곱 분포를 근사적으로 갖는다. 이로부터 q개의 독립변수들의 결합유의성을 검정하기 위한 다음의 단순한 절차를 얻게 된다.

q개의 배제제약들을 위한 라그랑지 승수 통계량:

(i) y를 제약된 모형의 독립변수들에 대하여 회귀하고 잔차들 $\tilde{u}$를 저장한다.

(ii) $\tilde{u}$를 모든 독립변수들에 회귀하여 R^2을 구한다. 이를 y를 독립변수로 사용한 회귀로부터의 R^2과 구별하기 위하여 R_u^2이라 하자.

(iii) $LM = nR_u^2$ [표본 크기 곱하기 (ii)단계로부터의 R^2]을 계산한다.

(iv) LM을 χ_q^2 분포로부터의 적절한 임계값 c와 비교한다. $LM > c$이면 귀무가설을 기각한다. 또는, p값, 즉 χ_q^2 분포를 갖는 확률변수가 그 검정통계값보다 클 확률을 구한다.

p값이 선택한 유의수준보다 작으면 H_0을 기각한다. 그렇지 않으면 H_0을 기각하지 못한다. 기각의 규칙은 기본적으로 F검정의 경우와 동일하다.

이 형태 때문에 LM통계량을 n-R제곱 통계량이라 하기도 한다. F통계량과는 달리, 제약없는 모형에서의 자유도는 LM검정에서 아무런 역할도 하지 않는다. 중요한 것은 검정할 제약의 개수(q), 보조 R^2의 크기(R_u^2), 그리고 표본 크기(n)뿐이다. 제약없는 모형의 df가 아무 역할도 하지 않는 것은 LM통계량의 본성이 점근적이기 때문이다.* 하지만, LM통계량을 구할 때 R_u^2을 표본 크기에 곱한다는 점을 기억해야 한다. R^2의 값이 작아 보이더라도 n이 크면 LM통계량의 값이 커져서 결합유의성이 있다는 결론을 얻을 수도 있다.

한 가지 주의할 점은, 만일 (i)단계에서 잘못하여 y를 모든 독립변수들에 대하여 회귀한 후 그 잔차들을 이용하여 (ii)단계를 시행하면 전혀 흥미로운 결과를 얻지 못한다는 것이다. 이 경우 R^2은 정확히 0이 된다! 이는 포함된 모든 독립변수들과 잔차들이 정확히 비상관이 되도록 OLS 방법이 추정값을 결정하기 때문이다[식 (3.13) 참조]. 그러므로 제약하의 잔차들을 모든 독립변수들에 대하여 회귀하는 경우에만 (5.12)를 검정할 수 있다. (제약하의 잔차들을 제약된 모형에서의 독립변수들에 대하여 회귀할 때에도 R^2은 0이 된다.)

예제 5.3 범죄의 경제학적 분석

〈예제 3.5〉의 분석을 약간 확장해 보자.

$$narr86 = \beta_0 + \beta_1 pcnv + \beta_2 avgsen + \beta_3 tottime + \beta_4 ptime86 + \beta_5 qemp86 + u$$

다른 변수들은 이미 〈예제 3.5〉에서 이용한 바 있다. 새롭게 포함된 *tottime*은 18세 이후 1986년 이전까지 감옥에서 보낸 총 시간(개월)이다.

다른 요소가 통제되고 나면 *avgsen*과 *tottime*이 영향력이 없다는(즉, 이들의 계수가 0이라는) 가설을 LM통계량을 사용하여 검정해 보자. (i)단계로 *narr86*을 상수항과 함께 *pcnv*, *ptime86*, *qemp86*에 대해 회귀시켜 2,725개의 잔차 $\tilde{u}$를 얻는다. 이 회귀에서 *avgsen*과 *tottime*은 제외된다. 그 다음으로

$$\tilde{u}\text{를 } pconv,\ ptime86,\ qemp86,\ avgsen,\ tottime\text{에 대하여} \tag{5.15}$$

회귀한다(독립변수를 나열하는 순서는 중요하지 않음). 그 결과 얻어진 R^2, 즉 R_2^u는 0.0015이다. 이 R^2이 작아보일지 모르지만, LM통계량을 구하려면 n을 곱해야 하며, 그 값은 $LM = 2{,}725 \times 0.0015 \approx 4.09$이다. 귀무가설하에서 LM통계량은 점근적으로 χ_2^2 분

*n이 아주 크면 $n-k-1$은 n과 상대적으로 별 차이가 없음에 유의하라.

포를 따르므로 유의수준 10%에서 χ_2^2 분포의 임계값을 찾아보면 약 4.61이다. 따라서 $\beta_{avgsen}=0$이고 $\beta_{tottime}=0$이라는 귀무가설을 유의수준 10%에서 기각하지 못한다. p값은 $\mathrm{P}(\chi_2^2>4.09)\approx 0.129$로서 15% 유의수준에서는 귀무가설을 기각하게 된다.

한편 *avgsen*과 *tottime*의 결합유의성에 대한 F검정의 p값은 약 0.131로서 LM통계량의 p값과 상당히 비슷하다. 점근적으로 두 통계량들은 동일한 I종 오류의 확률을 가지므로(즉, 귀무가설이 옳을 때 동일한 빈도로 귀무가설을 기각하므로), 이 결과는 놀랍지 않다.[a]

[a]참고로, 표본 크기가 클 때, F분포와 카이제곱분포의 대부분의 차이는 F분포의 경우 분자 자유도(q)로 나누어져 있다는 것으로부터 온다. 이로부터 $q\times F$통계량과 LM통계량이 유사할 것으로 유추할 수 있다. 실제, 이 예에 $q\times F\approx 4.077$로 LM통계량의 값(4.09)과 비슷한 수준이다.

위의 예제에서 본 것처럼, 표본 크기가 클 때 LM검정과 F검정의 결과가 중요한 차이를 보이는 경우는 별로 없다. 대부분의 회귀 패키지에서 F통계량이 늘상 계산되므로 우리는 F통계량을 주로 사용할 것이다. 하지만 LM통계량도 응용연구에서 사용되므로 알고 있어야 할 것이다.

마지막으로 지적할 점은, LM통계량을 이용하여 분석할 때에도 F통계량의 경우와 마찬가지로 (i)단계와 (ii)단계에서 사용하는 관측값들이 동일해야 한다는 것이다. 만일 귀무가설하에서 제외되는 독립변수들의 일부가 어떤 관측값들에서 관측되지 않는다면 그러한 관측값들은 (i)단계의 회귀에서도 제외시켜야 한다.

5-3 OLS의 점근적 효율성

Gauss-Markov 가정하에서 OLS 추정량이 BLUE임은 이미 말한 바 있다. OLS는 Gauss-Markov 가정하에서 특정 범주의 추정량들 중 점근적으로 효율적(asymptotically efficient)이기도 하다. 이에 대해 일반적으로 살펴보는 데에는 행렬대수와 고급이론이 필요하므로, 여기서는 단순회귀분석의 예를 통해 논의를 진행해 보자.

다음 모형을 보라.

$$y=\beta_0+\beta_1 x+u \tag{5.16}$$

MLR.4하에서 $\mathrm{E}(u|x)=0$, 즉 u는 조건부 0평균을 갖는다. 이를 이용하면 β_0과 β_1의 다양한 일치추정량을 얻을 수 있다. 앞에서와 마찬가지로 기울기 모수 β_1에 집중하자. $g(x)$가 x의 어떤 함수라 하자. 예를 들어 $g(x)=x^2$이나 $g(x)=1/(1+|x|)$같은 것이다. MLR.4하에서 u는 $g(x)$와 비상관이다. 모든 관측값 i에 대하여 $z_i=g(x_i)$라 하자. $g(x)$와 x가 상관되어

있다면*[상관성은 선형 종속성만 측정하므로 $g(x)$와 x는 상관관계가 없을 수도 있음에 유의하라] 다음의 추정량 $\tilde{\beta}_1$도 β_1의 일치추정량이다.

$$\tilde{\beta}_1 = \left(\sum_{i=1}^{n}(z_i - \bar{z})y_i\right) \Bigg/ \left(\sum_{i=1}^{n}(z_i - \bar{z})x_i\right) \tag{5.17}$$

이를 증명해 보자. 식 (5.17)에 $y_i = \beta_0 + \beta_1 x_i + u_i$를 대입하여 정리하면

$$\tilde{\beta}_1 = \beta_1 + \left(n^{-1}\sum_{i=1}^{n}(z_i - \bar{z})u_i\right) \Bigg/ \left(n^{-1}\sum_{i=1}^{n}(z_i - \bar{z})x_i\right). \tag{5.18}$$

그런데 분자와 분모에 각각 큰 수의 법칙을 적용하면 이들은 각각 $\mathrm{Cov}(z,u)$와 $\mathrm{Cov}(z,x)$에 확률적으로 수렴한다. $\mathrm{Cov}(z,x) \neq 0$, 즉 z와 x가 상관되어 있을 때, MLR.4에 의해 $\mathrm{Cov}(z,u) = 0$가 성립하므로

$$\operatorname{plim}\tilde{\beta}_1 = \beta_1 + \mathrm{Cov}(z,u)/\mathrm{Cov}(z,x) = \beta_1.$$

어렵기는 하지만 중심극한정리와 큰 수의 법칙을 이용하면 $\sqrt{n}(\tilde{\beta}_1 - \beta_1)$가 점근적으로 평균이 0이고 분산이 $\sigma^2\,\mathrm{Var}(z)/[\mathrm{Cov}(z,x)]^2$인 정규분포를 따른다는 것을 보일 수 있다. OLS 추정량의 점근 분산은 $z = x$일 때 구해지는데, 이때 $\mathrm{Cov}(z,x) = \mathrm{Cov}(x,x) = \mathrm{Var}(x)$이다. 그러므로, $\hat{\beta}_1$이 OLS 추정량일 때, $\sqrt{n}(\hat{\beta}_1 - \beta_1)$의 점근 분산은 $\sigma^2\,\mathrm{Var}(x)/[\mathrm{Var}(x)]^2 = \sigma^2/\mathrm{Var}(x)$이다. Cauchy-Schwarz 부등식**에 따르면 $[\mathrm{Cov}(z,x)]^2 \leq \mathrm{Var}(z)\,\mathrm{Var}(x)$이며, 따라서 $\sqrt{n}(\hat{\beta}_1 - \beta_1)$의 점근 분산은 $\sqrt{n}(\tilde{\beta}_1 - \beta_1)$의 점근 분산보다 작다. 이상에서, Gauss-Markov 가정하에서 OLS 추정량이 식 (5.17) 형태의 어떠한 추정량보다 점근 분산이 작음을 보였다. [식 (5.17)은 도구변수 추정량(instrumental variables estimator)의 한 예로서 Wooldridge 원저서 15장에 상세히 설명되어 있다.] 이 결과는 등분산 가정이 성립할 경우 성립한다. 만일 등분산 가정이 충족되지 않으면 식 (5.17)의 추정량 중 OLS 추정량보다 점근적으로 더 효율적인 추정량이 존재한다(8장 참조).

수학적으로 훨씬 어렵지만, 이상의 내용을 일반적인 k의 경우로 확장하면 OLS 1계 조건들을 다음과 같이 일반화함으로써 일치추정량들을 얻을 수 있다.

$$\sum_{i=1}^{n} g_j(\mathbf{x}_i)(y_i - \tilde{\beta}_0 - \tilde{\beta}_1 x_{i1} - \ldots - \tilde{\beta}_k x_{ik}) = 0, \quad j = 0,1,\ldots,k \tag{5.19}$$

여기서 $g_j(\mathbf{x}_i)$는 i번째 관측값의 설명변수들의 값 $\mathbf{x}_i$의 어떤 함수이다. (5.19)를 OLS 1계 조건인 (3.13)과 비교해 보면, $g_0(\mathbf{x}_i) = 1$이고 $g_j(\mathbf{x}_i) = x_{ij}$, $j = 1,2,\ldots,k$일 때 OLS 추정량을

*$g(x)$와 x가 상관되어 있다는 가정이 중요한 이유는 식 (5.18)의 분모의 확률극한값이 0이어서는 안 되기 때문이다.

**두 확률변수 X와 Y에 대하여 $|\mathrm{Cov}(X,Y)| \leq \mathrm{sd}(X)\,\mathrm{sd}(Y)$라는 부등식을 말한다.

얻음을 알 수 있다. x_{ij}의 어떠한 함수든 사용할 수 있으므로, 식 (5.19)와 같은 추정량은 무수히 많다.

정리 5.3 OLS 추정량의 점근적 효율성(asymptotic efficiency of OLS)

식 (5.19)로부터 구해지는 추정량들을 $\tilde{\beta}_j$라 하고, OLS 추정량들을 $\hat{\beta}_j$라 하자. Gauss-Markov 가정하에서, $j = 0, 1, 2, \ldots, k$에 대하여 OLS 추정량은 가장 작은 점근 분산을 갖는다. 즉, $\text{Avar}\sqrt{n}(\hat{\beta}_j - \beta_j) \leq \text{Avar}\sqrt{n}(\tilde{\beta}_j - \beta_j)$이다〔Avar은 점근 분산을 의미함〕.

5-4 오차항 정규성의 검정

계량경제학적 방법들을 이용하는 학문 분야들 중에서 오차항이 정규분포로부터 추출되었는지, 즉 제4장의 MLR.6 가정에 대한 검정을 하는 것을 볼 수 있다. 오차항 u_i는 관측되지 않으므로, 이런 검정은 OLS 잔차 $\hat{u}_i$을 이용하게 된다. 많이 이용되는 검정은 이른바 Jarque-Bera 검정(Jarque and Bera, 1987)으로, 이는 잔차항의 3차 및 4차 적률(moment)에 기반하고 있다. 적절한 정규화(normalization)를 거친 잔차항의 3차 및 4차 적률값이 표준정규분포의 3차 및 4차 적률값과 많이 다를 경우 정규성 귀무가설을 기각하는 것이다.

검정의 세부적인 내용들이 어떻든, 정규성 검정은 몇 가지 문제점들을 가지고 있을 뿐 아니라 경제학에서의 실증 연구에서는 거의 이용되지 않는다. 그 이유는 다음과 같다. 첫째, 5-2절에서 공부한 바와 같이, 표본 크기가 적절한 수준 또는 그 이상으로 클 경우 통계적 추론에 정규성이 필요하지 않다. 표본 크기가 충분히 크면 중심극한정리에 의해 t 또는 F 통계량의 이용이 유효하다. n이 충분히 크지 않으면 정규성 검정을 해야 한다는 주장이 있다. 하지만 이 주장에는 Jarque-Bera 검정을 포함해 모든 정규성 검정이 점근적으로만〔즉 표본 크기가 충분히 클 때에만〕 정당화된다는 문제가 있다. t통계량과 F통계량(그리고 신뢰구간)의 점근적 근사(asymptotic approximation)에 대한 우려 때문에 정규성을 검정한다면서 이 핵심 가정의 검정을 점근적 근사에 맡기는 순환논리에 빠지게 되는 것이다.

오차항이 정규분포를 갖는지 여부를 검정하는 것이 정당화될 수 있는 한 가지 경우는 다소 미묘하다. 고전적 선형 모형(CLM) 가정〔정규분포 가정도 포함〕하에서 β_j의 OLS 추정량은 최우추정량(maximum likelihood estimator)이기도 하다. 그 결과 OLS 추정량은 다른 어떤 일치추정량보다 점근적으로 더 효율적이다. 사실은 〔그보다 더 나아가〕 CLM 가정하에서

OLS 추정량은 〔'점근적'이라는 수식어 없이〕 가장 분산이 작은 불편추정량이다.* 원칙적으로, 정규분포 가정을 기각할 경우 OLS 추정량보다 더 효율적인 추정량을 탐색할 수 있다. 가장 분명한 방법은 u가 정규분포가 아닌 특정 분포를 갖는다고 두고 최우추정(maximum likelihood)을 하는 것이다. 실용적인 측면에서 보면, 요즈음의 실증분석에서 이런 식으로 분석을 진행하는 것은 거의 들어본 바 없는데, 이는 아마도 그렇게 구해지는 최우추정량이 일치성을 가지기 위해서는 추가적인 가정이 필요하기 때문인 것 같다. 실증 분석을 하는 연구자들은 〔CLM 가정보다 완화된〕 MLR.1, MLR.2, MLR.3, MLR.4′ 하에서 일치성을 갖는다는 의미에서 OLS의 견고성(robustness)을 받아들인다. 이제 우리는 표본크기가 너무 작지만 않으면 정규분포 가정 없이도 가우스-마코프 가정만 충족되면 통상적인 〔OLS에 기반한〕 추론이 정당화된다는 것을 안다. 또한, 등분산 가정은 완화될 수 있고(제8장 참조), 시계열 상관도 고려하는 방법이 있다(Wooldridge 원저서 12장 또는 이 번역서 부록 A 참조). y의 성질로 인해 선형 모형이 $\mathrm{E}(y|x_1,\ldots,x_k)$를 가장 잘 표현하지 않는 경우에는 다른 모형과 추정 방법을 이용해서 선형 모형의 OLS 추정보다 더 나은 결과를 얻을 수 있다. 다만 이는 $\mathrm{E}(y|x_1,\ldots,x_k)$의 함수 형태에 관한 문제이지, 선형 모형에서 오차항 분포에 관한 문제는 아니기는 하다. 관심 있는 독자는 널리 사용되는 비선형 모형에 관한 Wooldridge 원저서 17장의 논의를 참조하라.

*가장 분산이 작은 불편추정량이라는 성질은 선형 추정량과 비선형 추정량을 가리지 않고 모든 불편추정량 중에서 가장 분산이 작다는 것을 의미하는 매우 강한 성질이다. CLM 가정(가우스-마코프 가정 + 오차항 정규분포 가정)하에서 OLS 추정량은 가장 분산이 작은 불편추정량이 된다. 정규분포 가정이 없으면 OLS 추정량은 BLUE일 수 있지만 가장 좋은 불편추정량은 아닐 수 있다. '점근적 효율성'은 이 번역서에서 이야기할 수 있는 논의의 범위를 벗어난다.

Chapter

6 다중회귀분석: 추가 주제

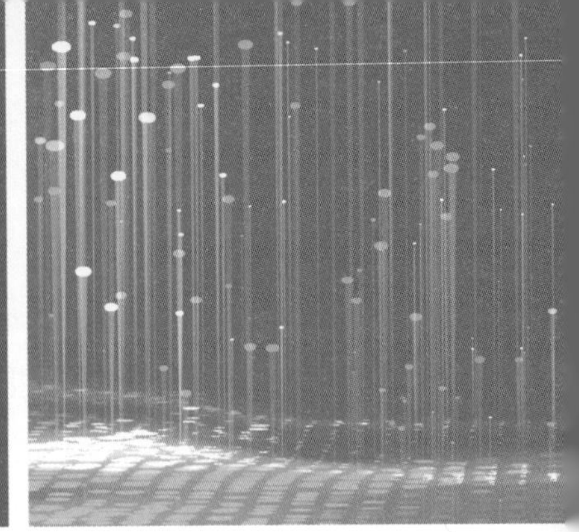

학습목표

6.1 종속변수나 설명변수의 측정단위 변화가 계수 추정값, 표준오차, t통계, R제곱에 미치는 영향을 알 수 있다.

6.2 로그 변환의 이점을 설명하고 로그 변환이 적절한 상황과 적절하지 않은 상황을 구분할 수 있다.

6.3 표준화 변수, 로그 형태 변수, 2차항, 상호작용항 등이 포함된 회귀 모형을 포함한 다양한 형태의 모형에서 계수를 해석할 수 있다.

6.4 평균 부분효과를 정의하고 상호작용항 생성 시 설명변수들에서 미리 평균을 빼는 것(centering)의 역할을 설명할 수 있다.

6.5 조정R제곱 식을 도출하고 왜 이것이 맞춘 정도(goodness-of-fit) 척도로서 때로 통상적인 R제곱보다 선호되는지 설명할 수 있다.

6.6 회귀분석에서 변수 통제가 과다한 경우를 예를 들어 설명할 수 있다.

6.7 종속변수 평균값의 신뢰구간과 종속변수 미래값의 예측구간을 비교할 수 있다.

6.8 주어진 설명변수 값들에 대하여 어떻게 예측구간을 얻는지 설명할 수 있다.

6.9 선형회귀에서 $\log(y)$가 종속변수일 때 y 자체의 예측값을 얻는 방법을 설명할 수 있다.

6장에는 다중회귀분석 관련 주제들 중 앞에서 다루지 못한 주제들을 모아 놓았다. 이 주제들은 3장과 4장의 내용처럼 핵심적이지는 않으나, 다중회귀를 광범위한 실증분석에 활용할 때에 중요하다.

6-1 자료 스케일링이 OLS 통계량에 미치는 영향

2장에서 2변수 회귀를 다룰 때, 측정단위의 변화가 OLS 절편과 기울기 추정값에 미치는 영향에 대하여 간략히 살펴본 바 있다. 측정단위를 바꾸어도 R^2은 변하지 않음도 보았다. 이제 자료 스케일링(data scaling) 문제로 돌아가서 종속변수나 독립변수의 규모변화(rescaling)가 표준오차, t 통계량, F 통계량 및 신뢰구간에 미치는 영향을 살펴본다.

별다른 일은 일어나지 않는다. 변수들의 규모를 바꿀 때, 계수들, 표준오차들, 신뢰구간들, t 통계량들, F 통계량들은 모든 측정된 효과들과 검정의 결과가 동일하게 유지되도록 조정된다. 별로 놀랄 일이 아니기는 하지만—사실, 효과나 검정결과가 바뀐다면 더 이상할 것이다—정확히 무슨 일이 일어나는지 볼 필요가 있다. 자료 스케일링(scaling)은 흔히, 추정계수에서 소수점 뒤 0의 개수를 줄이는 등 모양을 좋게 하기 위해서 사용한다. 측정단위를 적절하게 선택함으로써, 본질적인 것은 하나도 안바꾸면서도 추정식을 더 예쁘게 표현할 수 있다.

이 문제를 일반적으로 다루는 것도 좋지만, 예제로써 보여 주는 것이 훨씬 좋겠다. 여기서 추상적인 기호를 도입하는 것도 별 도움이 안 된다.

신생아 체중을 흡연량과 가구소득으로써 설명하는 모형으로부터 시작하자.

$$\widehat{bwght} = \hat{\beta}_0 + \hat{\beta}_1 cigs + \hat{\beta}_2 faminc \tag{6.1}$$

여기서

bwght = 신생아 체중(단위: 온스, 약 28g)

cigs = 임신 기간 산모의 1일 평균 담배 흡연량(단위: 개피수)

faminc = 연간 가구 소득(단위: 1천 달러)

〈표 6.1〉의 첫째 열에 BWGHT를 사용하여 구한 추정값들이 있다. 괄호 안의 숫자들은 표준오차이다. *cigs*의 계수추정값을 해석하면, 산모가 하루에 5개피 더 흡연할 때 체중은 약 $0.4634 \times 5 = 2.317$ 온스가 작아지는 것으로 예측된다. *cigs*의 t 통계값은 -5.06이므로, 이 변수는 통계적으로 매우 유의하다.

체중의 단위를 온스에서 파운드[약 0.45kg]로 바꾸어 보자. 16온스가 1파운드이므로, $bwghtlbs = bwght/16$이 파운드로 측정한 체중이다. 방정식의 종속변수를 이것으로 바꾸면 OLS 통계량들에 무슨 일이 생길까? 식 (6.1)을 간단히 조작해 보면 계수 추정값이 어떻게 될지 알 수 있다. 방정식을 16으로 나누면 다음이 된다.

$$\widehat{bwght}/16 = \hat{\beta}_0/16 + (\hat{\beta}_1/16)cigs + (\hat{\beta}_2/16)faminc$$

좌변이 파운드 체중이므로, 각 계수를 16으로 나누면 새 계수값을 얻게 된다. 이를 확인해 보자. *bwghtlbs*를 *cigs*와 *faminc*으로 회귀한 결과가 〈표 6.1〉의 (2)열에 있다. 소수점 이하 넷째 자리까지 (2)열의 절편과 기울기들은 (1)열의 절편과 기울기들을 16으로 나눈 값과

〈표 6.1〉 자료 스케일링의 효과

종속변수	(1) *bwght*	(2) *bwghtlbs*	(3) *bwght*
독립변수			
cigs	−0.4634 (0.0916)	−0.0289 (0.0057)	—
packs	—	—	−9.268 (1.832)
faminc	0.0927 (0.0292)	0.0058 (0.0018)	0.0927 (0.0292)
절편	116.974 (1.049)	7.3109 (0.0656)	116.974 (1.049)
관측치수	1,388	1,388	1,388
R^2	0.0298	0.0298	0.0298
SSR	557,485.51	2,177.6778	557,485.51
SER	20.063	1.2539	20.063

동일하다. 예를 들어, *cigs*의 계수는 이제 -0.0289이다. 즉, *cigs*가 5만큼 더 크면 체중은 $0.0289 \times 5 = 0.1445$ 파운드 더 낮다. 온스로 하면 이는 $0.1445 \times 16 = 2.312$이며, 이 값은 앞에서 구한 2.317과 근소한 차이가 있지만, 이는 반올림 오차 때문이다. 요는, 이 효과들이 동일한 단위로 변환되면, 종속변수를 무엇으로 측정하든지간에 정확히 동일한 답이 나와야 한다는 것이다.

통계적 유의성은 어떨까? 예상한 것처럼, 종속변수를 온스에서 파운드로 변환하여도 독립변수의 통계적 중요성에 어떠한 영향도 끼치지 않는다. (2)열의 표준오차들은 (1)열의 표준오차들의 16분의 1이고, (2)열의 값들로부터 t통계들의 값을 계산해 보면 (1)열의 통계값들과 일치한다. (2)열의 신뢰구간의 끝점들은 (1)열의 끝점들을 16으로 나눈 값이다. 이는 신뢰구간들이 표준오차와 같은 비율로 변화하기 때문이다. [여기서 95% 신뢰구간은 $\hat{\beta}_j \pm 1.96\,\mathrm{se}(\hat{\beta}_j)$임을 기억하라.]

적합도에 있어서, 두 회귀로부터의 R^2은 당연히 동일하다. 잔차 제곱합(SSR)과 회귀의 표준오차(SER)은 상이함에 유의하라. 이 차이는 간단히 설명할 수 있다. $\hat{u}_i$을 원래 방정식 (6.1)에 관측치 i의 잔차라 하자. 그러면 *bwghtlbs*가 종속변수인 경우의 잔차값은 $\hat{u}_i/16$이다. 그러므로 두번째 방정식에서 잔차의 제곱은 $(\hat{u}_i/16)^2 = \hat{u}_i^2/256$이다. 그 때문에, (2)열의 잔차 제곱합이 (1)열의 SSR의 256분의 1인 것이다.

$\mathrm{SER} = \hat{\sigma} = \sqrt{\mathrm{SSR}/(n-k-1)} = \sqrt{\mathrm{SSR}/1{,}385}$이므로, (2)열의 SER은 (1)열의 16분의

1이다. 이는 *bwghtlbs*가 종속변수인 방정식의 오차항의 표준편차는 원래 오차항의 표준편차의 16분의 1이라는 사실로 이해해 볼 수도 있다. 그렇다고 하여, 체중을 측정하는 방식을 바꿈으로써 오차를 줄인 것은 아니다. SER이 더 작다는 것은 단지 측정단위의 차이를 반영할 뿐이다.

이제 종속변수를 원래의 단위로 되돌리자. *bwght*는 온스로 측정된다. 이번에는 독립변수 중 하나의 측정단위를 바꾸어 보자. *packs*가 하루에 피운 담배량(갑)이라 하자. 즉 $packs = cigs/20$이다. 이 변환된 방정식에서 계수들과 여타 OLS 통계량들은 어떻게 될 것인가? 식을 다음과 같이 쓰자.

$$\widehat{bwght} = \hat{\beta}_0 + (20\hat{\beta}_1)(cigs/20) + \hat{\beta}_2 faminc = \hat{\beta}_0 + (20\hat{\beta}_1) packs + \hat{\beta}_2 faminc$$

따라서 절편과 *faminc*의 기울기 계수는 변하지 않지만, *packs*의 계수는 *cigs* 계수의 20배이다. 이것은 직관적으로도 이해가 된다. *bwght*를 *packs*와 *faminc*로 회귀한 결과가 〈표 6.1〉의 (3)열에 있다. 곁가지이지만, *cigs*와 *packs*를 모두 포함시키는 것은 말이 되지 않는다. 그러면 설명변수들에 완전한 공선성(multicollinearity)이 있게 되고, 이런 회귀는 의미가 없다.

*packs*의 계수 이외에도 (3)열과 (1)열 간에 상이한 통계량이 하나 있다. 즉, (3)열에 *packs*의 표준오차도 (1)열에 *cigs*의 표준오차의 20배이다. 그러므로 흡연량을 개피수로 측정하든 갑수로 측정하든, 흡연량의 유의성을 검정하기 위한 t 통계량은 변하지 않는다. 이것도 너무도 당연하다.

앞의 예에서는 종속변수와 독립변수의 규모가 바뀔 때 발생하는 대부분의 가능성들을 살펴보았다. 경제학에서는 보통 금액을 다룰 때, 특히 금액이 매우 클 때 규모변경(rescaling)을 한다. 변수들이 다른 화폐로 측정될 때에도 마찬가지이다.

2장에서, 종속변수가 로그 형태이면 측정단위의 변화가 기울기 계수에 영향을 미치지 않음을 보았다. 여기에서도 마찬가지이다. 종속변수가 로그 형태일 때, 종속변수의 측정단위를 바꾸어도 기울기 추정값은 변하지 않는다. 이는 모든 $c_1 > 0$에 대해서 $\log(c_1 y_i) = \log(c_1) + \log(y_i)$라는 사실로부터 간단히 도출된다. 새 절편은 $\log(c_1) + \hat{\beta}_0$일 것이다. 이와 유사하게, $\log(x_j)$가 회귀식에 나타나는 경우 x_j의 측정단위를 바꾸면 절편만 영향을 받는다. 이는 백분율 변화와 특히 탄력성에 대하여 우리가 아는바, 즉 y나 x_j의 측정단위에 영향을 받지 않는다는 사실과 일치한다. 예를 들어 (6.1)에서 종속변수를 $\log(bwght)$로 하여 추정하고, 종속변수를 $\log(bwghtlbs)$로 바꾸어 재추정하면, *cigs*와 *faminc*의 계수는 똑같고 절편 추정값만 다르다.

6-1a 베타 계수

응용연구에서 때로 핵심변수가 해석하기 곤란한 규모로 측정되어 있는 경우가 있다. 노동경제학자들은 때로 임금 방정식에 시험성적을 포함시키고, 시험성적의 단위는 때로 자의적이며 해석하기가 어렵다(적어도 경제학자들에게는!). 거의 대부분의 경우 우리는 모집단 내의 다른 사람들과 비교하여 점수가 어떤지에 관심이 있다. 그러므로, 말하자면 시험점수가 10 포인트 더 높을 때 시급에 미치는 영향이 아니라, 시험점수가 1 표준편차 더 높을 때 무슨 일이 일어나는지 질문하는 것이 더 적절하다.

표본 표준편차를 얻고 나면(대부분의 회귀분석 패키지에서 쉽게 할 수 있음), 추정된 모형에서 한 독립변수가 자신의 표준편차의 일정 배수로 증가할 때 종속변수에 무슨 일이 생기는지 볼 수 있다. 예를 들어 SAT 점수같은 시험성적이 대학 GPA에 미치는 영향을 볼 때, SAT의 표준편차를 구하고 나서 SAT 점수가 1 또는 2 표준편차만큼 증가할 때 무슨 일이 일어나는지 본다.

때로 독립변수들뿐 아니라 종속변수까지 포함한 모든 변수들이 표준화된 경우의 회귀결과를 얻는 것이 유용하다. 표본 내에서 한 변수를 표준화할 때에는 표본평균을 빼고 표본 표준편차로 나눈다. 즉, 표본 내의 각 변수에 대하여 **표준점수**(*z*-score)를 구한다. 그 후, 이 표준점수(*z*-score)들을 사용하여 회귀를 실행한다.

표준화는 왜 유용한가? 변수들이 원래의 형태로 있는 원래의 OLS 방정식을 보자.

$$y_i = \hat{\beta}_0 + \hat{\beta}_1 x_{i1} + \hat{\beta}_2 x_{i2} + \cdots + \hat{\beta}_k x_{ik} + \hat{u}_i \tag{6.2}$$

표준화가 모든 표본값들에 적용된다는 사실을 강조하기 위하여 관측치 첨자 i를 붙였다. 이제, (6.2)를 i에 걸쳐 평균하고 그 결과를 (6.2)로부터 빼면 다음을 얻는다.

$$y_i - \bar{y} = \hat{\beta}_1(x_{i1} - \bar{x}_1) + \hat{\beta}_2(x_{i2} - \bar{x}_2) + \cdots + \hat{\beta}_k(x_{ik} - \bar{x}_k) + \hat{u}_i$$

여기서 $\hat{u}_i$의 표본평균이 0이라는 사실을 이용하였다. 이제 $\hat{\sigma}_y$를 종속변수의 표본표준편차, $\hat{\sigma}_1$를 x_1의 표본 sd, $\hat{\sigma}_2$를 x_2의 표본 sd 등이라 하자. 그러면 다음을 얻는다.

$$\begin{aligned}(y_i - \bar{y})/\hat{\sigma}_y &= (\hat{\sigma}_1/\hat{\sigma}_y)\hat{\beta}_1[(x_{i1} - \bar{x}_1)/\hat{\sigma}_1] + \cdots \\ &\quad + (\hat{\sigma}_k/\hat{\sigma}_y)\hat{\beta}_k[(x_{ik} - \bar{x}_k)/\hat{\sigma}_k + (\hat{u}_i/\hat{\sigma}_y)\end{aligned} \tag{6.3}$$

(6.3)의 각 변수는 표준점수로 환산한 것이며, 이 환산의 결과 기울기 계수가 변하였음을 볼 수 있다. 예를 들어 $(x_{i1} - \bar{x}_1)/\hat{\sigma}_1$의 기울기 계수는 $(\hat{\sigma}_1/\hat{\sigma}_y)\hat{\beta}_1$이다. 이것은 원래의 계수 $\hat{\beta}_1$에 y의 표준편차 대비 x_1의 표준편차의 비율을 곱한 것이다. 절편은 완전히 소거되었다.

(6.3)에서 i 첨자를 없애고 다음과 같이 쓰자.*

$$z_y = \hat{b}_1 z_1 + \hat{b}_2 z_2 + \cdots + \hat{b}_k z_k + error \tag{6.4}$$

여기서 z_y는 y의 표준점수, z_1은 x_1의 표준점수 등이다. 변환된 계수는

$$\hat{b}_j = (\hat{\sigma}_j / \hat{\sigma}_y)\hat{\beta}_j, \quad j = 1, \ldots, k \tag{6.5}$$

이다. 이 $\hat{b}_j$을 전통적으로 표준화 계수(standardized coefficients) 또는 베타 계수(beta coefficients)라고 하였다. (두 번째 이름이 더 널리 사용되는데, "베타"가 보통의 OLS 추정값을 나타내는 데 사용되므로 좋은 이름은 아니다. 하지만 "표준화 계수"도 그리 좋은 용어는 아닌데, 이는 표준화된 것은 변수이지 계수가 아니기 때문이다.)

식 (6.4)에 의하면 베타 계수들은 흥미로운 의미를 갖는다. x_1이 1표준편차만큼 증가하면 $\hat{y}$은 $\hat{b}_1$ 표준편차만큼 증가한다. 즉, 효과들이 y나 x_j의 원래 단위가 아니라 표준편차 단위로 측정된다. 이 경우 회귀변수들의 규모라는 것이 무의미하므로, 이 방정식은 설명변수들을 모두 동일한 선상에 놓이게 한다. 원래의 OLS 방정식에서는 계수들의 크기만을 보고서 가장 큰 계수를 갖는 변수가 "가장 중요하다"고는 할 수 없다(설명변수가 수준변수일 때 측정 단위를 크게 만듦으로써 계수 추정값의 크기는 얼마든지 키울 수 있으므로). 하지만 각 x_j가 표준화된 경우에는, 베타 계수들의 크기 비교가 더 설득력을 갖는다. 설명변수가 x_1 하나뿐이면 그 표준화된 계수는 y와 x_1 간의 표본상관계수이며, 따라서 -1과 1 사이의 값이다.

계수들을 쉽게 해석할 수 있는 경우—예를 들어 종속변수와 흥미로운 독립변수들이 로그 형태여서 OLS 계수들이 탄력성 추정값인 경우—에도 베타 계수들을 계산하는 것이 도움이 되는 경우가 있다. 탄력성들은 측정단위로부터 자유롭지만, 특정 설명변수의 말하자면 10% 변화는 다른 설명변수의 10% 변화에 비하여 더 크거나 더 작을 수 있다. 예를 들어 소득차이는 크지만 학생당 지출의 차이는 작은 경우, 성적의 소득탄력성과 지출탄력성을 단순 비교하는 것은 큰 의미가 없을 수도 있다. 이때 베타 계수들의 크기를 비교하는 것이 도움이 될 것이다.

베타 계수를 구하려면 항상 $y, x_1, \ldots, x_k$를 표준화한 다음 y의 표준점수를 $x_1, \ldots, x_k$의 표준점수들에 대하여 OLS 회귀를 한다. 이때 절편은 0이므로 포함시킬 필요가 없다. 독립변수가 많으면 이 작업은 지루할 수 있는데, 어떤 패키지들은 간단한 옵션으로써 베타 계수들을 구해 준다.** 다음 예제는 베타 계수들의 사용을 예로 보여 준다.

*식 (6.4)에서 *error*는 모집단 모형의 "오차"가 아니라 변형된 "잔차"를 의미함에 유의하라.

**예를 들어 Stata® 의 regress 명령 다음에 "beta"라는 옵션을 붙이면 베타 계수들이 계산된다.

예제 6.1 오염이 주택가격에 미치는 영향

〈예제 4.5〉의 자료(HPRICE2 파일)를 이용하여 베타 계수들의 사용을 설명한다. 핵심 독립변수는 해당 지역 대기중 질소 산화물 양인 *nox*이다. (질소 산화물이 대기의 질에 영향을 미치는 방식에 대한 과학을 생각하지 않고) 공해의 효과의 크기를 이해하는 하나의 방식은 베타 계수를 계산하는 것이다. (참고로, 〈예제 4.5〉에서는 다른 방법을 사용하였다. *price*와 *nox*를 로그 형태로 사용하여 *nox*에 대한 가격의 탄력성을 구하였다.)

모집단 방정식은 다음의 수준-수준 모형이다.

$$price = \beta_0 + \beta_1 nox + \beta_2 crime + \beta_3 rooms + \beta_4 dist + \beta_5 stratio + u$$

*crime*을 제외한 모든 변수들은 〈예제 4.5〉에 정의되어 있으며, *crime*은 1인당 범죄보고 건수이다. 베타 계수들은 다음과 같다(각 변수는 표준점수로 변환되었음).

$$\widehat{zprice} = -0.340\,znox - 0.143\,zcrime + 0.514\,zrooms - 0.235\,zdist - 0.270\,zstratio$$

이 방정식에 따르면, *nox*가 1표준편차만큼 증가하면 가격은 0.34 표준편차만큼 하락한다. *crime*이 1표준편차만큼 증가하면 가격은 0.14 표준편차만큼 하락한다. 그러므로 모집단에서 오염과 범죄가 동일한 정도(여기서 '동일한 정도'란 각 변수의 표준편차 대비 변화 정도가 동일함을 의미함)로 증가할 때, 오염의 효과가 더 크다. 방 개수(*rooms*)로 측정한 집 크기의 표준화된 효과가 가장 크다. 원래의 각 변수들이 주택가격 중위값 금액에 미치는 효과를 보려면 표준화되지 않은 변수들을 사용하여야 한다.

표준화된 변수를 사용하든 표준화되지 않은 변수를 사용하든 통계적 유의성은 영향을 받지 않는다. 두 경우 모두 t통계량은 동일하다.

6-2 함수형태에 관한 추가 논의

설명변수와 피설명변수 간에 비선형 관계를 허용하기 위하여 가장 널리 사용되는 방법은 종속변수나 독립변수에 로그를 사용하는 것이고, 앞의 예제들에서 이 방법을 살펴보았다. 설명변수의 제곱항을 포함하는 모형도 살펴본 바 있지만, 아직 이들에 대해 체계적으로 설명하지는 않았다. 본 절에서는 응용연구에서 자주 등장하는 함수 형태들에 대하여 추가로 논의한다.

6-2a 로그 함수 형태의 사용에 대한 추가 논의

우선, 다음 모형에서 모수들을 해석하는 방법을 다시 살펴보자.

$$\log(price) = \beta_0 + \beta_1 \log(nox) + \beta_2 rooms + u \tag{6.6}$$

변수들은 〈예제 4.5〉에 설명되어 있다. 이 책에서 $\log(x)$란 x의 자연 로그임을 기억하라. 계수 β_1은 *nox* (공해)에 대한 *price*의 탄력성이다. 계수 β_2는 $\Delta rooms = 1$일 때 $\log(price)$의 변화량이다. 여러 차례 설명한 것처럼 이 $\log(price)$의 변화량에 100을 곱하면 대략 *price*의 백분율 변화가 된다. $100 \times \beta_2$는 *rooms*에 대한 *price*의 준탄력성(semi-elasticity)이라 하기도 한다고 했다.

HPRICE2의 자료를 사용하여 다음 결과를 얻는다.

$$\begin{aligned} \widehat{\log(price)} &= \underset{(0.19)}{9.23} - \underset{(0.066)}{0.718}\log(nox) + \underset{(0.019)}{0.306}\, rooms \\ n &= 506, \quad R^2 = 0.514 \end{aligned} \tag{6.7}$$

그러므로, *rooms*만을 고정할 때, *nox*가 1% 증가하면 *price*는 0.718% 하락하는 것으로 예측된다. *rooms*가 1 증가하면 *price*는 약 $100 \times 0.306 = 30.6\%$ 상승한다.

이 예에서 방 개수가 1개 증가할 때 가격이 약 30.6% 증가한다는 표현은 다소 부정확하다. 이는 $\log(y)$의 변화가 클수록 $\%\Delta y \approx 100 \times \Delta\log(y)$의 근사가 부정확해지기 때문이다. 다행히도 다음에 보는 것처럼 정확한 백분율 증가를 쉽게 계산할 수 있다.

다음의 일반적인 추정모형으로써 이 계산방법을 설명하겠다.

$$\widehat{\log(y)} = \hat{\beta}_0 + \hat{\beta}_1 \log(x_1) + \hat{\beta}_2 x_2$$

이제 x_1을 고정하면 $\Delta\widehat{\log(y)} = \hat{\beta}_2 \Delta x_2$를 얻는다. y 예측값의 정확한 백분율 변화를 지수함수와 로그함수의 간단한 대수적 특성을 이용하여 다음과 같이 구할 수 있다.*

$$\%\Delta\hat{y} = 100 \times [\exp(\hat{\beta}_2 \Delta x_2) - 1] \tag{6.8}$$

여기서 100을 곱한 것은 비율 변화를 백분율 변화로 바꾸기 위해서이다. $\Delta x_2 = 1$일 때,

$$\%\Delta\hat{y} = 100 \times [\exp(\hat{\beta}_2) - 1] \tag{6.9}$$

*$\log(x_2) - \log(x_1) = a$이면 $\log(x_2/x_1) = a$이므로 $x_2/x_1 = \exp(a)$, 즉 $x_2/x_1 - 1 = \exp(a) - 1$이다. 따라서 증가율은 $100(x_2/x_1 - 1) = 100[\exp(a) - 1]\%$이다.

이다. 주택가격 예제에서, $x_2 = rooms$이고 $\hat{\beta}_2 = 0.306$이므로, $\%\Delta\widehat{price} = 100[\exp(0.306) - 1] = 35.8\%$로서, (6.7)로부터 직접 구한 근사값인 30.6%보다 현저히 크다. {참고로, $\exp(\cdot)$가 비선형함수이므로 식 (6.9)는 $100[\exp(\beta_2) - 1]$의 불편추정량이 아니지만 일치추정량이다. 이는 확률극한이 비선형 함수 안으로 들어갈 수 있기 때문이다. 반면 불편성은 보일 수 없는데 이는 기댓값은 비선형 함수 안으로 들어갈 수 없기 때문이다.*}

백분율 변화가 작을 때에는 식 (6.8)의 조정이 별로 중요하지 않다. 예를 들어 식 (6.7)에 학생-교사 비율을 포함시키면 그 계수가 -0.052가 된다. 이는 *stratio*가 1만큼 증가할 때 *price*가 약 5.2% 하락함을 의미한다. 정확한 비율 변화는 $\exp(-0.052) - 1 \approx -0.051$, 즉 -5.1%로서 로그에 의한 근사와 거의 동일이다. 반면 *stratio*를 5만큼 증가시키면, 가격 백분율 변화의 근사값은 -26%인 반면, 식 (6.8)을 이용하여 구한 정확한 변화는 $100[\exp(-0.26) - 1] \approx -22.9\%$로서 둘 간에는 상당한 차이가 있다.

백분율 변화를 로그 변화로 근사화하는 것은 백분율 변화가 클 때에도 이점을 갖는다. 방 개수의 1개 증가가 가격에 미치는 영향을 살펴봄으로써 이를 설명해 보자. 로그 근사를 사용하면, 방 개수가 1만큼 변화할 때의 효과는, 식 (6.7)에서 방 수의 계수에 100을 곱한 30.6%의 가격 변화이다. 반면, 방 개수를 1개 증가시킬 때 정확한 백분율 변화는 35.8%이다. 하지만, 방 개수를 1만큼 감소시키면 어떻게 될 것인가? 식 (6.8)에 $\Delta x_2 = -1$과 $\hat{\beta}_2 = 0.306$을 대입하면 $\%\Delta\widehat{price} = 100[\exp(-0.306) - 1] = -26.4$, 즉 26.4% 하락을 얻는다. *rooms*의 계수를 사용하여 구한 근사값(30.6)은 26.4(감소 시)와 35.8(증가 시)의 사이에 있다. 항상 이런 결과를 얻는다. 계수(100을 곱함)를 사용하면 항상 증가할 때와 감소할 때의 정확한 효과 추정값들의 절댓값 사이의 값을 얻는다. 증가 또는 감소에 특별히 관심이 있다면 식 (6.8)에 근거하여 계산할 수 있다.

백분율 변화에 대하여 지금 막 설명한 점은 초급 경제학에서 가격 변화가 클 때 수요의 가격탄력성을 계산할 때 발생하는 문제이다. 탄력성은 백분율 변화 계산 시 가격과 수량의 처음 값을 기준으로 사용하느냐 마지막 값을 기준으로 사용하느냐에 따라 달라진다. 로그 근사를 사용하는 것은 수요의 호탄력성(arc elasticity)을 계산할 때처럼, 백분율 변화를 계산할 때 분모에 가격과 수량의 평균(시작값과 끝값의 평균)을 사용하는 것과 유사하다〔하지만 정확히 동일하지는 않음〕.

자연로그를 사용하면 계수 해석이 좋아진다는 것을 보았다. 변수에 로그를 취하면 기울기 계수가 규모변화에 영향을 받지 않아, 측정단위를 무시할 수 있게 된다. 응용연구에서 로그를 사용하는 다른 이유들도 있다. 첫째, $y > 0$일 때 $\log(y)$를 종속변수로 사용하는

*$g(\cdot)$가 비선형이더라도 $\text{plim}\, g(\hat{\beta}_j) = g(\text{plim}\, \hat{\beta}_j)$이지만, 기댓값의 경우에는 $\mathrm{E}[g(\cdot)] \neq g(\mathrm{E}(\cdot))$이다.

모형이 y 자체를 사용하는 모형보다 고전적 선형모형(CLM) 가정을 더 잘 만족시키는 경우가 많다. 양의 값을 갖는 변수들은 조건부 분포가 종종 이분산적이거나 한쪽으로 기울어진다. 여기에 로그를 취하면 이 두 가지 문제 모두를 제거하거나 완화시킬 수 있다.

로그를 사용할 때 또 하나의 잠재적인 이점은 로그를 취함으로써 종종 변수값의 폭이 줄어든다는 것이다. 이는 기업의 연간 매출액이나 야구선수의 연봉처럼 금액이 큰 변수에서 특히 그렇다. 인구 변수들도 크게 변하는 경향이 있다. 종속변수와 독립변수들의 폭을 좁히면 OLS 추정값이 극단적인 값들에 덜 민감하게 된다. 이에 대해서는 9장에서 설명한다.

하지만 어떤 때에는 로그 변환이 극단적인 값들을 만들어낼 수도 있으므로 이를 무분별하게 사용해서는 안 된다. 하나의 예는 y값이 0과 1 사이이고(예를 들어 비율) 그 값이 0에 가까울 때이다. 이 경우, 원래 값 y는 0과 1 사이에 있지만, $\log(y)$는 (음수로서) 크기가 매우 클 수 있다.

만고불변의 진리는 아니지만, 로그를 취할지를 판단할 때 흔히 이용되는 몇 가지 표준적인 잣대가 있다. 변수가 양수의 금액이면 흔히 로그를 취한다. 임금, 연봉, 기업 매출액, 기업 시장가치 등이 여기에 해당한다. 인구, 총 고용인수, 등록학생수도 종종 로그 형태로 나타난다. 이것들을 모두 큰 수라는 공통점이 있다.

학력, 경력, 근속연수, 나이 등처럼 연도로 측정되는 변수들은 보통 원래 형태로 사용된다. 실업률, 연금가입률, 학생들의 시험합격률, 신고된 범죄에서 범인검거율 등 비율이나 백분율은 원래 변수로 나타나기도 하고 로그 형태로 나타나기도 하는데, 원래 형태를 더 많이 사용한다. 이는 종속변수든 독립변수든 간에 원래 변수의 회귀계수가 퍼센트 포인트의 해석을 갖기 때문이다. 예를 들어 $unem$이 백분율로 표현한 실업률일 때, 회귀에서 $\log(unem)$을 사용하면 퍼센트 포인트 변화와 퍼센트 변화에 대하여 매우 조심하여야 한다. $unem$이 8에서 9로 바뀌면, 이것은 1 퍼센트 포인트 증가이지만 처음 실업률 수준으로부터 12.5% 상승한 것이다. 로그를 사용한다는 것은 실업률의 백분율 변화를 본다는 것이다. $\log(9) - \log(8) \approx 0.118$ 또는 11.8%이며, 이는 실제 12.5% 증가의 로그 근사값이다.

로그 변환이 갖는 제한의 하나는 로그를 0이나 음의 값을 갖는 변수에 대하여 사용할 수 없다는 것이다. y가 음수는 아니지만 0의 값을 취할 수 있을 때, 가끔 $\log(1+y)$가 사용된다. 이 변환은 $y \geq 0$에서 잘 정의되기는 하나 다른 문제를 야기한다(Mullahy and Norton (2023)과 Chen and Roth (2023) 설명 참조). 첫째, $y \geq 0$일 때 $\log(1+y) \geq 0$이고 $y = 0$이면 $\log(1+y) = 0$이므로, 이 변환은 비음(nonnegative) y를 다른 비음 변수로 변환하는 것이다. 둘째, 선형모형에서 $\log(1+y)$가 종속변수로 사용될 때 x_j의 계수를 (100을 곱한 후) 백분율로 해석하려는 유혹이 있다. y가 0보다 훨씬 큰 값이면 이 근사가 잘

작동할 수 있으나, y가 0이나 0에 가까운 값으로부터 증가할 때 이 근사는 매우 부정확할 수 있다. 더 중요한 문제는 $\log(1+y)$를 종속변수로 사용할 때의 회귀 계수는 y 측정단위의 변화에 영향을 받는다(not invariant)는 것이다. 왜 그런지 보자. 먼저, $y_i > 0$이고 $c > 0$이면 $\log(cy_i) = \log(c) + \log(y_i)$이므로, 〔$\log(y)$가 종속변수인 경우에는〕 y의 모든 관측값에 똑같은 상수를 곱해도 회귀 절편만 영향을 받고 기울기 계수들은 아무런 영향도 받지 않는다. 예를 들어 y가 금액일 때 y의 단위가 달러이든, 1천 달러이든, 유로이든, 풀라〔보츠와나의 화폐〕이든, 위안화이든 똑같은 기울기 추정값을 얻는다. 반면 $\log(1+cy_i) \neq \log(c) + \log(1+y_i)$이므로 c의 선택은 회귀 계수에 일반적으로 영향을 준다. 사실 y를 어떻게 측정하느냐에 따라 계수가 현저하게 변할 수도 있으며, 이것도 계수를 변화율로 해석해서는 안 되는 이유이다.* 또한, 로그 변환 전에 1을 더했는데 1을 더해야 할 이유도 없다. 양수이기만 하면 아무 a에 대해서나 $\log(a+y)$를 사용할 수 있다. 규모변환 상수 c의 선택처럼 a의 선택도 결과에 큰 영향을 미칠 수 있다. 다행히도, 이처럼 상당 수 관측치에서 y_i가 0일 때 사용할 수 있는 더 고급 계량경제 기법들이 있다. $\mathrm{E}(y|\mathbf{x})$를 지수변환하여 포아송(Poisson) 회귀를 한다든지, $y=0$일 확률을 명시적으로 모형화하는 토빗(Tobit) 모형을 이용한다든지 하는 것이다. 이들 방법에는 위에 논의한 문제가 없다. 관심 있는 독자들은 Wooldridge 원저서 17장을 참조하기 바란다. 선형모형 분석틀에서 벗어나지 않고자 한다면 $y_i = 0$ 자료가 있으면 그냥 y를 종속변수로 사용하는 것이 최선이지 않을까 싶다.

종속변수에 로그를 취할 때의 한 가지 단점은 원래 변수의 예측이 더 어렵다는 것이다. 원래의 모형은 y가 아니라 $\log(y)$를 예측할 수 있게 해 주기 때문이다. 그러나 $\log(y)$의 예측값을 y의 예측값으로 변환시키는 것은 그리 어렵지 않다(6-4절 참조). 또 하나 연관된 점은, y가 종속변수인 모형과 $\log(y)$가 종속변수인 모형의 R^2들을 직접 비교할 수 없다는 것이다. R^2은 종속변수의 변화를 설명하는 척도이고, 이 두 R^2은 서로 다른 변수들의 변동 정도를 나타내기 때문이다. y가 종속변수인 모형과 $\log(y)$가 종속변수인 모형의 적합도를 비교하는 방법은 6-4절에서 설명한다.

6-2b 2차항이 있는 모형

한계효과가 독립변수 값이 증가함에 따라 감소하거나 증가할 때 2차 함수도 응용경제학에서 많이 사용된다.

* 예를 들어 JTRAIN98 자료에서 약 10% 관측치에서 $earn98 = 0$이다. 원래 $earn98$의 단위는 1천 달러인데 이것을 달러 단위($earn98dol = 1{,}000 \times earn98$)나 센트 단위($earn98cents = 1{,}000 earn98dol$)로 바꾸어 $\log(1+y)$를 $educ$과 age에 대하여 회귀하면 계수 추정값 차이가 크게 나는 것을 확인할 수 있다.

가장 단순한 경우로서, y가 하나의 관측요소 x에 의존하는데 그 의존하는 방식이 다음과 같은 2차 형태를 갖는다고 하자.

$$y = \beta_0 + \beta_1 x + \beta_2 x^2 + u$$

예를 들어, $y = wage$이고 $x = exper$라 하자. 3장에서 설명한 것처럼 이 모형은 단순회귀분석의 범위를 벗어나지만 다중회귀로써 쉽게 다룰 수 있다.

잊지 말아야 할 것은, β_1이 x에 의한 y의 변화를 측정하지 않는다는 것이다. x^2을 고정시키고 x를 변화시킬 수 없기 때문이다. 추정방정식을

$$\hat{y} = \hat{\beta}_0 + \hat{\beta}_1 x + \hat{\beta}_2 x^2 \tag{6.10}$$

이라고 쓰면, 〔미분에 의하여〕 다음의 근사적 관계를 얻는다.

$$\Delta\hat{y} \approx (\hat{\beta}_1 + 2\hat{\beta}_2 x)\Delta x \quad \text{또는} \quad \Delta\hat{y}/\Delta x \approx \hat{\beta}_1 + 2\hat{\beta}_2 x \tag{6.11}$$

이에 따르면 x와 y의 관계의 기울기는 대략 $\hat{\beta}_1 + 2\hat{\beta}_2 x$로서 x 값 자체에 따라 달라진다. $x = 0$을 대입해 보면, $\hat{\beta}_1$은 $x = 0$에서 $x = 1$로 변화할 때의 기울기 근사값으로 해석될 수 있음을 알 수 있다. 다음으로 둘째 항인 $2\hat{\beta}_2 x$를 설명해 보자.

x의 초깃값과 증가분이 주어질 때 y 변화분의 예측값을 계산하는 데에만 관심이 있다면 (6.10)을 직접 이용할 수 있다. 〔즉, x의 나중값을 대입하여 계산한 $\hat{y}$과, x의 초깃값을 대입하여 계산한 $\hat{y}$의 차이를 보면 된다.〕 이 경우 미분에 의한 근사를 사용할 필요가 없다. 그러나 우리는 보통 x가 y에 미치는 영향을 한 눈에 볼 수 있게 요약하고 싶어 하고, 이때 식 (6.11)과 같은 해석이 유용하다. 흔히 x의 표본 평균값이나, 중위값, 1사분위값, 3사분위값 등 관심있는 값들을 대입한다.

많은 응용연구에서 $\hat{\beta}_1$은 양수이고 $\hat{\beta}_2$는 음수이다. 예를 들어 WAGE1의 임금 자료를 사용하면 다음을 얻는다.

$$\begin{aligned} \widehat{wage} &= \underset{(0.35)}{3.73} + \underset{(0.041)}{0.298}\,exper - \underset{(0.0009)}{0.0061}\,exper^2 \\ n &= 526, \;\; R^2 = 0.093 \end{aligned} \tag{6.12}$$

이 추정식에 의하면 $exper$가 $wage$에 미치는 영향은 $exper$가 증가함에 따라 감소한다. 첫 해의 경력은 시급 약 30센트(0.298달러)의 가치가 있다. 둘째 해의 경력은 그 가치가 더 작다. (6.11)에서 $x = 1$을 대입하여 계산하면 약 $0.298 - 2 \times 0.0061 \times 1 \approx 0.286$ 즉 28.6센트의 가치가 있다. 경력이 10년에서 11년으로 증가하면 $wage$는 약 $0.298 - 2 \times 0.0061 \times 10 = 0.176$ 즉 17.6센트만큼 증가할 것으로 예측된다. 다른 경우에도 이와 동일한 방식으로 계산할 수 있다.

〈그림 6.1〉 $\widehat{wage}$과 $exper$ 간의 2차 관계

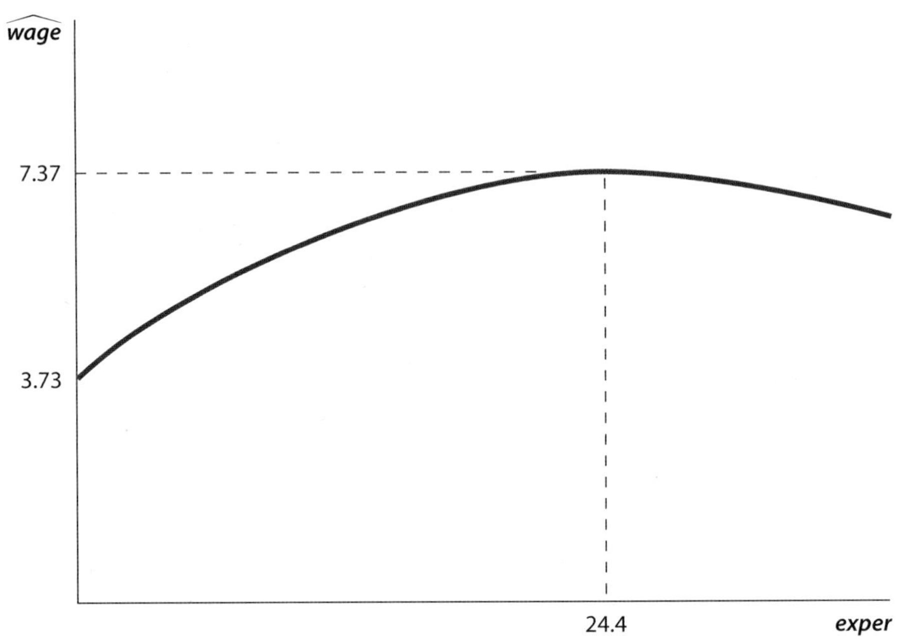

x의 계수가 양수이고 x^2의 계수가 음수일 때, 2차 함수는 포물선 모양을 갖는다. 이 경우, x가 y에 미치는 영향이 0이 되는 양의 x값이 항상 존재하고, 이 값 이전에는 x가 y에 양의 영향을 미치고, 그 후에는 x가 y에 음의 영향을 미친다. 그 경계값을 반환점(turning point)이라고 하면, 실제 연구에서 이 반환점 값이 무엇인지 아는 것이 중요할 수 있다.

추정식 (6.10)에서 $\hat{\beta}_1 > 0$이고 $\hat{\beta}_2 < 0$이라면 반환점(즉, 함수값을 최대화시키는 점)은 x의 계수를 x^2 계수의 절댓값 곱하기 2로 나누어 구한다:

$$x^* = |\hat{\beta}_1/(2\hat{\beta}_2)| \tag{6.13}$$

임금의 예제에서 이 반환점 $x^* = exper^*$는 $0.298/(2 \times 0.0061) \approx 24.4$이다(계산할 때 -0.0061에서 음의 부호를 제거하였음에 유의하라). 이 2차 관계는 〈그림 6.1〉에 표시되어 있다.

임금 방정식 (6.12)에서 경력 수익률(return to experience)은 약 24.4년에 0이 된다. 〔그 이후에는 한계수익률은 음(−)이 된다. 근속 경력 24.4년 이후에는 근속 기간이 한 해씩 늘어날 때 임금의 증가분은 점차 감소하는 것이다.〕 이것을 어떻게 설명하여야 할까? 적어도 세 가지 가능성이 있다. 첫째, 경력이 24년 이상인 사람들이 표본에 거의 없으면 24 우측의 곡선을 무시할 수 있을 수 있다. 한계효과가 체감하는 것을 2차 함수를 사용하여 모형화할 때

문제가 되는 점은, 2차 함수가 결국에는 증가에서 감소로 혹은 감소에서 증가로 반드시 방향이 바뀐다는 것이다. 만일 표본 내 작은 비율의 사람들만이 이 방향이 바뀌는 지점을 넘어선다면 별로 걱정할 일이 아니다. 하지만 WAGE1의 자료에서 표본의 약 28%가 24년보다 긴 경력을 갖는다. 이것은 무시해 버리기에 너무 큰 비율이다.

두 번째 가능성은 *exper*의 수익이 어떤 지점을 넘어서면 정말로 음(−)이 되는 것이다. 그럴 수도 있겠지만, 24년 경력에서 이러한 일이 일어나리라는 것은 믿기 어렵다. 더 그럴 듯한 가능성은, 여타 요소들을 통제하지 않았거나, 식 (6.12)의 함수관계가 옳지 않아 *exper*가 *wage*에 미치는 영향의 추정값이 편향되어 있다는 것이다.

종속변수가 로그 형태이고 설명변수가 2차 형태이면, 부분효과를 보고할 때 주의하여야 한다. 다음 예제에서는 식 (6.10)에서 $\hat{\beta}_1$이 음수이고 $\hat{\beta}_2$가 양수이며, 따라서 2차식의 형태가 역 U자형이 아니라 U자형이다. 이 경우 x가 y에 미치는 영향은 x값이 증가함에 따라 증가한다.

예제 6.2 공해가 집값에 미치는 영향

〈예제 4.5〉의 주택 가격 모형을 수정하여 *rooms*의 2차항을 포함시키자.

$$\log(price) = \beta_0 + \beta_1 \log(nox) + \beta_2 \log(dist) + \beta_3 rooms + \beta_4 rooms^2 + \beta_5 stratio + u \tag{6.14}$$

HPRICE2의 자료를 사용하여 이 모형을 추정하면 다음의 결과를 얻는다.

$$\begin{aligned}\widehat{\log(price)} = &\underset{(0.57)}{13.39} - \underset{(0.115)}{0.902}\log(nox) - \underset{(0.043)}{0.087}\log(dist)\\ &- \underset{(0.165)}{0.545}\,rooms + \underset{(0.013)}{0.062}\,rooms^2 - \underset{(0.006)}{0.048}\,stratio\\ &n = 506,\ R^2 = 0.603\end{aligned}$$

2차항 $rooms^2$의 t값은 약 4.77로서 통계적으로 매우 유의하다. 하지만 *rooms*가 log(*price*)에 미치는 영향은 어떻게 해석하여야 할까? 처음에 이 효과는 이상해 보인다. *rooms*의 계수가 음수이므로 방을 하나 추가하는 것은 log(*price*)에 음의 영향을 미친다. 어느 순간에 이 효과는 양이 되고, 함수 형태가 2차 함수이므로 *rooms*에 대한 *price*의 준탄력성은 *rooms*가 증가함에 따라 증가한다. 이 상황이 〈그림 6.2〉에 표시되어 있다.

식 (6.13)을 사용하여 반환점에 해당하는 *rooms*의 값을 구해 보자. *rooms*의 계수의 절댓값인 0.545를 $rooms^2$의 계수 0.062의 2배로 나누면 $rooms^* = 0.545/(2 \times 0.062) \approx 4.4$가 된다. 〈그림 6.2〉에 이 값이 표시되어 있다.

〈그림 6.2〉 $rooms$의 2차 함수로서의 $\widehat{\log(price)}$

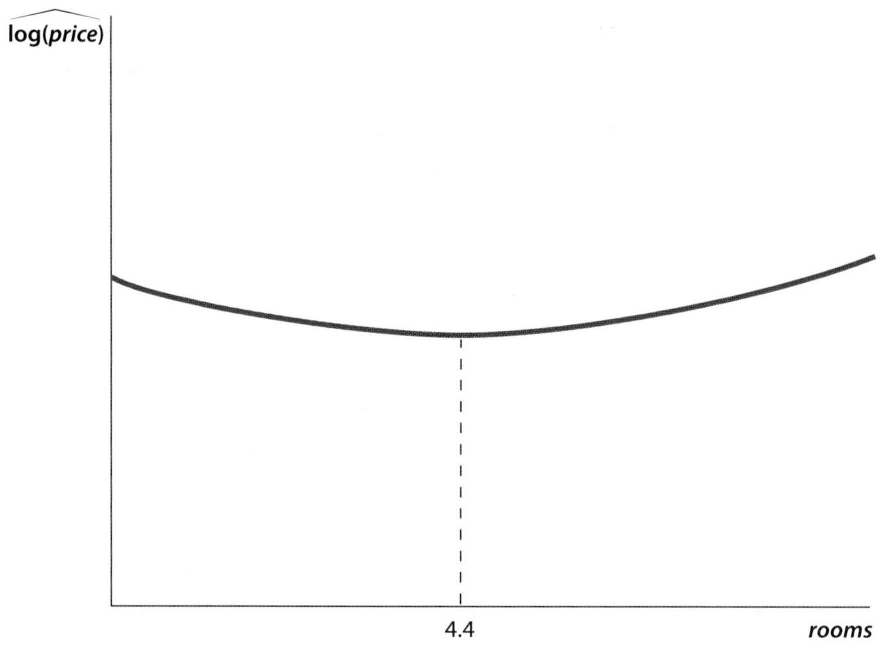

방 수를 3개에서 4개로 증가시킬 때 집 값이 하락할 것으로 정말 기대하는가? 그렇지 않을 것이다. 표본에서 총 506 구역의 약 1%인 5 구역에서만 방 수가 평균 4.4개 이하이다. 이 수가 매우 적으므로 4.4 왼쪽의 2차 함수 모양은 실용적인 관점에서 무시할 수 있다. 4.4의 오른쪽에서, 방 수를 하나 증가시킬 때 가격의 백분율 효과는 증가한다. 즉,

$$\Delta\widehat{\log(price)} \approx \{(-0.545 + 2 \times 0.062) rooms\}\Delta rooms$$

이므로

$$\%\Delta\widehat{price} \approx 100\{(-0.545 + 2 \times 0.062) rooms\}\Delta rooms$$
$$= (-54.5 + 12.4\, rooms)\Delta rooms.$$

따라서 $rooms$가 5에서 6으로 증가하면 가격은 약 $-54.5 + 12.4 \times 5 = 7.5\%$ 증가하고, 방 수가 6에서 7로 증가하면 가격은 약 $-54.5 + 12.4 \times 6 = 19.9\%$ 증가한다. 이는 매우 강한 효과이다.

이 예에서 방 수가 $\log(price)$에 미치는 강한 증가 효과는 우리에게 중요한 교훈을 준다. 즉, 2차항의 계수—이 경우에는 0.062—가 작다고 하여 무시해서는 안 된다는 것이다. 2차항이 포함된 많은 실제 응용 연구에서 2차항의 계수는 소수점 아래에 0이 여러

개 붙는다. 이 계수는 x (즉 *rooms*)가 변화할 때 기울기가 변화하는 정도를 측정한다. 위에서 본 것처럼, 얼핏 보기에 계수가 작아도 실제로는 중요한 결과를 가져올 수 있다. 일반적으로, 부분효과를 계산하여 이것이 x값에 따라 어떻게 변하는지 본 후에나, 2차항이 실제적으로 중요한지 결정할 수 있다. 이때에, 2차항을 포함시킨 모형에서 변하는 기울기와 1차항만 있는 모형에서 고정된 기울기를 비교해 보는 것이 유용하다. 방정식에서 $rooms^2$을 제거하면 *rooms*의 계수는 약 0.255이며, 이는 방 수가 하나 증가할 때—시작점이 무엇이든 간에—집값의 중간값이 약 25.5% 상승함을 의미한다. 이 효과는 2차식 모형과 매우 다르다. 2차식 모형에서는 $rooms = 6.45$일 때 25.5%의 효과를 얻으며, *rooms*가 더 작거나 더 클 때 그 효과가 급격히 변한다. 예를 들어 $rooms = 7$에서 추가적 방의 수익은 약 32.3%이다.

1차항과 2차항의 계수가 동일한 부호(둘 다 양이거나 둘 다 음)를 가지고 설명변수가 반드시 0보다 크거나 같다면(*rooms*나 *exper*처럼) 무슨 일이 발생하는가? 이러한 경우 $x > 0$ 구간에 반환점이 존재하지 않는다. 예를 들어 β_1과 β_2가 모두 양이라면, $x = 0$에서 y의 기댓값이 최소가 되고〔$x \geq 0$인 경우에 한함〕, x의 증가가 y에 미치는 영향은 항상 양이며 증가한다($\beta_1 = 0$이고 $\beta_2 > 0$인 경우에도 그렇다. 이 경우 부분효과는 $x = 0$에서 0이며 x가 증가함에 따라 증가한다). 이와 유사하게, β_1과 β_2가 모두 음수이면, y의 기댓값은 $x = 0$에서 최대이고〔$x \geq 0$인 경우에 한함〕, x의 증가는 y에 음의 영향을 미친다. 이때 그 효과의 크기는 x가 증가함에 따라 증가한다.

반환점을 구하는 일반적인 공식은 $x^* = -\hat{\beta}_1/(2\hat{\beta}_2)$로서〔미분식을 0으로 두고 풀면 구할 수 있음〕, $\hat{\beta}_1$과 $\hat{\beta}_2$의 부호가 반대이면 x^*가 양이고, $\hat{\beta}_1$과 $\hat{\beta}_2$의 부호가 동일하면 x^*가 음이다. x가 양수이기도 하고 음수이기도 한 경우 이 공식을 알고 있으면 유용하다. 이 반환점을 계산해 보면, 표본 내 x의 범위를 고려할 때 이 반환점이 적절한지 볼 수 있다.

2차항을 로그와 결합하여 사용할 수도 있다. 예를 들어 (6.14)를 확장하여 *price*와 *nox*의 탄력성이 변화하도록 만들 수 있다.

$$\log(price) = \beta_0 + \beta_1 \log(nox) + \beta_2[\log(nox)]^2 + \beta_3 crime + \beta_4 rooms + \beta_5 rooms^2 + \beta_6 stratio + u \tag{6.15}$$

만약 $\beta_2 = 0$이면, β_1은 *nox*에 대한 *price*의 탄력성이다. 그렇지 않으면 이 탄력성은 *nox*의 수준에 의존한다. 이를 보기 위하여, 로그 2차식 모형에서 부분효과를 구하면

$$\%\Delta price \approx [\beta_1 + 2\beta_2 \log(nox)]\%\Delta nox \tag{6.16}$$

이므로〔미분을 이용하여 도출할 수 있음〕, *nox*에 대한 *price*의 탄력성은 $\beta_1 + 2\beta_2 \log(nox)$

이며, 따라서 $\log(nox)$의 값에 따라 변한다.

마지막으로, 그 이상의 차수도 회귀모형에 포함시킬 수 있다. 분명 2차식이 가장 자주 이용되지만, 3차식이나 심지어 4차식도 이따금 사용된다. 총비용함수에서 자주 사용되는 함수형태는 다음과 같다.

$$cost = \beta_0 + \beta_1 quantity + \beta_2 quantity^2 + \beta_3 quantity^3 + u$$

이러한 모형을 추정하는 것은 복잡하지 않다. 모수의 해석은 좀 더 복잡하며(미분을 사용하면 간단하지만), 이 모형을 더 공부하지는 않을 것이다.

6-2c 상호작용항이 있는 모형

때때로 한 설명변수와 관련된 부분효과, 탄력성, 준탄력성 등이 다른 설명변수에 좌우되기도 한다. 예를 들어

$$price = \beta_0 + \beta_1 sqrft + \beta_2 bdrms + \beta_3 sqrft \times bdrms + \beta_4 bthrms + u$$

라는 모형에서, $bdrms$가 $price$에 미치는 부분효과(여타 변수를 고정시킬 때)는 다음과 같다.

$$\frac{\Delta price}{\Delta bdrms} = \beta_2 + \beta_3 sqrft \tag{6.17}$$

여기서 $\beta_3 > 0$이면, 추가적 침실이 주택 가격을 올리는 효과는 집 크기($sqrft$)가 클수록 크다. 다시 말하면, 집 크기와 침실 수 간에는 상호작용 효과(interaction effect)가 있다. $bdrms$가 $price$에 미치는 효과를 요약하려면 $sqrft$가 특정값들(예를 들어 표본 평균값, 1/4 분위값, 3/4분위값 등)을 가질 때의 (6.17) 값을 계산해 보아야 한다. 〔$\beta_3 = 0$이면 이 상호작용 효과는 사라지며〕 β_3이 0인지 아닌지는 쉽게 검정할 수 있다.

상호작용항이 포함되면, 원래 변수의 계수를 해석하는 것이 복잡할 수 있다. 예를 들어 앞의 주택가격 방정식에서, 식 (6.17)에 따르면 β_2는 넓이가 0인 집에 대하여 $bdrms$가 $price$에 미치는 효과를 의미한다! 이 효과는 흥미로운 값이 아니다. 이보다는 평균이나 중위값처럼 흥미로운 $sqrft$값을 식 (6.17)의 추정식에 대입하여야 할 것이다.

모형에서 모수를 바꾸어(reparameterize) 원래 변수의 계수가 흥미로운 의미를 갖도록 만들어 주면 유용한 경우가 많다. 두 변수와 상호작용항이 있는 다음 모형을 고려하자.

$$y = \beta_0 + \beta_1 x_1 + \beta_2 x_2 + \beta_3 x_1 x_2 + u$$

앞에서 설명한 것처럼 β_2는 $x_1 = 0$일 때 x_2가 y에 미치는 부분효과이다. 이 효과가 흥미로운 경우는 많지 않다. 그 대신 모형을 다음과 같이 변형시키자.

$$y = \alpha_0 + \delta_1 x_1 + \delta_2 x_2 + \beta_3 (x_1 - \mu_1)(x_2 - \mu_2) + u$$

여기서 μ_1은 x_1의 모집단 평균이고 μ_2는 x_2의 모집단 평균이다. 이제 x_2의 계수인 δ_2는 x_1의 값이 그 평균일 때 y에 대한 x_2의 부분효과임을 알 수 있다(두 번째 방정식을 전개하여 계수를 비교하면 $\delta_2 = \beta_2 + \beta_3\mu_1$임을 보일 수 있다. δ_1도 이와 유사하게 해석된다). 그러므로, 상호작용항을 만들기 전에 변수들의 평균값—실제로는 표본평균일 것임—을 빼면, 원래 변수들의 해석이 유용하다. 또한, 평균값에서의 부분효과의 표준오차를 곧바로 얻는다. μ_1과 μ_2를 여타 흥미로운 값들로 치환해도 좋다. 다음 예제에서 상호작용항들의 사용방법을 살펴본다.

예제 6.3 출석률이 기말고사 성적에 미치는 영향

다음 모형은 기말고사 표준점수(*stndfnl*)를 출석률(*atndrte*), 과거 평점(*priGPA*, prior college grade point average), ACT 점수(*ACT*)로써 설명한다.

$$\begin{aligned} stndfnl = \beta_0 + \beta_1 atndrte + \beta_2 priGPA + \beta_3 ACT + \beta_4 priGPA^2 \\ + \beta_5 ACT^2 + \beta_6 priGPA \times atndrte + u \end{aligned} \tag{6.18}$$

(6-1절에서 표준점수를 사용한 이유를 설명한 바 있다. 표준점수를 사용하면 한 학생의 성적을 나머지 학생들에 대하여 상대적으로 해석하기 더 쉽다.) 이 모형에는 *priGPA*와 *ACT*의 2차항과 더불어 *priGPA*와 출석률(*atndrte*)의 상호작용항이 포함되어 있다. 이렇게 하는 것은, 출석률이 성적에 미치는 영향이 *priGPA*로 측정한 과거 성적에 따라 달라질 수 있기 때문이다. 출석률이 기말고사 성적에 미치는 영향 $\Delta stndfnl/\Delta atndrte = \beta_1 + \beta_6 priGPA$가 관심사이다.

ATTEND의 680개 관측치를 사용하면, 미시경제원론 과목 학생들에 대하여 다음 추정결과를 얻는다.

$$\begin{aligned} \widehat{stndfnl} = &\ 2.05 - 0.0067\,atndrte - 1.63\,priGPA - 0.128\,ACT \\ &\ (1.36)\ (0.0102) \qquad (0.48) \qquad (0.098) \\ &+ 0.296\,priGPA^2 + 0.0045\,ACT^2 + 0.0056\,priGPA \times atndrte \\ &\ (0.101) \qquad (0.0022) \qquad (0.0043) \\ n = &\ 680,\ R^2 = 0.229,\ \bar{R}^2 = 0.222 \end{aligned} \tag{6.19}$$

이 방정식은 매우 주의를 기울여 해석하여야 한다. *atndrte*의 계수만을 보면, 출석률이 기말고사 성적에 음의 영향을 준다는 잘못된 결론에 도달한다. 그러나 이 계수는 $priGPA = 0$인 경우의 효과를 측정한다(표본에서 *priGPA*의 최솟값은 약 0.86이므로, 이 계수는 흥미롭지 않다). β_1과 β_6을 별개로 해석하여, t 통계량들이 유의하지 않으므로 $H_0 : \beta_1 = 0, \beta_6 = 0$을 기각한다고 결론을 내려서는 안 된다. 이 결합 가설에 대한 F 검정의 p값은 0.014이며,

따라서 H_0을 5% 수준에서 확실히 기각한다. 이는 개별 t통계량들을 기초로 결합 가설을 검정할 때 잘못될 수 있음을 보여 주는 좋은 예이다.

*atndrte*가 *stndfnl*에 미치는 부분효과는 *priGPA*에 따라 달라지므로, 이 부분효과의 추정을 위해서는 관심 있는 *priGPA* 값을 대입하여야 한다. 표본 내 *priGPA*의 평균값은 2.59이므로, *priGPA*가 그 평균값을 가질 때 *atndrte*가 *stndfnl*에 미치는 영향은 $-0.0067+0.0056(2.59)\approx 0.0078$이다. 그 의미는 무엇인가? *atndrte*는 백분율 단위이므로, *atndrte*의 10%p 상승은 $\widehat{stndfnl}$을 기말고사 평균으로부터 0.078 표준편차만큼 증가시킨다.

0.0078 추정값이 통계적으로 0과 다른지 어떻게 알 수 있을까? 이를 위해서는 $priGPA\times atndrte$를 $(priGPA-2.59)\times atndrte$로 치환하여 다시 회귀를 실행하여야 한다. 그러면 *atndrte*의 새 계수가 $priGPA=2.59$에서 효과의 추정값이 되며, 표준오차도 제대로 계산된다. 다른 것은 변하지 않는다(이에 대해 4-4절에서 설명한 바 있다). 이 새 회귀에 따르면 $\hat{\beta}1+\hat{\beta}_6\times 2.59=0.0078$의 표준오차는 0.0026이며, 그 t값은 $t=0.0078/0.0026=3$이 된다. 그러므로 평균 *priGPA* 값에서 출석은 기말고사 성적에 통계적으로 유의한 양(+)의 영향을 미친다.

*priGPA*가 *stndfnl*에 미치는 영향은 $priGPA^2$ 항으로 인해 더 구하기 복잡하다. *priGPA*의 평균값과 *atndrte*의 평균값 82에서 효과를 구하기 위해, $priGPA^2$을 $(priGPA-2.59)^2$으로 치환하고 $priGPA\times atndrte$를 $priGPA\times(atndrte-82)$로 치환할 수 있다. 그러면 *priGPA*의 계수가 평균값에서의 부분효과가 되고, 그 표준오차도 구할 수 있다. 〔참고로, $priGPA\times atndrte$를 $(priGPA-2.59)\times(atndrte-82)$로 치환해도 결과는 동일하다.〕

어떤 연구 분야에서는 상호작용항을 포함시키는 것을 조절 효과(moderating effect)를 허용한다고 표현한다(경제학에서는 별로 사용되지 않는 용어이다). 예를 들어 성인 임금 방정식의 핵심 변수가 직업훈련을 받은 시간 *training*이라 하자. 방정식에는 학교교육 연수 *educ*와, 표본평균 차감 후 상호작용항 $(educ-\overline{educ})\times(training-\overline{training})$도 포함되어 있다. 상호작용항을 포함시킴으로써 교육수준이 직업훈련의 효과를 "조절(moderate)"하는지 알 수 있다. 〔영어 moderate는 '완화'의 의미를 가지므로〕 $\hat{\beta}_{training}>0$이고 $\hat{\beta}_{interact}<0$일 때 그러하다. 교육이 증가하면서 훈련의 효과가 줄어든다, 즉 "완화된다". 훈련의 효과에 초점을 두면 *educ* 변수는 조절자(moderator)라 한다. 물론 $\hat{\beta}_{interact}>0$일 수도 있고, 이때에는 교육을 많이 받을수록 직업훈련의 효과가 증가한다(혹은 증폭된다). 하지만 두 경우 모두 "조절 효과"라는 이름이 사용된다. 물론, 상호작용항이 방정식에 포함될 때 *training*은 *educ*의 조절자(moderator) 역할을 한다.

6-2d 평균부분효과의 계산

이차항, 상호작용항 및 여타 비선형 함수형태의 특징은 부분효과가 설명변수 값에 의존한다는 점이다. 예를 들어 〈예제 6.3〉에서 *atndrte*의 효과가 *priGPA*의 값에 의존함을 보았다. 식 (6.18)에서 *priGPA*의 부분효과는 다음과 같다(미분이나 직접 계산으로써 구할 수 있음).

$$\beta_2 + 2\beta_4 priGPA + \beta_6 atndrte$$

식 (6.18)을 잘 살펴보면 *stndfnl*과 각 설명변수 간의 연관성이 각 설명변수의 값에 따라 어떻게 변하는지 알 수 있다. (6.18)과 같은 모형이 유연하지만 한편으로는 설명변수들이 *stndfnl*에 미치는 부분효과를 하나의 숫자로 표현하기가 까다롭다.

연구자들은 종종 종속변수 y와 각 설명변수의 관계를 하나의 값으로 표현하고 싶어한다. 널리 사용되는 요약 값은 평균부분효과(average partial effect, APE)이며, 이를 평균한계효과(average marginal effect)라 하기도 한다. (6.18)과 같은 모형에서 APE의 기본 아이디어는 간단하다. 부분효과를 계산하고 모수 추정값을 대입한 후, 각 구성원들의 부분효과를 전체 표본에 대하여 평균하는 것이다. 따라서 *atndrte*가 *stndfnl*에 미치는 부분효과 추정값은 다음과 같다.

$$\hat{\beta}_1 + \hat{\beta}_6 priGPA$$

표본 내 680명 학생 각각에 대하여 이 숫자를 보고하려 하지는 않는다. 그 대신 이 부분효과들을 평균하여 다음을 구한다.

$$\widehat{\text{APE}}_{atndrte} = \hat{\beta}_1 + \hat{\beta}_6 \overline{priGPA}$$

여기서 $\overline{priGPA}$는 *priGPA*의 표본평균이다. 이 숫자 $\widehat{\text{APE}}_{atndrte}$는 (추정된) APE이다. *priGPA*의 APE는 약간 더 복잡할 뿐이다.

$$\widehat{\text{APE}}_{priGPA} = \hat{\beta}_2 + 2\hat{\beta}_4 \overline{priGPA} + \hat{\beta}_6 \overline{atndrte}$$

$\widehat{\text{APE}}_{atndrte}$와 $\widehat{\text{APE}}_{priGPA}$ 모두 부분효과들의 평균적인 크기를 나타낸다.

2차항이나 상호작용항을 생성하기 전에 변수들에서 표본평균을 빼면 수준변수의 계수가 APE가 된다. 복잡한 모형에서는 이러한 변환이 번거로울 수 있지만, 이러한 평균 차감 중심화(centering)는 방정식의 계수들을 직접 해석할 수 있도록 해 준다. 다른 방법으로, 몇몇 널리 사용되는 회귀 패키지들은 OLS 회귀 후에 하나의 명령으로 APE들을 계산해 준다. APE가 OLS 계수들의 선형결합임을 이용하면 적절한 표준오차도 구할 수 있다. 예를 들어 〈예제 6.3〉과 같이 제곱항과 상호작용항이 있는 모형에서 APE와 표준오차를 쉽게 구할 수 있다.

제곱항이나 상호작용항을 만들 때 변수를 먼저 중심화(centering)하는 것의 이점은 단지 (APE의 경우처럼) 계수 해석을 손쉽게 한다는 데에만 있지 않다. 3.4a절에서 논의한 분산 팽창계수 등 공선성 진단을 하고자 할 때, 상호작용항 구성 전에 설명변수들을 중심화하지 않은 방정식에서 공선성이 더 많이 탐지된다. 사실 이 두 가지는 서로 긴밀히 연관되어 있다. 예를 들어 모형에 $\beta_1 x_1 + \beta_2 x_2 + \beta_3 x_1 \times x_2$가 포함되어 있고 $x_2 = 0$이 불가능한 값이라면 (예를 들어 x_2가 지역 인구인 경우), β_1은 관심 모수가 될 수 없다〔β_1은 $x_2 = 0$일 때 x_1 변화의 효과인데 $x_2 = 0$은 불가능하므로〕. 더욱이 β_1은 관심 모집단을 묘사하지 않는 가설적인 모수이므로 이를 추정할 수 있을 것이라 생각할 이유도 없다. β_1을 추정하고 싶어도 추정할 수 없는 상황은 x_1과 상호작용항 $x_1 \times x_2$의 높은 상관으로 보통 드러난다. 그러므로 β_1의 추정값이 특별히 이상하지는 않을지라도(이상한 경우도 많다) 그 표준오차는 아주 클 수 있다. 이는 정상적인 결과이다. 만약 그 대신 $\delta_1 x_1 + \delta_2 x_2 + \beta_3 (x_1 - \bar{x}_1) \times (x_2 - \bar{x}_2)$를 사용하면, δ_1과 δ_2는 평균부분효과가 된다. 실제 연구에서 x_1과 $(x_1 - \bar{x}_1) \times (x_2 - \bar{x}_2)$는 평균을 빼지 않는 경우보다 훨씬 작은 상관을 보이는 경우가 많고, 따라서 $\hat{\delta}_1$은 $\hat{\beta}_1$보다 더 정확하다. 이는 $\hat{\delta}_1$이 $\hat{\beta}_1$과 달리 의미 있는 무언가를 추정한다는 사실을 반영한다. $\beta_1 x + \beta_2 x^2$과 $\delta_1 x + \beta_2 (x - \bar{x})^2$을 비교할 때도 마찬가지이다. 여기서 〔평균을 차감한 식의〕 δ_1은 APE인 반면 〔평균을 차감하지 않은 식의〕 β_1은 $x = 0$에서의 부분효과로서 보통은 추론이 가능하지 않거나 매우 어렵다. 그러한 경우 x와 x^2은 보통 x와 $(x - \bar{x})^2$보다 훨씬 높은 상관을 보인다.

APE는 모수에 대하여 비선형인 모형에서도 유용하다. 이에 대해서는 Wooldridge 원저서 17장에 설명되어 있다. APE의 정의와 계산에 대해서는 그때 다시 살펴볼 것이다.

6-3 적합도와 회귀변수 선택에 관한 추가 사항

초보자들이 R^2을 너무 중요시하는 경향이 있어서, 지금까지는 R^2의 크기에 따라 회귀모형을 평가하는 것에 대하여 별로 이야기하지 않았다. 이제 곧 볼 것처럼, R^2의 크기에 근거하여 설명변수들을 고르게 되면 말도 안 되는 모형이 나오기도 한다. 시계열 회귀에서는 R^2이 보통 매우 크며, 잘못된 결론에 도달할 수도 있다(Wooldridge 원저서 10장 참조).

고전적 선형모형 가정의 어떠한 것도 R^2이 특정한 값보다 높을 것을 요구하지 않는다. R^2은 단순히 y의 변화 중 어느 정도가 $x_1, x_2, \ldots, x_k$에 의하여 설명되는지 측정할 뿐이다. 우리가 본 여러 회귀에서 R^2은 작았다. 이는 y에 영향을 미치는 여러 요소들이 고려되지 않았음을 의미하지만, 그렇다고 하여 u 내의 요소들이 독립변수들과 연관되었음을 의미하지는 않는다. 독립변수의 ceteris paribus 효과를 편향되지 않게 추정하는지 여부는 조건부

0평균 가정 MLR.4에 달려 있으며, R^2의 크기는 이것과 아무런 직접적인 관련도 없다.

R^2이 작다는 것은 y의 분산에서 오차항의 분산이 차지하는 비중이 높음을 의미하며, 이는 다시 β_j의 정확한 추정이 어려움을 의미한다. 그러나 3-4절에서 보았듯이, 표본 크기가 크면 오차항의 분산이 큰 것을 상쇄시킬 수 있다. 자료가 충분하면, 많은 비관측 요소들을 통제하지 못하더라도 부분효과를 정확히 추정할 수 있다. 충분히 정확한 추정값을 얻느냐 마느냐는 실제 문제마다 다르다. 예를 들어, 어떤 대학에서 신입생들에게 무작위로 컴퓨터 장비 구입을 위한 장학금을 준다고 하자. 장하금 액수가 실제로 무작위로 결정된다면, 단순회귀를 사용하여 이 장학금이 추후의 대학 성적에 미치는 ceteris paribus 영향을 추정할 수 있다(무작위적으로 장학금이 지급되므로 GPA에 영향을 미치는 모든 여타 요소들은 장학금 액수와 무관할 것이다). 이때 장학금 액수는 성적의 변화를 별로 설명하지는 못할 것이므로, 이런 회귀에서 얻는 R^2은 아마도 매우 작을 것이다. 하지만 표본 크기가 충분히 크다면 장학금의 효과에 대한 꽤 정확한 추정값을 얻을 수 있을 것이다.

설명력이 낮더라도 β_j에 불편 추정에 아무 문제도 없는 또 하나의 예로서 APPLE 자료를 분석해 보자. 지금까지 사용한 다른 자료들과 달리, APPLE의 핵심 설명변수들은 실험을 통하여 얻었으며, 따라서 종속변수에 영향을 미치는 여타 요소들과 아무 관련도 없다. 우리가 설명하고자 하는 변수 *ecolbs*는 한 가구의 "친환경"("ecolabeled", 친환경상표 부착) 사과의 (구매하고자 하는) 수요량(단위: 파운드, lbs)을 나타낸다. 각 가구(실제로는 가구주)에게 친환경상표 부착 사과에 대해 설명하고, 보통 사과의 가격(*regprc*), 친환경상표 부착 사과의 가상적 가격(*ecoprc*)을 제시한다. 이 가격들은 각 가구에게 무작위로 주어지므로, 이것들은 여타 관측 요소들(가구 소득 등)이나 비관측 요소들(청정 환경을 원하는 정도 등)과 무관하다. 그러므로 *ecolbs*를 *ecoprc*와 *regprc*에 대하여 (이 방식으로 생성된 모든 표본들에 대하여) 회귀하면 가격 효과의 불편 추정량을 얻게 된다. 그럼에도 이 회귀로부터 얻는 R^2은 0.0364에 지나지 않는다. 가격변수들은 *ecolbs*의 차이의 약 3.6%만을 설명한다. 여기서도 y값의 차이를 거의 설명하지 못하지만 β_j의 불편 추정이 가능하도록 자료가 생성되었음을 우리는 안다. (그건 그렇고, 가구의 관측된 특성을 포함시켜도 설명력은 별로 변하지 않는다.)

하지만 기억할 것은 한 방정식에 변수들이 추가될 때 R^2이 상대적으로 변화하는 정도는 매우 유용하다는 것이다. (4.41)에서 결합 유의성을 검정할 때 F통계량이 제약없는 모형과 제약하의 모형 간의 R^2의 차이에 결정적으로 의존하는 것을 보았다.

6-4절에서 볼 것처럼, R^2이 낮으면 예측이 어렵다. y 내의 대부분의 차이가 비관측 요소들(아니면 적어도 모형에 포함시키지 않은 요소들)에 의하여 설명되므로, 설명변수들의 값이 주어질 때 OLS 방정식을 사용하여 미래의 y값을 예측하기는 어려울 것이다. 사실 R^2

이 낮다는 것은 모수 β_j 들을 알아도 y를 예측하기 힘들다는 것을 의미한다. 근본적으로, y에 대한 설명변수로 모형에 포함되는 요소들은 y를 설명하는 요소들 중 일부분에 불과하기 때문에 예측은 어렵기 마련이다.

6-3a 조정R제곱

대부분의 회귀 패키지들은 R제곱과 함께 조정R제곱(adjusted R-squared)이라는 통계량을 제공한다. 조정R제곱이 많은 응용 연구에서 보고되고 또 유용하기도 하므로, 본 소절에서 이에 대해 설명한다.

R^2을 다음과 같이 써 보자.

$$R^2 = 1 - (\text{SSR}/n)/(\text{SST}/n) \tag{6.20}$$

여기서 SSR은 잔차 제곱합이고 SST는 총제곱합이다. 식 (3.28)에서 분모와 분자의 SST와 SSR을 n으로 나누면 이 식을 얻는다. 이 식을 보면 R^2이 사실상 무엇을 추정하는지 알 수 있다. 종속변수 y의 모집단 분산을 σ_y^2이라 하고 오차항 u의 모집단 분산을 σ_u^2이라 하자(지금까지는 σ_u^2이라 하지 않고 그냥 σ^2이라고 했는데, 이제는 더 분명히 하는 것이 낫겠다). 모집단 R제곱(population R-squared)을 $\rho^2 = 1 - \sigma_u^2/\sigma_y^2$이라 하자. 이것은 모집단 내 y의 분산 중 독립변수들에 의하여 설명되는 부분이다. R^2은 바로 이것을 추정한다.

R^2은 σ_u^2을 SSR$/n$으로 추정하는데, 우리는 이것은 편향되었다는 것을 안다. 그러니 SSR$/n$ 대신 SSR$/(n-k-1)$을 사용하는 것이 낫지 않겠는가? 또, SST$/n$ 대신에 편향되지 않은 SST$/(n-1)$을 사용할 수 있겠다. 이 추정량들을 사용하면 다음의 조정R^2을 얻는다.

$$\begin{aligned}\bar{R}^2 &= 1 - [\text{SSR}/(n-k-1)]/[\text{SST}/(n-1)] \\ &= 1 - \hat{\sigma}^2/[\text{SST}/(n-1)]\end{aligned} \tag{6.21}$$

여기서 둘째 줄은 $\hat{\sigma}^2 = \text{SSR}/(n-k-1)$이기 때문에 성립한다. 조정$R$제곱을 $\bar{R}^2$이라는 기호로 나타내기 때문에, 이를 때로는 R바 제곱(R-bar squared)이라 한다.

조정R제곱을 교정된 R제곱(corrected R-squared)이라 하기도 하지만, 그렇게 되면 $\bar{R}^2$이 모집단 R^2의 추정량으로서 R^2보다 더 낫다고 하는 셈이 되므로 좋은 명칭이 아니다. 불행하게도 $\bar{R}^2$이 더 나은 추정량이라고 일반적으로 알려져 있지는 않다. 모집단 R^2인 ρ^2을 추정함에 있어 $\bar{R}^2$이 R^2의 편향을 교정하는 것처럼 보이지만 사실은 그렇지 않다. 두 불편 추정량의 비율은 비율의 불편 추정량이 아니기 때문이다[SSR$/(n-k-1)$이 σ_u^2의 불편추정량이고 SST$/(n-1)$이 σ_y^2의 불편추정량이나 두 추정량의 비율은 σ_u^2/σ_y^2의 불편추정량이 아님].

$\bar{R}^2$의 일차적인 장점은 모형에 추가적 독립변수를 추가할 때 벌점을 준다는 것이다. 알다시피, 새로운 독립변수가 회귀방정식에 추가되면 R^2은 절대 하락하지 않는다. 이는 독립변수가 추가될 때 SSR이 결코 증가하지 않기(보통은 감소함) 때문이다. 하지만 $\bar{R}^2$의 공식에 따르면 조정R^2의 값은 독립변수의 수인 k에 의존한다. 한 독립변수가 회귀에 추가되면 SSR은 하락하지만 회귀의 df인 $n-k-1$도 하락한다. 새 변수가 회귀에 추가될 때 $\mathrm{SSR}/(n-k-1)$은 상승할 수도 하락할 수도 있다.

다음과 같은 흥미로운 대수적 사실이 있다. 새 독립변수를 추가하면, 이 새 변수의 t 통계량의 절댓값이 1보다 클 때에, 또 그 때에만, $\bar{R}^2$이 상승한다. (이를 확장해 보면, 여러 변수들을 회귀에 추가할 때, 이 새 변수들의 결합 유의성을 측정하기 위한 F 통계량이 1보다 클 때에, 또 그 때에만 $\bar{R}^2$은 상승한다.) 그러므로 $\bar{R}^2$을 사용하여 특정의 독립변수(혹은 여러 독립변수들)를 모형에 포함시킬지 결정하는 방법[즉, $\bar{R}^2$이 상승하는 경우에만 독립변수를 모형에 추가하는 방법]은 표준적인 t나 F 검정을 사용하는 방법과 다르다는 것을 곧바로 알 수 있다(t나 F 통계량의 값이 1이면 전통적인 유의수준에 따를 때 통계적으로 유의하지 않으므로).

$\bar{R}^2$을 R^2으로써 나타내 보자. 간단한 변환에 의하여 다음을 얻는다.

$$\bar{R}^2 = 1-(1-R^2)(n-1)/(n-k-1) \tag{6.22}$$

예를 들어, $R^2=0.30$, $n=51$, $k=10$이면 $\bar{R}^2 = 1-0.70\times 50/40 = 0.125$이다. 그러므로 n이 작고 k가 클 때, $\bar{R}^2$은 R^2보다 아주 작을 수도 있다. 사실 통상적인 R^2이 작고 $n-k-1$이 작으면 $\bar{R}^2$은 심지어 음수가 될 수도 있다! 예를 들어 $R^2=0.10$, $n=51$, $k=10$을 대입하면 $\bar{R}^2=-0.125$를 얻는다. $\bar{R}^2$이 음수라는 것은 자유도의 수에 비하여 모형의 적합도(goodness-of-fit)가 매우 낮음(poor model fit)을 의미한다.

회귀에서 때로 통상적인 R^2과 함께 조정R^2이 보고되며, 때로는 R^2 대신에 $\bar{R}^2$이 제시된다. 참고로, 식 (4.41)에서 F 통계량에 사용되는 것은 $\bar{R}^2$이 아니라 R^2임을 기억하자. 이 공식에서 $\bar{R}^2_r$과 $\bar{R}^2_{ur}$을 사용하면 맞지 않다.

6-3b 조정R제곱을 사용하여 서로 포함되지 않는 모형들 중 선택하기

4-5절에서 F 통계량을 사용하여 한 그룹의 변수들의 결합 유의성을 검정하는 방법을 배웠다. 이를 사용하여, 특정한 유의수준에서 이 변수들 중 적어도 하나라도 종속변수에 영향을 미치는지 판단할 수 있다. 단, 이 검정으로는 이들 중 어느 변수가 영향을 미치는지 알 수 없다. 잉여의 독립변수(redundent independent variales, 통계적 유의성이 없는 독립변수를 지칭하고 있음)가 없는 모형을 고르고 싶은 경우도 있다. 조정R^2은 이때에 도움이 된다.

4-5절 메이저리그 야구 연봉의 예에서 *hrunsyr* 도 *rbisyr* 도 개별적으로 유의하지 않음을 보았다. 이 두 변수는 높은 상관을 보이므로 다음의 두 모형 중 하나를 선택하고 싶다.

$$\log(salary) = \beta_0 + \beta_1 years + \beta_2 gamesyr + \beta_3 bavg + \beta_4 hrunsyr + u$$

$$\log(salary) = \beta_0 + \beta_1 years + \beta_2 gamesyr + \beta_3 bavg + \beta_4 rbisyr + u$$

이 두 방정식은 (두 모형에서 β_4가 0이 아니면) 어느 것도 다른 하나의 특수한 경우가 아니므로 **서로 포함되지 않는(nonnested) 모형들**이다. 4장에서 공부한 F 통계량을 사용하면 서로 포함된(nested) 모형들, 즉 한 모형(제약하의 모형)이 다른 모형(제약없는 모형)의 특수한 경우인 때에만 검정할 수 있다. 제약된 모형과 제약없는 모형의 예로는 식 (4.32)와 (4.28)을 보라. 서로 포함되지 않는 모형들 중 하나를 선택하는 방법 중의 하나는 원래의 모든 설명변수들을 포괄하는 복합 모형을 만든 후 F 검정을 사용하여 두 모형들을 각각 검정하는 것이다.* 이때의 문제는 두 모형 다 기각되거나 아무 모형도 기각되지 않을 수도 있다는 것이다(4-5절의 메이저리그 야구 연봉 예제에서 이 일이 발생함). 그러므로 이는 서로 포함되지 않는 회귀변수들이 있는 모형들을 구별할 방법을 항상 제공하는 것은 아니다.

야구선수 연봉 회귀에서 *hrunsyr*를 포함한 회귀의 $\bar{R}^2$은 0.6211이며, *rbisyr*를 포함한 회귀의 $\bar{R}^2$은 0.6226이다. 그러므로 조정R^2에 따를 때 *rbisyr*를 포함한 모형이 아주 약간 더 선호된다. 하지만 이 차이는 현실적으로 매우 작으며, 다른 변수들을 통제하면 반대의 결과를 얻을 수도 있다. (참고로, 서로 포함되지 않은 두 모형 모두 모수가 5개로서 동일하므로, 보통의 R^2을 사용해도 이와 동일한 결론을 얻는다.)

$\bar{R}^2$을 비교하여 서로 포함되지 않는 독립변수 집합들 간에 선택하는 방법은, 이 변수들이 상이한 함수 형태로 표현될 때 유용할 수 있다. 다음 R&D 집중도(R&D intensity)를 기업 매출액으로써 설명하는 다음 두 모형을 보라.

$$rdintens = \beta_0 + \beta_1 \log(sales) + u \tag{6.23}$$

$$rdintens = \beta_0 + \beta_1 sales + \beta_2 sales^2 + u \tag{6.24}$$

첫째 모형은 *sales*를 로그 형태로 포함시켜 수익 체감을 포착하고, 둘째 모형은 2차식 형태로 나타냄으로써 체감 효과를 포착한다. 따라서 둘째 모형은 첫째 모형보다 모수를 하나 더 포함하고 있다.

*야구선수 연봉의 예에서는 큰 모형(우변에 *years*, *gamesyr*, *hrunsyr*, *rbisyr*의 모든 설명변수들이 있는 모형)과 *rbisyr*가 없는 모형을 비교하는 검정을 한 번 하고, 큰 모형과 이번에는 *hrunsyr*가 없는 모형을 비교하는 검정을 별도로 하는 것을 말한다.

RDCHEM 내의 화학기업 32개 관측치를 사용하여 식 (6.23)을 추정하면 R^2은 0.061이고, (6.24)의 R^2은 0.148이다. 그러므로 2차식이 훨씬 더 잘 맞는 것 같다. 그러나 통상적인 R^2을 비교하는 것은 첫째 모형에 불리하다. (6.24)보다 모수가 하나 적기 때문이다. 즉, (6.23)은 (6.24)보다 더 절제된(parsimonious) 모형이다.

다른 점들이 모두 동일할 때, 단순한 모형일수록 더 좋다. 통상의 R^2은 더 복잡한 모형에 벌칙을 주지 않으므로 $\bar{R}^2$을 사용하는 편이 더 낫다. (6.23)의 $\bar{R}^2$은 0.030이고 (6.24)의 $\bar{R}^2$은 0.090이다. 그러므로 자유도의 차이를 조정한 후에도 2차식 모형이 이긴다. 여기에 결과를 보여주지는 않겠지만, 각 회귀에 이윤 마진을 추가한 경우에도 2차식 모형이 더 선호된다.

$\bar{R}^2$을 사용하여 서로 포함되지 않는 모형 간에 선택하는 데에는 중요한 한계점이 있다. 이를 이용하여 종속변수의 함수 형태가 상이한 모형 간에는 선택할 수 없다는 것이다. 적합도를 사용하여 y 또는 $\log(y)$ (또는 다른 변환) 중 하나를 결정하고 싶어하는 경우가 많은데, 불행히도 이 경우에는 R^2도 $\bar{R}^2$도 소용이 없다. 이유는 단순하다. 이들 R^2은 회귀식에서 사용하는 종속변수 내의 전체 차이 중 설명된 부분의 비율을 측정하는 척도인데, 종속변수의 함수 형태가 다르면 설명할 차이 자체가 상이하기 때문이다. 예를 들어 y 내의 전체 차이는 $\log(y)$ 내의 전체 차이와 동일하지 않으며, 보통 매우 다르다. 이런 상이한 형태의 종속변수를 가진 회귀로부터의 얻는 조정R^2들을 비교해서 어느 종속변수를 사용하는 것이 더 나은지 알아보려고 해서는 안 된다. 이 두 회귀는 서로 별개의 두 종속변수들을 회귀시키는 것이기 때문이다.

예제 6.4 CEO 보수와 기업 성과

CEO 보수를 기업 성과로써 설명하는 다음 두 추정 모형을 보자.

$$\begin{aligned} \widehat{salary} &= \underset{(223.90)}{830.63} + \underset{(0.0089)}{0.0163}\, sales + \underset{(11.08)}{19.63}\, roe \\ n &= 209,\ R^2 = 0.029,\ \bar{R}^2 = 0.020 \end{aligned} \tag{6.25}$$

$$\begin{aligned} \widehat{lsalary} &= \underset{(0.29)}{4.36} + \underset{(0.033)}{0.275}\, lsales + \underset{(0.0040)}{0.0179}\, roe \\ n &= 209,\ R^2 = 0.282,\ \bar{R}^2 = 0.275 \end{aligned} \tag{6.26}$$

여기서 *roe*는 2장에서 설명한 자기자본 수익률(return on equity)이다. *lsalary*와 *lsales*는 *salary*와 *sales*의 자연로그라 하자. 이들 상이한 방정식을 해석하는 방법은 이미 알고 있다. 하지만 한 모형이 다른 모형보다 더 잘 맞는다고 할 수 있을 것인가?

식 (6.25)의 R^2에 따르면 *sales*와 *roe*가 표본 내 CEO 보수 차이의 약 2.9%를 설명한다.

*sales*와 *roe* 모두 간신히 통계적으로 유의하다.

식 (6.26)에 따르면 log(*sales*)와 *roe*가 log(*salary*)의 차이의 약 28.2%를 설명한다. 적합도(goodness-of-fit) 면에서 이처럼 훨씬 높은 R^2 때문에 모형 (6.26)이 훨씬 나아 보일 수 있겠지만, 꼭 그런 것만은 아니다. *salary*의 표본 내 총제곱합은 391,732,982인 반면 log(*salary*)의 총제곱합은 66.72밖에 되지 않는다. 그러므로 log(*salary*) 내에는 설명할 차이가 훨씬 적다.

여기서 이 두 모형 중에 선택하기 위해 R^2이나 $\bar{R}^2$ 이외에 다른 특성들을 사용할 수도 있다. 예를 들어 (6.26)의 log(*sales*)와 *roe*는 (6.25)의 *sales*와 *roe*보다 훨씬 통계적으로 유의하고, (6.26)의 계수들이 더 흥미로워 보인다. 하지만 확신을 갖기 위해서는 타당한 적합도 비교가 필요하다.

6-4절에서 y가 수준과 로그 형태로 나타나는 모형들을 비교하도록 해 주는 적합도를 설명할 것이다.

6-3c 회귀분석에서 너무 많은 요소들을 통제하는 것

지금까지 다룬 많은 예제와 특히 3장 변수누락에 관한 논의에서 설명변수와 연관될 수 있는 중요한 요소들을 모형에서 빠뜨리는 것을 걱정하였다. 하지만 3-8절에서 말한 것처럼 회귀분석에서 지나치게 많은 변수들을 통제하게 될 수도 있다. 그곳에서는 "나쁜 통제변수" 개념을 소개했는데, 이제 적합도 논의를 확장했으므로 이 문제를 다시 다루고자 한다.

적합도를 지나치게 강조하면 통제하지 말아야 할 변수들을 통제하게 되기도 한다. 이 실수를 범하지 않기 위해서는 다중회귀 모형에서 ceteris paribus 해석을 기억할 필요가 있다.

이 문제를 설명하기 위해서, 주(state)별 맥주세가 교통사고 사망자 수에 미치는 영향을 평가하는 연구를 한다고 해 보자. 기본적인 아이디어는 맥주세가 높을수록 주류 소비가 줄어, 음주 운전도 줄고 교통사고 사망도 감소한다는 것이다. 세금이 사망자 수에 미치는 ceteris paribus 영향을 측정하기 위해서 사망자 수(*fatalities*)를 맥주세(*tax*)를 비롯한 여러 요소들의 함수로 나타낼 수 있다.

$$fatalities = \beta_0 + \beta_1 tax + \beta_2 miles + \beta_3 percmale + \beta_4 perc16\_21 + \cdots$$

여기서 *miles*는 운전 거리, *percmale*은 주 인구 중 남성의 비율, *perc16_21*는 인구 중 16~21세의 비율 등이다.

여기서 1인당 맥주 소비량은 통제하지 않았다. 그렇다면 여기서 누락변수의 오류를 범하고 있는가? 그렇지 않다. 만일 이 방정식에서 맥주 소비량을 통제하면, 맥주세가 어떻게 교통사고 사망에 영향을 미칠 수 있겠는가? 방정식

$$fatalities = \beta_0 + \beta_1 tax + \beta_2 beercons + \cdots$$

에서 β_1은 *beercons*를 고정시킨 상태에서 *tax*의 1% 포인트 상승으로 인한 사망자 수의 차이를 측정한다. 맥주 소비량을 고정시켰으므로 이 식은 흥미롭지 않다. 맥주세의 어떤 간접 효과(맥주 소비량을 경유하지 않은 효과)를 측정하고자 하는 것이 아니라면, *beercons*의 차이를 통제해서는 안 된다. 성별 연령별 인구분포같은 여타 요소들은 통제하여야 한다.

두 번째 예로서, 개발도상국에 대하여 농민의 살충제의 사용이 가구의 의료비 지출에 미치는 영향을 추정한다고 하자. 살충제 사용량과 함께 설명변수로서 병원 방문 횟수를 통제하여야 할까? 그렇지 않다. 의료비 지출은 병원 방문을 포함하며, 우리는 살충제 사용이 의료비 지출에 미치는 총 효과를 잡고 싶다. 병원 방문 횟수를 설명변수로 포함시키면 살충제 사용이 병원 방문을 제외한 의료비 지출에 미치는 영향을 측정하게 된다. 필요하면, 병원 방문 횟수를 살충제 양에 별도로 회귀하는 것이 더 적절해 보인다.

앞의 예들은 다중회귀에서 요소들의 과잉 통제(over controlling)라 할 만한 것들이다. 달리 말하여 이들 예에서 맥주소비와 병원 방문 횟수는 나쁜 통제변수이다. 이 문제는 중요 설명변수 누락으로 인한 잠재적인 편향을 너무 염려하기 때문에 발생하곤 한다. 하지만 다중회귀가 가지는 ceteris paribus의 성질을 기억하는 것이 중요하다. 어떤 요소들은 고정시키게 되면 말이 안 되는 경우도 있는데, 이는 정책 변수가 변할 때 바로 그 변수가 변할 수 있어야 하기 때문이다.

불행히도 어떤 요소들을 통제할지 말지 여부가 항상 분명하지만은 않다. 예를 들어 Betts (1995)는 고등학교 수준(quality)이 추후의 소득에 미치는 영향을 연구하였다. 그는, 학교의 질적 수준이 높으면 더 많은 교육을 받으므로, 학교의 질적 수준이 포함된 회귀에서 교육연수를 통제해 버리면, 학교의 질적 수준의 효과를 과소추정하게 된다고 주장한다. Betts는 학력이 있는 모형과 없는 모형을 추정하여 학교 수준의 효과에 대하여 추정값들을 얻었다.

높은 R^2을 추구하다가 어떻게 잘못될 수 있는지 살펴보자. 4-5절에서 다중 가설 검정시 살펴 본 주택가격 예제에서 주택가격 평가액의 합리성을 검정한 바 있다. 우리는 $\log(price)$를 $\log(assess)$, $\log(lotsize)$, $\log(sqrft)$ 및 *bdrms*에 대하여 회귀한 후, $\log(assess)$의 모집단 계수가 1이고 나머지 세 변수의 모집단 계수가 0인지 검정하였다. 그런데, 분석의 목적을 바꾸어, 다양한 주택의 특성의 한계 가치를 구하고자 설명변수로 주택의 특성들을 포함시켜 회귀분석을 하는 헤도닉 가격 모형(hedonic price model)을 추정한다면 어떨까? 이 경우 $\log(assess)$를 방정식에 포함시켜야 할 것인가? $\log(assess)$가 포함된 모형의 조정R^2은

0.762인 반면, 이 변수가 없는 모형의 조정R^2은 0.630이다. 적합도에만 따르면 log(*assess*)를 포함시켜야 한다. 하지만 우리의 목적이 대지, 건평, 침실 수가 집값에 미치는 영향을 추정하는 것이라면 log(*assess*)를 포함시켜서는 안 된다. log(*assess*)를 방정식에 포함시키는 것은, 하나의 가치 측정값(평가액)을 고정시킨 채 침실 수가 다른 하나의 가치 측정값(주택가격)에 영향을 미치는 정도를 살펴보는 것과 같다. 주택의 특성을 평가할 때 이것은 말이 되지 않는다.

목적이 다르면 모형도 다르다는 것을 기억하고, 회귀의 ceteris paribus 해석에 초점을 맞추면, 잘못된 요소를 회귀모형에 포함시키게 되지는 않을 것이다.

6-3d 오차 분산을 줄이기 위해 변수를 추가하는 것

앞에서, 종속변수와 관련됨에도 불구하고 독립변수들을 회귀 모형에 포함시켜서는 안 되는 몇 가지 예를 살펴보았다. 3장에서, 새로운 독립변수를 회귀에 추가하면 다중공선성의 문제를 악화시킬 수 있음을 보았다. 다른 한편, 변수를 추가하면 오차항으로부터 무언가를 빼내는 것이므로 일반적으로 오차 분산이 줄어든다. 다중공선성의 효과가 큰지 오차분산 감소의 효과가 더 큰지는 일반적으로 말할 수 없다.

하지만 분명한 경우가 있다. y에 영향을 미치면서 여타 관심있는 독립변수들과 관련되지 않은 독립변수들은 항상 포함시켜야 한다. 왜 그런가? 그 이유는, 그런 변수를 포함시켜도 모집단 내 다중공선성을 초래하지 않지만(따라서 표본 내 다중공선성도 무시할 정도일 것이다), 오차 분산을 감소시킬 것이기 때문이다. 표본 크기가 클 때, 모든 OLS 추정량들의 표준오차가 감소할 것이다.

예를 들어 개인들의 맥주 수요를 카운티(county) 평균 맥주가격의 함수로 놓고 이를 추정하는 것을 고려하자. 개인의 특성들은 카운티 수준(county-level) 가격과 무관하리라 가정하는 것은 적절할 수 있다. 그렇다면 맥주 소비를 지역 가격에 회귀하는 것만으로도 가격이 개별 소비에 미치는 영향을 추정하는 데에는 충분할 것이다. 하지만 나이나 교육수준 같은 개인별 속성을 포함시킴으로써 맥주 수요의 가격 탄력성을 좀 더 정확히 추정할 수 있다. 이들 요소가 수요에 영향을 미치고 가격과 무관하다면, 적어도 대표본에서는 가격의 계수의 표준 오차를 줄여 줄 것이다.

두 번째 예로서, 6-3절의 시작 부분에서 설명한 컴퓨터 장비용 장학금을 고려해 보자. 장학금 변수 이외에도, 대학 GPA를 설명할 수 있는 여타 요소들을 통제한다면, 장학금의 효과에 대하여 더 정확한 추정값을 얻을 수 있을 것이다. 고등학교 GPA 및 순위, 표준화 시험 점수, 가정 환경 변수 등은 좋은 후보들이다. 장학금 액수가 무작위로 할당되므로 모든 추가적 통제변수들은 장학금 액수와 무관하다. 표본에서 장학금 액수와 여타 독립변수들

간의 다중공선성은 아주 작을 것이다. 그러나 통제변수들을 추가하면 오차 분산이 크게 감소하여, 장학금 효과를 더 잘 추정하게 해 줄 것이다. 여기서 문제는 불편성이 아니다. 고등학교 성적이나 가정 환경 변수들을 추가하든 말든, 추정량은 비편향이며(unbiased) 일치성을 갖는다(consistent). 여기서 핵심은 더 작은 표집분산을 갖는 추정량을 구하는 것이다.

이와 연관된 것으로, 정책을 임의배정할 경우 설명변수들이—정책에 의하여 영향을 받지 않는다면—"내생적"인지 여부를 걱정할 필요가 없다. 예를 들어, 직업훈련 프로그램 참여 시간이 노동소득에 미치는 영향을 연구할 때, 노동자들이 직업훈련 프로그램 시작 이전에 보고한 교육의 정도를 포함시킬 수 있다. 학교교육이 "능력"과 같은 누락 요소들과 상관될 수 있다는 점에 대해서는, 우리의 목적이 교육 수익률을 추정하는 것이 아니므로, 염려하지 않아도 된다. 우리는 직업훈련 프로그램의 효과를 추정하고자 하며, 직업훈련에 영향받지 않는 통제변수들은 무엇이든 포함시켜도 직업훈련 효과 추정에 편향을 초래하지 않는다. 피해야 할 것은 직업훈련 이후 교육시간 같은 변수이다. 왜냐하면 사람들은 직업훈련 프로그램에 배정된 시간에 따라 교육을 더 많이 받기로 결정할 수 있기 때문이다.

불행히도, 사회과학에서 핵심 설명변수와 무관한 추가적 설명변수에 대한 정보를 얻을 수 있는 경우는 많지 않다. 하지만 이러한 변수가 있다면, 모형에 포함시킴으로써 다중공선성을 초래하지 않고도 오차 분산을 줄일 수 있음을 기억하라. 7장에서 프로그램 참여를 무작위 할당하는 경우를 잠재성과 분석틀에서 논의하면서 이 문제를 다시 살펴볼 것이다.

6-4 예측과 잔차분석

3장에서 OLS 예측값 또는 맞춘값과 OLS 잔차들을 정의하였다. 예측은 분명 유용하지만, OLS 추정량을 사용하여 구하므로 표본추출에 따라 변한다. 이 절에서는 OLS 회귀선으로부터 예측값의 신뢰구간을 구하는 방법을 설명한다.

3장과 4장에서 잔차들이 잔차 제곱합과 R^2을 구하는 데에 사용되므로 적합도와 검정에 중요함을 보았다. 때로 경제학자들은 특정 관측치들에 해당하는 잔차들을 연구하여 표본 내 개인들(기업들, 주택들 등)에 대하여 더 많은 것을 알고자 한다.

6-4a 예측 시 신뢰구간

다음 방정식을 추정하였다고 하자.

$$\hat{y} = \hat{\beta}_0 + \hat{\beta}_1 x_1 + \hat{\beta}_2 x_2 + \cdots + \hat{\beta}_k x_k \tag{6.27}$$

독립변수의 특정 값을 대입하면 y를 예측할 수 있다. 이 예측값은 특정 설명변수 값에서 y의 기댓값의 추정값이다. 강조를 위해서 각 독립변수의 특정값을 $c_1, c_2, \ldots, c_k$라 하자. 이 값들은 표본 내 실제 자료값일 수도 있고 그렇지 않을 수도 있다. 추정하고자 하는 모수는 다음과 같다.

$$\begin{aligned}\theta_0 &= \beta_0 + \beta_1 c_1 + \beta_2 c_2 + \cdots + \beta_k c_k \\ &= \mathrm{E}(y|x_1 = c_1, x_2 = c_2, \ldots, x_k = c_k)\end{aligned} \tag{6.28}$$

θ_0의 추정량은 다음과 같다.

$$\hat{\theta}_0 = \hat{\beta}_0 + \hat{\beta}_1 c_1 + \hat{\beta}_2 c_2 + \cdots + \hat{\beta}_k c_k \tag{6.29}$$

이 값은 계산하기 쉽다. 하지만 이 예측값 내의 불확실성을 측정하고자 한다면? $\hat{\theta}_0$ 주위로 θ_0의 신뢰구간을 형성하는 것이 자연스럽다.

θ_0의 신뢰구간을 구하려면 $\hat{\theta}_0$의 표준오차가 필요하다. 그러면 df가 클 때 어림법칙 $\hat{\theta}_0 \pm 2 \times \mathrm{se}(\hat{\theta}_0)$을 이용하여 95% 신뢰구간을 구할 수 있다. 혹은, 늘 그렇듯이, t분포의 정확한 백분위를 사용할 수도 있다.

$\hat{\theta}_0$의 표준오차는 어떻게 구하는가? 이 문제는 4-4절에서 접한 문제와 같고, OLS 추정량들의 선형결합에 대한 표준오차를 구해야 한다. 여기서는 $\hat{\theta}_0$ 식에 (c_j 값이 0인 경우를 제외한) 모든 OLS 추정량들이 등장하므로 더더욱 복잡하다. 그럼에도, 4-4절에서 사용한 것과 동일한 트릭을 사용할 수 있다. $\beta_0 = \theta_0 - \beta_1 c_1 - \beta_2 c_2 - \cdots - \beta_k c_k$로 쓰고, 이를 방정식

$$y = \beta_0 + \beta_1 x_1 + \beta_2 x_2 + \cdots + \beta_k x_k + u$$

에 대입하자. 그러면 다음을 얻는다.

$$y = \theta_0 + \beta_1(x_1 - c_1) + \beta_2(x_2 - c_2) + \cdots + \beta_k(x_k - c_k) + u \tag{6.30}$$

다시 말하여, 각 x_j의 관측값으로부터 c_j를 차감한 후

$$y_i\text{를 } (x_{i1} - c_1), \ldots, (x_{ik} - c_k),\ i = 1, 2, \ldots, n \tag{6.31}$$

에 회귀하는 것이다. (6.29)의 예측값과, 더 중요한 것으로서, 그 표준오차가 회귀식 (6.31)의 절편(혹은 상수항)으로서 구해진다.

예를 들어 고등학교 정보를 이용한 대학 GPA 회귀로부터 예측할 때 신뢰구간을 구해보자.

예제 6.5 대학 GPA 예측 시의 신뢰구간

GPA2 자료를 사용하여 다음 대학 GPA 예측을 위한 방정식을 구하였다.

$$\begin{aligned}\widehat{colgpa} &= \underset{(0.075)}{1.493} + \underset{(0.00007)}{0.00149}\,sat - \underset{(0.00056)}{0.01386}\,hsperc \\ &\quad - \underset{(0.01650)}{0.06088}\,hsize + \underset{(0.00227)}{0.00546}\,hsize^2 \qquad (6.32)\\ n &= 4{,}137,\ R^2 = 0.278,\ \bar{R}^2 = 0.277,\ \hat{\sigma} = 0.560\end{aligned}$$

여기서 반올림으로 인한 오차를 줄이기 위하여 추정값들을 낮은 자리까지 상세히 제시하였다. $sat = 1{,}200$, $hsperc = 30$, $hsize = 5$ (500을 말함)일 때 예측되는 대학 GPA는 얼마인가? 이 값들을 (6.32)에 대입하여 이를 쉽게 구할 수 있다. 계산에 따르면 소수 둘째 자리까지 반올림하여 $\widehat{colgpa} = 2.70$이다. 불행히도 식 (6.32)를 이용하여, 주어진 독립변수들의 값에 대하여 예측된 *colgpa*에 해당하는 신뢰구간을 직접 구할 수는 없다. 쉬운 방법은 다음의 새로운 독립변수들을 만드는 것이다: $sat0 = sat - 1{,}200$, $hsperc0 = hsperc - 30$, $hsize0 = hsize - 5$, $hsizesq0 = hsize^2 - 25$. *colgpa*를 이들 새 독립변수에 회귀하면 다음을 얻는다.

$$\begin{aligned}\widehat{colgpa} &= \underset{(0.020)}{2.700} + \underset{(0.00007)}{0.00149}\,sat0 - \underset{(0.00056)}{0.01386}\,hsperc0 \\ &\quad - \underset{(0.01650)}{0.06088}\,hsize0 + \underset{(0.00227)}{0.00546}\,hsizesq0 \\ n &= 4{,}137,\ R^2 = 0.278,\ \bar{R}^2 = 0.277,\ \hat{\sigma} = 0.560\end{aligned}$$

이 회귀와 (6.32)의 회귀 간에 유일한 차이는 절편으로서, 이것이 우리가 원하는 값이고 표준오차도 0.020으로 구해졌다. 기울기 계수들, 그 표준오차들, R^2 등등이 모두 전과 동일한 것은 우연이 아니며, 이들이 전과 동일하다는 점을 이용하여 변환이 제대로 되었는지 확인해 볼 수도 있다. GPA 기댓값의 95% 신뢰구간은 손쉽게 구할 수 있다. 그것은 $2.70 \pm 1.96 \times 0.020$, 즉 약 2.66부터 2.74까지이다. 표본 크기가 매우 커서 이 신뢰구간은 상당히 좁다.

절편 추정량의 분산은 각 설명변수의 표본평균이 0일 때 가장 작다. 따라서, (6.31)의 회귀로부터, 예측의 분산이 x_j의 평균값(즉, 모든 j에서 $c_j = \bar{x}_j$)에서 가장 작다는 사실을 알 수 있다. 자료의 중간 근처의 회귀선에서 가장 확신을 가질 것이므로 이 결과는 놀랍지 않다. c_j의 값이 $\bar{x}_j$에서 멀어질수록 $\text{Var}(\hat{y})$는 커진다.

위의 방법을 사용하여 모든 설명변수 값에 대하여 $\mathrm{E}(y|x_1,\ldots,x_k)$의 OLS 추정값 주위로 신뢰구간을 구할 수 있다. 다시 말하면, 모집단 중 해당 공변량 값을 갖는 부분(subpopulation)의 y값의 평균에 대하여 신뢰구간을 구할 수 있다. 하지만 이 부분 모집단 내 평균적인 사람을 위한 신뢰구간은 모집단으로부터 추출되는 특정 개체(개인, 가구, 기업 등)를 위한 신뢰구간과 같지 않다. 미지의 y값(평균 y값이 아니라 특정 개체의 y값)에 대한 신뢰구간을 다르게 만드는 매우 중요한 요소는 관측되지 않는 오차항의 분산으로서 이는 y에 영향을 미치는 비관측 요소들에 대한 우리의 무지의 정도를 측정한다.

우리가 신뢰구간 또는 **예측구간**(prediction interval)을 만들려고 하는 대상을 y^0라 하자. 예를 들어 y^0는 우리의 원래 표본에 포함되지 않은 개인 또는 기업의 종속변수 값을 나타낼 수 있다. 그 개인의 독립변수 값을 $x_1^0,\ldots,x_k^0$이라 하고, u^0가 비관측 오차라 하자. 그러면 다음을 얻는다.

$$y^0 = \beta_0 + \beta_1 x_1^0 + \beta_2 x_2^0 + \cdots + \beta_k x_k^0 + u^0 \tag{6.33}$$

앞에서와 마찬가지로 y^0에 대한 우리의 최선의 예측은 주어진 설명변수 값에서의 y^0의 기댓값이며, 이는 OLS 회귀선으로부터 다음과 같이 추정한다: $\hat{y}^0 = \hat{\beta}_0 + \hat{\beta}_1 x_1^0 + \hat{\beta}_2 x_2^0 + \cdots + \hat{\beta}_k x_k^0$. 이 $\hat{y}^0$을 이용하여 y^0을 예측할 때 그 **예측오차**(prediction error)는 다음과 같다.

$$\hat{e}^0 = y^0 - \hat{y}^0 = (\beta_0 + \beta_1 x_1^0 + \cdots + \beta_k x_k^0) + u^0 - \hat{y}^0 \tag{6.34}$$

이제, $\hat{\beta}_j$가 불편이므로, $E(\hat{y}^0) = E(\hat{\beta}_0) + E(\hat{\beta}_1)x_1^0 + E(\hat{\beta}_2)x_2^0 + \cdots + E(\hat{\beta}_k)x_k^0 = \beta_0 + \beta_1 x_1^0 + \cdots + \beta_k x_k^0$이다(여기서도 이 기댓값들은 모두 독립변수의 표본값 조건부이다). u^0의 평균이 0이므로 $E(\hat{e}^0) = 0$이다. 지금까지 예측오차의 기댓값은 0임을 보였다.

$\hat{e}^0$의 분산을 구하자. 주의할 것은, u^0가 $\hat{\beta}_j$를 구할 때 사용한 표본 내의 오차들과는 비상관이므로[u^0이 표본에 포함되지 않은 개체의 오차인 반면, $\hat{\beta}_j$는 표본에 포함된 개체들에 의하여 결정되기 때문에 그러함], u^0가 $\hat{\beta}_j$들과 비상관이라는 것이다. 그러면 공분산의 기본적인 성질에 의하여, u^0과 $\hat{y}^0$은 비상관이다. 그러므로 **예측오차의 분산**(독립변수들의 모든 표본 내 값들 조건부로)은 다음과 같이 분산들의 합이 된다.

$$\mathrm{Var}(\hat{e}^0) = \mathrm{Var}(\hat{y}^0) + \mathrm{Var}(u^0) = \mathrm{Var}(\hat{y}^0) + \sigma^2 \tag{6.35}$$

여기서 $\sigma^2 = \mathrm{Var}(u^0)$로서 오차 분산이다. $\hat{e}^0$에는 변동을 가져 오는 요소가 둘 있다. 하나는 $\hat{y}^0$ 내의 표집 오차로서, β_j를 추정하였기 때문에 발생하는 것이다. 각 $\hat{\beta}_j$의 분산은 $1/n$(여기서 n은 표본 크기)에 대체로 비례하므로, $\mathrm{Var}(\hat{y}^0)$은 $1/n$에 비례한다. 이것이 의미하는 바는, 표본 크기가 클 때 $\mathrm{Var}(\hat{y}^0)$이 매우 작을 수 있다는 것이다. 이와 달리 σ^2은 모집단 내 오차의 분산으로서, 표본 크기에 따라 변하지 않는다. 많은 예에서 (6.35)의 구성 항목들 중 σ^2이 지배적일 것이다.

고전적 선형모형 가정하에서 $\hat{\beta}_j$와 u^0은 정규분포를 가지며, 따라서 $\hat{e}^0$도 정규분포를 갖는다(설명변수 표본값 조건부로). 앞에서 $\text{Var}(\hat{y}^0)$의 불편 추정량을 구하는 방법을 설명한 바 있고, 3장에서는 σ^2의 불편 추정량을 구한 바 있다. 이 추정량들을 사용하여 $\hat{e}^0$의 표준오차를 다음과 같이 정의한다.

$$\text{se}(\hat{e}^0) = \{[\text{se}(\hat{y}^0)^2 + \hat{\sigma}^2\}^{1/2} \tag{6.36}$$

$\hat{\beta}_j$의 t통계량을 구할 때와 동일한 논리를 사용하면, $\hat{e}^0/\,\text{se}(\hat{e}^0)$은 자유도가 $n-(k+1)$인 t 분포를 갖는다. 그러므로 다음이 성립한다.

$$\text{P}[-t_{0.025} \le \hat{e}^0/\,\text{se}(\hat{e}^0) \le t_{0.025}] = 0.95$$

여기서 $t_{0.025}$는 t_{n-k-1} 분포의 97.5번째 백분위이다. $n-k-1$이 크면 $t_{0.025} \approx 1.96$임을 기억하라. $\hat{e}^0 = y^0 - \hat{y}^0$를 대입하고 항들을 재정렬하면 y^0의 95% 예측구간은 다음과 같다.

$$\hat{y}^0 \pm t_{0.025} \times \text{se}(\hat{e}^0) \tag{6.37}$$

여기서도, 작은 df의 경우를 제외하면, $\hat{y}^0 \pm 2\,\text{se}(\hat{e}^0)$이 좋은 어림법칙이다. (6.36)을 $\text{E}(\hat{y}^0)$의 신뢰구간인 $\hat{y}^0 \pm t_{0.025} \times \text{se}(\hat{y}^0)$와 비교해 보면 $\hat{\sigma}^2$으로 인하여 (6.36)의 신뢰구간이 더 넓다. u^0가 우리가 포함하지 못한 여러 요소들을 포함하고 있는 점을 생각해보면 (6.36)의 신뢰구간이 $\text{E}(\hat{y}^0)$의 신뢰구간보다 훨씬 더 넓은 경우도 많다.

예제 6.6 장래 대학 GPA의 신뢰구간

$sat = 1{,}200$, $hsperc = 30$, $hsize = 5$인 고등학생의 장래 대학 GPA를 위한 95% CI를 구해보자. ⟨예제 6.5⟩에서 $sat = 1{,}200$, $hsperc = 30$, $hsize = 5$의 특성을 갖는 모든 학생들의 대학 GPA의 평균을 위한 95% 신뢰구간을 구한 바 있다. 이제 이 특성을 갖는 특정 학생을 위한 95% 신뢰구간을 구하고자 한다. 이 95% 예측구간은 대학 성적에 영향을 미치는 개인적 비관측 특성들을 고려해야 한다. $colgpa$에 대한 이 CI를 구하는 데 필요한 값들은 이미 모두 구하였다. $\text{se}(\hat{y}^0) = 0.020$이고 $\hat{\sigma} = 0.560$이므로, (6.36)으로부터, $\text{se}(\hat{e}^0) = [(0.020)^2 + (0.560)^2]^{1/2} \approx 0.560$이다. 이 $\hat{\sigma}$에 비해 $\text{se}(\hat{y}^0)$이 얼마나 작은지 보라. $\hat{e}^0$의 변화의 사실상 전부가 u^0의 변화로부터 온다. 95% CI는 $2.70 \pm 1.96 \times 0.560$, 즉 약 1.60부터 3.80까지이다. 이 신뢰구간은 매우 넓으며, 이것이 보여주는 바는, 회귀에 포함된 요소들에 근거해서는 한 개인의 장래 대학 평균학점을 정확히 집어낼 수 없다는 것이다. (고등학교 순위와 SAT 성적이 대학 성적에 결정적이지 않다는 것이므로 이것은 일면 좋은 소식이다.) 분명히, 대학 GPA에 영향을 미치는 비관측 요소들은 동일한 SAT와 고등학교 순위를 가진 개인들 간에도 매우 다르다.

6-4b 잔차 분석

개별 관측치들을 조사하여 종속변수의 실제값이 예측값보다 큰지 작은지 알고 싶은 경우들이 있다. 즉, 개별 관측치들에 대한 잔차를 조사하는 것이다. 이 절차를 잔차 분석(residual analysis)이라 한다. 경제학자들은 주택 구매 시 도움을 주기 위해 회귀 잔차를 조사하곤 한다. 다음 주택 가격의 예는 잔차분석을 예시한다. 주택가격은 주택의 다양한 관측 요소들과 관련된다. 크기, 방수, 욕실수 등 모든 중요한 요소들을 나열할 수 있다. 하나의 표본을 이용하여 이들 특성과 가격의 관계를 추정하고, 각각의 주택에 대하여 예측값과 실제값을 얻게 된다. 이로부터 잔차들 $\hat{u}_i = y_i - \hat{y}_i$를 구할 수 있다. 가장 큰 음수의 잔차를 가진 주택이, 적어도 우리가 통제한 요소들에 기반할 때, 관측된 요소 대비 가장 저평가된 것이다. 물론, 예측가격에 비하여 현저히 낮은 판매가격은, 우리가 설명하지 못하여 비관측 오차에 포함된 하자들을 나타내는 것일 수도 있다. 예측값과 잔차를 구하는 것 이외에도, (6.37)을 이용하여 집의 장래 판매가격에 관한 신뢰구간을 계산할 수도 있다.

HPRICE1의 자료를 이용하여 *price*를 *lotsize*, *sqrft*, *bdrms*에 대하여 회귀하자. 88채의 집으로 구성된 이 표본에서 가장 큰 음수의 잔차는 81번째 집에 해당하는 −120.206이다. 따라서 이 집의 구매 가격(asking price)은 예측 가격보다 120,206달러 낮다.

잔차 분석에는 다른 사용처도 많이 있다. 로스쿨 순위를 매기는 한 가지 방법은 초봉의 중위값(median starting salary)을 학생들의 다양한 특성들(입학생들 LSAT의 중위값 median LSAT scores of entering class, 입학생들 대학 GPA의 중위값 등)에 대하여 회귀한 후 각 로스쿨별로 예측값과 잔차를 구하는 것이다. 잔차가 가장 큰 로스쿨이 부가가치가 가장 높다고 예측된다. (물론 분석자료가 로스쿨별 중위값이고, 이것을 개인의 초봉과 비교함에 여전히 많은 불확실성이 있기는 하다.) 이 잔차들과 각 로스쿨에 다니는 비용을 이용하여 가장 높은 가치를 주는 로스쿨이 어느 것인지 판단할 수 있다. 이때에는 미래의 소득을 적절히 할인해야 할 것이다.

잔차 분석은 사법적 판단을 내릴 때에도 역할을 한다. 1995년 6월 28일자 뉴욕타임스 기사 "판사, 분리가 아니라 학생의 빈곤이 점수를 낮춘다고 하다(Judge Says Pupil's Poverty, Not Segregation, Hurts Scores)"에서 다루어진 판결은 잔차분석이 사법적 판단에 어떤 역할을 할 수 있는지 알려주는 중요한 예이다. 이 판결은 하트포드 학군(Hartford School District) 학생들의 성적〔표준화된 시험성적〕이 주변의 다른 학군에 비해 낮은 것이 학군 분리 정책(segregation)에 기인한 것인지에 대한 소송이었는데* 1심에서 판사는 다음과 같이

*1989년 하트포드의 초등학교 4학년 학생 밀로 세프(Milo Sheff)와 그의 어머니는 코네티컷 주 정부를 대상으로 하트포드 학군 내의 학생들의 낮은 성적은 주 정부의 학교 정책이 인종적 분리를 초래해 발생한

판결한다. "〔하트포드 학군과 다른 학군과의 점수〕차이는 하트포드 학군이 학생들의 교육에 대해 부적절하거나 부실한 역할을 했다는 점을 나타내지 않고 하트포드 학군의 학교들이 나빠지고 있다(failing)는 것을 나타내지도 않는다. 적절한 사회경제적 요소들에 근거하여 예측한 학교들의 평균 성적들이 그 정도의 수준이기 때문이다." 이 판결은 코네티컷의 여러 학군들의 사회경제적 특성에 대하여 평균 혹은 중위 점수를 회귀한 분석에 기초하여 이루어졌다. 판사의 판결이 함의하는 바는, 하트포드 학군 학생들의 빈곤수준을 고려할 때, 실제 시험 점수들이 회귀분석의 예측값들과 유사했고 낮은 시험성적의 원인이 학교 자체라고 결론내릴 만큼 하트포드의 잔차가 충분히 음(−)이 아니었다는 것이다.

6-4c 종속변수가 $\log(y)$ 일 때 y의 예측

실증분석에서 종속변수에 자연로그를 취하는 경우가 아주 흔하므로, 본 소절에서는 종속변수가 $\log(y)$ 일 때 y를 예측하는 문제를 다룬다. 부산물로서, 수준 모형의 R^2과 비교가능한 로그모형 상의 적합도 척도를 구할 것이다.

예측값을 얻기 위해 $logy = \log(y)$ 라 하자. 이는 이 값이 모형

$$logy = \beta_0 + \beta_1 x_1 + \beta_2 x_2 + \cdots + \beta_k x_k + u \tag{6.38}$$

에서 예측되는 로그 y값임을 강조하기 위함이다〔'y의 예측값의 로그'가 아니라 '로그 y의 예측값'임을 의미함〕. 이 방정식에서 x_j는 다른 변수들을 변환한 것일 수도 있다. 예를 들어 CEO 연봉 예에서는 $x_1 = \log(sales)$, $x_2 = \log(mktval)$, $x_3 = ceoten$이었다.

OLS 추정량을 구하고 나면, 주어진 독립변수 값에서 $logy$를 다음과 같이 예측한다.

$$\widehat{logy} = \hat{\beta}_0 + \hat{\beta}_1 x_1 + \hat{\beta}_2 x_2 + \cdots + \hat{\beta}_k x_k \tag{6.39}$$

이제, 지수변환이 로그변환을 되돌려 원상복구시키므로, 단순히 $\log(y)$의 예측값을 지수변환하여 y의 예측값으로 사용할 것—즉, $\hat{y} = \exp(\widehat{logy})$—을 고려해 볼 수 있겠다. 하지만 그러면 안 된다. 이것은 y의 기댓값을 체계적으로 저평가한다. 사실, 모형 (6.38)이 CLM 가정 MLR.1–6을 따를 때 다음이 성립함을 보일 수 있다.

$$E(y|\mathbf{x}) = \exp(\sigma^2/2) \cdot \exp(\beta_0 + \beta_1 x_1 + \beta_2 x_2 + \cdots + \beta_k x_k)$$

것으로 주 정부의 책임이라는 소송을 제기했었다. 당시 95%의 하트포드 학군은 주민들이 흑인과 히스패닉 등 마이너리티(minority)였다. 1995년에 판결이 이루어진 1심에서는 원고 패소의 판결이 나왔지만 1996년에 코네티컷주 최고심에서는 원고 승소의 판결이 나왔다. 1995년 6월 28일 자 기사는 현재 New York Times Archive에서 "Judge Links Test Scores to Poverty"라는 제목으로 검색된다. 'Sheff vs. O'Neill'이라는 키워드로 검색하면 이 사건에 대한 다량의 자료를 구할 수 있다.

여기서 독립변수들을 간략히 나타내기 위하여 $\mathbf{x}$를 사용했고, σ^2은 u의 분산이다. [$u \sim \text{Normal}(0, \sigma^2)$이면 $\exp(u)$의 기댓값은 $\exp(\sigma^2/2)$임을 도출할 수 있다.] 이 방정식에 따르면, y를 예측할 때 다음의 간단한 조정을 해 주어야 한다.

$$\hat{y} = \exp(\hat{\sigma}^2/2)\exp(\widehat{logy}) \tag{6.40}$$

여기서 $\hat{\sigma}^2$은 σ^2의 불편 추정량이다. 회귀의 표준오차 $\hat{\sigma}$이 항상 보고되므로 y의 예측값을 구하기는 쉽다. $\hat{\sigma}^2 > 0$이므로 $\exp(\hat{\sigma}^2/2) > 1$이다. $\hat{\sigma}^2$이 클 때 이 조정인자는 1보다 훨씬 클 수도 있다.

(6.40)의 예측은 일치성을 갖지만(consistent) 불편이 아니다. y의 불편 예측은 존재하지 않지만, 많은 경우 (6.40)이 잘 작동한다. 하지만 오차항 u가 정규분포를 가져야 한다. 반면, 5장에서 OLS는 u가 정규분포를 갖지 않을 때에도 바람직한 성질을 가짐을 보았다. 그러므로 정규분포성에 의존하지 않는 예측값을 구할 수 있으면 유용할 것이다. u가 설명변수들과 독립이라고 가정하면 다음을 얻는다.

$$E(y|\mathbf{x}) = \alpha_0 \exp(\beta_0 + \beta_1 x_1 + \beta_2 x_2 + \cdots + \beta_k x_k) \tag{6.41}$$

여기서 α_0은 $\exp(u)$의 기댓값으로서 1보다 커야 한다[볼록함수와 연관된 옌센의 부등식 Jensen's inequality를 이용하여 보일 수 있음].

α_0의 추정값 $\hat{\alpha}_0$이 있다면 y를 다음과 같이 예측할 수 있다.

$$\hat{y} = \hat{\alpha}_0 \exp(\widehat{logy}) \tag{6.42}$$

여기서도 로그모형에서 구한 예측값을 지수변환한 후 그 결과에 $\hat{\alpha}_0$을 곱한다.

정규분포 가정 없이 α_0을 추정하는 방법으로서 두 가지를 생각해 볼 수 있다. 첫째 방법은 $\alpha_0 = E[\exp(u)]$에 기초한다. α_0을 추정하기 위해서는, 모집단 기댓값을 표본평균으로 치환하고 그 다음 비관측 오차 u_i를 OLS 잔차 $\hat{u}_i = \log(y_i) - \hat{\beta}_0 - \hat{\beta}_1 x_{i1} - \cdots - \hat{\beta}_k x_{ik}$로 치환한다. 이로써 다음의 적률 추정량을 얻는다.

$$\hat{\alpha}_0 = \frac{1}{n}\sum_{i=1}^{n}\exp(\hat{u}_i) \tag{6.43}$$

놀라울 것도 없이, $\hat{\alpha}_0$은 α_0의 일치추정량이다. 하지만 비선형 함수 내에서 u_i를 $\hat{u}_i$로 치환하였으므로 불편 추정량은 아니다. 이 버전의 $\hat{\alpha}_0$은 Duan (1983)이 이야기한 **스미어링 추정값**(smearing estimate)의 일종이다. OLS 잔차의 표본 평균이 0이므로, 어떤 자료에서든 $\hat{\alpha}_0 > 1$임을 보일 수 있다(기술적으로, $\hat{\alpha}_0$은 모든 OLS 잔차들이 0일 때에만 1이 되는데, 이러한 일은 실제 응용연구에서는 절대 일어나지 않는다). $\alpha_0 > 1$이어야 함을 감안할 때, $\hat{\alpha}_0$이 반드시 1보다 크다는 점은 편리하다.

원점을 지나는 단순회귀를 이용하여 α_0을 다른 방식으로 추정할 수도 있다. $m_i = \exp(\beta_0 + \beta_1 x_{i1} + \cdots + \beta_k x_{ik})$라 하자. 그러면 식 (6.41)로부터 $E(y_i|m_i) = \alpha_0 m_i$가 된다. 이 m_i를 관측할 수 있다면, y_i를 m_i에 절편 없이 회귀하여 α_0의 불편 추정량을 얻을 수 있을 것이다. 그런데 m_i를 관측할 수 없으므로, 그 대신 β_j를 OLS 추정값으로 치환하여 $\hat{m}_i = \exp(\widehat{logy_i})$를 구한다. 여기서 물론 $\widehat{logy}_i$는 $logy_i$를 $x_{i1}, \ldots, x_{ik}$에 대하여 (절편을 포함시켜) 회귀하여 구한 맞춘값들이다. 그러면 $\check{\alpha}_0$ [(6.43)의 $\hat{\alpha}_0$와 구분하기 위하여 별도의 부호를 사용함]는 y_i를 $\hat{m}_i$에 대하여 (절편 없이) 단순회귀하여 구한 기울기 추정값이다.

$$\check{\alpha}_0 = \left(\sum_{i=1}^{n} \hat{m}_i^2\right)^{-1} \left(\sum_{i=1}^{n} \hat{m}_i y_i\right) \tag{6.44}$$

이 $\check{\alpha}_0$을 α_0의 회귀 추정값이라 할 것이다. $\hat{\alpha}_0$처럼 $\check{\alpha}_0$도 일치성을 갖지만(consistent) 비편향은 아니다. $\check{\alpha}_0$은 대부분의 경우 1보다 크겠지만, 흥미롭게도 반드시 그렇다는 보장은 없다. 만일 $\check{\alpha}_0$이 1보다 작으면, 특히나 1보다 매우 작으면, 이는 u와 x_j의 독립성 가정이 위배되었다는 신호가 될 것이다. 만일 $\check{\alpha}_0 < 1$일 때 쓸 수 있는 방법 중 하나는, $\log(y)$의 선형모형에 존재하는 문제점을 감추는 것이기는 하지만, (6.43)의 추정값을 그냥 사용하는 것이다.

이상의 절차를 요약하면 다음과 같다.

종속변수가 $\log(y)$일 때 y를 예측하는 방법

1. $logy$를 $x_1, \ldots, x_k$에 회귀하여 맞춘값 $\widehat{logy}_i$와 잔차 $\hat{u}_i$를 구한다.

2. (6.43)에 의하여 $\hat{\alpha}_0$을 구하거나, (6.44)에 의하여 $\check{\alpha}_0$을 구한다.

3. 주어진 $x_1, \ldots, x_k$ 값에 대하여 (6.42)에 따라 $\widehat{logy}$을 구한다.

4. (6.42)에 따라 ($\hat{\alpha}_0$이나 $\check{\alpha}_0$을 이용하여) 예측값 $\hat{y}$를 구한다.

다음 예제에서 이 절차를 이용하여 CEO 연봉을 예측해 본다.

예제 6.7 CEO 연봉 예측

모형은 다음과 같다.

$$\log(salary) = \beta_0 + \beta_1 \log(sales) + \beta_2 \log(mktval) + \beta_3 ceoten + u$$

그러므로 β_1과 β_2는 탄력성이고 $100 \times \beta_3$은 준탄력성이다. CEOSAL2를 사용한 추정 방정식은 다음과 같다.

$$\widehat{lsalary} = 4.504 + 0.163\,lsales + 0.109\,lmktval + 0.0117\,ceoten$$
$$(0.257)\ (0.039)\qquad (0.050)\qquad (0.0053) \tag{6.45}$$
$$n = 177,\ \ R^2 = 0.318$$

분명히 하기 위하여 *salary*의 로그값을 *lsalary*로 표현하고, 마찬가지로 *lsales*와 *lmktval* 부호를 사용한다. 다음으로 표본 내 각 관측치에 대하여 $\hat{m}_i = \exp(\widehat{lsalary}_i)$를 구한다.

식 (6.43)에 따라 구한 Duan의 스미어링 추정값은 약 $\hat{\alpha}_0 = 1.136$이며, (6.44)로부터 구한 회귀 추정값은 $\check{\alpha}_0 = 1.117$이다. 이 두 추정값을 이용하여 어떤 *sales*, *mktval*, *ceoten*에 대해서든지 *salary*를 예측할 수 있다. $sales = 5{,}000$ (*sales*가 백만 달러 단위이므로 50억 달러를 의미함), $mktval = 10{,}000$ (즉 100억 달러), $ceoten = 10$에 대해서 예측값을 구해 보자. (6.45)로부터, *lsalary*의 예측값은 $4.504 + 0.163 \times \log(5{,}000) + 0.109 \times \log(10{,}000) + 0.0117 \times 10 \approx 7.013$이며, $\exp(7.013) \approx 1{,}110.983$이다. (6.43)의 α_0 추정값을 사용하면 연봉 예측값은 약 1,262.077, 즉 1,262,077 달러이다. (6.44)의 추정값을 사용하면 연봉 예측값은 약 1,240,968 달러이다. 이 두 예측값들이 차이나기는 하지만, 그 차이는 '속수'(naive) 예측값 1,110,983 달러와 차이보다는 훨씬 작다.

이상의 예측 방법을 사용하여 $\log(y)$를 종속변수로 사용하는 모형이 y를 얼마나 잘 설명하는지 알아볼 수 있다. y가 종속변수일 때에는 R^2과 조정R^2이라는 잘 알려진 척도가 있다. 우리의 목표는 종속변수가 y인 모형의 R^2과 비교할 수 있는 적합성 척도를 $\log(y)$ 모형에 대하여 찾는 것이다.

$\log(y)$ 모형을 y를 예측하도록 재변환한 후 적합성 척도를 정의하는 데에는 여러 방법이 있다. 여기서는 구현하기 쉽고, α_0를 (6.40), (6.43), (6.44) 중 어느 것을 사용해도 동일한 값이 나오는 방법을 설명한다. 앞에서 본 바와 같이, OLS로 추정한 선형 회귀 방정식

$$\hat{y} = \hat{\beta}_0 + \hat{\beta}_1 x_1 + \cdots + \hat{\beta}_k x_k \tag{6.46}$$

에서 보통의 R^2은 y_i와 $\hat{y}_i$의 상관계수의 제곱이다(3-2절 참조). 이제, 만일 그 대신 (6.42)로부터 계산한 맞춘값—즉 각 관측치 i에서 계산한 $\hat{y}_i = \hat{\alpha}_0 m_i$—을 사용하면, y_i들과 이들 맞춘값들 간의 상관계수의 제곱을 R^2으로 사용할 수 있을 것이다. 그런데 상수를 곱하여도 상관계수는 불변이므로, 어떤 α_0 추정값을 사용하든지 관계 없다. 사실 y에 대한[$\log(y)$가 아니라] 이 R^2 척도는 y_i와 $\hat{m}_i$의 상관계수의 제곱이다. 이것을 (6.46)의 R^2과 직접 비교할 수 있다.

상관계수 제곱은 α_0을 어떻게 추정하느냐에 따라 영향을 받지 않는다. 다른 접근법으로 잔차 제곱합을 이용하여 y에 대한 R^2을 계산하는 방법이 있다. 구체적으로, 식 (6.43)을

이용하여 α_0을 추정하였다고 하자. 그러면 y_i의 예측오차는 다음과 같다.

$$\hat{r}_i = y_i - \hat{\alpha}_0 \exp(\widehat{logy}_i) \tag{6.47}$$

이 잔차를 이용하여 잔차 제곱합을 계산할 수 있다. 선형회귀의 R^2 공식을 이용하면 다음의 대안적인 R^2을 구할 수 있다.

$$1 - \frac{\sum_{i=1}^{n} \hat{r}_i^2}{\sum_{i=1}^{n}(y_i - \bar{y})^2} \tag{6.48}$$

이것과 y에 대한 선형모형으로부터의 R^2을 비교할 수 있다. 식 (6.47)의 $\hat{\alpha}_0$ 자리에 (6.40)과 (6.44)의 α_0 추정값들을 대입할 수도 있다. y_i와 $\hat{m}_i$ 간 상관계수의 제곱과 달리 (6.48)의 R^2은 α_0의 추정방식에 따라 달라진다. $\sum_{i=1}^{n} \hat{r}_i^2$을 최소화하는 추정값은 식 (6.44)이지만 그렇다고 하여 이를 더 선호한다는 것은 아니다(특히 $\check{\alpha}_0 < 1$이 아니라면). 여기서는 다양한 α_0 추정값들 중 어떤 것을 선택할지에 대한 기준을 제시하려는 것이 아니라 y를 종속변수로 하는 선형모형에서의 R^2과 비교할 수 있는 적합도를 찾고자 하는 것이다.

예제 6.8 CEO 연봉의 예측

$\hat{m}_i$를 구한 후 $salary_i$와 $\hat{m}_i$ 간의 상관계수를 구하였다. 그 값은 0.493이다. 이 값의 제곱은 약 0.243이며, 이것이 로그 모형이 log(*salary*)가 아니라 *salary*를 얼마나 잘 설명하는지 나타내는 척도이다. [참고로, (6.45)로부터의 R^2이 0.318이므로, 로그 모형은 log(*salary*) 내의 차이의 약 31.8%를 설명한다.]

이에 대비하여 모든 변수를 수준으로 사용한 모형을 추정해 보자.

$$salary = \beta_0 + \beta_1 sales + \beta_2 mktval + \beta_3 ceoten + u \tag{6.49}$$

여기서 핵심은 종속변수가 *salary*라는 것이다. 우변에 *sales*와 *mktval*의 로그값을 사용할 수도 있겠지만, 한 변수(*salary*)가 수준으로 등장하면 다른 모든 금액 변수들도 수준으로 사용하는 것이 더 이치에 맞는다. 똑같은 177개 관측치를 사용해서 이 방정식을 추정하면 R^2은 0.201이다. 그러므로 로그 모형이 *salary* 내의 차이를 더 잘 설명하고, 적합도의 기준으로 볼 때 (6.49)보다 로그 모형을 선호한다. 로그 모형은 더 현실적으로 보이고 계수의 해석도 더 쉽다는 이유에서도 더 선호된다.

모형 (6.38)에서 고전적 선형모형 가정 전체가 성립한다고 하면, $\log(y)$에 대한 선형모형을 추정한 후 $y^0 = \exp(\beta_0 + \beta_1 x_1^0 + \cdots + \beta_k x_k^0 + u^0)$에 대한 예측구간을 손쉽게 구할 수 있다. $x_1^0, x_2^0, \ldots, x_k^0$은 알려진 값이며, u^0은 y^0을 부분적으로 결정하는 비관측 오차이다. 식 (6.37)에 따르면 $logy^0 = \log(y^0)$을 위한 95% 예측구간은 $\widehat{logy}^0 \pm t_{0.025} \times \mathrm{se}(\hat{e}^0)$이다. 여기서 $\mathrm{se}(\hat{e}^0)$은 원래의 n 관측치를 사용하여 $\log(y)$를 $x_1, \ldots, x_k$에 회귀하여 얻는다. $logy^0$을 위한 예측구간의 하한값과 상한값을 각각 $c_l = \widehat{logy}^0 - t_{0.025} \times \mathrm{se}(\hat{e}^0)$과 $c_u = \widehat{logy}^0 + t_{0.025} \times \mathrm{se}(\hat{e}^0)$

라 하자. 즉 $P(c_l \leq logy^0 \leq c_u) = 0.95$이다. 지수함수는 단조증가하므로 $P[\exp(c_l) \leq \exp(logy^0) \leq \exp(c_u)] = 0.95$이기도 하다. 즉 $P[\exp(c_l) \leq y^0 \leq \exp(c_u)] = 0.95$이다. 따라서 $\exp(c_l)$과 $\exp(c_u)$를 각각 y^0을 위한 95% 예측구간의 하한값과 상한값으로 해도 좋다. n이 크면 $t_{0.025} = 1.96$이므로, y^0의 95% 예측구간은 $\exp[-1.96 \times \text{se}(\hat{e}^0)]\exp(\hat{\beta}_0 + \mathbf{x}^0\hat{\beta})$부터 $\exp[1.96 \times \text{se}(\hat{e}^0)]\exp(\hat{\beta}_0 + \mathbf{x}^0\hat{\beta})$까지이다. 여기서 $\mathbf{x}^0\hat{\beta}$은 $\hat{\beta}_1 x_1^0 + \cdots + \hat{\beta}_k x_k^0$을 짧게 쓴 것이다. $\hat{\beta}_j$와 $\text{se}(\hat{e}^0)$은 $\log(y)$를 종속변수로 사용한 회귀로부터 얻는다는 점을 기억하라. (6.38)에서 u가 정규분포를 갖는다고 가정했으므로 (6.40)을 이용하여 y^0의 점예측값(point prediction)을 얻을 수도 있을 것이다. (6.37)에서와는 달리 이 점예측값은 상한값 $\exp(c_u)$와 하한값 $\exp(c_l)$의 중앙에 위치하지 않을 것이다. 윗쪽과 아랫쪽에 대하여 t_{n-k-1} 분포에서 상이한 분위수(quantiles)를 선택함으로써 위와는 다른 95% 예측구간을 구할 수도 있다. q_{α_1}과 q_{α_2}가 $\alpha_2 - \alpha_1 = 0.95$를 만족시키는 분위수라면, $q_{\alpha_1}\text{se}(\hat{e}^0)$과 $q_{\alpha_2}\text{se}(\hat{e}^0)$를 이용하여 예측구간을 구할 수 있다.

예를 들어, CEO 연봉 회귀를 다시 보자. 〈예제 6.7〉에서와 동일한 *sales*, *mktval* 및 *ceoten* 값에서 예측을 하고자 한다. (6.45)에서 회귀의 표준오차는 약 0.505이며, $\widehat{logy}^0$의 표준오차는 약 0.075이다. 그러므로 식 (6.36)을 사용하면 $\text{se}(\hat{e}^0) \approx 0.511$이다. 표본 크기가 177밖에 안 되지만 GPA 예제에서처럼 오차분산이 계수 추정오차를 압도한다. $salary^0$을 위한 95% 예측구간은 $\exp(-1.96 \times 0.511)\exp(7.013)$부터 $\exp(1.96 \times 0.511)\exp(7.013)$까지〔7.013은 $\widehat{logy}^0$의 계산값〕, 다시 말해 약 408.071부터 3,024.678까지, 즉 \$408,071부터 \$3,024,678까지이다. 그 주어진 매출액, 시장가치, 근속연수에 대한 CEO 연봉의 95% 예측구간으로서는 아주 넓으며, 이는 연봉 결정요인 중에 회귀식에 포함시키지 않은 것이 많음을 나타낸다. 참고로, (6.40)을 사용할 때 연봉의 점예측값은 약 1,262,075 달러이다. 이 값이 다른 α_0 추정값을 사용할 때보다 더 높기는 하지만 여전히 95% 예측구간의 상한값보다는 하한값에 더 가깝다.

부록: 부트스트래핑(bootstrapping)의 간략한 소개

표준오차의 공식이 수학적으로 구하기 어렵거나 추정량의 표본추출 시 변동을 비슷하게 맞추지 못한다고 생각될 때, **표본재추출 방법**(resampling method)을 사용할 수 있다. 그 아이디어는, 관측된 자료를 모집단으로 취급하고 이로부터 표본들을 추출할 수 있다는 것이다. 가장 널리 사용되는 표본재추출 방법은 **부트스트랩**(bootstrap)이다. (부트스트랩에 여러 버전이 있지만, 가장 일반적이고 가장 쉽게 응용할 수 있는 것은 비모수적 부트스트랩

(nonparametric bootstrap)이라는 것으로서, 본 부록에서 이에 대해 설명한다.)

모수 θ의 추정값 $\hat{\theta}$가 있다고 하자. 이 추정값은, OLS 추정값의 함수(아니면 다른 추정값)일 수도 있는데, 크기가 n인 임의표본으로부터 계산한 것이다. t통계량이나 신뢰구간을 구성하는 데에 사용할 수 있는 $\hat{\theta}$의 표준오차를 구하고 싶다. 놀랍게도, 원래 자료로부터 추출한 임의표본들로부터 추정값을 계산함으로써 타당한 표준오차를 구할 수 있다.

구현은 쉽다. 우리의 관측치들을 1부터 n까지 열거하고, 이 리스트로부터 n개의 숫자들을 무작위로 복원(with replacement)추출한다. 이로써 원래 자료로 이루어진 새로운 (크기 n의) 자료 집합이 만들어지는데, 아마도 많은 관측치들이 여러 번 나타날 것이다(원래의 자료를 완벽하게 재추출하는 희귀한 경우를 제외하면). 원래 자료로부터 무작위로 표본을 추출할 때마다, 원래 자료에 대해서 사용한 것과 동일한 절차를 이용하여 θ를 추정할 수 있다. 부트스트랩 표본 b로부터 구한 추정값을 $\hat{\theta}^{(b)}$라 하자. 표본재추출과 추정을 m번 반복하면 m개의 새로운 추정값들 $\{\hat{\theta}^{(b)} : b = 1, 2, \ldots, m\}$을 얻는다. $\hat{\theta}$의 **부트스트랩 표준오차**(bootstrap standard error)는 $\hat{\theta}^{(b)}$의 표본 표준편차, 즉

$$\text{bse}(\hat{\theta}) = \left[(m-1)^{-1} \sum_{b=1}^{m} (\hat{\theta}^{(b)} - \bar{\hat{\theta}})^2 \right]^{1/2} \tag{6.50}$$

이다. 여기서, $\bar{\hat{\theta}}$는 부트스트랩 추정값들의 평균이다.

OLS의 경우처럼, 크기가 n인 표본으로부터 θ의 추정값을 구하는 데에 시간이 거의 걸리지 않는다면, 큰 m—부트스트랩 복제(replication)의 수—을 선택할 수 있다. 많이 사용하는 값은 $m = 1000$이지만, $m = 500$이나 그보다 작은 값도 괜찮은 표준오차를 제공한다. 원래 자료로부터 재추출하는 횟수인 m의 크기는 표본 크기 n과 아무 관련도 없음에 유의하라. 많은 통계 패키지와 계량경제 패키지들은 부트스트랩 명령을 내장하고 있어, 부트스트랩 표준오차를 손쉽게—특히, 점근 표준오차의 공식을 얻기 위해 해야 하는 일에 비하면—계산할 수 있게 해 준다.

대부분의 경우, 부트스트랩 표준오차를 구하여 t통계량이나 신뢰구간을 구하기보다는, 부트스트랩 표본을 사용하여 직접 t통계량(그리고 F통계량)의 p값을 계산하거나 신뢰구간을 구하는 편이 더 좋다. 자세한 내용은 Horowitz (2001)를 참조하라.

Chapter

7 질적인 정보와 다중회귀분석

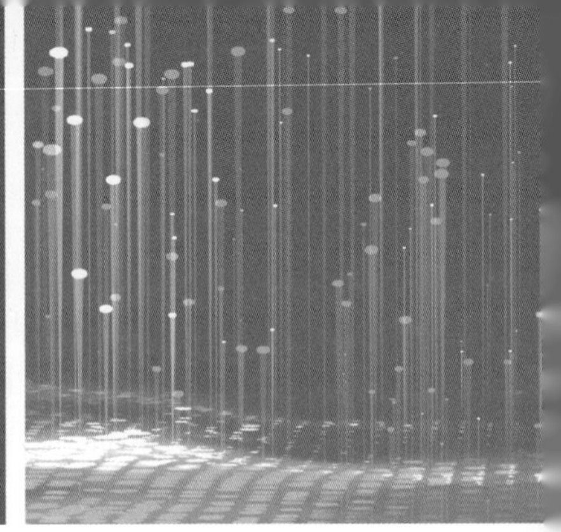

학습목표

7.1 로그변환된 종속변수를 가진 경우를 포함해 다중 회귀분석에서 이진 회귀변수(더미변수)의 계수에 대해 자세히 설명하고 이를 해석할 수 있다.

7.2 더미변수들간의 상호작용항을 회귀변수로 포함시키는 목적에 대해 설명하고, 상호작용항이 있는 회귀모형의 회귀계수들을 해석할 수 있다.

7.3 더미변수들과 연속형 변수 간의 상호작용항의 계수에 대해 이해하고 해석할 수 있다.

7.4 더미변수를 이용해 셋 이상의 범주를 갖는 경우를 처리하는 방법에 대해 이해하고, 이런 경우 회귀모형을 어떻게 설정하면 되는지 보인다.

7.5 Chow 검정에서 절편항이 달라지는 것을 허용할 때와 허용하지 않을 때의 Chow 통계량을 계산하고 검정을 수행할 수 있다.

7.6 선형 확률 모형에서 모수 추정량을 정의하고 해석할 수 있다.

7.7 처치효과 분석에서 제약된 회귀 조정(restricted regression adjustment)과 제약 없는 회귀 조정(unrestricted regression adjustment)에서 더미 변수가 어떻게 이용되는지 설명할 수 있다.

7.8 성과변수가 이신형일 때 회귀 계수를 해석할 수 있나.

지금까지 우리가 다루었던 종속변수와 설명변수들은 대부분 양적 변수(quantitative variables)들이었다. 몇 가지 예는 시간당 임금, 교육 기간, 대학 학점(GPA), 대기오염의 양, 기업의 매출액, 피검거자 수 등이다. 이런 변수들은 크기(magnitude)가 중요한 정보를 준다. 때로 변수에 자연로그를 취하기도 하며, 이 경우 계수는 백분율 변화가 된다.

2-7절에서 우리는 이진(binary) 설명변수 또는 더미(dummy) 설명변수에 대해 배웠고, 이진변수에 회귀를 시키는 단순회귀 모형을 이용해 무작위 개입(randomized intervention)의 경우 정책 개입(policy intervention)의 효과를 추정하는 방법을 배웠다. 3-7e절과 4-7절

에서는 다중회귀분석을 이용해 통제 집단과 처치 집단 사이의 관측가능한 변수들의 차이를 통제하고 정책효과를 추정하는 것에 대해 배웠다.

이 장의 목적은 회귀모형에 질적 요소들을 포함시키는 방법들 전반에 대해 배우는 데에 있다. 프로그램 참여 여부나 특정 정책의 대상 여부뿐 아니라, 개인들의 인종, 결혼상태, 기업이 속해 있는 산업 부문(제조업, 소매업 등), 도시의 위치 등도 질적 요소들의 예이다.

7-1절에서 질적 정보를 수학적으로 기술하는 방법을 배운 후, 질적 설명변수를 회귀모형에 포함시키는 방법들에 대해 7-2, 7-3, 7-4절에서 배운다. 이 세 절의 내용은 질적 설명변수 간 또는 질적 변수와 양적 변수 간의 상호작용항 이용 등 횡단면 자료를 이용한 회귀분석에서 질적 설명변수를 다루는 거의 모든 내용을 망라하고 있다.

7-5절에서는 종속변수가 이진변수인 경우를 다룬다. 이진 종속변수는 질적 종속변수의 한 가지 유형이다. 종속변수가 이진변수인 선형회귀모형을 선형확률모형(linear probability model, LPM)이라고 부른다. 선형확률모형의 계수들은 확률의 변화량을 의미한다. 어떤 계량경제학자들은 선형확률모형의 이용에 대해 부정적이기는 하지만, 이 모형의 단순성으로 인해 많은 실증 분석 연구에서 유용하게 이용된다. 선형확률모형의 취약점은, 실증분석에서 부차적인 중요성밖에 없기는 하지만, 7-5절에서 논의된다.

7-6절에서는 잠재적 성과변수 접근을 포함해 정책 효과 분석(policy analysis) 기법들을 다시 한 번 살펴보고 정책 개입(intervention)의 효과를 추정하는 융통성 있는 기법을 제시한다. 7-7절은 y가 정량적 의미를 갖는 이산형 변수일 경우 회귀분석 결과를 해석하는 방법에 대해 간략히 설명한다.

이 장에 기술되어 있는 잠재 성과변수 접근과 정책 효과 분석 부분은 질적 정보를 회귀모형에 포함시키는 방법에 대한 논의이며, 7.6절의 내용을 제외하면 다른 절들을 이해하기 위해 2장, 3장, 4장의 해당 부분에 대한 이해가 꼭 필요한 것은 아니다.

7-1 질적인 정보의 표현

질적 요소들은 종종 둘 중의 하나의 상태를 갖는 정보(binary information)의 형태를 띤다. 개인은 결혼한 상태이거나 아니거나 둘 중의 하나다. 저개발국의 어떤 가정은 인터넷에 접근가능하거나 가능하지 않다. 어떤 기업은 연금 플랜을 제공하거나 제공하지 않는다. 사형제도를 폐지한 국가도 있고 유지하고 있는 국가도 있다. 이런 유형의 정보를 다루기 위해서는 이진 변수(binary variable), 지시 변수(indicators variable), 또는 0 또는 1 변수(zero-one variable)라는 형태의 변수들을 이용한다. 계량경제학에서는 이 이진 변수들을 대개 **더미변수**(dummy variable)라고 부른다.

더미변수를 정의할 때에는 먼저 어떤 사건에 1의 값을 주고 어떤 사건에 0의 값을 줄지 정해야 한다. 예를 들어 임금방정식에 노동자의 성별을 설명변수로 포함시키는 경우를 생각해보자. 연구자는 노동자의 성별을 나타내는 변수로 *female*이라는 변수를 정의하고 남자의 경우 0, 여자의 경우 1의 값을 할당할 수 있다. *male*이라는 변수를 정의하여 남자의 경우 1, 여자의 경우 0의 값을 갖도록 정의할 수도 있다. *female*이라고 하든 *male*이라고 하든, 어느 경우에나 변수명을 *gender*라고 하는 것보다는 낫다. $gender = 1$이면 남성을 말하는지 여성을 말하는지 불분명하다. 변수명을 어떻게 정의하든 또는 어떤 상태에 1의 값을 부여하고 어떤 상태에 0의 값을 부여하든 회귀분석 결과가 본질적으로 달라지는 것은 없다. 그리고 변수를 *female*이라고 부르든 *gender*라고 부르든 변수 이름이 회귀분석을 바꾸지도 않는다. 하지만 분석에 따라서는 남자를 1로 정의하는 것이 나중에 결과를 해석할 때 더 편리하거나 반대로 여자를 1로 정의하는 것이 더 편리하게 되는 경우는 종종 있다. 늘 방정식과 설명을 분명하게 하도록 이름을 선택하는 것이 좋다.

임금방정식에서 *female*이라는 이름을 택하여 성별을 표현한다고 하자. 또, 결혼을 한 상태이면 1의 값을 주고 그렇지 않으면 0의 값을 주는 이진 변수 *married*를 정의하자. 이 경우 얻을 임금 자료집합의 일부가 〈표 7.1〉에 있다. 1번 사람은 미혼 여성이고, 2번 사람은 기혼 여성, 3번 사람은 미혼 남성임 등등을 알 수 있다.*

이진 변수에 반드시 0과 1이라는 값만을 부여해야 하는가? 0과 2는 어떨까? 1과 2는? 사실 이진 상태에 각각 어떤 값을 부여하든 그 자체가 문제가 되지는 않는다. 하지만 0과 1로 부여할 경우 변수의 해석이나 계수의 의미를 해석하는 데에 편리한 까닭에 0과 1의 값을 쓴다.

7-2 더미 독립변수가 1개일 때

회귀모형에 이진 정보를 어떻게 포함시킬 것이가? 가장 단순한 모형에서 더미 설명변수가 하나만 있을 때에는, 이 더미 변수를 방정식에 독립변수로 포함시키기만 하면 된다. 예를 들어 다음의 간단한 임금방정식을 생각해 보자.

$$wage = \beta_0 + \delta_0 female + \beta_1 educ + u \tag{7.1}$$

*영어의 "married"는 법적인 결혼을 한 상황에서 '현재' 배우자와 같이 살고 있는 상태를 말하고 "single"은 법적인 결혼 유무와 상관없이 '현재' 혼자 살고 있는 상태를 말한다. 반면 우리말의 "기혼"과 "미혼"은 '현재' 같이 살고 있는지 여부와 상관없이 법적인 결혼을 한 경험이 있는지 여부에 따라 구분된다. 따라서 영어의 "married"와 "single"은 우리말의 "기혼", "미혼"과 의미상의 차이가 있다. 그럼에도 노동경제학의 관례에 따라 "기혼"과 "미혼"으로 번역하였다.

〈표 7.1〉 WAGE1 자료의 일부

person	*wage*	*educ*	*exper*	*female*	*married*
1	3.10	11	2	1	0
2	3.24	12	22	1	1
3	3.00	11	2	0	0
4	6.00	8	44	0	1
5	5.30	12	7	0	1
.	.	.	.	.	.
.	.	.	.	.	.
.	.	.	.	.	.
525	11.56	16	5	0	1
526	3.50	14	5	1	0

*female*은 여성일 경우 1, 남성일 경우 0의 값을 갖는 더미변수이다. *female*의 계수로 δ_0 기호를 사용하여, 이것이 더미변수에 곱해지는 모수임을 강조하였다. 나중에는 아무 기호든 편리할 대로 사용할 것이다.

모형 (7.1)에서 임금에 영향을 미치는 관측요소로는 성별과 교육만 있다. 여성의 경우 $female = 1$이고 남성의 경우 $female = 0$이므로, δ_0 모수는 다음과 같이 해석될 수 있다. δ_0은 교육수준(및 오차항 u)이 동일할 때 여성과 남성 간의 시간당 임금의 격차이다. 그러므로 δ_0 계수는 여성에 대한 차별이 있는지 나타낸다. $\delta_0 < 0$이면, 여타 요소들이 동일한 수준일 때 여성은 남성보다 더 낮은 임금을 받는다.

조건부 평균(conditional expectation)을 이용해 생각해 보자. 조건부 0평균 가정 $\mathrm{E}(u|female, educ) = 0$을 가정하면,

$$\mathrm{E}(wage|female = 1, educ) = \beta_0 + \delta_0 + \beta_1 educ \qquad \text{(여성 임금의 조건부 평균)}$$

$$\mathrm{E}(wage|female = 0, educ) = \beta_0 + \beta_1 educ \qquad \text{(남성 임금의 조건부 평균)}$$

이므로

$$\delta_0 = \mathrm{E}(wage|female = 1, educ) - \mathrm{E}(wage|female = 0, educ). \tag{7.2}$$

여기서 핵심은 두 조건부 기댓값에서 교육수준이 동일하다는 것이다. 격차인 δ_0은 오로지 성별에 기인한다.

〈그림 7.1〉에 $\delta_0 < 0$인 경우의 $wage = \beta_0 + \delta_0 female + \beta_1 educ$의 그래프를 보면 여자의 그래프는 남자의 그래프와 기울기(*educ*의 계수)는 같지만 절편이 δ_0만큼 이동한 것임을

〈그림 7.1〉 $wage = \beta_0 + \delta_0 female + \beta_1 educ$의 그래프($\delta_0 < 0$인 경우)

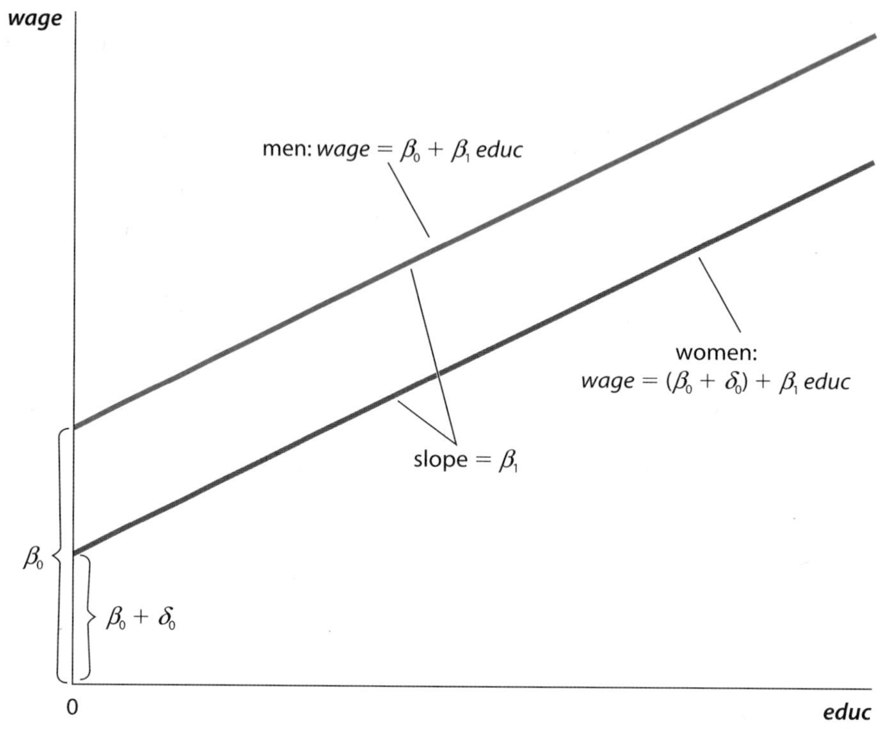

볼 수 있다. 즉, 더미 변수를 이용해 이런 절편 이동(intercept shift)을 모형화할 수 있다. 남녀 간의 차이는 교육의 양에 영향을 받지 않으며, 그로 인해 임금-교육 함수는 남녀 간에 평행이다.

남자일 때 1, 여자일 0의 값을 갖는 *male* 더미변수를 만들 수 있을 것인데, 여기서 왜 *male*을 (7.1)에 설명변수로 추가하지 않는지 궁금할 수도 있을 것이다. 이것은 중복적이다(redundant). 식 (7.1)에서 남자에 해당하는 절편은 β_0이고, 여자에 해당하는 절편은 $\beta_0 + \delta_0$이다. 남녀 두 집단만 존재하므로 두 개의 절편만 필요하다. 그러므로 β_0에 추가하여 하나의 더미변수만 사용하면 된다. 식 (7.1)에서는 여자 더미변수만 포함시켰다. *female*과 *male*을 모형에 모두 포함시키면 이른바 더미 변수 함정(dummy variable trap)이 발생한다. 더미 변수 함정은 집단 수에 비하여 너무 많은 더미변수들을 포함시킬 때 발생하며, 이에 대해서는 나중에 다시 기술한다.

식 (7.1)에서 남자들을 기본 집단(base group) 또는 벤치마크 집단(benchmark group), 즉 비교의 기준이 되는 집단으로 삼았다. 그런 까닭에, β_0이 남자들의 절편이고 δ_0이 여자와 남자 간에 절편의 차이가 된다. 만일 모형 (7.1) 대신 다음과 같은 모형을 이용한다면 기본집단은 여성이 된다.

$$wage = \alpha_0 + \gamma_0 male + \beta_1 educ + u$$

여기서 α_0은 여자들의 절편이고 남자들의 절편은 $\alpha_0 + \gamma_0$이다. 이로부터 $\alpha_0 = \beta_0 + \delta_0$이고 $\alpha_0 + \gamma_0 = \beta_0$임을 알 수 있다. 어떤 응용연구에서나, 어느 편을 기본 집단을 해도 좋으나, 기본 집단이 무엇인지 중간에 잊어버리면 안 된다.

어떤 연구자들은 모형에서 절편(overall intercept)을 제거하고 두 집단의 더미변수를 모두 포함시키는 편을 좋아한다. 그러면 방정식은 $wage = \beta_0 male + \alpha_0 female + \beta_1 educ + u$가 될 것이다. 여기서 남자의 절편은 β_0이고 여자의 절편은 α_0이다. 이 경우 전체 절편(overall intercept)이 없으므로 더미변수 함정이 발생하지 않는다. 하지만 이 식을 사용하면 집단 간 절편의 차이에 관한 검정이 더 어려워서 이로울 것이 없고, 3장의 '원점을 지나는 회귀'에서 언급한 것처럼 사람들이 일반적으로 동의하는 R^2도 없다. 그래서 모형을 이렇게 수립하지는 않는다.

설명변수가 더 많아도 달라지는 바는 거의 없다. 남자들을 기본 집단으로 할 때, 교육과 더불어 경력과 근속연수를 통제하는 모형은 다음과 같다.

$$wage = \beta_0 + \delta_0 female + \beta_1 educ + \beta_2 exper + \beta_3 tenure + u \quad (7.3)$$

educ, *exper*, *tenure*가 모두 중요한 생산성 지표라면, 남자와 여자 간에 차이가 없다는 귀무가설은 $H_0: \delta_0 = 0$이다. 여자들이 차별을 당한다는 대립가설은 $H_1: \delta_0 < 0$이다.

어떻게 하면 임금 차별을 실제 검정할 수 있는가? 간단하다. 단순히 해당 모형을 OLS로 추정하고, 앞에서와 마찬가지로 통상적인 t통계량을 사용하면 된다. 독립변수에 더미변수가 포함되어 있어도 OLS의 수학이나 통계이론은 전혀 변하는 바가 없다. 지금까지 설명한 바에서 차이가 있다면 더미변수의 해석이 다르다는 것뿐이다.

예제 7.1 시간당 임금 방정식

WAGE1을 이용해 모형 (7.3)을 추정해 보자. *wage* (시간당 임금, 1976년 US달러)를 *female*, *educ*, *exper*, *tenure*에 대해 회귀시킨 결과는 다음과 같다.

$$\begin{aligned}\widehat{wage} = &-1.57 - 1.81 female + 0.572 educ + 0.025 exper + 0.141 tenure \\ &(0.72)\ (0.26) \qquad (0.049) \qquad (0.012) \qquad (0.021) \\ &n = 526, \quad R^2 = 0.364\end{aligned} \quad (7.4)$$

절편(이 경우에는 남성의 절편)의 추정값이 음(−)의 값을 갖는 것은 큰 의미가 없다. 아무도 $educ = exper = tenure = 0$이지 않을 것이기 때문이다. *female*의 계수 추정값 −1.81은 동일한 *educ*, *exper*, *tenure*를 가진 경우 여성이 남성에 비해 1976년 현재 평균 1.81

달러만큼 낮은 시간당 임금을 받는다는 의미이다. 〔미국의 소비자 물가지수를 이용하여 2022년 미 달러로 환산하면 $5.14 \times 1.81 \approx 9.30$달러의 주급 차이로 환산되며 이는 주 40시간 노동과 1개월을 4주로 계산할 경우 월 약 1,488달러의 차이가 된다.〕

educ, *exper*, *tenure* 등이 이미 통제된 이후이므로, 이 임금 차이는 *educ*, *exper*, *tenure*에 의해 설명되지 않는다. 이 \$1.81의 임금 차이는 성 차이에 기인하거나 남녀의 성별 차이에 관련된 요소들 중 모형에서 고려하지 못한 요소들로 인해 발생하는 것이다.

비교를 위해 *educ*, *exper*, *tenure*를 포함하지 않고 *wage*를 *female*에 대해서만 회귀시키면 그 결과는 다음과 같다.

$$\begin{aligned} \widehat{wage} &= 7.10 - 2.51 female \\ &\quad\;(0.21)\;\;(0.30) \\ n &= 526, \quad R^2 = 0.116 \end{aligned} \tag{7.5}$$

2-7절에서 살펴보았듯이 회귀결과 (7.5)의 해석은 간단하다. 표본에 속한 남자들($female = 0$)의 *wage*의 평균은 7.10달러이다. *female*의 계수는 여자들과 남자들의 평균 임금의 차이이다. 따라서 여자들의 *wage*의 평균은 $7.10 - 2.51 = 4.59$달러이다. 참고로, 이 표본에는 274명의 남성과 252명의 여성이 포함되어 있다.

식 (7.5)의 결과를 이용하여 남성 집단과 여성 집단의 평균의 차이가 유의한지 *female*의 계수 추정값을 이용한 t검정을 통해 쉽게 검정할 수 있다. *female*의 계수의 t값은 $-2.51/0.30 \approx -8.37$이다. 이는 통상적인 유의수준에서 매우 유의한 값이므로 우리는 통계적으로 볼 때 여성은 남성에 비해 유의적으로 평균임금이 낮다고 할 수 있다(계수 추정값 2.51 자체도 큰 값이므로 통계적 유의성뿐 아니라 경제적 유의성도 있다). 일반적으로, 이렇게 상수항과 하나의 더미변수만 있는 단순회귀를 이용하여 두 집단들의 평균을 손쉽게 비교할 수 있다. 통상적인 t검정이 타당하기 위해서는 등분산 가정이 성립한다고 가정하여야 한다. 즉, 모집단 내 남자들의 임금의 분산은 여자들의 임금의 분산과 동일하여야 한다.

남녀 간 임금 차이의 추정값은 (7.4)보다 (7.5)에서 더 크다. 이는, (7.5)에서 교육, 경력, 근속연수의 차이가 통제되지 않았고 이 표본에서 그 값들이 여성의 경우에 더 낮았기 때문이다. 식 (7.4)가 성별 ceteris paribus 임금격차를 더 잘 추정해 준다.

많은 경우 더미 독립변수들은 성별처럼 미리 결정되어 있는 무언가가 아니라 개인이나 여타 경제 단위들의 선택을 나타낸다. 그런 상황에서 인과성이 다시금 핵심적인 문제가 된다. 다음 예제에서는 개인용 컴퓨터 보유 여부가 더 높은 대학 학점의 원인이 되는지 알아보고자 한다.

예제 7.2 대학생들의 학점에 대한 학생들의 컴퓨터 보유 여부의 영향

지금처럼 누구나 개인용 컴퓨터(PC)를 가질 수 있게 되기 전에는 학생이 PC를 보유하고 있는 것이 학점에 어떤 영향을 주는지 알고 싶어 했었다. 이에 대한 분석을 위해 다음의 회귀모형을 수립할 수 있다.

$$colGPA = \beta_0 + \delta_0 PC + \beta_1 hsGPA + \beta_2 ACT + u$$

*colGPA*는 대학교에서의 학점, *PC*는 학생이 PC를 가지고 있는 경우 1, 그렇지 않은 경우 0인 더미변수, *hsGPA*는 학생의 고등학교 성적, *ACT*는 학생들의 ACT점수이다. PC 보유는 다양한 이유로 *colGPA*에 영향을 미칠 수 있다. 컴퓨터로 작업을 하면 품질이 향상될 수 있고, 컴퓨터실에서 기다릴 필요가 없으므로 시간을 절약할 수 있다. 물론 PC를 가지고 있으면 컴퓨터 게임을 더 하거나 인터넷에 더 돌아다닐 수도 있으므로, δ_0이 양인지는 분명하지 않다. *hsGPA*와 *ACT*는 통제변수로 사용되었다. 고등학교 GPA와 ACT 점수 면에서 공부를 더 잘 하는 학생이 PC를 가지고 있을 가능성이 더 높을 것이므로, 이 두 변수를 통제변수로 이용하여 우리의 분석 결과가 임의의 학생에게 컴퓨터를 임의 할당한 것과 같은 효과를 얻도록 하고자 포함시킨 것이다.

GPA1을 이용한 추정 결과는 다음과 같다.

$$\begin{aligned} \widehat{colGPA} = \underset{(0.33)}{1.26} + \underset{(0.057)}{0.157}\,PC + \underset{(0.094)}{0.447}\,hsGPA + \underset{(0.0105)}{0.0087}\,ACT \\ n = 141, \quad R^2 = 0.219 \end{aligned} \tag{7.6}$$

추정 결과에 따르면 다른 조건을 통제하고 나서도 PC를 가지고 있는 학생은 그렇지 않은 학생에 비해 학점(4점 만점)이 약 0.16점 더 높은 것으로 추정되었으며 이 효과는 통계적으로도 매우 유의하다($t_{PC} = 0.157/0.057 \approx 2.75$).

*hsGPA*와 *ACT*를 방정식에서 제외시키면 어떻게 될 것인가? *ACT*의 계수 추정값의 크기가 작고 통계적 유의성도 낮으므로, *ACT*를 빼고 *colGPA*를 *PC*와 *hsGPA*에 대해서만 회귀시킨다고 해도 결과는 크게 다르지 않을 것이다. 하지만 *hsGPA*는 계수 추정값의 크기도 크고 통계적 유의성도 높으므로, *hsGPA*를 제외하면 *PC*의 계수 추정값이나 통계적 유의성은 달라질 수 있다. 실제로 *colGPA*를 *PC*에 대해서만 회귀시키면 *PC*의 계수 추정값은 약 0.170이고 표준오차는 0.063으로 나온다. 이 경우 $\hat{\beta}_{PC}$와 그 t통계값은 별로 달라지지 않는다.

위의 예제들은 **정책분석**(policy analysis)과 연관된다. 첫 번째 예제에서 우리는 작업장 내 성차별에 관심이 있었다. 두 번째 예제에서는 컴퓨터 보유가 대학 성적에 미치는 영향을 살펴보았다. 정책분석의 하나의 특수한 경우로서 프로그램 평가(program evaluation)라는 것이 있다. 이를 통하여 경제적 사회적 프로그램이 개인, 기업, 주변지역, 도시 등등에 미치는 영향을 살펴볼 수 있다.

프로그램 평가의 가장 단순한 경우로 프로그램 참가 여부에 따라 집단을 둘로 구분할 수 있는 경우를 생각해보자. 통제집단(control group)은 프로그램에 참여하지 않은 집단이다. 실험집단(experiment group) 혹은 처치집단(treatment group)은 프로그램에 참여한 집단이다. 이 용어들은 실험과학 분야에서 유래하는 것으로, 문자 그대로 두 집단에 실험을 한다는 것을 의미하는 것은 아닐 수도 있다. 그리고, 극히 드문 경우를 제외하면, 통제집단과 처치집단을 연구자의 임의대로 선택할 수 있는 것도 아니라는 면에서도 실험과학 분야에서 말하는 '실험집단'과 '통제집단'의 의미와 차이가 난다. 그렇지만 〔'실험집단'과 '통제집단'을 구분함으로써〕 다중회귀분석을 이용하여 여타 요소들을 충분히 통제하고 '실험집단'과 '통제집단'의 차이를 알아내 프로그램의 인과적 효과를 추정할 수 있다.

예제 7.3 직업훈련에 대한 지원의 성과

JTRAIN은 1988년의 미시간주의 제조업 자료로서 여기에는 당시 미시간주에서 제공되던 다양한 주 정부 및 연방 정부 차원의 직업훈련 프로그램 참여 지원제도(job training grant)들[a] 중 하나에 기업들이 참여했는지 여부(*grant*, 1일 경우 참여, 0일 경우 미참여)[b]와 해당 기업 노동자들의 평균 직업훈련 기간(*hrsemp*, 시간)에 대한 자료가 포함되어 있다. 그 외에 기업의 연 매출액(*sales*)과 노동자 수(*employ*)가 포함되어 있다. *hrsemp*를 *grant*, log(*sales*), log(*employ*)에 대하여 회귀시킨 결과는 다음과 같다.

$$\begin{aligned}\widehat{hrsemp} &= \underset{(43.41)}{46.67} + \underset{(5.59)}{26.25}\,grant - \underset{(3.54)}{0.98}\log(sales) - \underset{(3.88)}{6.07}\log(employ) \qquad (7.7)\\ n &= 105, \quad R^2 = 0.237\end{aligned}$$

총 105개 기업 중 29개에서 *hrsemp*의 값이 0이어서 log(*hrsemp*)를 이용할 수는 없었다.

*grant*의 *t*값은 4.70으로 통계적으로 매우 유의하다. *grant*의 계수는 기업의 연 매출액과 피고용인 수를 통제한 상태에서 지원 제도에 참여한 기업들의 노동자들은 평균 26.25시간 더 직업훈련을 받은 것으로 추정되었음을 말해준다. 표본에 속한 기업들의 평균 노동자 교육 시간이 약 17시간이고 최대 164시간임을 고려하면 이 숫자는 직업훈련 지원제도가 노동자들의 교육시간을 늘리는 데 매우 큰 역할을 했다고 볼 수도 있다.

log(*sales*)의 계수는 매우 작고 유의하지도 않다. log(*employ*)의 계수는, 피고용인 수가 10% 늘어날수록 노동자들의 교육 시간이 약 0.61시간 더 줄어든다는 것을 말해준다.

log(*employ*)의 계수의 t값은 -1.56이므로 아주 유의하지는 않다.

[a]미국의 직업훈련 프로그램 참여 지원 제도란 청년층, 미숙련 노동자들, 경제적으로 취약한 계층들, 취업에 어려움을 겪는 사람들 등이 용이하게 노동시장에 진입할 수 있도록 직업훈련 기회를 제공하는 데에 초점을 둔 제도로, 이 제도에 참여하는 고용주나 피고용인들에게 직업훈련을 제공하거나 받는 데 소요되는 비용을 지원하거나 세금 혜택을 주는 것이 주요 내용이며 주 정부나 연방 정부 차원에서 제공되는 다양한 프로그램이 존재하는데, 프로그램별로 대상자 선정 자격이나 지원 내용들이 다르다. 미국 연방 정부 차원의 직업훈련 프로그램에 대한 정보는 http://www.dol.gov/dol/topic/training/ 참조.

[b]참여한 기업들이 '실험집단'이 되고 참여하지 않은 기업들이 '통제집단'이 된다.

다른 독립변수들의 경우와 마찬가지로, 질적 변수의 효과의 측정값이 과연 인과적 효과를 나타내는지 생각해 보아야 한다. (7.7)에서 추정된 정부지원을 받는 기업들과 정부지원을 받지 않는 기업들 간에 훈련시간의 차이는 정부지원에 따른 인과적 효과(causal estimate)인 것일까? 아니면 정부지원을 받은 기업들은 (훈련 시간에 영향을 주는) 다른 요소들이 다른 기업들과 달라서 정부지원을 받은 것일까? 정부지원을 받는 기업들은 지원이 없었을지라도 노동자들을 더 많이 훈련시켰을지도 모른다. 이 분석에서 우리가 추정한 것이 인과관계인지 알 수 없다. 이를 알기 위해서는 기업들에 대한 정부지원 여부가 어떻게 결정되는지 알아야 한다. 우리는 다만 기업의 정부지원 수혜여부 및 직업훈련 정도와 관련된 요소들을 최대한 통제하였다고 희망할 뿐이다.

7-6절에서는 잠재 성과변수 접근에서 보다 유연한 함수 형태를 이용하는 것을 비롯하여 더미변수를 이용한 정책분석 문제를 더 자세히 설명할 것이다.

7-2a 종속변수가 log(y)일 때 더미변수의 계수의 해석

많은 실증연구에서 종속변수는 로그 형태를 갖고, 독립변수에 더미변수가 포함된다. 이 경우 더미변수의 계수를 어떻게 해석할 것인가? 종속변수가 log(y)일 때 더미변수의 계수는 6-2절에서 본 다른 경우와 마찬가지로 백분율의 의미를 갖는다. 〈예제 7.4〉와 〈예제 7.5〉를 보자.

예제 7.4 주택 매매 가격

HPRICE1을 이용하면 다음의 회귀분석 결과를 얻을 수 있다. *price*는 매매가, *lotsize*는 대지 면적, *sqrft*는 주택 면적, *bdrms*는 방 수, *colonial*은 주택 건축 양식이 콜로니 스타일[a]인 경우 1 그렇지 않은 경우 0인 더미변수이다.

$$\widehat{\log(price)} = -1.35 + 0.168\log(lotsize) + 0.707\log(sqrft)$$
$$(0.65)\quad(0.038)\qquad\qquad(0.093)$$
$$+0.027\,bdrms + 0.054\,colonial \tag{7.8}$$
$$(0.029)\qquad(0.045)$$
$$n = 88,\quad R^2 = 0.649$$

*colonial*의 계수값은 0.054로 다른 조건(*lotsize*, *sqrft*, *bdrms*)이 동일할 때 콜로니 스타일인 경우 그렇지 않은 경우에 비해 $\widehat{\log(price)}$에서 약 0.054 더 크다는 뜻이다. 이는 여타 조건들이 동일할 때 콜로니 스타일 주택의 판매가격이 약 5.4% 더 높음을 의미한다.

[a]콜로니 스타일이란 미국 초기 이민자들이 자신들의 선주지의 건축 양식을 따라 지은 건물들의 건축 양식에서 비롯된 건축 양식을 말한다.

위의 예에서, log(y)가 종속변수일 때, 더미변수의 계수에 100을 곱한 값은 여타 요소들을 고정시킬 때 y의 백분율 차이로 해석됨을 보았다. 더미변수의 계수로부터 구한 y의 백분율 변화 정도가 큰 때에는, 6-2절에서 준탄력성 계산 시와 동일한 방법을 사용하여 정확한 백분율 차이를 구할 수 있다.

예제 7.5 로그 시간당 임금 방정식

〈예제 7.1〉의 임금방정식을 log(*wage*)를 종속변수로 하여 다시 추정해보자. 이번에는 *exper*와 *tenure*의 이차항도 설명변수로 포함한다.

$$\widehat{\log(wage)} = 0.417 - 0.297\,female + 0.080\,educ + 0.029\,exper$$
$$(0.099)\quad(0.036)\qquad(0.007)\qquad(0.005)$$
$$-0.00058\,exper^2 + 0.032\,tenure - 0.00059\,tenure^2 \tag{7.9}$$
$$(0.00010)\qquad(0.007)\qquad(0.00023)$$
$$n = 526,\quad R^2 = 0.441$$

〈예제 7.4〉의 방법을 사용하면, 다른 조건(*educ*, *exper*, *tenure*)이 동일할 때 여성과 남성의 임금 격차는 약 $100 \times 0.297 = 29.7(\%)$인 것으로 추정된다. 계수의 크기가 크므로 임금 예측값의 정확한 백분율 차이를 계산하는 것이 더 낫겠다. 우리가 원하는 것은 다른 요소들이 동일한 여성과 남성 간의 임금의 비율격차 $(\widehat{wage_F} - \widehat{wage_M})/\widehat{wage_M}$이다. (7.9)에 따르면 다음과 같다.

$$\widehat{\log(wage_F)} - \widehat{\log(wage_M)} = -0.297$$

지수함수 변환을 한 후 1을 빼면

$$(\widehat{wage_F} - \widehat{wage_M})/\widehat{wage_M} \approx \exp(-0.297) - 1 \approx -0.257.$$

따라서 보다 정확한 계산 결과 여성은 비교가능한 남성에 비해 25.7% 더 낮은 임금을 받는 것으로 추정된다.

〈예제 7.5〉에서 한 정확한 계산 방식을 〈예제 7.4〉에 적용하면 콜로니 스타일 건물의 가격은 그렇지 않은 경우보다 exp(0.054) − 1 ≈ 0.0555 즉, 약 5.6% 더 비싸다는 결과를 얻게 된다. 〈예제 7.4〉에서 *colonial*의 계수값 0.54와 거의 같다. 여기서 두 계산법의 결과 차이가 〈예제 7.5〉의 경우보다 훨씬 작은 이유는 〈예제 7.4〉의 더미 변수의 계수가 아주 작기 때문이다.

일반적으로, 종속변수가 log(y)이고 설명변수 중 x_1이 더미 변수라고 하자. $x_1 = 1$일 때와 $x_1 = 0$일 때의 y의 예측값의 백분율 차이(percentage difference)['$x_1 = 1$일 때 y의 예측값 − $x_1 = 0$일 때 y의 예측값'을 $x_1 = 0$일 때의 y의 예측값 대비 %로 나타낸 값]를 정확하게 구하면 다음과 같다.

$$100 \times [\exp(\hat{\beta}_1) - 1] \tag{7.10}$$

$\hat{\beta}_1$은 양(+)의 값을 가질 수도 있고 음(−)의 값을 가질 수도 있는데 (7.10)에서 $\hat{\beta}_1$의 부호를 잊지 말고 써야 한다.

로그 차이로써 백분율 차이를 근사적으로 구하는 것은, 두 집단을 각각 기본 집단으로 사용할 때의 백분율 차이의 사이의 어떤 값을 추정한다는 장점을 갖는다. 특히, $x_1 = 1$일 때의 y값이 $x_1 = 0$일 때의 y값에 비하여 몇 퍼센트 더 큰지 추정할 때에는 식 (7.10)이 $100 \times \hat{\beta}_1$보다 더 낫지만, 기본 집단을 바꾸면 (7.10)이 더 이상 좋은 추정량이 아니게 된다. 〈예제 7.5〉에서 "여성이 남성에 비해 얼마나 적게 받느냐"에 대한 보다 정확한 추정값은 25.7%이지만 "남성이 여성에 비해 얼마나 많이 받느냐"에 대한 추정값은 $100 \times [\exp(-\hat{\beta}_1) - 1] = 100 \times [\exp(0.297) - 1] \approx 0.346$으로 약 34.6%이다. $100 \times \hat{\beta}_1$에 의한 근사값 29.7은 25.7과 34.6의 사이의 값이고 두 값의 중간값에 가깝다. 그래서 기본집단을 지정하지 않고 "남녀 간에 임금예측값의 차이는 약 29.7%이다"고 표현하는 것이 일리가 있다.

7-3 더미변수들을 이용하여 여러 범주를 나타내기

한 방정식에 여러 더미 독립변수들을 사용할 수도 있다. 예를 들어 식 (7.9)에 *married* 더미변수를 추가할 수 있다. 이때 *married*의 계수는 성별, *educ*, *exper*, *tenure*가 동일할 때 기혼자들과 미혼자들 간의 임금의 비율차이(근사값)를 나타낸다. 이 모형을 추정해 보면 *married*의 계수와 표준오차는 0.053과 0.041이고 *female*의 계수와 표준오차는 −0.290과 0.036이다. 그러므로 다른 조건이 동일할 때 혼인 상태에 있는 사람이 더 받는 임금 즉 "결혼 프리미엄(marriage premium)"은 약 5.3%이지만 이는 통계적으로 0과 유의하게 다르지 않다($t = 1.29$). 이 모형의 중요한 한계는 "결혼 프리미엄"이 남녀 모두 동일하다고 가정한다는 점이다. 다음 예제에서는 이 가정을 없애고 추정한다.

예제 7.6 로그 시간당 임금 방정식

기혼 남성(married male), 기혼 여성(married female), 미혼 남성(single male), 미혼 여성(single female)의 네 가지 유형 간에 임금이 상이할 수 있는 모형을 추정해 보자. 기본집단으로 미혼 남성을 선택하자. 나머지 세 유형에 대한 더미변수를 만드는데, *marrmale*, *marrfem*, *singfem*이라 하자. 이 세 변수들을 (7.9)에 추가하면(이때 물론 *female*은 중복적이므로 제거함) 다음의 결과를 얻는다.

$$\begin{aligned}
\log(\widehat{wage}) = {} & \underset{(0.100)}{0.321} + \underset{(0.055)}{0.213}\,marrmale - \underset{(0.058)}{0.198}\,marrfem - \underset{(0.056)}{0.110}\,singfem \\
& + \underset{(0.007)}{0.079}\,educ + \underset{(0.007)}{0.027}\,exper - \underset{(0.00011)}{0.00054}\,exper^2 \\
& + \underset{(0.007)}{0.029}\,tenure - \underset{(0.00023)}{0.00053}\,tenure^2 \\
& n = 526, \quad R^2 = 0.461
\end{aligned} \tag{7.11}$$

모든 계수추정값들의 t값은 1.96을 넘으므로 5% 유의수준에서 유의하다.

더미변수들의 계수를 해석할 때 기본집단이 미혼 남성임을 기억하고 있어야 한다. 그러므로 세 더미변수들의 계수는 미혼 남성에 비한 임금의 비율적 차이를 의미한다. 예를 들어, 교육수준, 경력, 근속연수를 통제할 때 기혼 남성은 미혼 남성보다 약 21.3% 높은 임금을 받는 것으로 추정된다. [(7.10)을 이용하여 좀 더 정확히 계산하면 약 23.7%가 된다.] 반면, 기혼 여성은 다른 변수들의 수준이 동일한 미혼 남성보다 19.8% 적은 임금을 받는 것으로 예측된다.

기본집단은 식 (7.11)의 절편에 의하여 대표되므로, 네 집단 중 세 집단에 대한 더미변수만 포함시켰다. 만일 (7.11)에 미혼 남성에 해당하는 더미변수를 추가하면 완전한 공선성이 발생하여 모형 추정이 불가능해진다. 이것이 더미변수 함정(dummy variable trap)이다. 이 경우 어떤 회귀 패키지는 자동으로 이 잘못을 교정해 주고 어떤 회귀 패키지는 완전한 공선성이 존재한다는 말만 해 준다. 회귀 패키지가 잘못을 자동으로 교정해 준다 할지라도 더미변수들을 주의깊게 지정하는 것이 가장 낫다. 그럼으로써 최종 모형을 적절하게 해석하도록 강제되는 측면도 있기 때문이다.

식 (7.11)에서 기본집단이 미혼 남성이지만, 어떤 두 집단 간의 임금격차라도 이 방정식을 사용하여 추정할 수 있다. 모형의 절편은 모든 집단에 공통으로 들어가므로, 격차를 구할 때 무시하여도 좋다. 따라서, 미혼 여성과 기혼 여성 간의 임금의 비율적 차이는 $-0.110-(0.198)=0.088$로서, 미혼 여성은 기혼 여성보다 약 8.8% 더 번다. 하지만 (7.11)을 이용해 미혼 여성과 기혼 여성 간의 격차의 추정값이 통계적으로 유의한지 검정할 수는 없다. *marrfem*과 *singfem*에 대한 표준오차를 아는 것만으로는 검정을 수행하는 데에 충분하지 않다(4-4절 참조). 검정을 하는 가장 간단한 방법은 기본집단을 둘 중 하나로 바꾸어 모형을 다시 추정하는 것이다. 그럼으로써 아무런 심각한 변화도 야기하지 않으면서도 필요한 추정값과 표준오차를 직접 얻는다. 기본집단을 기혼 여성으로 하고 싶다면 위의 모형에서 *marrfem*을 빼고 대신 *singmale*을 포함시켜 추정하여 다음을 얻을 수 있다.

$$\begin{aligned}\widehat{\log(wage)} &= \underset{(0.106)}{0.123} + \underset{(0.056)}{0.411}\, marrmale + \underset{(0.058)}{0.198}\, singmale + \underset{(0.052)}{0.088}\, singfem + \cdots\end{aligned}$$

이 추정 결과에서 보고하지 않은 다른 변수들의 계수 추정값과 표준오차는 (7.11)과 전혀 달라지지 않는다. *singfem*의 계수는 0.088로 (7.11)을 이용해 계산한 값과 동일하다. 이 변수의 t값은 $0.088/0.052 \approx 1.69$이다. 이는 귀무가설에 반하는 약간의 증거가 된다. 기혼 남성과 기혼 여성 간의 격차 추정값〔*marrmale*의 계수에 해당〕이 통계적으로 매우 유의하다는 것도 볼 수 있다($t_{marrmale}=7.34$).

〈예제 7.6〉은 더미변수를 포함시키는 하나의 일반적인 원칙을 알려주고 있다. 회귀모형이 g개의 집단 혹은 카테고리에서 절편이 상이하면, 절편과 함께 $g-1$개의 더미변수를 포함시켜야 한다. 기본집단에 해당하는 절편은 모형의 절편항(overall intercept)이며, 특정 집단에 해당하는 더미변수의 계수는 이 집단과 기본집단 간의 절편의 차이의 추정값을 나타낸다. 절편항과 더불어 g개의 더미변수들을 포함시키면 〔완전한 다중공선성이 발생하므로〕 더미변수 함정에 빠지게 된다. g개의 더미변수들을 모두 포함시키되 절편항(overall intercept)을 제외하는 것도 하나의 방법이다. 절편항 없이 g개의 더미변수들을 포함시키는 것이 유용할 때도 있지만, 실용적인 측면에서 다음의 두 가지 단점이 있다. 첫째, 기본집단에 대비하여 격차를 검정하기가 더 복잡하다. 둘째, 절편항이 포함되지 않으면 회귀패키지들이 보통 R^2을 계산하는 방법을 바꾼다. 특히, $R^2 = 1 - \text{SSR}/\text{SST}$에서 총제곱합 SST가 y_i로부터 그 평균을 빼지 않은 공식 $\text{SST}_0 = \sum_{i=1}^{n} y_i^2$으로 바뀐다. 이로부터 구한 R 제곱인 $R_0^2 = 1 - \text{SSR}/\text{SST}_0$을 **중심화하지 않은 *R*제곱**(uncentered R-squared)이라 하기도 한다. 불행하게도, 이 R_0^2이 적합도의 척도로서 적절한 경우는 별로 없다. 항상 $\text{SST}_0 \geq \text{SST}$이며, 양자가 동일한 것은 $\bar{y} = 0$일 때뿐이다. 많은 경우 SST_0이 SST보다 훨씬 크며, 그 결과 R_0^2도 R^2보다 훨씬 크다. 예를 들어, 앞의 예제에서 log(*wage*)를 *marrmale*, *singmale*, *marrfem*, *singfem*과 모든 설명변수들에 대하여 절편 없이 회귀하면, Stata에서 계산하는 R^2, 즉 R_0^2은 0.948이다. 이 높은 R^2은 총제곱합을 계산할 때 평균을 빼지 않아 발생하는 허상이다. 올바른 R^2은 (7.11)에 계산된 것처럼 0.461이다. 어떤 회귀 패키지들(Stata 포함)은 절편이 없는 경우에도 중심화된 R^2을 계산하도록 하는 옵션을 제공하며, 이 옵션을 사용하는 것이 일반적으로 좋은 생각이다. 대부분의 경우, SSR과 SST를 비교하여 R^2을 계산할 때에는 y_i로부터 $\bar{y}$를 뺀 후 SST를 계산하여야 한다. 이 SST를 표본평균 $\bar{y}$만을 이용하여 각 y_i를 예측할 때의 잔차 제곱합이라고 이해하여도 좋다. 분명, 상수 예측방법을 사용할 때와 비교하여 상대적으로 그 적합도를 측정하는 것은 지나친 요구사항이 아니다. 절편이 없는 모형에서 적합도가 낮은 경우 $\text{SSR} > \text{SST}$일 수도 있으며, 이때 R^2은 음수가 된다. 이 경우에도 중심화하지 않은 R^2은 항상 0과 1 사이에 있고, 절편이 추정되지 않을 때 이 R^2이 기본사양으로 계산되는 것은 아마도 이 때문인 것으로 보인다.

7-3a 순서형 독립변수와 더미변수

무디스 투자자 서비스(Moody's Investors Service)의 장기신용등급은 AAA(최상)에서 C(파산)까지 총 21단계로 구분된다. 무디스의 신용평가가 기업 성과에 미치는 영향을 분석하기 위하여 무디스의 신용등급을 *MoodyRate*라는 변수에 1(신용등급 C)부터 21(신용등급 AAA)까지 숫자를 부여하여 코드화한다고 해 보자. *MoodyRate*이 1, 2, 3인 경우를 생각해 보면 *MoodyRate*의 값이 1일 때와 2일 때의 차이는 *MoodyRate*의 값이 2일 때와 3일 때의 차이와 동일하게 숫자상으로는 1씩 차이가 나지만 *MoodyRate*의 값이 1일 때와 2일 때의 차이가 *MoodyRate*의 값이 2일 때와 3일 때의 차이가 동일한 정량적 의미를 갖지는 않는다. 그런 까닭에 *MoodyRate*의 값은 크기의 대소가 순서를 파악하는 데에만 이용될 뿐 *MoodyRate*의 값으로 사칙연산 등의 대수적 연산을 하는 것은 의미가 없다. 이렇게 값의 대소가 순서의 의미만을 갖는 변수를 **순서형 변수**(ordinal variable)라고 한다.

간단한 설명을 위하여 이 신용등급들을 묶어 0부터 4로 재분류하자. 0은 가장 나쁜 신용등급을 의미하고 4는 가장 좋은 신용등급을 의미한다. 이 신용등급을 *CR*이라 하자.

어떻게 하면 이 CR을 이용하여 종속변수를 설명할 수 있을 것인가?

하나의 방법은 CR을 여느 설명변수와 같이 우변에 포함시키는 것이다.

$$y = \beta_0 + \beta_1 CR + other\ factors$$

여기서 여타 요소들(other factors)은 명시하지 않았다. 그러면 β_1은 여타 요소들을 고정시킬 때 CR이 한 단위 변하면 y가 얼마나 변하는지를 나타낸다. 문제는 CR의 한 단위 변화의 뜻이 무엇인지 알기 어렵다는 것이다. 교육을 1년 더 받는다는 것의 의미나, 학생당 돈을 1만원 더 쓴다는 것의 의미는 분명하지만, 신용등급 같은 것은 순서로서의 의미만 가질 뿐이다. CR의 경우 4가 3보다 더 낫다는 것은 알겠는데, 4와 3의 차이가 1과 0의 차이와 동일한가? 만일 다르다면 CR의 한 단위 증가가 y에 동일한 영향을 미친다고 가정하는 것이 적절치 않다.

더 나은 방법은 CR이 취하는 각 값을 나타내는 더미변수를 만드는 것이다. 이것은 CR이 취할 수 있는 값의 개수가 얼마 되지 않기 때문에 가능하다. CR_1 변수는 $CR = 1$이면 1의 값을 주고 그렇지 않으면 0의 값을 준다. CR_2는 $CR = 2$이면 1이고 그렇지 않으면 0이다. 마찬가지로 CR_3과 CR_4도 정의한다. 하나의 신용등급 변수를 5개의 범주로 바꾼 것이다. 다음 모형을 추정할 수 있다.

$$y = \beta_0 + \delta_1 CR_1 + \delta_2 CR_2 + \delta_3 CR_3 + \delta_4 CR_4 + \text{여타 요소들} \tag{7.12}$$

모형에 더미변수들을 포함시키는 규칙에 따라, 5개의 범주 중 4개에 해당하는 더미변수만 포함시킨다. 여기서 포함시키지 않은 범주는 신용등급이 0이라는 것이며, 이것이 기본집단이다(그래서 이 범주에 해당하는 더미변수를 정의하지 않았다). 계수들의 해석은 쉽다. δ_1은 신용등급이 1인 기업과 신용등급이 0인 기업 간에 성과의 차이(여타 요소들을 고정할 때)이다. δ_2는 신용등급이 2인 기업과 신용등급이 0인 기업 간에 성과의 차이이다. 이와 유사하게 δ_3과 δ_4도 해석할 수 있다. 식 (7.12)에서 신용등급 간 이동의 효과는 상이할 수 있으므로, CR을 단일 변수로 포함시킬 때보다 훨씬 더 유연하게 모형이 설정되었다. 일단 더미변수들이 정의되고 나면 (7.12)의 추정은 명료하다.

식 (7.12)는 부분효과가 모두 동일한 모형을 특수한 경우로 포함한다. 동일한 부분효과를 의미하는 세 개의 제약을 표현하는 하나의 방법은 $\delta_2 = 2\delta_1$, $\delta_3 = 3\delta_1$, $\delta_4 = 4\delta_1$이라고 하는 것이다. 이를 식 (7.12)에 대입하여 재정렬하면 '$y = \beta_0 + \delta_1(CR_1 + 2CR_2 + 3CR_3 + 4CR_4) + other\ factors$'가 된다. 여기서 δ_1에 곱해지는 항은 원래의 신용등급 변수인 CR임을 알 수 있다. 부분효과가 일정하다는 제약을 검정하기 위한 F 통계량을 구하려면, (7.12)로부터 제약없는 R^2을 구하고, y를 CR과 여타 통제요소들에 회귀하여 제약된 R^2을 구한다. F 통계량은 식 (4.41)에 따라 구해지며, 이때 제약의 수는 $q = 3$이다.

예제 7.7 신체적 매력 정도가 임금에 미치는 영향

Hamermesh and Biddle (1994)은 신체적 매력의 측정값을 임금 방정식에 사용하였다 (BEAUTY 파일에 있는 자료는 Hamermesh and Biddle이 사용한 것보다 변수는 더 적지만 관측치는 더 많다). 설문조사자는 표본 내 각 사람에 대하여 신체적 매력에 따라 다섯 범주(못생김 homely, 그저 그러함 quite plain, 평균적임 average, 잘생김 good looking, 눈에 띄게 잘생김 strikingly beautiful or handsome)로 순위를 매겼다. 양 극단에는 사람 수가 너무 적어, 회귀분석 시 저자들은 사람들을 평균(average), 평균 이하(below average), 평균 이상(above average)의 세 집단으로 나누었다. 기본집단은 *average*이다. 1977년 고용품질조사(1977 Quality of Employment Survey) 자료를 사용하여 통상적인 생산성 특성들을 통제한 후 Hamermesh and Biddle은 남성에 대하여 다음의 결과를 얻었다.

$$\widehat{\log(wage)} = \hat{\beta}_0 - \underset{(0.046)}{0.164}\,belavg + \underset{(0.033)}{0.016}\,abvavg + other\ factors$$
$$n = 700, \quad R^2 = 0.403$$

여성만을 이용한 결과는 다음과 같다.

$$\widehat{\log(wage)} = \hat{\beta}_0' - \underset{(0.066)}{0.124}\,belavg + \underset{(0.049)}{0.035}\,abvavg + other\ factors$$
$$n = 409, \quad R^2 = 0.330$$

모형에서 통제된 다른 요소들(*other factors*)은 교육수준, 경력, 근속연수, 결혼 상태, 인종 등등이다(Hamermesh and Biddle (1994)의 표 3을 참조할 것). 〔원문에는 여성에 대한 회귀식에서 절편 추정값이 남성의 경우와 마찬가지로 $\hat{\beta}_0$으로 되어 있으나, 남성과 여성의 절편이 상이하므로 번역 시 $\hat{\beta}_0'$으로 바꾸었다.〕 공간을 절약하기 위하여 여타 변수들의 계수와 절편은 표시하지 않았다.

평균보다 못생긴 남성들은 다른 조건들(교육, 경력, 근속연수, 결혼상태, 인종 포함)이 동일하면서 평균 외모를 가진 남성들에 비해 약 16.4% 적게 버는 것으로 나타났으며, 이 차이는 통계적으로 유의성이 높다(t값이 -3.57). 평균보다 잘생긴 남자들은 약 1.6% 더 많이 버는 것으로 나타났는데 이 효과는 통계적으로 유의하지 않다($t < .5$).

평균보다 못생긴 여성들은 다른 조건들이 동일하고 평균적인 외모를 가진 여성들에 비해 약 12.4% 적게 버는 것으로 나타났으며 t값은 -1.88이다. *abvavg*에 대한 추정값은 남성들의 경우와 마찬가지로 통계적으로 0과 다르지 않다.

이와 연관된 다른 연구에서 Biddle and Hamermesh (1998)는 특정한 로스쿨을 졸업한 좀 더 동질적인 사람들을 대상으로 유사한 연구를 하여, 이들에서도 신체적 외모가 소득에 영향을 주고 있음을 발견하였다.

순서형 변수가 취할 수 있는 값이 매우 많을 경우 각각의 값에 해당하는 더미변수들을 모두 모형에 포함시키는 것이 어려울 수도 있다. LAWSCH8에는 학교별로 미국의 로스쿨 졸업생들의 초임의 중위값(median)이 포함되어 있다. 관심 변수는 로스쿨의 순위이다. 로스쿨마다 순위가 다르므로, 각 순위에 해당하는 더미변수를 모두 포함시킬 수는 없다. 순위를 직접 방정식에 넣고자 하지 않는다면, 그 대신 〈예제 7.8〉에서처럼 로스쿨의 순위를 몇 개로 분류하여 분석할 수 있다.

예제 7.8 로스쿨 랭킹이 졸업생들의 초임에 미치는 영향

각각의 로스쿨의 순위(*rank*)를 그대로 이용하는 대신 상위 10위 이내(*top10*), 11~25위(*r11_25*), 26~40위(*r26_40*), 41~60위(*r41_60*), 61~100위(*r61_100*), 100위 미만(*below 100*)으로 랭킹을 구분하여 다음과 같은 모형을 추정하였다. 100위 미만을 기준 집단으로 하였다.

$$\begin{aligned}
\widehat{\log(salary)} = {} & \underset{(0.41)}{9.17} + \underset{(0.053)}{0.700}\,top10 + \underset{(0.039)}{0.594}\,r11_25 + \underset{(0.034)}{0.375}\,r26_40 \\
& + \underset{(0.028)}{0.263}\,r41_60 + \underset{(0.021)}{0.132}\,r61_100 + \underset{(0.0031)}{0.0057}\,LSAT \\
& + \underset{(0.074)}{0.014}\,GPA + \underset{(0.026)}{0.036}\log(libvol) + \underset{(0.0251)}{0.0008}\log(cost) \\
& n = 136, \quad R^2 = 0.911, \quad \bar{R}^2 = 0.905
\end{aligned} \tag{7.13}$$

LSAT (학교별 학생들의 LSAT 중위값), *GPA*(졸업생들의 GPA의 중위값), *libvol*(도서관 내 장서의 수), *cost*(학비) 등의 변수들을 이용해 학교의 질을 통제하고 난 이후에도 랭킹 관련 더미변수들은 모두 양(+)이고 매우 유의하다. *r61_100*에 해당하는 추정값이 의미하는 바는, *LSAT*, *GPA*, *libvol*, *cost*를 고정할 때, 61~100위 로스쿨 졸업생의 초임 중간값은 100위 미만 순위의 학교보다 약 13.2% 높다는 것이다. 최상위 10위 학교와 100위 미만 학교의 차이는 상당히 크다. (7.10)으로부터 정확히 계산하면 그 차이는 $\exp(0.700) - 1 \simeq 1.104$이므로, 최상위 10위에서 초임 중간값의 예측치는 100위 미만보다 100% 이상 높다.

순위를 더 세분화하면 결과가 더 나아지는지 살펴보자. (7.13)의 조정된 R^2과 *rank*를 단일 변수로 사용하여 구한 조정된 R^2을 비교하면, 전자가 0.905이고 후자가 0.836이므로 (7.13)처럼 하여 유연성을 높인 편이 더 나아 보인다.

흥미롭게도 순위를 (다소 자의적일지라도) 앞의 범주로 구분하고 나면, 다른 모든 변수들은 유의적이지 않게 된다. 사실 $LSAT$, GPA, $\log(libvol)$, $\log(cost)$의 결합 유의성 검정을 해 보면 p값은 0.055로서 아슬아슬한 유의성을 갖는다. 반면, *rank* 변수 자체를 포함시킨 경우 그 p값은 소수 넷째 자리까지 0이다.

마지막으로 이 예제에 대해 한 가지 더 언급하고자 한다. OLS의 성질을 도출할 때 우리가 임의표본을 가지고 있다는 가정을 하였다. 이 예에서는 *rank*가 정의되는 방식으로 인하여 이 가정이 위배된다. 한 학교의 순위는 표본 내 다른 학교들의 순위에 의존하므로, 이 자료는 모든 로스쿨들의 모집단으로부터 독립적으로 추출되었다고 볼 수 없는 것이다. 하지만, 오차항이 설명변수들과 상관되지 않은 한 이는 별 문제를 일으키지는 않는다.

7-4 더미변수와 상호작용 항

7-4a 더미변수 간의 상호작용 항

양적 변수들의 곱으로 새로운 변수를 구성하여 회귀분석에 이용할 수 있었던 것과 동일하게 더미변수들의 곱으로 새로운 변수를 만들어 회귀분석에 포함시킬 수 있다. 앞의 〈예제 7.6〉에서 *marrmale*, *marrfem*, *singmale*, *singfem* 등이 그런 경우이다. 〈예제 7.6〉의 (7.11) 대신 *female*과 *married*의 **상호작용 항**(interaction term)을 *female*과 *married*에 추가해 모형을 구성할 수 있다. 이 상호작용 항을 포함시킴으로써 결혼 프리미엄이 성별에 따라 달라질 수 있게 된다. 추정 결과는 다음과 같다.

$$\begin{aligned}\widehat{\log(wage)} = \underset{(0.100)}{0.321} + \underset{(0.055)}{0.213}\,married - \underset{(0.056)}{0.110}\,female \\ - \underset{(0.072)}{0.301}\,female \times married + \cdots \\ n = 526, \quad R^2 = 0.461\end{aligned} \tag{7.14}$$

회귀의 나머지 부분은 (7.11)과 반드시 동일하다. 식 (7.14)는 성별과 결혼상태의 상호작용 항이 통계적으로 유의함을 명시적으로 보여 준다. 이 모형으로부터 4개 집단 간 임금격차의 추정값을 구할 수 있는데, 이를 위해서는 0과 1을 조심하여 대입하여야 한다.

$female = 0$과 $married = 0$으로 놓으면 *female*, *married*, $female \times married$가 모두 소거되므로 기본집단인 미혼 남성 집단이 된다. 기혼 남성의 절편은 (7.14)에서 $female = 0$, $married = 1$로 놓음으로써 구할 수 있다. 그 절편은 $0.321 + 0.213 = 0.534$이다. 다른 경우에 대해서도 절편을 구할 수 있다.

식 (7.14)는 성별과 결혼상태의 조합들에 걸친 임금격차를 구하는 또 하나의 방법일 뿐이다. 다만 이를 사용하면 성별 격차가 결혼상태에 의존하지 않는다는 귀무가설(그리고 결혼상태별 임금 격차가 성별에 의존하지 않는다는 귀무가설)을 손쉽게 검정할 수 있다. 반면 식 (7.11)은 어느 한 집단과 미혼 남성 집단(기본집단) 간에 임금격차가 있는지 검정하는 데에 더 편리하다.

예제 7.9 컴퓨터 사용에 따른 임금 격차

컴퓨터 사용에 따른 임금 격차를 분석하기 위하여 Krueger (1993)는 1989년 현재 인구조사(Current Population Survey)의 13,379명 자료를 이용하여 다음 방정식을 추정하였다.

$$
\begin{aligned}
\widehat{\log(wage)} = \hat{\beta}_0 &+ \underset{(0.009)}{0.177}\, compwork + \underset{(0.019)}{0.070}\, comphome \\
&+ \underset{(0.023)}{0.017}\, compwork \times comphome + other\ factors
\end{aligned}
\tag{7.15}
$$

여기서 *compwork*는 노동자가 직장에서 일을 하면서 컴퓨터를 이용하는지를 나타내는 더미변수이고 *comphome*은 노동자가 집에서 컴퓨터를 이용하는지를 나타내는 더미변수이다. 다른 요소들은 임금방정식 추정에 포함되는 표준적인 요소들로 교육수준, 노동시장 경력, 성별, 결혼 상태 등이 포함된다(정확한 리스트는 Krueger의 논문 참조). 절편은 전혀 중요하지 않으므로 Krueger는 절편을 보고하지 않았다. 우리가 아는 것은, 집에서도 직장에서도 컴퓨터를 이용하지 않는 사람들이 기본집단이라는 것뿐이다. 직장에서 컴퓨터를 이용하고 집에서는 이용하지 않을 경우 컴퓨터를 전혀 이용하지 않는 사람들에 비해 임금이 약 17.7% (식 (7.10)을 이용한 정확한 추정값은 19.4%) 더 높을 것으로 추정되고 반대로 집에서는 컴퓨터를 이용하고 직장에서 컴퓨터를 이용하지 않는 경우 컴퓨터를 전혀 이용하지 않는 사람들에 비해 임금은 약 7% 더 높다. 직장과 집에서 모두 컴퓨터를 이용하는 사람들은 양쪽에서 모두 이용하지 않는 사람들에 비해 약 26.4% (세 계수들을 모두 더하여 100을 곱하여 구함), 또는 식 (7.10)을 이용하여 좀 더 정확히 구하면 30.2% 임금이 더 높다.

(7.15)의 상호작용 항은 통계적으로 유의하지 않고 계수값의 크기도 크지 않다. 하지만 그런 경우라도 상호작용 항을 모형에 포함시켜서 별로 해가 될 것은 없다.

7-4b 기울기 계수의 집단별 차이와 상호작용 항

이상에서 다중회귀 모형에서 집단 간에 절편이 다를 수 있는 몇 가지 예제를 보았다. 더미변수들과 더미변수가 아닌 다른 설명변수들과의 상호작용 항을 이용하면 집단 간 기울기 계수의 차이를 허용하는 모형도 세울 수 있다. 임금방정식의 예에서, 남녀 간에 절편의 차이가 존재한다는 것을 허용할 때 교육수익률이 남녀 간에 동일한지 검정하려 한다고 하자. 편의상 여성 더미(*female*)와 교육 정도(*educ*)만 모형에 표시한다. 어떻게 모형을 세우면 상이한 교육 수익률이 허용되도록 할 수 있겠는가? 다음 모형을 보자.

$$\log(wage) = (\beta_0 + \delta_0 female) + (\beta_1 + \delta_1 female)educ + u \tag{7.16}$$

식 (7.16)에 $female = 0$을 대입하면, 남성의 경우 절편은 β_0이고 교육수준에 대한 기울기는 β_1임을 알 수 있다. 여성의 경우 $female = 1$을 대입하면, 절편은 $\beta_0 + \delta_0$이고 기울기는 $\beta_1 + \delta_1$이다. 그러므로 δ_0은 여성과 남성 간 절편의 차이를 측정하고, δ_1은 여성과 남성 간 교육 수익률의 차이를 측정한다. δ_0과 δ_1이 취할 수 있는 네 가지 부호 조합 중 두 경우에 대한 그림이 〈그림 7.2〉에 있다.

그림 (a)는 여성의 절편이 남성의 절편보다 작고 여성의 기울기도 남성의 기울기보다 더 작은 경우를 나타낸다. 이는 모든 교육수준에서 여성이 남성보다 더 적게 벌고, 이

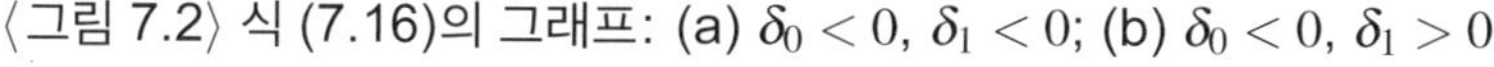
〈그림 7.2〉 식 (7.16)의 그래프: (a) $\delta_0 < 0,\ \delta_1 < 0$; (b) $\delta_0 < 0,\ \delta_1 > 0$

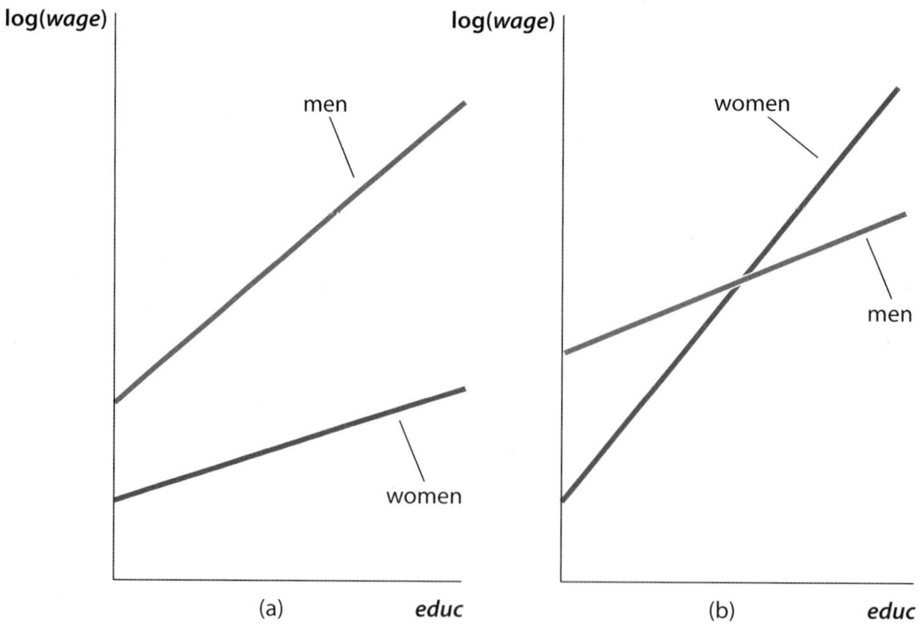

격차는 *educ*가 커질수록 증가함을 의미한다. 그림 (b)에서 여성의 절편은 남성의 절편보다 작지만 교육수준에 대한 기울기가 여성에게서 더 큰 상황이다. 이는 교육수준이 낮을 때에는 여성이 남성보다 더 적게 벌지만, 교육이 증가하면서 그 차이가 줄어드는 상황이다. 어느 수준부터는 여성이 동일 교육수준의 남성보다 더 많이 벌게 된다(역전이 생기는 값은 추정식으로부터 쉽게 구할 수 있다).

모형 (7.16)을 어떻게 추정할 것인가? OLS를 적용하려면 *female*과 *educ* 간의 상호작용항을 포함하도록 모형을 적어야 한다.

$$\log(wage) = \beta_0 + \delta_0 female + \beta_1 educ + \delta_1 female \times educ + u \tag{7.17}$$

〔모형 (7.16)의 항들을 전개하면 (7.17)을 얻을 수 있다.〕 이제 $\log(wage)$를 *female*, *educ*, $female \times educ$에 대하여 회귀함으로써 모수들을 추정할 수 있다. 회귀 패키지에서 상호작용항을 쉽게 만들 수 있다. $female \times educ$의 값은 표본 내 모든 남성에게서 0이고 표본 내 모든 여성에게서 교육수준(*educ*)과 동일하므로 이상해 보이겠지만 겁낼 필요없다.

중요한 가설로서 교육수익률이 남녀 간에 동일하다는 것이 있다. 모형 (7.17)에서 이 가설은 H_0: $\delta_1 = 0$으로 표현된다. 이는 *educ*에 대한 $\log(wage)$의 기울기가 남녀 간에 동일함을 의미한다. 이 가설은 절편의 차이(δ_0)에 어떠한 제약도 가하지 않음에 유의하라. 귀무가설하에서 남녀 간 임금격차는 허용되지만 이 격차는 모든 교육수준에서 동일하여야 한다. 이것이 〈그림 7.1〉의 상황이다.

또 하나의 흥미로운 가설은, 교육수준이 동일한 남녀 간에 평균 임금이 동일하다는 것이다. 이는 귀무가설하에서 δ_0과 δ_1이 모두 0임을 의미한다. 식 (7.17)에서 H_0: $\delta_0 = 0, \delta_1 = 0$의 검정을 위한 F검정을 사용해야 할 것이다. 절편만 다른 모형에서 H_0: $\delta_0 = 0$이 H_1: $\delta_1 < 0$에 대하여 분명히 기각되므로 이 가설은 기각된다.

예제 7.10 임금방정식

식 (7.17)에 *exper*과 *tenure*를 이차항까지 포함하여 회귀시켜보자.

$$\begin{aligned}\widehat{\log(wage)} = \underset{(0.119)}{0.389} &- \underset{(0.168)}{0.227} female + \underset{(0.008)}{0.082} educ \\ &- \underset{(0.0131)}{0.0056} female \times educ + \underset{(0.005)}{0.029} exper - \underset{(0.00011)}{0.00058} exper^2 \\ &+ \underset{(0.007)}{0.032} tenure - \underset{(0.00024)}{0.00059} tenure^2\end{aligned} \tag{7.18}$$

$$n = 526, \quad R^2 = 0.441$$

남성의 교육수익률은 0.082 (즉, 8.2%)로 추정되었다. 여성의 교육수익률은 0.082 − 0.0056 = 0.0764 (즉, 약 7.6%)로 추정되었다. 남녀 교육수익률 격차인 −0.56%는 경제적으로 의미있는 수준의 격차라고 보기도 어려울 뿐 아니라 통계적으로도 유의하지 않다. 상호작용항의 계수의 t값이 $-0.0056/0.0131 \approx -0.43$에 불과하기 때문이다. 따라서 교육수익률에 남녀 간 차이가 없다는 가설을 기각할 만한 통계적 증거는 없다고 할 수 있다.

*female*의 계수 추정값은 −0.227이고 이의 t값은 약 −1.35에 불과하여 통상적인 유의수준으로 볼 때 유의하지 않다(상호작용항이 없는 추정결과 (7.9)에서는 계수 추정값은 −0.297, t값은 약 −8.25로 매우 유의하였다). 우리는 *female*에 대한 계수 추정값이 유의하지 않다는 것만을 보고 *educ*, *exper*, *tenure*를 통제하고 난 후 여성이 남성에 비해 임금을 덜 받는다는 유의적인 증거가 없다는 결론을 내려서는 안 된다. 왜냐하면 모형에는 $female \times educ$도 포함되어 있는데 (7.18)의 *female*의 계수 추정값의 표준오차가 (7.9)의 경우에 비해 약 다섯 배($0.168/0.036 \approx 4.67$)나 증가할 정도로 (7.18)에서의 *female*의 계수 추정에 정확성이 떨어졌기 때문이다. 이런 일이 발생한 것은 $female \times educ$과 *female*이 표본상관관계가 매우 높기 때문이다. 본 예제에서 다중공선성을 이해할 유용한 방법이 있다. 모형 (7.17)에서 δ_0 (또는 보다 일반적인 (7.18)에서 *female*의 계수)은 $educ = 0$인 남녀의 임금 격차를 계측하는데 표본에서 *educ*값이 아주 낮은 사람들의 수가 극히 작은 까닭에 $educ = 0$일 때의 남녀의 임금격차를 추정하는 것에 문제가 있다는 것이 놀라운 일은 아니다. (교육이 0일 때의 격차라는 것으로부터 얻을 정보도 별로 없다.) $educ = 0$일 때의 남녀 임금 격차보다 더 관심이 가는 경우는 어쩌면 *educ*이 표본평균(약 12.5년임)값 근처일 때의 남녀 임금 격차일 것이다. 이를 위해서는 $female \times educ$ 대신 $female \times (educ - 12.5)$를 이용하여 다시 회귀하면 된다. 그러면 *female*의 계수와 그 표준오차만 바뀐다. 통상적으로 실제의 실증분석에서는 이런 부분효과를 추정하고 그 표준오차를 계산하기 위한 내장된 명령어(built-in commands)들을 이용한다.

$H_0: \delta_0 = 0, \delta_1 = 0$에 대하여 F값을 계산하면 34.33이 나온다. 이는 분자 $df = 2$와 분모 $df = 518$의 F 확률변수가 갖기에 매우 큰 값으로서, 그 p값은 소수점 이하 넷째 자리까지 0이다. 결국, 우리는 남녀 간 임금격차가 교육수준이 달라도 동일하다고 한 모형 (7.9)를 선호한다.

〈예제 7.11〉은 보다 복잡한 상황에서 상호작용 항을 이용하는 예를 보여준다.

예제 7.11 **프로야구 선수 연봉과 인종의 관계**

MLB1의 330명의 메이저 리그 야구 선수들의 데이터(1993년)를 이용하여 메이저 리그 야구 선수들의 인종이 연봉에 미치는 영향을 분석해보자. 변수 *black*과 *hispan*은 각각 선수들이 흑인인지 또는 히스패닉계인지를 나타내는 더미변수이다. (백인 선수를 기본 집단으로 하였다.) *percblck*과 *perchisp*는 각각 선수들이 속한 팀의 도시의 흑인 인구 구성 비율과 히스패닉계 인구 구성 비율이다. 23개의 관측값에서 *percblck*과 *perchisp* 변수가 관측되지 않아서 해당 23개의 관측값은 분석에서 제외하였다. 분석 결과를 상호 비교할 수 있도록 *percblck*과 *perchisp*이 없는 회귀모형을 추정할 때에도 해당 23개의 관측값을 제외한 표본자료를 이용하였다. 다른 변수들은 선수들의 생산성과 선수로서의 경력(longevity)을 측정한다. 여기서 우리가 관심있는 곳은 이들 다른 요소들을 통제한 후에도 인종이 중요한가 하는 것이다.

*black*과 *hispan*을 회귀변수로 포함시킨 모형의 추정 결과는 다음과 같다.

$$
\begin{aligned}
\widehat{\log(salary)} = {} & \underset{(2.21)}{10.62} + \underset{(0.0131)}{0.0675}\, years + \underset{(0.0034)}{0.0086}\, gamesyr \\
& + \underset{(0.00153)}{0.00065}\, bavg + \underset{(0.0167)}{0.0144}\, hrunsyr + \underset{(0.0077)}{0.0045}\, rbisyr \\
& + \underset{(0.0046)}{0.0084}\, runsyr + \underset{(0.00215)}{0.00087}\, fldperc + \underset{(0.0029)}{0.0069}\, allstar \\
& + \underset{(0.0952)}{0.0089}\, black + \underset{(0.1098)}{0.0330}\, hispan \\
n = 330,\quad & R^2 = 0.6256
\end{aligned}
$$

*black*과 *hispan* 모두 t통계값이 0.30 이하로서 통상적인 유의수준에서 통계적 유의성이 없다. *black*의 계수값은 매우 작은데, 다른 조건이 동일할 때, 흑인 선수들은 백인 선수들에 비해 평균적으로 약 0.89% 더 버는 것으로 추정되었다. *hispan*의 계수값은 그보다는 높아서 히스패닉계 선수들은, 다른 조건이 동일할 때, 백인 선수들에 비해 평균 약 3.3% 더 높은 연봉을 받는 것으로 추정되었다. 두 변수 모두 각각의 계수의 신뢰구간은 매우 넓으며 0과 음의 값을 포함하고 있다.

다음으로 *black*과 *hispan*과 상호작용 변수인 $black \times percblck$과 $hispan \times perchisp$을 모형에 포함하였다. 상호작용항을 모형에 포함할 때에는 각각의 원래 변수들도 모형에 포함시키는 것이 좋다. 추정결과는 다음과 같다.

$$
\begin{aligned}
\widehat{\log(salary)} = {} & \underset{(2.18)}{10.68} + \underset{(0.0129)}{0.0661}\, years + \underset{(0.0034)}{0.0085}\, gamesyr \\
& + \underset{(0.00152)}{0.00072}\, bavg + \underset{(0.0165)}{0.0121}\, hrunsyr + \underset{(0.0076)}{0.0055}\, rbisyr \\
& + \underset{(0.0046)}{0.0075}\, runsyr + \underset{(0.00212)}{0.00076}\, fldperc + \underset{(0.0021)}{0.0077}\, allstar \\
& - \underset{(0.1376)}{0.00910}\, black - \underset{(0.1624)}{0.2630}\, hispan \qquad (7.19) \\
& + \underset{(0.0036)}{0.0066}\, percblck - \underset{(0.0048)}{0.0047}\, perchisp \\
& + \underset{(0.0061)}{0.0053}\, black \times percblck + \underset{(0.0109)}{0.0260}\, hispan \times perchisp \\
& n = 330, \quad R^2 = 0.6431
\end{aligned}
$$

인종과 관련된 변수로 여섯 개 변수(*black*, *hispan*, *percblck*, *perchisp*, *black* × *percblck*, *hispan* × *perchisp*)가 있다. 이들의 결합유의성을 나타내는 F 통계값은 약 2.59이다. 자유도 (6, 315)에서〔분모 자유도 315는 표본크기 330에서 우변 계수들의 개수 15개를 뺀 값〕 p 값은 약 0.0182이고, 인종 효과가 없다는 귀무가설은 약 2% 수준에서 기각된다. (동일한 관측치들을 사용하여 여섯 개의 인종 관련 변수들을 제외한 회귀로부터 구한 R^2은 0.6255이다.)

인종 변수들의 계수를 어떻게 해석할 것인가? 이하의 논의에서 생산성 관련 변수와 활동기간 관련 변수들은 (통제변수들이므로) 그 효과가 통제되어 있음을 유념해야 한다. 우선 *perchisp*를 고정시킨 상태에서 흑인 선수들에게 무슨 일이 일어나는지 보자. *black*의 계수 −0.0910은 문자 그대로, 한 흑인 선수가 흑인이 없는 도시의 구단($percblck = 0$, 표본에서 *percblck*의 최솟값은 약 3.7임)에서 활동하면 비교대상 백인 선수보다 약 9.1% 적게 받는다는 것을 의미한다. *percblck*이 증가함에 따라(*perchisp*이 고정되어 있으므로 이는 백인 인구가 감소함을 의미한다) 흑인 선수의 급여는 백인 선수에 비하여 상대적으로 증가한다. 예를 들어, 흑인 인구가 약 20%인 도시에서 흑인 선수의 log(*salary*)는 비교 상대 백인 선수에 비하여 $-0.0910 + 0.0053 \times 20 = 0.015$ 정도 더 높다. 즉, 급여는 약 1.5% 더 높다. 다만, 이 격차의 t값은 약 0.16으로 통계적으로 유의적이지는 않다(4.4절에서 다룬 방법으로 표준오차를 계산할 수 있으며 통계패키지의 내장명령어를 이용해 쉽게 계산할 수 있다). $percblck = 50$인 도시에서 흑인 선수들은 백인 선수들보다 약 17.4% 더 받지만, 이 격차도 그 t값이 0.78로서 통계적으로 유의적이지는 않다.

이와 유사하게, 히스패닉계 선수들은 히스패닉 인구비율이 낮은 도시에서는 백인 선수들보다 더 적게 받는다. 백인 선수들과 히스패닉 선수들 간에 격차가 0이 되는 *perchisp* 값을 쉽게 찾을 수 있다. 그 값은 $-0.2630 + 0.0260\,perchisp = 0$을 만족시켜야 하므로 $perchisp \approx 10.1$이다. 흑인 비율이 동일할 때, 히스패닉 인구비율이 10.1%보다 낮은 도시에서 히스패닉계 선수들은 백인 선수들보다 더 적게 받는 것으로 예측되고, 히스패닉 인구비율이 10.1%를 넘는 도시에서는 그 반대이다. 표본의 22개 도시 중 12개 도시에서 히스패닉 인구비율이 10.1%보다 작다. *perchisp*의 최댓값은 약 31%이다. $perchisp = 20$일 때, 연봉 격차는 약 $100 \times (-0.2630 + 0.0260 \times 20) = 25.7\%$이다. 이 격차의 t값은 약 1.79(p값은 0.075)로서 10% 수준에서 통계적으로 유의하다.

이 결과를 어떻게 해석해야 할까? 추정결과에 따르면 흑인이나 히스패닉 등 소수자의 구성비율이 아주 높은 도시의 구단에서는 백인들이 적게 받기도 한다. 흑인 선수들과 백인 선수들의 연봉 격차는 통계적으로 유의하지 않다. 히스패닉계 인구 구성비율이 충분히 높은 도시에서는 히스패닉계 선수들과 백인 선수들 간에 통계적으로 유의한 격차가 있다. 이러한 도시 인구 구성비율의 중요성은 어쩌면 선수들의 선호 때문일 수도 있다. 예컨대 최고의 히스패닉계 선수는 히스패닉 인구가 더 많은 도시 팀에 소속되고 싶어할지도 모른다. 혹은 구단주가 소속 도시의 히스패닉계 주민들에게 더 어필하기를 바라면서 더 우수한 히스패닉계 선수를 데려오는 데에 돈을 더 쓰는 것일 수도 있다. (7.19)의 결과로부터 무언가 관계가 있다는 것은 알 수 있지만, 이것만으로는 이 두 가지 경우 중 어떤 것이 맞는지 알아낼 수는 없다.

여러 해에 걸쳐, 나아가 같은 선수들이 다른 도시로 이적하는 것을 여러 기간에 걸쳐 추적하면서 훨씬 많은 자료를 수집할 수도 있을 것이다. 최소한, 자료가 더 많으면 우리는 더 정밀한 추정결과를 얻게 된다. 횡단면 차원과 함께 차원이 있는 자료에 OLS를 적용하는 것은 Wooldridge 원저서 13장에서 다룬다. 이와 유사한 분석을 다른 나라의 다른 스포츠 팀에 대해서도 적용할 수 있을 것이다.

7-4c 집단 간 회귀함수의 차이 여부에 대한 검정

앞의 예제들에서 본 것처럼 더미변수들을 다른 독립변수들과 상호작용시키는 것은 강력한 수단이 될 수 있다. 때로 우리는 두 모집단(population) 혹은 집단(group)들이 동일한 회귀함수를 따른다는 귀무가설을 하나 이상의 기울기들이 집단 간에 다를 수 있다는 대립가설에 대하여 검정하고자 한다. 여러 횡단면 자료들을 시간에 걸쳐 통합하는 경우에도 이런 예가 생긴다.

대학생 운동선수들의 학점(*cumgpa*)이 남녀 간에 동일한 모형에 의하여 설명되는지 여부에 관심이 있다. 방정식은 다음과 같다.

$$cumgpa = \beta_0 + \beta_1 sat + \beta_2 hsperc + \beta_3 tothrs + u$$

여기서 *sat*는 SAT 점수, *hsperc*는 고등학교 순위의 백분위 점수(high school percentile rank, 100점이 최상위), *tothrs*는 대학교에서의 과목 수강 총 시간이다. 남녀 학생들 간에 절편이 상이할 수 있게 하려면 남학생 혹은 여학생에 해당하는 더미변수를 포함시키면 된다. 기울기가 성별로 다르게 하려면 해당 변수를 말하자면 *female*과 상호작용시켜 방정식에 포함시키면 된다.

남학생과 여학생 간에 조금이라도 차이가 있는지 검정하고자 한다면, 다음과 같이 두 집단 간에 절편과 모든 기울기들이 상이할 수 있는 모형을 세워야 한다.

$$\begin{aligned} cumgpa = {} & \beta_0 + \delta_0 female + \beta_1 sat + \delta_1 female \times sat + \beta_2 hspec \\ & + \delta_2 female \times hsperc + \beta_3 tothrs + \delta_3 female \times tothrs + u \end{aligned} \tag{7.20}$$

δ_0은 여학생과 남학생 간 절편의 차이이고, δ_1은 여학생과 남학생 간 *sat*에 대한 기울기 차이, 등등이다. *cumgpa*가 결정되는 모형이 남녀 모두 같다는 귀무가설은 다음과 같다.

$$H_0 : \delta_0 = 0,\ \delta_1 = 0,\ \delta_2 = 0,\ \delta_3 = 0 \tag{7.21}$$

δ_j 중 하나라도 0이 아니면 모형은 남녀 간에 상이하다.

GPA3의 봄학기 자료를 이용하여 (7.20)을 추정한 결과는 다음과 같다.

$$\begin{aligned} \widehat{cumgpa} = {} & \underset{(0.21)}{1.48} - \underset{(0.411)}{0.353} female + \underset{(0.0002)}{0.0011} sat + \underset{(0.00039)}{0.00075} female \times sat \\ & - \underset{(0.0014)}{0.0085} hsperc - \underset{(0.00316)}{0.00055} female \times hsperc \\ & + \underset{(0.0009)}{0.0023} tothrs - \underset{(0.00163)}{0.00012} female \times tothrs \\ n = {} & 366, \quad R^2 = 0.406, \quad \bar{R}^2 = 0.394 \end{aligned} \tag{7.22}$$

female 더미변수가 있는 4 변수들 중 어느 것도 통계적으로 매우 유의하지 않다. *female* × *sat* 상호작용 항만이 2에 가까운 t값을 갖는다. 하지만 (7.21) 같은 결합가설을 검정할 때에는 개별적 t통계량에 의존해서는 안 된다. F통계량을 계산하기 위해서는 제약된 모형을 추정할 필요가 있다. *female*과 상호작용 항들을 포함시키지 않은 모형을 추정하면 $R^2 = 0.352$를 얻는다. 따라서 귀무가설하에서의 F통계량 값은 약 8.14이며 $F_{4,358}$에서의 p값은 소수 다섯째 자리까지 0이다. 추정식 (7.22)에서 남녀 간에 차이를 야기하는 모든 항들이 5%

수준에서 개별적으로 유의하지 않음에도 불구하고 귀무가설 (7.21)을 기각하고 남학생과 여학생의 *cumgpa*는 서로 다른 모형을 따른다는 결론을 내릴 수 있다.

*female*과 상호작용 항들의 표준오차가 커서 정확히 어떠한 방식으로 남녀 간에 차이가 발생하는지 알기는 어렵다. 식 (7.22)를 해석할 때에는 매우 유의하여야 한다. 왜냐하면 여학생과 남학생 간의 차이를 구할 때 상호작용 항들을 고려해야 하기 때문이다. *female* 변수만을 본다면 여타 요소들을 고정할 때 여학생의 *cumgpa*가 남학생보다 약 0.353 낮다는 잘못된 결론을 내릴 수 있다. 이 값은 *sat*, *hsperc*, *tothrs*가 모두 0일 때 (현실에서 전혀 일어날 법하지 않는 경우) 성적 차이의 추정값이다. 보다 있음직한 경우인 $sat = 1{,}100$, $hsperc = 10$, $tothrs = 50$을 대입하면 여학생과 남학생 간 *cumgpa*의 차이는 $-0.353 + 0.00075 \times 1{,}100 - 0.00055 \times 10 - 0.00012 \times 50 \approx 0.461$인 것으로 예측된다. 즉, 여학생 선수가 비교대상 남학생 선수에 비해 거의 0.5 포인트 정도 학점이 높은 것으로 추정된다.

변수가 *sat*, *hsperc*, *tothrs* 3개인 모형에서는 집단 간 차이의 검정을 위해서 상호작용 항들을 추가하는 것이 복잡하지 않았다. 하지만 설명변수의 개수가 훨씬 많을 때에는 이 통계량을 다른 방식으로 구할 수 있으면 편리하겠다. 다행히도, 독립변수의 개수가 많을 때 잔차 제곱합 형태의 F 통계량을 쉽게 계산하는 방법이 있다.

설명변수가 k개이고 절편이 있는 일반적인 모형에서 2개의 집단이 있다고 하자. 이 두 집단은 $g = 1$과 $g = 2$로 나타낸다. 두 집단 간에 절편과 모든 기울기들이 동일한지 검정하고자 한다. 모형을 다음과 같이 나타내자.

$$y = \beta_{g,0} + \beta_{g,1}x_1 + \beta_{g,2}x_2 + \cdots + \beta_{g,k}x_k + u, \quad g = 1, 2 \tag{7.23}$$

식 (7.23)의 모든 계수들(절편 포함)이 두 집단 간에 동일하다는 가정은 $k+1$개의 제약 (GPA의 예제에서는 $k+1=4$)에 해당한다. 제약없는 모형은 절편, 변수들, 집단 더미, k개의 상호작용 항들이 있는 모형으로 생각할 수 있으며, 자유도는 $n-2(k+1)$이다. [GPA 예제에서 $n-2(k+1) = 366 - 2 \times 4 = 358$이다.] 지금까지는 새로울 것이 없다. 핵심적인 통찰은 제약없는 모형에서 잔차 제곱합을 두 집단별 개별 회귀로부터 구할 수 있다는 것이다. 식 (7.23)을 집단 1에 대하여 추정하여 구한 잔차 제곱합을 SSR_1이라 하고, 이때 관측값 수를 n_1이라 하자. 이 모형을 집단 2(n_2개의 관측값)에 대하여 추정하여 구한 잔차 제곱합을 SSR_2라 하자. 앞의 예에서 집단 1이 여학생들이라면 $n_1 = 90$이고 $n_2 = 276$이다. 이제 제약없는 모형에서의 잔차 제곱합은 $\mathrm{SSR}_{ur} = \mathrm{SSR}_1 + \mathrm{SSR}_2$이다. 제약된 잔차 제곱합은 두 집단의 관측값들을 한데 모아(pool) 추정하여 구한 SSR이다. 이를 SSR_P라 하자. 그러면 F 통계량은 평상시와 마찬가지로 구할 수 있다.

$$F = \frac{[\mathrm{SSR}_p - (\mathrm{SSR}_1 + \mathrm{SSR}_2)]}{\mathrm{SSR}_1 + \mathrm{SSR}_2} \cdot \frac{[n-2(k+1)]}{k+1} \tag{7.24}$$

여기서 n은 전체 관측값 수이다. 계량경제학에서 통상적으로 이 F 통계량을 Chow 통계량이라고 부른다. Chow 검정은 그냥 F 검정이므로, 등분산하에서만 타당하다. 특히 귀무가설하에서 두 집단의 오차분산이 동일하여야 한다. 늘 그렇듯이, 점근적 분석에서는 정규분포 가정이 필요하지 않다.

Chow 통계량을 앞의 GPA 예에 적용하려면 집단들을 하나로 통합하여 회귀하여 구한 SSR이 필요하다. 추정에 따르면 그 값은 $\mathrm{SSR}_P = 85.515$이다. 여학생 90명 표본에 대한 SSR은 $\mathrm{SSR}_1 = 19.603$이고, 남학생들의 SSR은 $\mathrm{SSR}_2 = 58.752$이다. 따라서 $\mathrm{SSR}_{ur} = 19.603 + 58.752 = 78.355$이다. F 통계량 값은 $[(85.515 - 78.355)/78.355] \times (358/4) \approx 8.18$이다. 반올림으로 인한 오차를 제외하면, 이는 앞에서 상호작용 항들을 이용하여 구한 F 통계량 값과 동일하다. (주의: 각 집단에 대하여 별도의 회귀를 할 때 R^2 형태로 F 통계량을 구할 방법은 없다. 상호작용 항을 넣어 제약없는 모형을 만든 경우에만 R^2 형태를 사용할 수 있다.)

구현방법을 막론하고 전통적인 Chow 검정에 존재하는 중요한 한계점은 귀무가설하에서 양 집단 간에 어떠한 차이도 있어서는 안 된다는 것이다. 많은 경우 연구자들은 집단간에 절편은 다를 수 있도록 하고 기울기만 다른지 검정하는 데에 더 관심을 갖는다. 〈예제 7.10〉의 임금방정식에서 이러한 예를 본 적이 있다. 귀무가설하에서 절편이 상이할 수 있도록 하는 데에는 두 가지 방법이 있다. 하나는 식 (7.22)에서처럼 집단 더미와 모든 상호작용 항들을 포함시키는데, 이제는 상호작용 항들의 결합유의성만을 검정하는 것이다. 둘째 방법은 (7.24)와 같은 잔차 제곱합 형태의 F 통계량을 계산하는 것인데, 여기서는 (7.24)의 제약하의 SSR ("SSR_p"라 하자)을 계산할 때 절편 이동만을 허용한 모형을 사용하는 것이다. 이 방법으로 계산한 F 통계량은 첫째 방법을 사용하여 구한 F 통계량과 전적으로 동일하다. $k+1$개가 아니라 k개의 제약을 검정하므로 F 통계량은 다음과 같다.

$$F = \frac{[\mathrm{SSR}_p - (\mathrm{SSR}_1 + \mathrm{SSR}_2)]}{\mathrm{SSR}_1 + \mathrm{SSR}_2} \cdot \frac{[n-2(k+1)]}{k}$$

이 방법을 GPA 예제에 적용하자면, SSR_p는 남학생과 여학생 모두의 자료를 사용하여 *cumgpa*를 *female*, *sat*, *hsperc*, *tothrs*에 회귀함으로써 구한다.

GPA의 예제에서는 설명변수의 개수가 상대적으로 작으므로 (7.20)을 추정하고 $H_0: \delta_1 = 0, \delta_2 = 0, \delta_3 = 0$ (귀무가설하에서 δ_0은 제약되지 않음)을 검정하는 것은 간단하다. 세 개의 배제제약에 대한 F 통계량 값에 해당하는 p값은 0.205이므로, 20% 유의수준에서도 귀무가설을 기각하지 않는다.

상호작용 항들에 곱해지는 모수들이 모두 0이라는 귀무가설을 기각하지 못하였으므로,

가장 좋은 모형은 절편의 차이만을 허용하는 다음 모형일 것이다.

$$\begin{aligned}\widehat{cumgpa} = {} & \underset{(0.18)}{1.39} + \underset{(0.059)}{0.310}\,female + \underset{(0.0002)}{0.0012}\,sat - \underset{(0.0012)}{0.0084}\,hsperc \\ & + \underset{(0.0007)}{0.0025}\,tothrs \end{aligned} \tag{7.25}$$

$$n = 366, \quad R^2 = 0.398, \quad \bar{R}^2 = 0.392$$

식 (7.25)에서 기울기 계수들은 (7.22)의 기본집단(남학생)의 기울기 계수들과 비슷하다. 즉, 상호작용 항들을 모형에서 배제시킨 것이 설명변수에 미치는 영향은 거의 없었다. 하지만 (7.25)의 *female*은 매우 유의하다. 그 t 통계량 값은 5 이상이며, 이 추정값이 의미하는 바는, 주어진 *sat*, *hsperc*, *tothrs* 수준에서 여학생 운동선수의 GPA 예측값은 남학생보다 0.31 포인트 높다는 것이다. 이는 실질적으로 상당히 큰 차이이다.

7-5 이진 종속 변수: 선형 확률 모형

지금까지 다중선형회귀모형의 특성과 응용에 대하여 살펴보았다. 본 장의 앞 소절들에서는 이진 독립변수들을 사용하여 질적인 정보를 다중회귀모형의 설명변수로서 구현해 내는 방법을 공부하였다. 지금까지 살펴본 모든 모형에서 종속변수 y는 양적인(quantitative) 의미를 가지고 있었다(예를 들어 y는 금액, 시험점수, 백분율, 혹은 이들의 로그값이었다). 다중회귀를 사용하여 질적인 사건을 설명하고자 하면 어떻게 될 것인가?

종속변수가 질적인 변수인 경우 중 가장 단순한 상황은 종속변수가 0 또는 1의 값을 갖는 이진 변수일 때이다. 예를 들어 y는 개인의 학력이 고졸인지 그 이하인지 나타내도록 정의될 수 있다. 또, y는 기업이 어느 주어진 해에 다른 기업을 인수합병하였는지 나타낼 수 있다. 이들 예에서 $y = 1$이 두 가능한 결과 중 하나를 나타내고 $y = 0$은 나머지 하나의 결과를 나타내도록 할 수 있다.

y가 이진 변수일 때 다음의 다중회귀 모형은 무엇을 의미하는가?

$$y = \beta_0 + \beta_1 x_1 + \beta_2 x_2 + \cdots + \beta_k x_k + u \tag{7.26}$$

y가 취할 수 있는 값이 둘뿐이므로 β_j는 여타 요소들을 고정할 때 x_j의 한 단위 변화가 y에 미치는 영향으로 해석할 수 없다. y는 0에서 1 아니면 1에서 0으로만 변할 수 있기(변하지 않거나) 때문이다. 하지만 β_j는 여전히 중요한 의미를 갖는다. 조건부 0평균 가정 MLR.4, 즉 $\mathrm{E}(u|x_1, \ldots, x_k) = 0$이 성립한다고 가정하면, 앞에서와 마찬가지로 다음이 성립한다.

$$\mathrm{E}(y|\mathbf{x}) = \beta_0 + \beta_1 x_1 + \beta_2 x_2 + \cdots + \beta_k x_k$$

여기서 $\mathbf{x}$는 모든 설명변수들을 한꺼번에 간략히 표기한 것이다.

핵심은 y가 0 아니면 1의 값만을 갖는 이진 변수일 때 $P(y=1|\mathbf{x}) = E(y|\mathbf{x})$라는 것이다. 즉, "성공" 확률, 즉 $y=1$일 확률은 y의 기댓값과 같다. 그러므로 다음의 중요한 식을 얻는다.

$$P(y=1|\mathbf{x}) = \beta_0 + \beta_1 x_1 + \beta_2 x_2 + \cdots + \beta_k x_k \tag{7.27}$$

이는 성공 확률 $p(\mathbf{x}) = P(y=1|\mathbf{x})$가 x_j의 선형함수라는 것이다. 식 (7.27)은 이항반응모형의 일례이며, 여기서 $P(y=1|\mathbf{x})$를 **반응확률**(response probability)이라고도 한다. 확률들을 모두 합하면 1이 되어야 하므로 $P(y=0|\mathbf{x}) = 1 - P(y=1|\mathbf{x})$도 x_j의 선형함수이다.

이항 종속변수를 가진 다중선형회귀모형을 **선형확률모형**(linear probability model, LPM)이라고 한다. 이는 반응확률이 모수 β_j들의 선형함수이기 때문이다. LPM에서 β_j는 여타 요소들을 고정시킨 채 x_j가 변화할 때 성공확률의 변화를 측정한다.

$$\Delta P(y=1|\mathbf{x}) = \beta_j \Delta x_j \tag{7.28}$$

이 점을 염두에 두면, 다중회귀모형을 사용해서 다양한 설명변수들이 질적인 사건들에 미치는 영향을 추정할 수 있다. OLS의 계산 등은 전과 동일하다.

추정식을 다음과 같이 쓰자.

$$\hat{y} = \hat{\beta}_0 + \hat{\beta}_1 x_1 + \cdots + \hat{\beta}_k x_k$$

이때 $\hat{y}$가 성공확률의 예측값임을 명심해야 할 것이다. 그러므로 $\hat{\beta}_0$은 모든 x_j의 값이 0일 때 성공확률의 예측값이다. 이 값은 흥미로울 수도 그렇지 않을 수도 있다. 기울기 계수 $\hat{\beta}_1$은 x_1이 한 단위 증가할 때 성공확률의 변화의 예측값이다.

선형확률모형을 올바르게 해석하려면 "성공"이 무엇을 의미하는지 알아야 할 것이다. 따라서 $y=1$인 사건의 뜻을 잘 설명해 주도록 종속변수의 이름을 붙이는 것이 좋다. 예를 들어, *inlf* ("in the labor force")가 기혼 여성이 1975년에 노동활동에 참가했는지를 나타내는 이진 변수라 하자. 해당 여성이 그 해 동안 가정 밖에서 임금을 위하여 일을 하였다고 보고하면 $inlf = 1$이고 그렇지 않으면 0이다. 노동활동 참가의 결정 요인으로서, 남편의 수입을 포함한 여타의 소득(*nwifeinc*, 1천 달러), 교육받은 햇수(*educ*), 과거 노동시장 경력(*exper*, 년), 나이(*age*), 6세 미만 자녀의 수(*kidslt6*), 6～18세 자녀의 수(*kidsge6*)가 있다고 하자. MROZ에 있는 Mroz (1987)의 자료를 사용하여 다음 선형확률모형을 추정한다. 표본에 포함된 753명의 여성 중 428명이 1975년에 노동활동에 참가한 적이 있다고 보고하였다.

$$\begin{aligned}\widehat{inlf} = &\ 0.586 - 0.0034\,nwifeinc + 0.038\,educ + 0.039\,exper \\ &\ (0.154)\ (0.0014) \qquad\qquad (0.007) \qquad (0.006) \\ &\ - 0.00060\,exper^2 - 0.016\,age - 0.262\,kidslt6 + 0.013\,kidsge6 \\ &\ (0.00018) \qquad\quad (0.002) \quad (0.034) \qquad\quad (0.013) \\ n = &\ 753, \quad R^2 = 0.264\end{aligned} \tag{7.29}$$

추정 결과, *kidsge6*를 제외한 다른 변수들은 모두 통상적인 수준에서 유의하였고, 모든 유의한 변수들은 경제이론(또는 상식)에 부합하는 효과를 갖는 것으로 나타났다.

계수들을 해석할 때, 독립변수의 변화는 $inlf = 1$일 확률〔즉, 노동활동참가 확률(probability of labor force participation)〕을 변화시킨다는 점을 유념하여야 할 것이다. 예를 들어, *educ*의 계수는 식 (7.29)의 여타 모든 것들이 고정될 때, 교육을 한 해 더 받으면 노동활동 참가 확률이 0.038 만큼 증가함을 의미한다. 이 방정식을 문자 그대로 받아들이면 10년 교육을 더 받으면 노동활동에 참가할 확률은 $0.038 \times 10 = 0.38$ 증가한다. 이것은 매우 큰 값이다. 노동활동 참가 확률과 *educ*의 관계가 〈그림 7.3〉에 표시되어 있다. 이 그림에서 여타 변수들은 $nwifeinc = 50$, $exper = 5$, $age = 30$, $kidslt6 = 1$, $kidsge6 = 0$으로 설정되었다. 교육이 3.84년 이하이면 확률 예측값은 음수이지만, 그렇더라도 큰 걱정은 하지 않는다. 왜냐하면 이 표본에서 5년 미만의 교육을 받은 여성은 없기 때문이다. 보고된 교육수준으로서 가장 높은 것은 17년이며, 이 경우 확률 예측값은 0.5이다. 여타 독립변수들의 값을 다른 값들로

〈그림 7.3〉 여타 설명변수들이 고정될 때 노동활동 참가 확률과 교육연수의 관계

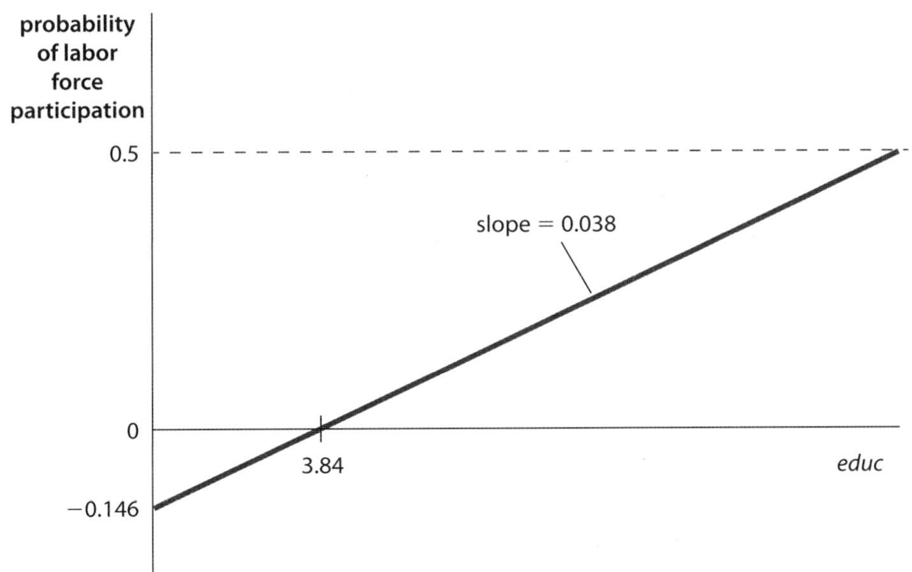

설정하면 확률 예측값들의 범위가 바뀔 것이다. 하지만 교육의 한 해 증가가 노동활동 참가 확률에 미치는 한계효과는 항상 0.038이다.

다른 조건의 변화가 없을 때 *nwifeinc*이 10 증가할 경우(10,000달러 증가) 기혼 여성의 노동시장 참여 확률은 0.034만큼 줄어든다. 이 변화는 그리 크다고 볼 수 없는데 1975년 기준 가구 소득 10,000달러 증가는 매우 큰 증가이기 때문이다. 과거의 경력이 노동활동 참가 확률에 미치는 영향이 체감하도록 하기 위하여 경력은 2차항까지 포함시켰다. 다른 조건의 변화가 없을 때 *exper*의 1년 증가는 노동시장 참여 확률을 약 $0.039 - 2 \times 0.0006\,exper = 0.039 - 0.0012\,exper$만큼 변화시킨다. 과거의 경력이 노동활동 참가 확률에 영향을 미치지 않게 되는 지점은 $0.039/0.0012 = 32.5$이다. 그런데 32.5년의 노동시장 참여란 매우 긴 기간이어서 753명 중 13명만이 32년 이상의 노동시장 경험을 가지고 있었다.

6~18세 자녀의 수와는 달리, 어린 자녀의 수는 노동활동 참가에 커다란 영향을 미친다. 다른 조건의 변화가 없을 때 6세 미만 자녀가 1명 더 늘어나면 여성의 노동시장 참여 확률은 무려 0.262나 줄어드는 것으로 나타났다. 표본 내에서, 적어도 1명의 어린 자녀가 있는 여성은 거의 20%이다.

이 예에서 알 수 있듯이 선형확률모형의 추정과 해석은 매우 쉽다. 하지만 선형확률모형은 중대한 문제를 가지고 있다. 첫째, 독립변수들의 값을 특정하게 조합하여 (7.29)에 대입하면 0보다 작은 예측값이나 1보다 큰 예측값을 만들어낼 수 있다. 이 값들은 확률 예측값이고 확률은 반드시 0과 1 사이에 있어야 하므로 이 결과는 당혹스러울 수 있다. 예를 들어 한 여성이 -0.10의 확률로 노동활동에 참가한다는 예측은 무엇을 의미하겠는가? 실제로 (7.29)에 따라 구한 맞춘값은, 표본 내 753명의 여성 중 16명에서 0보다 작고, 17명에서 1보다 크다.

이와 연관된 문제로서, 확률은 독립변수들이 취할 수 있는 모든 값들과 선형의 관계를 가질 수 없다는 문제가 있다. 예를 들어, 식 (7.29)는 6세 미만 자녀의 수가 0에서 1로 증가할 때 일할 확률이 0.262 감소한다고 예측한다. 이 모형에서는 어린 자녀가 1에서 0으로 변화할 때에도 동일한 값만큼 확률이 감소하는 것으로 예측된다. 하지만 첫째 어린 자녀는 확률을 크게 감소시키고, 그 다음부터는 한계효과가 더 작으리라고 보는 것이 더 현실적일 것이다. 사실 극단적으로 (7.29)는 어린 자녀 수가 0에서 4로 증가할 때 일할 확률이 $\widehat{\Delta inlf} = 0.262 \times \Delta kidslt6 = 0.262 \times 4 = 1.048$ 감소함을 의미하는데, 이것은 불가능하다.

이런 문제가 있음에도, 선형확률모형은 유용하고 경제학에서 자주 활용된다. 이 모형은 표본내 독립변수의 값들이 그 평균값 근처에 있을 때 잘 작동한다. 노동활동 참가의 예에서,

표본 내에서 4명의 어린 자녀를 가진 여성은 전혀 없으며, 3명의 어린 자녀를 가진 여성도 3명밖에 되지 않는다. 여성의 96% 이상이 어린 자녀가 없거나 1명뿐이므로, 추정식을 해석할 때 이를 염두에 두어야 할 것이다. Wooldridge 원저서의 17-1절에서는 LPM 대신 사용되는 비선형모형인 로짓(Lrobit) 또는 프로빗(Probit) 모형에 대해 설명하고 있다.

0과 1의 범위를 벗어나는 확률 예측값은 예측을 하고자 할 때 문제가 될 수 있다. 하지만 추정된 확률(0보다 작거나 1보다 큰 값이 있을 때에도)을 0과 1의 예측에 사용할 방법이 있다. 전과 마찬가지로 $\hat{y}_i$가 맞춘값—반드시 0과 1 사이에 있는 것은 아님—이라 하자. 예측값을 $\hat{y}_i \geq 0.5$이면 $\tilde{y}_i = 1$로 정의하고 $\hat{y}_i < .5$이면 $\tilde{y}_i = 0$으로 정의하자. 그러면 $\tilde{y}_i, i = 1, \ldots, n$의 예측값들이 있으며, 이 예측값들은 y_i처럼 0 아니면 1의 값을 갖는다. y_i와 $\tilde{y}_i$의 자료를 사용하여 $y_i = 1$과 $y_i = 0$을 제대로 예측한 빈도들과, 전체 중 맞는 예측의 비율을 구할 수 있다. 이 전체 중 맞는 비율을 백분율로 표시하면 이진 종속변수의 경우의 적합도로서 널리 사용되는 올바른 예측 퍼센트(percent correctly predicted)를 얻는다.

y가 이진 변수이므로 선형확률모형은 Gauss-Markov 조건 중 등분산 가정을 위반한다. 그 이유는 y가 이진 변수일 때 그 분산은 $\mathbf{x}$에 대한 조건부로 다음과 같기 때문이다.

$$\text{Var}(y|\mathbf{x}) = p(\mathbf{x})[1 - p(\mathbf{x})] \tag{7.30}$$

여기서 $p(\mathbf{x})$는 성공확률의 약식 표기로서 $p(\mathbf{x}) = \beta_0 + \beta_1 x_1 + \cdots + \beta_k x_k$이다. 이것이 의미하는 바는, 이 확률이 독립변수에 전혀 의존하지 않는 경우〔$\beta_1, \beta_2, \ldots, \beta_k$가 모두 0인 경우〕를 제외하면 선형확률모형에 이분산이 반드시 존재한다는 것이다. 3장에서 보았듯이, 그렇다고 하여 β_j의 OLS 추정량이 편향되는 것은 아니다. 하지만 4장과 5장에서 보았듯이 통상적인 t통계량과 F통계량이 정당성을 갖기 위해서는 등분산이 필수적이다(대표본에서도 그러함). 식 (7.29)의 표준오차들은 일반적으로 타당하지 않으므로 조심하여 사용하여야 한다. 8장에서 이분산 존재 시 표준오차를 교정하는 방법에 대하여 살펴볼 것이다. 어쨌든 많은 응용연구에서 통상적인 OLS 통계량은 그렇게 터무니없지 않으며, 실증연구에서는 여전히 선형확률모형에 대한 표준적인 OLS 분석결과들이 제시되곤 한다.

예제 7.12 범죄자 검거에 대한 선형확률모형

1986년에 체포된 적이 있으면 1의 값을 갖고 그렇지 않으면 0의 값을 갖는 이진 변수를 *arr86*이라 하자. 모집단은 캘리포니아에서 1960~1961년에 출생한 청년들로서 1986년 이전에 한 번이라도 검거된 적이 있는 남자들의 집단이다. *arr86*을 설명하는 선형확률모형은 다음과 같다.

$$arr86 = \beta_0 + \beta_1 pcnv + \beta_2 avgsen + \beta_3 tottime + \beta_4 ptime86 + \beta_5 qemp86 + u$$

여기서

$$pcnv = \text{이전 검거 횟수 중 기소된 비율}$$

$$avgsen = \text{과거 기소되어 받은 평균 형량(개월)}$$

$$tottime = \text{18세 이후 1986년 이전 수감된 개월 수}$$

$$ptime86 = \text{1986년 수감된 개월 수}$$

$$qemp86 = \text{1986년에 합법적으로 고용된 분기 수(0부터 4까지)}$$

⟨예제 3.5⟩에서 사용한 것과 동일한 CRIME1 자료를 사용한다. 여기서 표본 내의 남자들 중 7.2%만이 두 번 이상 체포되었으므로 이진 종속변수를 사용한다. 약 27.7%의 남자들은 1986년에 한 번 이상 체포되었다. 추정 결과는 다음과 같다.

$$\begin{aligned}\widehat{arr86} = \underset{(0.017)}{0.441} - \underset{(0.021)}{0.162}\,pcnv + \underset{(0.0065)}{0.0061}\,avgsen - \underset{(0.0050)}{0.0023}\,tottime \\ - \underset{(0.005)}{0.022}\,ptime86 - \underset{(0.005)}{0.043}\,qemp86 \qquad (7.31) \\ n = 2,725, \quad R^2 = 0.0474\end{aligned}$$

절편항 추정값 0.441은 1986년 이전에 적어도 한 번 체포된 경험이 있는 사람들 중 기소되지는 않았으면서(따라서 *pcnv*와 *avgsen*이 모두 0) 18세 이후 징역형을 산 기간이 0이고($tottime = 0$) 1986년에 징역형을 산 기간이 0이며($ptime = 0$) 1986년 내내 실직상태($qemp86 = 0$)인 사람들이 1986년에 범죄로 체포될 확률의 예측값이다. *avgsen*과 *ottime*은 개별적인 유의성도 없고 결합유의성도 없다(F검정의 p값이 0.347). 형량이 길수록 범죄가 줄어드는 것이 맞다면 *avgsen*은 직관에 반하는 부호를 갖는다. Grogger(1991)는 CRIME1을 포함한 보다 큰 분석자료와 다소 다른 추정방법을 이용하여 *tottime*이 검거에 유의적인 양(+)의 효과를 갖는다는 것을 발견했다. 그는 *tottime*을 범죄행위 경험에서 쌓인 인적자본의 척도라고 보았다.

기소확률의 증가가 체포확률을 낮추는 것이 사실이지만, 그 계수의 크기를 해석할 때 주의하여야 한다. *pconv* 변수는 0에서 1 사이의 비율이므로, *pconv*를 0에서 1로 바꾸는 것은 기소될 확률이 전혀 없는 상황으로부터 확실히 기소되는 상황으로 바뀌는 것을 의미한다. 이 큰 변화조차 체포확률을 0.162밖에 하락시키지 않는다. *pconv*의 0.5 증가는 체포확률을 0.081만큼 하락시킨다.

구금(incarceration)되어 있는 기간 동안 범죄를 저지를 수 없기에 발생하는 범죄 감소 효과(구금에 의한 격리효과)[a]를 말해 주는 *ptime*86의 계수는 −0.022로, 만일 6개월 간 수감된다면 체포확률은 $0.022 \times 6 = 0.132$ 감소하는 것으로 추정되었다. 식 (7.31)은 선형 확률모형이 독립변수들의 모든 값의 영역에서 타당할 수는 없음을 보여 주는 또 하나의 예이다. 만일 한 남자가 1986년에 12개월 내내 수감되었다면 1986년에 검거될 수 없다. 그런데, 다른 모든 변수들을 0으로 설정하면, $ptime86 = 12$일 때 체포확률의 예측값은 $0.441 - 0.022 \times 12 = 0.177$로서 0이 아니다. 하지만 이 경우에도, 무조건적(비조건부) 체포확률 0.277로부터 시작하면, 12개월 수감은 체포확률을 사실상 0으로 떨어뜨린다 ($0.277 - 0.022 \times 12 = 0.013$).

마지막으로 고용은 검거확률을 유의하게 떨어뜨린다. 1986년 내내 고용된 사람 ($qemp86 = 4$)의 경우 다른 조건이 동일하다면 1986년 내내 고용되지 못한 사람에 비해 검거확률이 0.172만큼 낮은 것으로 추정되었다.

[a]범죄율에 대한 구금의 효과는 구금에 의한 격리 효과와 구금이 잠재적 범죄자의 범죄를 억제하는 억제효과로 구분된다.

종속변수와 설명변수에 동시에 이진 변수가 포함될 수도 있다. 설명변수에 포함된 이진 변수의 계수는 기본 집단과의 확률의 차이로 해석할 수 있다. 식 (7.31)의 모형에 *black*과 *hispan*을 포함시켜 추정한 다음의 결과를 보자.

$$\begin{aligned}\widehat{arr86} = &\ \underset{(0.019)}{0.380} - \underset{(0.021)}{0.152}\, pcnv + \underset{(0.0064)}{0.0046}\, avgsen - \underset{(0.0049)}{0.0026}\, tottime \\ &- \underset{(0.005)}{0.024}\, ptime86 - \underset{(0.005)}{0.038}\, qemp86 + \underset{(0.024)}{0.170}\, black + \underset{(0.021)}{0.096}\, hispan \qquad (7.32) \\ n = &\ 2{,}725, \quad R^2 = 0.06282\end{aligned}$$

*black*의 계수는, 다른 조건이 동일할 때, 흑인 남자는 백인 남자(기준집단)보다 체포확률이 0.17만큼 높음을 의미한다. 다른 말로, 흑인의 체포확률은 백인에 비하여 17 퍼센트 포인트 더 높다. 이 차이는 통계적으로 유의하다. 이와 유사하게, 히스패닉 남자들은 백인 남자들보다 체포확률이 0.096 높다.

7-6 정책 및 프로그램 효과 분석: 추가 사항

앞에서 더미변수를 포함하여 정책평가 시 유용할 수 있는 모형들의 몇 가지 예를 살펴보았다. 〈예제 7.3〉에서는 어떤 기업들은 직업훈련 지원(grants)을 받고 다른 기업들은 받지 않은 경우 프로그램 평가의 예를 보았다.

이미 언급된 바와 같이 사회과학적 현상에서는 통제집단과 처치집단이 임의로 배정되지 않는 경우가 많아 주의하여야 한다. Holzer et al. (1993)의 연구를 다시 고려하자. 이제는 직업훈련에 대한 정부지원이 노동자 생산성(훈련량이 아니라)에 미치는 영향이 우리의 관심사이다. 방정식은 다음과 같다.

$$\log(scrap) = \beta_0 + \beta_1 grant + \beta_2 \log(sales) + \beta_3 \log(employ) + u$$

여기서 *scrap*은 기업의 불량률이며, 나머지 두 변수들은 통제변수로 사용한다. 이진 변수 *grant*는 기업이 1988년에 직업훈련 지원을 받았는지 여부를 나타낸다.

추정값들을 살펴보기에 앞서, 노동자 생산성에 영향을 미치는 비관측 요소들—평균 교육수준, 능력, 경력, 근속연수 등—이 보조금 수령 여부와 상관될 수 있다는 점을 유의해야 할 것이다. Holzer et al.은 정부보조가 선착순으로 주어졌음을 지적한다. 하지만 이는 무작위(임의)로 지원해 주는 것과 다르다. 노동자 생산성이 더 낮은 기업들이 생산성 향상의 기회를 보고 더 빨리 보조금을 신청했을 수 있다.

JTRAIN의 1988년 자료를 이용해 위의 모형을 추정한 결과는 다음과 같다.

$$\begin{aligned}\widehat{\log(scrap)} &= \underset{(4.66)}{4.99} - \underset{(0.431)}{0.052}\, grant - \underset{(0.373)}{0.455}\log(sales) \\ &\quad + \underset{(0.365)}{0.639}\log(employ) \qquad (7.33) \\ n &= 50, \quad R^2 = 0.072\end{aligned}$$

(50개 기업 중 17개 기업이 훈련 보조금을 받았고, 전체 기업들의 불량률의 평균은 3.47이다.) *grant*의 계수 추정값을 보면, *sales*와 *employ*가 동일한 경우 지원받은 기업은 지원받지 못한 기업에 비해 불량률이 약 5.2% 더 낮은 것으로 나타남을 알 수 있다. 훈련 보조금에 효과가 있었다면 효과의 방향은 이와 같았을 것이다. 하지만 이 추정값의 t값은 매우 낮다. 그러므로 이 횡단면 분석으로부터는 정부지원이 기업 생산성에 긍정적인 영향을 미쳤다는 결론을 내리기 어렵다. 9장에서 이 예제를 다시 살펴보면서, 과거의 정보를 추가하여 매우 다른 결론에 도달하는 것을 볼 것이다.

정책효과 분석에서 정책의 대상들이 통제집단과 처치집단으로 '배정'되는 것이 아닌 상황이라고 하더라도 해당되는 이진 독립변수와 체계적으로 연관될 수 있는 요소들을 포함시켜야 한다. 예를 들어 인종차별을 검정하는 경우를 생각해 보자. 인종은 개인 혹은 공무원에 의하여 결정되는 것이 아니다. 사실, 인종은 태어날 때 결정되므로 외생적 설명변수의 완벽한 사례인 것으로 보인다. 하지만, 역사적인 이유로 인하여 인종은 여타 관련요소들과 연관되곤 하므로 인종 간에 〔사회경제적〕 배경요소들이 체계적으로 다를 수 있다. 이 차이들이 현재의 차별의 검정에 중요할 수 있는 것이다.

예를 들어, 대출승인에서 인종에 따른 차별이 있는지에 대해 검정하는 경우를 생각해보자. 개인별 주택담보대출 신청에 관한 자료를 수집할 수 있다면, 대출이 승인되면

1의 값을 갖고 그렇지 않으면 0의 값을 갖는 더미 종속변수 *approved*를 정의할 수 있다. 백인($nonwhite = 0$)과 기타 인종($nonwhite = 1$) 사이에 승인율이 체계적으로 차이가 있는지〔인종별 승인율에 체계적인 차이가 있다면 차별이 있다고 할 수 있을 것이다〕 검정하기 위해 *approved*를 *nonwhite*에 대해 회귀시키는 선형 확률 모형을 생각해 보자. 내출 승인은 인종뿐 아니라 많은 다른 요소들에 의존하므로, 이 요소들이 인종별로 체계적으로 다르다면 이들을 통제해야 한다. 차별의 검정을 위한 선형확률모형은 다음과 같을 것이다.

$$approved = \beta_0 + \beta_1 nonwhite + \beta_2 income + \beta_3 wealth + \beta_4 credrate + other\ factors$$

차별이 존재하는지는 $H_1: \beta_1 < 0$을 선호하여 $H_0: \beta_1 = 0$을 기각하는지를 보면 알 수 있다. 왜냐하면 β_1은 방정식 내의 여타 변수들의 값이 동일할 때 기타 인종이 대출승인을 받을 확률이 백인이 대출승인을 받을 확률에 비하여 얼마나 더 큰지 나타내기 때문이다. 만일 *income*, *wealth* 등이 인종간에 체계적으로 다르다면 다중회귀 분석에서 이 요소들을 통제하는 것이 중요하다.

7-6a 프로그램 평가와 제약없는 회귀를 이용한 조정

잠재 성과변수 접근에서 정책 시행 또는 프로그램의 효과성을 검증하는 데에 이용하는 회귀모형을 3-7e절에서 도출했었다. w를 정책여부 이진 변수(binary policy indicator)라고 하고 $x_1, x_2, \cdots, x_k$를 통제변수라고 하면 다음과 같은 회귀식을 얻었었다. 관측되는 성과변수 y가 잠재적 성과변수 또는 가상적 성과변수 $[y(0), y(1)]$와 $y = (1-w)y(0) + wy(1)$의 관계가 있다는 점으로부터,

$$\mathrm{E}(y|w, \mathbf{x}) = \alpha + \tau w + \mathbf{x}\gamma = \alpha + \tau w + \gamma_1 x_1 + \cdots + \gamma_k x_k. \tag{7.34}$$

식 (7.34)에서 x_j들이 포함된 이유는 프로그램 참여가 임의배정이 아닐 가능성을 고려하기 위해서이다. (프로그램) 참여 결정이 개별 관측 단위들의 특성에 의해 체계적으로 달라지는 문제를 자기 선택 문제(self-selection problem)라고 한다. 여기서 '자기(self)'란 다양한 의미를 지닐 수 있다. 예를 들어 헤드스타트(Head Start)*와 같은 프로그램에 참여할 자격이 있는 어린이들은 부모의 선택에 의하여 참여여부를 결정한다. 가정환경이 헤드스타트 참여의 결정에 중요한 역할을 하고 학생의 성적에도 영향을 미치므로, 헤드스타트 효과의 분석 시 이 요소들을 통제하여야 한다[예를 들어 Currie and Thomas (1995) 참조].

*헤드스타트 프로그램(Head Start Program)은 저소득 가정에게 자녀들의 조기 교육, 보건 지원, 학부모 참여 지원 등을 제공함으로써 저소득층의 교육 격차를 해소하기 위한 미국의 공공 프로그램이다.

인과성 추론(causal inference)의 연구에서 '충분한 정도의 통제변수를 가지고 있어서 이 변수들을 통제하고 나면 프로그램 참여 결정이 무작위 배정과 같다'는 가정, 즉 혼동요인 없음(unconfoundedness) 혹은 무시가능성 가정(ignorability assumption)은 3-7e절에서 소개한 바 있다. 우리의 주된 관심사가 프로그램 또는 정책 개입의 효과인 w의 계수인 상황에서, $x_1, \cdots, x_k$ 등은 종종 **공변량들**(covariates)이라고 한다. 어떤 변수들을 공변량으로 쓸 것인가는 참여 의사 결정이 무엇에 대한 것인가와 잠재적 성과변수가 어떤 것인가에 따라 달라질 수 있다.

자기 선택 문제는 학교 또는 정부의 프로그램에 참여하는 문제에서만 나타나는 것은 아니다. 어떤 행위의 경제적 또는 사회적 효과를 연구하는 데에 있어 자기 선택 문제는 매우 광범위하게 나타나고 있다. 예를 들면 우리가 향정신성 의약품의 불법적 사용이나 음주가 실업상태, 소득, 범죄 행위 등에 미치는 영향에 대해 연구할 때, 해당 약물 사용 또는 음주 여부는 개인의 선택이며 해당 약물 사용 또는 음주 여부가 잠재적 성과에 영향을 주는 요인들과 상관되어 있을 수 있다는 점을 고려해야 한다. 약물 사용 또는 음주를 하는 사람들과 그렇지 않은 사람들 사이에 이런 변수들에서 체계적인 차이가 있다면 이 차이를 적절히 고려하지 않을 경우 불법적 약물 사용 또는 음주가 실업 상태, 소득, 범죄 행위 등의 성과 변수에 미치는 인과적 영향(causal effect)의 크기는 제대로 추정되지 않을 것이다.

집계된 자료를 이용할 때에도 자기 선택 현상은 문제가 될 수 있다. 미국의 도시 또는 주에서 총기 소지 규제를 도입하는 경우를 생각해 보자. 도입할 것인지 말 것인지 또는 어떤 내용의 규제를 도입할 것인지는 도시 또는 주의 범죄율에 영향을 주는 여러 요소들과 체계적으로 연관되어 있을 것이다[Kleck and Patterson(1993)을 보라]. 영리 병원과 비영리 병원 등 병원의 운영 형태가 환자의 진료 또는 치료 상태에 차이를 가져 오는지 연구한다면, 병원이 영리 병원으로 운영할 것인지 또는 비영리 병원으로 운영할 것인지에 대한 결정이 환자의 진료 또는 치료 상태에 영향을 주는 요소들과 관련될 수 있다.

대부분의 정책 효과 분석에서 우리는 관측 자료(observational data) 혹은 비실험 자료를 이용한다. 그러므로

$$y = \alpha + \tau w + u \tag{7.35}$$

와 같은 단순회귀식을 OLS로 추정해서는 정책효과에 대한 불편 혹은 일치 추정량을 얻기 어렵다. 적절한 공변량을 이용해 (7.34)를 추정해 얻는 정책효과 추정값이 훨씬 더 믿을 만 하다. 프로그램 효과 분석 분야의 연구에서

$$y_i \text{ 를 } w_i, x_{i1}, x_{i2}, \cdots, x_{ik},\ i = 1, \cdots, n, \text{에 대해 회귀} \tag{7.36}$$

하는 것은 **회귀 조정**(regression adjustment)이라고 부르는 것의 한 가지 유형이고 w의 계

수추정량 $\hat{\tau}$을 회귀 조정 추정량(regression adjusted estimator)이라고 부른다. 이 용어는 관측단위들에 존재하는 차이들을 공변량 $x_1, x_2, \cdots, x_k$ 들을 이용해 조정하여 인과 효과를 추정한다는 개념에서 나왔다.

식 (7.34)가 혼동요인 없음(unconfoundedness)과 함께 치치효과기 일정하다는 기정, 즉 모든 i에 대해 $\tau = y_i(1) - y_i(0)$가 동일하다는 가정에 기반하고 있음을 3-7e절에서 이해한 바 있다. 이제 이 동일 처치효과 가정을 완화해 보자. 혼동요인 없음 또는 조건부 독립성은 여전히 가정하며, 편의를 위해 다시 기술하면 다음과 같다.

$$\mathbf{x} = (x_1, x_2, \cdots, x_k)\text{에 대한 조건부로, } w\text{는 } [y(0), y(1)]\text{에 대해 독립이다.} \tag{7.37}$$

조건부 평균이 선형이라는 가정과 함께 이제는 $y(0)$과 $y(1)$을 다음과 같이 완전히 별개의 식으로 표현하자.

$$y(0) = \psi_0 + (\mathbf{x} - \eta)\gamma_0 + u(0) = \psi_0 + \gamma_{0,1}(x_1 - \eta_1) + \cdots + \gamma_{0,k}(x_j - \eta_k) + u(0), \tag{7.38}$$

$$y(1) = \psi_1 + (\mathbf{x} - \eta)\gamma_1 + u(1) = \psi_1 + \gamma_{1,1}(x_1 - \eta_1) + \cdots + \gamma_{1,k}(x_j - \eta_k) + u(1). \tag{7.39}$$

여기서 η_j는 x_j의 모평균 즉, $\eta_j = \mathrm{E}(x_j)$이고 $\psi_0 = \mathrm{E}[y(0)]$, $\psi_1 = \mathrm{E}[y(1)]$이다. 공변량 x_j에서 평균을 빼서, 절편인 ψ_0과 ψ_1이 두 잠재 성과변수의 기댓값이 되도록 하였다. 식 (7.38)과 (7.39)로 모형화하였으므로 관측단위 i의 처치효과, 즉 $te_i = y_i(1) - y_i(0)$은 관측변수 $\mathbf{x}_i$와 비관측 요인들에 의존하게 된다. 관측단위 i의 처치효과는 다음과 같다.

$$te_i = y_i(1) - y_i(0) = (\psi_1 - \psi_0) + (\mathbf{x}_i - \eta)(\gamma_1 - \gamma_0) + [u_i(1) - u_i(0)]$$

평균처치효과(average treatment effect)를 τ라 하면 $\tau = \psi_1 - \psi_0$이다. 왜냐하면

$$\begin{aligned}\mathrm{E}(te_i) &= (\psi_1 - \psi_0) + \mathrm{E}\{(\mathbf{x}_i - \eta)(\gamma_1 - \gamma_0) + [u_i(1) - u_i(0)]\} \\ &= \tau + \mathbf{0} \times (\gamma_1 - \gamma_0) + 0 = \tau\end{aligned}$$

이기 때문이다. 여기서, $\mathbf{x}_i - \eta$의 평균은 η가 $\mathbf{x}_i$의 평균이므로 0이고, $u_i(0)$과 $u_i(1)$은 조건부 기댓값으로부터 구한 오차항이므로 0평균을 갖는다. 관측되는 성과변수 y_i는 $y_i = y_i(0) + w_i[y_i(1) - y_i(0)]$이므로

$$y_i = \psi_0 + \tau w_i + (\mathbf{x}_i - \eta)\gamma_0 + w_i(\mathbf{x}_i - \eta)\delta + u_i(0) + w_i[u_i(1) - u_i(0)] \tag{7.40}$$

과 같다. 여기서 $\delta = (\gamma_1 - \gamma_0)$이다. $u_i(0) + w_i[u_i(1) - u_i(0)]$를 u_i라고 정의하면, 혼동요인 없음 가정으로 인해

$$\begin{aligned}\mathrm{E}(u_i|w_i, \mathbf{x}_i) &= \mathrm{E}[u_i(0)|w_i, \mathbf{x}_i] + w_i \mathrm{E}\{[u_i(1) - u_i(0)]|w_i, \mathbf{x}_i\} \\ &= \mathrm{E}[u_i(0)|\mathbf{x}_i] + w_i \mathrm{E}\{[u_i(1) - u_i(0)]|\mathbf{x}_i\} = 0\end{aligned} \tag{7.41}$$

이 성립한다. 식 (7.40)과 (7.41)로부터, 관측되는 성과변수 y를 w, 평균이 제거된 $\mathbf{x}$, w와 평균이 제거된 $\mathbf{x}$의 상호작용항들에 대해 회귀시켜서 얻는 w의 계수 추정량이 τ의 추정량임을 알 수 있다. 실제로 이 회귀를 수행하려면 미지의 η_j를 표본 평균 $\bar{x}_j$로 대체하여야 한다. 최종적으로 수행할 회귀 분석은 그러므로 전체 n개 관측치를 이용하여

$$y_i\text{를 } w_i, x_{i1}, \cdots, x_{ik}, w_i \times (x_{i1} - \bar{x}_1), \cdots, w_i \times (x_{ik} - \bar{x}_k)\text{에 대해 회귀} \tag{7.42}$$

하는 것이다. 이 회귀에서 얻는 w_i의 계수 추정량 $\hat{\tau}$이 평균 인과 효과(average causal effect) 또는 평균 처치효과의 추정값이다. 이로부터, x_j값이 다르면 $\hat{\delta}_j \times (x_j - \bar{x}_j)$만큼 처치효과가 다르다는 것을 알 수 있다.* 참고로, 〔상호작용항이 아닌〕 x_j항 자체에서 평균을 빼든 그렇지 않든 절편이 달라진다는 점 이외에는 아무런 차이도 발생하지 않으므로(다른 아무런 계수도 영향을 받지 않고 적합도 척도도 영향을 받지 않는다) $\hat{\tau}$ 추정을 위해서는 (7.42)의 x_j 항 자체에서 평균을 뺄 필요가 없다. 하지만 (7.42) 대신

$$y_i\text{를 } w_i, (x_{i1} - \bar{x}_1), \cdots, (x_{ik} - \bar{x}_k), w_i \times (x_{i1} - \bar{x}_1), \cdots, w_i \times (x_{ik} - \bar{x}_k)\text{에 대해 회귀}$$

하는 것〔식 (7.42)의 $x_{i1}, \ldots x_{ik}$ 대신에 $x_{i1} - \bar{x}_1, \ldots, x_{ik} - \bar{x}_k$ 사용〕이 이점을 주는 면이 있다. 이 회귀에서 절편 추정량 $\hat{\psi}_0$은 비처치(통제)군의 평균인 $\mathrm{E}[y(0)]$의 불편추정량이자 일치추정량이다. $\mathrm{E}[y(0)]$의 추정값이 관심을 받지는 않더라도 이 값을 기준으로 $\hat{\tau}$의 상대적 크기를 평가하는 일은 있다. 예를 들어, 모든 i에 대해 $y_i \geq 0$이라면 $100 \times (\hat{\tau}/\hat{\psi}_0)$은 프로그램으로 인한 평균 성과 변화율(%) 추정값이 된다.

(7.42)에서 얻어지는 τ의 추정값과 (7.36)에서 얻어지는 τ의 추정값은 다르다. (7.36)에는 상호작용항들이 포함되지 않았기 때문이다. 이 분야의 연구에서 '회귀 조정(regression adjustment)'이라 함은 흔히 보다 유연한 모형인 (7.42)를 이용하는 것을 의미한다. 이 점을 강조하기 위해, (7.36)을 이용하는 경우를 제약된 회귀 조정(restricted regression adjustment, RRA), (7.42)를 이용하는 경우를 제약 없는 회귀 조정(unrestricted regression adjustment, URA)로 부르고 $\hat{\tau}_{rra}$와 $\hat{\tau}_{ura}$와 같이 서로 다른 표기를 이용할 수도 있다. 6장의 용어를 사용하면 URA는 각 통제변수 x_j를 처치 변수 w의 조절자(moderator)로 만든다.

7-4c절에서 Chow 통계량을 계산할 때처럼 두 개의 서로 다른 회귀를 이용하여 (7.42)의 $\hat{\tau}$을 계산할 수도 있다. 이 절차를 통해 가설적 상황 접근에 대해 좀 더 깊은 이해를 할 수 있다. 우선 통제집단과 처치집단에 대하여 각각 별도의 회귀를 실행한다. 통제집단의 경우 $w_i = 0$인 n_0개 관측치들을 이용하여

*$(x_1, \cdots, x_k) = (c_j, \cdots, c_k)$인 개인들의 평균 처치 효과는 $\hat{\tau} + \sum_{j=1}^{k} \hat{\delta}_j \times (c_j - \bar{x}_j)$로 추정되어 평균 처치 효과 $\hat{\tau}$과 $\sum_{j=1}^{k} \hat{\delta}_j \times (c_j - \bar{x}_j)$만큼의 차이가 난다.

$$y_i \text{를 } x_{i1}, x_{i2}, \cdots, x_{ik} \text{에 대해 회귀}$$

하여, 절편 $\hat{\alpha}_0$과 k개의 기울기 추정값 $\hat{\gamma}_{0,1}, \hat{\gamma}_{0,2}, \ldots, \hat{\gamma}_{0,k}$을 구한다. 이와 마찬가지로 $w_i = 1$인 n_1개 관측치를 이용하여 절편 $\hat{\alpha}_1$과 기울기 $\hat{\gamma}_{1,1}, \hat{\gamma}_{1,2}, \ldots, \hat{\gamma}_{1,k}$을 구한다.

이 지점에서 가상적 상황을 이용한 논의 전개를 해 보자. 즉, 표본에 속한 모든 i에 대해, 이 단위가 통제 집단에 속하든 처치 집단에 속하든 간에, 가상적 성과 변수 $y_i(0)$과 $y_i(1)$을 예측하는 것이다. 각각의 i에서 두 예측값은 다음과 같다. 예측값이라는 용어 대신 대체값(imputed value)이라는 용어를 쓰기도 한다.

$$\hat{y}_i(0) = \hat{\alpha}_0 + \hat{\gamma}_{0,1}x_{i1} + \cdots + \hat{\gamma}_{0,k}x_{ik}$$
$$\hat{y}_i(1) = \hat{\alpha}_1 + \hat{\gamma}_{1,1}x_{i1} + \cdots + \hat{\gamma}_{1,k}x_{ik}$$

다시 말하여, 관측 단위 i의 설명변수 값들을 두 회귀 함수 모두에 대입하여 통제 상태와 처치 상태에서의 성과를 각각 예측하는 것이다. 그러면 평균 처치효과를 다음과 같이 자연스럽게 추정할 수 있다.

$$n^{-1}\sum_{i=1}^{n}[\hat{y}_i(1) - \hat{y}_i(0)] = (\hat{\alpha}_1 - \hat{\alpha}_0) + (\hat{\gamma}_{1,1} - \hat{\gamma}_{0,1})\bar{x}_1 + \cdots + (\hat{\gamma}_{1,k} - \hat{\gamma}_{0,k})\bar{x}_k \tag{7.43}$$

이 책에서 증명을 하지는 않겠지만, 식 (7.43)이 식 (7.40)에서 얻는 $\hat{\tau}$과 동일함을 보일 수 있다. 다중회귀를 이용하여 관측단위들 간 차이를 조정하는 두 개의 서로 달라 보이는 방법이 동일한 ATE 추정값을 만들어낸 것이다.

대부분의 회귀분석 패키지들은 어떤 i에 대해서든 그 i가 추정에 사용되었는지 여부와 관계없이 예측값을 계산할 수 있도록 되어 있어서 식 (7.43)의 계산을 손쉽게 할 수 있다. 하지만 식 (7.43)에 따라 구한 평균 처치효과 추정값의 표준오차를 계산하는 것은 좀 복잡하다(자동으로 계산을 해 주는 계량경제 소프트웨어도 있기는 하다). (7.42)의 회귀를 하면 항상 적절한 표준오차를 얻을 수 있는 반면, k개의 x_j들의 평균을 제거한 후 w와 상호작용항을 만드는 단계를 거쳐야 한다. 한편, 절편이 서로 다른 것은 허용하면서 회귀변수들의 계수가 두 집단에서 동일한지를 검정하는 Chow test를 이용해 통제 집단과 처치 집단 사이에 공변량들의 기울기가 같은지 검정할 수도 있다. 귀무가설을 기각하지 않으면 기울기가 모두 동일하다고 설정한 (7.36)의 회귀로 돌아갈 수 있다. 다만, 평균처치효과를 계산하는 데에는 굳이 그럴 필요가 없기는 하다.

예제 7.13 제약 없는 회귀 조정을 이용한 직업훈련 효과 분석

〈예제 3.11〉과 〈예제 4.11〉에서도 이용한 바 있는 JTRAIN98을 이용해 직업훈련 프로그램의 효과를 추정하자. 설명하고자 하는 변수 $y = earn98$은 직업훈련 시행 이듬해인 1998년의 노동자들 노동소득이다. 측정 단위는 1천 달러이다. $w = train$은 프로그램 참여 여부(또는 "처치")를 말해주는 이진변수이다. 통제변수는 〈예제 4.11〉에서와 같이 *earn96*, *educ*, *age*, *married*이다. 다만, 이 예제에서 우리는 제약 없는 회귀조정을 이용한다. 참고로, 단순한 '평균 차이' 추정값은 $\hat{\tau}_{diffmeans} = -2.05$ (se = 0.48)이고, 제약된 회귀 조정 추정값은 식 (4.52)에 제시된 $\hat{\tau}_{rra} = 2.44$ (se = 0.44)이다. 모든 상호작용항을 포함한 회귀분석 결과는

$$
\begin{aligned}
\widehat{earn98} = \underset{(1.39)}{5.08} + \underset{(0.53)}{3.11}\,train + \underset{(0.020)}{0.353}\,earn96 + \underset{(0.078)}{0.378}\,educ - \underset{(0.023)}{0.196}\,age + \underset{(0.55)}{2.76}\,married \\
+ \underset{(0.054)}{0.133}\,train \times (earn96 - \overline{earn96}) - \underset{(0.137)}{0.035}\,train \times (educ - \overline{educ}) \\
+ \underset{(0.041)}{0.058}\,train \times (age - \overline{age}) - \underset{(0.883)}{0.993}\,train \times (married - \overline{married}) \\
n = 1{,}130, \quad R^2 = 0.409.
\end{aligned}
\tag{7.44}
$$

평균 처치 효과의 추정값은 *train*의 계수로서 $\hat{\tau}_{ura} = 3.11$ (se = 0.53)이며 $t_{train} > 5.8$이므로 이는 통계적으로 매우 유의적이다. 그리고, 비록 상호작용항들의 결합유의성을 F 검정할 경우 p값이 약 0.113이나 되어 상호작용항들이 10% 수준에서 유의하지 않지만, 이 $\hat{\tau}_{ura}$ 값은 $\hat{\tau}_{rra}$에 비해 상당히 크다.

〈예제 7.13〉에 관해 언급할 바가 있다. 먼저, 평균 처치 효과를 추정하기 위해 상호작용항을 생성할 때 모든 설명변수들의 평균을 제거해야 한다는 점이다. 이진변수인 *married*도 예외가 아니다. $train \times (married - \overline{married})$ 대신 $train \times married$로 상호작용을 구성하면 이때의 *train*의 계수는 미혼 남성들의 평균 처치효과가 된다(여기서 '평균'이라 함은 *educ96*, *educ*, *age*의 값들에 걸친 평균을 의미한다). 이렇게 추정하는 경우 *train*의 계수 추정값은 3.79 (se = 0.81)이다. $train \times married$항의 계수 추정값은 −0.993 (se = 0.883)으로 (7.44)의 경우와 동일하며, 이 경우에도 이 값은 기혼 남성과 미혼 남성 간 ATE의 차이를 의미한다.

회귀모형을 이용한 조정을 통해 직업 훈련 등의 효과를 추정할 경우 우리가 사용할 수 있는 통제변수들이 자기 선택 문제를 완전히 해결할 수 있을 정도로 충분하지 않을

가능성은 늘 존재한다. w가 완전히 임의배정된 것이 아니라면 연구자들은 항상 주의하여야 한다. 관측 자료(observational data)를 사용하는 경우, 많은 x_j를 사용하더라도 어느 방향으로든 허구적인(spurious) 효과를 얻을 가능성은 종종 꽤 높다. Currie and Cole (1993)은 그 좋은 예다. 이 저자들은 AFDC (Aid to Families with Dependent Children)*에의 참여가 신생아의 체중에 미치는 영향을 연구하였다. 다양한 가정 및 여타 환경요인들을 통제하고 나서도, 저자들은 AFDC에의 참여가 체중을 낮춘다는 OLS 추정값들을 얻었다. 저자들이 지적하듯이, AFDC 참여 자체가 신생아 체중을 낮추는 인과적 영향을 갖는다는 것은 믿기 어렵다. [다른 예들에 대해서는 Currie (1995) 참조.]

다른 계량경제적 방법(Wooldridge 원저서 15장 참조)을 사용하여 Currie and Cole은 AFDC 참여가 신생아 몸무게에 영향을 미치지 않거나 증가시킨다는 증거를 발견한다. 자기 선택의 문제가 있는 모형을 추정할 때 충분한 정도로 통제변수를 사용할 수 없어 추정량의 편향을 우려해야 하는 상황에서는 지금까지 다룬 선형회귀분석보다 고급의 분석 기법을 이용할 수도 있다(Wooldridge 원저서 13, 14, 15장 참조).

7-6b 임의배정하에서 회귀 조정

앞 소절에서는 회귀분석의 추정 결과가 인과적 효과의 불편추정량 또는 일치추정량을 얻은 것이라고 주장하기 위해서는 통제변수를 통제해야 한다는 관점에 대해 공부했다. 그런데, 그럴 정도로 충분한 통제변수를 모형에 포함시켰다고 말하기는 쉽지 않은 경우가 많다. 많은 변수들이 포함되어 있는 자료들을 이용하는 경우에도 그렇다. 그런데, 때로는 관측 단위들이 처치집단과 통제집단에 임의배정되는 상황, 즉 **무작위 통제 실험**(randomized controlled trial, RCT)을 마주할 때도 있다. 현실적이지는 않은 예이지만, 학생들을 과외 프로그램에 무작위로 배정한다거나, 노동자들을 연금 프로그램에 무작위로 배정하는 등의 상황을 생각해 볼 수 있다. 고객이 회사의 웹페이지를 이용할 때 특정한 프롬프트를 임의로 띄워서 고객들의 반응과 구매 결정을 기록하는 경우도 임의배정의 예라고 할 수 있다. 만일 배정 여부(w)가 잠재적 성과들인 $[y(0), y(1)]$과 독립이라면, 2-7a절에서 본 바와 같이 인과적 효과의 불편추정량이자 일치추정량으로 단순 평균의 차이(simple difference in means, SDM) $\bar{y}_1 - \bar{y}_0$를 이용할 수 있다. 그런데, 만일 우리에게 i별로 처치 배정 w_i와 성과 관측치 $y_i = (1-w_i)y_i(0) + w_i y_i(1)$ 이외에 처치 배정 이전에 측정된 변수들이 추가로 가용하다면 이 정보를 인과적 효과를 추정하는 데 활용하는 방법이 있을까?

*AFDC (Aid to Families with Dependent Children) 프로그램은 1935년부터 1996년까지 미국에서 실시된 저소득층 지원 프로그램으로 자녀를 가진 저소득 가정에 재정적 지원을 해 주는 것을 골자로 한다.

그렇다. 우선 임의배정하에서는 w_i는 통제변수(공변량) $\mathbf{x}_i = (x_{i1}, x_{i2}, \cdots, x_{ik})$들과도 독립이어야 한다는 점을 생각해보자. 따라서 이런 변수들에서는 처치집단의 평균과 통제집단의 평균 사이에 통계적으로 유의적인 차이가 존재해서는 안 된다. 통제변수의 평균에서 두 집단 간 차이를 비교하는 것은 플라시보 검정(placebo test)의 한 가지 예이다. 이런 유형의 통계적 검정을 이용해 처치가 실제로 임의배정되었는지 여부를 판단하기도 한다. 예를 들어, 신종 비료를 구매하는 데에 보조금을 지불하는 마을을 임의로 선정한다면, 보조금 지불 여부를 이용해서 선정 이전 곡물 수확량을 추측할 수 있어서는 안 될 것이다.

통제변수들을 사용해서 SDM 추정량[$\bar{y}_1 - \bar{y}_0$]보다 더 효율적인 추정량을 얻을 수도 있다. Negi and Wooldridge (2021)는 임의추출의 경우 식 (7.42)로부터 구한 제약 없는 회귀 조정(URA) 추정량[w_i의 계수 추정량에 해당함]이 SDM 추정량보다 점근적 효율성(5.3절 참조) 측면에서 못하지 않음을 보였다. 통제변수들이 잠재성과[$y(0)$과 $y(1)$]의 예측에 도움이 되는 변수들이면 URA 추정량은 SDM 추정량보다 점근적으로 더 작은 표준편차를 가진다. $\mathbf{x}_i$ 안의 변수들이 더 좋은 예측변수들일수록 URA 추정량은 SDM 추정량에 비해 효율성이 높아지며 URA를 사용한 신뢰구간은 더 좁아진다. Negi and Wooldridge (2021)는 URA 추정량이 식 (7.36)의 제약된 회귀조정(RRA) 추정량보다 점근적 효율성이 떨어지지 않음도 보였다. 이는 평균 처치효과를 추정할 때, 설령 상호작용항을 포함시킬 필요가 없더라도, 상호작용항을 포함시켜서 손해볼 일이 없음을 의미한다. URA 추정량과 RRA 추정량은 다음 두 가지 경우에 동일한 점근적 효율성을 보인다. 첫째는 x_j의 계수들이 처치 시 성과와 통제 시 성과에서 동일하여 (7.42)의 상호작용항들이 성과들의 예측에 체계적인 도움이 되지 않는 경우이다. 둘째는 좀 의외겠지만 $P(w = 1) = 0.5$, 즉 처치 확률이 1/2인 경우이다. y의 좋은 예측변수들을 사용하면 RRA가 SDM보다 더 효율적인 경우가 많지만, 흥미롭게도 $P(w = 1) \neq 0.5$이면 RRA가 SDM보다 효율성이 떨어지는 경우도 있다. Negi and Wooldridge (2021)의 모의실험 결과들과 이에 대한 논의들을 참고하기 바란다.

통제변수들을 사용하여 SDM보다 더 나은 추정량을 얻고자 할 때 한 가지 주의할 점은 임의배정하에서 SDM 추정량은 항상 불편성을 가지지만 URA는 일치성만을 갖는다(RRA도 마찬가지)는 사실이다. 이러한 차이가 발생하는 미묘한 이유에 대해서는 Negi and Wooldridge (2021)를 참고하라. 또한 효율성에 관한 위 결과들은 점근 분산(asymptotic variance)과 관련된 것임에도 주의하라. 실험 상황에서는 표본 크기가 작은 경우도 있을 수 있는데, 이런 경우에는 통제변수를 사용하지 않는 것이 더 나을 수도 있다.

7-7 이산 종속 변수일 때 회귀 결과의 해석

이진 변수는 이산 확률 변수(discrete random variable)의 가장 극단적인 형태이다. 7-5절에서 살펴본 것처럼, 선형확률모형의 모수들은 $y = 1$일 확률이 설명변수의 한 단위 증가에 의하여 얼마나 변화하는지 측정하는 것으로 해석할 수 있다. 또한, y가 0 또는 1의 값을 가지므로 $P(y = 1) = E(y)$임을 보았고, 이 등식은 설명변수에 대한 조건부로도 성립한다.

이진 변수가 아닌 이산 종속 변수의 예로 〈예제 3.5〉 등에서 이용했던 체포 횟수가 있다. 여성의 출산에 영향을 미치는 요소들에 대한 연구에서 회귀분석의 종속변수로 흔히 사용되는 생존 자녀의 수도 이산 종속 변수이다. 체포 횟수와 마찬가지로, 생존 자녀의 수도 소수의 정수 중 한 값을 취하며, 0의 값이 많다. 여성의 교육 수준이 자녀 수에 미치는 영향에 대해 FERTIL2를 이용해 분석해 보자. 이 자료에는 다수의 보츠와나 여성들에 관한 정보가 포함되어 있다. 이산 종속 변수의 경우 회귀 계수들을 어떻게 해석할지에 대해 주의를 기울여야 할 수도 있다. 아래의 예에서 자녀 수의 증가가 소수점 단위로 이루어진다고 해석해서는 안 된다.

이 문제를 설명해 보자. FERTIL2의 자료를 이용하여 다음 회귀 결과를 얻을 수 있다.

$$\begin{aligned} \widehat{children} &= -1.997 + 0.175\,age - 0.090\,educ \\ &\quad\;\, (0.094)\;\;(0.003)\qquad\;(0.006) \\ n &= 4{,}361, \quad R^2 = 0.560 \end{aligned} \tag{7.45}$$

이 회귀모형이 충분한 통제변수를 이용했는가 하는 점은 논의하지 말고 계수의 해석에 주목해 보자.

관심 변수의 계수 추정값 $\hat{\beta}_{educ}$는 -0.090이다. 이 결과를 그대로 받아들이면 다른 조건이 동일할 때 산모의 교육수준(*educ*)이 1년씩 증가할수록 자녀의 수가 0.090명씩 감소한다는 해석을 하게 된다. 하지만 자녀의 수가 0.090명씩 감소할 수는 없으므로 이런 일은 어떤 여성에게서도 발생할 수 없다. $\hat{\beta}_{age} = 0.175$를 해석할 때에도 이와 유사한 문제가 발생한다. 이 계수들을 어떻게 설명할 것인가?

y가 이산적이며 몇 안 되는 값을 취하는 경우를 포함하여 일반적으로 회귀결과를 해석하기 위해서는, OLS를 x_j가 y의 기댓값(혹은 평균값)에 미치는 영향으로 해석한다는 점을 기억하고 있으면 좋다. 일반적으로, 가정 MLR.1~MLR.4하에서,

$$E(y|x_1, x_2, \ldots, x_k) = \beta_0 + \beta_1 x_1 + \cdots + \beta_k x_k \tag{7.46}$$

이다. 그러므로, β_j는 x_j의 ceteris paribus 증가가 y의 기댓값에 미치는 영향이다. 6-4절에서 설명한 것처럼, 주어진 x_j값들에서 $\hat{\beta}_j + \hat{\beta}_1 x_1 + \cdots + \hat{\beta}_k x_k$는 $E(y|x_1, x_2, \ldots, x_k)$의 추정값으로

해석된다. 그러므로, $\hat{\beta}_j$는 $\Delta x_j = 1$이고 다른 요소들이 변하지 않을 때 y의 평균이 얼마나 변화하는지를 추정한다.

이 점에 비추어, 이제 식 (7.35)의 회귀 결과들을 해석할 수 있다. $\hat{\beta}_{educ} = -0.090$ 계수는 교육이 1년 증가할 때 평균 출산정도가 0.09명만큼 하락한다고 추정됨을 의미한다. 이 해석을 "여성 100명에게 교육이 각각 1년씩 더 주어지면 이들에게서 자녀가 총 9명 덜 태어난다고 추정된다"고 요약하면 좋을 것이다.

종속변수가 이산적이고 설명변수에 이진 변수가 포함되어 있는 경우의 해석도 어려울 것이 없다. FERTIL2를 이용하여 얻은 다음의 추정 결과를 보자.

$$
\begin{aligned}
\widehat{children} &= -2.071 + 0.177\,age - 0.079 - 0.362\,electric \\
&\qquad\; (0.095)\;(0.003) \qquad\quad (0.006)\;(0.068) \\
n &= 4{,}358, \quad R^2 = 0.562
\end{aligned}
\tag{7.47}
$$

여기서 $electric$은 여성이 전기가 공급되는 가정에서 살고 있는 경우 1, 그렇지 않은 경우 0이다. 물론, 전기가 있는 집의 특정 여성이 전기가 없는 집의 비교가능한 여성보다 0.362명 적은 자녀를 갖는다는 것은 말이 안 된다. 하지만, 전기가 있는 100명의 여성들과 전기가 없는 100명의 여성들—나이가 같고 교육수준이 동일한 여성들—을 비교할 때 전자의 집단이 후자의 집단보다 자녀수가 약 36명 적은 것으로 추정된다고 말할 수 있다.

참고로, y가 이산적일 때 선형모형이 $\mathrm{E}(y|x_1, x_2, \ldots, x_k)$에 대한 부분효과들의 가장 좋은 추정량을 항상 제공하지는 않는다. Wooldridge 원저서의 17장에는 종속변수가 어떤 근본적인 방식으로 제한적인 경우 자료를 더 잘 맞출 수 있는 회귀모형들과 분석 기법에 대해 다룬다. 하지만 종속변수가 제한적인 경우라도 선형회귀 모형은, 적어도 평균에 있어서만큼은, 종종 부분효과의 좋은 근사값을 제공해 준다.

Chapter

8 이분산

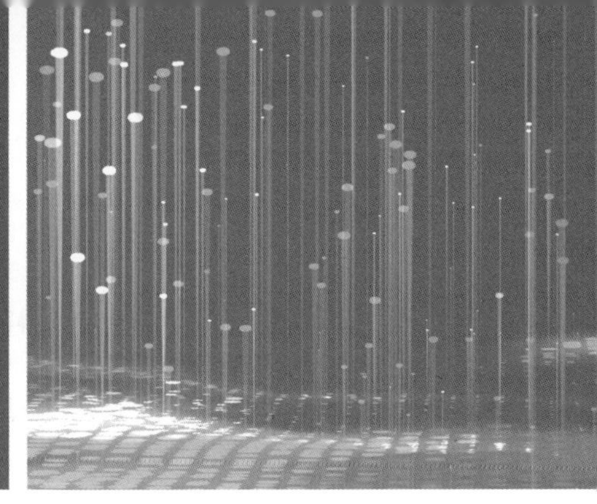

학습목표

8.1 다중회귀분석에서 이분산이 있을 경우 어떤 문제가 발생하는지 알 수 있다.

8.2 이분산이 있을 때 OLS 추정의 통계적 성질을 설명할 수 있다.

8.3 OLS 계수의 이분산에 견고한 표준오차 공식을 도출하고, 통상적인 OLS 표준오차와 어떻게 다른지 기술할 수 있다.

8.4 오차항의 이분산 검정에 왜 관심이 있을지 설명할 수 있다.

8.5 등분산 귀무가설에 대한 Breusch-Pagan과 White 검정을 구하는 절차를 이해한다.

8.6 일반화최소제곱의 실현가능(feasible) 버전을 사용할 때 가중치를 어떻게 추정하는지 설명할 수 있다.

8.7 선형모형에서 가중최소제곱(WLS)과 OLS가 현저히 다른 모수 추정값을 줄 수 있는 이유를 설명할 수 있다.

8.8 WLS를 사용할 때 이분산 함수를 잘못 설정하는 것의 결과를 서술할 수 있다.

8.9 선형확률모형에 WLS를 적용하고 그 문제점을 설명할 수 있다.

3장 다중회귀에서 소개된 등분산(homoskedasticity) 가정은 관측되지 않는 오차항 u의 조건부 분산이 동일함을 의미한다. 등분산이 아닌 경우 모집단을 설명변수의 값에 따라 구분한 하위모집단들의 분산이 다르게 된다. 예를 들어 저축 방정식에서, 소득이 클수록 저축에 영향을 미치는 비관측 요소들의 분산이 크면 이분산(heteroskedasticity)이 존재한다.

4장과 5장에서, 선형 회귀모형을 OLS 추정할 때 통상적인 t 검정, F 검정, 신뢰구간 등이 타당하기 위해서는, 표본 크기가 크더라도 등분산이 필요함을 보았다. 본 장에서는 이분산이 있을 때 이용가능한 방법들과, 이분산의 존재를 검정하는 방법을 설명한다. 우선 보통최소제곱 추정에서 이분산의 결과를 간단히 복습한다.

8-1 이분산이 OLS에 초래하는 결과

다음의 다중회귀모형을 보자.

$$y = \beta_0 + \beta_1 x_1 + \beta_2 x_2 + \cdots + \beta_k x_k + u \tag{8.1}$$

3장에서 Gauss-Markov 가정의 처음 4개 항목(MLR.1부터 MLR.4까지) 아래에서 OLS 추정량 $\hat{\beta}_0, \hat{\beta}_1, \hat{\beta}_2, \ldots, \hat{\beta}_k$의 불편성을 증명하였다. 5장에서 똑같은 네 조건 아래에서 OLS가 일치성(consistency)을 가짐을 보았다. 오차 분산이 $\text{Var}(u|x_1, x_2, \ldots, x_k) = \sigma^2$이라 표현되는 등분산 가정은 OLS의 불편성이나 일치성을 보일 때 아무런 역할도 하지 않는다. 이분산이 존재할지라도 β_j의 OLS 추정량이 편향되거나 비일치적이지 않다. 편향성이나 비일치성은 중요한 변수를 빠뜨리거나 할 때 초래된다.

적합도를 나타내는 R^2이나 $\bar{R}^2$의 해석 또한 이분산의 존재에 의하여 영향을 받지 않는다. 왜 그런가? 6-3절에서 본 것처럼 통상적인 R^2과 조정된 R^2은 모집단 R^2, 즉 $1 - \sigma_u^2/\sigma_y^2$을 추정하는 방법들이다(여기서 σ_u^2은 모집단 오차 분산이며 σ_y^2은 모집단 y 분산이다). 모집단 R^2 표현식 내의 분산들이 무조건적인 분산이므로 모집단 R^2은 $\text{Var}(u|x_1, \ldots, x_k)$ 내의 이분산의 존재에 의하여 영향을 받지 않는다. 또한, $\text{Var}(u|x_1, \ldots, x_k)$가 x_j에 영향을 받든 말든, SSR$/n$과 SST$/n$은 각각 σ_u^2과 σ_y^2의 일치추정량이다. 자유도를 조정하는 경우에도 마찬가지이다. 따라서, 등분산 가정의 성립 여부와 무관하게 R^2과 $\bar{R}^2$은 둘 다 모집단 R^2의 일치추정량이다.

이분산이 OLS 추정량에 편향이나 비일치성을 야기하지 않는다면 이것을 왜 Gauss-Markov 가정의 일부로 도입하였는가? 3장에서 등분산 가정이 없으면 분산 $\text{Var}(\hat{\beta}_j)$의 추정량〔등분산 가정 아래에서 도출한 분산식에서 σ^2을 $\hat{\sigma}^2$으로 치환한 추정량을 말함〕이 편향됨을 보았다. OLS 표준오차들이 바로 이 분산들에 기초하므로, 이들을 사용하여 타당한 신뢰구간과 t통계량을 만들 수 없게 된다. 이분산이 존재하면 통상적인 OLS t통계량은 t 분포를 갖지 않으며, 이 문제는 표본 크기가 크다고 하여 해결되지 않는다. 다음 절에서 단순회귀의 경우에 대하여 이 문제를 살펴보고 이분산 아래에서 OLS 기울기 계수 추정량의 분산과 타당한 추정량이 어떤 것인지 살펴볼 것이다. t통계량뿐이 아니다. F통계량은 더 이상 F분포를 갖지 않고, LM통계량은 더 이상 근사적인 카이제곱 분포를 갖지 않는다. 요약하면, Gauss-Markov 가정 아래에서 가설 검정을 위해 사용한 통계량들은 이분산 존재 시 타당하지 않다.

OLS가 최선의 선형 불편 추정량이라는 Gauss-Markov 정리는 등분산 가정을 꼭 필요로 한다는 것도 보았다. $\text{Var}(u|\mathbf{x})$가 상수가 아니면〔$\mathbf{x}$에 의존한다는 뜻〕 OLS는 더 이상 BLUE가 아니다. 또한 OLS는 더 이상 정리 5.3에서 설명한 점근적 효율성을 지니지 않는다.

8-4절에서 볼 것처럼 이분산이 존재하면 OLS보다 더 효율적인 추정량을 구할 수 있다(이를 위해서는 분산의 형태를 알아야 함). 표본 크기가 크면 효율적인 추정량을 구하는 문제가 그리 중요하지 않을 수도 있다[어차피 추정량의 정확성이 높을 것이므로]. 다음 절에서는 통상적인 OLS 검정 통계량을 수정하여 적어도 표본 크기가 클 때만큼은 타당하도록 만들어 주는 방법을 볼 것이다.

8-2 OLS를 이용한 이분산에 견고한 추론

계량경제 분석에서는 가설 검정이 매우 중요한데, 이분산 존재 시에는 통상적인 OLS 추론이 잘못되므로, 이분산이 있으면 OLS가 전혀 쓸모없다고 생각할 수도 있다. 다행히도 OLS는 여전히 유용하다. 1980년대부터 계량경제학자들은 형태를 모르는 이분산이 존재할 때 표준오차, t, F, LM 통계량들을 수정하여 타당하게 만드는 방법을 연구하여 왔다. 이는 모집단에 어떤 형태의 이분산이 존재하든 상관없이 작동하는 새로운 통계량을 보고할 수 있음을 의미하므로 매우 편리하다. 본 절에서 설명할 방법들을 이분산에 견고한(heteroskedasticity-robust) 방법이라고 한다. 이는 오차 분산이 상수이든 그렇지 않든 관계없이—적어도 대표본에서는—타당하고, 이분산이 있는지 없는지 알 필요도 없기 때문이다.

이분산의 존재 시 분산 $\text{Var}(\hat{\beta}_j)$를 어떻게 추정할지 살펴보자. 엄밀한 이론 도출은 이 책의 범위를 벗어나지만, 많은 통계 및 계량경제 패키지들이 계산을 해 주므로 이분산에 견고한 방법을 적용하기는 매우 쉽다.

먼저 독립변수가 하나 있는 모형을 고려하자. 강조하기 위하여 i 하첨자를 표시한다.

$$y_i = \beta_0 + \beta_1 x_i + u_i$$

처음 네 Gauss-Markov 가정은 성립한다고 가정한다. 오차항에 이분산이 존재하면 다음이 성립할 것이다.

$$\text{Var}(u_i|x_i) = \sigma_i^2$$

여기서 σ^2에 i 하첨자를 표시하여 오차 분산이 x_i의 값에 따라 달라짐을 나타내고자 했다.

OLS 추정량을 다음과 같이 나타내자.

$$\hat{\beta}_1 = \beta_1 + \frac{\sum_{i=1}^{n}(x_i - \bar{x})u_i}{\sum_{i=1}^{n}(x_i - \bar{x})^2}$$

가정 MLR.1부터 MLR.4 아래에서(등분산 가정은 포함되지 않음), 2장의 방법을 이용하여 x_i의 표본값 조건부로 다음이 성립함을 알 수 있다.

$$\text{Var}(\hat{\beta}_1) = \frac{\sum_{i=1}^{n}(x_i - \bar{x})^2\sigma_i^2}{\text{SST}_x^2} \tag{8.2}$$

여기서 $\text{SST}_x = \sum_{i=1}^{n}(x_i - \bar{x})^2$ 으로서 x_i 의 총제곱합이다. 모든 i 에 대하여 $\sigma_i^2 = \sigma^2$ 이면 이 식은 통상적인 형태인 σ^2/SST_x 가 된다. 식 (8.2)를 보면, 단순 회귀에서 이분산이 존재하면, 등분산 아래에서 도출한 분산의 형태가 더 이상 타당하지 않음을 알 수 있다.

$\hat{\beta}_1$ 의 표준오차가 $\text{Var}(\hat{\beta}_1)$ 의 추정값으로부터 곧바로 계산되므로, 이분산 존재 시 식 (8.2)를 추정할 방법이 필요하다. White (1980)는 다음의 방법을 제시하였다. 먼저, y 를 x 에 OLS 회귀하여 구한 잔차들을 $\hat{u}_i$ 라 하자. 그러면 여하한 형태의 이분산(등분산도 포함)의 경우에든 타당한 $\text{Var}(\hat{\beta}_1)$ 추정량은 다음과 같다.

$$\frac{\sum_{i=1}^{n}(x_i - \bar{x})^2\hat{u}_i^2}{\text{SST}_x^2} \tag{8.3}$$

이것은 OLS 회귀 이후 자료로부터 손쉽게 계산할 수 있다.

식 (8.3)이 $\text{Var}(\hat{\beta}_1)$ 의 타당한 추정량이라는 것은 무슨 의미인가? 이 문제는 미묘하다. 간략히, (8.3)에 표본 크기 n 을 곱하면, n 곱하기 (8.2)의 확률극한인 $\text{E}[(x_i - \mu_x)^2u_i^2]/(\sigma_x^2)^2$ 으로 확률수렴한다. 이것이 바로 신뢰구간과 t 통계량을 만들기 위한 표준오차의 사용을 정당화하는 데에 필요한 조건이다. 이 수렴을 보이는 데에 큰 수의 법칙과 중심극한정리가 핵심적 역할을 한다. 자세한 내용을 위해서는 White의 논문을 참조할 수 있겠으나, 이 논문은 상당히 기술적(technical)임에 유의하라. Wooldridge (2010, 4장)도 참조하라.

일반적인 다중회귀모형

$$y = \beta_0 + \beta_1x_1 + \cdots + \beta_kx_k + u$$

에서도 이와 유사한 공식을 사용할 수 있다. 가정 MLR.1부터 MLR.4가 성립할 때, $\text{Var}(\hat{\beta}_j)$ 의 타당한 추정량은 다음과 같다.

$$\widehat{\text{Var}}(\hat{\beta}_j) = \frac{\sum_{i=1}^{n}\hat{r}_{ij}^2\hat{u}_i^2}{\text{SSR}_j^2} \tag{8.4}$$

여기서 $\hat{r}_{ij}$ 는 앞에서처럼 x_j 를 여타 모든 독립변수들에 회귀할 때의 i 번째 잔차값이고 SSR_j 는 이 회귀로부터 나온 잔차 제곱합이다(3-2절에 OLS 추정값의 partialling out 표현식 참조). (8.4)의 제곱근을 $\hat{\beta}_j$ 의 이분산에 견고한 표준오차(heteroskedasticity-robust standard error)라 한다. 계량경제학에서 이 견고한 표준오차는 보통 White (1980)의 공로로 돌린다. 그 이전에도 통계학 분야에서 Eicker (1967)와 Huber (1967)가 이러한 견고한 표준오차를 구하는 가능성을 지적한 바 있다. 응용연구에서 이들은 때로 White 또는 Huber 또는 Eicker 표준오차(또는 이들 이름을 하이픈으로 결합한 것들)라고 한다. 이 책에서는 그냥 이분산에 견고한 표준오차 혹은 문맥상 분명할 때에는 견고한 표준오차라고 할 것이다. 식 (8.4)의 표준오차는 이분산에 일치성을 갖는다(heteroskedasticity-consistent)고 하기도 하고, 때로 "HC0"이라는 표식을 붙이는데, 여기서 "HC"란 "heteroskedasticity-consistent"를 의미한다. MacKinnon and White (1985) 등을 참조하라.

흔히들 자유도를 조정하여 (8.4)에 $n/(n-k-1)$을 곱하고 나서 제곱근을 취하기도 한다. 이 조정의 논거는, OLS 잔차의 제곱 $\hat{u}_i^2$이 모든 관측치 i에서 동일—표본 내 등분산의 가장 강한 형태—한 경우 이 조정에 의하여 통상적인 OLS 표준오차를 얻는다는 것이다. 그 결과로서 얻는 표준오차에 문헌에서는 보통 HC1이라는 표식을 붙인다. 식 (8.4)의 여타 수정된 형태들이 MacKinnon and White (1985)에 의하여 연구되었는데 그 중 최소 2개의 변종—HC2와 HC3이라 함—이 널리 사용된다. 이 형태들은 모두 점근적으로만 타당성을 가지고 또 점근적으로 동일하며, 다른 형태들보다 항상(uniformly) 더 선호되는 형태는 없다. 하지만 표본크기가 작을 때 HC3이라고 알려진 변종이 보통 가장 잘 작동하고, 널리 사용되는 회귀 패키지들은 이를 일상적으로 계산해 준다. 관심 있는 독자들은 MacKinnon and White (1985)와 Hansen (2022, Chapter 4)을 참조하라.

이분산에 견고한 표준오차를 계산하고 나면 이분산에 견고한 t 통계(heteroskedasticity-robust t statistic)를 쉽게 구할 수 있다. 앞서 보았듯이 일반형 t 통계는 다음과 같다.

$$t = \frac{\text{추정값} - \text{가설값}}{\text{표준오차}} \tag{8.5}$$

현 상황에서도 여전히 OLS 추정값을 사용하고 가설값은 이미 선택해 놓았으므로, 통상적인 OLS t 통계량과 이분산에 견고한 t 통계량의 유일한 차이는 분모의 표준오차를 계산하는 방식이다.

식 (8.4)의 SSR_j 항은 $\text{SST}_j(1-R_j^2)$으로 치환할 수 있다. 여기서 SST_j는 x_j의 총제곱합이고 R_j^2은 x_j를 여타 모든 설명변수들로 회귀하여 구한 R^2이다. [식 (3.51)을 계산할 때 이 항등식을 암묵적으로 사용한 바 있다.] 따라서, x_j의 표본값들에 별로 차이가 없거나 x_j와 여타 설명변수들 간에 강한 선형관계—즉 다중공선성—가 존재하면 이분산에 견고한 표준오차가 크게 된다. 3-4절에서 보았듯이, 통상적인 OLS 표준오차에서도 이 문제가 나타난다.

예제 8.1 **이분산에 견고한 표준오차를 사용할 때의 로그 임금 방정식**

〈예제 7.6〉의 모형을 추정하고, 통상적인 OLS 표준오차와 이분산에 견고한 표준오차를 모두 보고한다. 어떤 추정값의 경우에는 두 표준오차들을 비교하기 위하여 소수점 이하 숫자들을 더 상세히 나타냈다.

$$
\begin{aligned}
\widehat{\log(wage)} = \underset{\substack{(0.100)\\ [0.109]}}{0.321} + \underset{\substack{(0.055)\\ [0.057]}}{0.213}\,marrmale - 0.198\underset{(0.058)}{0.058}\,marrfem - \underset{\substack{(0.056)\\ [0.057]}}{0.110}\,singfem \\
+ \underset{\substack{(0.0067)\\ [0.0074]}}{0.0789}\,educ + \underset{\substack{(0.0052)\\ [0.0051]}}{0.0268}\,exper - \underset{\substack{(0.00011)\\ [0.00011]}}{0.00054}\,exper^2 \\
+ \underset{\substack{(0.0068)\\ [0.0069]}}{0.0291}\,tenure - \underset{\substack{(0.00023)\\ [0.00024]}}{0.00053}\,tenure^2 \\
n = 526,\ R^2 = 0.461
\end{aligned}
\tag{8.6}
$$

통상적인 표준오차들을 해당 OLS 추정값 아래 괄호 ( ) 안에 표시하였고, 이분산에 견고한 표준오차들은 꺾은 괄호 [ ] 안에 표시하였다. 방정식은 여전히 OLS로 추정한 것이며, 꺾은 괄호 안의 숫자들만 새롭게 추가된 것이다.

식 (8.6)에서 몇 가지 점을 볼 수 있다. 첫째, 이 예제에서 통상적인 t값 기준으로 통계적으로 유의한 변수들은 이분산에 견고한 표준오차를 사용할 때에도 여전히 통계적으로 유의하다. 이는 두 표준오차들이 별로 차이나지 않기 때문이다(견고한 t통계값이 통상적인 t통계값과 동일하지는 않으므로 p값에 약간의 차이는 있다). 두 표준오차들 간에 가장 큰 차이가 나는 변수는 *educ*로서, 통상적인 표준오차가 0.0067인 반면, 견고한 표준오차는 0.0074이다. 하지만 견고한 표준오차에 따른 견고한 t통계값은 여전히 10보다 크다.

식 (8.6)은 또한 견고한 표준오차가 통상적인 표준오차보다 클 수도 작을 수도 있음을 보여 준다. 예를 들어 *exper* 변수의 경우 견고한 표준오차는 0.0051인 반면, 통상적인 표준오차는 0.0052이다. 둘 중 어느 것이 더 클지 미리 알 수는 없다. 하지만 경험에 따르면 견고한 표준오차가 통상적인 표준오차보다 보통은 더 크다.

이 예제를 끝내기 전에, 식 (8.6)의 기초가 되는 모집단 모형에 이분산이 존재하는지는 아직 모른다는 점을 강조하고자 한다. 여기서 우리가 한 일은 이분산이 존재하든 그렇지 않든 (점근적으로) 타당한 표준오차를 통상적인 표준오차와 함께 표시한 것뿐이다. 이 예제에서는 견고한 표준오차를 사용하여도 중요한 결과가 뒤집히지 않는다. 이런 경우가 실증연구에서 흔히 발생하지만, 경우에 따라 통상적인 표준오차와 견고한 표준오차 간에 큰 차이가 나기도 한다.

여기서 다음의 의문이 들지도 모르겠다. 만일 이분산에 견고한 표준오차가 통상적인 OLS 표준오차보다 더 일반적으로 타당하다면 과연 왜 통상적인 표준오차에 신경을 쓰는가? 현명한 질문이다. 횡단면 연구에서 통상적인 표준오차가 아직 사용되는 이유 중의 하나는, 등분산 가정이 성립하고 오차항이 정규분포를 가지면 통상적인 t 통계량은 표본 크기와 상관없이 정확히 t 분포를 갖는다는 점이다(4장 참조). 반면 CLM 가정이 성립하는 경우에도 견고한 표준오차와 견고한 t 통계량은 표본 크기가 커질 때에만 정당화된다. 표본 크기가 작으면 견고한 t 통계량은 t 분포와 별로 가깝지 않은 분포를 가질 수도 있으며, 그 때문에 우리의 추론이 잘못될 수도 있다.

횡단면 응용연구에서 표본 크기가 클 때 항상 이분산에 견고한 표준오차만을 보고해도 좋으며, 응용연구에서 점점 더 그렇게 하고 있다. 식 (8.6)처럼 두 표준오차를 모두 보고하는 경우도 많으며, 이때 독자는 어떤 표준오차를 사용할지에 따라 결론이 달라지는지 확인해 볼 수 있다.

미지의 임의의 형태의 이분산에 견고한 F 및 LM 통계량도 얻을 수 있다. 이분산에 견고한 F 통계량(혹은 이의 단순한 변형)은 이분산에 견고한 월드(Wald) 통계량이라고도 한다. 월드(Wald) 통계량을 일반적으로 다루려면 행렬대수가 필요하며, 더 상세한 설명은 Wooldridge (2010, 4장)을 참조하라. 어쨌든 다중 배제 제약에 대하여 이분산에 견고한 통계량을 사용하는 것은 많은 계량경제 패키지에서 쉽게 계산할 수 있으므로 간단한 작업이다.

예제 8.2 이분산에 견고한 F 통계량

GPA3의 봄학기 자료를 이용하여 다음 방정식을 추정하였다.

$$\begin{aligned}
\widehat{cumgpa} = {} & \underset{\substack{(0.23)\\[0.22]}}{1.47} + \underset{\substack{(0.00018)\\[0.00019]}}{0.00114}\, sat - \underset{\substack{(0.00124)\\[0.00140]}}{0.00857}\, hsperc + \underset{\substack{(0.00073)\\[0.00073]}}{0.00250}\, tothrs \\
& + \underset{\substack{(0.059)\\[0.059]}}{0.303}\, female - \underset{\substack{(0.147)\\[0.118]}}{0.128}\, black - \underset{\substack{(0.141)\\[0.110]}}{0.059}\, white
\end{aligned} \tag{8.7}$$

$$n = 366,\ R^2 = 0.4006,\ \bar{R}^2 = 0.3905$$

여기서도 통상적인 표준오차와 이분산에 견고한 표준오차의 차이는 별로 크지 않으며, 견고한 t 통계량의 사용은 어떤 독립변수에서도 통계적 유의성을 변화시키지 않는다. 결합 유의성 검정도 별로 영향받지 않는다. 여타 요소들이 통제되고 나서 인종 간에 *cumgpa* 차이가 없다는 귀무가설 H_0: $\beta_{black} = 0, \beta_{white} = 0$을 검정해 보자. 통상적인 F 통계값은 제약된 모형으로부터의 R^2을 구하면 손쉽게 계산할 수 있다. 그 값은 0.3983

이며[이 값은 *black*과 *white*를 우변에서 제거하고 회귀해 보아야 구할 수 있는 값임], F 통계값은 $[(0.4006 - 0.3983)/(1 - 0.4006)] \times (359/2) \simeq 0.69$이다. 이분산이 존재하면 이 검정은 타당하지 않다. 이분산에 견고한 F 통계량 값은 이렇게 간단히 계산할 수는 없지만, 통계 패키지들을 사용하면 구할 수 있다. 이분산에 견고한 F 통계값을 계산해보면 0.75로서, 견고하지 않은 버전과 약간의 차이만 있으며 견고한 검정에 이에 상당하는 p값은 0.474로서 표준적인 유의수준들보다 훨씬 크다. 견고한 F 검정이든 통상의 F 검정이든 귀무가설을 기각하지 않는다.

잔차 제곱합 형태의 F 통계량은 이분산이 있을 경우 타당하지 않으므로, 두 집단 간 계수의 동일성을 검정하는 Chow 검정을 할 때 주의하여야 한다. 오차 분산이 두 집단 간에 상이한 단순한 경우를 비롯하여 이분산이 존재하면 식 (7.24)의 통계량은 타당하지 않다. 이 경우 집단 더미변수와 여타 설명변수들과의 상호작용항들을 모두 포함하는 모형을 추정하여 이분산에 견고한 Chow 검정을 할 수 있다. 그 다음 두 회귀함수 간에 차이가 있는지—더미변수와 모든 상호작용항들의 계수가 0임을 검정함으로써—검정하거나, 아니면 기울기들이 동일한지만을 (더미변수의 계수에는 제약을 주지 않음으로써) 검정할 수 있다.

8-2a 이분산에 견고한 *LM* 검정값의 계산

모든 회귀 패키지가 이분산에 견고한 F 통계량을 계산해 주는 것은 아니다. 그러므로 이분산에 견고하면서도 계량경제 패키지에 의존하지 않는 다중 배제제약 검정값을 구하는 방법이 있으면 좋겠다. **이분산에 견고한 *LM* 통계량**은 사실상 모든 회귀 패키지를 사용하여 쉽게 구할 수 있다.

다음 모형을 이용하여 견고한 LM 통계량의 계산 방법을 설명한다.

$$y = \beta_0 + \beta_1 x_1 + \beta_2 x_2 + \beta_3 x_3 + \beta_4 x_4 + \beta_5 x_5 + u$$

검정할 귀무가설이 $H_0: \beta_4 = 0, \beta_5 = 0$이라 하자. 통상적인 LM 통계량[등분산 가정 아래에서의 LM 통계량]을 구하려면, 우선 제약된 모형(즉, x_4와 x_5가 없는 모형)을 추정하여 잔차 $\tilde{u}$를 구한다. 그 다음, $\tilde{u}$를 모든 설명변수에 대하여 회귀할 때의 R^2을 $R^2_{\tilde{u}}$이라 하면, 통상적인 LM 통계량은 $LM = n \cdot R^2_{\tilde{u}}$이다.

이분산에 견고한 버전을 구할 때에는 좀 더 계산이 필요하다. 하지만 OLS 회귀만을 이용하여 계산하는 방법이 있다. 이를 위해서는 x_4를 x_1, x_2, x_3에 회귀한 잔차 $\tilde{r}_1$과, x_5를 x_1, x_2, x_3에 회귀한 잔차 $\tilde{u}_2$가 필요하다. 즉, 귀무가설하에서 배제되는 각각의 독립변수를 모든 포함된 독립변수들에 대하여 회귀한다. 각각의 회귀마다 잔차를 보관한다. 마지막

단계는—이 단계는 좀 이상해 보이지만 단순히 통계량을 계산하기 위한 절차일 뿐이다—절편 없이

$$1\text{을 } \tilde{r}_1\tilde{u}, \tilde{r}_2\tilde{u}\text{에 대하여} \tag{8.8}$$

회귀한다. 즉, 모든 관측치에서 값이 1인 종속변수를 하나 정의하고, 이 변수를 $\tilde{r}_1\tilde{u}$와 $\tilde{r}_2\tilde{u}$에 대하여 회귀한다. 회귀 (8.8)로부터의 통상적인 잔차 제곱합을 SSR_1이라 할 때, 견고한 LM 통계량은 $n - SSR_1$과 같다.

이렇게 계산한 LM 통계량이 이분산에 견고한 통계량이 되는 이유를 직관적으로 설명하기는 어렵다. 그냥 견고한 t 통계량을 만들기 위해 견고한 표준오차를 이용하는 것과 같은 것이라는 점만 말해두기로 하자. [더 상세한 설명은 Wooldridge (1991b) 또는 Davidson and MacKinnon (1993) 참조.]

일반적인 경우에 이분산에 견고한 LM 통계량을 계산하는 방법은 다음과 같다.

이분산에 견고한 LM 통계량:

1. 제약된 모형으로부터 잔차 $\tilde{u}$를 구한다.

2. 귀무가설하에서 제외되는 독립변수 각각을 모든 포함된 독립변수들에 대하여 회귀한다. q개의 배제되는 변수가 있다면 q개의 잔차집합들$(\tilde{r}_1, \tilde{r}_2, \ldots, \tilde{r}_q)$을 얻게 될 것이다.

3. 각 $\tilde{r}_j$와 $\tilde{u}$의 곱을 구한다(관측값별로).

4. 1을 $\tilde{r}_1\tilde{u}, \tilde{r}_2\tilde{u}, \ldots, \tilde{r}_q\tilde{u}$에 대하여 절편 없이 회귀한다. 이 마지막 회귀로부터의 통상적인 잔차 제곱합을 SSR_1이라 할 때, 이분산에 견고한 LM 통계량은 $LM = n - SSR_1$이다. H_0 아래에서 LM은 대략적으로 χ^2_q 분포를 갖는다.

일단 견고한 LM 통계량을 구하고 나면, 기각 규칙과 p값 계산은 5-2절의 통상적인 LM 통계량의 경우와 동일하다.

예제 8.3 이분산에 견고한 *LM* 통계량

CRIME1의 자료를 사용하여 과거 기소 시의 평균 형량이 금년(1986년)의 검거 수에 영향을 미치는지 검정하고자 한다. 추정된 모형은 다음과 같다.

$$\begin{aligned}\widehat{narr86} = {} & \underset{\substack{(0.036)\\ [0.040]}}{0.567} - \underset{\substack{(0.040)\\ [0.034]}}{0.136}\, pcnv + \underset{\substack{(0.0097)\\ [0.0101]}}{0.0178}\, avgsen - \underset{\substack{(0.00030)\\ [0.00021]}}{0.00052}\, avgsen^2 \\ & - \underset{\substack{(0.0087)\\ [0.0062]}}{0.0394}\, ptime86 - \underset{\substack{(0.0144)\\ [0.0142]}}{0.0505}\, qemp86 - \underset{\substack{(0.00034)\\ [0.00023]}}{0.00148}\, inc86 \\ & + \underset{(0.045)}{0.3250.058}\, black + \underset{\substack{(0.040)\\ [0.040]}}{0.193}\, hispan \end{aligned} \tag{8.9}$$

$$n = 2{,}725,\ \ R^2 = 0.0728$$

이 예에서 통상적인 표준오차들과 견고한 표준오차들의 차이가 큰 경우가 꽤 있다. 예를 들어 $avgsen^2$의 통상적인 t통계량은 약 -1.73인 반면, 견고한 t통계량은 약 -2.48이다. 그러므로 $avgsen^2$은 견고한 표준오차를 쓸 때 더 유의하다.

*avgsen*이 *narr86*에 미치는 영향은 설명이 좀 어렵다. 2차식 관계이므로, *avgsen*이 *narr86*에 양의 영향을 미치는 경우와 그 효과가 음이 되는 경우를 알 수 있다. 전환점은 $0.0178/[2 \times 0.00052] \approx 17.12$이다(측정 단위는 월). 문자 그대로 보면, 이는 *avgsen*이 17개월보다 작을 때 *narr86*이 *avgsen*과 양의 상관관계를 가짐을 의미한다. *avgsen*은 17개월을 넘을 때 우리가 기대했던 방지 효과를 갖는다.

평균 형량이 *narr86*에 통계적으로 유의한 효과를 갖는지 보려면 결합 귀무가설 $H_0: \beta_{avgsen} = 0, \beta_{avgsen^2} = 0$을 검정하여야 한다. 통상적인 *LM*통계량(5-2절 참조)을 사용하면 $LM = 3.54$를 얻는다. 자유도가 2인 카이제곱 분포에서 그 p값은 0.170이다. 따라서 H_0을 기각하지 않는다. 이분산에 견고한 *LM*통계값을 계산해 보면 $LM = 4.00$ (소수점 둘째 자리까지 반올림)이며 p값은 0.135이다. 여전히 H_0에 반하는 강한 증거가 아니며, *avgsen*은 *narr86*에 강한 효과를 갖는 것으로 보이지 않는다. [참고로, (8.9)에서 2차항 없이 *avgsen*만 사용하면 통상적인 t통계값은 0.658이고 견고한 t통계값은 0.592이다.]

8-3 이분산의 검정

이분산에 견고한 표준오차들을 사용하면 이분산이 존재하든 존재하지 않든 근사적으로 t 분포를 갖는 t 통계량을 계산할 수 있다. 이분산에 견고한 F 및 LM 통계량들도 구할 수 있음을 보았다. 이들 검정을 구현함에 있어 이분산의 존재 여부를 알 필요는 없으며, 이를 위한 소프트웨어도 쉽게 구할 수 있다. 그럼에도 다음과 같은 이유로 이분산의 존재를 알아낼 수 있는 손쉬운 검정이 있으면 유용하다. 첫째, 앞 절에서 설명한 것처럼 고전적 선형모형 가정하에서 통상적인 t 통계량은 정확히 t 분포를 갖는다. 이러한 이유로 어떤 경제학자들은 이분산의 증거가 없는 한 여전히 통상적인 OLS 표준오차와 검정 통계량들을 보고 싶어 한다. 둘째, 성과변수 y의 분산이 설명변수 값에 따라 변하는지 알고 싶을 수도 있다. 예를 들어 직업훈련 프로그램은 평균 임금뿐 아니라 임금의 차이에도 영향을 미칠 것인가? 셋째, 만일 이분산이 존재하면 OLS 추정량은 더 이상 가장 좋은 선형 불편 추정량이 아니다. 나중에 8-4절에서 볼 것처럼, 이분산의 형태를 알고 있으면 OLS보다 더 좋은 추정량을 구할 수 있다.

많은 이분산 검정 방법들이 제안되어 왔다. 그중 어떤 것들은 이분산을 검출해 낼 수 있기는 하지만 오차 분산이 독립변수들에 의존하지 않는다는 가정을 직접적으로 검정하지는 않는다. 여기서는 통상적인 OLS 통계량들을 못쓰게 만드는 이분산의 존재를 검출하는 좀 더 현대적인 검정들만을 살펴보고자 한다. 그럼으로써 이 검정 방법들은 하나의 맥락에서 이해할 수 있다는 장점도 있다.

늘 그렇듯이 다음 선형 모형으로부터 시작하자.

$$y = \beta_0 + \beta_1 x_1 + \beta_2 x_2 + \cdots + \beta_k x_k + u \tag{8.10}$$

본 절에서는 가정 MLR.1부터 MLR.4가 성립한다고 가정한다. 특히 $\mathrm{E}(u|x_1, x_2, \ldots, x_k) = 0$이라고 가정하며, 이때 OLS는 비편향이고 일치성을 갖는다.

귀무가설은 MLR.5가 참이라는 것이다.

$$H_0\colon\ \mathrm{Var}(u|x_1, x_2, \ldots, x_k) = \sigma^2 \tag{8.11}$$

즉, 이상적인 등분산 가정이 성립한다고 가정하고, 자료가 이 가정를 뒷받침하는지 알고자 한다. 보통, 충분히 작은 유의수준에서 (8.11)을 기각하지 않으면, 이분산이 문제가 되지 않는다고 결론을 내린다. 하지만 H_0은 채택하는 것이 아님을 기억하라. 단지 이를 기각 못할 뿐이다. 〔그러므로 이분산이 없다는 결론을 내리는 것이 아니라 문제가 되지 않는다는 결론을 내리는 것으로 이해하면 된다.〕

u가 조건부 0 평균을 갖는다고 가정하고 있으므로, $\text{Var}(u|\mathbf{x}) = \text{E}(u^2|\mathbf{x})$이고, 따라서 등분산의 귀무가설은 다음과 같다.

$$H_0\colon\ \text{E}(u^2|x_1, x_2, \ldots, x_k) = \text{E}(u^2) = \sigma^2$$

그러므로 우리는 등분산 가정의 위배 여부를 검정하기 위하여 u^2이 하나 혹은 그 이상의 설명변수들과 연관되는지(평균의 의미에서) 검정하고자 한다. H_0이 거짓이면, 주어진 독립변수들에서 u^2의 기댓값은 x_j의 어떠한 함수든 될 수 있다. 간단한 접근법은 다음의 선형 함수를 상정하는 것이다.

$$u^2 = \delta_0 + \delta_1 x_1 + \delta_2 x_2 + \cdots + \delta_k x_k + v \tag{8.12}$$

여기서 v는, 주어진 x_j에서 평균이 0인 오차항이다. 이 방정식의 종속변수가 원래의 회귀방정식 (8.10)의 오차항의 제곱임에 유의하라. 등분산의 귀무가설은 다음과 같다.

$$H_0\colon\ \delta_1 = \delta_2 = \cdots = \delta_k = 0 \tag{8.13}$$

귀무가설 아래에서 (8.12)의 오차항 v가 $x_1, x_2, \ldots, x_k$와 독립이라고 가정할 수 있다. 그러면, 5-2절에서 보았듯이, 독립변수들이 u^2의 설명에서 전반적인 유의성을 갖는지 검정하기 위한 F 또는 LM 통계량을 사용하여 (8.13)을 검정할 수 있다. u^2이 정규분포를 가질 수는 없지만(예를 들어 u가 정규분포를 가지면 u^2/σ^2은 χ_1^2 분포를 가짐), 두 통계량 모두 표본크기가 크면 사용하는 데에 문제가 없다. 표본에서 u^2을 관측할 수 있다면, n개의 관측치를 모두 사용하여 u^2을 $x_1, x_2, \ldots, x_k$에 OLS 회귀함으로써 이 통계량들을 손쉽게 계산할 수 있을 것이다.

앞에서 강조한 것처럼, 모집단 모형에서 실제 오차는 결코 관측할 수 없지만, 이들의 추정값은 가지고 있다. OLS 잔차 $\hat{u}_i$가 관측치 i에서 오차 u_i의 추정값인 것이다. 그러므로, 다음 방정식

$$\hat{u}_i^2 = \delta_0 + \delta_1 x_1 + \delta_2 x_2 + \cdots + \delta_k x_k + error \tag{8.14}$$

를 추정하고, 이로부터 $x_1, \ldots, x_k$의 결합 유의성을 위한 F 또는 LM 통계량을 계산할 수 있다. 증명이 복잡하기는 하지만, 이처럼 오차 대신 OLS 잔차를 사용하여도 F 또는 LM 통계량의 대표본(large sample) 분포는 영향을 받지 않는다는 것을 보일 수 있으므로 표본의 크기가 충분히 크기만 하면 이 F 또는 LM 통계량을 이용해서 식 (8.13)의 귀무가설을 검정해도 무방하다.

F 및 LM 통계량은 둘 다 (8.14) 회귀로부터의 R^2으로부터 구할 수 있다. 이 R^2을 방정식 (8.10) 추정시의 R^2으로부터 구분하여 $R^2_{\hat{u}^2}$이라 하자. 그러면 먼저 F 통계량은 다음과 같다.

$$F = \frac{R^2_{\hat{u}^2}/k}{(1 - R^2_{\hat{u}^2})/(n-k-1)} \tag{8.15}$$

여기서 k는 (8.14)에서 우변변수의 개수로서, (8.10)의 독립변수의 개수와 동일하다. 대부분의 회귀 패키지가 회귀의 전체적인 유의성을 위한 F 통계량을 자동으로 계산하므로 (8.15)를 손으로 계산할 필요는 거의 없다. 이 F 통계량은 등분산의 귀무가설 아래에서 (근사적으로) $F_{k,n-k-1}$ 분포를 갖는다.

이분산 검정을 위한 LM 통계량은 간단히 표본 크기 곱하기 (8.14)로부터의 R^2이다.

$$LM = n \cdot R^2_{\hat{u}^2} \tag{8.16}$$

귀무가설 아래에서 LM은 점근적으로 χ^2_k 분포를 갖는다. 이것도 (8.14)의 회귀를 실행한 후에 아주 쉽게 얻을 수 있다.

이 LM 버전의 검정을 Breusch-Pagan의 이분산 검정(BP 검정)이라 한다. Breusch and Pagan (1979)은 오차가 정규분포를 갖는 경우에 대하여 이와 다른 형태의 검정을 제안하였다. (8.16)의 LM 통계량 형태는 Koenker (1981)가 제안하였으며, 응용 가능성이 넓어 더 일반적으로 통용된다.

BP 검정을 이용하여 이분산을 검정하는 절차를 요약하면 다음과 같다.

Breusch-Pagan 이분산 검정:

1. 모형 (8.10)을 OLS에 의하여 추정한다. OLS 잔차의 제곱 $\hat{u}^2$을 구한다(관측치 당 하나씩).
2. (8.14)의 회귀를 실행한다. 이 회귀로부터의 R^2인 $R^2_{\hat{u}^2}$을 보관한다.
3. F 통계량이나 LM 통계량을 만들고 그 p값을 계산한다(F의 경우에는 $F_{k,n-k-1}$ 분포를 사용하고, LM의 경우에는 χ^2_k 분포를 사용함). p값이 충분히 작으면, 즉 선택한 유의수준보다 낮으면, 등분산의 귀무가설을 기각한다.

BP 검정으로부터의 p값이 충분히 작으면[즉, 이분산이 존재한다고 판단되면], 적절한 교정이 이루어져야 한다. 하나의 가능성은, 앞 절에서 설명한 것처럼 이분산에 견고한 표준오차와 검정 통계량을 사용하는 것이다. 또 하나의 가능성은 8-4절에 설명되어 있다.

예제 8.4 주택 가격 방정식에서 이분산

HPRICE1 자료를 이용하여 단순한 주택 가격 방정식에서 이분산을 검정하자. 모든 변수들의 수준을 이용하여 추정한 방정식은 다음과 같다.

$$\begin{aligned}\widehat{price} &= -21.77 + 0.00207\,lotsize + 0.123\,sqrft + 13.85\,bdrms \\ &\quad\;(29.48)\;\;(0.00064)\qquad\quad (0.013)\qquad\quad (9.01) \\ n &= 88,\quad R^2 = 0.672\end{aligned} \tag{8.17}$$

이 방정식은 모집단 모형 내의 오차가 이분산적인지 여부에 대하여 아무것도 말해주지 않는다. 이제 OLS 잔차의 제곱을 독립변수들로 회귀하자. $\hat{u}^2$을 *lotsize*, *sqrft*, *bdrms*에 대하여 회귀하면 R^2은 $R^2_{\hat{u}^2} = 0.1601$이다. $n = 88$이고 $k = 3$이므로 독립변수들의 유의성을 나타내는 F 통계량은 $F = [0.1601/(1-0.1601)](84/3) \approx 5.34$이다. 여기에 해당하는 p값은 0.002로서, 귀무가설에 반하는 강한 증거이다. LM 통계량은 $88 \times 0.1601 \approx 14.09$이다. χ^2_3 분포를 사용할 때 p값은 약 0.0028로서, F 통계량과 본질적으로 동일한 결과를 얻는다. 그러므로 (8.17)에 보고된 통상적인 표준오차들은 믿을 수 없다.

6장에서 종속변수를 로그 함수 변환하는 하나의 장점이 이분산을 줄여준다는 것이라고 설명한 바 있다. 그러므로 *price*, *lotsize*, *sqrft*에 로그를 취해 보자. 그렇게 하면 *lotsize*와 *sqrft*에 대한 *price*의 탄력성이 상수가 된다. 추정 결과는 다음과 같다.

$$\begin{aligned}\widehat{\log(price)} &= -1.30 + 0.168\log(lotsize) + 0.700\log(sqrft) + 0.037\,bdrms \\ &\quad\;(0.65)\;\;(0.038)\qquad\qquad\quad (0.093)\qquad\qquad\quad (0.028) \\ n &= 88,\quad R^2 = 0.643\end{aligned} \tag{8.18}$$

이 회귀로부터 구한 OLS 잔차의 제곱을 $\log(lotsize)$, $\log(sqrft)$, *bdrms*에 대하여 회귀하면 $R^2_{\hat{u}^2} = 0.0480$이다. 따라서 $F = 1.41$ (p값 $= 0.245$)이며 $LM = 4.22$ (p값 $= 0.239$)이다. 그러므로, 로그 형태를 갖는 모형에서는 등분산의 귀무가설을 기각하지 못한다. 이처럼 종속변수에 로그를 취할 때 이분산이 덜 나타난다는 점이 많은 응용연구에서 관찰된다. [이분산을 줄여준다고 하여 로그 형태의 종속변수를 이용해 모형을 구성해야 한다는 것은 아니다.]

이분산이 특정 독립변수들에만 의존하는 것 같으면, Breusch-Pagan 검정을 손쉽게 수정할 수 있다. 간단히, $\hat{u}^2$을 우리가 선택한 독립변수들에만 회귀하여 F 또는 LM 검정을 하면 된다. 이 검정에서 자유도는, $\hat{u}^2$을 종속변수로 하는 회귀에서 독립변수의 개수임에 유의하라. 식 (8.10)에 존재하는 독립변수의 개수와는 전혀 무관하다.

8-3a White의 이분산 검정

5장에서, 가우스 마코프 가정이 모두 성립할 때, 통상적인 OLS 표준오차와 검정 통계량들이 점근적으로 타당함을 보았다. 등분산 가정 $\mathrm{Var}(u|x_1,\ldots,x_k)=\sigma^2$은 오차 제곱 u^2이 모든 독립변수들(x_j), 독립변수들의 제곱(x_j^2) 및 모든 교차곱들(x_jx_h, $j\neq h$)과 상관되어 있지 않다는 더 약한 가정으로 바꿀 수 있다. 이에 착안하여 White (1980)는 식 (8.14)에 모든 독립변수들의 제곱과 교차곱들을 추가하는 이분산 검정을 제안하였다. 이 검정은, 이분산으로 인하여 통상적인 OLS 표준오차와 검정 통계량들이 타당하지 않게 되는지 검정하도록 고안된 것이다.

모형에 $k=3$ 개의 독립변수가 들어 있을 때, White 검정은 다음 모형의 추정에 기초한다.

$$\begin{aligned}\hat{u}^2 &= \delta_0+\delta_1x_1+\delta_2x_2+\delta_3x_3+\delta_4x_1^2+\delta_5x_2^2+\delta_6x_3^2\\ &\quad+\delta_7x_1x_2+\delta_8x_1x_3+\delta_9x_2x_3+error\end{aligned} \tag{8.19}$$

Breusch-Pagan 검정과 비교하여, 이 방정식에는 회귀변수(regressors)가 6개 더 많다. White의 이분산 검정은 식 (8.19)에서 절편만 제외하고 모든 δ_j 계수들이 0임을 검정하는 LM 통계량이다. 따라서, 이 경우 9개의 제약을 검정하는 것이 된다. 〔회귀변수의 개수가 달라지면 제약의 개수도 달라진다.〕 이 가설의 F검정을 이용할 수도 있다. 두 검정 모두 점근적 타당성을 갖는다.

원래 모형에 3개의 독립변수가 있을 때, 식 (8.19)에는 9개의 독립변수가 있다. 원래 모형에 6개의 독립변수가 있다면 White의 회귀에는 일반적으로 27개의 회귀변수(regressors)를 가질 것이다(중복되는 것이 없다면). 순수한 형태의 White 검정에서는 이처럼 회귀변수가 많은 것이 약점이다. 독립변수의 수가 아주 많지는 않은 모형에서도 자유도를 많이 잡아먹는다.

White 검정보다 구현하기 쉬우면서 자유도도 아끼는 검정을 얻을 수 있다. White 검정과 Breusch-Pagan 검정의 차이가, 전자가 독립변수들의 제곱들과 교차곱들을 포함하에 있음을 기억하라. 이분산 검정에 OLS 맞춘값들을 이용함으로써 White 검정의 정신을 유지하면서도 자유도를 아낄 수 있다. 각 관측치 i에서 맞춘값은 다음과 같이 정의됨을 기억하라.

$$\hat{y}_i=\hat{\beta}_0+\hat{\beta}_1x_{i1}+\hat{\beta}_2x_{i2}+\cdots+\hat{\beta}_kx_{ik}$$

이것은 독립변수들의 선형함수이다. 맞춘값들을 제곱하면 독립변수들의 모든 제곱들과 교차곱들의 특정 함수를 얻는다. 이에 착안하여 다음 방정식을 추정함으로써 이분산을 검정하는 것을 생각해 볼 수 있다.

$$\hat{u}^2 = \delta_0 + \delta_1 \hat{y} + \delta_2 \hat{y}^2 + error \tag{8.20}$$

여기서 $\hat{y}$는 OLS 맞춘값을 나타낸다. 이 방정식에서 $\hat{y}$와 y를 혼동하면 안 된다. 맞춘값을 사용하는 것은 맞춘값이 독립변수들(그리고 모수 추정값들)의 함수이기 때문이다. (8.20)에서 y를 사용하면 올바른 이분산 검정을 얻을 수 없다.

식 (8.20)에서 귀무가설 H_0: $\delta_1 = 0, \delta_2 = 0$에 대하여 F 또는 LM 통계량을 사용할 수 있다. 원래 모형 내 독립변수들이 몇 개이든, 등분산 귀무가설 검정 시 항상 2개의 제약만 있다. 이런 방식으로 자유도를 아끼는 것은 좋은 생각이며, 검정을 구현하기도 쉽게 한다.

주어진 x_j에서 y의 기댓값의 추정값이 $\hat{y}$이므로, (8.20)을 이용하여 이분산을 검정하는 것은, 분산이 기댓값 $\mathrm{E}(y|\mathbf{x})$의 수준에 따라 변한다고 생각될 때 유용하다. 식 (8.20)은 식 (8.19)의 모수들에 제약을 가한 것이므로, (8.20)을 이용한 검정은 White 검정의 특수 경우라고 볼 수도 있다.

White 이분산 검정의 특수 경우:

1. 여느 때처럼 모형 (8.10)을 OLS로 추정한다. OLS 잔차 $\hat{u}$와 맞춘값 $\hat{y}$를 구한다. OLS 잔차의 제곱 $\hat{u}^2$과 맞춘값의 잔차 $\hat{y}^2$을 계산한다.
2. 식 (8.20)의 회귀를 실행한다. 이 회귀로부터의 R제곱 $R^2_{\hat{u}^2}$을 보관한다.
3. F 또는 LM 통계량을 만들고 그 p값을 계산한다(전자의 경우 $F_{2,n-3}$ 분포를 이용하고, 후자의 경우 χ^2_2 분포를 이용함).

예제 8.5 로그 주택 가격 방정식에서 White 검정의 특수 형태

White 검정의 특수 형태를 식 (8.18)에 응용한다. LM 형태의 통계량을 사용할 것이다. 중요한 점은 카이제곱 분포의 자유도가 항상 2라는 것이다. (8.18)로부터의 맞춘값을 $\widehat{lprice}$라 할 때, $\hat{u}^2$을 $\widehat{lprice}$와 $\widehat{lprice}^2$에 회귀하면 $R^2_{\hat{u}^2} = 0.0392$를 얻는다. 따라서 $LM = 88 \times 0.0392 \approx 3.45$이고, p값 $= 0.178$이다. 이것은 앞의 Breusch-Pagan 검정 시보다 더 강한 이분산의 증거이지만, 여전히 15% 수준에서도 등분산을 기각하지 못한다.

본 절을 마치기 전에, 하나의 주의 사항을 이야기해야겠다. 이상에서 설명한 이분산 검정 중 하나를 사용하여 기각하는 것을 이분산의 증거로 해석하였다. 이런 해석은 가정 MLR.1~MLR.4가 성립하는 경우에만 타당하다. 특히, 만일 $E(y|\mathbf{x})$의 함수 형태가 잘못 설정되었으면, $\mathrm{Var}(y|\mathbf{x})$이 상수인 경우에도 이분산 검정은 H_0을 기각할 수 있다. 예를 들어, 만일 회귀모형에서 하나 또는 그 이상의 2차항들을 빠뜨리거나, 로그 모형을 사용해야 할

때 수준 모형을 사용하면, 이분산이 없는 경우에도 이분산 검정 결과는 유의적일 수 있다. 이로 인해 어떤 경제학자들은 이분산 검정을 일반적인 모형 오설정(mispecification) 검정으로 보기도 한다. 하지만 함수 형태 오설정을 위해서는 더 좋고 더 직접적인 검정방법들이 있으며, 이 중 몇 가지에 대해 9-1절에서 설명할 것이다. 함수 형태의 오설정은 이분산보다 더 중요하므로, 함수 형태에 대한 명시적인 검정을 먼저 사용하는 것이 더 낫다. 그리고 나서, 일단 함수형태에 만족하면 이분산 검정으로 넘어갈 수 있다.

마지막으로, $\hat{u}^2$을 종속변수로 사용하는 앞의 이분산 검정들을 더 견고하게 만들 수 있다. 앞서 말했듯이, 점근적으로, 이들 검정은 MLR.1부터 MLR.5까지 가정이 성립한다는 귀무가설하에서 오차 제곱 u^2을 종속변수로 사용하는 것과 마찬가지로 작동한다. 하지만 식 (8.12)에서 오차항 v는 식 (8.13)으로 표현된 귀무가설하에서도 이분산적일 수 있다. 분산 공식을 사용하면, $\mathrm{E}(u|\mathbf{x}) = 0$이고 $\mathrm{E}(u^2|\mathbf{x}) = \sigma^2$이라는 귀무가설하에

$$\mathrm{Var}(v|\mathbf{x}) = \mathrm{Var}(u^2|\mathbf{x}) = \mathrm{E}(u^4|\mathbf{x}) - [\mathrm{E}(u^2|\mathbf{x})]^2 = \mathrm{E}(u^4|\mathbf{x}) - (\sigma^2)^2 = \mathrm{E}(u^4|\mathbf{x}) - \sigma^4$$

이 되는데, 이에 의하면 $\mathrm{E}(u^4|\mathbf{x})$가 동일한 경우에 $\mathrm{Var}(u|\mathbf{x})$가 동일하다. 이 오차항의 조건부 4차 적률이 $\mathbf{x}$에 의존하지 않는다는 가정은 Gauss-Markov 가정의 일부가 아니다(단, 고전적 선형모형 가정처럼 정규분포 가정 MLR.6을 가정하면 그렇게 된다). 달리 말하여, 통상적인 Breusch-Pagan과 White 검정은 오차항의 4차 적률, 즉 그 분포의 첨도(kurtosis)가 $\mathbf{x}$에 의존하는 경우에 견고하지 않다. $\mathrm{E}(u|\mathbf{x}) = 0$이고 $\mathrm{E}(u^2|\mathbf{x}) = \sigma^2$ (상수)이면서 $\mathrm{E}(u^4|\mathbf{x})$가 $\mathbf{x}$의 함수인 경우는 드물어서 통상적인 버전의 BP와 White 검정으로도 아마 충분할 것이다. 그럼에도, 요즘은 견고한 검정을 쉽게 할 수 있다. 이분산에 견고한 F 통계나 LM 버전을 $\hat{u}^2$을 종속변수로 사용하는 회귀[(8.13) 또는 (8.20)]에 적용하기만 하면 되는 것이다. 이러한 "이첨도에 견고한(heterokurtosis-robust)" 이분산 검정은 Wooldridge (1991)가 제안하였다.

8-4 가중최소제곱 추정

8-3절의 검정을 이용하여 이분산이 검출되면, OLS 추정 후 이분산에 견고한 통계량을 사용하여 대응하면 된다는 것을 8-2절에서 배웠다. 이분산에 견고한 통계량이 개발되기 전에는, 이분산의 발견 시 이분산의 형태를 지정하여 가중최소제곱(weighted least squares, WLS)법을 사용하여 대응하였다. 본 절에서는 이에 대하여 설명한다. 이하에 이야기할 것처럼, 분산의 (설명변수의 함수로서의) 함수 형태를 옳게 지정하면, 가중최소제곱(WLS)은 OLS보다 더 효율적이며, WLS를 사용한 새로운 t 통계량과 F 통계량은 t 분포와 F 분포를 갖는다. WLS 절차에서 잘못된 분산 형태를 사용할 경우 발생하는 일에 대해서도 논의할 것이다.

8-4a 이분산 형태가 알려진 함수의 미지의 상수 배일 때

$\mathbf{x}$가 식 (8.10)의 모든 설명변수들을 나타낸다고 하고 다음을 가정하자.

$$\text{Var}(u|\mathbf{x}) = \sigma^2 h(\mathbf{x}) \tag{8.21}$$

여기서 $h(\mathbf{x})$는 이분산을 결정하는 설명변수들의 어떤 함수이다. 분산은 반드시 양수이므로 모든 가능한 독립변수 값에서 $h(\mathbf{x}) > 0$이다. 이 소절에서는 $h(\mathbf{x})$ 함수가 알려져 있다고 가정한다. 모수 σ^2은 모르지만, 자료 표본으로부터 이를 추정할 수 있을 것이다.

모집단으로부터 무작위로 추출할 때, $\sigma_i^2 = \text{Var}(u_i|\mathbf{x}_i) = \sigma^2 h(\mathbf{x}_i) = \sigma^2 h_i$라 쓸 수 있다. 앞에서처럼 $\mathbf{x}_i$는 관측치 i의 모든 독립변수 값들이고, 독립변수 값들이 관측치마다 다르므로 h_i의 값도 관측치마다 다르다. 예를 들어, 다음의 단순한 저축 함수를 고려하자.

$$sav_i = \beta_0 + \beta_1 inc_i + u_i \tag{8.22}$$

$$\text{Var}(u_i|inc_i) = \sigma^2 inc_i \tag{8.23}$$

여기서 $h(x) = h(inc) = inc$이다. 즉, 오차의 분산은 소득 수준에 비례한다. 이는 소득이 증가하면서 동일 소득에서 저축들의 차이가 증가함을 의미한다($\beta_1 > 0$이면 저축의 기댓값도 소득과 함께 증가한다). inc는 항상 양수이므로 (8.23)의 분산은 반드시 양수가 된다. 주어진 inc_i에서 u_i의 표준편차는 $\sigma\sqrt{inc_i}$이다.

β_j를 추정하는 데에 식 (8.21)의 정보를 어떻게 이용할 수 있을까? 기본적인 아이디어는 이분산적 오차를 갖는 원래 식

$$y_i = \beta_0 + \beta_1 x_{i1} + \beta_2 x_{i2} + \cdots + \beta_k x_{ik} + u_i \tag{8.24}$$

을 등분산적인 오차를 갖는(여타 가우스 마코프 가정들도 만족시키면서) 방정식으로 변환하는 것이다. h_i는 $\mathbf{x}_i$의 함수일 뿐이므로, $u_i/\sqrt{h_i}$는 $\mathbf{x}_i$ 조건부로 0의 기댓값을 갖는다. 나아가, $\text{Var}(u_i|\mathbf{x}_i) = \text{E}(u_i^2|\mathbf{x}_i) = \sigma^2 h_i$이므로, $u_i/\sqrt{h_i}$의 분산($\mathbf{x}_i$ 조건부)은 σ^2이다. 즉,

$$\text{E}\left((u_i/\sqrt{h_i})^2\right) = \text{E}(u_i^2)/h_i = (\sigma^2 h_i)/h_i = \sigma^2.$$

여기서 표기를 간략히 하기 위하여 $\mathbf{x}_i$ 조건부 표시는 하지 않았다. 식 (8.24)를 $\sqrt{h_i}$로 나누면 다음을 얻는다.

$$\begin{aligned} y_i/\sqrt{h_i} = {} & \beta_0/\sqrt{h_i} + \beta_1(x_{i1}/\sqrt{h_i}) + \beta_2(x_{i2}/\sqrt{h_i}) + \cdots \\ & + \beta_k(x_{ik}/\sqrt{h_i}) + (u_i/\sqrt{h_i}) \end{aligned} \tag{8.25}$$

또는 다음과 같이 표기하자.

$$y_i^* = \beta_0 x_{i0}^* + \beta_1 x_{i1}^* + \cdots + \beta_k x_{ik}^* + u_i^* \tag{8.26}$$

여기서 $x_{i0}^* = 1/\sqrt{h_i}$이며, 여타 별표 붙은 변수들은 원래의 각 변수를 $\sqrt{h_i}$로 나눈 것이다.

식 (8.26)이 유별나 보이기는 하지만, 중요한 점은 이 식으로부터 OLS보다 더 나은 효율성을 갖는 β_j 추정량을 얻을 수 있기에 우리가 이 식을 도출했다는 것이다. 원래 식 (8.24)의 절편(β_0)은 이제 $x_{i0}^* - 1/\sqrt{h_i}$ 변수의 계수이다. 각각의 기울기 모수 β_j는 새 변수에 곱해지는데, 이 새 변수들은 유용한 해석이 어렵다. 하지만, 모수들과 모형을 해석할 때 항상 원래의 모형 (8.24)로 돌아갈 수 있으므로, 이것은 문제가 되지 않는다.

앞의 저축의 예에서, 변형된 방정식은 다음과 같다.

$$sav_i/\sqrt{inc_i} = \beta_0(1/\sqrt{inc_i}) + \beta_1\sqrt{inc_i} + u_i^*$$

(여기서 $inc_i/\sqrt{inc_i} = \sqrt{inc_i}$를 이용하였다.) 그럼에도 β_1은 소득의 한계 저축성향으로서, 식 (8.22)를 해석하는 것과 동일하다.

식 (8.26)은 모수에 대하여 선형이고(따라서 MLR.1이 만족됨), 무작위 표본추출 가정은 변함이 없다. 또, u_i^*는 $\mathbf{x}_i^*$ 조건부로 0평균을 갖고 동일한 분산(σ^2)을 갖는다. 즉, 원래 방정식이 처음 4개의 Gauss-Markov 가정을 만족시키면, 변형된 방정식 (8.26)은 Gauss-Markov 가정 5개를 모두 만족시킨다. 또한, u_i가 정규분포를 가지면 u_i^*도 분산이 σ^2인 정규분포를 갖는다. 그러므로, 원래의 모형이 등분산 가정을 제외한 나머지 가정들을 만족시키면, 변형된 방정식은 고전적 선형모형 가정들(MLR.1부터 MLR.6까지)을 모두 만족시킨다.

Gauss-Markov 가정 아래에서 OLS는 좋은 성질들(예를 들어 BLUE)을 갖는다. 따라서 앞 문단의 논의로부터, 식 (8.26)의 모수들을 OLS로써 추정하는 것이 좋아 보인다. 이들 추정량 $\beta_0^*, \beta_1^*, \ldots, \beta_k^*$는 원래 식의 OLS 추정량들과 다를 것이다. 이 β_j^*는 일반화최소제곱(generalized least squares, GLS) 추정량의 일종이다. 현재의 경우, GLS 추정량은 오차 내의 이분산을 설명하기 위하여 사용되었다. 이분산이 아닌 다른 이유로 일반화최소제곱 추정량을 이용하는 예가 부록 A와 Wooldridge 원저서의 12장에 포함되어 있다.

식 (8.26)이 모든 이상적 가정들을 만족시키므로, 변형된 변수들을 사용한 회귀로부터 표준오차들, t통계량들, F통계량들을 얻을 수 있다. (8.26)으로부터의 잔차 제곱합을 자유도로 나누면 σ^2의 불편 추정량이 된다. 나아가, GLS 추정량들은 β_j의 최선의 선형 불편 추정량이므로, 변형되지 않은 식으로부터의 OLS 추정량 $\hat{\beta}_j$보다 더 효율적이다. 본질적으로, 변수들을 변환한 후에 표준적인 OLS 분석을 하면 된다. 하지만 원래 식에 비추어서 추정값들을 해석함을 기억해야 할 것이다.

(8.26)을 추정하여 구하는 R^2은 F통계량을 구할 때에는 유용하지만 적합도의 척도로서는 별로 유용하지 않는다. 이것은 y가 아니라 y^* 내의 차이가 얼마나 x^*에 의하여 설명되는지 나타내며 별 의미가 없다.

이분산을 교정하는 GLS 추정량을 **가중최소제곱(WLS) 추정량**이라 한다. 이 이름은 β_j^*가 잔차 제곱의 가중합을 최소한다는 데에서 유래한다. 이때 각 잔차 제곱에 주어지는 가중치는 $1/h_i$이다. 이 방법은 오차 분산이 큰 관측치에 작은 가중치를 주는 데에 착안한 방법이다. 반면, OLS는 각 관측치마다 동일한 가중치를 주는데, 이는 오차 분산이 모집단의 모든 구획들에서 동일할 때 최선이다. 수학적으로, WLS 추정량들은

$$\sum_{i=1}^{n}(y_i - b_0 - b_1 x_{i1} - b_2 x_{i2} - \cdots - b_k x_{ik})^2/h_i \tag{8.27}$$

의 값을 최소로 만드는 b_j 값들이다. $1/h_i$에 제곱근을 취하여 괄호 안으로 넣으면, 잔차 제곱의 가중합이 변형된 방정식

$$\sum_{i=1}^{n}(y_i^* - b_0 - b_1 x_{i1}^* - b_2 x_{i2}^* - \cdots - b_k x_{ik}^*)^2$$

과 동일함을 알 수 있다. OLS가 잔차 제곱의 합을 최소화하므로(종속변수와 독립변수의 정의와 상관없이), (8.27)을 최소화하는 WLS 추정량은 간단히 (8.26)의 OLS 추정량이다. (8.27)의 잔차 제곱들의 가중치는 $1/h_i$이지만, (8.26)의 변형된 변수들의 가중치는 $1/\sqrt{h_i}$임에 주의하라. 〔용어에 주의를 기울일 필요가 있다. 'WLS의 가중치'라는 용어가 사용되기도 하는데, 이 WLS의 가중치는 $1/\sqrt{h_i}$가 아니라 $1/h_i$을 말한다.〕

가중최소제곱 추정량은 어떠한 가중치이든 모두 양수이기만 하면 정의된다. OLS는 모든 관측치들에 동일한 가중치를 주는 특수 경우이다. 효율적인 절차인 GLS는, 주어진 $\mathbf{x}_i$에서 u_i의 분산의 역수를 가중치로 준다. 〔변수들의 가중치인 $1/\sqrt{h_i}$가 아니라 WLS의 가중치인 $1/h_i$를 말한다.〕

식 (8.25)의 변형된 변수들을 구하여 수동으로 가중최소제곱을 하는 과정은 따분하고 중간에 실수를 범할 수도 있다. 다행히도 대부분의 현대적인 회귀 패키지들은 가중최소제곱을 계산할 수 있도록 해 준다. 회귀 패키지들을 이용하여 WLS 추정을 할 때에는 원래 모형의 종속변수 및 독립변수들과 함께, (8.27) 내의 가중치 함수인 $1/h_i$—즉, 분산의 역수에 비례하는 가중치—를 지정하기만 하면 되는 경우가 많다. 수동으로 WLS를 계산하지 않고 회귀 패키지들을 이용함으로써 실수를 덜 범한다는 것 이외에도, 가중최소제곱 추정값들을 해석할 때 혼동을 피할 수 있다는 장점이 있다.* 가중최소제곱 추정값들과 표준오차들은 OLS 결과와 다를 것이지만, 이들 추정값, 표준오차, 검정 통계량 등을 해석하는 방식은 OLS의 경우와 동일하다.

*WLS는 식 (8.26)을 추정하므로 β_1의 가중최소제곱 추정량을 "다른 조건이 동일할 때 x_1^*의 y^*에 대한 한계효과"의 추정량으로 해석하는 학생들을 종종 본다. 이 해석이 틀린 것은 아니지만 의미를 이해하기 곤란하다. β_1의 가중최소제곱 추정량은 여전히 β_1 즉, x_1의 y에 대한 한계효과의 추정량이다. 회귀 패키지를 이용하면 추정 결과를 원래의 변수에 맞추어 제시하는 까닭에 이런 혼동을 피할 수 있다.

WLS 옵션을 내장한 계량경제 패키지들—대부분의 패키지가 그렇다—은 WLS 추정값 및 표준오차와 더불어 R^2(그리고 조정된 R^2)을 보고할 것이다. 보통 WLS R^2은 식 (8.27)을 최소화하여 얻은 가중 SSR, 동일한 가중치를 사용하면서 계수들 $b_1, \ldots, b_k$를 모두 0으로 설정하여 구한 가중 SST로부터 구한다. 이렇게 구한 R^2은 사실 y_i가 아니라 y_i^*의 설명력을 측정하므로 적합도 척도로서는 별로 유용하지 않다. 하지만 이렇게 계산한 WLS R^2을 이용하여 배제 제약에 해당하는 F 통계량을 계산할 수 있다(분산 함수를 적절히 설정했다는 가정하에). OLS의 경우와 마찬가지로 SST 항들을 소거하면 가중 SSR에 기초하여 F 통계량을 구할 수 있다.

식 (8.26)을 OLS 회귀하여 얻는 R^2은 SST 계산이 무의미하여 적합도로서 더 쓸모없다. 회귀 시 절편을 제외시켜야 하는데, 그러면 회귀 패키지는 y_i^*의 평균을 빼지 않고 SST를 구한다. 이 또한 WLS 옵션을 제공하는 회귀 패키지를 이용할 이유가 된다. 왜냐하면 보고되는 R^2은 모든 설명변수들을 포함하는 모형과 절편만 있는 모형을 비교한다는 점에서 적절성을 갖기 때문이다. 배제 제약을 검정할 때 SST는 소거되므로, SST를 잘못 계산하여도 R^2 형태의 F 통계량은 영향을 받지 않는다. 하지만 이렇게 계산한 R^2을 가지고 회귀의 적합도를 판단해서는 안 된다.

예제 8.6 금융자산(financial wealth) 방정식

순 금융자산(net total financial wealth, *nettfa*, \$1,000 단위)을 소득(*inc*, 역시 \$1,000 단위), 나이, 성별, 401(k) 연금플랜 지원 자격 등 다른 변수들로써 설명하는 방정식을 추정해 보자. 401KSUBS 내에서 1인 가구(single people, $fsize = 1$) 자료를 사용한다. 여기서, *age* 없이 $(age - 25)^2$만 있는 모형은 제약없는 2차식〔1차식과 2차식을 모두 가진 모형〕만큼 자료를 잘 맞춘다. 더욱이, 표본에서 나이의 최솟값이 25이므로 이 제약된 형태에 대한 단순한 해석이 가능하다. 즉, *nettfa*는 $age = 25$ 이후에는 *age*의 증가함수이다.

이 결과가 〈표 8.1〉에 표시되어 있다. 이분산이 의심되므로, 이분산에 견고한 OLS 표준오차들을 보고한다. 여기서 가중최소제곱 추정량들과 그 표준오차들은 $\text{Var}(u|inc) = \sigma^2 inc$라는 가정 아래에서 구한 것이다.

다른 변수들을 통제하지 않을 때, OLS 사용 시 1달러의 추가 소득이 *nettfa*를 약 82¢ 증가시키는 것으로 추정되었다. GLS 추정값은 더 작아서 약 79¢이다. 그 차이는 크지 않지만, 이 둘이 똑같을 수는 없다. 만일 $\text{Var}(nettfa|inc) = \sigma^2 inc$가 맞다면, WLS 계수는 OLS 계수보다 표준오차가 거의 40% 더 작다.

다른 통제변수들을 추가하면 *inc* 계수가 다소 줄어드는데, OLS 추정값이 여전히 WLS 추정값보다 더 크다. 여기서도 β_{inc}의 WLS 추정값이 더 정확하다. 나이는 $age = 25$부터 점증하는 효과를 갖는데, OLS 추정값의 경우가 더 큰 효과를 보여 준다. 이 경우 β_{age} 〔즉, $(age-25)^2$의 계수〕의 WLS 추정값이 더 정확하다. 성별은 *nettfa*에 통계적으로 유의한 영향을 끼치지 않지만, 401(k) 지원자격은 통계적으로 유의한 영향을 미친다. 그 OLS 추정값에 의하면, 소득, 나이, 성별을 고정할 때, 401(k) 지원자격이 있는 사람들의 순 총 금융 자산은 그렇지 않는 사람들에 비하여 약 $6,890만큼 더 높다. WLS 추정값은 OLS 추정값보다 현저히 작으며, 이는 평균 방정식의 함수 형태가 잘못되었을 수 있음을 시사한다. (이 문제를 다루는 하나의 가능성은 *e401k*와 *inc*의 교차항을 포함시키는 것이다.)

WLS를 사용할 때, 〈표 8.1〉에 보고된 R^2들을 사용하여 계산해 보면, $(age-25)^2$, *male*, *e401k*의 결합 유의성을 위한 F 통계값은 약 30.8이다. 자유도가 3과 2,012일 때 p값은 소수점 아래 15자리 이상까지 0이다. 나이와 401(k) 변수의 t통계량이 매우 크므로 이는 물론 놀랍지 않다.

〈표 8.1〉 종속변수: *nettfa*

독립변수	(1) OLS	(2) WLS	(3) OLS	(4) WLS
inc	0.821 (0.104)	0.787 (0.063)	0.771 (0.100)	0.740 (0.064)
$(age-25)^2$	—	—	0.0251 (0.0043)	0.0175 (0.0019)
male	—	—	2.48 (2.06)	1.84 (1.56)
e401k	—	—	6.89 (2.29)	5.19 (1.70)
절편	-10.57 (2.53)	-9.58 (1.65)	-20.98 (3.50)	-16.70 (1.96)
관측치 수	2,017	2,017	2,017	2,017
R^2	0.0827	0.0709	0.1279	0.1115

금융자산 방정식에서 오차 분산이 소득에 비례한다는 것은 자의적인 가정이다. 사실 대부분의 경우 WLS에서 선택되는 가중치는 다소 자의적이다. 하지만 WLS에 필요한 가중치가 배후의 계량경제 모형에서 자연스럽게 도출되는 경우가 하나 있다. 이는 개인 수준 자료가 아니라 집단 또는 지역별 평균 자료만을 가지고 있을 때 그러하다. 예를 들어, 노동자가 401(k) 연금 플랜에 기여하는 금액이 회사 기여분(plan generosity)의 함수로서 결정되는 방식에 관심을 갖는다고 하자. i 첨자를 특정 기업, e 첨자를 그 기업 내의 특정

피고용인이라 하자. 단순한 모형은 다음과 같다.

$$contrib_{i,e} = \beta_0 + \beta_1 earns_{i,e} + \beta_2 age_{i,e} + \beta_3 mrate_i + u_{i,e} \tag{8.28}$$

여기서 $contrib_{i,e}$는 기업 i 내 피고용인 e의 연간 기여분, $earns_{i,e}$는 그 사람의 연간 수입, $age_{i,e}$는 그 사람의 나이이다. $mrate_i$ 변수는 피고용인의 기여금액 1달러당 기업이 피고용인 계정에 추가하는 금액이다[$mrate$에 e 첨자가 없음에 유의할 것].

(8.28)이 Gauss-Markov 가정들을 만족하면, 여러 고용주들에게 고용된 개인들의 표본이 주어질 때 이를 추정할 수 있다. 하지만, 고용주별로 기여 금액, 수입, 나이의 평균값만 있다고 해 보자. 즉, $\overline{contrib}_i$은 기업 i에 있는 사람들의 평균 기여금액이고, 이와 마찬가지로 $\overline{earns}_i$와 $\overline{age}_i$도 평균 수입과 평균 나이이다. m_i는 기업 i의 피고용인 수로서, 알려져 있다고 하자. 식 (8.28)을 기업 i의 피고용인들에 대하여 평균하여, 다음 기업 수준의 (firm-level) 방정식을 얻는다.

$$\overline{contrib}_i = \beta_0 + \beta_1 \overline{earns}_i + \beta_2 \overline{age}_i + \beta_3 mrate_i + \bar{u}_i \tag{8.29}$$

여기서 $\bar{u}_i = m_i^{-1} \sum_{e=1}^{m_i} u_{i,e}$는 기업 i 내 모든 피고용인들의 오차의 평균(표본평균)이다. 우리 표본에 n 개의 기업이 있으면, (8.29)는 OLS로써 추정할 수 있는 표준적 선형 다중회귀 모형일 뿐이다. 원래 모형 (8.28)이 Gauss-Markov 가정을 만족시키고, 개인별 오차 $u_{i,e}$가 기업 크기 m_i와 독립적이면, 추정량들은 비편향이다[왜냐하면, (8.29)의 설명변수가 주어질 때 $\bar{u}_i$의 기댓값이 0이므로].

개인 수준의(individual-level) 방정식 (8.28)이 등분산 가정을 만족시키고, 기업 i 내의 오차들이 피고용인들 간에 비상관이라면, 기업 수준 방정식 (8.29)은 특정 형태의 이분산을 가짐을 보일 수 있다. 즉, 모든 i에서 $\text{Var}(u_{i,e}) = \sigma^2$이고 기업 i 내 모든 피고용인 쌍$(e \neq g)$에 대하여 $\text{Cov}(u_{i,e}, u_{i,g}) = 0$이면, 공통 분산을 갖는 상호 비관련된 확률변수들의 평균의 분산 공식에 따라, $\text{Var}(\bar{u}_i) = \sigma^2/m_i$이다. 이 경우 $h_i = 1/m_i$이며, 따라서 가장 효율적인 추정방법은 피고용인 수를 가중치로 하는$(1/h_i = m_i)$ 가중최소제곱이다. 그러므로 대규모 기업들이 더 많은 가중치를 부여받는다. 이로써 기업 수준의 평균 자료만 있을 때 개인 수준 모형의 모수를 효율적으로 추정하게 된다.

시군별 또는 국가별 1인 평균 자료를 사용할 때 이와 유사한 가중치를 사용한다. 개인 수준 방정식이 Gauss-Markov 가정을 만족시키면, 1인당 방정식의 오차 분산은 인구 분의 1에 비례한다. 그러므로 인구를 가중치로 하는 가중최소제곱이 적절하다. 예를 들어, 1인당 맥주 소비(단위는 온스), 인구 중 21세 이상의 비율, 성인의 평균 교육 수준, 평균 소득 수준, 맥주 가격에 대한 도시 수준 자료가 있다고 하자. 그러면 도시 수준 모형

$$beerpc = \beta_0 + \beta_1 perc21 + \beta_2 avgeduc + \beta_3 incpc + \beta_4 price + u$$

를 가중최소제곱법에 의하여 추정할 수 있다. 이때 가중치는 도시 인구 수이다.

기업 크기, 도시 인구 등에 의하여 가중치를 주는 것이 얼마나 좋은지는 배후의 개인 방정식이 등분산적인지 여부에 달려 있다. 만일 개인 수준에서 이분산이 존재하면, 적절한 가중치는 이분산의 형태에 따라 달라진다. 더욱이, 동일 집단(말하자면 기업) 내의 오차들 간에 상관관계가 존재하면, $\mathrm{Var}(\bar{u}_i) \neq \sigma^2/m_i$이게 된다. 1인 평균 자료를 사용하는 모형을 추정할 때, (8.29) 같은 방정식에서 $\mathrm{Var}(\bar{u}_i)$의 형태를 모르기 때문에, 점점 더 많은 연구자들이 OLS를 사용하고 견고한 표준오차와 검정통계량을 계산하는 편을 택한다. 다른 방법으로서, 집단 크기를 가중치로 주면서 WLS 추정 시 이분산에 견고한 통계량을 보고하는 수도 있다. 이로써, 개인 수준 모형이 Gauss-Markov 가정을 만족시킬 때에는 효율적으로 추정하고, 개인 수준에서의 이분산이나 집단 내 상관(correlation)이 있으면 견고한 추론으로써 문제를 해결할 수 있게 된다.

8-4b 이분산 함수를 추정해야 하는 경우: Feasible GLS

앞 소절에서 미지의 승수 σ^2만을 제외하고는 이분산을 아는 경우의 몇 사례를 보았다. 하지만 대부분의 경우 정확한 이분산의 형태는 알려져 있지 않다. 즉, 앞 절의 $h(\mathbf{x}_i)$ 함수를 찾기 어렵다. 그럼에도, 많은 경우 우리는 h 함수에 대한 모형을 세우고, 이 모형 내의 미지의 모수를 자료를 사용하여 추정할 수 있다. 그 결과 각 h_i의 추정값을 구할 수 있다. 이를 $\hat{h}_i$라 하자. GLS 변환에서 h_i 대신 $\hat{h}_i$를 사용하면 **실행 가능 GLS 추정량**(feasible GLS (FGLS) estimator)이라는 추정량을 얻는다. 실행 가능 GLS (FGLS)는 때로 추정된(estimated) GLS 또는 EGLS라 하기도 한다.

이분산에 대한 모형을 세우는 많은 방법들이 있지만, 여기서는 특수하기는 하지만 상당히 유연한 접근법 한 가지를 공부하고자 한다. 다음을 가정하자.

$$\mathrm{Var}(u|\mathbf{x}) = \sigma^2 \exp(\delta_0 + \delta_1 x_1 + \delta_2 x_2 + \cdots + \delta_k x_k) \tag{8.30}$$

여기서 $x_1, x_2, \ldots, x_k$는 회귀 모형에 등장하는 독립변수들이며[식 (8.1) 참조], δ_j는 미지의 모수들이다. x_j의 여타 함수들도 나타날 수 있지만, (8.30)에 집중할 것이다. 앞 소절의 표기법을 사용한다면 $h(\mathbf{x}) = \exp(\delta_0 + \delta_1 x_1 + \delta_2 x_2 + \cdots + \delta_k x_k)$이다.

식 (8.30)에서 왜 지수 함수를 사용하였는지 의문이 들 수도 있겠다. 결국, Breusch-Pagan 검정을 사용하여 이분산을 검정할 때에는 이분산이 x_j의 선형 함수라고 가정하였다. 하지만 (8.12)같은 선형 함수는 이분산의 검정 시에는 괜찮지만, 가중최소제곱에 의하여 이분산을 교정할 때에는 문제를 야기할 수 있다. 그 이유는, 앞에서도 보았듯이, 선형 모형에서는 예측값들이 반드시 양수가 되라는 보장이 없는 까닭이다. WLS를 실행하기 위해서는 추정된 분산들이 반드시 양(+)이어야 한다.

모수들 δ_j를 안다면 앞 소절처럼 WLS를 사용하겠지만, 현실적으로 그런 일은 거의 없다. 이보다는, 자료를 이용하여 이 모수들을 추정하고 나서, 이 추정값들로써 가중치를 만든다. 그렇다면 δ_j를 어떻게 추정할 것인가? 기본적으로 우리는 이 방정식을 선형 형태로 변환하고, 약간 수정하여 OLS로써 추정한다.

가정 (8.30) 아래에서 다음과 같이 쓸 수 있다.

$$u^2 = \sigma^2 \exp(\delta_0 + \delta_1 x_1 + \delta_2 x_2 + \delta_k x_k)v$$

여기서 v는 $\mathbf{x} = (x_1, x_2, \ldots, x_k)$ 조건부로 평균이 1이다. v가 $\mathbf{x}$로부터 독립이라고 가정하면, 다음과 같이 쓸 수 있다.

$$\log(u^2) = a_0 + \delta_1 x_1 + \delta_2 x_2 + \cdots + \delta_k x_k + e \tag{8.31}$$

여기서 e는 평균이 0이고 $\mathbf{x}$에 대하여 독립이다. 이 식의 절편은 δ_0이 아니지만[v의 평균이 1일 때 $\log(v)$의 평균은 0이 아니며 따라서 절편이 조정됨], WLS를 구현할 때 이는 문제가 되지 않는다. 종속변수는 오차 제곱의 로그값이다. (8.31)이 Gauss-Markov 가정을 만족하므로, OLS를 사용하여 δ_j의 불편 추정량들을 얻을 수 있다.

평소와 같이, 관측불가의 u를 OLS 잔차로 치환해야 한다. 그러므로

$$\log(\hat{u}^2)\text{을 } x_1, x_2, \ldots, x_n\text{에 대하여} \tag{8.32}$$

회귀한다. 이 회귀의 계수들 $\hat{\delta}_j$은 자체로서도 흥미롭다. 예를 들어 $\hat{\delta}_j > 0$이면 x_j의 값이 클수록 오차 u의 분산, 따라서 y의 분산이 더 크다는 뜻이 된다. $\mathbf{x}$가 주어질 때 u의 분포가 대칭이면 이분산에 견고한 표준오차들을 사용하여 통계적 유의성을 알 수 있다. 하지만 우리가 이 회귀로부터 정말로 얻고자 하는 것은 맞춘값들이다. 이들을 $\hat{g}_i$이라 하자. 그러면 h_i의 추정값은 다음과 같다.

$$\hat{h}_i = \exp(\hat{g}_i) \tag{8.33}$$

이제 식 (8.27)에서 $1/h_i$ 대신에 $1/\hat{h}_i$를 가중치로 사용한다. 이상의 절차를 요약하면 다음과 같다.

이분산을 교정하는 실행 가능 GLS 방법:

1. y를 $x_1, x_2, \ldots, x_k$에 대하여 회귀하여 잔차 $\hat{u}$를 구한다.

2. 이 OLS 잔차들을 제곱한 후 자연로그를 취하여 $\log(\hat{u}^2)$을 만든다.

3. 식 (8.32)의 회귀를 실행하여 맞춘값 $\hat{g}$를 구한다.

4. (8.32)로부터의 맞춘값을 지수 변환한다: $\hat{h} = \exp(\hat{g})$

5. 방정식

$$y = \beta_0 + \beta_1 x_1 + \cdots + \beta_k x_k + u$$

를 $1/\hat{h}_i$을 가중치로 사용하여 GLS 추정한다. 다시 말하면 식 (8.27)의 h_i를 $\hat{h}_i$로 치환한다. 이때, 관측치 i의 잔차의 제곱에 가중치 $1/\hat{h}_i$를 준다는 점을 기억하라. 만일 그 대신 모든 변수들을 먼저 변환하고 나서 OLS를 하려면, 절편을 포함한 각 변수에 $1/\sqrt{\hat{h}_i}$를 곱하여야 한다.

WLS 과정에서 $\hat{h}_i$ 대신 h_i를 사용할 수 있다면, 우리의 추정량은 비편향일 것이다. 실제, 우리가 이분산을 제대로 모형화했다는 가정 아래에서 이 추정량은 최선의 선형 불편 추정량이다. 반면 FGLS 추정량은 동일한 자료를 활용하여 h_i를 추정하므로 더 이상 비편향이 아니다(따라서 BLUE도 아님). 그럼에도, FGLS 추정량은 일치적이고 점근적으로 OLS보다 더 효율적이다. 분산을 추정해야 하기 때문에 이를 보이기는 어렵다. 하지만 이 점을 무시하면—사실 무시해도 좋다—증명은 정리 5.3에서 OLS가 특정 추정량들 중 효율적임을 보이는 것과 유사하다. 어쨌든, 표본 크기가 클 때, 이분산으로 인하여 OLS 추정량의 표준오차가 크게 증가한다는 것을 아는 경우 FGLS는 OLS의 매력적인 대안이다.

FGLS 추정량들은 통상적인 모집단 모형

$$y = \beta_0 + \beta_1 x_1 + \cdots + \beta_k x_k + u$$

의 모수들을 추정한다는 점을 기억해야 한다. OLS 추정값들이 각 x_j가 y에 미치는 한계적 영향을 측정하는 것과 마찬가지로, FGLS 추정값들도 그러하다. OLS 추정값 대신에 FGLS 추정값을 사용하는 것은, FGLS 추정량들이 더 효율적이고, 적어도 표본 크기가 클 때에는 이와 결부된 검정통계량들이 통상적인 t 및 F 분포를 갖기 때문이다. 식 (8.30)에 지정된 분산이 의문시되면 변형된 방정식에서 이분산에 견고한 표준오차와 검정 통계량들을 사용할 수 있다.

h_i 추정을 위한 또 하나의 유용한 대안은 식 (8.32)의 독립변수들을 OLS 맞춘값들 및 그 제곱으로 치환하는 것이다. 다시 말하면,

$$\log(\hat{u}^2)\text{을 } \hat{y},\ \hat{y}^2\text{에 회귀} \tag{8.34}$$

하여 그 맞춘값으로서 $\hat{g}_i$를 구하고 나서, (8.33)과 동일한 방식으로 $\hat{h}_i$를 구한다. 앞의 절차에서 셋째 단계만 바뀐다.

(8.32)의 회귀를 사용하여 분산 함수를 추정하는 경우, 이와 동일한 회귀를 이용하여 이분산을 간단히 검정(*F*나 *LM*검정 사용)할 수 있겠다는 생각이 들지도 모르겠다. 실제로 Park (1966)이 이를 제안하였다. 불행히도 8-3절의 검정들과 비교할 때, Park의 검정은 몇 가지 문제를 안고 있다. 첫째, Breusch-Pagan 검정이나 White 검정의 귀무가설은 등분산 가정인 반면, Park의 검정에서의 귀무가설은 이보다 훨씬 강한 가정—사실상 u와 $\mathbf{x}$가 서로 독립이라는 가정—이다. 둘째, (8.32)에서 u 대신에 OLS 잔차인 $\hat{u}$를 사용하면, 표본 크기가 클 때에도 F통계량의 분포가 F분포를 갖지 않을 수 있다. 우리가 다룬 검정에서는 이런 문제가 없다. 이러한 이유로, 이분산 검정 시 Park 검정은 추천되지 않는다. 가중최소제곱에서는 δ_j의 일치 추정량만 필요하므로 (8.32)의 회귀가 잘 작동한다. (8.32)의 회귀는 분명 δ_j의 일치 추정량을 제공한다.

예제 8.7 담배 수요

SMOKE 자료를 이용하여 일별 담배소비 수요함수를 추정하자. 대부분의 사람들이 흡연을 하지 않으므로, 종속변수 *cigs*는 대부분의 관측치에서 0일 것이다. 선형 모형을 사용하면 맞춘값이 음일 수 있으므로 선형 회귀모형을 쓰는 것이 이상적이지는 않지만 선형모형을 써도 담배 흡연량의 결정요인에 대하여 여전히 무언가 배울 수 있다.

OLS 추정 결과는 통상적인 OLS 표준오차를 괄호 안에 표시하면 다음과 같다.

$$
\begin{aligned}
\widehat{cigs} = &-3.64 + 0.880\log(income) - 0.751\log(cigpric) \\
&\ (24.08)\quad (0.728) \qquad\qquad\qquad (5.773) \\
&- 0.501\,educ + 0.771\,age - 0.0090\,age^2 - 2.83\,restaurn \\
&\quad (0.167) \qquad (0.160) \qquad (0.0017) \qquad (1.11) \\
n = 807,&\quad R^2 = 0.0526
\end{aligned}
\tag{8.35}
$$

여기서

$cigs$ = 1일 흡연한 담배 개피 수

$income$ = 연간 소득

$cigpric$ = 담배 1갑당 가격(센트)

$educ$ = 교육연수

age = 나이(년)

$restaurn$ = 그 사람이 식당흡연이 금지된 주에 살면 1의 값을 갖는 이진 변수.

가중최소제곱도 할 것이므로, OLS에 이분산에 견고한 표준 오차를 보고하지는 않겠다 (참고로, 807개의 맞춘값 중 13개가 0보다 작은데 이는 전체의 2% 미만으로 걱정할 문제가 아니다).

(8.35)에서 소득도 담배 가격도 통계적으로 유의하지 않으며, 그 효과들은 실질적으로도 크지 않다. 예를 들어 소득이 10% 증가하면 *cigs*는 $(0.880/100) \times 10 = 0.088$만큼 증가할 것으로 예측된다. 이는 하루당 한 개피의 1/10도 안 된다. 가격 효과의 크기도 이와 유사하다.

교육이 1년 증가하면 1일 평균 흡연한 담배 개피 수가 0.5개 정도 감소하며, 이 효과는 통계적으로 유의하다. 담배 흡연은 나이와도 연관되어 있으며, 그 함수 형태는 2차 함수이다. 흡연량은 $age = 0.771/(2 \times 0.009) \approx 42.83$까지는 나이가 들수록 증가하다가, 그 다음에는 나이와 함께 감소한다. 2차식의 두 항 모두 통계적으로 유의하다. 식당 내 흡연 금지가 있으면 담배 흡연이 하루 평균 거의 3개피 감소한다.

(8.35)에 있는 오차들은 이분산을 가지고 있는가? OLS 잔차의 제곱을 (8.35)의 독립변수들에 Breusch-Pagan 회귀를 하면[식 (8.14) 참조] $R^2_{\hat{u}^2} = 0.040$이다. R^2이 이렇게 작으므로 이분산이 없는 것 같을 수 있지만, 기억할 것은 F나 LM통계량을 계산해야 한다는 것이다. 표본 크기가 크면, $R^2_{\hat{u}^2}$이 겉으로 작아 보이더라도 등분산을 매우 강하게 기각할 수도 있다. 실제로, LM통계량은 $LM = 807 \times 0.040 = 32.28$이며 그 p값(χ^2_6에 해당)은 0.000015보다 작다. 이는 이분산의 매우 강한 증거이다.

그러므로, (8.32)에 기초한 실행 가능 GLS 절차를 사용하여 방정식을 추정해 보자. 가중최소제곱 추정값들은 다음과 같다.

$$\begin{aligned}
\widehat{cigs} = {} & \underset{(17.80)}{5.64} + \underset{(0.44)}{1.30}\log(income) - \underset{(4.46)}{2.94}\log(cigpric) \\
& - \underset{(0.120)}{0.463}\,educ + \underset{(0.097)}{0.482}\,age - \underset{(0.0009)}{0.0056}\,age^2 - \underset{(0.80)}{3.46}\,restaurn \qquad (8.36) \\
& n = 807, \quad R^2 = 0.1134
\end{aligned}$$

소득 효과는 이제 통계적으로 유의하며 크기가 OLS에서보다 더 크다. 가격 효과 또한 눈에 띄게 더 크지만, 여전히 통계적으로 유의하지 않다. [하나의 이유는 *cigpric*가 표본 내에서 주별로만 다르며, 따라서 log(*income*), *educ*, *age*보다는 log(*cigpric*)의 표본 내 변동이 훨씬 작다는 것이다.]

여타 변수들에 대한 추정값도 물론 변하였지만, 기본적인 이야기는 전과 동일하다. 담배 소비는 학교 교육과 음의 상관관계를 갖고, *age*와 2차 함수 관계를 가지며, 식당 내 금연에 음의 영향을 받는다.

WLS 추정 이후에 다중 가설들의 검정을 위한 F통계량의 계산 시 주의해야 하는 점이 있다(F 통계량의 잔차 제곱합 형태을 이용하든 R^2을 이용하든 그러하다). 이는 제약없는 모형과 제약된 모형을 추정할 때 동일한 가중치를 사용해야 한다는 것이다. 먼저 제약없는 모형을 OLS로 추정한다. 이로부터 가중치를 구하고 나서, 이 가중치를 이용하여 제약된 모형을 추정한다. 그 다음 F 통계량은 평소처럼 계산할 수 있다. 다행히도 많은 회귀 패키지들은 WLS 추정 이후에 결합 제약들을 검정할 단순한 명령어를 제공하므로, 제약된 회귀를 우리 스스로가 실행할 필요가 없다.

〈예제 8.7〉은 가중최소제곱의 적용 시 이따금 발생하는 하나의 문제를 보여 준다. 이는 OLS와 WLS 추정값들이 크게 다를 수 있다는 것이다. 이 담배 수요 방정식에서, 모든 계수들의 부호가 동일했고, 가장 큰 변화는 OLS 추정 시 통계적으로 유의하지 않았던 변수들에 나타났다. OLS와 WLS 추정값들은 표집 오차로 인해 항상 다를 것이다. 문제는 이 차이가 중요한 결론을 뒤바꿀 정도냐는 것이다.

만일 OLS와 WLS가 통계적으로 유의하면서 부호가 다른 추정값들을 만들거나—예를 들어, OLS 가격 탄력성은 양수이며 유의한 반면, WLS 가격 탄력성은 음수이며 유의한 경우—추정값들의 크기의 차이가 실질적으로 크면 우리는 의심을 품어야 한다. 흔히, 이것은 다른 Gauss-Markov 가정 중의 하나, 특히 오차항의 조건부 0평균 가정(MLR.4)이 성립하지 않음을 나타낸다. $\mathrm{E}(y|\mathbf{x}) \neq \beta_0 + \beta_1 x_1 + \cdots + \beta_k x_k$라면, OLS와 WLS는 상이한 기댓값과 확률적 극한값을 갖는다. WLS가 β_j에 대하여 일치성을 가지려면 u가 각 x_j가 상관되지 않았다(uncorrelated)는 것만으로는 충분하지 않다. 선형모형 MLR.1에서 더욱 강한 가정인 MLR.4가 필요하다.* 그러므로, OLS와 WLS의 큰 차이는 $\mathrm{E}(y|\mathbf{x})$의 함수 형태가 잘못 설정되었음(functional form misspecification)을 의미할 수도 있다. Hausman (1978)이 제안한 하우스만 검정을 사용하여 OLS와 WLS 추정값들이 표집오차로 인한 정도 이상으로 상이한지 정식으로 비교할 수 있지만, 이 내용은 이 교과서의 범위를 벗어나므로 다루지 않겠다. 많은 경우 공식적인 통계량을 이용한 검정을 하지 않더라도 OLS와 WLS 결과가 매우 다른지 살펴보는 것만으로도 문제가 있음을 알아차리는 데에는 충분하다.

식 (8.32)처럼 선형회귀에서 $\log(\hat{u}^2)$을 종속변수로 사용하는 대신 $\hat{u}^2$ 자체를 종속변수로 사용하여 식 (8.30)에 제안된 지수모형을 직접 추정하는 것도 가능하다. 경우에 따라 이 방법이 더 잘 작동하기도 한다. 하지만 이를 위해서는 Wooldridge 원저서 17-3절에서 다루는 것 같은 비선형 추정 방법이 필요하고 이 장의 범위를 벗어난다. Wooldridge (2010, Chapter 18)도 참조하라.

*이는 상관관계와 조건부 평균의 차이점에 관한 것이다. OLS의 일치성을 위해서는 독립변수들과 오차항이 상관되어 있지 않다는 것만으로도 충분하다.

8-4c 가정한 이분산 함수가 틀렸으면?

OLS와 WLS 추정값들이 매우 다르면 조건부 평균 $E(y|\mathbf{x})$가 잘못 설정되었기 쉽다는 점을 지적하였다. 그렇다면, 우리가 사용한 분산 함수가 잘못 지정되어, 선택된 $h(\mathbf{x})$ 함수에 대하여 $\text{Var}(y|\mathbf{x}) \neq \sigma^2 h(\mathbf{x})$이면, WLS의 성질은 어떠할까? 가장 중요한 문제는 $h(\mathbf{x})$의 오설정(misspecification)이 WLS 추정량에 편향이나 불일치성을 초래하느냐 하는 것이다. 다행히도 대답은, 적어도 MLR.4 하에서는 그렇지 않다는 것이다. $E(u|\mathbf{x}) = 0$이면 $\mathbf{x}$의 어떠한 함수이든 u와 상관되어 있지 않으며, 따라서 어떠한 양의 $h(\mathbf{x})$에 대해서든, 가중된 오차 $u/\sqrt{h(\mathbf{x})}$는 가중된 회귀변수 $x_j/\sqrt{h(\mathbf{x})}$와 무관하다. 그래서 OLS와 WLS 추정량들의 큰 차이는 〔이분산 함수의 오설정에 기인하기보다는〕 함수 형태 오설정을 나타내는 것으로 볼 수 있는 것이다. 함수에서 모수를 추정하여, 말하자면 $h(\mathbf{x}, \hat{\delta})$를 구한다면, 더 이상 WLS 추정량들이 비편향이라고 할 수는 없지만, 분산 함수가 올바르게 설정되었든 그렇지 않든 일반적으로 일치성을 갖는다.

MLR.1부터 MLR.4 아래에서 WLS 추정량들이 최소한 일치성을 갖는다면, 잘못 지정된 분산 함수를 사용하여 WLS를 하는 것의 결과는 무엇인가? 두 가지가 있다. 첫째, 매우 중요한 점은, $\text{Var}(y|\mathbf{x}) = \sigma^2 h(\mathbf{x})$의 가정 아래에서 계산한 통상적인 WLS 표준오차와 검정통계량이 표본 크기가 커도 더 이상 타당하지 않다는 것이다. 예를 들어 〈표 8.1〉의 (4)열에 있는 WLS 추정값들과 표준오차들은 $\text{Var}(nettfa|inc, age, male, e401k) = \text{Var}(nettfa|inc) = \sigma^2 inc$라고 가정한다. 여기서 분산이 소득에만 의존하며, 그뿐 아니라 소득의 선형함수라고 가정하고 있다. 이 가정이 틀리면 표준오차들(그리고 이 표준오차들을 이용하여 구하는 여하한 통계량)은 타당하지 않다. 다행히도 이 문제는 쉽게 고칠 수 있다. OLS 추정값에 대하여 임의의 이분산에 견고한 표준오차를 구하였듯이, WLS에 대해서도 분산 함수가 아무렇게든 잘못 지정되어도 괜찮은 표준오차를 구할 수 있다. 이것이 어떻게 작동하는지 쉽게 알 수 있다. 변형된 방정식을 다음과 같이 쓰자.

$$y_i/\sqrt{h_i} = \beta_0(1/\sqrt{h_i}) + \beta_1(x_{i1}/\sqrt{h_i}) + \cdots + \beta_k(x_{ik}/\sqrt{h_i}) + u_i/\sqrt{h_i}$$

이제, $\text{Var}(u_i|\mathbf{x}_i) \neq \sigma^2 h_i$이면, 가중치를 곱한 오차 $u_i/\sqrt{h_i}$는 여전히 이분산적이다. 그러므로, 이 방정식을 OLS로 추정한 다음—이것이 바로 WLS이다—보통의 이분산에 견고한 표준오차를 그냥 적용하면 된다.

실제 상황에서 WLS를 이용하여 견고한 추론을 해 보자. 〈표 8.2〉의 (1)열은 〈표 8.1〉의 마지막 열을 복사한 것이며, (2)열은 $\text{Var}(u_i|\mathbf{x}_i) \neq \sigma^2 inc_i$에 견고한 표준오차를 포함한다.

소득과 나이 변수의 경우, 견고한 표준오차들은 통상적인 WLS 표준오차들보다 확실히 크고, 이로 인해 신뢰구간은 더 넓어진다. 반면, *male*과 *e401k*의 견고한 표준오차들은 분산 함수가 옳다는 가정 아래에서 구한 것보다 실상 더 작다. OLS의 이분산에 견고한 표준오차에서도 이런 일이 일어남을 보았다.

(8.30)처럼 유연한 분산 함수 형태를 사용하는 경우라 할지라도, 모형이 옳다는 보장은 없다. 지수함수 형태의 이분산이 매력적이고 꽤 유연하지만, 이것도 결국 하나의 모형일 뿐이다. 그러므로, WLS 추정 이후 완전히 견고한 표준오차와 검정 통계량들을 계산하는 것은 항상 좋은 생각이다.

오늘날 WLS에 대해서, 만일 분산 함수가 잘못 지정되면 OLS보다 더 효율적이라는 법이 없다는 비판이 있다. 사실 실제로 그렇다. $\text{Var}(y|\mathbf{x})$가 상수도 아니고 WLS 추정에 이용된 분산함수 $\sigma^2 h(\mathbf{x})$와도 다르면 OLS와 WLS의 분산(또는, 분산 모수들을 추정해야 하는 경우에는 점근적 분산) 중 어느 것이 더 작은지 판단할 수 없다. 이것이 잘못된 분산 함수를 사용하는 것의 두 번째 결과이다. 이 비판은 이론적으로 올바르기는 하지만 중요한 실용적 측면을 간과하고 있다. 즉, 이분산의 정도가 강한 경우, 잘못된 이분산 형태를 사용하여 WLS를 하는 것이, 추정에서 이분산을 완전히 무시하고 OLS를 하는 것보다 더 나은 경우가 많다는 것이다. (8.30)같은 모형은 다양한 이분산 함수를 근사화할 수 있으며, 더 작은 (점근적) 분산을 가진 추정량을 만들어낼 수 있다. 〈예제 8.6〉에서도 이분산의 형태에 대해 $\text{Var}(nettfa|\mathbf{x}) = \sigma^2 inc$처럼 매우 간단한 형태를 가정하고 있다. 등분산에 대한 가정도 하지 않고 $\text{Var}(nettfa|\mathbf{x}) = \sigma^2 inc$라는 가정도 틀렸을 가능성을 고려하면 WLS와 OLS의 표준오차들을 비교하는 데에는 WLS의 견고한 표준오차들과 OLS의 견고한 표준오차들을

〈표 8.2〉 *nettfa* 방정식의 WLS 추정

독립변수	견고하지 않은 표준오차 사용	견고한 표준오차 사용
inc	0.740 (0.064)	0.740 (0.075)
$(age - 25)^2$	0.0175 (0.0019)	0.0175 (0.0026)
male	1.84 (1.56)	1.84 (1.31)
e401k	5.19 (1.70)	5.19 (1.57)
절편	-16.70 (1.96)	-16.70 (2.24)
관측치 수	2,017	2,017
R^2	0.1115	0.1115

비교하는 것이 타당할 것이다. 〈표 8.2〉의 (2)번 열과 〈표 8.1〉의 (3)번 열을 비교해 보면 WLS의 견고한 표준오차들은 OLS의 견고한 표준오차들보다 훨씬 작음을 볼 수 있다. 예를 들어, β_{inc}의 WLS 추정량의 견고한 표준오차는 0.075로서, OLS의 견고한 표준오차(약 0.100)보다 20%나 낮다. $(age-25)^2$의 계수의 경우, WLS의 견고한 표준오차는 약 0.0026으로서, OLS의 견고한 표준오차(약 0.0043)보다 거의 40% 작다.

8-4d 이분산하에서 예측과 예측 구간

MLR.1부터 MLR.4를 만족시키는 표준적인 선형모형으로부터 출발하는데, $\text{Var}(y|\mathbf{x}) = \sigma^2 h(\mathbf{x})$ 형태의 이분산을 허용하면[식 (8.21) 참조], 이분산의 존재는 β_j의 추정에 영향을 미침으로써 y의 점 예측(point prediction)에 영향을 미친다. 물론, 크기가 n인 표본에서 WLS를 사용하여 $\hat{\beta}_j$를 구하는 것은 자연스럽다. 설명변수들의 값이 $\mathbf{x}^0$으로 주어질 때 관측되지 않은 산출 y^0에 대한 예측은 6-4절과 같은 형태를 갖는다. 즉, $\hat{y}^0 = \hat{\beta}_0 + \mathbf{x}^0\hat{\beta}$이다. $\text{E}(y|\mathbf{x})$를 안다면 우리의 예측은 여기에 기초할 것이므로, 이는 합당하다. $\text{Var}(y|\mathbf{x})$의 구조는 β_j의 추정에 영향을 미친다는 점을 제외하면 다른 직접적인 역할을 하지 않는다.

다른 한편, 예측 구간은 $\text{Var}(y|\mathbf{x})$의 성질에 직접적으로 의존한다. 6-4절에서 고전적 선형모형 가정 아래에서 예측 구간을 어떻게 만들었는지 기억하라. 등분산 가정 MLR.5가 (8.21)에 의해 대체되었다는 점만 제외하고는 모든 CLM 가정들이 성립한다고 하자. WLS 추정량들은 BLUE이고, 오차항의 정규분포로 인해 (조건부) 정규분포를 갖는다. 6-4절과 동일한 방법을 사용하여 $\text{se}(\hat{y}^0)$을 구할 수 있다. 단, 여기서는 WLS를 사용한다. [간단한 방법은, 설명변수 값이 x_j^0일 때 y 값을 예측하고자 할 때, $y_i + \theta_0 + \beta_1(x_{i1} - x_1^0) + \cdots + \beta_k(x_{ik} - x_k^0) + u_i$라고 쓰는 것이다. 이 방정식을 WLS로 추정하면, $\hat{y}^0 = \hat{\theta}_0$과 $\text{se}(\hat{y}^0) = \text{se}(\hat{\theta}_0)$이다.] y^0의 비관측 부분인 u^0의 표준편차도 추정해야 한다. 하지만 $\text{Var}(u^0|\mathbf{x} = \mathbf{x}^0) = \sigma^2 h(\mathbf{x}^0)$이므로, $\hat{\sigma}$를 WLS 추정으로부터 구한 회귀의 표준오차라 할 때, $\text{se}(u^0) = \hat{\sigma}\sqrt{h(\mathbf{x}^0)}$이다. 따라서, 95% 예측 구간은 다음과 같다.

$$\hat{y}^0 \pm t_{0.025} \times \text{se}(\hat{e}^0) \tag{8.37}$$

여기서 $\text{se}(\hat{e}^0) = \{[\text{se}(\hat{y}^0)]^2 + \hat{\sigma}^2 h(\mathbf{x}^0)\}^{1/2}$이다.

이 구간은 분산 함수를 추정하지 않는 경우에만 정확하다. 모형 (8.30)에서처럼 모수들을 추정하는 경우에는 정확한 구간을 구할 수 없다. 사실, $\hat{\beta}_j$와 $\hat{\delta}_j$ (분산 식의 모수들) 내의 추정 오차를 고려하는 것은 매우 어렵다. 6-4절의 두 예에서, 모수의 추정 오차가 비관측 요소 u^0의 변동에 의해 압도되는 것을 보았다. 그러므로, 식 (8.37)에서 $h(\mathbf{x}^0)$을 단순히 $\hat{h}(\mathbf{x}^0)$으로 치환하여도 좋을 것 같다. 사실, 모수의 추정 오차를 완전히 무시하려면, $\text{se}(\hat{e}^0)$로부터 $\text{se}(\hat{y}^0)$을 삭제하여도 된다. [$\text{se}(u^0)$은 거의 상수임에 반하여 $\text{se}(\hat{y}^0)$은 $1/\sqrt{n}$

의 비율로 0으로 수렴함을 기억하라.]

로그 모형

$$\log(y) = \beta_0 + \beta_1 x_1 + \cdots + \beta_k x_k + u \tag{8.38}$$

에서 u가 이분산적일 때 y를 예측할 수도 있다. u가 특수한 이분산 형태를 갖는 조건부 정규분포를 갖는다고 가정한다. 다음과 같이, 식 (8.30)의 지수 형태를 가정하고, 여기에 정규분포 가정을 추가한다.

$$u|x_1, x_2, \ldots, x_k \sim \text{Normal}[0, \exp(\delta_0 + \delta_1 x_1 + \cdots + \delta_k x_k)] \tag{8.39}$$

표기를 간단히 하기 위해, 분산 함수를 $\exp(\delta_0 + \mathbf{x}\delta)$라고 쓰자. 그러면, 주어진 $\mathbf{x}$에서 $\log(y)$가 평균이 $\beta_0 + \mathbf{x}\beta$이고 분산이 $\exp(\delta_0 + \mathbf{x}\delta)$인 정규분포를 가지므로, 다음이 성립한다.

$$\text{E}(y|\mathbf{x}) = \exp(\beta_0 + \mathbf{x}\beta + \sigma^2 \exp(\delta_0 + \mathbf{x}\delta)/2) \tag{8.40}$$

이제 (8.38)을 WLS로 추정하여 β_j와 δ_j를 추정한다. 즉, OLS 잔차들을 구한 후 (8.32)의 회귀를 실행하여 맞춘값

$$\hat{g}_i = \hat{\alpha}_0 + \hat{\delta}_1 x_{i1} + \cdots + \hat{\delta}_k x_{ik} \tag{8.41}$$

를 구하고, 그 다음 (8.33)에 따라 $\hat{h}_i$를 구한다. 이 $\hat{h}_i$를 이용하여 WLS 추정값 $\hat{\beta}_j$를 구하고 가중 잔차 제곱들로부터 $\hat{\sigma}^2$을 구한다. 이제 원래의 $\text{Var}(u|\mathbf{x})$ 모형과 비교하면 $\delta_0 = \alpha_0 + \log(\sigma^2)$이고, 따라서 $\text{Var}(u|\mathbf{x}) = \sigma^2 \exp(\alpha_0 + \delta_1 x_1 + \cdots + \delta_k x_k)$이다. 그러므로 분산은 $\hat{\sigma}^2 \exp(\hat{g}_i) = \hat{\sigma}^2 \hat{h}_i$로 추정되며 y_i의 맞춘값은 다음이 된다.

$$\hat{y}_i = \exp(\widehat{logy}_i + \hat{\sigma}^2 \hat{h}_i/2) \tag{8.42}$$

이 맞춘값들을 이용하여 6-4절에 설명된 방법에 따라, y_i와 $\hat{y}_i$ 사이의 상관계수의 제곱으로서 R^2을 구할 수 있다.

설명변수 값이 $\mathbf{x}^0$일 때, $\text{E}(y|\mathbf{x} = \mathbf{x}^0)$을 다음과 같이 추정할 수 있다.

$$\hat{\text{E}}(y|\mathbf{x} = \mathbf{x}^0) = \exp(\hat{\beta}_0 + \mathbf{x}^0\hat{\beta} + \hat{\sigma}^2 \exp(\hat{\alpha}_0 + \mathbf{x}^0\hat{\delta})/2) \tag{8.43}$$

여기서,

$\hat{\beta}_j$ = WLS 추정값

$\hat{\alpha}_0$ = (8.41)의 절편

$\hat{\delta}_j$ = (8.41) 회귀에서 기울기

$\hat{\sigma}^2$은 WLS로부터 구함

(8.42)의 예측에 대한 표준오차를 제대로 구하는 것은 분석적으로 매우 복잡하지만, 6-4절처럼 6장 부록의 부트스트랩(bootstrap)과 같은 표본재추출(resampling) 방법을 사용하면 쉽게 구할 수 있다.

이분산 모형을 추정하는 경우, 예측 구간을 구하는 것은 어렵고, 이를 제대로 다루는 것은 복잡하다. 그럼에도, 6-4절의 두 예에서 오차 분산이 추정 오차를 압도하는 것을 보았는데, 모든 모수들에서 추정 오차를 무시하여도 큰 문제는 없다. 6-4절과 비슷한 논의를 사용할 때, 대략적인 95% 예측 구간은(표본 크기가 클 때) $\exp[-1.96 \cdot \hat{\sigma}\sqrt{\hat{h}(\mathbf{x}_0)}]\exp(\hat{\beta}_0 + \mathbf{x}^0\hat{\beta})$부터 $\exp[1.96 \cdot \hat{\sigma}\sqrt{\hat{h}(\mathbf{x}_0)}]\exp(\hat{\beta}_0 + \mathbf{x}^0\hat{\beta})$까지이다. 여기서 $\hat{h}(\mathbf{x}^0)$은 추정된 분산 함수를 $\mathbf{x}^0$에서 계산한 것, 즉 $\hat{h}(\mathbf{x}^0) = \exp(\hat{\alpha}_0 + \hat{\delta}_1 x_1^0 + \cdots \hat{\delta}_k x_k^0)$이다. 6-4절처럼, 끝 점들에 지수함수를 취함으로써 이 대략적 구간을 구한다.

8-5 선형 확률 모형의 재조명

7-5절에서 본 것처럼, 종속변수 y가 이진 변수일 때, 모든 기울기 계수들이 0인 경우를 제외하면 모형은 이분산을 갖는다. 이제 이 문제를 다루어 보자.

선형 확률 모형에서 이분산을 가장 간단히 다루는 방법은 OLS 추정을 사용하고, 검정 통계량에서 견고한 표준오차를 계산하는 것이다. 이 경우, LPM에서 이분산의 형태를 알고 있다는 사실은 무시된다. 그럼에도, LPM의 OLS 추정은 간단하고, 만족스러운 결과를 주곤 한다.

예제 8.8 기혼 여성의 노동활동 참가

7-5절의 노동활동 참가의 예[식 (7.29) 참조]에서 통상적인 OLS 표준오차를 보고하였다. 이제, 이분산에 견고한 표준오차도 계산한다. 이것들은 통상적인 표준오차 아래 꺾은 괄호 안에 표시되어 있다.

$$\begin{aligned}
\widehat{inlf} = {} & \underset{\substack{(0.154)\\[0.151]}}{0.586} - \underset{\substack{(0.0014)\\[0.0015]}}{0.0034}\,nwifeinc + \underset{\substack{(0.007)\\[0.007]}}{0.038}\,educ + \underset{\substack{(0.006)\\[0.006]}}{0.039}\,exper \\
& - \underset{\substack{(0.00018)\\[0.00019]}}{0.00060}\,exper^2 - \underset{\substack{(0.002)\\[0.002]}}{0.016}\,age - \underset{\substack{(0.034)\\[0.032]}}{0.262}\,kidslt6 + \underset{\substack{(0.0132)\\[0.0135]}}{0.0130}\,kidsge6 \qquad (8.44) \\
& n = 753, \quad R^2 = 0.264
\end{aligned}$$

모든 변수들에 대해 견고한 표준오차와 OLS 표준오차는 실질적으로 차이가 없으며 일부 변수들의 경우에는 보고된 정밀도까지 동일하기까지 하다. 그러므로, 이분산이 이론상으로는 문제이지만, 실제로는 적어도 이 예제에서만큼은 그렇지 않다. 통상적인 OLS 표준오차와 검정 통계량들은 이분산에 견고한 값들과 유사한 경우가 흔하다.

LPM에서 OLS 추정량들은 일반적으로 비효율적이다. LPM에서 y의 조건부 분산은 다음과 같았다.

$$\mathrm{Var}(y|\mathbf{x}) = p(\mathbf{x})[1-p(\mathbf{x})] \tag{8.45}$$

여기서

$$p(\mathbf{x}) = \beta_0 + \beta_1 x_1 + \cdots + \beta_k x_k \tag{8.46}$$

는 반응 확률(성공 확률, 즉 $y=1$일 확률)이다. 가중최소제곱을 사용하는 것이 자연스러워 보이지만, 한두 가지 문제가 있다. 확률 $p(\mathbf{x})$는 분명 미지의 모수 β_j에 의존한다. 하지만 우리는 이들 모수의 불편 추정량, 즉 OLS 추정량을 가지고 있다. OLS 추정량을 방정식 (8.46)에 대입하면 우리는 OLS 맞춘값을 얻는다. 그러므로, 각각의 관측치 i에서 $\mathrm{Var}(y_i|\mathbf{x}_i)$는 다음에 의하여 추정된다.

$$\hat{h}_i = \hat{y}_i(1-\hat{y}_i) \tag{8.47}$$

여기서 $\hat{y}_i$는 관측치 i의 OLS 맞춘값이다. 이제 8-4절에서처럼 실행가능 GLS를 적용한다.

불행히도 모든 i에서 h_i를 추정할 수 있다고 하여, 바로 WLS 추정으로 넘어갈 수 있는 것은 아니다. 문제는 7-5절에서 간략히 논의한 것처럼, $\hat{y}_i$의 맞춘값이 반드시 0과 1 사이에 있으란 법이 없다는 것이다. 만일 $\hat{y}_i < 0$이거나 $\hat{y}_i > 1$이면, 식 (8.47)의 $\hat{h}_i$는 음수가 된다. WLS는 관측치 i에 $1/\sqrt{\hat{h}_i}$를 곱하는 것이므로, 어느 관측치에서든 $\hat{h}_i$가 음수(또는 0)이면 이 방법은 실패할 것이다. WLS에서 사용되는 모든 가중치들은 0보다 커야 한다.

어떤 때에는 모든 i에서 $0 < \hat{y}_i < 1$이고, 이 경우 WLS를 사용하여 LPM을 추정할 수 있다. 그런데, 관측치 수가 많고 성공 또는 실패의 확률이 작은 경우, 몇몇 맞춘값들이 단위 구간(0에서 1까지 구간)을 벗어나는 일이 허다하다. 식 (8.44)의 노동활동 참가 예제에서도 이런 일이 발생하고 있는데, 이 경우 가장 쉬운 방법은 WLS를 포기하고 이분산에 견고한 통계량들을 보고하는 것이다. 또 하나의 방법은 0보다 작거나 1보다 큰 맞춘값들을 조정한 후 WLS를 적용하는 것이다. $\hat{y}_i < 0$이면 $\hat{y}_i = 0.01$로 두고, $\hat{y}_i > 1$이면 $\hat{y}_i = 0.99$로 두는 것도 한 방법이다. 불행히도, 이때에는 연구자의 자의적인 선택이 개입한다. 예를 들어, 왜 0.001과 0.999를 사용하지 않는가? 만일 많은 맞춘값들이 단위 구간 밖에 위치하면, 맞춘값의 조정은 결과를 바꿀 수도 있다. 이 경우 그냥 OLS를 사용하는 것이 가장 나을 것이다.

가중최소제곱으로 선형 확률 모형 추정하는 방법:

1. 모형을 OLS로 추정하여 맞춘값 $\hat{y}$를 구한다.

2. 모든 맞춘값들이 단위 구간 내에 있는지 확인한다. 만일 그러면, 3단계로 진행한다. 그렇지 않으면, 맞춘값들을 조정하여 전부 단위 구간 내에 들어오도록 한다.

3. 식 (8.47)에 따라 분산 추정값을 구한다.

4. 다음 식을 $1/\hat{h}$를 가중치로 사용하여 WLS 추정한다.

$$y = \beta_0 + \beta_1 x_1 + \cdots + \beta_k x_k + u$$

예제 8.9　PC 소유여부의 결정 요인

GPA1의 자료를 사용하여 컴퓨터 소유 확률을 추정한다. *PC*는 학생이 컴퓨터를 소유하면 1의 값을 갖고 그렇지 않으면 0의 값을 갖는 이진 변수라 하자. *hsGPA*는 고등학교 GPA, *ACT*는 대입 시험 점수, *parcoll*은 부모 중 한 명이라도 대학에 다녔으면 1의 값을 갖는 이진 변수이다. (어머니와 아버지의 대학교육 여부 변수를 별도로 포함시키면, 상관관계가 상당히 높아, 개별적으로 유의한 결과를 얻지 못한다.) OLS 추정식은 다음과 같다.

$$\begin{aligned}\widehat{PC} &= \underset{\substack{(0.4905)\\ [0.4888]}}{-0.0004} + \underset{\substack{(0.137)\\ [0.139]}}{0.065}\,hsGPA + \underset{\substack{(0.0155)\\ [0.0158]}}{0.0006}\,ACT + \underset{\substack{(0.093)\\ [0.087]}}{0.221}\,parcoll \\ n &= 141, \quad R^2 = 0.0415\end{aligned} \tag{8.48}$$

〈예제 8.8〉에서처럼, 통상적인 표준오차와 견고한 표준오차 간에 큰 차이가 없다. 그럼에도, 모형을 WLS로써 추정해 보자. 모든 OLS 맞춘값들이 단위 구간 내에 있으므로 조정이 필요없다.

$$\begin{aligned}\widehat{PC} &= \underset{(0.477)}{0.026} + \underset{(0.130)}{0.033}\,hsGPA + \underset{(0.0155)}{0.0043}\,ACT + \underset{(0.086)}{0.215}\,parcoll \\ n &= 141, \quad R^2 = 0.0464\end{aligned} \tag{8.49}$$

OLS와 WLS 추정값 간에는 중요한 차이가 없다. 유일하게 유의한 설명변수는 *parcoll*이며, OLS와 WLS 모두, 부모 중 한 명이라도 대학에 다녔으면 PC를 소유할 확률이 약 0.22 높은 것으로 추정된다.

Chapter

9 모형 설정과 자료에 관한 추가 내용

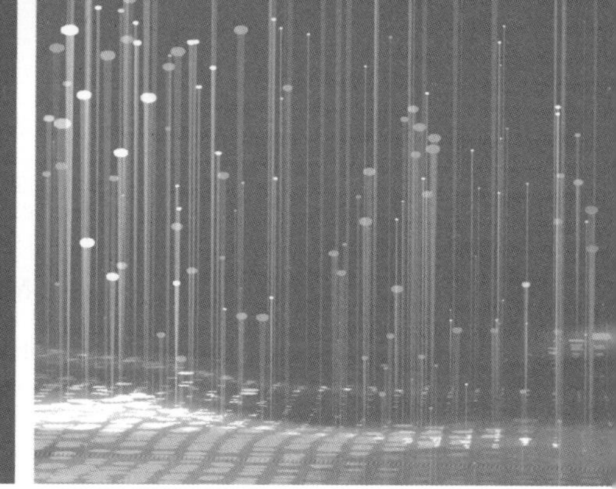

학습목표

9.1 함수 형태를 잘못 설정한 것인지를 검증하는 검정 기법들의 목적을 설명하고 회귀모형 설정오류 검정(RESET)을 실행할 수 있다.

9.2 서로 포함되지 않은 모형들의 예를 제시하고 두 모형이 서로 포함하지 않는다는 말의 의미를 설명할 수 있다.

9.3 한 모형과 이를 포함하지 않는 대립가설 모형에 대하여 검정하는 Davidson-MacKinnon 검정을 수행할 수 있다.

9.4 변수 누락 문제의 대리변수(proxy variable) 해법과 좋은 대리변수이기 위해 필요한 성질들을 설명할 수 있다.

9.5 선형 모형에서 고정된 상수가 아닌 임의 계수를 허용하되 계수들이 설명변수들과 독립인 경우에 임의계수 모형의 함의에 대하여 설명할 수 있다.

9.6 성과변수에 측정오차가 있을 때 이것이 OLS에 대하여 갖는 통계적 함의에 대해 논의할 수 있다.

9.7 단순회귀모형에서 설명변수가 고전적 측정오차(error-in-variables) 가정을 따를 때 OLS 추정량의 감쇠편향을 도출할 수 있다.

9.8 자료가 임의로 결손(missing completely at random)될 때 발생하는 문제들에 대하여 논의하고, 그러한 경우에 회귀 분석에 결손 지시함수(missing indicator)를 적용하는 방법을 이해한다.

9.9 무작위 표본추출(random sampling)이 아닌 경우, 외생적인 표본추출에서와 내생적인 표본추출에서 OLS 추정량의 특성이 다를 수 있음을 이해하고 설명할 수 있다.

9.10 이상값 자료(outliers)에 의하여 야기되는 문제들을 서술하고 표준화 잔차를 이용하여 이상치를 탐지할 수 있다.

9.11 최소절대편차(LAD) 추정량과 OLS 추정량의 목적과 차이를 설명한다.

8장에서 우리는 Gauss-Markov 가정이 성립하지 않는 경우 중 이분산에 대해 공부했다. 오차항에 이분산이 존재하는 경우 추정량에 편향이나 불일치성이 나타나지 않고 모수의 참값에 대한 통계적 추론을 할 수 있도록 신뢰구간이나 t 통계량, F 통계량 등을 쉽게 조정할 수 있으며 심지어 가중최소제곱법(weighted least squares)을 이용하여 보다 더 효율적인 추정을 할 수도 있는 등, 비록 이분산이 문제점이기는 하지만 상대적으로 사소한 문제라고 볼 수 있다.

이 장에서는 훨씬 더 심각한 문제인 오차항 u와 하나 또는 그 이상의 설명변수 간에 상관관계가 존재하는 경우에 대하여 다룬다. 3장에서 오차항과 상관성이 있는 설명변수를 내생적 설명변수(endogenous explanatory variable)라고 하였다. 설명변수가 내생적이 될 수 있는 세 가지 이유에 대하여 상세히 설명하고, 몇 가지 경우에 있어 그 가능한 치료법에 대해서 이야기할 것이다.

3장과 5장에서 중요한 변수가 생략된 경우 이러한 상관관계가 발생할 수 있고 이 경우 일반적으로 모든 OLS 계수 추정값들이 편향을 갖거나 불일치성을 갖는다는 점을 배웠다. 중요한 변수가 생략된 경우의 특수한 예로 누락된 변수가 모형에 포함된 변수의 함수일 경우 우리는 모형이 잘못된 함수 형태 설정(functional form misspecification) 문제를 갖는다고 말한다. 함수 형태 설정의 오류 문제는 9-1절에서 다룬다.

9-2절에서는 누락된 변수의 문제를 해결하거나 문제의 정도를 완화하기 위해 대리변수(proxy variable)를 이용하는 방법에 대해 다룬다. 9-3절에서는 특정한 형태의 측정오차(measurement error)가 존재할 경우 OLS 추정량의 편향에 대해 논한다. 9-4절에서는 데이터에 관련된 추가적인 문제를 다룬다.

이 장에서 고려하는 추정 방법은 OLS이다. 이 절에서 다루는 설명변수와 오차항의 상관성 문제들 중 일부는 단일 횡단면에 대한 OLS로 해결되지 않아서 다른 추정 방법을 고려하여야 하지만 다른 추정 방법의 문제는 이 장에서는 다루지 않기로 한다(Wooldridge 원저서의 제3부 참조).

9-1 잘못된 함수 형태 설정

다중회귀모형이 종속변수와 관측된 설명변수들 간의 관계를 제대로 설명하지 못할 경우 잘못된 함수형태 설정(functional form misspecification)의 문제가 있다고 한다. 예를 들어 시간당 임금이 $\log(wage) = \beta_0 + \beta_1 educ + \beta_2 exper + \beta_3 exper^2 + u$에 의하여 결정됨에도 불구하고 우리가 경력의 제곱항 $exper^2$을 생략하면 잘못된 함수형태 설정의 오류를 범하고 있다. 그 경우 $\beta_0, \beta_1, \beta_2$의 추정량들($exper^2$이 모형에서 제거되었으므로 β_3은 추정하지 않음)이 일반적으로 편향된다는 것을 우리는 3장의 논의로부터 이미 알고 있다. 그 편향의 크기는 β_3의 크기와 *educ*, *exper*, $exper^2$ 간의 상관관계의 정도에 따라 결정된다.

노동시장 경력에 대한 수익률(return to experience)을 추정하고자 할 때의 문제는 좀 더 복잡해진다. 주어진 관계에서 볼 때 노동시장 경력에 대한 수익률은 $\beta_2 + 2\beta_3 exper$ 임을 알 수 있다. 따라서 설령 β_2에 대한 불편 추정량을 얻을 수 있다고 하더라도 노동시장 경력에 대한 수익률을 추정할 수는 없다. β_2의 편향된 추정량을 그냥 사용하는 것은 *exper*의 극단적인 값에서 특히 잘못될 수 있다.

또 다른 예로서, 변수들 간의 관계가 다음과 같은 경우를 생각해 보자. 아래에서 *female*은 여성 여부를 나타내는 이진 변수이다.

$$\begin{aligned}\log(wage) = &\beta_0 + \beta_1 educ + \beta_2 exper + \beta_3 exper^2 \\ &+ \beta_4 female + \beta_5 female \times educ + u\end{aligned} \tag{9.1}$$

우리가 상호작용 항 $female \times educ$을 빼 놓는다면 우리의 모형은 함수 형태를 잘못 설정한 것이고 일반적으로 그 모형의 추정량들은 모두 편향될 것이다. 아울러, 모형 (9.1)에서 교육 수익률(return to education)은 $\beta_1 + \beta_5 female$이어서 남녀의 교육수익률이 다르지만 $female \times educ$을 빼 놓고 추정할 경우 β_1의 추정량이 무슨 교육수익률의 추정량인지 명확하지 않다.

설명변수 쪽에서의 함수 형태 설정 오류뿐 아니라 종속변수의 함수적 형태를 잘못 설정하는 것도 잘못된 함수 형태 설정의 예이다. 식 (9.1)이 MLR.1에서 MLR.4까지 충족시키는 참 모형이라고 하자. 만일 우리가 $\log(wage)$가 아니라 *wage*를 종속변수로 하여 추정모형을 수립한다면 우리는 부분효과들의 불편추정량이나 일치추정량을 얻지 못할 것이다.

모형의 함수형태를 잘못 설정하는 것이 심각한 문제를 초래하는 것은 분명하다. 하지만, 다음 한 가지 점에서만은 이 문제가 중요한 문제가 아니다. 즉, 함수관계를 구하는 데에 필요한 모든 변수들에 대한 자료만큼은 가지고 있다는 것이다. 이와 대조적으로, 다음 소절에서 살펴볼 문제에서는 핵심 변수에 대한 자료를 수집할 수가 없어서 이 변수가 아예 누락되어 있다.

설명변수의 함수 형태를 잘못 설정한 경우 우리가 이미 알고 있는 F 통계량을 이용하는 방법이 있다. 원래의 모형에 중요한 변수들의 이차항을 포함시켜 이차항들의 결합유의성을 F 통계량으로 검정하는 것이다. 추가된 이차항들이 통계적으로 유의하다면 이들을 모형에 추가할 수 있다(모형의 해석이 복잡해지겠지만). 하지만, 이차항이 유의하다는 것은, 로그가 더 적절한데 수준 변수를 사용했다거나 그 반대에 해당하는 것과 같은, 다른 함수형태 문제의 징후일 수도 있다. 함수형태가 잘못 설정되는 정확한 이유를 콕 집어내기는 매우 어렵다. 하지만 로그 변환된 변수를 이용하거나 이차항을 포함하는 정도만으로도 설명변수의 비선형 관계를 모형화하는 데에 충분한 경우가 많다.

예제 9.1 범죄에 관한 경제학적 모형

〈표 9.1〉은 범죄의 경제적 모형(예제 8.3 참조)을 OLS로 추정한 결과이다. (1)번 열은 이차항을 포함하지 않은 모형을 추정한 결과이고 (2)번 열은 *pcnv*, *prime86*, *inc86*의 이차항들을 포함한 모형을 추정한 결과이다. 이 변수들의 이차항을 포함시키기로 한 이유는 (1)번의 결과를 보면 이 변수들이 수준 변수로 유의하였기 때문이다. *qemp86*은 5개의 값 중 하나의 값만을 갖는 이산변수이므로 이 변수의 이차항은 포함시키지 않았다.

각각의 이차항들은 모두 유의하고 결합유의성도 매우 높다($F = 31.37$이고 $F_{3,2713}$에서의 p값은 거의 0이다). 따라서 원래의 모형 (1)번은 중요한 비선형 관계를 놓치고 있는 것으로 보인다. 이차항을 포함시킨 까닭에 추정 결과의 해석이 다소 복잡해졌다. 예를 들어 *pconv*는 더 이상 범죄를 막는 효과만 가지지 않는다. 다른 조건이 변하지 않을 때 $pcnv = .365$까지는 *pcnv*와 *narr86*은 양(+)의 관계가 있는 반면 그 이후로는 음(−)의 관계를 갖는다. 따라서 *pconv*가 낮을 때에는 범죄 방지 효과가 작거나 거의 없고, 기소율을 높여서 범죄율을 낮추려는 노력은 기소율이 높을 때에만 효과가 있을 것으로 보인다. 이차함수가 아니라 보다 복잡한 함수 형태를 이용하여 이 결과를 확인할 필요가 있을 것이다. 어쩌면 *pcnv*가 완전히 외생적이지는 않을 수도 있다. 예를 들어 기소된 적이 없는 남자($pcnv = 0$)는 우발적 범죄자(casual criminal)이어서[a] 1986년에 체포될 개연성이 낮은 것일 수도 있다. 이런 경우 추정 결과에 편향이 발생할 수 있다.

*ptime86*과 *narr86*간의 관계도 $ptime86 = 4.85$(즉, 복역 기간이 4.85개월)까지는 양(+)의 관계지만 *ptime86*이 4.85를 넘어서면 음(−)인 것으로 보인다. 그런데 표본에 속한 관측값들 대부분에서 *ptime86*은 0이다. 따라서 이 결과를 해석함에 있어 조심할 필요가 있다.

합법적 소득(*inc86*)은 242.85까지는 *narr86*에 음(−)의 영향을 주는 것으로 나타났는데 *inc86*의 측정단위가 100 달러이므로 $inc86 = 242.85$는 연봉 24,285달러를 의미한다. 관측값 중 겨우 46명만이 이 값을 넘는 연봉을 가지고 있으므로 *inc86*은 *narr86*에 대해 음(−)의 관계를 가지고 있고 그 효과는 체감하는 것으로 볼 수 있다.

[a]Cesare Lombroso (1835–1909)는 범죄자를 태생적 범죄자(born criminal), 우발적 범죄자(casual criminal), 성범죄자(sex criminal), 간질성 범죄자(epileptic criminal) 등으로 구분했다. 이 중 우발적 범죄자는 선천적인 범죄성향이 있지는 않아 범죄를 자주 저지르는 것은 아니지만 상황에 따라 범죄 충동을 느끼고 실제로 범죄를 저지르기도 하는 부류의 범죄자를 말한다.

〈표 9.1〉 종속변수: *narr86*

독립변수	(1)	(2)
pcnv	-0.133 (0.040)	0.533 (0.154)
$pcnv^2$	—	-0.730 (0.156)
avgsen	-0.011 (0.012)	-0.017 (0.012)
tottime	0.012 (0.009)	0.012 (0.009)
ptime86	-0.041 (0.009)	0.287 (0.004)
$ptime86^2$	—	-0.0296 (0.0039)
qemp86	-0.051 (0.014)	-0.014 (0.017)
inc86	-0.0015 (0.0003)	-0.0034 (0.0008)
$inc86^2$	—	-0.000007 (0.000003)
black	0.327 (0.045)	0.292 (0.045)
hispan	0.194 (0.040)	0.164 (0.039)
intercept	0.569 (0.036)	0.505 (0.037)
Obs. R^2	2,725 0.0723	2,725 0.1035

9-1a RESET – 일반적인 함수 형태 오류에 대한 검정

Ramsey (1969)는 일반적인 함수 형태 오류를 검정할 수 있는 **회귀모형 설정오류 검정**(RESET, regression specification error test)을 제안했다. RESET의 기본적인 아이디어는 매우 간단하다. 다음의 모형이 MLR.4를 만족한다고 하자.

$$y = \beta_0 + \beta_1 x_1 + \ldots + \beta_k x_k + u \tag{9.2}$$

그러면 독립변수들의 어떠한 비선형 함수를 (9.2)에 포함시켜 회귀분석을 하더라도 그 항들의 유의성은 없을 것이다. 〈예제 9.1〉에서는 설명변수들의 제곱항들을 포함시켰는데 이렇게 설명변수들의 제곱항들을 포함시키는 것도 좋지만 설명변수들이 많을 경우 제곱항들을 포함시킴으로써 자유도가 많이 떨어지는 문제가 있다. 그리고 어떤 형태의 비선형성은 제곱항으로는 잡히지 않는 경우도 있을 수 있다. RESET은 식 (9.2)의 OLS 맞춘값들의 고차 제곱항들을 포함시킨다.

RESET을 하기 위해서는 맞춘값을 몇차 제곱항까지 포함시킬 것인지 결정해야 한다. 이 문제에 대한 분명한 답은 없으나, 일반적으로 제곱 항과 세제곱 항을 포함시키면 유용하다고 알려져 있다.

$\hat{y}$를 (9.2)의 추정에 의한 맞춘값이라고 하자. 다음 확장된 식을 보라.

$$y = \beta_0 + \beta_1 x_1 + \cdots + \beta_k x_k + \delta_1 \hat{y}^2 + \delta_2 \hat{y}^3 + error \tag{9.3}$$

이 식에는 원래 추정으로부터 얻은 맞춘값의 함수들이 설명변수로 들어가 있어 약간 이상해 보일 수 있다. 하지만 우리는 (9.3)으로부터의 모수추정값에는 관심이 없고, 오직 (9.2)가 중요한 비선형성을 놓치고 있는지 검정하는 데에만 이 식을 사용할 것이다. 기억할 점은 $\hat{y}^2$과 $\hat{y}^3$이 오직 x_j들의 비선형함수라는 것이다.

RESET을 위한 귀무가설은 (9.2)가 적절하게 설정되었다는 것이다. 이는 식 (9.3)에서 $\hat{y}$의 고차항의 계수들이 결합적으로 0임을 의미한다. 따라서 귀무가설 $H_0 : \delta_1 = 0, \delta_2 = 0$에 대하여 F검정을 하여 RESET을 수행한다. F통계량이 유의하다는 것은 함수형태에 무엇인가 문제가 있다는 것이다. Gauss-Markov 가정이 충족되고 표본의 크기가 매우 큰 경우 귀무가설하에서 RESET을 위한 검정통계량인 F통계량은 근사적으로 $F_{2,n-k-3}$ 분포를 따른다. 이때, 확장된 식 (9.3)에서 자유도는 $df = n-k-1-2 = n-k-3$이다. F통계량 이외에 LM통계량도 구할 수 있고(여기서 카이제곱 분포의 자유도는 2), 8-2절에서 설명한 방법으로 이분산에 대해 견고한 통계량을 구할 수도 있다.

예제 9.2　주택 가격 방정식

주택 가격에 대한 두 개의 모형을 추정해 보자. 첫 번째는 모든 변수들을 수준값 형태(level form)로 이용하는 것이다.

$$price = \beta_0 + \beta_1\, lotsize + \beta_2\, sqrft + \beta_3\, bdrms + u \tag{9.4}$$

두 번째의 모형은 $bdrms$를 제외한 모든 변수들을 로그 형태로 이용한 것이다.

$$lprice = \beta_0 + \beta_1\, llotsize + \beta_2\, lsqrft + \beta_3\, bdrms + u \tag{9.5}$$

HPRICE1의 $n = 88$개 관측값을 이용하여 RESET을 수행한다. 모형 (9.4)에서 RESET의 F 통계량 값은 4.67이고 $F_{2,82}$ 분포($n = 88$, $k = 3$에 해당)에서 이 값의 p값을 구하면 0.012이다. 이는 (9.4)가 함수 형태 설정 오류를 범하고 있다는 증거이다.

반면 모형 (9.5)에서 RESET의 F 통계량 값은 2.56이고 $F_{2,82}$ 분포에서 이 값의 p값은 0.084이다. 유의수준을 5%로 할 경우 (9.5)에서는 함수 형태 설정 오류가 없다는 가설을 기각하지 못한다(물론 유의수준을 10%로 할 경우에는 기각한다). RESET의 결과에 의거할 때 (9.5)의 로그-로그 모형이 더 선호된다.

〈예제 9.2〉에서 다룬 주택 가격 방정식에서 한 모형은 RESET에 의해 기각되었고 다른 모형은 기각되지 않았다(5% 수준에서). 하지만 상황이 이 정도로 단순하지는 않은 경우가 훨씬 더 많다. RESET의 단점은 모형이 기각될 때 어떻게 해야 하는지에 대해 아무런 지침을 제공하지 않는다는 점이다. RESET으로 모형 (9.4)가 기각된다고 해서 자동적으로 모형 (9.5)를 선택해야 한다는 것은 아니다. 등탄력성 모형을 고려한 결과 모형 (9.5)가 세워진 것이고 어쩌다 보니 함수형태 검정도 통과했던 것뿐이다.

어떤 이들은 RESET이 변수가 누락된 경우와 이분산의 경우까지 포함한 매우 일반적인 형태의 모형 설정 오류에 대해 이용할 수 있는 검정법이라고 주장하기도 하지만 RESET을 이런 용도로 이용하는 것은 매우 잘못된 것이다. 예를 들어 누락된 변수의 조건부 평균이 모형에 포함된 독립변수들의 선형함수일 경우 RESET은 변수 누락을 알아낼 수 있는 검정력이 없다[Wooldridge (1995) 참조]. 또한, 함수형태가 올바르게 설정된 경우 RESET은 이분산을 적발해낼 수 있는 검정력을 갖지 못한다. RESET은 함수 형태의 설정 오류를 검정하기 위한 검정법일 뿐, 그 이상도 그 이하도 아니다.

9-1b 서로 포함되지 않은 모형들에 대한 검정

우리가 다음 둘 중에 어떤 것을 선택할지를 검정한다고 해 보자.

$$y = \beta_0 + \beta_1 x_1 + \beta_2 x_2 + u \tag{9.6}$$

$$y = \beta_0 + \beta_1 \log(x_1) + \beta_2 \log(x_2) + u \tag{9.7}$$

이 두 모형은 어느 하나가 다른 하나의 특별한 경우는 아닌 서로 포함되지 않은 모형들(nonnested models)이다(6장 참조). 이 경우 통상적인 F 검정법을 이용할 수는 없다.

두 가지 접근 방법을 생각해 볼 수 있다. 먼저, 두 모형을 다 포함하는 포괄(comprehensive) 모형을 구성하는 것이다. 식 (9.6)과 (9.7)을 포괄하는 모형은 다음과 같다.

$$y = \gamma_0 + \gamma_1 x_1 + \gamma_2 x_2 + \gamma_3 \log(x_1) + \gamma_4 \log(x_2) + u \tag{9.8}$$

그리고 (9.6)을 검정할 때에는 $H_0: \gamma_3 = 0, \gamma_4 = 0$을, (9.7)을 검정할 때에는 $H_0: \gamma_1 = 0, \gamma_2 = 0$을 각각 귀무가설로 검정하면 된다. 이 접근법은 Mizon and Richard (1986)에 의해 제안되었다.

다른 방법은 Davidson and MacKinnon (1981)에 의해 제시된 것이다. Davidson and MacKinnon (1981)은 만일 (9.6)이 맞다면 (9.7)의 맞춘값은 (9.6)에서 유의하지 않다는 점을 지적하였다. 그러므로, (9.7)의 맞춘값을 $\check{y}$이라고 하면, 다음 회귀식에서 $H_0: \theta_1 = 0$을 t검정함으로서 (9.6)의 적절성을 검증할 수 있다.

$$y = \beta_0 + \beta_1 x_1 + \beta_2 x_2 + \theta_1 \check{y} + error$$

이것이 **Davidson-MacKinnon 검정**이다. $\check{y}$는 x_1과 x_2의 비선형함수일 뿐이므로, 식 (9.6)이 올바른 조건부 평균이라면 $\check{y}$는 유의하지 않을 것이다. 따라서 t통계량이 (양방향 대립가설에 대하여) 유의하면 (9.6)이 기각된다.

비슷한 방식으로, (9.6)의 맞춘값을 $\hat{y}$이라고 하면, 다음 모형에서 $H_0: \theta_1 = 0$을 t검정하여 (9.7)의 적절성을 검증할 수 있다.

$$y = \beta_0 + \beta_1 \log(x_1) + \beta_2 \log(x_2) + \theta_1 \hat{y} + error$$

여기서도 유의한 t통계량은 (9.7)에 반하는 증거가 된다. 서로 포함되지 않은 어떠한 두 모형에 대해서든 종속변수가 동일하면 이와 같은 두 검정을 사용할 수 있다.

서로 포함되지 않은 모형들에 대한 검정에는 몇 가지의 문제가 있다. 먼저, 확실하게 우월한 모형이 드러나지 않을 수도 있다. 검정 대상인 두 모형이 모두 기각되거나 두 모형 모두 기각되지 않을 수도 있다. 만일 두 모형이 모두 기각되지 않는 경우라면 조정된 R^2 값을 비교하여 두 모형 중 하나를 선택할 수도 있다. 만일 두 모형이 모두 기각된다면 다른 노력을 더 할 필요가 있을 것이다. 하지만 우리는 모형 선택에 있어 실제적인 쓰임새를 생각해 보는 것이 중요하다. 만일 핵심 변수의 효과가 그리 크게 다르지 않다면 어느 모형을 쓰든 그리 중요하지 않을 수도 있다.

둘째 문제는, 예컨대 Davidson and MacKinnon의 검정 통계량을 이용한 검정에서 (9.6)이 기각된다고 하더라도 (9.7)이 적절한 모형이라는 점을 말해주는 것은 아니라는 것이다. 모형 (9.6)은 그 밖에도 다양한 함수형태 설정오류로 인하여 기각될 수 있다.

서로 포함되지 않은 모형들의 종속변수가 서로 다른 경우, 예컨대 한 모형에서는 y이고 다른 모형에서는 $\log(y)$를 종속변수로 하는 경우, 이용할 수 있는 검정법은 이 책에서 다루는 내용의 범위를 벗어난다. Wooldridge (1994a)는 이런 경우에 이용할 수 있는 검정법을 제안한 바가 있다.

9-2 관측되지 않은 변수들에 대한 대리변수(proxy variables)

더 어려운 문제는 핵심적인 변수가 누락되는 경우(보통 자료가 없어서)이다. 능력(*abil*)을 통제하고 난 이후 직업 경력(*exper*)과 교육(*educ*)이 log(*wage*)에 어떠한 영향을 주는지 알기 위해 다음의 임금방정식을 추정하고 싶은데 *abil*에 대한 데이터가 없는 경우(이 경우에는 데이터가 관측되지 않기 때문이기도 *abil*이 무엇을 말하는지 모호한 까닭이기도 하다)를 생각해 보자.

$$\log(wage) = \beta_0 + \beta_1 educ + \beta_2 exper + \beta_3 abil + u \tag{9.9}$$

이 경우 *abil*을 제외한 *educ*와 *exper*만으로 회귀모형을 구성하여 추정한다면 *abil*이 *educ*와 *exper*과 상관되어 있을 개연성이 높으므로 β_1과 β_2의 OLS 추정량이 편향을 가질 수 있다.

식 (9.9)에서 우리의 일차적인 관심은 기울기 모수 β_1과 β_2이다. 절편 β_0의 불편추정량이나 일치추정량을 얻는 데에는 전혀 관심이 없다(나중에 보겠지만 절편의 추정은 보통 가능하지 않다). *abil*이 관측되지 않으므로 β_3을 추정할 수 있으리라 희망할 수도 없다.

그렇다면 (9.9) 같은 식에서 어떻게 하면 누락변수로 인한 편향을 해결하거나 아니면 최소한 완화시키기라도 할 수 있을 것인가? 한 가지 방법은 관측되지 않은 변수에 대한 대리변수(proxy variable)를 구하는 것이다. 개략적으로 말해서 대리변수란 회귀모형의 통제변수 중 관측되지 않은 변수와 상관되어 있는 다른 변수를 말한다. 임금 방정식에서 *abil*의 대리변수로 사용할 수 있는 변수로 지능지수(IQ)를 쓸 수 있다. 그렇다고 하여 IQ가 능력과 동일해야 한다는 것은 아니다. 필요한 것은 IQ가 능력과 상관관계를 갖는다는 것이다.

추정하고자 하는 모형은 아래와 같다. 독립변수가 세 개이고 그 중 둘이 관측된다. 이 정도 모형이면 모든 핵심적인 아이디어를 충분히 설명할 수 있다.

$$y = \beta_0 + \beta_1 x_1 + \beta_2 x_2 + \beta_3 x_3^* + u \tag{9.10}$$

y, x_1, x_2에 대한 자료가 있다고 하자. 앞의 임금의 예에서 이들은 각각 log(*wage*), *educ*, *exper*이다. 설명변수 x_3^*는 관측할 수 없고, 그 대신 x_3^*에 해당하는 대리변수를 가지고 있다. 이 대리변수를 x_3이라 하자.

x_3에게 요구되는 것은 무엇인가? 최소한 x_3^*와 어떤 연관을 가져야 할 것이다. 이는 다음의 단순회귀식에 의하여 표현된다.

$$x_3^* = \delta_0 + \delta_3 x_3 + v_3 \tag{9.11}$$

이때 v_3은 x_3^*와 x_3이 같은 변수가 아닌 까닭에 발생하는 오차항이다. δ_3은 x_3^*와 x_3의 관계를 말해주는 모수로서 x_3^*과 x_3이 양의 상관성을 갖는다면 $\delta_3 > 0$이 된다. 만일 $\delta_3 = 0$이라면 x_3은 x_3^*의 대리변수로서 적절하지 않다. 식 (9.11)의 절편 δ_0은 양수일 수도 음수일 수도 있으며, 따라서 x_3^*와 x_3의 눈금이 달라도 관계없다. (예를 들어, 관측되지 않는 능력(*abil*)과 IQ가 동일한 평균값을 가질 필요가 없다.)

어떻게 하면 x_3을 이용하여 β_1과 β_2의 불편추정량(혹은 적어도 일치추정량)을 얻을 수 있을 것인가? 한 가지 방법은 마치 x_3이 x_3^*와 동일한 것처럼 가장하여,

$$y\text{를 } x_1, x_2, x_3\text{에 대하여} \tag{9.12}$$

회귀하는 것이다. 이는 OLS를 실행하기 전에 x_3을 x_3^* 자리에 대입(plug in)하는 것이므로 변수 누락 문제에 대한 플러그인(plug-in) 해법이라 한다. x_3이 실제 x_3^*와 상관관계를 갖는다면 이 해법은 일리가 있어 보인다. 하지만 x_3과 x_3^*가 동일한 것은 아니므로, 이 절차로부터 구한 β_1과 β_2의 추정량이 언제 일치성을 갖는지 확인해 보아야 한다.

플러그인 해법이 β_1과 β_2의 일치추정량을 제공하는 데에 필요한 가정들은 u에 관한 가정과 v_3에 대한 가정으로 구성되어 있다.

(1) 오차 u는 x_1, x_2, x_3^*와 상관관계를 갖지 않아야 한다. 이는 모형 (9.10)에서 표준적인 가정이다. 이와 더불어 u는 x_3과도 상관관계가 없어야 한다. 이 나중 가정은, 일단 x_1, x_2, x_3^*가 모형에 포함되고 나면 x_3이 종속변수에 영향을 미치지 않음을 의미한다. 사실 이것은 x_3은 x_3^*의 대리변수이므로 당연히 성립한다. y에 직접 영향을 미치는 것은 x_3이 아니라 x_3^*인 것이다. 그러므로, u가 x_1, x_2, x_3^* 및 x_3과 상관관계가 없어야 한다는 가정은 당연스럽게 받아들여진다. (이 가정은, 이들 변수들이 주어질 때 u의 기댓값이 0이라는 문장으로 표현되기도 한다.)

(2) 오차 v_3은 x_1, x_2, x_3과 상관관계가 없어야 한다. v_3이 x_1, x_2와 상관관계가 없다는 가정은 x_3이 x_3^*의 "좋은" 대리변수일 것을 요구한다. 이 가정을 약간 바꾸어 다음 조건부 기댓값으로 표현하면 이해하기 쉽다.

$$\mathrm{E}(x_3^*|x_1, x_2, x_3) = \mathrm{E}(x_3^*|x_3) = \delta_0 + \delta_3 x_3 \tag{9.13}$$

여기서 처음 등식이 가장 중요한데, 이는 일단 x_3이 통제되고 나면 x_3^*의 기댓값이 x_1과 x_2에 의존하지 않음을 의미한다. 다시 말하여, 일단 x_3으로 인한 영향을 제거하고 나면 x_3^*는 x_1, x_2와 상관관계가 0이다.

임금 방정식 (9.9)에서 *IQ*를 능력의 대리변수로 사용하였다. 이 경우 조건 (9.13)은 다음이 된다.

$$\mathrm{E}(abil|educ, exper, IQ) = \mathrm{E}(abil|IQ) = \delta_0 + \delta_3 IQ$$

따라서, 능력의 평균수준은 IQ와만 결부되어 있으며, $educ$ 및 $exper$가 달라질 때 변하지 않는다. 이것이 그럴 듯한 가정인가? 정확히 옳지 않을지는 모르겠지만, 진실에 가까워 보이기도 한다. IQ를 임금방정식에 포함시킬 때 교육수익률의 추정값에 무슨 일이 생기는지는 분명 한 번 살펴볼 만하다.

이상의 가정들이 왜 플러그인 해법을 작동하게 만드는지 쉽게 알아볼 수 있다. 식 (9.11)을 식 (9.10)에 대입하고 약간 조작하면 다음을 얻는다.

$$y = (\beta_0 + \beta_3\delta_0) + \beta_1 x_1 + \beta_2 x_2 + \beta_3\delta_3 x_3 + u + \beta_3 v_3$$

여기서 합성 오차를 $e = u + \beta_3 v_3$라 하자. 오차 e는 모형 (9.10)의 오차항과 대리변수 방정식의 오차항 v_3으로 구성되어 있다. u와 v_3이 모두 평균 0이고 양자 모두 x_1, x_2, x_3과 상관관계가 없으므로, e도 평균 0이고 x_1, x_2, x_3과 상관관계가 없다. 이 식을 다음과 같이 쓰자.

$$y = \alpha_0 + \beta_1 x_1 + \beta_2 x_2 + \alpha_3 x_3 + e$$

여기서 $\alpha_0 = (\beta_0 + \beta_3\delta_0)$은 새로운 절편이고 $\alpha_3 = \beta_3\delta_3$은 대리변수 x_3에 대한 기울기 모수이다. 앞에서도 잠깐 말했듯이, (9.12)를 회귀할 때 β_0과 β_3의 불편 추정량을 얻지는 못한다. 그 대신 $\alpha_0, \beta_1, \beta_2, \alpha_3$의 불편추정량(혹은 적어도 일치추정량)을 얻을 것이다. 중요한 것은 β_1과 β_2의 좋은 추정량을 얻는다는 사실이다.

사실, 대부분의 경우 β_3의 추정값보다는 α_3의 추정값이 더 흥미롭다. 예를 들어, 임금방정식에서 α_3은 IQ가 1점 더 높을 때 임금이 반응하는 정도를 측정한다.

예제 9.3 능력의 대리변수로서의 IQ

WAGE2에는 Blackburn and Neumark (1992)이 이용한 자료가 포함되어 있는데 1980년에 935명의 월수입, 교육, 인구통계학적 변수, IQ 등의 변수의 데이터이다. 능력의 누락으로 인한 편향을 설명할 방법으로서, 표준 로그임금 방정식에 IQ를 추가한다. 추정결과는 〈표 9.2〉에 제시되어 있다.

우리의 주된 관심은 교육수익률의 추정값에 무슨 일이 생기는지이다. (1)번 열은 IQ를 대리변수로 이용하지 않은 모형의 추정 결과이다. 교육의 수익률은 6.5%로 추정되었다. 누락된 변수인 '능력'이 교육과 정(+)의 상관관계를 갖는다고 본다면 이 값은 실제의 교육수익률을 과대추정한 값일 것이다(좀 더 정확히 표현하면, 모든 임의표본에 걸친 추정값의 평균이 실제보다 높을 것이다). IQ가 방정식에 추가되면 교육수익률은 5.4%로 하락하여, 능력의 누락으로 인한 편향에 관한 앞의 추측을 뒷받침한다.

IQ가 사회경제적 성과에 미치는 영향은 Herrnstein and Murray (1994)의 논란이 되는

저서 *The Bell Curve*에 설명된 바 있다. (2)번 열의 결과로 볼 때 다른 조건들을 통제하고 난 이후에도 IQ가 월수입에 통계적으로 유의한 정(+)의 영향을 미친다. 다른 조건들이 동일할 때, IQ가 10점 더 많은 사람들은 평균적으로 월간 수입이 3.6% 더 높은 것으로 예측된다. 미국 전체 인구의 IQ의 표준편차가 15 정도이므로 IQ에서 1표준편차의 차이가 나는 사람들 간에는 약 5.4%의 월간 임금의 격차가 존재하는 것으로 추정되었다. 이 값은 1년의 추가적인 교육이 가져오는 월간 임금의 증가와 동일하다. (2)번 열로부터, 교육이 원래 추정값만큼은 아니지만 여전히 월수입을 높이는 데에 중요한 역할을 함을 알 수 있다. Heckman (1995)를 포함해 몇몇 연구자들이 *The Bell Curve*에 대해 상세한 비판을 한 바 있다.

(1)번 열과 (2)번 열을 비교해 보면 다른 흥미로운 점들도 볼 수 있다. *IQ*를 추가해도 R^2이 0.253에서 0.263으로 아주 조금밖에 높아지지 않는다. $\log(wage)$의 대부분의 변동은 (2)번 열에 포함된 요소들에 의하여 설명되지 않는다. 또, IQ를 방정식에 추가하여도 흑인과 백인 간의 수입 추정값의 차이가 제거되지 않는다. 흑인은 동일한 IQ, 교육수준, 경력 등을 가진 백인보다 약 14.3% 적게 버는 것으로 나타났고 이 차이는 통계적으로 매우 유의하다.

〈표 9.2〉의 (3)열은 $(educ - \overline{educ})$와 $(IQ - \overline{IQ})$의 상호작용항을 포함하고 있다. 여기서 *educ*와 *IQ* 변수가 각각 표본평균(대략 13.5와 101.3)을 뺀 후 곱해져 있어, *educ*와 *IQ*의 계수는 평균 부분효과(average partial effects)를 추정하게 된다(6-2절 참조). 상호작용항 $(educ - \overline{educ}) \cdot (IQ - \overline{IQ})$가 포함됨으로써 교육수준과 IQ가 $\log(wage)$에 상호작용 효과(interactive effect)를 가질 수 있게 된다. 교육수익률이 IQ 수준에 따라 달라진다(IQ의 수익률도 교육수준에 따라 달라진다)고 생각할 수도 있지만, 상호작용항의 t통계값이 약 0.89 정도밖에 되지 않으므로 이런 상호작용 효과가 존재한다는 증거는 거의 없다. 그 계수값 자체 또한 아주 작다. IQ가 평균보다 30 포인트(표준편차의 2배) 높으면—이 수치는 IQ 분포에서 극단적으로 오른쪽 꼬리에 있는 값이다—*educ*의 수익은 $0.0034 \times 30 = 0.0102$ 만큼 더 높을 뿐이며, 이에 해당하는 교육수익률은 평균 수익률 5.3%보다 1.02%p 더 높은 6.3%이다. $(educ - \overline{educ}) \cdot (IQ - \overline{IQ})$를 포함하는 것이 기본적으로 해가 되지는 않지만(평균을 차감했으므로), 아마도 〈표 9.2〉 (2)열의 결과를 그냥 리포트하게 될 것 같다.

이 예에서 능력의 대리변수로 하나만 사용하라는 법은 없다. WAGE2 자료에는 *Knowledge of the World of Work* (KWW) 테스트 점수도 포함되어 있다. 이 변수는 능력의 다른 측정치이므로 IQ 대신 이용하거나 IQ와 함께 포함시켜 교육수익률 추정에 이용할 수 있다.

〈표 9.2〉 종속변수: log(*wage*)

독립변수	(1)	(2)	(3)
educ	0.065 (0.006)	0.054 (0.007)	0.053 (0.007)
exper	0.014 (0.003)	0.014 (0.003)	0.014 (0.003)
tenure	0.012 (0.002)	0.011 (0.002)	0.011 (0.002)
married	0.199 (0.039)	0.200 (0.039)	0.201 (0.039)
south	-0.091 (0.026)	-0.080 (0.026)	-0.080 (0.026)
urban	0.184 (0.027)	0.182 (0.027)	0.184 (0.027)
black	-0.188 (0.038)	-0.143 (0.039)	-0.147 (0.040)
IQ	—	0.0036 (0.0010)	0.0036 (0.0010)
$(educ-\overline{educ})\cdot(IQ-\overline{IQ})$	—	—	0.00034 (0.00038)
intercept	5.395 (0.113)	5.176 (0.128)	5.185 (0.128)
Observations R^2	935 0.253	935 0.263	935 0.263

대리변수가 앞에서 말한 가정들을 충족하지 않으면 대리변수를 포함시키더라도 추정량은 편향될 수 있다. 식 (9.11) 대신, 관측되지 않는 변수 x_3^*가 관측된 변수들과 다음과 같은 관계를 갖고 있다고 가정해 보자.

$$x_3^* = \delta_0 + \delta_1 x_1 + \delta_2 x_2 + \delta_3 x_3 + v_3 \tag{9.14}$$

여기서 v_3은 평균이 0이고 x_1, x_2, x_3와 상관되지 않은 확률변수이다. 식 (9.11)에서는 δ_1과 δ_2가 모두 0이라고 가정하였다. 식 (9.14)를 식 (9.10)에 대입하여 정리하면 다음과 같다.

$$\begin{aligned} y = &(\beta_0 + \beta_3\delta_0) + (\beta_1 + \beta_3\delta_1)x_1 + (\beta_2 + \beta_3\delta_2)x_2 \\ &+ \beta_3\delta_3 x_3 + u + \beta_3 v_3 \end{aligned} \tag{9.15}$$

따라서 $\text{plim}(\hat{\beta}_1) = \beta_1 + \beta_3\delta_1$ 이고 $\text{plim}(\hat{\beta}_2) = \beta_2 + \beta_3\delta_2$ 이다. [왜냐하면 (9.15)의 오차항 $u + \beta_3 v_3$ 이 평균 0이고 x_1, x_2, x_3 과 상관되지 않았기 때문이다.] 앞의 $x_1 = educ$ 이고 $x_3^* = abil$ 의 예에서 $\beta_3 > 0$ 이고 따라서 $abil$ 이 $educ$ 와 양의 부분상관관계(partial correlation)가 있으면($\delta_1 > 0$) 양(+)의 편향(비일치성)이 존재한다. 따라서, IQ 가 좋은 대리변수가 아닐 때 IQ 를 $abil$ 의 대리변수로 사용하면 교육수익률 추정에 여전히 상방편향이 존재할 수 있다. 하지만 이 경우라도 능력의 누락으로 인한 편향 문제를 전적으로 무시할 때보다는 편향이 더 작을 것이라 기대해도 좋다.

회귀모형에 $educ$ 가 포함되어 있는데 IQ 를 대리변수로 쓰게 되면 다중공선성 문제가 악화되어 β_{educ} 의 추정이 더 부정확해진다〔추정량의 분산이 커진다는 뜻〕는 지적이 있다. 그러나 이 지적은 두 가지 중요한 점을 놓치고 있다. 첫째, IQ 를 포함시키면 능력 중 IQ 에 의해 설명되는 부분이 오차로부터 제거되므로 오차분산이 작아진다. 이는 통상적으로 표준오차를 감소시킬 것이다(다만, 자유도가 조정되므로 표준오차가 꼭 작아져야만 하는 것은 아니다). 둘째, 매우 중요한 점으로서, β_{educ} 추정량의 편향을 줄이기 위해서는 다중공선성의 악화는 일종의 필요악이다. $educ$ 와 IQ 가 상관되는 것은, $educ$ 와 $abil$ 이 상관되고 IQ 가 $abil$ 의 대리변수이기 때문이다. 만일 $abil$ 을 관측할 수 있었다면 이 변수를 회귀식에 포함시켰을 것이고, 이때 물론 $educ$ 와 $abil$ 간의 상관으로 인하여 다중공선성은 피할 수 없었을 것이다.

대리변수들은 이진 변수의 형태로 등장하기도 한다. 〈예제 7.9〉에서[식 (7.15) 참조], Krueger (1993)가 작업에 컴퓨터를 사용할 때의 수익을 추정한 것을 보았다. Krueger는 노동자가 집에서 컴퓨터를 사용하는지를 나타내는 이진 변수(그리고 직장에서의 컴퓨터 사용여부와 집에서의 컴퓨터 사용여부의 상호작용 항)를 포함시키기도 하였다. 그가 방정식에 집에서의 컴퓨터 사용을 포함시킨 일차적인 이유는, 관측되지 않는 "기술적 능력"(technical ability)—임금에 직접적인 영향을 미치고 직장에서의 컴퓨터 사용과 관련되는—의 대리변수로 사용하기 위함이었다.

9-2a 대리변수로서 시차 종속변수의 이용

앞의 임금 예제에서처럼, 어떤 연구에서는 누락된 통제변수가 무엇인지 최소한 애매하게라도 알 수 있고, 그럼으로써 우리는 대리변수를 고를 수 있다. 다른 연구에서는, 하나 혹은 그 이상의 독립변수들이 누락된 변수와 상관되어 있지만, 그 누락변수에 대한 대리변수를 어떻게 얻어야 할지 전혀 알 수 없는 경우도 있다. 그러한 경우 우리는 과거 시점에서의 종속변수 값을 통제변수로 포함시킬 수 있다. 이는 정책분석 시 특히 유용하다.

횡단면 방정식에서 과거 시점의 종속변수(lagged dependent variable, 시차종속변수)를 사용하기 위해서는 자료가 그렇게 갖추어져 있어야 하므로 더 많은 것이 요구되지만, 다른 한편으로 현재 시점에서의 종속변수의 차이를 야기하는 과거의 역사적 요소들—다른 방법으로는 고려하기 어려운 요소들—을 간단하게 고려할 수 있도록 해 준다. 예를 들어, 어떤 도시들에서 과거에 범죄율이 높았다고 하자. 과거에 범죄율을 높인 많은 비관측 요소들이 현재에도 범죄율을 높일 것이다. 또, 어떤 대학들은 다른 대학들보다 전통적으로 성적이 더 좋다. 관성 효과도 y의 시차를 포함시킴으로써 포착할 수 있다.

도시의 범죄율에 대한 다음의 회귀모형을 보자.

$$crime = \beta_0 + \beta_1 unem + \beta_2 expend + \beta_3 crime_{-1} + u \tag{9.16}$$

여기서 *crime*은 1인당 범죄율, *unem*은 도시의 실업률, *expend*는 1인당 치안 비용(치안에 지출한 비용을 도시 인구로 나눈 값), $crime_{-1}$은 과거의 범죄율(1년 전일 수도 있고 수년 전일 수도 있음)이다. 우리가 알고 싶어하는 바는 *umem*과 *expend*가 범죄율에 어떠한 영향이 있는지이다.

$crime_{-1}$을 포함시킨 목적은 무엇인가? 분명 범죄는 관성을 가지므로 $\beta_3 > 0$이라고 기대된다. 하지만 이 시차변수를 방정식에 포함시킨 주된 이유는 과거에 범죄율이 높았던 도시들이 치안비용을 더 많이 지출할 수 있기 때문이다. 그러므로, 우리(계량경제학자)가 관측하지 못하지만 *crime*에 영향을 미치는 요소들은 *expend* (그리고 *unem*)와 상관되어 있을 것이다. 만약 순전한 횡단면 분석만 사용하면〔즉, 과거 시점의 정보를 사용하지 않으면〕 치안비용의 인과적 효과의 불편추정량을 얻을 수 없을 것이다. 하지만 $crime_{-1}$을 방정식에 포함시킴으로써 적어도 다음 실험을 해 볼 수 있다. 즉, 두 도시의 과거 범죄율과 현재 실업률이 동일하다면, β_2는 치안비용의 1달러 증가가 범죄에 미치는 영향을 측정한다.

예제 9.4 도시 범죄율

식 (9.16)의 범죄모형을 등탄력성 모형으로 바꾸어 추정하고자 한다(*unem*은 이미 백분율이므로 수준 형태 그대로 둠). CRIME2의 자료는 1987년 도시 46개로부터 구한 것이다. 1982년 범죄율 자료도 있으며, 이것을 추가적인 독립변수로 사용하여, 범죄율에 영향을 미치면서 치안비용과 상관된 도시 비관측 요소를 통제하고자 한다. 추정결과는 〈표 9.3〉에 있다.

범죄율의 과거값을 방정식에 포함시키지 않으면 실업률(*unem*)과 치안비용(*lawexpc*)의 효과는 직관과 반대로 나타난다. 그리고, $\log(lawexpc_{87})$의 t값이 1.17로 약간 크기는 하지만, 어느 것도 통계적으로 유의하지 않다. 하나의 가능성은, 치안비용이 증가하면서 범죄신고 관행이 개선되어 더 많은 범죄가 보고된다는 것이다. 하지만, 최근 범죄율이 높았던 도시에서 치안비용을 더 많이 지출한다는 것도 마찬가지로 있을 법하다.

〈표 9.3〉 종속변수: $\log(crmrte_{87})$

독립변수	(1)	(2)
$unem_{87}$	-0.029 (0.032)	0.009 (0.020)
$\log(lawexpc_{87})$	0.203 (0.173)	-0.140 (0.109)
$\log(crmrte_{82})$	—	1.194 (0.132)
intercept	3.34 (1.25)	0.076 (0.821)
표본 크기 R^2	46 0.057	46 0.680

5년 전 범죄율의 로그값을 추가하면 치안비용 지출액의 계수가 큰 영향을 받는다. 치안비용 지출에 대한 범죄율의 탄력성은 이제 -0.14이고 $t = -1.28$이다. 아직도 강한 유의성을 보이지는 않지만, 표본에 더 많은 도시들을 추가하고 더 정교한 모형을 사용하면 유의한 결과가 나올 것으로 보인다.

현재의 범죄율은 당연히 과거의 범죄율과 강하게 연관되어 있다. 추정값에 따를 때, 1982년의 범죄율이 1% 더 높으면 1987년의 범죄율은 약 1.19% 높은 것으로 추정된다. 과거 범죄에 대한 현재 범죄의 탄력성이 1이라는 귀무가설은 기각되지 않는다 [$t = (1.194 - 1)/0.132 \simeq 1.47$]. 과거 범죄율을 우변에 추가하면 회귀의 설명력이 현저히 증가하는데, 여기에 놀랄 필요는 없다. 범죄율의 과거값을 포함시키는 일차적인 이유는 $\log(lawexpc_{87})$이 $\log(crmrte_{87})$에 미치는 ceteris paribus 효과를 더 잘 추정하기 위함이다.

일반적인 상황에서 시차 종속변수를 포함시켜 비관측 요소들을 완벽하게 통제할 수 있다고 하기는 어렵다. 하지만 시차 종속변수를 이용함으로써 정책변수가 여러 성과변수에 미치는 효과에 대한 더 나은 추정값을 얻는 데 도움이 된다.

2년치 자료를 사용하여 누락 요소들을 통제하는 방법으로 y의 과거값을 추가하는 것만 있는 것은 아니다. 패널 자료(동일한 횡단면 단위들에 대하여 여러 시점에 반복하여 관측한 자료)를 이용하는 다른 방법들도 존재하지만 본 장에서는 다루지 않는다(Wooldridge 원저서 13장과 14장 참조).

9-2b 대리변수에 대한 다른 관점

중요한 설명변수들을 모두 관측할 수는 없는 경우 다중회귀 분석은 다른 방식으로 해석할 수도 있다. 지금까지 우리는 식 (9.9)와 같은 형태의 모집단 모형을 고려하였다. 그 예제에서 우리의 논의를 진행시키기 위해서는, "능력"이라는 관측불가 설명변수에 대해 적절한 대리변수(이 경우에는 IQ 점수, 좀 더 일반적으로는 다른 시험점수들)를 가지고 있어야 했다.

덜 구조화되고 좀 더 일반적인 접근법으로서, 관측 못하는 변수들이 포함된 모형의 설정 자체를 포기하는 것이 있다. 그 대신, 애초부터 우리에게 관측할 수 있는 설명변수들이 있다는 전제로부터 출발한다. 이 설명변수들에는 교육연수같은 핵심변수와, 관측된 시험점수같은 통제변수들이 포함된다. 그 다음 y의 평균을 이 관측된 설명변수들에 대한 조건부로 표현한다. 예를 들어, 임금의 예에서 $\log(wage)$를 $lwage$라 하면, $\mathrm{E}(lwage|educ, exper, tenure, south, urban, black, IQ)$를 추정할 수 있다. 이 결과가 바로 〈표 9.2〉에 제시되어 있다. 이전과의 차이는 이제 우리가 목표를 좀 더 겸손하게 잡았다는 것이다. 다시 말하여, 식 (9.9)의 모호한 "능력" 개념을 도입하는 대신, 그저 IQ (그리고 다른 관측요소들)를 고정할 때 교육의 ceteris paribus 효과를 추정할 것이라고 처음부터 말하는 것이다. 이때 IQ가 능력의 적절한 대리변수인지는 논할 필요도 없다. 그 결과, 식 (9.9)에서 제기하는 질문에는 답을 할 수 없을지 몰라도, "만일 두 사람의 IQ가 같은 수준(이고 경력, 근속연수 등이 같은 값)인데 교육수준이 1년 차이나면 로그 임금에 얼마나 차이가 있을 것으로 기대하는가?" 하는 흥미로운 질문에는 답할 수 있다.

다른 예를 생각해 보자. 학교 수준의 회귀에서, 지출액이 전국 단위 시험점수에 미치는 영향을 측정하기 위하여 빈곤율을 설명변수로 포함시킨다면, 이 빈곤율은 학교 간에 자녀들과 부모들의 중요한 차이점을 대충만 포착한다고 보아야 한다. 하지만 이 정도가 우리가 할 수 있는 최대한인 경우가 많다. 학생들의 "능력"이나 부모의 "참여도" 등에 대한 적절한 대리변수를 찾을 수 없으므로 아무것도 안 하는 것보다는 빈곤율이라도 통제하는 것이 더 낫다. 빈곤율을 분석에서 제외시키는 것보다는 빈곤율을 통제하는 편이 지출액의 ceteris paribus 효과에 더 가까운 것을 추정하도록 해 줄 것이 거의 확실하다.

회귀분석의 목적이 단순히 설명변수 $(x_1, \ldots, x_k)$가 주어질 때 y의 예측(prediction)에 있는 경우도 있다. 이런 경우 누락된 변수에 의한 추정량의 "편향"에 대해 생각하는 것은 거의 무의미하다. 대신 최대한 정확한 예측을 하는 데에 필요한 변수를 선택하는 것이 관건이 되고 모형에 포함되는 변수는 예측 시점에 자료를 얻을 수 있는 변수이어야 한다. 예를 들어, 대학의 입학사정관은 대학에서의 학점을 입학전형 시기에 측정되는 변수들로써 예측하고자 할 것이다. 이들 변수로는 고등학교 성적(주로 총점이겠으나, 특정 과목 성적일 수도 있다), 수능점수, 다양한 참여 활동(토론대회, 수학클럽 등), 가정환경 변수 등이 있을 것이다. 하지만 대학에서의 출석률은 고려하지 않을 것이다. 왜냐하면 대학에서의 출석률은 입학전형 시점에는 관측할 수 없기 때문이다. 그래도 출석률 변수를 누락하여 생기는 잠재적인 "편향"에 대해 생각하며 좌절하지는 않을 것이다. 이 경우에 대학에서의 출석률을 고정할 때 고등학교 성적의 효과를 측정하는 데에는 전혀 관심이 없다. 마찬가지로, 동기부여 정도와 같은 요소들을 관측할 수 없어서 생기는 편향에 대해서도 걱정하지 않을 것이다. 물론, 동기부여 정도를 측정할 수 있으면 예측에도 큰 도움이 되겠지만, 이것이 없는 경우에도 우리는 관측된 설명변수들을 가지고 가능한 최선의 모형을 세우고 분석한다.

9-2c 잠재 성과 변수와 대리 변수

대리 변수라는 개념은 2-7, 3-7, 4-7, 7-6절에서 다룬 잠재 성과 변수의 틀에서 이해될 수도 있다. $y(0)$과 $y(1)$을 잠재 성과 변수라고 하고 w를 이진 처치여부 변수라고 하자. w와 함께 설명 변수 $\mathbf{x} = (x_1, \cdots, x_k)$를 회귀 모형에 도입할 때, $\mathbf{x}$를 잠재적 성과 $y(0)$, $y(1)$에 영향을 미치면서 참여 여부의 결정($w = 1$ 또는 $w = 0$)과도 상관될 수 있는 관측되지 않은 요소들의 대리변수로 이해할 수도 있다.

$$y(0) = \mu_0 + v(0),$$
$$y(1) = \mu_1 + v(1)$$

와 같이 쓰자. μ_0과 μ_1은 두 가상적 상황에서의 성과 변수의 평균이며, 따라서 평균 처치효과는 $\tau_{ate} = \mu_1 - \mu_0$이다. 처치 참여(participation)에 선택(selection) 문제가 있다는 것은 w가 $v(0)$와 $v(1)$과 연관되어 있다는 것을 의미한다. 3-7절과 7-6절에서 논의한 바 있는 혼동요인 없음(unconfoundedness) 가정 또는 무시가능성(ignorability) 가정은 $\mathbf{x}$에 대한 조건부로, w가 $[v(0), v(1)]$과 독립임을 의미한다. 이는 본질적으로 $\mathbf{x}$를 구성하는 변수들이 관측되지 않는 $[v(0), v(1)]$에 대한 적절한 대리 변수 역할을 한다는 가정이다. 7-6절에서와 같이 선형 함수를 가정하면

$$\mathrm{E}[v(0)|w, \mathbf{x}] = \mathrm{E}[v(0)|\mathbf{x}] = (\mathbf{x} - \eta)\beta_0,$$
$$\mathrm{E}[v(1)|w, \mathbf{x}] = \mathrm{E}[v(1)|\mathbf{x}] = (\mathbf{x} - \eta)\beta_1,$$

와 같이 나타낼 수 있다. 여기서 η는 $\mathrm{E}(\mathbf{x})$이다. 두 방정식의 첫 번째 등식은, $\mathbf{x}$에 대한 조건부로, w는 $[y(0), y(1)]$을 결정하는 관측되지 않은 요소(즉, $[v(0), v(1)]$)들과 상관되지 않았다는 가정으로 조건부 독립성 또는 혼동요인 없음 가정으로 불리지만, 그와 동시에 $\mathbf{x}$

가 $[v(0), v(1)]$의 좋은 대리변수이기 위한 조건이기도 하다. 7-6절에서 우리는 혼동요인 없음 가정과 선형함수 가정을 결합해 상호작용항을 포함한 회귀, 즉

$$y_i\text{를} \quad w_i, \mathbf{x}_i, w_i \cdot (\mathbf{x} - \bar{\mathbf{x}}), \quad i - 1, \cdots, n, \text{ 에 대해 회귀}$$

하는 모형을 도출했었다($\bar{\mathbf{x}}$는 $\mathbf{x}$의 표본평균 벡터이며 전체 표본을 이용하여 회귀함). w_i의 계수는 $\hat{\tau}_{ate}$로서 평균 처치효과의 추정값이다. 세부적인 논의에 관해서는 7-6절을 보라.

9-3 임의계수 모형

현재까지의 회귀모형에서 기울기 계수들은 모든 개인들에 대해 동일한 값을 갖거나, 기울기 계수들이 다른 경우에는 관측할 수 있는 특성들 때문에 차이가 난다고 가정하였다. 후자의 경우에는 회귀모형에 상호작용 항들을 포함시켰다. 예를 들어 7-4절에서 본 것처럼, 로그 임금 방정식에서 교육을 성별 더미와 상호작용시킴으로써 교육수익률이 남녀 간에 상이하도록 할 수 있었다.

여기서는 연관되었지만 다른 문제인 "한 변수의 부분효과가 비관측 요소들(모집단 내 개인마다 다름)에 의존하면 어떻게 되는가?" 하는 문제를 다룬다. 설명변수가 x 하나밖에 없다면 다음의 일반적인 모형을 쓸 수 있다(강조를 위하여 관측치 i에 대하여 표시함).

$$y_i = a_i + b_i x_i \tag{9.17}$$

여기서 a_i는 개인 i의 절편이고 b_i는 기울기이다. 2장의 단순회귀모형에서는 $b_i = \beta$이라고 하였고 a_i를 오차인 u_i라고 하였다. 〔좀 더 정확히 말하면, b_i는 β_1이고 a_i는 $\beta_0 + u_i$에 해당한다.〕 식 (9.17)의 모형은, 관측되지 않는 기울기 계수 b_i가 관측된 자료 (x_i, y_i) 및 관측되지 않은 절편 a_i와 더불어 모집단에서 임의추출되는 것으로 간주되므로 임의계수모형(random coefficient model) 또는 임의 기울기 모형(random slope model)이라 하기도 한다. 예를 들어, $y_i = \log(wage_i)$이고 $x_i = educ_i$라면, (9.17)에서는 교육수익률 b_i가 개인마다 다를 수 있다. 만일 측정 안 되는 능력 요소가 b_i(와 a_i)에 포함된다면, 추가적 학교 교육의 부분효과는 능력에 좌우될 수 있다. 모형 (9.17)에 대해 x의 y에 대한 이질적 효과(heterogeneous effect)를 허용하는 모형이라고 일컫기도 한다.

크기 n의 임의표본이 있을 때, 우리는 a_i 값 n개(그리고 x와 y의 관측값들)와 함께 b_i 값 n개를 (암묵적으로) 추출한다. 물론 우리는 각 i에 대하여 기울기나 절편을 추정할 수 없다. 하지만 모집단 전체의 평균 기울기(그리고 평균 절편)는 추정할 수 있을 것 같다. 그러니 $\alpha = \mathrm{E}(a_i)$, $\beta = \mathrm{E}(b_i)$라 하자. 그러면 β는 y에 대한 x의 부분효과의 평균이므로, 이 β를 평균부분효과(average partial effect, APE) 또는 평균한계효과(average marginal effect,

AME)라 한다. 로그 임금 방정식의 경우, β는 모집단에서 학교 교육 1년 추가에 따른 수익률의 평균(평균 수익률)이다.

$a_i = \alpha + c_i$, $b_i = \beta + d_i$로 쓰면, d_i는 개체별로 APE로부터 벗어난 정도를 나타낸다. 정의에 의하여 $\mathrm{E}(c_i) = 0$이고 $\mathrm{E}(d_i) = 0$이다. 이들을 (9.17)에 대입하면 다음이 된다.

$$y_i = \alpha + \beta x_i + c_i + d_i x_i \equiv \alpha + \beta x_i + u_i \tag{9.18}$$

여기서 $u_i = c_i + d_i x_i$이다(기호들을 더 잘 따라가기 위해서 여기서는 a_i의 평균값인 α를 절편으로 표기하고 b_i의 평균인 β를 기울기로 표기하였다). 다시 말하여, 임의계수 모형(random coefficient model)을 고정계수 모형(constant coefficient model)으로 쓸 수 있지만, 여기서 오차항은 비관측요소인 d_i와 관측된 설명변수 x_i의 상호작용을 포함한다.

어느 경우 y_i를 x_i에 단순회귀함으로써 β (그리고 α)의 불편추정량을 구할 수 있을 것인가? 2장의 불편성에 관한 결과를 여기에 적용해 보자. 만일 $\mathrm{E}(u_i|x_i) = 0$이면 OLS는 일반적으로 불편성을 갖는다. $u_i = c_i + d_i x_i$이므로, 이를 위해서는 $\mathrm{E}(c_i|x_i) = \mathrm{E}(c_i) = 0$이고 $\mathrm{E}(d_i|x_i) = \mathrm{E}(d_i) = 0$이면 충분하다. 이것을 개체별 절편과 기울기로써 표현하면 다음과 같다.

$$\mathrm{E}(a_i|x_i) = \mathrm{E}(a_i), \quad \mathrm{E}(b_i|x_i) = \mathrm{E}(b_i) \tag{9.19}$$

즉, a_i와 b_i는 모두 x_i로부터 평균독립(mean independent)이어야 한다. 기울기가 개체별로 상이할 수 있는 모형에서, 이 기울기가 설명변수로부터 평균독립이면 OLS는 그 기울기의 모집단 평균을 일치성 있게 추정한다.

식 (9.18)의 오차항은 이분산을 갖는다고 보아야 한다. 사실 $\mathrm{Var}(c_i|x_i) = \sigma_c^2$, $\mathrm{Var}(d_i|x_i) = \sigma_d^2$, $\mathrm{Cov}(c_i, d_i|x_i) = 0$이면

$$\mathrm{Var}(u_i|x_i) = \sigma_c^2 + \sigma_d^2 x_i^2 \tag{9.20}$$

이므로, $\sigma_d^2 = 0$가 아닌 한, 즉 모든 i에서 $b_i = \beta$가 아닌 한, u_i에는 이분산이 존재한다. 이런 종류의 이분산을 어떻게 다루는지는 이미 배웠다. OLS를 사용하고 이분산에 견고한 표준오차와 검정통계량을 계산하든지, 아니면 (9.20)의 분산 함수를 추정하여 가중최소제곱을 적용할 수 있을 것이다. 여기서 가중최소제곱의 전략을 택하려면 물론 임의 절편과 임의 기울기가 등분산적이라고 가정해야 하므로, [견고한 표준오차를 사용하여] WLS의 분석이 (9.20)이 위배되는 상황에서도 완전히 견고하도록 만들어야 할 것이다.

식 (9.20) 때문에 어떤 사람들은 회귀모형에서의 이분산이 일반적으로 임의 기울기로부터 발생하는 현상이라고 보는 것을 좋아한다. 하지만 기억해야 할 것은 (9.20)이 하나의 특수한 경우로서 a_i와 b_i 내의 이분산을 허용하지 않는다는 점이다. 절편과 기울기가 x_i로부터 독립인 임의 기울기 모형과 a_i에 이분산이 있는 고정(constant) 기울기 모형을

분명히 구별할 방법은 없다. 〔예를 들어, $\sigma_d^2 = 0$이고 $\mathrm{Var}(c_i|x_i)$가 x_i^2의 선형함수일 때에도 (9.20)과 동일한 분산구조가 생기기 때문이다.〕

다중회귀의 경우에도 이와 유사하게 처리할 수 있다. 다음의 일반적인 모형을 고려하자.

$$y_i = a_i + b_{i1}x_{i1} + b_{i2}x_{i2} + \cdots + b_{ik}x_{ik} \tag{9.21}$$

$a_i = \alpha + c_i$, $b_{ij} = \beta_j + d_{ij}$로 쓰면 다음이 된다.

$$y_i = \alpha + \beta_1 x_{i1} + \cdots + \beta_k x_{ik} + u_i \tag{9.22}$$

여기서 $u_i = c_i + d_{i1}x_{i1} + \cdots + d_{ik}x_{ik}$이다. 평균독립성 가정 $\mathrm{E}(a_i|\mathbf{x}_i) = \mathrm{E}(a_i)$와 $\mathrm{E}(b_{ij}|\mathbf{x}_i) = \mathrm{E}(b_i)$, $j = 1, \ldots, k$가 성립한다고 하면, $\mathrm{E}(y_i|\mathbf{x}_i) = \alpha + \beta_1 x_{i1} + \cdots + \beta_k x_{ik}$가 되어, 임의표본을 이용한 OLS가 α와 β_j의 불편추정량을 만들어낸다. 단순회귀의 경우처럼 $\mathrm{Var}(u_i|\mathbf{x}_i)$는 이분산적일 것이 거의 확실하다.

b_{ij}가 비관측 변수들과 관측되는 설명변수들에 동시에 의존하도록 할 수도 있다. 예를 들어 $k = 2$이고 x_{i2}의 효과가 x_{i1}에 의존한다고 하면, $b_{i2} = \beta_2 + \delta_1(x_{i1} - \mu_1) + d_{i2}$라고 둔다. 여기서 $\mu_1 = \mathrm{E}(x_{i1})$이다. $\mathrm{E}(d_{i2}|\mathbf{x}_i) = 0$이라고 가정($c_i$와 d_{i1}에 대해서도 이와 비슷하게 가정)하면, $\mathrm{E}(y_i|x_{i1}, x_{i2}) = \alpha + \beta_1 x_{i1} + \beta_2 x_{i2} + \delta_1(x_{i1} - \mu_1)x_{i2}$가 되어, x_{i1}과 x_{i2}의 상호작용이 등장한다. x_{i1}으로부터 그 평균 μ_1을 뺐으므로, β_2는 x_{i2}의 평균부분효과이다.

요약하면, 임의 기울기를 허용하는 것은 이 기울기들이 설명변수로부터 독립(또는 적어도 평균독립)이면 매우 쉽다. 또한, 이 기울기들이 설명변수들의 함수가 되도록 하기도 쉽다. 이 경우 제곱항과 상호작용항이 모형에 포함될 것이다. 물론 6장에서 보았듯이 제곱항과 상호작용항을 갖는 모형은 임의 기울기의 개념을 도입하지 않더라도 이미 유용하다. 임의계수모형은 그러한 모형들에 추가적인 정당성을 부여한다. 임의 기울기와 임의 절편이 회귀변수들과 상관되어 있으면 추정이 훨씬 어렵다. 이 문제는 내생적인 설명변수를 다룰 때 함께 다룰 수 있다(Wooldridge 원저서 15장 참조).

9-4 측정오차 존재 시 OLS의 성질

경제분석에서는 때로 경제적 행동에 영향을 미치는 진짜 변수에 대한 자료를 수집할 수 없는 경우가 있다. 어떤 가구가 기부금 액수를 정할 때 직면하는 한계소득세율이 좋은 예이다. 한계소득세율은 구하기 어렵거나 숫자 하나로 요약하기 어렵다〔누진성 등의 이유 때문에〕. 그보다는 총 소득과 세액에 기반한 평균세율을 계산할 것이다.

부정확하게 측정된 경제변수를 회귀모형에 사용하면 우리의 모형은 측정오차를 가진다. 이 절에서는 측정오차가 OLS에 어떤 결과를 가져오는지 살펴본다. OLS는 어떤 가정들하에서는 일치성을 갖겠지만 일치성을 잃는 경우도 있다. 몇 경우에는 점근적 편향의 크기를 도출할 수 있다.

나중에 보겠지만, 측정오차 문제는 앞 절에서 설명한 누락변수와 대리변수의 문제와 유사한 통계적 구조를 갖는다. 하지만 이들은 개념적으로 상이하다. 대리변수의 경우에 우리는 관측되지 않는 변수와 결부된 변수를 찾으려고 하였다. 측정오차의 경우에는, 우리가 관측하지 못하는 변수가 잘 정의된 정량적 의미를 갖지만(한계세율이나 연간 소득처럼), 그것을 기록한 값에 오차가 있을 수 있다. 예를 들어, IQ 점수는 능력의 대리변수인 반면, 보고된 연간 소득은 실제 연간 소득의 측정값이다.

대리변수와 측정오차 문제 간의 또 하나의 중요한 차이점은, 측정오차의 경우 잘못 측정된 독립변수가 일차적인 관심 대상인 경우가 많다는 것이다. 대리변수의 경우, 누락된 변수의 부분효과가 관심의 중심이 되는 일은 거의 없고, 우리는 주로 다른 독립변수들이 주는 효과에 관심이 있었다.

자세한 설명에 앞서, 측정오차는 계량경제학자들이 자료를 수집한 변수와 개인, 가구, 기업 등의 의사결정에 영향을 미치는 변수가 상이할 때에만 문제가 된다는 점을 기억하여야 할 것이다.

9-4a 종속변수의 측정 오차

종속변수만 오차를 가지고 측정되는 경우부터 보자. y^*가 우리가 설명하고자 하는 변수라 하자. 예를 들어 y^*는 연간 가구 저축이다. 회귀모형은 다음의 통상적인 형태를 갖는다.

$$y^* = \beta_0 + \beta_1 x_1 + \beta_2 x_2 + \cdots + \beta_k x_k + u \tag{9.23}$$

이 모형이 Gauss-Markov 가정들을 만족시킨다고 가정한다. y가 y^*의 관측된 측정값을 나타낸다고 하자. 저축의 경우 y는 보고된 연간 저축이다. 불행히도 가구들은 연간 가구 저축을 완벽하게 보고하지 않는다. 어떤 항목들은 누락되기도 하고 기금은 과다계상되기도 한다. 일반적으로, 적어도 전체 모집단 중 일부 가구에서는 y와 y^*가 다를 것이라 기대할 수 있다.

(모집단에서) 측정오차(measurement error)는 관측된 값과 실제 값의 차이로 정의된다.

$$e_0 = y - y^* \tag{9.24}$$

모집단으로부터 임의추출한 i에 대하여 $e_{i0} = y_i - y_i^*$라 할 수 있지만, 여기서 중요한 것은 모집단 측정오차가 여타 요소들과 어떤 연관을 갖느냐 하는 것이다. $y^* = y - e_0$라고 쓰고 이를 (9.23)에 대입하여 정리하면 다음의 추정가능한 모형을 얻는다.

$$y = \beta_0 + \beta_1 x_1 + \beta_2 x_2 + \ldots + \beta_k x_k + u + e_0 \tag{9.25}$$

식 (9.25)의 오차항은 $u+e_0$이다. $y, x_1, x_2, \ldots, x_k$가 관측되므로 이 모형을 OLS로 추정할 수 있다. 이때, y가 y^*의 불완전한 계측값임을 무시하고 통상적인 경우와 똑같이 진행할 수 있다.

어떤 경우에 y^*를 y로 대체하여 OLS를 해도 β_j의 일치추정량을 얻는가? 원래 모형 (9.23)이 Gauss-Markov 가정들을 만족시키므로, u는 평균이 0이고 각 x_j와 상관되어 있지 않다. 측정오차도 평균이 0이라고 가정하는 것이 자연스럽다. 만일 그렇지 않으면 절편 β_0의 추정량만 편향될 것이며 이에 대해서는 염려할 필요가 없다. 훨씬 중요한 것은 측정오차 e_0과 설명변수들 x_j 간의 관계에 관한 우리의 가정이다. 통상적인 가정은 y의 측정오차가 각 독립변수들과 통계적으로 독립이라는 것이다. 이것이 사실이면 (9.25)로부터의 OLS 추정량은 불편성과 일치성을 갖는다. 더욱이, 통상적인 OLS 추론(t, F, LM 검정)도 타당하다.

만일 e_0와 u가 상관되어 있지 않다면(보통 그렇게 가정함), $\text{Var}(u+e_0)=\sigma_u^2+\sigma_0^2>\sigma_u^2$이다〔여기서 σ_0^2은 e_0의 분산〕. 이것이 의미하는 바는, 종속변수 내의 측정오차가 오차 분산을 증가시킨다는 것이다. 이것은 물론 OLS 추정량들의 분산을 증가시킨다. 이것은 예기치 못한 일이 아니며, (더 좋은 자료를 수집하는 것 이외에) 우리가 할 수 있는 일은 없다. 결론적으로, 측정오차가 독립변수들과 상관되어 있지 않으면 OLS 추정은 좋은 성질을 갖는다.

예제 9.5 측정오차하에서의 저축함수 추정

다음과 같은 저축함수 모형이 적절하게 수립되었다고 가정하자.

$$sav^* = \beta_0 + \beta_1 inc + \beta_2 size + \beta_3 educ + \beta_4 age + u$$

그런데 실제 저축액(sav^*)은 가구들이 보고한 저축액(sav)과 다를 수 있다. 문제는 sav 내의 측정오차의 크기가 다른 변수들과 체계적으로 연관되어 있느냐 하는 것이다. 이 측정오차가 inc, $size$, $educ$, age와 상관되어 있지 않다고 가정할 수도 있겠다. 하지만, 소득액이 크고 교육수준이 높은 가구일수록 저축액을 더 정확히 보고한다고 생각할 수도 있다. sav^*에 대한 자료를 수집(이때, 각 관측치에 대하여 측정오차 $e_{i0}=sav_i-sav_i^*$를 계산할 수 있음)하지 않는 한, 측정오차가 inc나 $educ$와 상관되어 있는지 알 방법은 없다.

종속변수가 로그 형태로 있어 $\log(y^*)$가 종속변수일 때에는 측정오차가 다음의 형태라고 보는 것이 자연스럽다.

$$\log(y) = \log(y^*) + e_0 \tag{9.26}$$

y에 곱하기 형태의 측정오차(multiplicative measurement error)가 있으면, 즉 $y=y^*a_0$이며

$a_0 > 0$이고 $e_0 = \log(a_0)$이면, 그렇게 된다.

예제 9.6 불량률의 측정오차

7-6절에서 제조업에서 직업훈련에 대한 지원이 불량률을 하락시켰는지를 분석한 바 있다. 그런데 기업들이 보고하는 불량률에는 측정오차가 있을 것이라 볼 수 있다(사실, 표본 내 대부분의 기업들은 불량률을 보고하지도 않았다). 단순회귀의 분석틀에서 이것은 다음 모형으로써 포착할 수 있다.

$$\log(scrap^*) = \beta_0 + \beta_1 grant + u$$

여기서 $scrap^*$는 불량률의 참값이고 $grant$는 기업이 지원을 받았는지를 나타내는 더미변수이다. 측정오차 방정식은 다음과 같다.

$$\log(scrap) = \log(scrap^*) + e_0$$

이 측정오차 e_0은 기업이 지원혜택을 받았는지 여부와 독립적인가? 냉소적인 사람이라면 혜택을 받은 기업은 지원이 더 효과적인 것처럼 보이게 하기 위하여 불량률을 더 낮추어 보고한다고 생각할 수도 있겠다. 만일 그렇다면 추정방정식

$$\log(scrap) = \beta_0 + \beta_1 grant + u + e_0$$

에서 오차 $u + e_0$은 $grant$와 음의 상관관계를 갖는다. 그러면 β_1에 하방 편향이 존재하고, 이는 훈련 프로그램이 실제보다 더 효과적인 것처럼 보이게 할 것이다(노동자 생산성이 높다는 것은 불량률이 낮다는 것이므로, β_1이 음수로 크기가 클수록 프로그램은 더 효과적임을 기억하라).

결론적으로, 종속변수의 측정오차는 하나 또는 그 이상의 설명변수들과 상관되면 OLS에 편향을 야기할 수 있다. 만일 흔히 가정되듯이, 측정오차가 설명변수들과 독립적인, 보고상의 무작위적인 오차라면 OLS는 완벽하게 적절하다.

9-4b 설명변수의 측정 오차

전통적으로, 설명변수 내의 측정오차는 종속변수 내의 측정오차보다 훨씬 심각한 문제로 인식되었다. 이 소절에서는 왜 그런지 살펴본다.

다음 단순한 모형을 보자.

$$y = \beta_0 + \beta_1 x_1^* + u. \tag{9.27}$$

여기서 적어도 처음 4개의 Gauss-Markov 가정이 성립한다고 가정한다. 따라서, (9.27)을 OLS로 추정하면 β_0과 β_1의 불편 및 일치 추정량을 얻을 수 있다. 문제는 x_1^*가 관측되지 않는다는 것이다. 그 대신 x_1^*을 측정한 것인 x_1을 가지고 있다. 예를 들어 x_1^*는 실제 소득이고 x_1은 보고된 소득이다.

모집단에서 측정오차는 다음과 같다.

$$e_1 = x_1 - x_1^* \tag{9.28}$$

이 측정오차는 양일 수도, 음일 수도, 0일 수도 있다. 모집단에서 평균 측정오차는 0이라고 하자. 즉, $\mathrm{E}(e_1) = 0$이다. 이 가정은 자연스러우며, 사실이 어쨌든 간에 본 소절의 중요한 결론은 바뀌지 않는다. 이하에서는 u가 x_1^*과 x_1 모두와 상관관계를 갖지 않는다고 가정한다. 조건부 기댓값으로 표현하면 이를 $\mathrm{E}(y|x_1^*, x_1) = \mathrm{E}(y|x_1^*)$라 할 수 있다. 이 표현이 의미하는 바는, x_1^*가 통제되고 나면 x_1이 y에 영향을 미치지 않는다는 것이다. 대리변수의 경우에도 동일한 가정을 하였는데, 지금 경우에는 논쟁의 여지가 없으며, 정의상 거의 항상 성립한다.

x_1^*를 x_1으로 단순히 대체하여 y를 x_1에 대하여 회귀할 경우 OLS가 무슨 성질을 갖는지 알아보자. 이 성질들은 측정오차에 관한 우리의 가정에 따라 달라질 것이다. 계량경제학 문헌에서 두 가지의 가정이 관심의 초점이었다. 이들은 양 극단에 해당하는데, 첫째 가정은 e_1이 관측된 측정치 x_1과 비상관이라는 것이다.

$$\mathrm{Cov}(x_1, e_1) = 0 \tag{9.29}$$

식 (9.28)의 관계로부터, 만일 (9.29)가 옳다면 e_1은 비관측 변수 x_1^*와 상관되어야 함을 알 수 있다. 이 경우 OLS의 성질을 알아보자. $x_1^* = x_1 - e_1$이라 하고 이를 식 (9.27)에 대입하면 다음을 얻는다.

$$y = \beta_0 + \beta_1 x_1 + (u - \beta_1 e_1) \tag{9.30}$$

u와 e_1가 각각 평균 0이고 x_1과 상관되지 않았다고 가정하였으므로 $u - \beta_1 e_1$은 평균 0이고 x_1과 상관되지 않았다. 따라서, x_1^* 대신에 x_1을 사용하여 OLS 추정을 하면 β_1 (그리고 β_0)의 일치추정량을 얻는다. u는 e_1과 상관되지 않았으므로, (9.30)의 오차의 분산은 $\mathrm{Var}(u - \beta_1 e_1) = \sigma_u^2 + \beta_1^2 \sigma_{e_1}^2$이다. 그러므로 $\beta_1 = 0$인 경우를 제외하면, 측정오차는 오차분산을 증가시킨다. 그렇더라도 ($\hat{\beta}_j$의 분산이 x_1^*를 직접 관측할 때보다 더 클 것이라는 점을 제외하면) OLS의 성질은 달라지지 않는다.

e_1이 x_1과 상관되지 않았다는 가정은 9-2절의 대리변수 가정과 유사하다. 이 가정하에서 OLS는 모든 좋은 성질을 가지므로, 이는 계량경제학자들이 보통 설명변수의 측정오차라고 할 때 염두에 두는 바가 아니다. **고전적 측정오차**(classical error-in-variable, CEV) 가정이라 함은 측정오차가 관측되지 않는 설명변수와 비상관이라는 것이다.

$$\text{Cov}(x_1^*, e_1) = 0 \tag{9.31}$$

이 가정은 관측된 변수를 진정한 설명변수와 측정오차의 합

$$x_1 = x_1^* + e_1$$

로 쓰고 x_1의 두 구성부분이 서로 상관되지 않았다고 보는 데에서 유래한다(이것은 u에 관한 가정과 아무런 연관도 없다. u는 항상 x_1^*, x_1과 상관되지 않았다고 가정하며, 따라서 u는 e_1과도 상관되지 않았다).

(9.31) 가정이 성립하면 x_1과 e_1은 다음과 같이 반드시 상관된다.

$$\text{Cov}(x_1, e_1) = \text{E}(x_1 e_1) = \text{E}(x_1^* e_1) + \text{E}(e_1^2) = 0 + \sigma_{e_1}^2 = \sigma_{e_1}^2 \tag{9.32}$$

그러므로 CEV 가정하에서 x_1과 e_1의 공분산은 측정오차의 분산과 동일하다.

식 (9.30)으로부터, x_1과 e_1의 상관이 문제를 일으킨다는 것을 알 수 있다. u와 x_1은 상관되지 않았으므로, x_1과 합성 오차 $u - \beta_1 e_1$ 간의 공분산은 다음과 같다.

$$\text{Cov}(x_1, u - \beta_1 e_1) = -\beta_1 \text{Cov}(x_1, e_1) = -\beta_1 \sigma_{e_1}^2$$

그러므로 CEV의 경우 y를 x_1에 OLS 회귀하면 편향되고 불일치성을 갖는 추정량을 얻는다.

5장의 점근적 결과를 이용하여 OLS의 불일치성의 정도를 알 수 있다. $\hat{\beta}_1$의 확률극한은 β_1 더하기 'x_1의 분산 대비 x_1과 $u - \beta_1 e_1$의 공분산의 비율'과 같다.

$$\begin{aligned} \text{plim}(\hat{\beta}_1) &= \beta_1 + \frac{\text{Cov}(x_1, u - \beta_1 e_1)}{\text{Var}(x_1)} \\ &= \beta_1 - \frac{\beta_1 \sigma_{e_1}^2}{\sigma_{x_1^*}^2 + \sigma_{e_1}^2} \\ &= \beta_1 \left(1 - \frac{\sigma_{e_1}^2}{\sigma_{x_1^*}^2 + \sigma_{e_1}^2}\right) \\ &= \beta_1 \left(\frac{\sigma_{x_1^*}^2}{\sigma_{x_1^*}^2 + \sigma_{e_1}^2}\right) \end{aligned} \tag{9.33}$$

이때 $\sigma_{e_1}^2 \equiv \text{Var}(e_1)$, $\sigma_{x_1^*}^2 \equiv \text{Var}(x_1^*)$이고 $\text{Var}(x_1) = \text{Var}(x_1^*) + \text{Var}(e_1)$임을 이용하였다.

식 (9.33)은 매우 흥미롭다. β_1에 곱해지는 요소인 $\text{Var}(x_1^*)/\text{Var}(x_1)$은, CEV 가정 (9.31)로 인하여 항상 1보다 작다. 따라서 $\text{plim}(\hat{\beta}_1)$은 항상 β_1보다 0에 더 가깝다. 이 편향을 고전적인 측정오차 모형에서의 감쇠 편향(attenuation bias)이라고 부른다. 평균적으로(혹은 표본 크기가 클 때), OLS로 추정한 효과는 감쇠된다(attenuated). 특히, 만일 β_1이 양수라면 $\hat{\beta}_1$은 β_1을 과소추정할 것이다. 이 결과는 중요하지만, CEV 설정이 옳을 때에 성립하는 것임을 기억해야 할 것이다.

x_1^*의 분산이 측정오차의 분산에 비하여 상대적으로 크면 OLS의 불일치성의 정도는 작을 것이다. 이는 $\sigma_{x_1^*}^2/\sigma_{e_1}^2$이 클 때 $\text{Var}(x_1^*)/\text{Var}(x_1)$이 1에 가까울 것이기 때문이다. 그러므로, e_1에 비하여 x_1^*에 얼마나 많은 변동이 있느냐에 따라 다르겠지만, 측정오차가 반드시 큰 편향을 야기하는 것은 아니다.

설명변수가 더 많으면 문제가 더 복잡하다. 간단한 설명을 위해서 다음 모형을 고려하자.

$$y = \beta_0 + \beta_1 x_1^* + \beta_2 x_2 + \beta_3 x_3 + u \tag{9.34}$$

여기서 첫째 설명변수에 측정오차가 있다. u가 x_1^*, x_2, x_3, x_1과 상관되지 않았다는 자연스러운 가정을 유지한다. 여기서도, 핵심적인 가정은 측정오차 e_1에 관한 것이다. 거의 대부분의 경우 e_1은 x_2 및 x_3(즉, 정확히 측정된 설명변수들)과 상관되지 않았다고 가정된다. 핵심적인 문제는 e_1이 x_1과 상관되어 있느냐이다. 만일 상관되어 있지 않으면, y를 x_1, x_2, x_3에 OLS 회귀하여 일치추정량을 얻을 수 있다. 이것은 다음과 같이 써 보면 알 수 있다.

$$y = \beta_0 + \beta_1 x_1 + \beta_2 x_2 + \beta_3 x_3 + u - \beta_1 e_1 \tag{9.35}$$

여기서 u와 e_1 둘 다 모든 설명변수들과 상관되지 않았다.

식 (9.31)의 CEV 가정하에서, e_1이 식 (9.35)의 x_1과 상관되므로 OLS는 편향되고 불일치성을 갖는다. 그 결과 일반적으로 $\hat{\beta}_1$뿐만 아니라 모든 OLS 추정량들이 편향된다는 점을 언급한 바 있다. 식 (9.33)으로부터 도출되는 감쇠편향은 어떠한가? β_1의 추정에 여전히 감쇠편향이 있는 것을 알 수 있다. 다음이 성립함을 보일 수 있다.

$$\text{plim}(\hat{\beta}_1) = \beta_1 \left(\frac{\sigma_{r_1^*}^2}{\sigma_{r_1^*}^2 + \sigma_{e_1}^2} \right) \tag{9.36}$$

여기서 r_1^*는 회귀식 $x_1^* = \alpha_0 + \alpha_1 x_2 + \alpha_2 x_3 + r_1^*$에서 모집단 오차항이다. 식 (9.36)은 x_1에만 측정오차가 있으면 일반적인 k변수의 경우에도 성립한다.

측정오차가 없는 정확한 변수의 계수 β_j의 추정이 어떠할지는 분명하지 않다. x_1^*가 x_2, x_3과 상관되지 않은 특수한 경우, $\hat{\beta}_2$와 $\hat{\beta}_3$은 일치성을 갖는다. 하지만 이런 경우는 현실에 별로 없다. 일반적으로, 한 변수에 측정오차가 있으면 모든 추정량들이 일치성을 잃는다. 불행하게도 편향의 크기는 물론, 심지어 방향조차도 쉽게 도출할 수 없다.

예제 9.7 설명변수의 측정오차와 GPA

고등학교 성적(*hsGPA*)과 SAT 점수(*SAT*)를 통제한 후에 가구소득이 대학 학점에 미치는 영향을 추정하는 문제를 고려해 보자. 가구소득이 대학 이전의 성적에는 중요할지 모르지만, 대학 성적에는 직접적인 영향을 미치지 않을 수도 있다. 이를 검정하려면 다음 모형을 세울 수 있다.

$$colGPA = \beta_0 + \beta_1 faminc^* + \beta_2 hsGPA + \beta_3 SAT + u$$

여기서 $faminc^*$는 실제 연간 가구소득이다(로그를 취해야 할지도 모르겠으나, 여기서는 간단한 설명을 위하여 수준형태로 사용한다). $colGPA$, $hsGPA$, SAT에 대한 정확한 자료는 상대적으로 구하기 쉽다. 하지만 가구소득, 특히 학생들 자신이 보고하는 가구소득은 잘못 측정되었기 십상이다. 만일 $faminc = faminc^* + e_1$이고 CEV 가정이 성립하면, 실제 가구소득 대신 보고된 가구소득을 사용하는 것은 β_1의 OLS 추정량을 0 쪽으로 편향되게 만들 것이다. 이 하방편향의 결과의 하나는, H_0: $\beta_1 = 0$의 검정으로부터 $\beta_1 > 0$을 찾아내기가 더 어려워진다는 것이다.

물론, 하나 이상의 설명변수에 측정오차가 존재하거나, 몇몇 설명변수들과 종속변수에 측정오차가 존재할 수도 있다. 앞에서 이야기한 것처럼, 종속변수에 있는 측정오차는 보통 관측 및 비관측 설명변수들과 상관되지 않았다고 가정된다. CEV 가정을 확장하여 OLS 추정량의 편향을 도출하는 것은 복잡하고 결과도 분명하지 않다.

어떤 경우에는 CEV 가정 (9.31)이 성립하지 않는 것이 분명한 때도 있다. 〈예제 9.7〉을 바꾸어 다음 모형을 고려해 보자.

$$colGPA = \beta_0 + \beta_1 smoked^* + \beta_2 hsGPA + \beta_3 SAT + u$$

여기서 $smoked^*$는 지난 30일 동안 마리화나를 피운 실제 횟수라 하자. $smoked$ 변수는 "지난 30일 동안 마리화나를 몇 차례 피웠습니까?"라는 설문에 대한 답변이다. 여기에 다음의 표준적인 측정오차 모형을 설정해 보자.

$$smoked = smoked^* + e_1$$

학생들이 진실을 보고하려 한다고 가정할지라도, 이 경우에는 CEV 가정이 성립하기 어렵다. 마리화나를 피운 적이 없는($smoked^* = 0$) 사람들은 $smoked = 0$이라고 보고할 것이므로, 마리화나를 한 번도 피운 적이 없는 학생들에게서 측정오차는 아마도 0일 것이다. $smoked^* > 0$일 때 학생들은 지난 30일 동안 마리화나를 피운 횟수를 잘못 셀 가능성이 훨씬 높다. 이는 측정오차 e_1과 실제 횟수 $smoked^*$가 상관되어 있음을 의미하고, 따라서 (9.31)의 CEV 가정은 위배된다. 불행히도, (9.29) 또는 (9.31)을 만족시키지 않는 측정오차의 결과를 도출하는 것은 이 교과서의 범위를 넘어선다.

이 절을 끝맺기 전에, CEV 가정 (9.31)은 (9.29)보다는 좀 더 믿을 만하지만 여전히 강한 가정임을 강조하고자 한다. 진실은 아마 양 극단 사이에 있을 것이며, e_1이 x_1^*과 x_1

모두와 상관되어 있으면 OLS는 일치성을 갖지 않는다. 그렇다면, 고전적 측정오차나, x_1과 상관된 다른 종류의 측정오차가 있을 때 비일치 추정량으로 만족해야만 하는 것인가? 다행히도 그렇지는 않다. 어떠한 가정하에서는 일반적인 측정오차가 존재할 때에도 모수들의 일치추정량을 얻을 수 있다[Wooldridge 원저서 15장 참조]. 하지만 이 논의를 위해서는 OLS 추정의 영역을 벗어나야 하므로 그 논의는 후일로 미룬다.

9-5 관측값의 결손, 비임의표본, 이상값

앞 절에서 이야기한 측정오차의 문제는 우리가 원하는 변수에 대한 자료를 얻을 수 없어서 생긴 것으로서, 자료의 문제라고 볼 수 있다. 또, 고전적 측정오차 모형에서는 잘못 측정된 독립변수와 합성 오차항이 상관되어 있어 Gauss-Markov 가정이 위배된다.

또 다른 자료 문제로는 앞 장들에서는 자주 언급된 설명변수들 간의 다중공선성이 있다. 다만, 설명변수들 간의 상관은 어떠한 가정도 위배하지 않는다. 두 독립변수들이 고도로 상관되어 있으면 각각의 부분효과를 추정하기 어려울 수 있다. 하지만 이 점은 통상적인 OLS 통계량에 잘 드러나 있다.

본 절에서는 임의추출 가정 MLR.2를 위배할 수 있는 자료 문제를 소개하고자 한다. 비임의추출이 OLS에 실질적인 악영향을 주지 않는 경우를 찾아낼 수 있다. 다른 경우에는 비임의추출이 OLS 추정량을 편향되게 하고 일치성을 잃게 만든다.

9-5a 관측값의 결손

관측값의 결손(missing data)은 다양한 형태로 발생한다. 흔히, 사람들, 학교들, 도시들 등에 대한 임의표본을 수집하였는데, 표본 내의 몇몇 개체에서 핵심 변수들에 대한 정보가 없는 경우가 있다. 예를 들어 BWGHT 자료에는 1,388개 관측치 중 196개에 어머니 교육수준 또는 아버지 교육수준 정보가 없다. 로스쿨 졸업자 초임 중위값 자료인 LAWSCH85에는 156 학교 중 6개에서 입학생 LSAT 점수 중위값 정보가 없고, 다른 로스쿨들에서는 다른 변수에 대한 정보가 결손되어 있다.

종속변수 또는 독립변수들 중 하나에 관측값이 결손되어 있으면, 그 관측값은 표준적인 다중회귀 분석에 사용할 수 없다. 사실, 자료 결손을 적절하게 표시해 주기만 하면 모든 현대적인 회귀 패키지들은 결손자료를 추적하여 회귀값 계산 시 이 관측값들을 무시해 준다. 〈예제 4.9〉의 신생아 체중의 예에서 이를 명시적으로 본 바 있다. 부모 교육에 대한 정보의 결여로 인하여 197개의 관측값들을 잃었다.

결측 표본에 관한 연구에서 $y, x_1, \cdots, x_k$ 등의 변수에 결측값이 없는 자료들만을 이용해 얻는 추정량을 완전한 자료 추정량(complete cases estimator)이라고 부른다. OLS 추정량(이 책에 나오는 다른 추정량들도 마찬가지이다)을 계산할 때 기본값으로 계산되는 추정량이 바로 이것이다. 회귀에 가용한 표본 크기를 줄인다는 점 이외에, 관측값의 결손을 무시하고 OLS 추정량을 사용하는 것이 통계적으로 중요한 결과를 야기하는 것이 있는가? 만일, 결측치 분야 연구자들[예컨대, Little and Rubin (2002)의 1장을 보라]이 말하는 완전히 임의적인 자료 결측(missing completely at random, MCAR)이 발생한 것이라면 자료 결측은 아무런 통계적 문제를 일으키지 않는다. MCAR 가정은 자료 결측이 발생하게 된 이유가 y에 영향을 주는 관측되는 요소들과 관측되지 않는 요소들 모두와 통계적인 의미에서 독립임을 의미한다. 우리는 여전히 자료가 모집단으로부터 임의 추출을 통해 얻어졌다고 가정할 수 있으므로 MLR.2는 여전히 성립한다.

MCAR 가정이 성립한다면 일부 변수들만 관측되어서 완전한 자료 추정량을 계산할 때에는 사용되지 않는 관측값들로부터 얻을 수 있는 부분적인 정보를 추정에 이용할 수 있는 방법들이 있다. 불행하게도, 몇몇 단순한 방법들은 MCAR 가정과 아울러 아주 강한 가정이 추가되어야만 추정량의 일치성이 보장된다. 예를 들자. $y, x_1, \cdots, x_{k-1}$에 대해서는 결측값이 없는데 x_k에서 일부 관측값에 결측값이 존재한다고 하자. 일반적인 "해법"은 두 개의 새로운 변수를 생성하는 것이다. 먼저 Z_{ik}는 x_{ik}가 관측되면 x_{ik}이고 관측되지 않으면 0의 값을 갖는 변수이다. 두 번째로는 '결측값 지시변수(missing data indicator)'인 m_{ik}를 생성하는 것이다. m_{ik}는 x_{ik}가 결측이면 1, 관측되면 0인 이진변수이다. 이 두 변수를 정의하고 나면 다음과 같이

$$y_i\text{를 } x_{i1}, x_{i2}, \cdots, x_{i,k-1}, Z_{ik}, m_{ik},\ i = 1, \cdots, n \text{ 에 대해}$$

전체 자료를 이용하여 회귀할 수 있다.

결측값 지시변수 방법(missing indicator method, MIM)이라고 하는 이 방법이 매력적인 이유는 쉽게 이해할 수 있다. 원래의 표본의 크기가 $n = 1{,}000$이라고 하자. 그 중 30%에서 x_{ik}가 결측되었다고 하자. 그러면 완전한 자료 추정량을 계산할 때에는 700개의 표본 자료만을 이용할 수 있다. 반면 MIM을 적용하게 되면 1,000개의 관측값을 다 이용하게 된다. 불행하게도, 관측값 수의 증대를 통해 이익을 본다는 것은 거의 허상이다. MIM 추정량이 좋은 통계적 특성을 지니기 위해서는 아주 강한 가정들이 요구되기 때문이다. 특히, Jones (1996)가 밝히고 Abrevaya and Donald (2017)에서 확대되어 연구된 바와 같이, MCAR에 더해 x_i가 다른 설명변수들과 상관성이 없어야 한다는 가정이 필요하다. 물론 MIM 추정량의 편향과 불일치성의 크기가 현실적으로 문제가 될 정도인지 알기 어렵고 일반적으로 알 방법도 없다. 한 가지 분명한 것은 위 회귀에서 m_{ik}를 빼고 추정을 하는 것은 좋은 생각이 아니라는 것이다. m_{ik}를 빼고 추정을 한다는 것은 x_{ik}가 결측된 경우

0을 대신 이용한다는 의미이기 때문이다. 단순회귀에서는 MCAR 가정만 있으면 MIM 추정량이 일치성을 갖게 되지만 다중회귀에서는 그렇지 않다. 그 이유는 Abrevaya and Donald (2017)을 읽어 볼 것. Abrevaya and Donald (2017)는 부분적으로만 결측된 관측값의 정보를 이용하는 보다 강긴한 방법에 대해서도 논의하고 있는데, 그 방법은 이 책에서 다루기에는 너무 어려우므로 여기서 다루지 않는다.

MIM 추정량이 일치성을 갖기 위해서는 훨씬 더 강한 가정이 필요한 까닭에 MIM 추정량은 완전한 자료 추정량에 비해 훨씬 덜 강건하다. 다음 소절에서 보듯이, 완전한 자료 추정량은 자료 결측이 $(x_1, x_2, \cdots, x_k)$의 함수로 발생할 때(따라서 MCAR일 수 없다)에도 일치성을 갖는다. 그에 더해 완전한 자료 추정량은 $(x_1, x_2, \cdots, x_k)$ 간의 상관성에 대해 아무런 제약이 없다.

결측된 관측값에 존재하는 부분적 정보를 이용하는 방법으로서 결측된 값을 채워 넣는 방법에 기반을 둔 것들도 있지만 이 내용 또한 이 책의 범위를 벗어난다. 관심이 있는 독자는 Little and Rubin (2002)과 Abrevaya and Donald (2017)를 참고하라.

9-5b 비임의표본

MCAR 가정은 완전한 자료가 관측되는 관측 단위들과 그렇지 않은 관측 단위들 사이에 아무런 체계적 차이가 존재하지 않는다는 것을 말한다. 불행하게도, MCAR은 종종 비현실적 가정이다. 949명의 남자들의 IQ가 결측되어 있는 CARD 자료를 보자. 만일 IQ가 결측될 확률이 IQ가 낮은 사람들에게서 더 높다면 MCAR가정은 충족되지 않는다. 예를 들어, 신생아 체중 자료에서, 평균보다 교육수준이 낮은 사람들에게서 교육이 결측될 확률이 더 높으면 어떻게 될까? 혹은, 9-2절에서 IQ 점수가 포함된 임금 자료를 사용하였다. 이 자료집합은 IQ 점수가 없는 사람들을 표본에서 제외시킴으로써 만든 것이다. 만일 IQ가 높은 사람들의 IQ 점수를 얻기가 더 쉽다면 표본은 모집단을 대표하지 않게 된다. 임의추출 가정 MLR.2는 위배되고 이것이 OLS에 미칠 영향을 걱정해야 한다.

다행히도 어떤 유형의 비임의추출은 OLS에 편향이나 불일치성을 야기하지 않는다. MLR.2를 제외한 Gauss-Markov 가정하에서, 표본이 독립변수들에 따라 선택되면 아무런 통계적 문제도 야기하지 않는다. 이것을 독립변수에 의한 표본선택이라 하며, 이른바 외생적 표본선택(exogenous sample selection)의 한 예이다.

통계학 분야 연구에서 자료 결측으로 인한 외생적 표본 선택은 임의 결측(missing at random, MAR)이라고 불린다. MAR은 자료 결측 확률이 설명변수들의 함수임을 허용하므로, 이 용어는 혼동을 초래할 수 있다. "임의"라는 표현으로만 보면 MAR가정은 자료 결측이 어떤 변수들과도 체계적인 관련성이 없어야 한다는 말을 하는 것처럼 보이지만, 그

뜻으로 사용하는 구절은 “completely at random”이다. 실제로는 MAR가정은 자료 결측이 u와 연관되지 않아야 한다는 조건일 뿐, $(x_1, \cdots, x_k)$와는 연관되어도 무방하다. 반면 MCAR은 자료 결측이 u뿐 아니라 $(x_1, \cdots, x_k)$에도 연관되지 않아야 한다는 조건이다. Little and Rubin (2002, 1장)을 보라.

외생적으로 결측되는 데이터를 설명하기 위해 저축함수 추정 모형을 예로 들어보자. 독립변수는 저축액(*saving*)이고 설명변수는 가구소득(*income*), 가구주 연령(*age*), 가구 구성원 수(*size*)이다.

$$saving = \beta_0 + \beta_1 income + \beta_2 age + \beta_3 size + u \tag{9.37}$$

자료는 35세 이상의 사람들을 조사하여 구하였다고 하자. 그러면 모든 성인들의 비임의표본이 된다[모든 성인의 모집단으로부터 임의추출하는 것이 아니기 때문]. 이상적인 상황은 아니지만, 이 경우 여전히 이 비임의표본을 이용하여 모집단 모형 (9.37)의 모수들에 대한 불편성과 일치성을 갖는 추정량을 구할 수 있다. 여기서 정식으로 증명하지는 않겠지만, 이 비임의표본에 OLS를 적용시켜도 불편추정량을 얻는 이유는, 회귀함수 $\mathrm{E}(saving|income, age, size)$가 $income, age, size$에 따라 구획된 모집단의 어느 부분집합에 대해서도 동일하기 때문이다. 모집단의 부분집합 내에 독립변수의 충분한 변동이 존재하는 한, 독립변수에 기초한 선택은 표본 크기가 줄어든다는 점 이외에는 심각한 문제가 아니다.

앞의 IQ의 예제에서는 표본에의 포함 여부가 IQ에 의하여 분명히 결정되지 않았으므로 문제가 덜 분명하다. 이 경우에는 표본에 포함될 확률이 IQ와 함께 증가한다. 표본에의 포함 여부를 결정하는 다른 요소들이 임금방정식의 오차항으로부터 독립이라면, 이때에도 외생적 표본선택이 발생하고, 선택된 표본을 이용한 OLS는 다른 Gauss-Markov 가정하에서 모든 좋은 성질을 갖는다.

선택이 종속변수 y에 기초하여 일어나면 상황이 완전히 다르다. 이것은 종속변수에 기초한 표본선택이라 하는 것으로서, **내생적 표본선택**의 한 예이다. 만일 종속변수가 특정 수준보다 높으냐 낮으냐에 따라 표본이 선택된다면, OLS의 모집단 모형 추정에는 언제나 편향이 발생한다. 예를 들어, 모든 성인의 모집단에서, 개인의 자산(*wealth*)과 다른 요소들의 관계를 추정한다고 하자.

$$wealth = \beta_0 + \beta_1 educ + \beta_2 exper + \beta_3 age + u \tag{9.38}$$

자산이 3억원보다 적은 사람들만 표본에 포함되어 있다고 하자. 이것은 관심있는 모집단의 비임의 표본이며, 표본은 종속변수의 값에 의하여 선택되었다. 자산이 3억원보다 적은 사람들의 표본을 사용하면 (9.38)의 모수들의 편향되고 비일치적인 추정량을 얻을 것이다. 이는, 간단히 말해서, 모집단 회귀식 $\mathrm{E}(wealth|educ, exper, age)$가 $wealth$가 3억원보다 작다는

조건부의 평균과 상이하기 때문이다. (물론 우리가 *wealth*가 3억원보다 작은 사람들을 관심 모집단(population of interest)으로 정하고, 모형 (9.38)이 그 모집단에 대해 성립한다면 위 모형의 OLS 추정량은 불편성과 일치성을 갖는다.)

의도적으로 **비임의 표본**(nonrandom samples) 추출이 이루어지는 경우도 있다. 널리 사용되는 자료수집 기법으로 **층화표본추출**(stratified sampling)이라는 것이 있는데, 이 방법은 모집단을 겹치지 않는 다수의 집단 또는 층(strata)으로 구획한다. 그러면 어떤 집단은 모집단 내에서의 비중보다 더 많이 추출되고 다른 집단은 더 적게 추출된다. 예컨대 어떤 조사(survey)에서는 의도적으로 소수인종이나 저소득층에 더 높은 비중을 두어 추출한다(oversample). OLS 이외에 특별한 방법이 필요한지는 다시금 층화(stratification)가 외생적인지(외생적 설명변수에 기초함) 내생적인지(종속변수에 기초함)에 따라 달려 있다. 예를 들어, 직업군인들의 진급률이 여성 군인과 남성 군인 간에 차이가 있는지를 연구하기 위해 직업 군인들로부터 표본을 추출하는 경우를 생각해 보자. 단순하게 임의추출을 할 경우(남성 군인이 여성 군인보다 훨씬 많으므로) 표본에 여성 군인이 너무 적은 수만 포함될 수 있어서 이럴 때에는 여성 군인들을 과다추출하여 표본을 구성하기도 한다. (모집단 내 비중이 상대적으로 작은 집단을 과다추출하는 현상은 층화표본 수집 시 흔히 나타난다.) 이 층화된 표본에 대하여 OLS를 적용하여 회귀분석을 할 경우에는, 층화가 설명변수(성별)에 따라 이루어졌으므로, OLS는 불편성과 일치성을 갖는다.*

반면, 군인 조직의 특성으로 인해 진급한 사람들이 진급하지 못한 사람들보다 적어 어떤 연구자가 진급자를 실제 비율보다 과다하게 추출한다면, 층화가 내생적이 되고 이 층화된 표본을 이용한 추정량은 일치성을 갖지 않는다. 표본이 이런 방식으로 추출된 경우에는 분석을 위해 특별한 계량경제 방법이 필요하다[Wooldridge (2010, Chapter 19) 참조].

층화추출은 상당히 분명한 형태의 비임의추출이다. 다른 표본선택 문제는 좀 더 미묘하다. 예를 들어, 앞의 몇몇 예제에서 교육과 경력 등 다양한 변수들이 시급에 미치는 영향을 추정한 바 있다. 앞에서 많이 사용한 WAGE1 자료는 기본적으로 일하는 개인들의 임의표본이다. 노동경제학자들은 예컨대 교육이 임금제시액(wage offer)에 미치는 영향에 관심을 갖는 경우가 많다. 그 아이디어는 다음과 같다. 일할 나이가 된 사람은 시급을 제시받고, 이 사람은 그 임금을 받고 일하거나, 아니면 일하지 않는다. 일을 한 사람들의 경우

*만일 상위계급 진출 여부를 0과 1로 표현하여 분석한다면 선형모형은 선형확률모형이 되어 불편성이나 일치성의 의미가 모호할 수 있다(7-5절 참조). 여기서는 선형확률모형에 내재한 이 문제를 무시하며, "OLS가 불편성과 일치성을 갖는다"는 말을 제한적 의미로 받아들여야 할 것이다. 만일 종속변수가 연속변수라면 이러한 문제가 없을 것이다. 원문에서는 직업군인의 로그임금을 종속변수로 사용하므로 이 문제가 없으나, 우리나라에서는 직업군인의 임금이 오직 호봉에 의하여 자동으로 결정되어 원문의 예가 적절하지 않다.

임금제시액은 임금급여액과 동일하다. 일을 하지 않은 사람들의 경우에는 임금제시액이 관측되지 않는다. 모든 일할 연령대 사람들의 모집단에서 임금제시액 방정식은 다음과 같다고 가정하자.

$$\log(wage^0) = \beta_0 + \beta_1 educ + \beta_2 exper + u \tag{9.39}$$

이 모집단의 임의표본은 없다. 우리에게 있는 것은 실제로 일한 사람들〔즉, 임금제시액을 받아들인 사람들〕에게 제시된 임금의 자료뿐이다. (일을 하지 않은 사람들의 경우에도 *educ*와 *exper*에 대한 자료는 있지만 $wage^0$ 자료가 없다.) 그렇다면 일한 사람들의 임의표본을 이용하여 (9.39)를 추정하면 불편추정량을 얻을 수 있을 것인가? 이 경우는 분명하지 않다. 표본이 일할 결정(임금제시액의 크기가 아니라)에 따라 선택되므로 앞의 경우와는 다르다. 하지만 일할 결정은 임금제시액에 영향을 미치는 비관측 요소들과 관련될 수 있으므로 선택은 내생적일 수 있고 그 결과 OLS 추정량에 표본선택으로 인한 편향이 존재할 수 있다. 표본선택으로 인한 편향을 검정하고 교정하는 방법은 Wooldridge 원저서 17장에 설명되어 있다.

9-5c 이상값과 영향력이 있는 관측값

어떤 연구에서는 OLS 추정값들이 하나 혹은 그 이상의 관측값의 포함 여부에 민감하게 반응한다. 표본 크기가 작은 경우 특히 그러하지만 다른 경우에도 그럴 수 있다. 이상값(outliers)과 영향력 있는 관측값(influential observations)에 대한 완전한 설명은 행렬대수를 필요로 하므로 이 책의 범위를 벗어난다. 대략적으로 말해, 어떤 관측값을 분석에서 제외할 때 핵심적인 OLS 추정값이 실질적으로 "크게" 변하는 경우 그 관측값이 영향력 있는 관측값이라고 한다. 이상값의 개념도 역시 약간 모호한데, 이는 한 관측값의 변수값들을 여타 표본의 변수값들과 비교하여야 하기 때문이다. 그럼에도 "평범하지 않은" 관측값들은 OLS 추정값에 큰 영향을 미칠 수 있으므로 주의하여야 한다.

OLS는 잔차 제곱합을 최소화하기 때문에 특이한(outlying) 관측값들에 영향을 받기 쉽다. 최소제곱 최소화 문제에서는 크기가 큰 잔차에 큰 비중이 주어지기 때문이다. 표본을 약간만 바꾸어도 추정값이 실질적으로 크게 변하면 고민해 보아야 한다.

통계학자들과 계량경제학자들이 이상값 문제를 이론적으로 연구할 때, 주어진 모집단으로부터 추출된 임의표본으로부터 자료가 오는 것으로 볼 때도 있고(이때 극단적인 값이 발생할 수 있는 특이한 분포를 갖는 모집단을 상정해야 함), 이상값들이 다른 모집단으로부터 유래하는 것으로 가정하는 경우도 있다. 현실적인 관점에서, 이상값들은 두 가지 이유로 인하여 발생한다. 가장 다루기 쉬운 경우는 자료 입력시 실수를 범한 경우이다. 숫자에 0을 더 붙이거나 소수점을 잘못 붙이면, 특히 표본 크기가 작은 경우 OLS 추정값은 왔다갔다 할 수 있다. 요약통계량, 특히 최솟값과 최댓값을 계산하여 자료입력에 실수가 있는지 잡아내는 것이 좋다. 불행히도, 어떤 자료입력 오류는 눈에 띄지 않기도 한다.

작은 모집단 내에 하나 혹은 그 이상의 구성원이 여타 구성원들과 어떤 측면에서 매우 다를 때에도 이상값이 생길 수 있다. 그런 관측값들을 회귀분석에 사용할지 말지 결정하는 것은 쉬운 일이 아니며, 이에 따라 추정량들의 통계적 특성이 복잡하게 바뀐다. 이상값들은 설명변수의 변동을 증가시켜(따라서 표준오차가 감소함) 중요한 정보를 제공할 수도 있다. 하지만, 하나 혹은 여러 관측값들이 결과를 크게 바꾸는 경우에는, 이상값을 포함한 OLS 결과와 포함하지 않은 결과를 모두 보고하는 것이 좋다.

예제 9.8 R&D 집중도와 기업 규모

매출액 대비 R&D 지출액의 비율(*rdintens*, R&D 집중도)이 매출액(*sales*, 백만 달러)과 매출액 대비 이익률(*profmarg*)의 함수라고 해 보자.

$$rdintens = \beta_0 + \beta_1 sales + \beta_2 profmarg + u \tag{9.40}$$

RDCHEM에 포함된 화학산업 분야의 32개 기업 자료를 이용해 이 모형을 OLS 추정한 결과는 다음과 같다.

$$\begin{aligned}\widehat{rdintens} &= \underset{(0.586)}{2.625} + \underset{(0.000044)}{0.000053}\, sales + \underset{(0.0462)}{0.0446}\, profmarg \\ n &= 32, \quad R^2 = 0.0761, \quad \bar{R}^2 = 0.0124\end{aligned}$$

*sales*와 *profmarg* 모두 유의수준 10%에서도 유의하지 않다.

분석에 포함한 32개의 기업 중 31개의 연간 매출액은 200억 달러 이하인데 한 기업(10번째 관측값)만은 다른 기업들의 두 배가 넘는 400억 달러에 육박한다. 〈그림 9.1〉은 그 기업이 표본에 포함된 다른 기업들과 비교해 얼마나 다른지를 보여주고 있다. 이 기업의 자료를 제외하고 같은 모형을 추정한 결과는 다음과 같이 달라진다.

$$\begin{aligned}\widehat{rdintens} &= \underset{(0.592)}{2.297} + \underset{(0.000084)}{0.000186}\, sales + \underset{(0.0455)}{0.0478}\, profmarg \\ n &= 31, \quad R^2 = 0.1728, \quad \bar{R}^2 = 0.1137\end{aligned}$$

매출액이 가장 큰 기업이 회귀로부터 제외되었을 때, *sales*의 계수는 세 배 이상 커졌고 t 값도 이제 2 이상이다. 소규모 기업들의 표본을 사용하면, R&D 집중도와 기업규모 간에 통계적으로 유의한 양(+)의 효과가 존재한다고 할 수 있다. 한편 R&D 집중도와 매출액 대비 이익률의 관계는 200억 달러 이하인 기업들만을 이용하여 분석해도 크게 달라지지 않았다.

〈그림 9.1〉 R&D 집중도와 매출액의 산포도

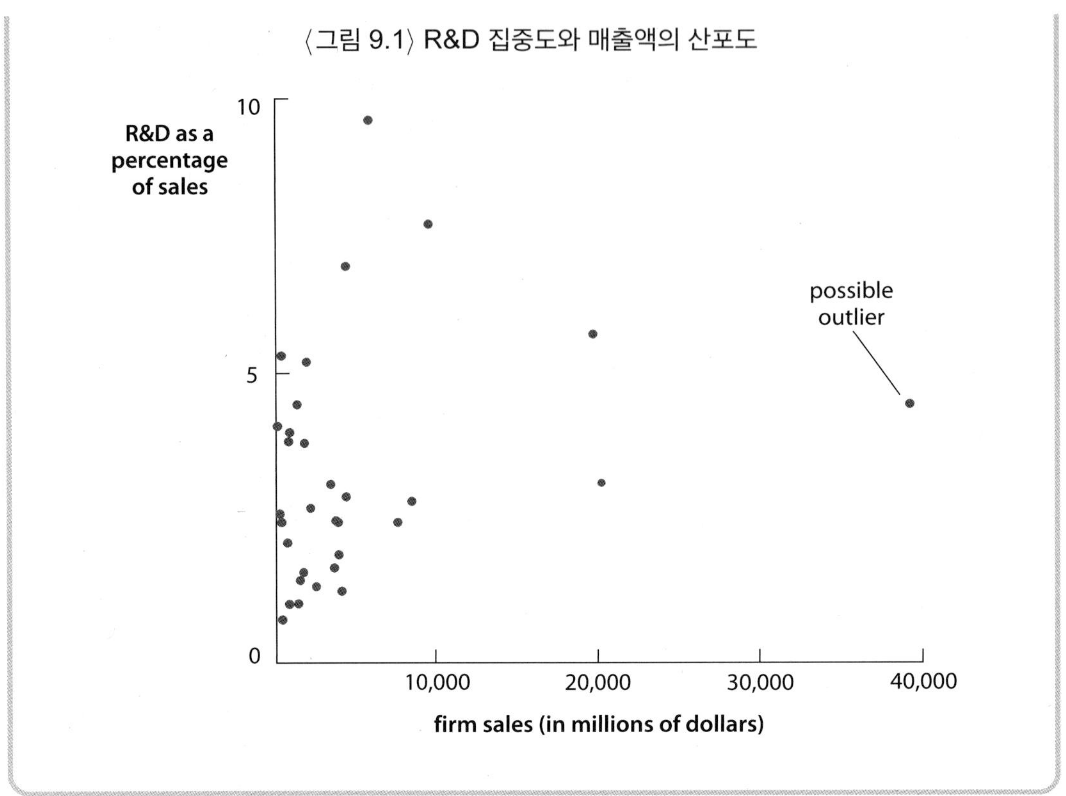

모든 관측값들을 사용하는 OLS 회귀로부터의 잔차의 크기에 의하여 이상값을 정의하는 경우도 있다. 일반적으로 이것은 좋은 생각이 아니다. 왜냐하면 OLS 추정값 자체가 잔차 제곱합을 가능한 한 작게 만들기 위하여 조정되기 때문이다. 앞의 예에서 매출액이 가장 큰 기업을 포함시키면 OLS 회귀선은 매우 완만해지며, 그 결과 해당 잔차는 그리 크지 않게 된다. 사실, 32개 관측치들이 모두 사용될 때 매출액이 가장 큰 기업에 해당하는 잔차는 -1.62이다. 이 잔차값이 그 표본평균(물론 0)으로부터 벗어난 정도는 표준편차 추정값 $\hat{\sigma} = 1.82$만큼도 되지 않는다.

표준화 잔차(studentized residuals)는 원래의 OLS 잔차들을 그 표준편차(표본 내 설명변수 값 조건부)로 나누어서 구한다. 표준화 잔차를 구하는 공식에는 행렬대수가 필요하나, 이를 계산하는 간단한 트릭이 있다. 이 관측값(h라 하자)에서 1의 값을 갖는 더미변수를 정의하고, 이 더미변수를 회귀에 추가한다. 이 더미변수는, 나머지 관측값들만을 사용하여 회귀선을 계산할 때 관측값 h의 잔차로 해석할 수 있다. 따라서, 이 더미변수의 계수를 사용하면, h번째 관측값을 제외한 다른 관측값만을 사용하여 구한 회귀선과 h번째 관측값이 얼마나 떨어져 있는지 볼 수 있다. 더 좋은 점은, 이 더미변수에 해당하는 t통계량 값은 관측값 h의 표준화 잔차와 같다. 그러므로, t값(의 절댓값)이 크다는 것은, 해당 잔차가 그 표준편차 추정값에 비하여 크다는 것을 나타낸다.

〈예제 9.8〉의 경우, 가장 큰 규모의 기업(10번 관측값)에 해당하는 더미변수를 정의하고 이것을 회귀변수로 추가하면 그 계수는 −6.57로서, 가장 큰 기업에 해당하는 관측값이 다른 관측값들을 이용하여 구한 회귀선으로부터 매우 멀리 떨어져 있음을 확인할 수 있다. 하지만, 표준화하면 그 잔차는 −1.82밖에 되지 않는다. 어느 정도 유의하기는 하지만(양방향 p값은 0.08), 표본에서 가장 큰 표준화 잔차보다 훨씬 작다. 이와 동일한 방법을 *rdintens*가 가장 큰 기업(1번 관측값, *rdintens* $\approx$ 9.42)에 대하여 적용하면 더미변수의 계수는 6.72이고 t통계량 값은 4.56이다. 그러므로 이 척도로 보면 10번 관측값보다는 오히려 1번 관측값이 이상값에 해당한다. 1번 관측값을 없애면 *profmarg*의 계수는 증가하고 통계적으로 유의해지는 반면 *sales*의 계수는 별로 변하지 않는다(0.000053에서 약 0.000051로). 그러면 1번 관측값도 "이상값"인가? 이 계산은 자료 집합이 작을 때에도 회귀분석으로부터 제외시킬 관측값을 결정하려 할 때 부딪히는 어려움을 보여 준다. 불행히도, 표준화 잔차의 크기는 한 관측값이 OLS 기울기 추정값들에 대하여 갖는 영향력에 반드시 대응하지는 않는다. 모든 관측값들의 영향력에 대응하지 않는 것은 물론이다.

표준화 잔차를 이용하는 방법이 갖는 일반적인 문제점은, 사실, 특정 관측값에 해당하는 잔차를 계산하기 위하여 다른 모든 관측값들을 사용하여 회귀선을 추정한다는 것이다. 다시 말하면, 1번 관측값에 대하여 표준화 잔차를 구할 때, 절편과 기울기의 추정을 위해서 10번 관측값도 사용한다. 가장 큰 기업(10번 관측값)을 포함할 때 회귀선이 매우 완만해진다는 사실을 두고 볼 때, *rdintens*의 값이 큰 1번 관측값이 회귀선으로부터 멀리 떨어져 있는 것은 놀랄 일도 아니다.

물론 두 개의 더미변수들(1번 관측치와 10번 관측치에 각각 하나씩)을 모두 포함시켜 30개의 관측치들만을 이용하여 회귀선을 추정할 수도 있다. 1번 관측값과 10번 관측값을 모두 제외하고 추정하면 다음의 결과를 얻는다.

$$\begin{aligned}\widehat{rdintens} &= \underset{(0.459)}{1.939} + \underset{(0.000065)}{0.000160}\,sales + \underset{(0.0343)}{0.0701}\,profmarg \\ n &= 30, \quad R^2 = 0.2711, \quad \bar{R}^2 = 0.2171\end{aligned}$$

1번 관측값에 해당하는 더미변수의 계수는 6.47 ($t = 4.58$)이고, 10번 관측값에 해당하는 더미변수의 계수는 −5.41 ($t = -1.95$)이다〔위 식에 보고되지는 않았음〕. 이제는 *sales*와 *profmarg* 모두 통계적으로 유의하고, *profmarg*는 약 5% 수준에서 양방향 대립가설에 대하여 간신히 유의하다(p값 $= .051$). 이 회귀에서도 표준화 잔차가 2 이상인 관측값이 두 개나 존재한다(R&D 집중도가 6이상인 관측값들에 해당).

어떤 함수형태들은 이상값에 덜 민감하다. 6-2절에서, 대부분의 경제변수에서 로그

변환은 자료 값의 범위를 현저하게 좁히고, 더 광범위한 자료를 설명할 수 있는 함수 형태(등탄력성 모형 같은)를 만든다는 것을 보았다.

예제 9.9 **R&D 집중도**

다음 모형에서 시작하여 R&D 집중도가 기업 크기에 따라 증가하는지 검정할 수 있다.

$$rd = sales^{\beta_1}\exp(\beta_0 + \beta_2 profmarg + u) \tag{9.41}$$

그러면, $\beta_1 > 1$인 경우, 다른 요소들 고정할 때 *sales*의 증가에 따라 R&D 집중도가 증가한다〔좌변이 *rdintens*가 아니라 *rd*임에 유의할 것〕. 이 함수를 로그 형태로 변환하면 다음과 같다.

$$\log(rd) = \beta_0 + \beta_1\log(sales) + \beta_2 profmarg + u \tag{9.42}$$

32개 기업의 자료를 모두 이용하여 이 모형을 추정하면 다음을 얻는다.

$$\begin{aligned}\widehat{\log(rd)} &= \underset{(0.468)}{-4.378} + \underset{(0.060)}{1.084}\log(sales) + \underset{(0.0128)}{0.0217}\,profmarg\\ n &= 32,\quad R^2 = 0.9180,\quad \bar{R}^2 = 0.9123\end{aligned}$$

한편 *sales*가 가장 큰 10번째 관측값을 제외하고 모형을 추정하면 다음과 같다.

$$\begin{aligned}\widehat{\log(rd)} &= \underset{(0.511)}{-4.404} + \underset{(0.067)}{1.088}\log(sales) + \underset{(0.0130)}{0.0218}\,profmarg\\ n &= 31,\quad R^2 = 0.9037,\quad \bar{R}^2 = 0.8968\end{aligned}$$

두 추정결과는 실질적으로 동일하다. 두 경우 모두 $H_1\colon \beta_1 > 1$에 대비하여 $H_0\colon \beta_1 = 1$이라는 가설을 기각하지 못한다.

때로 어떤 관측값들은 처음부터 다른 관측값들과 근본적으로 달라 보이기도 한다. 도시, 지역, 도 수준 자료처럼 고도로 집계된 수준의 자료를 이용하는 경우 이런 일이 흔히 발생한다. 〈예제 9.10〉을 보자.

예제 9.10 **주별 영유아사망률**

미국의 주 별로 영아사망률, 1인당 소득, 여러 보건 서비스의 척도 등에 대한 자료를 "미국 통계 요약"(*Statistical Abstract of the United States*)에서 구할 수 있다. 여기서는 이상값의 영향을 설명하기 위한 목적으로 매우 단순한 분석을 해 볼 것이다. 1990년 미국의 50개

주와 워싱턴 D.C.의 자료를 이용한다. 변수 *infmort*는 영아사망률(신생아 천명당 출생 후 1년 이내 사망한 영아의 수), *pcinc*는 1인당 소득, *physic*은 10만명 당 의사 수, *popul*은 인구(1천명 단위)이다. 자료는 INFMRT에 있다. 모든 독립변수들은 로그변환하였다.

$$\begin{aligned}\widehat{infmort} &= \underset{(20.43)}{33.86} - \underset{(2.60)}{4.68}\log(pcinc) + \underset{(1.51)}{4.15}\log(physic) - \underset{(0.287)}{0.088}\log(popul) \\ n &= 51, \quad R^2 = 0.139, \quad \bar{R}^2 = 0.084.\end{aligned} \tag{9.43}$$

기대한 대로 1인당 소득이 높으면 영아사망률이 낮은 것으로 추정된다. 하지만 1인당 의사의 수가 많을 때 영아사망률이 더 높은 것으로 나타나 직관에 반한다. 영아사망률은 인구크기와는 무관한 것으로 보인다.

그런데 D.C.는 다른 주들과 좀 다른 특성을 갖는다. 이 도시는 다른 주들에 비해 매우 작은 지역에 극단적인 빈곤과 극단적인 부유함이 공존한다. 1990년의 이 도시의 영유아 사망률은 20.7이나 되는데 다른 주들 중 최고값은 12.4에 불과하다. 인구 10만명당 의사 수는 615명에 달하는데 다른 주들의 최고값은 337명에 머물고 있다. 워싱턴D.C.는 *physic*의 값이 가장 높음에도 불구하고 *infmort*가 가장 높고, 이것이 회귀결과에 영향을 미쳤을 수 있다. 이 관측값을 제외하고 회귀분석을 하면 다음을 얻는다.

$$\begin{aligned}\widehat{infmort} &= \underset{(12.42)}{23.95} - \underset{(1.64)}{0.57}\log(pcinc) - \underset{(1.19)}{2.74}\log(physic) + \underset{(0.191)}{0.629}\log(popul) \\ n &= 50, \quad R^2 = 0.273, \quad \bar{R}^2 = 0.226\end{aligned} \tag{9.44}$$

이제는 1인당 의사의 수가 많을수록 영아사망률이 낮고, 이 추정값은 5% 수준에서 0과 통계적으로 다르다. 1인당 소득의 영향은 크게 줄어들었으며 통계적으로 유의하지 않다. 식 (9.44)를 보면 인구가 더 많은 주에서 영아사망률이 더 높고, 이 관계는 통계적으로 매우 유의하다. 또한, D.C.가 회귀에서 제외되었을 때 *infmort*의 훨씬 더 많은 변동이 설명된다. 분명 D.C.는 처음의 추정값에 영향을 미쳤고, 아마도 추후의 분석에서는 D.C.를 제외시키는 것이 낫겠다.

〈예제 9.8〉에서 우리는 이상값 또는 이상값까지는 아니더라도 영향력이 있는 관측값을 판단하고 결정하는 것이 매우 어려운 일이라는 것을 보았다. 이 절에서 언급한 방법들 이외에 보다 고급의 통계적 분석기법들도 이용된다. Belsley, Kuh, and Welsh (1980)는 행렬대수를 이용하여 관측값의 레버리지(leverage of an observation)라는 도구를 정의하고 이를 이용해 개별 관측값이 회귀분석에서 갖는 영향력의 정도를 분석하기도 하였다. 표준화 또는 student화 잔차에 대한 보다 심도깊은 논의도 이들의 연구에서 볼 수 있다.

9-6 최소절대편차 추정

OLS 추정값에 상당한 영향을 미치는 관측값들이 있는지 찾기보다는, OLS보다 이상값에 덜 민감한 추정방법을 사용하고자 하는 접근방법이 있다. 이런 방법으로서 응용 계량경제학자들 사이에 인기를 얻은 것이 **최소절대편차**(least absolute deviations, LAD)라고 하는 방법이다. 선형모형의 계수 β_j의 LAD 추정량은 잔차의 절댓값의 합을 최소화한다.

$$\min_{b_0, b_1, \ldots, b_k} \sum_{i=1}^{n} |y_i - b_0 - b_1 x_{i1} - \cdots - b_k x_{ik}| \tag{9.45}$$

잔차 제곱의 합을 최소화하는 OLS와 달리, LAD 추정값은 닫힌 형태(closed form)로 구할 수 있는 것이 아니다. 즉, 그 공식을 적을 수 없다. 사실, 과거 (9.45)의 문제를 푸는 것은, 특히 표본 크기가 크고 설명변수들이 많을 때 계산상으로 어려웠다. 하지만 지난 20여 년에 걸쳐 계산속도가 급격히 향상되어, 이제는 자료가 방대한 경우에도 LAD 추정값을 손쉽게 계산할 수 있다.

〈그림 9.2〉는 OLS와 LAD의 목적함수를 보여주고 있다. LAD 목적함수는 0의 양쪽에서 선형으로 증가하므로 양의 잔차가 한 단위 증가하면 LAD 목적함수도 한 단위 증가한다. 이와 대조적으로 OLS 목적함수는 규모가 큰 잔차일수록 그 중요성이 커지고, 이로 인하여 OLS는 이상값에 더 민감해지게 된다.

〈그림 9.2〉 OLS와 LAD의 목적함수

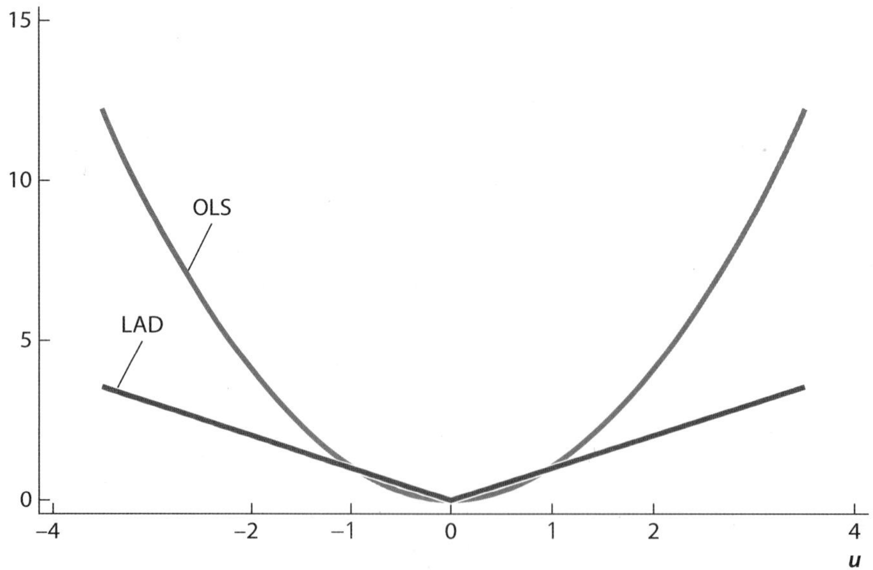

LAD는 큰 잔차에 점증하는 가중치를 주지 않으므로 OLS보다 극단적인 자료값의 변화에 훨씬 덜 민감하다. 사실 LAD는 조건부 평균이 아니라, 주어진 $x_1, x_2, \ldots, x_k$에서 y의 **조건부 중위값**(conditional median)의 모수들을 추정하도록 고안된 것으로 알려져 있다. 중위값은 극단적인 관측값에서의 큰 변화에 영향을 받지 않으므로, LAD 모수추정값들은 이상값들에 더 강하다. 추정값을 고를 때 OLS는 각 잔차들을 제곱하므로, 〈예제 9.8〉과 〈예제 9.10〉에서 본 것처럼 OLS 추정값은 이상값들에 매우 민감하다.

LAD 추정값을 구하기 위해 계산을 많이 해야 하는 것 이외에, LAD의 둘째 약점은 LAD 추정량을 이용한 모든 통계적 추론이 표본 크기가 클 때에만 타당하다는 것이다. [공식이 다소 복잡하고 행렬대수를 필요로 하므로 여기서는 보여주지 않겠다. Koenker (2005)에 잘 설명되어 있다.] 고전적 선형모형 가정하에서 OLS t 통계량은 정확한 t 분포를 갖고 F 통계량은 정확한 F 분포를 갖는다는 것을 보았다. 이들 통계량의 점근적 버전이 LAD에도 존재하지만(그리고 소프트웨어 패키지들이 자동으로 이 통계량들을 계산해 주기는 하지만), 그 정당성은 대표본에서만 인정된다. LAD 추정값 계산상의 추가적 복잡성이 사소한 문제이듯이, LAD를 이용한 정확한 추론이 가능하지 않다는 것도 사소한 문제일 뿐이다. 왜냐하면 LAD를 응용할 때에는 대부분 수백 수천 개의 관측값이 존재하기 때문이다. 물론 〈예제 9.8〉에서처럼 $n = 32$일 때 대표본 근사를 적용하는 것은 지나친 감이 있기도 하다. 이는 일면 OLS에서도 크게 다르지 않다. 왜냐하면 CLM 가정이 위배되면 OLS 추론을 정당화하기 위하여 대표본 근사에 호소할 수밖에 없기 때문이다.

LAD가 가지고 있는 좀 더 미묘하고 중요한 단점은, 이것이 항상 조건부 평균 함수 $\mathrm{E}(y|x_1, \ldots, x_k)$에 나타나는 모수들을 추정해 주는 것은 아니라는 점이다. 앞에서 언급했듯이 LAD는 조건부 중위값에 미치는 영향을 추정하도록 고안되었다. 일반적으로, 공변량 $x_1, \ldots, x_k$가 주어질 때 y의 분포가 $\beta_0 + \beta_1 x_1 + \cdots + \beta_k x_k$를 중심으로 대칭일 때에만 평균과 중위값은 동일하다(이 조건은 모집단 오차항 u의 분포가 0을 중심으로 대칭이라는 조건과 동일하다). 오차분포가 대칭이든 아니든 상관없이 OLS는 조건부 평균 내 모수들의 불편 및 일치 추정량을 제공함을 기억하라. Gauss-Markov 가정에 대칭에 관한 것은 없다. 비대칭적 분포를 갖는 경우에 LAD와 OLS가 적용될 때, 예컨대 x_1의 부분효과의 추정값은 LAD와 OLS에서 매우 다를 수 있다. 하지만 그러한 차이는 중위값과 평균의 차이를 반영하는 것으로서, 이상값과는 아무 관련도 없다.

만일 회귀모형의 오차항 u가 $(x_1, \ldots, x_k)$와 독립적으로 분포되어 있다면 u가 대칭이 아니더라도 절편을 제외한 기울기 계수들의 추정값은 표집오차로 인한 차이를 제외하면 다르지 않다. 그리고 절편 추정값은 u의 평균이 0일 때 비대칭으로 인해 그 중위값이 0과 다르기 때문에 차이가 발생한다. 하지만 종종 u가 $(x_1, \ldots, x_k)$와 독립적이라는 가정은 LAD

를 사용하고자 하는 목적으로는 비현실적으로 강한 가정이 된다. 예컨대 실증 분석에서 u의 분포에 대칭성을 가정하기 어려운 경우에 이분산을 가지는 경우도 많은데 독립성을 가정하면 이분산을 허용할 수 없게 된다.

LAD가 OLS에 비해 더 나은 점의 하나는, LAD가 중위값을 추정하므로 단조변환을 이용하여 부분효과(그리고 예측값)를 구하기 쉽다는 것이다. 가장 흔히 사용되는 자연로그 변환을 고려해 보자. $\log(y)$가 선형모형을 따르고 오차항이 조건부로 0의 중위값을 갖는다고 하자.

$$\log(y) = \beta_0 + \mathbf{x}\beta + u \tag{9.46}$$

$$\text{Med}(u|\mathbf{x}) = 0 \tag{9.47}$$

그러면, 다음이 된다.

$$\text{Med}[\log(y)|\mathbf{x}] = \beta_0 + \mathbf{x}\beta$$

조건부 중위값의 잘 알려진 특성 중 하나는 중위값에 증가함수 변환을 하는 것과 증가함수 변환을 한 후에 중위값을 취하는 것이 동일하다는 것이다. 그러므로 다음이 성립한다.

$$\text{Med}(y|\mathbf{x}) = \exp(\beta_0 + \mathbf{x}\beta) \tag{9.48}$$

그 결과, β_j는 x_j에 대한 $\text{Med}(y|\mathbf{x})$의 준탄력성이 된다. 다시 말하면, 선형 방정식 (9.46)에서 x_j의 부분효과를 사용하여 비선형모형 (9.48)에서의 부분효과를 구할 수 있다. (9.47)이 성립하는 모든 u 분포에 대하여 이 특징이 성립하며, u과 $\mathbf{x}$가 독립이라는 가정은 필요로 하지 않다. 이와 대조적으로, 만일 $\text{E}[\log(y)\mathbf{x}]$에 관한 선형모형을 설정하면, $\text{E}(y|\mathbf{x})$를 복구할 방법은 일반적으로 없다. 주어진 $\mathbf{x}$에서 u의 분포 자체를 가정하면 원칙적으로 $\text{E}(y|\mathbf{x})$를 복구할 수는 있다. 한 가지 특수한 경우를 $\log(y)$가 고전적 선형모형을 따른다는 가정하에서 식 (6.40)에서 살펴본 바 있다. 하지만, $\text{Med}[\log(y)|\mathbf{x}]$로부터 $\text{Med}(y|\mathbf{x})$를 항상 구할 수 있는 것과는 달리, $\text{E}[\log(y)|\mathbf{x}]$에 관한 모형으로부터 $\text{E}(y|\mathbf{x})$를 알아낼 방법은 일반적으로 존재하지 않는다.

최소절대편차법은 이른바 강건회귀(robust regression)의 한 경우이다. 불행히도 여기서는 "강건"(robust)이라는 말에 혼동의 여지가 있다.* 통계학 문헌에서 강건회귀 추정량은

*본 번역서에서 영어의 "robust"를 앞에서는 "견고한"으로 번역하였지만 여기서는 기존에 이용되는 번역 용어를 그대로 이용하기 위해 "강건"으로 번역하였다. 동일한 "robust"를 "견고한"과 "강건"으로 구분하여 번역한 결과 이 문장에서 "혼동의 여지가 있다"고 한 것이 오히려 이해하기 어려운 상황이 되었다. 계량경제학에서 "robust"한 추정량이라고 하면 견고한 분산추정량처럼 특정 가정들이 성립하지 않아도 일치성을 갖는 추정량을 보통 말하는데, "robust regression"의 경우에는 "robust"라는 말이 이와 다른 뜻으로 쓰여 혼동을 야기함을 이 문장에서는 지적하고 있다.

극단적 관측값에 상대적으로 덜 민감한 것을 말한다. 잔차가 큰 관측값들에게 최소제곱에서보다 더 작은 가중치가 부여될 때 그렇게 된다. [이상값들에 강건한 추정량에 대한 소개가 Berk (1990)에 있다.] 위에서 우리가 논의한 바에 근거할 때, 계량경제학적 화법으로 보면, LAD는 조건부 평균의 견고한(robust) 추정량이 아니다. 왜냐하면 여기에는 조건부 평균 모수들의 일치추정량을 얻기 위한 별도의 가정들이 필요하기 때문이다. 식 (9.2)에서, $(x_1,\ldots,x_k)$가 주어질 때의 u의 분포가 0을 중심으로 대칭적이거나 u는 $(x_1,\ldots,x_k)$와 독립이어야 한다. 이들 중 어느 것도 OLS에서는 필요하지 않았다.

LAD는 분위수회귀(quantile regression)의 한 경우이다. 분위수회귀는 설명변수 x_j가 종속변수 y의 분포의 다른 부분(중위값이나 평균뿐 아니라)에 어떠한 영향을 주는지 알기 위해 이용하는 추정 방법이다. 예를 들어 특정한 연금에 접근할 수 있는지 여부*가 개인의 자산(wealth)에 미치는 영향을 분석하는 경우, 접근성이 미치는 영향이 고수준 자산 보유자(high-wealth people)와 저수준 자산 보유자(low-wealth people)에게 상이할 수 있다. 이럴 때 분위수회귀 모형을 이용하게 된다. 분위수회귀에 대해서는 Wooldridge (2010, 12장)을 참고하라.

*미국의 경우 매우 다양한 연금 계획(pension plan)들이 있는데 제공하지 않는 회사들도 있고 제공하는 회사들도 일정한 조건을 갖춘 피고용자들에게만 제공하는 경우도 있는 등 연금 계획에 대한 접근성(access)이 연금에 따라, 회사에 따라, 개인 특성에 따라 다를 수 있다.

Appendix

A 오차의 자기상관

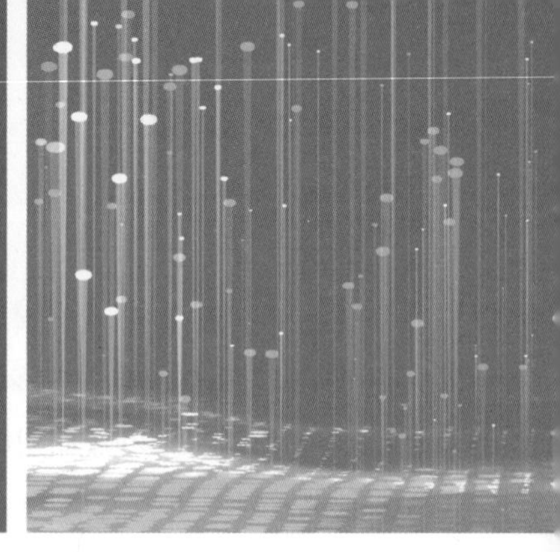

이 보론은 시계열 자료를 사용하는 다중회귀 모형에서 오차 내에 시간에 걸쳐 상관(correlation)이 존재하는 경우 발생하는 문제들과 그 해결책을 설명한다. 시계열 모형의 오차가 시간에 걸쳐 상관될 때 오차가 시계열 상관(serial correlation) 혹은 자기상관(autocorrelation)을 갖는다고 한다. 이 보론에서는 시계열 자료를 위한 여러 가지 모형들을 도출하거나 소개하고자 하지 않으며, 오직 오차의 시계열 상관으로 인한 문제에 집중하고자 한다. 시계열 자료에 대해서는 1장에 기술한 바 있으니 필요하다면 1장을 다시 한 번 읽어보기 바란다.

A-1절에서는 이 보론에서 다룰 다중회귀모형과 시계열 상관 존재 시 OLS 추정량의 성질에 대하여 간략히 설명한다. A-2절에서는 OLS에서 자기상관에 견고한 표준오차를 사용하는 방법을 설명한다. A-3절은 시계열 상관의 존재를 검정하는 방법들을 설명하고, A-4절에서는 OLS보다 더 나은 추정방법에 대하여 간략하게 논한다. 본 장의 내용은 원서의 10, 11, 12장의 내용 중 관련된 내용을 요약한 것이다. 시계열 자료의 성질, 이를 분석하기 위한 모형들, 다양한 예제들은 Wooldridge 원저서를 참조하기 바란다.

A-1 시계열 상관이 존재할 때 OLS의 성질

시계열 자료는 하나의 관측단위(개인, 기업, 도시, 국가 등)의 경제변수들의 실현값들을 시간에 걸쳐 수집한 자료이다. 그래서 관측값들을 구분하는 첨자도 관례상 횡단면 자료와 구분하여 i가 아니라 t를 사용한다. 시계열 자료를 이용하여 y를 $x_1, x_2, \ldots, x_k$라는 설명변수에 대해 회귀시키는 회귀모형을 첨자 t를 써서 표기하자.

$$y_t = \beta_0 + \beta_1 x_{t1} + \beta_2 x_{t2} + \cdots + \beta_k x_{tk} + u_t, \quad t = 1, 2, \ldots, n \tag{A.1}$$

관측값들에 i 첨자를 붙이든 t 첨자를 붙이든 아무런 상관도 없고 OLS 추정량을 계산하는 방법도 횡단면 분석의 경우와 차이가 없다. 하지만 시계열 자료는 중요한 점에서 횡단면 자료와 차이가 발생할 수 있다.

횡단면 자료의 경우 우리는 자료가 모집단으로부터 임의 추출되었다는 가정(MLR.2)을 했었다. 이는 관측단위 i와 관측단위 j가 같은 모집단에서 서로 독립적으로 추출되었다는 의미이다. 시계열 자료에 대해서도 관측시점 t의 자료와 s의 자료가 독립적으로 추출되었다고 간주해도 좋을까? 시계열 자료가 동일한 관측단위의 행위에 대한 기록임을 생각해 보면 그런 가정이 매우 무리한 것임을 직관적으로 이해할 수 있다.*

임의추출의 가정이 성립하지 않을 때 OLS 추정량의 성질에 중요한 것은 서로 다른 t와 s에서 $\text{Cov}(u_t, u_s|\mathbf{X})$가 어떠한 모습을 보이는지이다(여기서 $\mathbf{X}$라는 표기는 모든 시점에서의 설명변수들의 관측값들을 한꺼번에 간략히 표기한 것이다). 임의추출의 가정이 성립하지 않으면 서로 다른 모든 t와 s에서 $\text{Cov}(u_t, u_s|\mathbf{X})$은 0일 수도 있고 아닐 수도 있다. 서로 다른 모든 t와 s에서 $\text{Cov}(u_t, u_s|\mathbf{X}) = 0$이면 우리는 오차항에 **자기상관**(autocorrelation) 또는 **시계열 상관**(serial correlation)이 없다고 하고, 어떤 t와 s에 대해 $\text{Cov}(u_t, u_s|\mathbf{X}) \neq 0$인 경우 오차항에 자기상관 또는 시계열 상관이 존재한다고 한다.

횡단면 자료의 경우 OLS추정량의 불편성을 도출하는 데 핵심적인 가정이었던 MLR.4 가정도 시계열에서는 다소의 변형이 필요하다. 임의추출의 가정을 하는 경우 모집단에서 $\text{E}(u|x_1, x_2, \ldots, x_k) = 0$이 성립하기만 하면 충분하였다. 이를 i번째 관측값에 대하여 표현하면 $\text{E}(u_i|x_{i1}, x_{i2}, \ldots, x_{ik}) = 0$이라는 것이다. 반면 시계열 상관이 있는 경우에는 한 시점의 독립변수와 다른 시점의 오차항 간에 존재하는 상관관계에도 신경을 써야 하기 때문에 $\text{E}(u_t|x_{t1}, x_{t2}, \ldots, x_{tk}) = 0$이라는 조건만으로는 충분하지 않다. 이보다는 모든 시점에서의 독립변수값들이 주어질 때의 조건부 평균이 0이라는 가정, 즉

$$\text{E}(u_t|\mathbf{X}) = 0, \quad t = 1, 2, \ldots, n \tag{A.2}$$

이라는 가정이 중요하다. 이 가정이 성립할 때 독립변수들이 **강하게 외생적**(strictly exogenous)**이라고 한다.

강한 외생성이 항상 성립하는 것은 아니다. 예를 들어 변수 y_t가 자기 자신의 1기 과거값에 의해 결정되는 다음과 같은 모형을 생각해보자.

$$y_t = \beta_0 + \rho y_{t-1} + u_t, \quad t = 1, 2, \ldots, n \tag{A.3}$$

이 모형은 식 (A.1)에서 $k = 1$인 경우이고 $x_{t1} = y_{t-1}$인 경우이다. 기울기 계수를 β_1 대신 ρ

*시계열 자료라고 해서 임의추출 가정이 절대 성립하지 말라는 법은 없다. 하지만 임의추출 가정이 성립하는 시계열 자료가 있다면 우리는 이것을 횡단면 자료와 동일하게 간주하면 되므로 굳이 시계열 자료로 구분해서 생각할 필요가 없다.

**시계열 모형에서는 다양한 양식의 외생성 개념이 등장하고 동일한 의미라 할지라도 다양한 방식으로 표현된다. 사용하는 용어도 "strict", "strong", "super" 등등 다양하고 그 의미도 제각각인 경우가 많다. 이 책에서는 (A.2)의 의미를 가진 "strict exogeneity"라는 말을 "강한 외생성"이라고 번역한다. "강한"이라는 말이 "strong"이라는 표현에 가깝기는 하지만 이 책과 Wooldridge 원저서에서는 "strong exogeneity"라는 용어를 사용하지 않으므로 혼동의 여지가 없다. 다른 글을 읽을 때에는 그 글에서 사용한 용어를 분명히 이해해야 할 것이다.

로 표현했지만 표기 상의 차이일 뿐이다. 이렇게 변수가 자기 자신의 과거값들에 의해 결정되는 모형을 자기회귀(autoregressive, AR)모형이라고 부른다. 시계열 분석에서 이 모형이 매우 빈번히 이용되는 까닭에 설명변수 자리에 자기 자신의 1기 과거값이 포함되면 AR(1), 1기 과거값과 2기 과거값이 포함되면 AR(2) 등으로 간략히 표기한다. AR(1) 모형에서 일반적으로 $y_0, u_1, u_2, \ldots, u_n$은 서로 간에 모두 독립이거나 적어도 비상관이라고 가정된다. 모형 (A.3)이 옳을 경우 $t = n$을 제외하고는 어느 t에서도 $\mathrm{E}(u_t|\mathbf{X}) = \mathrm{E}(u_t|y_0, y_1, \ldots, y_{n-1})$는 0일 수 없다. 예를 들어 $t = 2$라면 $\mathrm{E}(u_2|y_0, y_1, \ldots, y_{n-1})$에서 u_2는 적어도 y_2와 상관되어 있으므로 일반적으로 $y_0, y_1, \ldots, y_{n-1}$ 조건부로 u_2의 기댓값이 0일 수 없다. 이 예는 시계열 자료의 경우 $\mathrm{E}(u_t|\mathbf{X}) = 0$이 자명하게 성립하는 것이 아니라 별도로 가정을 할 필요가 있는 일임을 말해준다.

모형 (A.3)에서 강한 외생성 가정은 성립하지 않지만 현재 시점만을 두고 보면 오차항과 설명변수 간에는 조건부 0 평균이 성립한다는 가정, 즉 $\mathrm{E}(u_t|y_{t-1}) = 0$이라는 가정을 하는 것은 무리한 가정이 아닐 수도 있다. 일반적인 다중회귀 모형 (A.1)에서

$$\mathrm{E}(u_t|x_{t1}, x_{t2}, \ldots, x_{tk}) = \mathrm{E}(u_t|\mathbf{x}_t) = 0 \tag{A.4}$$

이 성립할 때 독립변수들이 동시기적으로 외생적(contemporaneously exogenous)이라고 한다. 동시기적 외생성은 일반적으로 OLS 추정량의 불편성에는 충분하지 않지만, 모든 j에서 $\mathrm{Corr}(x_{tj}, u_t) = 0$이 되도록 해 주므로 일치성에는 충분하다. 물론 이때 일치성을 위한 다른 기술적(technical) 조건들이 충족되어야 할 것이다.

횡단면 모형을 위한 Gauss-Markov 가정(MLR.1～MLR.5)을 시계열 모형에 해당하는 적절한 가정들(강한 외생성 가정, 등분산 가정, 시계열 상관이 없다는 가정이 핵심적임)*로 치환하면, 시계열 자료를 이용한 OLS 추정에서도 Gauss-Markov 정리가 성립함을 보일 수 있다. 그리고 이상의 다섯 가지 가정에 오차항이 조건부 정규분포를 따른다는 가정(Wooldridge 원저서의 가정 TS.6)을 추가한 것을 고전적 선형모형 가정이라고 부르며 이 가정 아래에서 횡단면 자료에서의 고전적 선형 모형 가정 아래에서 성립하는 모든 결과들이 시계열 자료의 경우에도 성립함도 보일 수 있다. 강한 외생성 가정 대신 동시기적 외생성 가정 또는 그보다 더 약한 가정들 아래에서 OLS 추정량이 일치성을 갖고 점근적으로 정규

*좀 더 자세히 설명하면, 이 가정들은 선형성 가정(Wooldridge 원저서의 가정 TS.1, MLR.1과 본질적으로 같음), 완전한 공선성이 존재하지 않는다는 가정(Wooldridge 원저서의 가정 TS.2, MLR.3과 같은 가정임), 설명변수가 강하게 외생적이라는 가정(Wooldridge 원저서의 가정 TS.3, MLR.4에 대응함), 등분산 가정(Wooldridge 원저서의 가정 TS.4, $\mathrm{Var}(u_t|\mathbf{X}) = \sigma^2$이라는 가정으로서 MLR.5에 대응함), 오차항에 시계열 상관이 없다는 가정(Wooldridge 원저서의 가정 TS.5로서 MLR.2 대신에 추가된 것임)이다.

분포를 갖는다는 점도 증명된다. (이에 대한 보다 세부적이고 엄밀한 내용은 Wooldridge 원저서 10장부터 12장까지를 참고하라.)

본 보론에서는 Gauss-Markov 가정 중 오차항에 자기상관이 존재하지 않는다는 가정이 성립하지 않을 때 어떤 문제가 발생하고 어떻게 해결하는지에 국한하여 기술하고자 한다. 오차항에 자기상관이 존재하는 경우라 할지라도 강한 외생성의 조건이 충족되면 OLS 추정량들은 여전히 불편추정량임을 보일 수 있고(Wooldridge 원저서의 정리 10.1), 또한 변수들의 t에 걸친 상호의존성이 너무 크지 않으면* 동시기적 외생성의 가정과 여타 가정 아래에서 OLS 추정량이 일치추정량임을 보일 수 있다(Wooldridge 원저서의 정리 11.1). 하지만 오차항에 자기상관이 존재하면 OLS 추정량들의 분산은 통상적인 형태를 가지지 않으며, 따라서 통상적인 방법으로 계산한 표준오차들은 편향되고, 귀무가설 아래에서 통상적인 t 통계량, F 통계량, LM 통계량 등은 각각 t 분포, F 분포, χ^2 분포를 갖지 않는다. 또, OLS가 BLUE가 아니며 OLS보다 더 효율적인 선형추정량(GLS)이 존재한다. 이는 8장 이분산의 경우와 유사하다.

A-2 시계열 상관에 견고한 OLS 표준오차

이 절의 내용은 Wooldridge 원저서 12.5절을 간략하게 요약한 것이다. 여기서는 OLS 추정량이 최소한 일치성을 갖는 경우 그 분산을 추정하는 문제를 다룬다. 모형 (A.1)의 모수에 대한 OLS 추정량 중 $\hat{\beta}_1$의 시계열 상관에 견고한 표준오차를 구하는 것을 생각해보자. 다른 모수(예컨대 $\hat{\beta}_2$)의 견고한 표준오차를 구하는 절차도 이와 유사하게 처리할 수 있다.

x_{t1}을 여타 독립변수들과 오차항의 선형함수로서 다음과 같이 써 보자.

$$x_{t1} = \delta_0 + \delta_2 x_{t2} + \cdots + \delta_k x_{tk} + r_t$$

여기서 오차 r_t는 평균이 0이고 $x_{t2}, x_{t3}, \ldots, x_{tk}$와 상관되지 않도록 설정된다. 그러면 OLS 추정량 $\hat{\beta}_1$의 점근분산은 다음과 같음을 보일 수 있다.

$$\text{Avar}(\hat{\beta}_1) = \left(\sum_{t=1}^{n} \text{E}(r_t^2) \right)^{-2} \text{Var}\left(\sum_{t=1}^{n} r_t u_t \right) \tag{A.5}$$

오차 u_t에 시계열 상관이 없으면 이분산 유무에 따라 통상적인 OLS 표준오차나 이분산에 견고한 표준오차를 사용하면 될 것이다. 반면 시계열 상관이 존재할 때에는 $r_t u_t$와 $r_s u_s$

*Wooldridge 원저서는 이를 "약한 의존성"(weak dependence)이라고 표현한다.

간의 상관관계를 고려하여야 할 것이다.*

Newey and West (1987)의 방법에 근거하여 Wooldridge (1989)는 식 (A.5)의 $\text{Avar}(\hat{\beta}_1)$을 다음과 같이 추정할 수 있음을 보였다. 식 (A.1)을 OLS하여 얻는 잔차를 $\hat{u}_t$로 표기하고 이 회귀 결과 얻는 회귀의 표준오차(평균제곱오차의 제곱근)를 $\hat{\sigma}$라 하자. 그리고 x_{t1}을 $x_{t2}, x_{t3}, \ldots, x_{tk}$에 대하여 회귀하여 구하는 잔차를 $\hat{r}_t$라 표기하자. $\hat{r}_t$와 $\hat{u}_t$를 이용해 $\hat{a}_t = \hat{r}_t\hat{u}_t$를 계산한 후, 어떤 정수 $g > 0$을 적절히 선택하여〔선택방법에 대해서는 나중에 간략히 설명함〕,

$$\hat{v} = \sum_{t=1}^{n} \hat{a}_t^2 + 2\sum_{h=1}^{g} [1 - h/(g+1)] \left(\sum_{t=h+1}^{n} \hat{a}_t \hat{a}_{t-j} \right) \tag{A.6}$$

라고 정의하자. 그러면 $\hat{\beta}_1$의 시계열 상관에 견고한 표준오차(serial correlation-robust standard error, 식 (A.5)에 정의된 $\text{Avar}(\hat{\beta}_1)$의 추정량의 제곱근임)는 다음과 같다. 아래에서 "$\text{se}(\hat{\beta}_1)$"〔따옴표까지 포함〕는 통상적인 (이 경우 옳지 않은) OLS 표준오차를 말한다.**

$$\text{se}(\hat{\beta}_1) = [\text{``se}(\hat{\beta}_1)\text{''}/\hat{\sigma}]^2 \sqrt{\hat{v}} \tag{A.7}$$

이것을 사용하여 $\hat{\beta}_1$에 대한 신뢰구간과 t통계량 등을 구할 수 있다. 참고로, 식 (A.6)에서 $[1 - h/(g+1)]$을 곱하는 것은 $\hat{v}$가 음수가 되지 않도록 하기 위한 것으로서, Newey and West (1987)에 증명이 제공되어 있다. 식 (A.7)의 표준오차는 이분산에도 견고하며, 시계열 문헌에서 이분산과 자기상관에 견고한(heteroskedasticity and autocorrelation consistent, HAC) 표준오차로 더 많이 알려져 있다.†

앞에서 g는 우리가 선택하는 정수라고 하였다. 이 g는 어느 정도까지의 시계열 상관을 고려해 주느냐를 나타내는 정수로서, 계량경제 이론에 따르면 n이 클 때 g도 크면 (A.7)이 작동한다고 한다. g와 n의 관계에 대하여 많은 연구들이 있으나 이 책에서는 설명하지 않는다. 연도별 자료의 경우에는 $g = 1$이나 $g = 2$처럼 작은 g값을 선택해도 충분해 보인다. 분기별 자료나 월별 자료에서는 g가 더 커야 할 것이다(분기별 자료의 경우에는 $g = 4$나 8, 월별 자료에서는 $g = 12$나 24). Newey and West (1987)는 $4(n/100)^{2/9}$의 정수부분을 g

*식 (A.5)의 표현은 독립변수들에 강한 외생성이 없어도 타당하다. 만일 강한 외생성이 성립하거나 독립변수들의 표본값이 반복추출시 고정되어 있으면, x_{t1}을 여타 독립변수들로 회귀(절편 포함)하여 구한 잔차를 $\hat{r}_t$라 할 때, $\text{E}(r_t^2)$을 $\hat{r}_t^2$으로 치환하고 $r_t u_t$를 $\hat{r}_t u_t$로 치환해도 좋다. 그 결과는 정확한 $\text{Var}(\hat{\beta}_1|\mathbf{X})$가 된다.

**수학을 사용하면 식 (A.7)이 타당함을 보일 수 있다. 식 (A.5)에서 $\text{Var}(\sum_{t=1}^{n} r_t u_t)$ 부분은 $\hat{v}$로써 추정한다. 이 부분에서 Newey and West (1987)의 결과가 사용된다. 다음으로 $\sum_{t=1}^{n} \text{E}(r_t^2)$은 큰 수의 법칙을 적절히 활용하여 $\sum_{t=1}^{n} \hat{r}_t^2$으로써 추정할 수 있는데, "$\text{se}(\hat{\beta}_1)$" $= \hat{\sigma}/(\sum_{t=1}^{n} \hat{r}_t^2)^{1/2}$이므로 이를 $\hat{\sigma}$로 나누어 제곱을 하면 $1/\sum_{t=1}^{n} \hat{r}_t^2$과 동일하다.

†이 HAC 표준오차를 Newey-West 표준오차라고도 한다.

로 사용할 것을 제안하였고, 이것이 계량경제 프로그램 Eviews® 에 구현되어 있다. 예를 들어 $n = 50$이라면 $g = 3$이 된다(이 경우 $n^{1/4}$을 사용한다면 그 값은 $g = 2$이다).

A-3 시계열 상관의 검정

이 절의 내용은 Wooldridge 원저서 12.2절을 요약한 것이다. 이 절에서도 (A.1)의 모형을 다룬다. 우선 설명변수들이 강하게 외생적[식 (A.2)]인 경우를 고려하자.

A-3a 설명변수가 강하게 외생적일 때 AR(1) 시계열 상관의 t 검정

오차 u_t에 $u_t = \rho u_{t-1} + e_t$라는 관계가 존재한다고 하자. 여기서 e_t는 t에 걸쳐서 독립이다. 이 때 $\rho = 0$이면 $u_t = e_t$이므로 u_t에 시계열 상관이 없다. 반면 $\rho \neq 0$이면 $\mathrm{E}(u_t u_{t-1}) = \rho\,\mathrm{E}(u_{t-1})$이므로 시계열 상관이 존재한다. 앞에서 설명한 바 있듯이 이런 모형을 AR(1) 모형이라고 하는데, 만일 u_t가 AR(1) 모형을 따른다면 $H_0: \rho = 0$을 검정함으로써 u_t에 시계열 상관이 존재하는지 검정할 수 있다. 물론 u_t는 관측할 수 없으므로 OLS 잔차 $\hat{u}_t$를 사용한다. 이처럼 오차를 잔차로 치환할 수 있는 것은 설명변수들이 강하게 외생적이기 때문에 가능한 것임에 유의해야 한다[증명은 Wooldridge (1991b) 참조].

요약하면, 이 t 검정에서는 $\hat{u}_t$를 $\hat{u}_{t-1}$에 대하여 회귀하여 그 기울기 계수의 t값인 $t_{\hat{\rho}}$가 주어진 유의수준에서 유의하면 시계열 상관이 없다는 귀무가설이 기각된다. 여기서 $\hat{u}_t$를 $\hat{u}_{t-1}$에 대하여 회귀할 때에는 관측값의 개수가 $n-1$이며, 이 회귀에서는 절편을 포함하든 포함하지 않든 거의 문제가 되지 않는다. 유의수준은 통상적으로 5%가 사용되며 대립가설은 $H_1: \rho \neq 0$이나 $H_1: \rho > 0$이 사용될 수 있으며, p값을 보고해 주는 것이 좋다. 원하면 이분산에 견고한 표준오차를 사용할 수도 있다.

이 검정이 AR(1) 모형으로부터 도출되었지만 이 검정은 다른 유형의 시계열 상관도 찾아낼 수 있다. 어떤 형태의 시계열 상관이든 인접한 두 오차항들이 상관되어 있기만 하면 이 t 검정에 의해 알아낼 수 있을 것이다. 반면 시계열 상관이 있더라도 인접한 두 오차항들 간에는 상관관계가 없으면[예를 들어 u_t와 u_{t-2}가 상관되는 경우] 위의 AR(1)에 대한 t 검정은 검정력이 없을 것이다.

A-3b 고전적 가정 아래에서 Durbin-Watson 검정

AR(1) 형태의 시계열 상관을 검정하는 또 하나의 방법은 Durbin-Watson 검정이라는 것으로서, $\hat{u}_t$가 OLS 잔차라 할 때 Durbin-Watson (DW) 통계량은 다음과 같이 정의된다.

$$DW = \frac{\sum_{t=2}^{n}(\hat{u}_t - \hat{u}_{t-1})^2}{\sum_{t=1}^{n}\hat{u}_t^2}$$

간단한 계산에 따르면 다음이 성립한다.

$$DW \approx 2(1-\hat{\rho}) \tag{A.8}$$

표본 크기가 적당히 크기만 해도 DW와 $2(1-\hat{\rho})$는 상당히 가까우며, 따라서 DW를 이용하는 검정과 $\hat{\rho}$을 이용하는 t검정은 개념적으로 동일하다고 보아도 좋다.

DW 검정은 보통 $H_1: \rho > 0$에 대하여 검정하는데, (A.8)에 의하여 $\hat{\rho} \approx 0$이면 $DW \approx 2$이고 $\hat{\rho} > 0$이면 대략적으로 $DW < 2$이다. 그러므로 $H_0: \rho = 0$이라는 귀무가설을 기각하기 위해서는 DW가 2보다 유의하게 작아야 할 것이다. 그런데 귀무가설 아래에서 DW의 조건부 분포는 설명변수들의 표본값에 의존한다. 주어진 설명변수 표본값에 대해서는 재계산을 통하여 고전적 가정 아래에서 정확한 임계값들을 구할 수 있겠지만, 모든 경우를 총괄하는 통계표는 만들 수 없다. 실제 검정을 위해서는 DW 통계량 값을 d_U와 d_L이라는 두 개의 임계값들과 비교한다. 여기서 d_U의 U는 "upper"를 뜻하고 d_L의 L은 "lower"를 뜻한다. 만일 $DW < d_L$이면 귀무가설을 분명히 기각하고 $DW > d_U$이면 귀무가설을 기각하지 못한다. 그 중간인 경우, 즉 $d_L \le DW \le d_U$인 경우에는 아무런 결론도 내릴 수 없다. 예를 들어, $n = 45$이고 $k = 4$일 때 5% 유의수준에서 $d_U = 1.720$이고 $d_L = 1.336$이다 [Savin and White (1977) 참조]. 만일 $DW < 1.336$이라면 시계열 상관이 없다는 귀무가설을 5% 수준에서 기각하고, $DW > 1.72$라면 H_0을 기각할 수 없다. 만일 $1.336 \le DW \le 1.72$이면 이 검정으로부터는 시계열 상관의 유무에 관한 결론을 내릴 수 없다.

이러한 DW 검정의 단점은 심각해 보인다. 반면 앞 소절의 t검정은 계산이 쉽고 정규분포 가정 없이도 점근적으로 타당하며, 이분산에 견고하게 만들기도 쉽다.

A-3c 일반적인 경우의 AR(1) 시계열 상관 검정

지금까지는 모형 (A.1)의 설명변수들이 강하게 외생적인 경우를 고려하였다. 설명변수들의 강한 외생성이 위배되면 이상에서 설명한 두 검정(t검정과 DW검정)은 표본 크기와 무관하게 모두 타당하지 않다. 가장 많이 보는 경우는 설명변수가 y_{t-1}인 경우이다. y_{t-1}은 $t-1$기 방정식의 오차인 u_{t-1}과 당연히 상관되어 있기 때문이다.

이처럼 설명변수가 강한 외생성을 가지지 않는 경우에 대하여 Durbin (1970)은 두 가지 대안을 제시한다. 이 중 두 번째 대안("Durbin's alternative statistic")이 계산도 간단하고 설명변수들이 어떤 성질을 갖든 사용할 수 있어서 유용하다. 이를 위해서는 OLS 잔차 $\hat{u}_t$를 $x_{t1}, x_{t2}, \ldots, x_{tk}$와 $\hat{u}_{t-1}$에 대하여 회귀한다($t = 2, 3, \ldots, n$ 이용). 여기서 원래 모형의 설명변수들이 보조회귀에서도 사용된다는 점이 중요하다. 이제 $\hat{u}_{t-1}$의 계수추정값을 $\hat{\rho}$라 하면 $t_{\hat{\rho}}$에 의거하여 검정을 진행한다. $x_{t1}, x_{t2}, \ldots, x_{tk}$가 보조회귀의 설명변수로서 추가되어 있어, 어떤 x_{tj}가 강한 외생성을 갖지 않는 경우라 할지라도 t검정이 타당하게 된다. 이 검정을 이분산에 견고하도록 만드는 것도 간단하다. 단지 이분산에 견고한 t통계량을 사용하기만 하면 된다.

A-3d 고차 시계열 상관의 검정

오차항에 대하여 $u_t = \rho_1 u_{t-1} + \rho_2 u_{t-2} + e_t$와 같은 AR(2) 모형을 고려할 수도 있다. 이 경우 시계열 상관이 없다는 귀무가설은 $H_0\colon \rho_1 = 0, \rho_2 = 0$으로 표현할 수 있고, 이의 검정을 위해서는 $\hat{u}_t$를 $x_{t1}, x_{t2}, \ldots, x_{tk}, \hat{u}_{t-1}, \hat{u}_{t-2}$에 대하여 OLS 회귀한 후($t = 3, 4, \ldots, n$ 이용) $\hat{u}_{t-1}$과 $\hat{u}_{t-2}$의 결합유의성을 F검정하면 된다. 이 방법은 더 일반적인 AR(q) 시계열 상관의 경우로 자명하게 확장할 수 있다. 이때에는

$$\hat{u}_t \text{를 } x_{t1}, x_{t2}, \ldots, x_{tk}, \hat{u}_{t-1}, \hat{u}_{t-2}, \ldots, \hat{u}_{t-q} \text{에 대하여} \tag{A.9}$$

회귀한 후 $\hat{u}_{t-1}, \hat{u}_{t-2}, \ldots, \hat{u}_{t-q}$의 결합유의성을 F검정하면 된다. 만일 모든 설명변수들이 강하게 외생적이면 $x_{t1}, x_{t2}, \ldots, x_{tk}$를 (A.9)로부터 누락시켜도 좋다. 이 검정을 이분산에 견고하게 만들기 위해서는 이분산에 견고한 F통계량을 사용하기만 하면 된다.

F검정 대신에 LM검정을 사용할 수도 있다. 등분산의 가정 아래에서 AR(q) 시계열 상관을 검정하기 위한 LM통계량은 다음과 같다.

$$LM = (n-q)R^2_{\hat{u}}$$

여기서 $R^2_{\hat{u}}$은 (A.9)의 회귀로부터 얻는 R^2이다. 귀무가설 아래에서 $LM \overset{a}{\sim} \chi^2_q$이며, 이 검정을 AR($q$) 시계열 상관에 대한 Breusch-Godfrey 검정이라 한다. 이 검정이 타당하기 위해서는 등분산이 요구되나 이분산에 견고하도록 만들 수 있다[Wooldridge (1991b) 참조].

A-4 강한 외생성하에서 시계열 상관의 교정

이 절에서는 설명변수들이 강한 외생성을 갖는 경우 시계열 상관을 고려하여 모수들을 추정하는 방법들을 고려한다. 이 방법들은 종속변수의 과거값이 설명변수로 사용되는 경우처럼 강한 외생성이 위배되는 경우에는 사용할 수 없다. 우선 AR(1) 시계열 상관이 있는 경우를 고려하자.

A-4a AR(1) 모형에서 BLUE

선형모형의 가정, 완전한 공선성이 없다는 가정, 강한 외생성의 가정 (A.2)가 성립한다고 하자. 이하에서 모든 평균과 분산은 **X**에 대한 조건부이다. 회귀식의 오차항이 다음과 같은 AR(1) 모형을 따른다고 하자.

$$u_t = \rho u_{t-1} + e_t, \quad t = 1, 2, \ldots \tag{A.10}$$

여기서 e_t는 평균이 0이고 분산이 σ_e^2인 확률변수들이고 $|\rho| < 1$이라고 가정한다. 〔$|\rho| < 1$라는 가정은 시계열의 정상성(stationarity)에 대한 내용이다. 관측된 시계열은 정상성의 상태에 도달했다고 가정한다. 자세한 내용은 Wooldridge 원저서 11장 참조.〕 $e_1, e_2, \ldots$는 또한 u_0와 상관관계가 없다. 모든 t에서 u_t의 분산은 다음과 같다.

$$\text{Var}(u_t) = \sigma_e^2/(1-\rho^2) \tag{A.11}$$

그러므로 이분산은 없지만 오차 u_t에 시계열 상관이 존재하므로 방정식을 변환하여 이 시계열 상관을 제거할 필요가 있다.

단순회귀모형 $y_t = \beta_0 + \beta_1 x_t + u_t$로써 설명을 계속해 보자. $y_{t-1} = \beta_0 + \beta_1 x_{t-1} + u_{t-1}$이므로, t기의 식으로부터 $t-1$기의 식에 ρ를 곱한 것을 빼면, $e_t = u_t - \rho u_{t-1}$이 되어 다음을 얻는다.

$$y_t - \rho y_{t-1} = (1-\rho)\beta_0 + \beta_1(x_t - \rho x_{t-1}) + e_t, \quad t \geq 2$$

$\tilde{y}_t = y_t - \rho y_{t-1}$이라 하고 $\tilde{x}_t = x_t - \rho x_{t-1}$이라 하면 위의 식을 다음과 같이 쓸 수 있다.

$$\tilde{y}_t = (1-\rho)\beta_0 + \beta_1 \tilde{x}_t + e_t, \quad t \geq 2 \tag{A.12}$$

여기서 $\tilde{x}_t$와 $\tilde{y}_t$는 준차분된 자료(quasi-differenced data)라고 한다. 만일 ρ를 안다면 자료를 준차분하는 것은 간단하다.

만일 (A.12)에 대하여 OLS를 하면 $t = 1$기의 관측값을 사용하지 않는 것이므로 BLUE를 얻을 수 없다. 이 점을 해결하기 위하여 $t = 1$의 식 $y_1 = \beta_0 + \beta_1 x_1 + u_1$과 $t \geq 2$의 식

(A.12)를 비교하면, u_1과 나머지 오차들 $e_2, e_3, \ldots, e_n$은 모두 독립이므로 시계열 상관은 없는 반면, $t = 1$에서의 오차항 u_1의 분산은 (A.11)에 따라 $\sigma_e^2/(1-\rho^2)$이고 식 (A.12)의 오차분산은 σ_e^2이어서 이분산이 존재한다. 이 이분산을 제거하기 위하여 $t = 1$기의 방정식의 양변에 $(1-\rho^2)^{1/2}$을 곱해 보자.

$$(1-\rho^2)^{1/2}y_1 = (1-\rho^2)^{1/2}\beta_0 + \beta_1(1-\rho^2)^{1/2}x_1 + (1-\rho^2)^{1/2}u_1$$

$\tilde{u}_1 = (1-\rho^2)^{1/2}u_1, \tilde{y}_1 = (1-\rho^2)^{1/2}y_1$ 등으로 표기하면 다음 식이 된다.

$$\tilde{y}_1 = (1-\rho^2)^{1/2}\beta_0 + \beta_1\tilde{x}_1 + \tilde{u}_1 \tag{A.13}$$

이제 식 (A.13)의 오차의 분산은 $\text{Var}(\tilde{u}_1) = (1-\rho^2)\,\text{Var}(u_1) = \sigma_e^2$으로서 (A.12)의 오차와 동일한 분산을 갖는다. 그러므로 (A.13)과 (A.12)를 결합하여 OLS 회귀를 하면 GLS 추정량을 얻는다. 다중회귀모형에서는 모든 독립변수들에 의하여 이 변환을 해 주면 된다. $\rho = 0$이 아닌 한 이 GLS 추정량은 OLS 추정량과 다르고, 이 GLS 추정량은 BLUE이다. 변형된 방정식을 이용한 t 검정이나 F 검정은 모두 타당하다.

A-4b AR(1) 오차의 경우 FGLS 추정

앞에서 설명한 GLS의 문제는 대부분의 경우 ρ의 참값을 모르는 까닭에 실행불가능(infeasible)하다는 것이다. 하지만 OLS 잔차($\hat{u}_t$)를 그 과거값($\hat{u}_{t-1}$)에 대하여 회귀함으로써 ρ의 일치추정량을 얻어 실행가능 GLS(feasbile GLS, FGLS)를 할 수 있다. 이 추정량을 $\hat{\rho}$라 하자. 그러면 $t \geq 2$에서 $\tilde{y}_t = y_t - \hat{\rho}y_{t-1}, \tilde{x}_{tj} = x_{tj} - \hat{\rho}x_{t-1,j}$라 하고, $t = 1$에서 $\tilde{y}_1 = (1-\hat{\rho}^2)^{1/2}y_1, \tilde{x}_{1j} = (1-\hat{\rho}^2)^{1/2}x_{1j}$라 할 때 다음 회귀식을 OLS로써 추정할 수 있다.

$$\tilde{y}_t = \beta_0\tilde{x}_{t0} + \beta_1\tilde{x}_{t1} + \cdots + \beta_k\tilde{x}_{tk} + error_t \tag{A.14}$$

여기서 $\tilde{x}_{t0}$ 변수는 (A.12)와 (A.13)의 절편이 상이한 것을 고려하기 위하여 도입된 변수로서 $t \geq 2$에서 $\tilde{x}_{t0} = (1-\hat{\rho})$이고 $\tilde{x}_{10} = (1-\hat{\rho}^2)^{1/2}$이다. 식 (A.14)를 OLS로 추정하여 β_j의 FGLS 추정량을 얻는다. GLS의 경우와는 달리 (A.14)의 오차항에는 ρ 대신 $\hat{\rho}$를 사용하여 발생하는 항들이 존재하나, 이 경우에는 다행스럽게도 $\hat{\rho}$의 추정오차가 FGLS 추정량의 점근분포에 영향을 미치지 않는다.

이상의 FGLS 추정을 **Prais-Winsten (PW) 추정**이라 한다. 반면, 첫째 관측값($t = 1$)을 무시하고 $y_t - \hat{\rho}y_{t-1}$을 $x_{tj} - \hat{\rho}x_{t-1,j}$에 대하여 OLS 회귀하는 것을 **Cochrane-Orcutt (CO) 추정**이라 한다. 점근적으로는 첫째 관측값을 사용하든 말든 차이가 없으나, 표본 크기가 작은 경우에는 PW와 CO의 차이가 클 수도 있다.

이 CO와 PW 방법들을 실제 사용할 때에는 흔히 ρ의 추정과 β_j의 추정을 반복한다. 즉, 최초의 OLS 추정으로부터 $\hat{\rho}$를 구하고 이로부터 (A.14)를 추정하여 CO 또는 PW 추정량을 구하면 이를 이용하여 잔차를 재계산하고, 이 재계산된 잔차로부터 ρ를 다시 추정한다. 그 다음 이 재추정된 ρ값을 이용하여 CO 또는 PW 추정을 다시 하고, 이 절차를 반복하는 것이다. 얼마나 많은 반복을 해야 하는지는 알려져 있지 않다. 경우에 따라 반복하는 것이 도움이 되기도 하지만, 이론적으로는 반복을 하든 단번에 추정을 끝내든 추정량의 점근적 특성은 동일하다.

AR(1)이 아니라 더 높은 차수의 AR(q) 오차를 가정한 경우 FGLS를 하는 방법도 있으나 이 보론에서는 다루지 않는다. 이상의 내용을 포함하여, 시계열 자료와 시계열 모형들의 다양한 특성들, 시간추세, 계절성, 정상성, 안정성, 약한 의존성과 강한 의존성, 임의보행, 단위근, 동학, 조건부 이분산, 공적분 등 여러 주제에 대해서는 Wooldridge 원저서의 10, 11, 12, 18장을 참조하기 바란다.

Appendix

B 통계표

〈표 B.1〉 표준정규분포의 누적확률

z	0	1	2	3	4	5	6	7	8	9
−3.0	0.0013	0.0013	0.0013	0.0012	0.0012	0.0011	0.0011	0.0011	0.0010	0.0010
−2.9	0.0019	0.0018	0.0018	0.0017	0.0016	0.0016	0.0015	0.0015	0.0014	0.0014
−2.8	0.0026	0.0025	0.0024	0.0023	0.0023	0.0022	0.0021	0.0021	0.0020	0.0019
−2.7	0.0035	0.0034	0.0033	0.0032	0.0031	0.0030	0.0029	0.0028	0.0027	0.0026
−2.6	0.0047	0.0045	0.0044	0.0043	0.0041	0.0040	0.0039	0.0038	0.0037	0.0036
−2.5	0.0062	0.0060	0.0059	0.0057	0.0055	0.0054	0.0052	0.0051	0.0049	0.0048
−2.4	0.0082	0.0080	0.0078	0.0075	0.0073	0.0071	0.0069	0.0068	0.0066	0.0064
−2.3	0.0107	0.0104	0.0102	0.0099	0.0096	0.0094	0.0091	0.0089	0.0087	0.0084
−2.2	0.0139	0.0136	0.0132	0.0129	0.0125	0.0122	0.0119	0.0116	0.0113	0.0110
−2.1	0.0179	0.0174	0.0170	0.0166	0.0162	0.0158	0.0154	0.0150	0.0146	0.0143
−2.0	0.0228	0.0222	0.0217	0.0212	0.0207	0.0202	0.0197	0.0192	0.0188	0.0183
−1.9	0.0287	0.0281	0.0274	0.0268	0.0262	0.0256	0.0250	0.0244	0.0239	0.0233
−1.8	0.0359	0.0351	0.0344	0.0336	0.0329	0.0322	0.0314	0.0307	0.0301	0.0294
−1.7	0.0446	0.0436	0.0427	0.0418	0.0409	0.0401	0.0392	0.0384	0.0375	0.0367
−1.6	0.0548	0.0537	0.0526	0.0516	0.0505	0.0495	0.0485	0.0475	0.0465	0.0455
−1.5	0.0668	0.0655	0.0643	0.0630	0.0618	0.0606	0.0594	0.0582	0.0571	0.0559
−1.4	0.0808	0.0793	0.0778	0.0764	0.0749	0.0735	0.0721	0.0708	0.0694	0.0681
−1.3	0.0968	0.0951	0.0934	0.0918	0.0901	0.0885	0.0869	0.0853	0.0838	0.0823
−1.2	0.1151	0.1131	0.1112	0.1093	0.1075	0.1056	0.1038	0.1020	0.1003	0.0985
−1.1	0.1357	0.1335	0.1314	0.1292	0.1271	0.1251	0.1230	0.1210	0.1190	0.1170
−1.0	0.1587	0.1562	0.1539	0.1515	0.1492	0.1469	0.1446	0.1423	0.1401	0.1379
−0.9	0.1841	0.1814	0.1788	0.1762	0.1736	0.1711	0.1685	0.1660	0.1635	0.1611
−0.8	0.2119	0.2090	0.2061	0.2033	0.2005	0.1977	0.1949	0.1922	0.1894	0.1867
−0.7	0.2420	0.2389	0.2358	0.2327	0.2296	0.2266	0.2236	0.2206	0.2177	0.2148
−0.6	0.2743	0.2709	0.2676	0.2643	0.2611	0.2578	0.2546	0.2514	0.2483	0.2451
−0.5	0.3085	0.3050	0.3015	0.2981	0.2946	0.2912	0.2877	0.2843	0.2810	0.2776
−0.4	0.3446	0.3409	0.3372	0.3336	0.3300	0.3264	0.3228	0.3192	0.3156	0.3121
−0.3	0.3821	0.3783	0.3745	0.3707	0.3669	0.3632	0.3594	0.3557	0.3520	0.3483

(다음 페이지에 계속)

z	0	1	2	3	4	5	6	7	8	9
−0.2	0.4207	0.4168	0.4129	0.4090	0.4052	0.4013	0.3974	0.3936	0.3897	0.3859
−0.1	0.4602	0.4562	0.4522	0.4483	0.4443	0.4404	0.4364	0.4325	0.4286	0.4247
−0.0	0.5000	0.4960	0.4920	0.4880	0.4840	0.4801	0.4761	0.4721	0.4681	0.4641
0.0	0.5000	0.5040	0.5080	0.5120	0.5160	0.5199	0.5239	0.5279	0.5319	0.5359
0.1	0.5398	0.5438	0.5478	0.5517	0.5557	0.5596	0.5636	0.5675	0.5714	0.5753
0.2	0.5793	0.5832	0.5871	0.5910	0.5948	0.5987	0.6026	0.6064	0.6103	0.6141
0.3	0.6179	0.6217	0.6255	0.6293	0.6331	0.6368	0.6406	0.6443	0.6480	0.6517
0.4	0.6554	0.6591	0.6628	0.6664	0.6700	0.6736	0.6772	0.6808	0.6844	0.6879
0.5	0.6915	0.6950	0.6985	0.7019	0.7054	0.7088	0.7123	0.7157	0.7190	0.7224
0.6	0.7257	0.7291	0.7324	0.7357	0.7389	0.7422	0.7454	0.7486	0.7517	0.7549
0.7	0.7580	0.7611	0.7642	0.7673	0.7704	0.7734	0.7764	0.7794	0.7823	0.7852
0.8	0.7881	0.7910	0.7939	0.7967	0.7995	0.8023	0.8051	0.8078	0.8106	0.8133
0.9	0.8159	0.8186	0.8212	0.8238	0.8264	0.8289	0.8315	0.8340	0.8365	0.8389
1.0	0.8413	0.8438	0.8461	0.8485	0.8508	0.8531	0.8554	0.8577	0.8599	0.8621
1.1	0.8643	0.8665	0.8686	0.8708	0.8729	0.8749	0.8770	0.8790	0.8810	0.8830
1.2	0.8849	0.8869	0.8888	0.8907	0.8925	0.8944	0.8962	0.8980	0.8997	0.9015
1.3	0.9032	0.9049	0.9066	0.9082	0.9099	0.9115	0.9131	0.9147	0.9162	0.9177
1.4	0.9192	0.9207	0.9222	0.9236	0.9251	0.9265	0.9279	0.9292	0.9306	0.9319
1.5	0.9332	0.9345	0.9357	0.9370	0.9382	0.9394	0.9406	0.9418	0.9429	0.9441
1.6	0.9452	0.9463	0.9474	0.9484	0.9495	0.9505	0.9515	0.9525	0.9535	0.9545
1.7	0.9554	0.9564	0.9573	0.9582	0.9591	0.9599	0.9608	0.9616	0.9625	0.9633
1.8	0.9641	0.9649	0.9656	0.9664	0.9671	0.9678	0.9686	0.9693	0.9699	0.9706
1.9	0.9713	0.9719	0.9726	0.9732	0.9738	0.9744	0.9750	0.9756	0.9761	0.9767
2.0	0.9772	0.9778	0.9783	0.9788	0.9793	0.9798	0.9803	0.9808	0.9812	0.9817
2.1	0.9821	0.9826	0.9830	0.9834	0.9838	0.9842	0.9846	0.9850	0.9854	0.9857
2.2	0.9861	0.9864	0.9868	0.9871	0.9875	0.9878	0.9881	0.9884	0.9887	0.9890
2.3	0.9893	0.9896	0.9898	0.9901	0.9904	0.9906	0.9909	0.9911	0.9913	0.9916
2.4	0.9918	0.9920	0.9922	0.9925	0.9927	0.9929	0.9931	0.9932	0.9934	0.9936
2.5	0.9938	0.9940	0.9941	0.9943	0.9945	0.9946	0.9948	0.9949	0.9951	0.9952
2.6	0.9953	0.9955	0.9956	0.9957	0.9959	0.9960	0.9961	0.9962	0.9963	0.9964
2.7	0.9965	0.9966	0.9967	0.9968	0.9969	0.9970	0.9971	0.9972	0.9973	0.9974
2.8	0.9974	0.9975	0.9976	0.9977	0.9977	0.9978	0.9979	0.9979	0.9980	0.9981
2.9	0.9981	0.9982	0.9982	0.9983	0.9984	0.9984	0.9985	0.9985	0.9986	0.9986
3.0	0.9987	0.9987	0.9987	0.9988	0.9988	0.9989	0.9989	0.9989	0.9990	0.9990

예: $Z \sim \mathrm{Normal}(0,1)$이면 $\mathrm{P}(Z \leq -1.32) = .0934$이고 $\mathrm{P}(Z \leq 1.84) = .9671$

〈표 B.2〉 t 분포의 임계값

		유의수준				
1-Tailed:		**0.10**	**0.05**	**0.025**	**0.01**	**0.005**
2-Tailed:		**0.20**	**0.10**	**0.05**	**0.02**	**0.01**
	1	3.078	6.314	12.706	31.821	63.657
	2	1.886	2.920	4.303	6.965	9.925
	3	1.638	2.353	3.182	4.541	5.841
	4	1.533	2.132	2.776	3.747	4.604
	5	1.476	2.015	2.571	3.365	4.032
	6	1.440	1.943	2.447	3.143	3.707
	7	1.415	1.895	2.365	2.998	3.499
	8	1.397	1.860	2.306	2.896	3.355
	9	1.383	1.833	2.262	2.821	3.250
	10	1.372	1.812	2.228	2.764	3.169
	11	1.363	1.796	2.201	2.718	3.106
	12	1.356	1.782	2.179	2.681	3.055
	13	1.350	1.771	2.160	2.650	3.012
	14	1.345	1.761	2.145	2.624	2.977
	15	1.341	1.753	2.131	2.602	2.947
	16	1.337	1.746	2.120	2.583	2.921
자	17	1.333	1.740	2.110	2.567	2.898
유	18	1.330	1.734	2.101	2.552	2.878
도	19	1.328	1.729	2.093	2.539	2.861
	20	1.325	1.725	2.086	2.528	2.845
	21	1.323	1.721	2.080	2.518	2.831
	22	1.321	1.717	2.074	2.508	2.819
	23	1.319	1.714	2.069	2.500	2.807
	24	1.318	1.711	2.064	2.492	2.797
	25	1.316	1.708	2.060	2.485	2.787
	26	1.315	1.706	2.056	2.479	2.779
	27	1.314	1.703	2.052	2.473	2.771
	28	1.313	1.701	2.048	2.467	2.763
	29	1.311	1.699	2.045	2.462	2.756
	30	1.310	1.697	2.042	2.457	2.750
	40	1.303	1.684	2.021	2.423	2.704
	60	1.296	1.671	2.000	2.390	2.660
	90	1.291	1.662	1.987	2.368	2.632
	120	1.289	1.658	1.980	2.358	2.617
	∞	1.282	1.645	1.960	2.326	2.576

예: 자유도가 25일 때 한쪽꼬리 검정을 위한 1% 임계값은 2.485. 자유도가 큰(>120) 경우 양쪽꼬리 검정을 위한 5% 임계값은 1.96

〈표 B.3a〉 F 분포의 10% 임계값

		분자 자유도									
		1	**2**	**3**	**4**	**5**	**6**	**7**	**8**	**9**	**10**
	10	3.29	2.92	2.73	2.61	2.52	2.46	2.41	2.38	2.35	2.32
	11	3.23	2.86	2.66	2.54	2.45	2.39	2.34	2.30	2.27	2.25
	12	3.18	2.81	2.61	2.48	2.39	2.33	2.28	2.24	2.21	2.19
	13	3.14	2.76	2.56	2.43	2.35	2.28	2.23	2.20	2.16	2.14
	14	3.10	2.73	2.52	2.39	2.31	2.24	2.19	2.15	2.12	2.10
	15	3.07	2.70	2.49	2.36	2.27	2.21	2.16	2.12	2.09	2.06
	16	3.05	2.67	2.46	2.33	2.24	2.18	2.13	2.09	2.06	2.03
	17	3.03	2.64	2.44	2.31	2.22	2.15	2.10	2.06	2.03	2.00
	18	3.01	2.62	2.42	2.29	2.20	2.13	2.08	2.04	2.00	1.98
분	19	2.99	2.61	2.40	2.27	2.18	2.11	2.06	2.02	1.98	1.96
모	20	2.97	2.59	2.38	2.25	2.16	2.09	2.04	2.00	1.96	1.94
	21	2.96	2.57	2.36	2.23	2.14	2.08	2.02	1.98	1.95	1.92
자	22	2.95	2.56	2.35	2.22	2.13	2.06	2.01	1.97	1.93	1.90
유	23	2.94	2.55	2.34	2.21	2.11	2.05	1.99	1.95	1.92	1.89
도	24	2.93	2.54	2.33	2.19	2.10	2.04	1.98	1.94	1.91	1.88
	25	2.92	2.53	2.32	2.18	2.09	2.02	1.97	1.93	1.89	1.87
	26	2.91	2.52	2.31	2.17	2.08	2.01	1.96	1.92	1.88	1.86
	27	2.90	2.51	2.30	2.17	2.07	2.00	1.95	1.91	1.87	1.85
	28	2.89	2.50	2.29	2.16	2.06	2.00	1.94	1.90	1.87	1.84
	29	2.89	2.50	2.28	2.15	2.06	1.99	1.93	1.89	1.86	1.83
	30	2.88	2.49	2.28	2.14	2.05	1.98	1.93	1.88	1.85	1.82
	40	2.84	2.44	2.23	2.09	2.00	1.93	1.87	1.83	1.79	1.76
	60	2.79	2.39	2.18	2.04	1.95	1.87	1.82	1.77	1.74	1.71
	120	2.75	2.35	2.13	1.99	1.90	1.82	1.77	1.72	1.68	1.65
	∞	2.71	2.30	2.08	1.94	1.85	1.77	1.72	1.67	1.63	1.60

예: 분자 $df = 2$이고 분모 $df = 40$에 해당하는 10% 임계값은 2.44

〈표 B.3b〉 F 분포의 5% 임계값

		분자 자유도									
		1	2	3	4	5	6	7	8	9	10
	10	4.96	4.10	3.71	3.48	3.33	3.22	3.14	3.07	3.02	2.98
	11	4.84	3.98	3.59	3.36	3.20	3.09	3.01	2.95	2.90	2.85
	12	4.75	3.89	3.49	3.26	3.11	3.00	2.91	2.85	2.80	2.75
	13	4.67	3.81	3.41	3.18	3.03	2.92	2.83	2.77	2.71	2.67
	14	4.60	3.74	3.34	3.11	2.96	2.85	2.76	2.70	2.65	2.60
	15	4.54	3.68	3.29	3.06	2.90	2.79	2.71	2.64	2.59	2.54
	16	4.49	3.63	3.24	3.01	2.85	2.74	2.66	2.59	2.54	2.49
	17	4.45	3.59	3.20	2.96	2.81	2.70	2.61	2.55	2.49	2.45
	18	4.41	3.55	3.16	2.93	2.77	2.66	2.58	2.51	2.46	2.41
분	19	4.38	3.52	3.13	2.90	2.74	2.63	2.54	2.48	2.42	2.38
모	20	4.35	3.49	3.10	2.87	2.71	2.60	2.51	2.45	2.39	2.35
	21	4.32	3.47	3.07	2.84	2.68	2.57	2.49	2.42	2.37	2.32
자	22	4.30	3.44	3.05	2.82	2.66	2.55	2.46	2.40	2.34	2.30
유	23	4.28	3.42	3.03	2.80	2.64	2.53	2.44	2.37	2.32	2.27
도	24	4.26	3.40	3.01	2.78	2.62	2.51	2.42	2.36	2.30	2.25
	25	4.24	3.39	2.99	2.76	2.60	2.49	2.40	2.34	2.28	2.24
	26	4.23	3.37	2.98	2.74	2.59	2.47	2.39	2.32	2.27	2.22
	27	4.21	3.35	2.96	2.73	2.57	2.46	2.37	2.31	2.25	2.20
	28	4.20	3.34	2.95	2.71	2.56	2.45	2.36	2.29	2.24	2.19
	29	4.18	3.33	2.93	2.70	2.55	2.43	2.35	2.28	2.22	2.18
	30	4.17	3.32	2.92	2.69	2.53	2.42	2.33	2.27	2.21	2.16
	40	4.08	3.23	2.84	2.61	2.45	2.34	2.25	2.18	2.12	2.08
	60	4.00	3.15	2.76	2.53	2.37	2.25	2.17	2.10	2.04	1.99
	120	3.92	3.07	2.68	2.45	2.29	2.18	2.09	2.02	1.96	1.91
	∞	3.84	3.00	2.60	2.37	2.21	2.10	2.01	1.94	1.88	1.83

예: 분자 $df = 4$이고 분모 $df = \infty$에 해당하는 5% 임계값은 2.37

〈표 B.3c〉 F 분포의 1% 임계값

		분자 자유도									
		1	**2**	**3**	**4**	**5**	**6**	**7**	**8**	**9**	**10**
	10	10.04	7.56	6.55	5.99	5.64	5.39	5.20	5.06	4.94	4.85
	11	9.65	7.21	6.22	5.67	5.32	5.07	4.89	4.74	4.63	4.54
	12	9.33	6.93	5.95	5.41	5.06	4.82	4.64	4.50	4.39	4.30
	13	9.07	6.70	5.74	5.21	4.86	4.62	4.44	4.30	4.19	4.10
	14	8.86	6.51	5.56	5.04	4.69	4.46	4.28	4.14	4.03	3.94
	15	8.68	6.36	5.42	4.89	4.56	4.32	4.14	4.00	3.89	3.80
	16	8.53	6.23	5.29	4.77	4.44	4.20	4.03	3.89	3.78	3.69
	17	8.40	6.11	5.18	4.67	4.34	4.10	3.93	3.79	3.68	3.59
	18	8.29	6.01	5.09	4.58	4.25	4.01	3.84	3.71	3.60	3.51
분	19	8.18	5.93	5.01	4.50	4.17	3.94	3.77	3.63	3.52	3.43
모	20	8.10	5.85	4.94	4.43	4.10	3.87	3.70	3.56	3.46	3.37
	21	8.02	5.78	4.87	4.37	4.04	3.81	3.64	3.51	3.40	3.31
자	22	7.95	5.72	4.82	4.31	3.99	3.76	3.59	3.45	3.35	3.26
유	23	7.88	5.66	4.76	4.26	3.94	3.71	3.54	3.41	3.30	3.21
도	24	7.82	5.61	4.72	4.22	3.90	3.67	3.50	3.36	3.26	3.17
	25	7.77	5.57	4.68	4.18	3.85	3.63	3.46	3.32	3.22	3.13
	26	7.72	5.53	4.64	4.14	3.82	3.59	3.42	3.29	3.18	3.09
	27	7.68	5.49	4.60	4.11	3.78	3.56	3.39	3.26	3.15	3.06
	28	7.64	5.45	4.57	4.07	3.75	3.53	3.36	3.23	3.12	3.03
	29	7.60	5.42	4.54	4.04	3.73	3.50	3.33	3.20	3.09	3.00
	30	7.56	5.39	4.51	4.02	3.70	3.47	3.30	3.17	3.07	2.98
	40	7.31	5.18	4.31	3.83	3.51	3.29	3.12	2.99	2.89	2.80
	60	7.08	4.98	4.13	3.65	3.34	3.12	2.95	2.82	2.72	2.63
	120	6.85	4.79	3.95	3.48	3.17	2.96	2.79	2.66	2.56	2.47
	∞	6.63	4.61	3.78	3.32	3.02	2.80	2.64	2.51	2.41	2.32

예: 분자 $df = 3$이고 분모 $df = 60$에 해당하는 1% 임계값은 4.13

〈표 B.4〉 카이제곱 분포의 임계값

		유의수준		
		0.10	**0.05**	**0.01**
	1	2.71	3.84	6.63
	2	4.61	5.99	9.21
	3	6.25	7.81	11.34
	4	7.78	9.49	13.28
	5	9.24	11.07	15.09
	6	10.64	12.59	16.81
	7	12.02	14.07	18.48
	8	13.36	15.51	20.09
	9	14.68	16.92	21.67
	10	15.99	18.31	23.21
	11	17.28	19.68	24.72
	12	18.55	21.03	26.22
	13	19.81	22.36	27.69
자	14	21.06	23.68	29.14
유	15	22.31	25.00	30.58
도	16	23.54	26.30	32.00
	17	24.77	27.59	33.41
	18	25.99	28.87	34.81
	19	27.20	30.14	36.19
	20	28.41	31.41	37.57
	21	29.62	32.67	38.93
	22	30.81	33.92	40.29
	23	32.01	35.17	41.64
	24	33.20	36.42	42.98
	25	34.38	37.65	44.31
	26	35.56	38.89	45.64
	27	36.74	40.11	46.96
	28	37.92	41.34	48.28
	29	39.09	42.56	49.59
	30	40.26	43.77	50.89

예: $df = 8$일 때 5% 임계값은 15.51

참고문헌

Abrams, D.S. (2021), "COVID and Crime: An Early Empirical Look," *Journal of Public Economics* 194, 1–16.

Almon, S. (1965), "The Distributed Lag between Capital Appropriations and Expenditures," *Econometrica* 33, 178–196.

Altonji, J.G., T.E. Elder, and C.R. Tabor (2005), "Selection on Observed and Unobserved Variables: Assessing the Effectiveness of Catholic Schools," *Journal of Political Economy* 113, 151–184.

Angrist, J. D. (1990), "Lifetime Earnings and the Vietnam Era Draft Lottery: Evidence from Social Security Administrative Records," *American Economic Review* 80, 313–336.

Angrist, J. D., and A. B. Krueger (1991), "Does Compulsory School Attendance Affect Schooling and Earnings?" *Quarterly Journal of Economics* 106, 979–1014.

Angrist, J.D., and J. Pischke (2009), *Mostly Harmless Econometrics*. Princeton, NJ: Princeton University Press.

Arkhangelsky, D., S. Athey, D.A. Hirshberg, G.W. Imbens, and S. Wager (2021), "Synthetic Difference-in-Differences," *American Economic Review* 111, 4088–4118.

Ashenfelter, O., and A. B. Krueger (1994), "Estimates of the Economic Return to Schooling from a New Sample of Twins," *American Economic Review* 84, 1157–1173.

Averett, S., and S. Korenman (1996), "The Economic Reality of the Beauty Myth," *Journal of Human Resources* 31, 304–330.

Ayres, I., and S. D. Levitt (1998), "Measuring Positive Externalities from Unobservable Victim Precaution: An Empirical Analysis of Lojack," *Quarterly Journal of Economics* 108, 43–77.

Banerjee, A., J. Dolado, J. W. Galbraith, and D. F. Hendry (1993), *Co-Integration, Error-Correction, and the Econometric Analysis of Non-Stationary Data.* Oxford: Oxford University Press.

Bartik, T. J. (1991), "The Effects of Property Taxes and Other Local Public Policies on the Intrametropolitan Pattern of Business Location," in *Industry Location and Public Policy*, ed. H. W. Herzog and A. M. Schlottmann, 57–80. Knoxville: University of Tennessee Press.

Becker, G. S. (1968), "Crime and Punishment: An Economic Approach," *Journal of Political Economy* 76, 169–217.

Behaghel, L., C. de Chaisemartin, and M. Gurgand (2017), "Ready for Boarding? The Effects of a Boarding School for Disadvantaged Students," *American Economic Journal: Applied Economics* 9, 140–164.

Bell, B., R. Blundell, and J. Van Reenen (1999), "Getting the Unemployed Back to Work: The Role of Targeted Wage Subsidies," *International Tax and Public Finance* 6, 339–360.

Belsley, D., E. Kuh, and R. Welsch (1980), *Regression Diagnostics: Identifying Influential Data and Sources of Collinearity*. New York: Wiley.

Berk, R. A. (1990), "A Primer on Robust Regression," in Modern Methods of Data Analysis, ed. J. Fox and J. S. Long, 292–324. Newbury Park, CA: Sage Publications.

Betts, J. R. (1995), "Does School Quality Matter? Evidence from the National Longitudinal Survey of Youth," *Review of Economics and Statistics* 77, 231–250.

Biddle, J. E., and D. S. Hamermesh (1990), "Sleep and the Allocation of Time," *Journal of Political Economy* 98, 922–943.

Biddle, J. E., and D. S. Hamermesh (1998), "Beauty, Productivity, and Discrimination: Lawyers' Looks and Lucre," *Journal of Labor Economics* 16, 172–201.

Blackburn, M., and D. Neumark (1992), "Unobserved Ability, Efficiency Wages, and Interindustry Wage Differentials," *Quarterly Journal of Economics* 107, 1421–1436.

Blinder, A. S., and M. W. Watson (2014), "Presidents and the U.S. Economy: An Econometric Exploration," National Bureau of Economic Research Working Paper No. 20324.

Blomström, M., R. E. Lipsey, and M. Zejan (1996), "Is Fixed Investment the Key to Economic Growth?" *Quarterly Journal of Economics* 111, 269–276.

Blundell, R., A. Duncan, and K. Pendakur (1998), "Semiparametric Estimation and Consumer Demand," *Journal of Applied Econometrics* 13, 435–461.

Bollerslev, T., R. Y. Chou, and K. F. Kroner (1992), "ARCH Modeling in Finance: A Review of the Theory and Empirical Evidence," *Journal of Econometrics* 52, 5–59.

Bollerslev, T., R. F. Engle, and D. B. Nelson (1994), "ARCH Models," in *Handbook of Econometrics*, volume 4, chapter 49, ed. R. F. Engle and D. L. McFadden, 2959–3038. Amsterdam: North-Holland.

Bound, J., D. A. Jaeger, and R. M. Baker (1995), "Problems with Instrumental Variables Estimation when the Correlation between the Instruments and Endogenous Explanatory Variables Is Weak," *Journal of the American Statistical Association* 90, 443–450.

Breusch, T. S., and A. R. Pagan (1979), "A Simple Test for Heteroskedasticity and Random Coefficient Variation," *Econometrica* 47, 987–1007.

Calonico, S., M.D. Cattaneo, and R. Titiunik (2014), "Robust Nonparametric Confidence Intervals for Regression-Discontinuity Designs," *Econometrica* 82, 2295–2326.

Cameron, A. C., and P. K. Trivedi (1998), *Regression Analysis of Count Data.* Cambridge: Cambridge University Press.

Campbell, J. Y., and N. G. Mankiw (1990), "Permanent Income, Current Income, and Consumption," *Journal of Business and Economic Statistics* 8, 265–279.

Card, D., and A. Krueger (1992), "Does School Quality Matter? Returns to Education and the Characteristics of Public Schools in the United States," *Journal of Political Economy* 100, 1–40.

Card, D. (1995), "Using Geographic Variation in College Proximity to Estimate the Return to Schooling," in *Aspects of Labour Market Behavior: Essays in Honour of John Vanderkamp*, ed. L. N. Christophides, E. K. Grant, and R. Swidinsky, 201–222. Toronto: University of Toronto Press.

Castillo-Freeman, A. J., and R. B. Freeman (1992), "When the Minimum Wage Really Bites: The Effect of the U.S.-Level Minimum on Puerto Rico," in *Immigration and the Work Force*, ed. G. J. Borjas and R. B. Freeman, 177–211. Chicago: University of Chicago Press.

Chen, J., and J. Roth (2022), "Logs with Zeros? Some Problems and Solutions," *Quarterly Journal of Economics* 139, 891–936.

Clark, K. B. (1984), "Unionization and Firm Performance: The Impact on Profits, Growth, and Productivity," *American Economic Review* 74, 893–919.

Cloninger, D. O., and L. C. Sartorius (1979), "Crime Rates, Clearance Rates and Enforcement Effort: The Case of Houston, Texas," *American Journal of Economics and Sociology* 38, 389–402.

Cloninger, D. O. (1991), "Lethal Police Response as a Crime Deterrent: 57-City Study Suggests a Decrease in Certain Crimes," *American Journal of Economics and Sociology* 50, 59–69.

Cochrane, J. H. (1997), "Where Is the Market Going? Uncertain Facts and Novel Theories," *Economic Perspectives* 21, Federal Reserve Bank of Chicago, 3–37.

Cornwell, C., and W. N. Trumbull (1994), "Estimating the Economic Model of Crime Using Panel Data," *Review of Economics and Statistics* 76, 360–366.

Craig, B. R., W. E. Jackson III, and J. B. Thomson (2007), "Small Firm Finance, Credit Rationing, and the Impact of SBA-Guaranteed Lending on Local Economic Growth," *Journal of Small Business Management* 45, 116–132.

Crépon, B., F. Devoto, E. Duflo, and W. Parienté (2015), "Microcredit in Morocco," *American Economic Journal: Applied Economics* 7, 123–150.

Crump, R., V.J. Hotz, G.W. Imbens, and O. Mitnik (2009), "Dealing with Limited Overlap in Estimation of Average Treatment Effects," *Biometrika* 96, 187–199.

Cunningham, S. (2021), *Causal Inference: The Mixtape*. New Haven, CT: Yale University Press.

Currie, J., and N. Cole (1993), "Welfare and Child Health: The Link between AFDC Participation and Birth Weight," *American Economic Review* 83, 971–983.

Currie, J. (1995), *Welfare and the Well-Being of Children*. Chur, Switzerland: Harwood Academic Publishers.

Currie, J., and D. Thomas (1995), "Does Head Start Make a Difference?" *American Economic Review* 85, 341–364.

Davidson, R., and J. G. MacKinnon (1981), "Several Tests of Model Specification in the Presence of Alternative Hypotheses," *Econometrica* 49, 781–793.

Davidson, R., and J. G. MacKinnon (1993), *Estimation and Inference in Econometrics*. New York: Oxford University Press.

de Chaisemartin, C., and X. D' Haultfoeuille (2020), "Two-Way Fixed Effects Estimators with Heterogeneous Treatment Effects," *American Economic Review* 110, 2964–2996.

De Long, J. B., and L. H. Summers (1991), "Equipment Investment and Economic Growth," *Quarterly Journal of Economics* 106, 445–502.

Di Tella, R., and E. Schargrodsky (2004), "Do Police Reduce Crime? Estimates Using the Allocation of Police Forces After a Terrorist Attack," *American Economic Review* 94, 115–133.

Dickey, D. A., and W. A. Fuller (1979), "Distributions of the Estimators for Autoregressive Time Series with a Unit Root," *Journal of the American Statistical Association* 74, 427–431.

Diebold, F. X. (2001), *Elements of Forecasting*. 2nd ed. Cincinnati: South-Western.

Downes, T. A., and S. M. Greenstein (1996), "Understanding the Supply Decisions of Nonprofits: Modeling the Location of Private Schools," *Rand Journal of Economics* 27, 365–390.

Draper, N., and H. Smith (1981), *Applied Regression Analysis*. 2nd ed. New York: Wiley.

Duan, N. (1983), "Smearing Estimate: A Nonparametric Retransformation Method," *Journal of the American Statistical Association* 78, 605–610.

Durbin, J., and G. S. Watson (1950), "Testing for Serial Correlation in Least Squares Regressions I," *Biometrika* 37, 409–428.

Durbin, J. (1970), "Testing for Serial Correlation in Least Squares Regressions when Some of the Regressors Are Lagged Dependent Variables," *Econometrica* 38, 410–421.

Eicker, F. (1967), "Limit Theorems for Regressions with Unequal and Dependent Errors," *Proceedings of the Fifth Berkeley Symposium on Mathematical Statistics and Probability* 1, 59–82. Berkeley: University of California Press.

Eide, E. (1994), *Economics of Crime: Deterrence and the Rational Offender*. Amsterdam: North-Holland.

Engle, R. F. (1982), "Autoregressive Conditional Heteroskedasticity with Estimates of the Variance of United Kingdom Inflation," *Econometrica* 50, 987–1007.

Engle, R. F., and C. W. J. Granger (1987), "Cointegration and Error Correction: Representation, Estimation, and Testing," *Econometrica* 55, 251–276.

Evans, W. N., and R. M. Schwab (1995), "Finishing High School and Starting College: Do Catholic Schools Make a Difference?" *Quarterly Journal of Economics* 110, 941–974.

Fair, R. C. (1996), "Econometrics and Presidential Elections," *Journal of Economic Perspectives* 10, 89–102.

Firpo, S. (2007), "Efficient Semiparametric Estimation of Quantile Treatment Effects," *Econometrica* 75, 259–276.

Franses, P. H., and R. Paap (2001), *Quantitative Models in Marketing Research*. Cambridge: Cambridge University Press.

Freeman, D. G. (2007), "Drunk Driving Legislation and Traffic Fatalities: New Evidence on BAC 08 Laws," *Contemporary Economic Policy* 25, 293–308.

Friedman, B. M., and K. N. Kuttner (1992), "Money, Income, Prices, and Interest Rates," *American Economic Review* 82, 472–492.

Frölich, M. (2007), "Nonparametric IV Estimation of Local Average Treatment Effects with Covariates," *Journal of Econometrics* 139, 35–75.

Gadenne, L. (2017), "Tax Me, but Spend Wisely? Sources of Public Finance and Government Accountability," *American Economic Journal: Applied Economics* 9, 274–314.

Garen, J. (1984), "The Returns to Schooling: A Selectivity Bias Approach with a Continuous Choice Variable," *Econometrica* 52, 1199–1218.

Geronimus, A. T., and S. Korenman (1992), "The Socioeconomic Consequences of Teen Childbearing Reconsidered," *Quarterly Journal of Economics* 107, 1187–1214.

Giné, X., D. Karlan, and J. Zinman (2010), "Put Your Money Where Your Butt Is: A Commitment Contract for Smoking Cessation," *American Economic Journal: Applied Economics* 2, 213–235.

Goldberger, A. S. (1991), *A Course in Econometrics*. Cambridge, MA: Harvard University Press.

Goodman-Bacon, A. (2021), "Difference-in-Differences with Variation in Treatment Timing," *Journal of Econometrics* 225, 254–277.

Graddy, K. (1995), "Testing for Imperfect Competition at the Fulton Fish Market," *Rand Journal of Economics* 26, 75–92.

Graddy, K. (1997), "Do Fast-Food Chains Price Discriminate on the Race and Income Characteristics of an Area?" *Journal of Business and Economic Statistics* 15, 391–401.

Granger, C. W. J., and P. Newbold (1974), "Spurious Regressions in Econometrics," *Journal of Econometrics* 2, 111–120.

Greene, W. (1997), *Econometric Analysis*. 3rd ed. New York: MacMillan.

Griliches, Z. (1957), "Specification Bias in Estimates of Production Functions," *Journal of Farm Economics* 39, 8–20.

Grogger, J. (1990), "The Deterrent Effect of Capital Punishment: An Analysis of Daily Homicide Counts," *Journal of the American Statistical Association* 410, 295–303.

Grogger, J. (1991), "Certainty vs. Severity of Punishment," *Economic Inquiry* 29, 297–309.

Hahn, J., P. Todd, and W. Van der Klaauw (2001), "Identification and Estimation of Treatment Effects with a Regression-Discontinuity Design," *Econometrica* 69, 201–209.

Hall, R. E. (1988), "The Relation between Price and Marginal Cost in U.S. Industry," *Journal of Political Economy* 96, 921–948.

Hamermesh, D. S., and J. E. Biddle (1994), "Beauty and the Labor Market," *American Economic Review* 84, 1174–1194.

Hamermesh, D. H., and A. Parker (2005), "Beauty in the Classroom: Instructors' Pulchritude and Putative Pedagogical Productivity," *Economics of Education Review* 24, 369–376.

Hamilton, J. D. (1994), *Time Series Analysis*. Princeton, NJ: Princeton University Press.

Hansen, C. B. (2007), "Asymptotic Properties of a Robust Variance Matrix Estimator for Panal Data When T Is Large," *Journal of Econometrics* 141, 597–620.

Hansen, B. E. (2022), *Econometrics*. Princeton, NJ: Princeton University Press.

Hanushek, E. (1986), "The Economics of Schooling: Production and Efficiency in Public Schools," *Journal of Economic Literature* 24, 1141–1177.

Harvey, A. (1990), *The Econometric Analysis of Economic Time Series*. 2nd ed. Cambridge, MA: MIT Press.

Hausman, J. A., and D. A. Wise (1977), "Social Experimentation, Truncated Distributions, and Efficient Estimation," *Econometrica* 45, 319–339.

Hausman, J. A. (1978), "Specification Tests in Econometrics," *Econometrica* 46, 1251–1271.

Hayasyi, F. (2000), *Econometrics*. Princeton, NJ: Princeton University Press.

Heckman, J. J. (1976), "The Common Structure of Statistical Models of Truncation, Sample Selection and Limited Dependent Variables and a Simple Estimator for Such Models," *Annals of Economic and Social Measurement* 5, 475–492.

Heckman, J. J. (1976), "The Common Structure of Statistical Models of Truncation, Sample Selection, and Limited Dependent Variables and a Simple Estimator for Such Models," *Annals of Economic and Social Measurement* 5, 475–492.

Heckman, J. J. (1995), "Lessons from the Bell Curve," *Journal of Political Economy* 103, 1091–1120.

Heckman, J. J., J. Smith, and N. Clements (1997), "Making the Most Out of Programme Evaluations and Social Experiments: Accounting for Heterogeneity in Programme Impacts," *Review of Economic Studies* 64, 487–535.

Herrnstein, R. J., and C. Murray (1994), *The Bell Curve: Intelligence and Class Structure in American Life.* New York: Free Press.

Hersch, J., and L. S. Stratton (1997), "Housework, Fixed Effects, and Wages of Married Workers," *Journal of Human Resources* 32, 285–307.

Hines, J. R. (1996), "Altered States: Taxes and the Location of Foreign Direct Investment in America," *American Economic Review* 86, 1076–1094.

Hirano, K., and G.W. Imbens (2001), "Estimation of Causal Effects using Propensity Score Weighting: An Application to Data on Right Heart Catheterization," *Health Services & Outcomes Research Methodology* 2, 259–278.

Holland, P.W. (1986), "Statistics and Causal Inference," *Journal of the American Statistical Association* 81, 945–970.

Holzer, H. (1991), "The Spatial Mismatch Hypothesis: What Has the Evidence Shown?" *Urban Studies* 28, 105–122.

Holzer, H., R. Block, M. Cheatham, and J. Knott (1993), "Are Training Subsidies Effective? The Michigan Experience," *Industrial and Labor Relations Review* 46, 625–636.

Horowitz, J. (2001), "The Bootstrap," in *Handbook of Econometrics*, volume 5, chapter 52, ed. E. Leamer and J. L. Heckman, 3159–3228. Amsterdam: North Holland.

Horvitz, D.G., and D.J. Thompson (1952), "A Generalization of Sampling without Replacement from a Finite Universe," *Journal of the American Statistical Association* 47, 663–685.

Hoxby, C. M. (1994), "Do Private Schools Provide Competition for Public Schools?" National Bureau of Economic Research Working Paper Number 4978.

Huber, P. J. (1967), "The Behavior of Maximum Likelihood Estimates under Nonstandard Conditions," *Proceedings of the Fifth Berkeley Symposium on Mathematical Statistics and Probability* 1, 221–233. Berkeley: University of California Press.

Hunter, W. C., and M. B. Walker (1996), "The Cultural Affinity Hypothesis and Mortgage Lending Decisions," *Journal of Real Estate Finance and Economics* 13, 57–70.

Hylleberg, S. (1992), *Modelling Seasonality.* Oxford: Oxford University Press.

Kane, T. J., and C. E. Rouse (1995), "Labor-Market Returns to Two- and Four-Year Colleges," *American Economic Review* 85, 600–614.

Imbens, G.W., and J.D. Angrist (1994), "Identification and Estimation of Local Average Treatment Effects," *Econometrica* 62, 467–475.

Imbens, G.W., and T. Lemieux (2008), "Regression Discontinuity Designs: A Guide to Practice," *Journal of Econometrics* 142, 615–635.

Imbens, G.W., and J.M. Wooldridge (2009), "Recent Developments in the Econometrics of Program Evaluation," *Journal of Economic Literature* 47, 5–86.

Imbens, G.W. (2010), "Better LATE Than Nothing: Some Comments on Deaton (2009) and Heckman and Urzua (2009)," *Journal of Economic Literature* 48, 399–423.

Imbens, G.W., and K. Kalyanaraman (2012), "Optimal Bandwidth Choice for the Regression Discontinuity Estimator," *Review of Economic Studies* 79, 933–959.

Imberman, S.A., A.D. Kugler, and B.I. Sacerdote (2012), "Katrina' s Children: Evidence on the Structure of Peer Effects from Hurricane Evacuees," *American Economic Review* 102, 2048–2082.

Jarque, C.M., and A.K. Bera (1987), "A Test for Normality of Observations and Regression Residuals," *International Statistical Review* 55, 163–172.

Jones, M.P. (1996), "Indicator and Stratification Methods for Missing Explanatory Variables in Multiple Linear Regression," *Journal of the American Statistical Association* 91, 222–230.

Kiefer, N. M., and T. J. Vogelsang (2005), "A New Asymptotic Theory for Heteroskedasticity-Autocorrelation Robust Tests," *Econometric Theory* 21, 1130–1164.

Kiel, K. A., and K. T. McClain (1995), "House Prices during Siting Decision Stages: The Case of an Incinerator from Rumor through Operation," *Journal of Environmental Economics and Management* 28, 241–255.

Kleck, G., and E. B. Patterson (1993), "The Impact of Gun Control and Gun Ownership Levels on Violence Rates," *Journal of Quantitative Criminology* 9, 249–287.

Koenker, R. (1981), "A Note on Studentizing a Test for Heteroskedasticity," *Journal of Econometrics* 17, 107–112.

Koenker, R. (2005), *Quantile Regression.* Cambridge: Cambridge University Press.

Korenman, S., and D. Neumark (1991), "Does Marriage Really Make Men More Productive?" *Journal of Human Resources* 26, 282–307.

Korenman, S., and D. Neumark (1992), "Marriage, Motherhood, and Wages," *Journal of Human Resources* 27, 233–255.

Krueger, A. B. (1993), "How Computers Have Changed the Wage Structure: Evidence from Microdata, 1984–1989," *Quarterly Journal of Economics* 108, 33–60.

Krupp, C. M., and P. S. Pollard (1996), "Market Responses to Antidumping Laws: Some Evidence from the U.S. Chemical Industry," *Canadian Journal of Economics* 29, 199–227.

Kwiatkowski, D., P. C. B. Phillips, P. Schmidt, and Y. Shin (1992), "Testing the Null Hypothesis of Stationarity against the Alternative of a Unit Root: How Sure Are We That Economic Time Series Have a Unit Root?" *Journal of Econometrics* 54, 159–178.

Lalonde, R. J. (1986), "Evaluating the Econometric Evaluations of Training Programs with Experimental Data," *American Economic Review* 76, 604–620.

Lalonde, R.J. (1986), "Evaluating the Econometric Evaluations of Training Programs with Experimental Data," *American Economic Review* 76, 604–620.

Larsen, R. J., and M. L. Marx (1986), *An Introduction to Mathematical Statistics and Its Applications.* 2nd ed. Englewood Cliffs, NJ: Prentice-Hall.

Leamer, E. E. (1983), "Let's Take the Con Out of Econometrics," *American Economic Review* 73, 31–43.

Lee, D.S. (2008), "Randomized Experiments from Non-random Selection in U.S. House Elections," *Journal of Econometrics* 142, 675–697.

Levine, P. B., and D. J. Zimmerman (1995), "The Benefit of Additional High-School Math and Science Classes for Young Men and Women," *Journal of Business and Economic Statistics* 13, 137–149.

Levine, P. B., A. B. Trainor, and D. J. Zimmerman (1996), "The Effect of Medicaid Abortion Funding Restrictions on Abortions, Pregnancies, and Births," *Journal of Health Economics* 15, 555–578.

Levitt, S. D. (1994), "Using Repeat Challengers to Estimate the Effect of Campaign Spending on Election Outcomes in the U.S. House," *Journal of Political Economy* 102, 777–798.

Levitt, S. D. (1996), "The Effect of Prison Population Size on Crime Rates: Evidence from Prison Overcrowding Legislation," *Quarterly Journal of Economics* 111, 319–351.

Little, R. J. A., and D. B. Rubin (2002), *Statistical Analysis with Missing Data.* 2nd ed. Wiley: New York.

Little, R.J.A., and D.B. Rubin (2019), *Statistical Analysis with Missing Data*, 3rd ed. Hoboken, NJ: Wiley.

Low, S. A., and L. R. McPheters (1983), "Wage Differentials and the Risk of Death: An Empirical Analysis," *Economic Inquiry* 21, 271–280.

Ludwig, J., and D.L. Miller (2007), "Does Head Start Improve Children' s Life Chances? Evidence from a Regression Discontinuity Design," *Quarterly Journal of Economics* 122, 159–208.

Lynch, L. M. (1992), "Private Sector Training and the Earnings of Young Workers," *American Economic Review* 82, 299–312.

MacKinnon, J. G., and H. White (1985), "Some Heteroskedasticity Consistent Covariance Matrix Estimators with Improved Finite Sample Properties," *Journal of Econometrics* 29, 305–325.

MacKinnon, J.G., and H. White (1985), "Some Heteroskedasticity-Consistent Covariance Matrix Estimators with Improved Finite Sample Properties," *Journal of Econometrics* 29, 305–325.

Maloney, M. T., and R. E. McCormick (1993), "An Examination of the Role that Intercollegiate Athletic Participation Plays in Academic Achievement: Athletes' Feats in the Classroom," *Journal of Human Resources* 28, 555–570.

Mankiw, N. G. (1994), *Macroeconomics.* 2nd ed. New York: Worth.

Mark, S. T., T. J. McGuire, and L. E. Papke (2000), "The Influence of Taxes on Employment and Population Growth: Evidence from the Washington, D.C. Metropolitan Area," *National Tax Journal* 53, 105–123.

McCarthy, P. S. (1994), "Relaxed Speed Limits and Highway Safety: New Evidence from California," *Economics Letters* 46, 173–179.

McClain, K. T., and J. M. Wooldridge (1995), "A Simple Test for the Consistency of Dynamic Linear Regression in Rational Distributed Lag Models," *Economics Letters* 48, 235–240.

McCloskey, D.N., and S.T. Ziliak (2008), "Signifying Nothing: Reply to Hoover and Siegler," *Journal of Economic Methodology* 15, 39–55.

McCormick, R. E., and M. Tinsley (1987), "Athletics versus Academics: Evidence from SAT Scores," *Journal of Political Economy* 95, 1103–1116.

McCrary, J. (2008), "Manipulation of the Running Variable in the Regression Discontinuity Design: A Density Test," *Journal of Econometrics* 142, 698–714.

McFadden, D. L. (1974), "Conditional Logit Analysis of Qualitative Choice Behavior," in *Frontiers in Econometrics*, ed. P. Zarembka, 105–142. New York: Academic Press.

Meyer, B. D. (1995), "Natural and Quasi-Experiments in Economics," *Journal of Business and Economic Statistics* 13, 151–161.

Meyer, B. D., W. K. Viscusi, and D. L. Durbin (1995), "Workers' Compensation and Injury Duration: Evidence from a Natural Experiment," *American Economic Review* 85, 322–340.

Mizon, G. E., and J. F. Richard (1986), "The Encompassing Principle and Its Application to Testing Nonnested Hypotheses," *Econometrica* 54, 657–678.

Mroz, T. A. (1987), "The Sensitivity of an Empirical Model of Married Women' s Hours of Work to Economic and Statistical Assumptions," *Econometrica* 55, 765–799.

Mullahy, J., and P. R. Portney (1990), "Air Pollution, Cigarette Smoking, and the Production of Respiratory Health," *Journal of Health Economics* 9, 193–205.

Mullahy, J., and J. L. Sindelar (1994), "Do Drinkers Know When to Say When? An Empirical Analysis of Drunk Driving," *Economic Inquiry* 32, 383–394.

Mullahy, J., and E.C. Norton (2024), "Why Transform Y? The Pitfalls of Transformed Regressions with a Mass at Zero," *Oxford Bulletin of Economics and Statistics* 86, 417–447.

Mundlak, Y. (1978), "On the Pooling of Cross Section and Time Series Data," *Econometrica* 46, 69–85.

Negi, A., and J.M. Wooldridge (2021), "Revisiting Regression Adjustment in Experiments with Heterogeneous Treatment Effects," *Econometric Reviews* 40, 504–534.

Negi, A., and J.M. Wooldridge (2024), "Robust and Efficient Estimation of Potential Outcome Means Under Random Assignment," forthcoming, *Journal of Business and Economic Statistics*.

Netzer, D. (1992), "Differences in Reliance on User Charges by American State and Local Governments," *Public Finance Quarterly* 20, 499–511.

Neumark, D., and W. Wascher (1995), "Minimum Wage Effects on Employment and School Enrollment," *Journal of Business and Economic Statistics* 13, 199–206.

Neumark, D. (1996), "Sex Discrimination in Restaurant Hiring: An Audit Study," *Quarterly Journal of Economics* 111, 915–941.

Newey, W. K., and K. D. West (1987), "A Simple, Positive Semi-Definite Heteroskedasticity and Autocorrelation Consistent Covariance Matrix," *Econometrica* 55, 703–708.

Papke, L. E. (1987), "Subnational Taxation and Capital Mobility: Estimates of Tax-Price Elasticities," *National Tax Journal* 40, 191–203.

Papke, L. E. (1994), "Tax Policy and Urban Development: Evidence from the Indiana Enterprise Zone Program," *Journal of Public Economics* 54, 37–49.

Papke, L. E. (1995), "Participation in and Contributions to 401(k) Pension Plans: Evidence from Plan Data," *Journal of Human Resources* 30, 311–325.

Papke, L. E., and J. M. Wooldridge (1996), "Econometric Method for Fractional Response Variables with an Application to 401(K) Plan Participation Rates," *Journal of Applied Econometrics* 11, 619–632.

Papke, L. E. (1999), "Are 401(k) Plans Replacing Other Employer-Provided Pensions? Evidence from Panel Data," *Journal of Human Resources*, 34, 346–368.

Papke, L. E. (2005), "The Effects of Spending on Test Pass Rates: Evidence from Michigan," *Journal of Public Economics* 89, 821–839.

Park, R. (1966), "Estimation with Heteroskedastic Error Terms," *Econometrica* 34, 888.

Peek, J. (1982), "Interest Rates, Income Taxes, and Anticipated Inflation," *American Economic Review* 72, 980–991.

Pindyck, R. S., and D. L. Rubinfeld (1992), *Microeconomics.* 2nd ed. New York: Macmillan.

Ram, R. (1986), "Government Size and Economic Growth: A New Framework and Some Evidence from Cross-Section and Time-Series Data," *American Economic Review* 76, 191–203.

Ramanathan, R. (1995), *Introductory Econometrics with Applications.* 3rd ed. Fort Worth: Dryden Press.

Ramey, V. (1991), "Nonconvex Costs and the Behavior of Inventories," *Journal of Political Economy* 99, 306–334.

Ramsey, J. B. (1969), "Tests for Specification Errors in Classical Linear Least-Squares Analysis," *Journal of the Royal Statistical Association*, Series B, 71, 350–371.

Rekkas, M., and J.M. Wooldridge (2024), "A General Approach to Intervention Analysis Using Interrupted Time Series Methods," working paper, Michigan State University Department of Economics.

Romer, D. (1993), "Openness and Inflation: Theory and Evidence," *Quarterly Journal of Economics* 108, 869–903.

Rose, N. L. (1985), "The Incidence of Regulatory Rents in the Motor Carrier Industry," *Rand Journal of Economics* 16, 299–318.

Rose, N. L., and A. Shepard (1997), "Firm Diversification and CEO Compensation: Managerial Ability or Executive Entrenchment?" *Rand Journal of Economics* 28, 489–514.

Roth, J. (2022), "Pretest with Caution: Event-Study Estimates after Testing for Parallel Trends," *American Economic Review: Insights* 4, 305–322.

Rouse, C. E. (1998), "Private School Vouchers and Student Achievement: An Evaluation of the Milwaukee Parental Choice Program," *Quarterly Journal of Economics* 113, 553–602.

Sander, W. (1992), "The Effect of Women's Schooling on Fertility," *Economics Letters* 40, 229–233.

Santos Silva, J.M.C., and S. Tenreyro (2006), "The Log of Gravity," *Review of Economics and Statistics* 88, 641–658.

Savin, N. E., and K. J. White (1977), "The Durbin-Watson Test for Serial Correlation with Extreme Sample Sizes or Many Regressors," *Econometrica* 45, 1989–1996.

Shea, J. (1993), "The Input-Output Approach to Instrument Selection," *Journal of Business and Economic Statistics* 11, 145–155.

Shughart, W. F., and R. D. Tollison (1984), "The Random Character of Merger Activity," *Rand Journal of Economics* 15, 500–509.

Słoczyński, T. (2022), "Interpreting OLS Estimands when Treatment Effects are Heterogeneous: Smaller Groups Get Larger Weights," *Review of Economics and Statistics* 104, 501–509.

Słoczyński, T., S.D. Uysal, and J.M. Wooldridge (2023), "Doubly Robust Estimation of Local Average Treatment Effects Using Inverse Probability Weighted Regression Adjustment," working paper. `https://arxiv.org/pdf/2208.01300`.

Słoczyński, T. (2024), "When Should We (Not) Interpret Linear IV Estimands as LATE?" working paper. `https://arxiv.org/pdf/2011.06695`.

Słoczyński, T., S.D. Uysal, and J.M. Wooldridge (2024), "Covariate Balancing and the Equivalence of Weighting and Doubly Robust Estimators of Average Treatment Effects," working paper. `https://arxiv.org/pdf/2310.18563`.

Solon, G. (1985), "The Minimum Wage and Teenage Employment: A Re-analysis with Attention to Serial Correlation and Seasonality," *Journal of Human Resources* 20, 292–297.

Staiger, D., and J. H. Stock (1997), "Instrumental Variables Regression with Weak Instruments," *Econometrica* 65, 557–586.

Stigler, S. M. (1986), *The History of Statistics*. Cambridge, MA: Harvard University Press.

Stock, J. H., and M. W. Watson (1989), "Interpreting the Evidence on Money-Income Causality," *Journal of Econometrics* 40, 161–181.

Stock, J. H., and M. W. Watson (1993), "A Simple Estimator of Cointegrating Vectors in Higher Order Integrated Systems," *Econometrica* 61, 783–820.

Stock, J. H., and M. Yogo (2005), "Asymptotic Distributions of Instrumental Variables Statistics with Many Instruments," in *Identification and Inference for Econometric Models: Essays in Honor of Thomas Rothenberg,* ed. D. W. K. Andrews and J. H. Stock, 109–120. Cambridge: Cambridge University Press.

Stock, J. H., and M. W. Watson (2008), "Heteroskedasticity-Robust Standard Errors for Fixed Effects Panel Data Regression," *Econometrica* 76, 155–174.

Sun, L., and S. Abraham (2021), "Estimating Dynamic Treatment Effects in Event Studies with Heterogeneous Treatment Effects," *Journal of Econometrics* 225, 175–199.

Sydsaeter, K., and P. J. Hammond (1995), *Mathematics for Economic Analysis.* Englewood Cliffs, NJ: Prentice Hall.

Terza, J. V. (2002), "Alcohol Abuse and Employment: A Second Look," *Journal of Applied Econometrics* 17, 393–404.

Thistlewaite, D., and D. Campbell (1960), "Regression-Discontinuity Analysis: An Alternative to the Ex Post Facto Experiment," *Journal of Educational Psychology* 51, 309–317.

Tucker, I. B. (2004), "A Reexamination of the Effect of Big-time Football and Basketball Success on Graduation Rates and Alumni Giving Rates," *Economics of Education Review* 23, 655–661.

Vella, F., and M. Verbeek (1998), "Whose Wages Do Unions Raise? A Dynamic Model of Unionism and Wage Rate Determination for Young Men," *Journal of Applied Econometrics* 13, 163–183.

Vella, F., and M. Verbeek (1999), "Estimating and Interpreting Models with Endogenous Treatment Effects," *Journal of Business and Economic Statistics* 17, 473–478.

Wald, A. (1940), "The Fitting of Straight Lines if Both Variables Are Subject to Error," *Annals of Mathematical Statistics* 11, 284–300.

Wallis, K. F. (1972), "Testing for Fourth-Order Autocorrelation in Quarterly Regression Equations," *Econometrica* 40, 617–636.

Walters, C.R. (2015), "Inputs in the Production of Early Childhood Human Capital: Evidence from Head Start," *American Economic Journal: Applied Economics* 7, 76–102.

Wasserstein, R.L., and N.A. Lazar (2016), "The ASA Statement on p-Values: Context, Process, and Purpose," *The American Statistician* 70, 129–133.

White, H. (1980), "A Heteroskedasticity-Consistent Covariance Matrix Estimator and a Direct Test for Heteroskedasticity," *Econometrica* 48, 817–838.

White, H. (1984), *Asymptotic Theory for Econometricians*. Orlando: Academic Press.

White, M. J. (1986), "Property Taxes and Firm Location: Evidence from Proposition 13," in *Studies in State and Local Public Finance*, ed. H. S. Rosen, 83–112. Chicago: University of Chicago Press.

Whittington, L. A., J. Alm, and H. E. Peters (1990), "Fertility and the Personal Exemption: Implicit Pronatalist Policy in the United States," *American Economic Review* 80, 545–556.

Wooldridge, J. M. (1989), "A Computationally Simple Heteroskedasticity and Serial Correlation-Robust Standard Error for the Linear Regression Model," *Economics Letters* 31, 239–243.

Wooldridge, J.M. (1991), "Specification Testing and Quasi-Maximum Likelihood Estimation," *Journal of Econometrics* 48, 29–55.

Wooldridge, J. M. (1991a), "A Note on Computing R-Squared and Adjusted R-Squared for Trending and Seasonal Data," *Economics Letters* 36, 49–54.

Wooldridge, J. M. (1991b), "On the Application of Robust, Regression-Based Diagnostics to Models of Conditional Means and Conditional Variances," *Journal of Econometrics* 47, 5–46.

Wooldridge, J. M. (1994a), "A Simple Specification Test for the Predictive Ability of Transformation Models," *Review of Economics and Statistics* 76, 59–65.

Wooldridge, J. M. (1994b), "Estimation and Inference for Dependent Processes," in *Handbook of Econometrics*, volume 4, chapter 45, ed. R. F. Engle and D. L. McFadden, 2639–2738. Amsterdam: North-Holland.

Wooldridge, J. M. (1995), "Score Diagnostics for Linear Models Estimated by Two Stage Least Squares," in *Advances in Econometrics and Quantitative Economics*, ed. G. S. Maddala, P. C. B. Phillips, and T. N. Srinivasan, 66–87. Oxford: Blackwell.

Wooldridge, J. M. (2001), "Diagnostic Testing," in *Companion to Theoretical Econometrics*, ed. B. H. Baltagi, 180–200. Oxford: Blackwell.

Wooldridge, J.M. (2004), "Statistical Significance Is Okay, Too: Comment on 'Size Matters,' " *Journal of Socio-Economics* 33, 577–579.

Wooldridge, J.M. (2007), "Inverse Probability Weighted M-Estimation for General Missing Data Problems," *Journal of Econometrics* 141, 1281–1301.

Wooldridge, J. M. (2010), *Econometric Analysis of Cross Section and Panel Data.* 2nd ed. Cambridge, MA: MIT Press.

Abadie, A., A. Diamond, and J. Hainmueller (2010), "Synthetic Control Methods for Comparative Case Studies: Estimating the Effect of California' s Tobacco Control Program," *Journal of the American Statistical Association* 105, 493–505.

Wooldridge, J.M. (2015), "Control Function Methods in Applied Econometrics," *Journal of Human Resources* 50, 420–445.

Ziliak, S.T., and D.N. McCloskey (2004), "Size Matters: The Standard Error of Regressions in the American Economic Review," *Journal of Socio-Economics* 33, 527–546.

찾아보기

저자 소개

저자: Jeffrcy M. Wooldridge

경력: 1986 Ph.D in economics, University of California, San Diego; 1986–1991 MIT, assistant professor; 1991–1993 Michigan State University, Associate Professor; 1993–2001 Michigan State University, Professor; 2001–현재 Michigan State University, University Distinguished Professor of Economics.

수상내역: Alfred P. Sloan Research Fellowship, Plura Scripsit Award from *Econometric Theory*, Sir Richard Stone prize from the *Journal of Applied Econometrics*, Graduate Teacher of the Year Awards (MIT) 등 다수

특별회원(Fellow): Econometric Society, *Journal of Econometrics*, International Association for Applied Econometrics, Institute for the Study of Labor (IZA) 등

학술지 편집위원 이력: *Journal of Economic Literature*, *Econometric Theory*, the *Palgrave Handbook of Econometrics*, *Journal of Business and Economic Statistics*, *Economics Letters*, *Stata Journal*, *Journal of Econometrics*, *Review of Economics and Statistics*